LA CATASTROPHE

DU MÊME AUTEUR

NI FLEUR, NI COURONNE, *poèmes,* 1951
PAQUET DE GRIS, *nouvelles,* 1953
LE TROU, *roman,* La Table Ronde, 1955
LES YEUX BRIDÉS, *roman,* La Table Ronde, 1968
LA POUPÉE CASSÉE, *roman,* La Table Ronde, 1973
LA VIE SANS FIN, *roman,* La Table Ronde, 1979
LA LOUISIANE AUJOURD'HUI, *guide,* Ed. Jeune Afrique, 1980

MICHEL TAURIAC

LA CATASTROPHE

roman

LA TABLE RONDE
40, rue du Bac, Paris 7e

A Lise et Edgard

Fort-de-France, 8 mai 1902,
9 h 55 soir

« Reviens de Saint-Pierre. — Ville complètement détruite par masse de feu 8 heures du matin. — Suppose toute population anéantie. — Ai ramené les survivants, une trentaine. — Tous navires en rade incendiés et perdus. — Eruption volcan continue... »

Le Commandant
LE BRIS
du croiseur Suchet

CARTE ROUTIÈRE DE LA MARTINIQUE (1905)
Collection Loïs Hayot

I

Du haut de cette terrasse tout s'offrait à lui : la montagne, la ville et la rade. Bras grands ouverts. Tout s'offrait à lui généreusement comme la vie elle-même. Comme son avenir qu'il voyait tissé d'or et de soie. Toute la rade en croissant de Saint-Pierre et, au bord, ce petit vapeur qui s'en échappait comme un squale blessé à mort filant avec les dernières forces du désespoir. Une longue traînée de sang, ultime message d'un être au monde qui l'entoure. Dès son apparition sur terre, l'homme entreprend d'échapper à sa fin, songea Marius Mureau, d'où la théorie de ce scientifique connu qui veut que la première manifestation de fuite de ces poissons des grandes profondeurs, ces tubes digestifs ambulants, aveugles et translucides, soit l'expulsion arrière de leur premier contenu intestinal prenant appui sur l'eau. Une image qui malgré sa cocasserie ne parvenait pas à chasser complètement la mélancolie que le départ de *La Topaze* lui apportait soudain alors qu'elle s'éloignait de l'embarcadère, au bout de sa balafre sanguine.

Il avait reconnu le petit vapeur de la compagnie Girard à sa cheminée toute neuve, car on avait dû la remplacer six mois auparavant à la suite de l'éclatement de sa chaudière. Un accident qui avait blessé à mort ce pauvre Sévère, le mécanicien, et son journal, *Les Colonies,* était encore une fois parti en campagne contre ces patrons toujours prêts à sacrifier l'homme au profit.

La Topaze assurait avec *Le Rubis, La Perle* et *Le Diamant,* deux liaisons quotidiennes entre Saint-Pierre et Fort-de-France après escale au Carbet, à Belle-Fontaine et à Case-Navire. Voyage que le frêle bateau s'enorgueillissait d'effectuer en moins de deux heures malgré les critiques de certains grincheux pour qui l'allure ne suffisait pas, oubliant sans doute l'époque pas si lointaine où le voilier officiait sur le même parcours à la merci constante d'un calme plat ou d'une mer furibonde Personne, en tout cas, n'aurait voulu lâcher le bastingage de *La Topaze* pour se lancer sur ces trente-deux kilomètres de chemin hasardeux baptisé pompeusement « route coloniale n° 1 », ces lacets en épingle à cheveux, ces pentes à pic que les grosses pluies transformaient en torrent. De quoi décourager les plus solides voitures de chez Delsuc.

« Fuir, c'est bien le propre de l'homme », dit Marius Mureau à voix basse, et il se retourna brusquement craignant d'avoir été entendu. Mais il ne vit que « Danger », un chien sans race définie. Un mâtiné de n'importe quoi comme lui, Mureau — il aimait à le répéter — un sang-mêlé, un mulâtre. Du noir, du blanc, du jaune, de l'Indien et du Caraïbe. « Un chaos », disait-il en parlant de ses origines qui se bousculaient en vrac comme les rochers de la Roxelane, cette rivière dévalant en désordre vers Saint-Pierre, de la montagne Pelée. Abrupte et brutale. Grondante. Une Roxelane en crue. Et une crue permanente.

Fuir, il en avait déjà eu le goût lui-même en demandant ce poste de professeur de seconde au lycée de Port-au-Prince à Haïti, tout de suite après sa licence en droit à Toulouse. Oui, c'est vrai. Il n'avait pas souhaité revenir en Martinique après ses études. Soudain rejet d'un port qui l'avait pourtant protégé de bien des tempêtes. Pour quelle raison ? Alors qu'il n'admettait pas aujourd'hui qu'on pût faire carrière ailleurs, même en France, dans cette métropole qui lui avait donné le savoir et la fibre politique. Pourquoi tourner le dos à son pays, à son enfance, à ce passé qu'il se plaisait maintenant à magnifier ? Effacer d'un seul coup cette baie, ces montagnes, ces fleurs, cette douceur ? Renier sa propre mère ? La réponse, il la connaissait parfaitement mais il s'était toujours refusé à l'énoncer avec clarté. (Une vieille eau au fond d'un vase oublié). Elle tenait en peu de mots : 80 kilomètres de long sur 32 kilomètres de large. Les dimensions modestes de son île. Qu'aurait pu trouver là, en effet, ce jeune homme de 25 ans à la mesure de ses ambitions ? Qu'aurait-il bien pu trouver, en revenant sur ce caillou entouré d'eau, le front ceint de lauriers et le cœur dilaté d'espérances ? Plus rien ne coïncidait avec le croquis du monde que sa jeune main avait fiévreusement esquissé, avec cette échelle dessinée en bas de page. Alors, Marius Mureau avait choisi sans hésitation d'ouvrir ses ailes. De la hauteur enfin ! De l'espace ! Et puis surtout, en optant pour ce poste à Haïti, au milieu de cette population quasi primitive, bien que libérée de l'esclavage depuis plus longtemps qu'ici, il pourrait pleinement remplir cette haute mission sociale que ses maîtres à penser républicains lui avaient léguée comme un flambeau.

Quelle méprise ! Au bout de quelques mois de séjour, la déception s'était installée. Décidément, ces nègres, même parlant créole, ne seraient jamais bons qu'à sculpter le bois et à tresser le bakoua. Ils n'auraient pas besoin de professeurs avant de longues années. Mais ce qui le consternait davantage encore, c'était leur immense suffisance, leur refus absolu d'admettre leur ignorance. Bref, prétextant une maladie, il avait rompu son contrat et il était rentré au pays natal. Fuir à nouveau. Et vite. Mais dans l'autre sens, cette fois-ci.

Marius Mureau se voyait encore, ce soir-là. Se voyait quand le *Ferdinand de Lesseps* s'apprêtait à jeter l'ancre dans la rade de Saint-Pierre. Ce même mauve qui égalisait le ciel et la mer, le souffle animal des alizés, et puis, quand le soleil avait chuté dans son dos après une courte saignée des eaux pourfendues, le pétillement des premiers réverbères, une pelletée de braises sur le velours de la cendre. Il se voyait accoté à la rambarde, attentif aux manœuvres des matelots, et se demandant ce qu'allait être pour lui désormais le contenu du jour quand les premières lueurs du matin rosiraient la montagne.

Six ans dont trois ans de barreau pour s'essayer la voix et les manches, et asseoir sa popularité dans la ville. Et en 1878, la grande aventure des *Colonies*. Journaliste, homme politique. Oui, il avait trouvé enfin chaussure à son pied sur son lopin de terre. C'est ici et non ailleurs qu'il était donc devenu quelqu'un, lui le bâtard, le fils naturel d'un commerçant, lui le sang-mêlé qu'aucune femme à la peau blanche n'aurait jamais voulu épouser. Ici, dans ce baquet sur l'océan.

Le petit vapeur venait juste de s'évanouir au bout de la baie, lâchant un coup de sirène assez prétentieux comme s'il allait se lancer à l'assaut de l'horizon. De cet horizon d'où arrivait justement le grand paquebot fumant de la Compagnie générale transatlantique, *La Caldeira,* aux ponts déjà jaunis de lumière.

Il fut un temps où Mureau aimait assister au mouillage ou au départ de ces navires. Assis sur l'un des bancs de la place Bertin, à l'ombre des tamariniers et des zamanas aux fleurs cotonneuses. Regardant tout à son aise l'étonnant remue-ménage du port. Du plus florissant port des Antilles. Ancrés sur les fonds du Plateau, à quatre cents mètres du rivage, quinze, vingt navires de tout tonnage et de toute nationalité barraient l'horizon du rideau ténu de leurs mâts et de leurs fines cheminées. Sur les quais s'amoncelaient à perte de vue les marchandises comme pour une exposition, grouillaient les hommes en sueur. Barriques de deux cent vingt litres de vin et d'huile roulant avec un grondement d'orage sur les pavés disjoints, poussées par des tonneliers herculéens, torse nu, pieds nus. Barils de farine de froment, de harengs fumés, de morue et de beurre salés. Caisses de tabac, d'eau minérale, de chandelles dures et molles. Montagnes de sacs de riz du Piémont, de sucre, d'avoine. Bière en bourriche, en futaille, charbon, ciment, bois de charpente. Et devant chez Muratet, enveloppés de leur lourde senteur, des fûts de rhum, et encore des fûts de rhum, des caisses de dattes de Bassora, de raisins de Corinthe, des sacs de chènevis de Toscane, des bannes de brai, de goudron et d'autres résineux. Odeurs du monde.

Mais c'était le travail des hommes qui retenait avant tout l'attention de Marius Mureau. De ces pauvres hères vêtus de guenilles. Il se demandait comment le progrès pourrait leur apporter un jour un soulagement et peut-être même, arrêter complètement leurs souffrances. Sa pitié allait en priorité aux charbonnières dont la procession interminable, chapeautée du lourd panier d'osier, ressemblait à une cérémonie rituelle. (Peut-être à un enterrement, celui de leur race, pensait-il amèrement en voyant briller les morceaux d'anthracite au sommet de leur fardeau). Poitrine braquée, tête droite, immobile sous la charge, bien campées sur leurs mollets d'ébène, mains aux hanches, elles avançaient, le regard altier perdu devant elles, vers le chaland de la Compagnie générale transatlantique, caravane africaine retournant à ses sources. Et puis il y avait aussi tous ces nègres à la peine sur l'eau, ces gabarriers au buste laqué, maniant des rames de vingt-cinq pieds de long, ces canotiers godillant à perdre le souffle, tous ces « neg' guo bois » arrimant le fret sur le pont des navires, tirant sur des filins, ou escaladant les agrès en un clin d'œil comme si on les avait piqués au derrière, avec l'agilité de ces petits singes que Monsieur Birot de la Pommeraie, le dentiste, élevait chez lui, au pied du morne d'Orange.

Le soleil sombré, mais encore sous-jacent, la mer avait revêtu sa couleur du soir, un violet profond qui allait l'épaissir, la pétrifier, engluant là pour l'éternité, aurait-on pu croire, les navires alignés au mouillage. Dans ces régions, le soleil ne prolonge pas ses effets. En un quart d'heure tout est consommé. (Il se donne tellement pendant la journée !) Une soudaineté qui étonnait toujours Marius Mureau. Bientôt les porteuses, les débardeurs et les gabarriers abandonneraient leur besogne sur le port. Dès que le phare de la place Bertin aurait réussi à imposer son jet de lumière rouge de neuf milles de portée et à mélanger ses faisceaux à ceux des feux blancs et verts de la batterie Sainte-Marthe. Alors on verrait ces hommes et ces femmes remonter lentement les venelles en dos d'âne, les degrés sans nombre de ces « cales », ces ruelles qui déboulaient jusqu'à la mer comme des cascades. Ces hommes et ces femmes exténués, couverts de sueur et de poussière, et les taches claires de leurs chemises de cotonnade, de leurs pantalons de canevas, de leurs chapeaux de paille « manger mulet ». On les verrait se balancer en cadence, lent ballet dédié à la fatigue.

C'était principalement pour ces hommes et ces femmes que Marius Mureau s'était engagé dans la lutte. Pour les défendre contre « la réaction », le racisme, et abattre, avec eux, le « bastion de l'obscurantisme » que représentait à ses yeux la religion catholique. Epaulé, poussé en avant par son journal *Les Colonies,* il progressait à grands bonds. Président du Conseil général depuis quelques jours ! Et bientôt, pourquoi pas, la députation !

Ce soir-là, il fêtait donc sa victoire avec tous ceux qui l'avaient hissé sur ces sommets et le porteraient plus haut encore, et avec ce petit peuple de Saint-Pierre pour lequel il se battait avec tant de fougue.

La nuit s'était affalée d'un coup sur la rade, et il se dépêcha de rejoindre sa chambre, car les premiers visiteurs n'allaient pas tarder à se présenter à l'habitation Tivoli. Perchée sur les hauts de Saint-Pierre avec une majesté un tantinet condescendante, cette demeure que ses amis politiques disaient somptueuse ne méritait certainement pas cette épithète. « Confortable » convenait mieux. Toutefois, la situation privilégiée dont elle bénéficiait — à la cime du morne, de cette colline verdoyante contre laquelle s'adossait le jardin botanique — lui donnait certainement un avantage inestimable. Mureau venait à peine de la faire édifier. Deux corps de bâtiment reliés entre eux par un portique à trois voûtes très italien couronnaient un jardin intérieur plus italien encore dont il avait découvert un jour le modèle en feuilletant la collection de *La Dépêche Coloniale Illustrée.* Le tout composait un ensemble agréable environné de bouquets de cocotiers sympathiques et de quelques quénetiers hautains que l'on aurait pu croire plantés là pour surveiller tout le monde. Mais à entendre ses adversaires, seule la prétention bien connue du mulâtre avait pu le pousser à élever à grands frais une construction de si mauvais goût. Pour eux, aucun doute, Mureau avait voulu surpasser en splendeur les habitations de ces békés, de ces blancs, de ces planteurs d'origine européenne dont il enviait la fortune et la bonne éducation tout en leur vouant haine et mépris. Sottise et fatuité de parvenu ! On avait même surpris Arsenal, le plus dévoué de ses acolytes, un nègre « gros sirop » fort comme trois coolies, chargeant un piano à queue Boisselot chez Pierre Crocquet, le dépositaire. Comble de la vanité pour un homme que l'on savait incapable de remonter la gamme.

Marius Mureau fut prêt en un rien de temps pour la réception. Ce bel homme d'un mètre quatre-vingt-deux, au corps élancé, racé, et aux membres effilés, ne s'attardait jamais sur sa toilette. Ses cheveux noirs, buissonnant en bouclettes serrées, semblaient rétifs au peigne, et sa généreuse moustache, dont les crocs tombaient pacifiquement — ce qui adoucissait un peu l'âpreté de son regard — ne se prêtait guère aux ciseaux du barbier. Mais il tenait à l'attention jalouse d'Amante, sa fidèle bonne qui lui avait servi de « da », de nourrice, remplaçant la mère qu'il n'avait pas eue, de ne porter que des vêtements sinon élégants du moins seyants et bien repassés. L'obligeant chaque matin à orner son cou de ce large nœud papillon en velours noir dont un politicien arrivé n'aurait pu se passer, assurait-elle. Cela n'allait jamais sans difficulté car il considérait qu'un homme libre ne devait subir aucune entrave, ni à la gorge ni ailleurs. A dire vrai, ces cols empesés et cassés, durs et coupants comme du verre, n'étaient guère appropriés à ces climats torrides. Les jaquettes boutonnées haut ne l'étaient pas davantage. Elles l'habillaient pourtant fort bien, mieux, même, que ces békés souvent trop courts et trop dodus, au ventre avantageux de dame-jeanne. « Epi ça ou ka sembe en ministe » (« Avec ça, vous ressemblez à un ministre »), disait la brave Amante en le contemplant dans l'armoire à glace en mahogany, le seul bien familial qu'il avait réussi à arracher aux griffes de Maître Morestin, lors de la vente sur saisie immobilière, après la mort subite de son père. Il devait aussi à la volonté féminine, celle de sa femme, d'encadrer son visage de favoris, non pour sacrifier à la mode, expliquait-elle avec emphase, mais pour lui donner plus de noblesse encore et « supporter comme deux colonnes doriques le fronton de son intelligence ». Bref, à 33 ans, Marius Mureau passait pour l'un des hommes les plus séduisants de la communauté mulâtre de Saint-Pierre. Et vrais ou faux, les succès féminins qu'on lui attribuait avec générosité ajoutaient grandement à son charme.

Premiers rires de retrouvailles, premiers invités. Et parmi

eux, Louis Saint-Jude, le gérant des *Colonies* et, pour Mureau, l'ami des débuts héroïques. Il tenait à la main sa toute jeune fille, Lucie, une mulâtresse au teint plus clair que le sien, aux cheveux d'une rousseur irlandaise qui ne cessait d'étonner, mais affublée d'un nez dont elle se serait volontiers débarrassée. Lucie travaillait au Câble Français depuis quelques semaines. Elle avait pour tâche quotidienne de relever les textes des télégrammes issus du câble transatlantique. En l'engageant, la direction n'en avait pas mesuré le risque : avec elle, la télégraphie sous-marine n'avait plus de secret pour *Les Colonies*. « Ça durera ce que ça durera, avait dit Saint-Jude, en attendant c'est bien utile ». C'était également l'avis de Mureau qui, de cette façon, ne se privait pas de surveiller à l'insu de tous les activités de ses adversaires politiques tout comme celles de ses amis, tant il est vrai que l'amitié compte peu en politique.

— L'abbé Gosse est parti pour France ce soir, souffla-t-elle à Mureau dès qu'elle le vit, prenant soin de ne pas être entendue autrement, car on l'entourait déjà comme un vainqueur à l'arrivée.

— « Je m'en doutais ». Il avait répondu presque pour luimême sachant depuis longtemps que la santé du prêtre laissait à désirer. Devant le portique, voitures et cavaliers se succédaient dans un carrousel de poussière et de cris, et Arsenal s'époumonait pour interdire à tous ces gens de pénétrer dans le jardin avec leur monture. Dans le jardin où de belles dames s'envolaient avec leur robe car une ondée menaçait. Vite ! Fumée envahissante, triomphe de friture. Jacasserie dans les communs où s'activaient six matrones encombrées d'une volée d'enfants chapardeurs. Marmites, fait-tout et « canaris » fumeronnant à l'extérieur sur des foyers provisoires constitués de grosses pierres. Chiens nus comme une banane rôdant à l'affût de l'aubaine.

« Vive notre Président ! ». Au milieu du grand salon éclairé par trente photophores, un plateau au bout du bras, jongleuse, Amante avait déjà quelque difficulté à caser sa forte constitution dans les rares interstices qui existaient encore. Au milieu du grand salon, Mureau, comme un roc sous l'assaut des flots bouillonnants, écumants, gazouillants. « Vive le Président ! ». Mureau l'arrivé, l'honoré, le complimenté, épongeant les toasts et les félicitations de ses sourires doux, calmant les effusions de ses pressions de mains, Mureau enfoui dans ses pensées. « Vive Marius ! ». Soucieuses pensées. Le départ de l'abbé Gosse signifiait pour lui qu'une querelle allait s'envenimer à brève échéance et peut-être rendre plus malaisée sa marche vers

Paris, vers l'Assemblée nationale. La querelle qu'entretenait avec sa vilaine ardeur, François Lota, son adversaire de toujours. Car l'ecclésiastique envisageait depuis longtemps de confier à cet homme vindicatif la direction du journal dont il était le propriétaire, *Le Bien Public,* cette véritable machine de guerre inventée par le parti de l'Eglise et de la réaction. Guerre sans merci. Guerre d'usure qui était née en même temps que *Les Colonies* il y a trois ans. A cause de ce Lota, ce médecin corse, cet ancien chirurgien de la Marine que sa haine pour Napoléon III avait rendu à la vie civile après dix-huit ans de service. S'il n'y avait eu que l'abbé Gosse ! Avec ce « petit curé » la feuille diocésaine n'eût pas lâché tant de fiel. Avant l'arrivée de Lota, le prêtre ne s'était que mollement paré contre les flèches empoisonnées des *Colonies.* Se contentant seulement de mettre en garde ses lecteurs chrétiens contre ce qu'il appelait « les mauvaises lectures ». Car une fois élu au Conseil général, Marius Mureau n'avait pas caché son programme : sus à la prêtraille ! Dans une profession de foi placardée à la première page de son journal, il voulait être « le pourfendeur des préjugés absurdes, l'impitoyable flagellateur de la bourgeoisie tarée, le roquet de la meute impie qui jappera contre les robes noires et les robes violettes ». Un programme clair et précis qui avait réveillé brusquement le sang chaud du Corse. Préposé soudain à l'éditorial du *Bien Public,* le voilà contre-attaquant, à grands coups de scalpel. Plus mordant encore que l'autre. Sans se rendre compte qu'il faisait ainsi le jeu de Mureau, trop heureux, lui, de devenir le point de mire des critiques, recherchant tout pour être aux premières loges. Le bruit et l'éclat, les outrages. Obtenant ainsi l'avantage de se poser en champion des mulâtres et des Noirs. Lota, cet homme trop franc, trop spontané. Ce patriote intransigeant meurtri par la défaite de 1870 et rendu furieux par les émeutiers de La Rivière-Pilote qui avaient tenté, la même année, de profiter de l'affaiblissement de la France pour abattre son autorité dans l'île. Lota le justicier contre Mureau le séparatiste. Une série d'éditoriaux d'une telle agressivité que le gouverneur de l'époque décidait d'intervenir. Usant de ses pouvoirs discrétionnaires, il avait interdit la poursuite de la polémique. Le bon abbé Gosse avait alors repris une plume plus chrétienne.

Lota à la tête du *Bien Public,* la vie allait donc devenir bien difficile. Obstacle soudain dressé sur un chemin où il n'aurait voulu voir que des arcs de triomphe. Soupir. Aurait-il le dessus ? Mais la fête continuait. « Vive notre Président ! ». Parfum piquant du boudin et des acras dorés. Rhum et sueur, miasmes poivrés. Une clarinette, une autre. Puis soudain, par les fenêtres ouvertes, l'haleine bienfaisante d'une rafale de pluie, cette grosse pluie accourue de loin, de la montagne, à travers la nuit maintenant totale, victorieuse sur les champs de canne, sur les hautes fougères, sur les cannas géants, sur la mer.

— « Ouaille ! ». La paume de Saint-Jude à toute force sur son épaule, la bonne et douce bourrade de l'amitié. Saint-Jude, un « décollage » dans l'autre main (absinthe, rhum, sirop de sucre et zeste de citron), qui voudrait sortir son ami de l'ombre où il s'est enfoui, cette ombre innée, propre à sa race, qui voudrait l'entraîner dans cette farandole d'un soir faste pour oublier tout. Alors, Mureau, soudain :

— Nous allons lui régler son compte !

Avec enthousiasme, comme s'il se réjouissait d'avoir brusquement réussi à vaincre son inquiétude. Et pendant qu'il dégustait à son tour un rhum parfumé de noix de muscade râpée, il voyait déjà les lignes de caractères former sur le marbre de l'imprimerie des bataillons vengeurs. Lota ! Ils se retrouvaient de nouveau face à face (mais cette fois-ci, le Corse ne s'en relèverait pas !). Il héla César-Laîné, son rédacteur en chef, qu'il avait reconnu, tanguant dans la foule comme un arbre plus grand que les autres au-dessus d'une forêt balayée par un cyclone. Lui annonçant le retour du Corse, il lui cria les quelques mots que sa rage avait projetés hors de sa tête. Le colosse s'étranglait de délectation. « Mé-z-anmi ! » « Mes amis ! ». Rire de ses ancêtres nègres, rire caverneux, puissant, jailli directement de son gros cœur à demi nègre, de sa grosse poitrine quasi africaine, roulant entre des mâchoires d'une surprenante blancheur. Et tandis que la clarinette haut perchée secouait sa crinière en tous sens et provoquait un déhanchement général, Mureau voyait son adversaire surgir à nouveau devant lui comme ce serpent bleu qui vous barre soudainement le passage, en pleine forêt, la gueule ouverte. Voyait Lota, le narguant du haut de ses cent soixante-cinq centimètres (la taille de l'Empereur), au milieu du foyer du théâtre, trois ans auparavant, à l'occasion d'une première empoignade. Leur haine réciproque avait d'ailleurs percé ce jour-là. A cause d'un caprice d'artiste, le caprice d'un certain Maurice Val qui remplissait alors l'emploi de fort ténor. A la fin de toute saison, les bénéfices des dernières représentations revenaient de coutume à chaque artiste, à tour de rôle, après tirage au sort. Mais le buste plus gonflé par l'orgueil qu'il ne l'était pour attaquer « Comme la plume au vent » dans « Rigoletto », le ténor avait entendu obtenir, compte tenu de sa popularité, la première représentation de cette série. Opposition immédiate du directeur, Monsieur Cazeaux, et annulation de tout spectacle. La polémique avait alors partagé Saint-Pierre en deux camps bourdonnants. Pour les uns, le ténor avait raison, car sa qualité le plaçait d'office au sommet de la hiérarchie, pour les autres son attitude ne méritait que flétrissure. Ainsi l'estimaient *Les Colonies*. Le jour où Val était remonté sur scène, un tollé avait soulevé la salle et le ténor avait lancé un geste fort inconvenant et fait rougir bien des dames derrière leur éventail. Ce tumulte s'était poursuivi au foyer où Mureau et Lota s'étaient alors colletés. Le lendemain *Les Colonies* avaient attaqué Maurice Val. Qui avait répondu immédiatement par une provocation en duel. Le combat devait avoir lieu, à l'exemple de bien d'autres, dans l'allée centrale du jardin botanique, derrière le pudique rideau des bambous géants. Ce jour-là donc, les témoins avançaient déjà les uns vers les autres, solennels, de noir vêtus, quand étaient apparus soudain deux gardes de police... Qui les avait prévenus ? D'emblée Mureau avait accusé les amis du ténor. Et bien que l'artiste n'eût pas montré plus d'empressement à affronter son adversaire, le journaliste avait été aussitôt surnommé « Coco-la-peur », un sobriquet qu'il devait traîner longtemps sans pouvoir s'en défaire, comme une puanteur sous sa semelle. Coco-la-peur ! Evidemment *Le Bien Public* avait repris l'expression à son compte. Voilà comment deux hommes, posés côte à côte par le destin sur la même terre pour respirer le même air, prospérer, réussir leur vie, la savourer, avaient pu soudain se vouloir la mort.

Mais Mureau ne recherchait-il pas cela, au fond : aviver la haine des haïssables, leur échauffer la bile, les pousser à bout ? Il aimait tellement les voir se cabrer, se crisper, bouffis, écarlates, et soudain éclater en une explosion ridicule ! Il voulait être celui qui excite, révolte, ulcère. Dard infatigable, toujours pointé. Comme sa plume. Avec lui les cartels volaient comme oiseaux-mouches, mais les duels ne cliquetaient pas souvent dans les allées sombres. La plupart du temps leur acier n'était que celui qu'il trempait dans son encrier. Tel cet autre combat singulier qui devait l'opposer à un certain Charles Dulieu défiguré par un article des *Colonies*. Comme Mureau s'était défilé, l'offensé avait déclaré que tout compte fait il dédaignait d'envoyer un cartel à un bandit de son espèce et qu'il se contentait de le souffleter par lettre. Le lendemain, on avait pu lire en riant cette réplique du directeur des *Colonies* : « Adversaire sans pareil, puisqu'il vous plaît de me souffleter par lettre, je vous loge par écrit six balles de revolver dans la tête. Considérez-vous donc comme un homme mort dès la première ligne de ce billet ! »

Second verre de rhum. De loin, Amante le grondait d'un doigt. Mureau buvait en général modérément car il s'obligeait à garder la tête froide en toutes circonstances mais ce soir, il laissait l'alcool monter doucement, mercure gravissant une échelle qu'il ne voulait quand même pas perdre de l'œil. Les rires, les cris, les chansons et surtout la voix humaine des clarinettes et des saxophones, l'entouraient d'un mur protecteur. Besoin de solitude dans la foule. D'amis proches mais discrets, bruyants entre eux mais silencieux à son égard. Besoin de calmer les cuissons d'une appréhension nouvelle qui avait pour nom Lota. « Che, comment ou-llé ? » (« Cher, comment vas-tu ? »). Une voix douce, infiniment présente, celle-là, s'enquérait soudain de sa santé, inquiète de le surprendre ainsi fermé aux autres, cadenassé. Une main sur son bras, gracile, soyeuse, soignée, posée avec une délicatesse presque religieuse. Celle d'Hortense Mureau, sa femme, dont il se rappelait brusquement l'existence.

II

Gros pavés de la Grand-Rue, pavés disjoints qui avaient déjà fait jurer des générations de charretiers. Un filet d'eau claire descendu de la montagne courait le long du trottoir, accompagnant comme un enfant guilleret le pas pressé en babouches d'Hortense Mureau. Elle se rendait du bureau des *Colonies* où elle avait laissé son mari à son magasin, rue Bouillé, où devaient déjà l'attendre deux clients et son fidèle commis, le jeune Agenor. « A vendre grande quantité de bois du Nord, s'adresser Maison Dame Mureau. » L'annonce parue la veille dans *Les Colonies* avait atteint sa cible. Hortense humait la bonne affaire, espérant bien la régler avant le déjeuner.

Surprise un instant de se voir apparaître dans la vitrine inattendue du « Nouveau Siècle », de se voir tout entière, svelte, mignonne, à son goût, avançant vers elle-même avec cette démarche qu'elle aurait bien voulu juger impartialement si elle en avait eu le pouvoir. N° 224, déjà. La longue rue qui coupait la ville, d'un bout à l'autre, comme une lame un fruit, parallèlement au rivage, annonçait sa fin prochaine par ce magasin fourre-tout, cette sorte d'auberge espagnole où Hortense aimait entrer parfois sans idée d'achat précise. Aimait fouiller, fureter, soupeser avec d'autres, dans la chaude odeur de naphtaline et d'étoffe neuve, surveillant le choix de la voisine, prête à défendre sa découverte. En général une affiche jaune criait à pleine gorge, éclaboussait la glace, agrippant le client de ses mots chocs. Aujourd'hui, elle promettait « une magnifique exposition d'articles pour dames, fillettes et garçonnets : chapeaux garnis, gants de toutes nuances ». Et pêle-mêle : « Bombes extra-fines pour les gourmets, fusées, pétards, crapauds pour les enfants. Accourez au Nouveau Siècle et vous serez enchantés ! »

Toute à son rendez-vous, Hortense ne s'attardait pas. Si ce n'est sur ce visage, cette allure, cette femme, cette passante que les commerçants voyaient descendre chaque jour, du même pas, la longue tranchée d'ombre, bordée de boutiques, et qu'ils appelaient respectueusement Dame Mureau. Car si elle était un peu raide, un peu brutale comme ces pouliches habituées à vivre en grande liberté dans les prairies sauvages de la savane, elle avait aussi la grâce des Bellard, une distinction qui lui venait d'une lignée bien imprécise, mais d'où devaient certainement se tapir quelques personnes de haute extraction. Toujours habillée de la toilette traditionnelle, une robe aux nuances chatoyantes, rose, lilas, bleu clair ou vert pâle, elle n'eût jamais mis un pied dehors sans sa « tête », un madras d'un jaune éclatant, enroulé avec un soin méticuleux et piqué d'une épingle d'or. Mais c'est son cou qui attirait les yeux, d'abord. Jaillissant de ses rondes épaules avec une impétuosité animale et une prestesse dans laquelle semblait triompher toute la joie et toute la fierté de porter si haut ce joli chef de mulâtresse. « Gé, hé, hé ! » Un homme parfois se risquait, jetait un œil, jetait un mot, un homme du peuple, lançait son admiration comme des fleurs : « Moin ka prend guiêpe assour'ou ». (« J'en pince pour vous »). Et elle, forçant la marche et le mépris, avec ses pensées envahissantes. (S'il croit celui-là que je vais « même » me retourner !) « Guilope ! Fichez-moi le camp ! » Furibonde, la prunelle enflammée. (Qu'est-ce qu'ils peuvent bien se dire derrière leurs fenêtres ? Peut-être me trouvent-ils mal coiffée ? Peut-être...) Voilà Madame Zindor, la vendeuse de brioches. Le « tray » en bois sur le sommet du crâne. Madame Zindor, ses pâtés de cannelle, de banane, de coco, ses pains-doux, ses « moussaches » au manioc. Et sa nuée de gosses criards à ses trousses comme des mouches. Madame Zindor, noire cariatide aux pieds nus, usés, pipe au bec, paupières à demi closes sur un monde qui ne semble l'intéresser que moyennement. Pourtant, la journée s'annonce belle. Belle aussi la mer, cette déchirure bleue là-bas, tout en bas, tout au bout des marches qui cavalcadent. La mer et, suspendu comme une marine au mur d'une chambre de garçon, un steamer qui fume.

Mais toujours ces gros pavés, sous les babouches d'Hortense, ces galets volés à la côte ou au lit de la Roxelane, ces pavés qui font craquer comme un cercueil la voiture de ramassage des ordures. Elégant canotier se soulevant, galant, laissant apparaître le sourire de Justinien Thierry, le conservateur du jardin botanique. Un homme de goût qui couvait autant les jolies femmes que ses fleurs. Des fleurs rares que tout Saint-Pierre allait honorer le dimanche, madame sous son ombrelle, monsieur au bout d'une canne à pommeau d'agate et les enfants encerclés dans leurs cerceaux, le dimanche, près de la cascade grondante, au bord de la pièce d'eau surchauffée où dormaient des nénuphars comme des œufs sur leur poêle. Justinien Thierry, un homme heureux de nature, plus heureux encore ce jour-là parce qu'il venait de recevoir du Jardin des Plantes de Paris quelques pieds de gardénia de Stanley qui avaient courageusement résisté aux dix-huit jours de traversée et n'allaient sûrement pas manquer de rameuter les connaisseurs. Hortense avait appris la nouvelle par le journal : « Vos gardénias se sont-ils bien acclimatés ? — Le mieux possible, chère Madame, et j'espère bien que vous viendrez les voir bientôt. »

Et le pas d'Hortense reprenait son rythme pendant qu'un autre chapeau s'envolait, au bout d'une autre main, un panama, cette fois-ci, celui d'un cavalier, celui de Gaston du Morne Cordier, l'élégant propriétaire du Grand-Morne, béké de vieille souche, fabriquant le meilleur rhum de l'île. Cet ancien officier de chasseurs à cheval que les femmes appelaient entre elles « Ziéclé », « Yeux Clairs », rêvant de le frôler en ville, sur l'étroit trottoir où deux passants se croisaient avec peine. « Yeux Clairs » bourreau des cœurs. Un peu malgré lui, car trop à ses affaires. Il avait fait rêver Hortense aussi, avec son corps mince et long d'écuyer, bien cambré sur sa fine monture qu'il tenait toujours, comme à l'instant, d'une seule main, la gauche, gantée de chevreau, l'autre servant à saluer les rencontres agréables. Une fois même, elle avait cru comprendre qu'il lui témoignait plus que de l'intérêt, plus que de la curiosité. Une fois, quelque temps avant son mariage avec Marius Mureau. A l'occasion d'un bal au théâtre. Pendant un quadrille. Un autre souvenir d'« Yeux Clairs » passant passait et Hortense souriait, appréciant la précision de sa mémoire. Le jour où, justement, il avait acquis ce très beau cheval au cours d'une vente par autorité de justice. « Au nom du peuple français, la loi et la justice, il sera procédé... » La foule en chapeau sur la place du marché, au François et, au milieu, s'ébrouant, chauvirant des oreilles, se campant, le naseau frémissant comme si elles savaient qu'il fallait plaire, deux superbes juments... « Vente aux enchères publiques par mon ministère, payables au comptant et avant livraison, » criait le sieur Clément. « Une jument sous poil alezan âgée de 7 ans ;

une jument sous poil moucheté, blanc et caco, âgée de 8 ans. » Hortense voyait Gaston hésiter. Elle s'était rendue là avec son père, hésitant plus encore. « Prends celle-là, avait dit Hortense en désignant la mouchetée qui lui semblait vouloir la séduire de ses gros yeux malheureux. Mais Félix Bellard n'avait pas voulu en donner le prix. « Vu et entendu ? » Hortense tirant sur sa manche. « Personne ne dit mot ? » Gaston levait sa main gantée, les yeux de la jument s'éteignaient pour Hortense. « J'adjuge ! » Le père d'Hortense avait dû se contenter de l'alezane, une belle bête quand même. Et sa fille avait vu « Yeux Clairs » s'éloigner, se perdre dans la foule, dans la cohue des voitures, bien droit sur sa selle, l'avait vu, saluant à droite, saluant à gauche, au pas, puis au petit trot, là-bas, loin. Adieu « Yeux Clairs ». Avait-elle vraiment espéré se faire aimer de Gaston un jour ? On le disait et même Marius, son mari, l'avait su. Mais oui. Pourquoi, en fait, avait-elle préféré épouser ce fils d'épicier en gros et bâtard par-dessus le marché plutôt que de devenir la femme, de seconde main, peut-être, mais très aimée, très choyée, de ce fringant cavalier, de ce grand propriétaire terrien ? Il y avait quelque chose dans le regard du premier qui n'était pas dans celui du second. Ni dans aucun autre regard. (Elle avait pourtant cherché longtemps et partout.) Une flamme dévorante. La fleur brillante et carminée d'un feu intérieur. Lumière fulgurante jaillissant directement du tréfonds. Et puis il y avait tous ces principes qui régissent la vie. Son père était un grand mulâtre, un vrai, un homme respecté par tous, admiré, envié. Comment eût-il permis que sa fille... Il voulait pour elle le mariage. Le grand. A l'église. Et seul un homme de sa couleur pouvait le lui offrir. (Mais à cet âge-là, qu'est-ce qui peut vous arrêter ? Faire comprendre à une jeune fille qu'il n'est pas suffisant d'être aimée par un bel homme pour rendre tout le monde heureux ?)

Agenor guettait l'arrivée de sa patronne, assis sur la marche de pierre, devant la porte d'entrée du magasin. Dans cette situation, au ras du trottoir, caressé par l'alizé matinal et le soleil encore jeune, le commis pouvait ainsi prévoir la moindre incursion fâcheuse tout en s'abandonnant à ses pensées profondes. Coudes sur les genoux, menton sur les paumes, regard sur rien. Une position très familière aux gagne-petit de ce pays, qui rappelait un peu à Hortense l'œuvre récente de ce sculpteur de Meudon dont on parlait beaucoup depuis quelque temps dans *L'Illustration*. Debout, d'un bond, à l'apparition de « Madanm' », saisi d'une légère panique, le voilà ouvrant la porte, se précipitant dans ses jambes, et d'autorité la dépossdant de son ombrelle. ».. « Bonjou, man' Hortense. » Non, les deux clients n'étaient pas encore arrivés. A 9 heures. C'est ça, dans dix minutes. La lumière s'engouffrait maintenant dans cette pièce sombre et les choses indistinctes prenaient soudainement forme et vie : tout un fatras de sacs, de caisses, de tonneaux, de boîtes, d'emballages en tout genre et, coincé, gêné d'être là, un petit bureau couvert de papiers et de cahiers à couverture noire. Et lui faisant conversation deux pauvres fauteuils, proches de la retraite, anxieux à l'idée de devoir en supporter encore. Seule preuve d'une présence féminine, ces trois fleurs rouges dardant leur bec avec défi au-dessus d'un vase avare de son eau. Domaine d'Hortense. Sur le sol en terre battue, la trace continue d'un sac de son crevé qui craignait sans doute de se perdre. Et au mur, dans un coin, don d'une marque de chocolat, un miroir ennuyé de contempler sa propre image dans la tristesse de l'ombre. Domaine d'Hortense ce bric-à-brac habituel des « négociants » de Saint-Pierre. Négociant, mot suffisamment vague pour désigner un touche-à-tout du commerce qui tirait rapport de la moindre occasion d'échange, du jus de la pulpe la plus desséchée. Génie des Bellard, pétris d'adresse, d'ingéniosité et d'expérience. De travail aussi. Génie d'Hortense, pour vendre, acheter, marchander. A cent lieues des dispositions d'esprit de Marius Mureau, fait, lui, pour les feux de l'éloquence, les batailles d'idées, les grandes querelles. Hortense, agent immobilier, dépositaire de marques de tous articles, de l'eau minérale au fil de laiton en passant par les produits de beauté, et puis surtout, consignataire de cargaison, c'est-à-dire, selon le droit maritime, la mandataire de l'armateur qui effectue, pour les besoins et le compte du navire et de l'expédition les opérations que le capitaine n'accomplit pas lui-même. « Les marchandises consignées demeurent toujours la propriété du transporteur et restent à ses risques et périls », rappelait prudemment une pancarte poussiéreuse. Deux employés aux écritures travaillaient dans un bureau situé au fond de la cour, derrière le magasin, une petite pièce qui avait dû servir un jour de cuisine. Hortense, pleine de grâce, allant, venant, au milieu de cette bousculade vulgaire, de cet appentis sordide, jolie dame de bienfaisance visitant un logement insalubre. Mais ne se salissant jamais, sortant toujours de là aussi propre, aussi intacte que de son cabinet de toilette, libellule envolée d'un cloaque. Elle aimait d'ailleurs ce qu'elle appelait son repaire. Aimait cette odeur de rhum, de café et de poisson sec mélangée à celle que la brise marine rabattait par bouffées du marché tout proche, chaude haleine de tous ces fruits juteux et ruisselants, richesses de la montagne et de la mer. De tout ce que captent les bateaux dans leurs voiles au cours de leur voyage, et de ce qu'ils rapportaient dans leurs entrailles. La morue de Saint-Pierre-et-Miquelon, les bois durs de Guyane, les bœufs de travail de Saint-Martin et de Porto Rico, le tabac et les cigares de Cuba et du Venezuela, le café d'Haïti, et le reste de France. Et ce qu'ils emportaient loin de ces rivages comme autant de souvenirs parfumés : sucre, rhum, tafia, vin d'orange, liqueurs des îles, cacao, indigo, bois de campêche, peaux brutes, écailles de caret, farine de manioc, ananas, confitures... Et ce sabbat du marché et du port, tous ces bruits d'hommes au travail, et ceux des cavaliers et des voitures. Odeurs, bruits, ombre humide, lumière aveuglante, discussions d'affaires, univers d'Hortense heureuse. Plus heureuse que chez elle, à Tivoli où il fallait qu'elle partageât avec Marius, bien sûr, mais aussi avec Amante, toujours présente, souveraine, d'une fidélité tyrannique, d'une dévotion étouffante à l'égard de celui qu'elle avait élevé, dont elle avait été la « da ». Plus heureuse ici, loin des arrière-pensées, bactéries pernicieuses des sentiments, loin des commérages de salon, friandises des mauvaises langues et bonbons empoisonnés qui rongent lentement les couples jusqu'à leur dissolution.

Voici les deux clients attendus à 9 heures. Agenor leur tendit les fauteuils éculés, leur prit canne et chapeau avec cérémonie. Laurent Lacroix, un Européen rouge et gros, grosse tête, gros bras, transpirant à grosses gouttes dans une redingote boutonnée jusqu'à son gros cou comme s'il souffrait de maux de gorge, et Robert Lodéon, son aide, fine taille, fine moustache, le poil sec. Un mulâtre.

— Voilà, dit le rougeaud en s'épongeant le front et le cou avec un mouchoir à carreaux d'une dimension étonnante, c'est pour votre bois du Nord, ça nous intéresse...

Sueur. Hortense ne pouvait supporter cette odeur. Sa hantise. Lui faisait la chasse sur elle-même avec une méticulosité qui touchait à la manie. Et ce gros homme n'était que sueur. Polytechnicien. Ancien conducteur des Ponts et Chaussées, il avait abandonné cette administration pour le privé, pris soudain de passion pour l'invention d'un Anglo-Américain qu'il disait prometteuse : le téléphone. Il avait construit à Fort-de-France la première ligne de la Martinique et les journaux en avaient parlé avec emphase. Evénement, exploit. Lacroix, l'homme du jour. Hortense avait lu cela. (Lisait le journal de Marius de la première à la dernière ligne, trop anxieuse de devoir apprendre par d'autres ce que son mari disait à tout le monde). Comme elle avait lu qu'une autre ligne reliant Fort-de-France, le chef-lieu, à Saint-Pierre allait être inaugurée ce matin même. — « On vous y invite, » offrit l'homme derrière son mouchoir, désireux de plaire. — « Il ne faut pas manquer ça, » ajouta le moustachu. (Il n'avait pas encore remué la langue et trouvait là l'occasion de le faire).

Le bois devait servir à la fabrication de poteaux télégraphiques. Lacroix espérant bien étendre son réseau à travers la ville. Chimère. Hortense estima qu'il caressait une chimère, mais puisqu'il acceptait de payer dès la livraison, elle s'empressa de le féliciter pour son idée audacieuse qui ne pouvait que développer la concurrence. Sorti du fond de la cour comme un malade de son lit, pâle, voûté, avec calotte, binocles, porte-plume sur l'oreille et manches de lustrine, le comptable mâchonna quelques chiffres que l'associé digéra après ingestion rapide et l'affaire fut conclue. Une bonne affaire. (Merci mon Dieu). Des tombereaux loués chez Delsuc assureraient le transport jusqu'à la scierie. (Merci mon Dieu). Hortense se félicitait. Se rappelant la fois où une cargaison de la même importance lui était restée sur les bras. Obligée de la liquider à bas prix à cause des termites, des « poux-bois », de toutes ces autres engeances redoutées par les marchands de bois d'œuvre. Voilà. Les deux hommes se levaient, reprenaient leur chapeau. Voilà. « A dix heures précises, n'oubliez pas. Car le maire a promis d'être à l'heure. »

D'accord. Hortense irait. Ne serait-ce que pour juger par elle-même du sérieux de l'entreprise. Et puis rien ne pressait plus ce matin après ce marché avantageux. Pas même ce navire annoncé. Du reste, le brick hollandais *Adriatic* n'entrerait dans la rade que vers midi et demi et, encore, n'était-ce pas si sûr, sa dernière escale antillaise avant Saint-Pierre, l'île anglaise de Sainte-Lucie, exerçant habituellement un attrait particulier sur son équipage.

L'odeur de sueur stagna un moment puis disparut d'un seul coup comme si elle avait voulu rattraper ses visiteurs. Vite l'ombrelle. Le soleil frappait déjà sans ménagement. L'ombrelle fleurie qui imprimait sur le visage d'Hortense les écailles poudrées des papillons. Hortense sous ses papillons, se hâtant vers la cérémonie. Marius sera là. Sûrement. Il se trouvait toujours sur les lieux de l'événement. Toujours au premier rang. Comment la vie pouvait-elle faire preuve d'originalité sans qu'il en fût le témoin et parfois l'acteur ? Une curiosité de journaliste augmentée du désir d'apparaître toujours au bon endroit, actif, disponible aux yeux de ceux qui devaient l'aider à accéder au sommet, au pouvoir. L'ombrelle fleurie remontant vite la grand-rue du Mouillage, corolle emportée par le vent.

9 h 50. L'horloge de la Chambre de commerce était connue pour sa ponctualité. Et, généreuse, elle donnait l'heure à tous les bateaux du port. Comme l'œil d'un cyclope, elle ornait dans son milieu le fronton de l'élégante bâtisse carrée, tout de lattes habillée et entourée d'une galerie dont les colonnettes de fer soutenaient l'unique étage. Belle cohue ! Hortense se glissa tant bien que mal jusqu'à la balustrade formée de croisillons de bois qui défendaient l'entrée du balcon couvert. « Par ici ! » Lacroix l'avait aperçue, de même que Robert Lodéon. Ils la poussèrent vers l'intérieur. Chapeaux. Chapeau ciré de François Bernard, le maire, haut-de-forme de Pinel de Colleville, le conservateur des hypothèques, de Casanova, le commissaire de police, de Gaston de Pompignan, l'un des propriétaires des *Antilles*, le journal « modéré », hostile aux anticléricaux, d'Albert Codé, du Dr François Lota... Et cheveux. Cheveux plats, ondulants, bouillonnants, cotonnés, crépus, touffus, tout fous. Et cheveux têtus de Marius Mureau, lançant de temps en temps à ses adversaires le rayon glacé de son œil droit, et autour de lui, la joyeuse bande de ses amis politiques, riant, chahutant, se bousculant, les Clavius-Marius, César-Laîné, La Ruffinière, Portel, Orsenat... Tous là, autour de lui, comme d'habitude, soigneurs autour de leur champion, humant déjà le parfum grisant d'une victoire par K.O. « Silence ! » La foule se tut un peu.

Devant Hortense, près d'un Lacroix couvert de sueur, un appareil étrange fixé au mur paraissant vibrer doucement comme ému de se trouver là, au milieu de tant d'admirateurs. Chacun le guettait, tentant de comprendre par quel miracle dans un instant Saint-Pierre et Fort-de-France allaient échanger leurs voix. « Silence ! » Lacroix péniblement hissé sur une chaise, le mouchoir à gauche, une feuille de papier à droite : ... « Vers 1861, donc, un professeur allemand du nom de Philippe Reiss put faire entendre dans une salle des chants exécutés à cent mètres de distance, il donna à son appareil le nom de téléphone »... mur de la foule qui s'entrouvrait en murmurant, bourdonnant, pour livrer passage à deux artistes du théâtre : Mademoiselle Cauville, première chanteuse légère et Monsieur Rey, baryton. Applaudissements épars... « Chut !... mais cet appareil ne reproduisait ni le timbre, ni l'intensité du son, ne pouvait, par suite, transmettre la voix humaine et... » (Mademoiselle Cauville détaillée par Hortense. Quelle extravagance ! Un corsage héliotrope lacé derrière et collant en cuirasse, une jupe plate s'éventaillant en tuyaux d'orgue, et tout cela surmonté d'un incroyable chapeau en tulle noir perlé d'or). ...« de l'exposition internationale de Philadelphie, lors du centenaire de l'indépendance américaine, Graham Bell, grâce à un appareil d'une étonnante simplicité »... Nerveux, agité comme s'il recherchait un objet égaré dans l'attroupement, Robert Lodéon s'enquérait de l'heure exacte et personne ne semblait capable de la lui indiquer — 10 h, 10 h 02. A Fort-de-France, où avait lieu une cérémonie identique, on devait attendre... Et avec ça une coiffure « aux enfants d'Edouard » qui lui donnait un cou chevalin. (Un harnais, voilà ce qui lui manque !) 10 h 03 — Nous allons être en retard... « Après Paris, première ville d'Europe à s'être dotée d'un réseau urbain, après Reims, Troyes, Tourcoing, voici que maintenant »... Robert Lodéon, plus impatient encore, faisait signe à Lacroix d'abréger, d'en finir... « Et c'est ainsi qu'aujourd'hui, grâce à la grande obligeance »... Hortense épiait Marius car il guignait la chanteuse, ou du moins en donnait-il l'impression. Parfois, en effet, ses yeux se perdaient vers elle, se perdaient pour les autres. Cette grande jument qu'un seul cavalier ne devait pas satisfaire... (Mystère de l'homme. Comment peut-il soudain se laisser attirer par le contraire de ce qui lui fait généralement battre le cœur, renier son goût, son raffinement, lui-même. Le chien de race cherche la fange pour s'y vautrer). « Nous allons maintenant procéder à la première »... Le maire, tout en noir brillant, reluisant, chapeau, visage, redingote, souliers, sauf la neige de sa denture éclatante, le maire est entré en scène. Lacroix lui avait tendu les cornets magiques et c'était comme si, d'un seul coup, un monde inconnu et fabuleux s'ouvrait sous ses pieds. Blanc des yeux, blanc des dents, lait moussu de l'émerveillement. « Je les entends ! Je les entends ! »... De l'autre côté, à Fort-de-France, M. de Laguarigue de Survilliers, un ingénieur de grand mérite, dirigeait les opérations. C'était grâce à lui, d'ailleurs, si ces vibrations acoustiques pouvaient franchir les trente-deux kilomètres qui séparaient les deux villes car il avait réussi à perfectionner le système initial... « L'honneur revient maintenant à nos chers artistes du théâtre »... Pour prouver, en effet, la qualité du son, la fidélité de ce porte-voix moderne, on avait demandé à Mademoiselle Cauville et à Monsieur Rey de soumettre leur organe aux feux de l'expérience. Et voilà la chanteuse légère et le baryton entonnant dans les cornets le fameux duo de « Si j'étais roi », « C'est pour les belles ». Applaudissements, compliments. « Silence ! » Oreille tendue, souffle retenu.

Ecoutez. Ecoutons maintenant cette voix qui vient de si loin, nasillarde peut-être, mais si humaine. La voix de Monsieur Dérial, la première basse, exécutant à Fort-de-France « Si la rigueur »..., le grand air de « La Juive »... 32 kilomètres ! Une pareille distance ! Gloire aux prestigieux ingénieurs, aux inventeurs de génie ! Grincements émoustillés du porte-plume de César-Laîné, le rédacteur en chef des *Colonies*. Demain matin, les Pierrotins sauront que le téléphone a conquis son âme.

La salle se vidait et Hortense tentait d'approcher son mari, jouant des coudes. C'est à ce moment-là qu'éclata l'incident qui devait assombrir cette belle cérémonie. « Coco-la-peur ! » Un cri jeté dans la foule, dans le dos de Mureau. Qui se retournait. Pour apercevoir, grimaçant, haineux, le Dr Lota, celui-là même qu'il venait de fustiger dans le journal du jour. Lota escorté de ses amis, un mur de chapeaux et de jaquettes. Lota, criant en pleine face : « Voilà ce que j'en fais moi, de votre torchon, Monsieur ! » Le journal déchiré avec rage, cent morceaux projetés bien haut, retombant en flocons sur les épaules, sur les têtes. Bien haut avec les rires, avec les huées. « A bas Coco-la-peur ! » Et les partisans de Mureau ravis de la bousculade, houspillant, lançant des horions. Pauvre Hortense qui essayait d'arracher son mari à la mêlée en le tirant par le bras. Et la chanteuse prise dans le tourbillon, son chapeau vacillant dangereusement comme un voilier sur les flots démontés. Comment ne pas comprendre la fureur du médecin ? Quand il avait vu de quelle manière *Les Colonies* avaient salué son investiture à la tête du journal diocésain : « Singulier moyen de faire aimer la religion que d'en confier la défense à celui qui salit de sa bave tout ce qu'il touche. » Mureau n'avait donc pas perdu de temps. L'abbé Gosse à peine parti, il attaquait déjà. « Vous ne savez pas de quel bois je me chauffe ! » hurlait Lota que sa petite taille desservait au milieu d'une pareille forêt de grands diables. Le mulâtre s'interdisait de répondre. Gardait ses mots cinglants pour son prochain article. Et puis il n'était pas l'offensé. Arrivée de la police. « Allez, messieurs, du calme, circulez ! » Du commissaire Casanova et de deux gardes de police appelés par la direction de la Chambre de commerce, craignant pour son mobilier. Deux gardes qui entreprenaient de pousser doucement tout le monde dehors. « Messieurs, allons, soyons raisonnables ». Hortense soupira, disant à voix basse pour personne d'autre qu'elle-même : « La campagne électorale commence bien ! »

Aux *Colonies*, dans la Grand-Rue, Mureau avait l'habitude

de se réfugier non dans son bureau au premier étage, qu'il abandonnait volontiers à César-Laîné et aux visiteurs de passage, mais sous les combles, dans un galetas qu'éclairait parcimonieusement une étroite fenêtre nichée au fond d'un chien-assis. Dans ce pigeonnier, les deux coudes sur une table de bois blanc couverte de papiers, il pouvait apercevoir un bout de la rue à l'endroit où elle prenait de la pente. Apercevoir surtout la montagne et ses carrelages verts. Et les taches plus sombres qu'imprimaient les fromagers couverts de fruits duvetés et les balatas aux bras tordus. C'est par là, en imaginant la bonne fraîcheur de l'ombre et l'odeur des framboisiers sauvages, que s'égarait son regard lorsqu'il écrivait ses interminables articles. Besoin de cette évasion bucolique, loin du tumulte et, en même temps, de cette immersion dans les eaux profondes et pures de son pays. Besoin d'être seul un instant avec son île. Mais ce matin, il savait qu'il ne trouverait pas la paix. Ceux qui l'avaient accompagné à sa sortie de la Chambre de commerce dans ce tohu-bohu effréné ne délogeraient pas des *Colonies* avant l'heure de l'apéritif. Savait que la fièvre allait monter ainsi par de brusques poussées jusqu'en septembre, jusqu'à l'échéance électorale. Ebullition qu'il aiderait d'ailleurs à entretenir en évitant, autant que possible, les explosions destructrices.

Au rez-de-chaussée, au milieu de cette pièce sombre où l'on recevait habituellement les clients dans un silence feutré, les amis de Mureau donnaient autour de lui un charivari où les trilles des boute-en-train résistaient mal aux débordements de l'acrimonie et de la rancune. « Faut lui régler son compte ! » jurait Léon Ferrale, le facteur du journal qui en voulait surtout à Lota pour avoir reçu un coup de sa canne alors qu'il s'apprêtait à bourrer sa boîte aux lettres de placards vengeurs. Au comptoir des annonces et réclames, Louis Jusselain, le directeur des Glacières coloniales, ne parvenait pas à se faire entendre... « 5 centimes le kilo !... en page 3 »... Et César-Laîné, un bout de papier dans sa main levée : « Ecoutez tous cette bonne nouvelle : le dernier gouverneur militaire de la Martinique a vécu, Aube s'en va ! » Oui, le capitaine de vaisseau Hyacinthe Aube, l'homme à la poigne de fer, le « tyranneau des mornes et des savanes », allait quitter la colonie après trois ans de pouvoir discrétionnaire. « Aube Ier, roi de la Martinique ! » Farouche adversaire de Mureau et de tous ces partisans de la « substitution des races ». « Despotique, sectaire, raciste », et, pour les autres, « l'un des meilleurs administrateurs dont l'île eût hérité »... « Vous dites deux francs la ligne ? Je dis qu'il faut écrire que la viande est reçue dans les dépôts des Glacières, place du Mouillage et place du »...

Mais l'ennemi du jour, le plus présent, le plus pressant, c'était Lota. « Ennemi d'une race, d'une classe, d'une politique, d'une philosophie. Défenseur de cette bourgeoisie dégénérée représentée par les békés et de ces théocrates en froc, exploiteurs de la crédulité populaire ». Sus aux laps et aux relaps ! La réaction veille au salut de l'Eglise et à la mort de la Gueuse.

« Les impies, les mécréants, oui, c'est nous ! » s'écriait César-Laîné comme pour mieux s'en convaincre, alors que la « Créole » et le « Bourdon », les deux cloches de l'église du Fort, sonnaient midi à toute volée donnant aussitôt à l'assistance un goût d'absinthe sur la langue. Trêve du boire et du manger. Dislocation. Les uns allaient déjeuner chez eux, les autres se dirigeaient en bande vers « Le Requin repenti », casse-croûte à toute heure, brochettes de « cicis », ces oiseaux minuscules qui fondaient dans la bouche, verre de sang-gris au madère à 0 F 75, vin d'orange ou absinthe à 0 F 50 ou bien encore pour le même prix le « folibar », punch spécial pour gabarriers indifférents à l'idée de devoir coucher sur place après ingestion. La porte des *Colonies* fermée à double tour, Mureau savoura un instant le silence revenu puis il monta prestement dans son grenier. Ses doigts le démangeaient. Parfum de l'encre, du papier. Vite, le coup d'œil vers la montagne, vers ses ombres et ses lumières. Refuge, récompense. Et inspiration. Hortense s'était rendue au port où devait arriver l'*Adriatic*. Seul, ainsi, il se sentait mieux. Loin d'elle car elle ne le suivait pas toujours dans ses batailles. Surtout celles qu'il menait avec une hargne de bûcheron contre le clergé et la religion. Leur confrontation était souvent zébrée d'éclairs et il arrivait même que la foudre tombât. Comment eût-elle pu supporter, en effet, pareille violence anticléricale alors que de mémoire de Bellard la famille avait toujours confié son âme à l'église, du berceau au lit de mort ? « Sottises pour gens frustes ! Pratiques médiévales ! » Et elle, explosant : « Que fais-tu de la liberté de pensée de tes philosophes, de cette belle tolérance dont vous truffez tous vos discours ? » Les mots volaient ainsi, parfois, comme des couteaux lorsque *Les Colonies* enfourchaient leur vieux cheval de bataille, déchirant à belles dents soutanes et chapeaux à cornes.

Pourtant Hortense avait réussi à épouser Marius religieusement. (La nuit, soudain réveillée, elle se demandait souvent si c'était bien lui cet homme impie, à côté d'elle, ronflant). Quelle valeur eût-elle attribué autrement à leur union ? Il s'était laissé faire, bon prince. Pour une fois. Désireux de s'accorder avec ses beaux-parents. Il faut dire aussi que l'intérêt lui commandait d'être conciliant : Hortense avait apporté beaucoup d'argent au foyer. L'argent des riches Bellard, fruit du négoce et d'un travail effréné. L'argent de l'épicerie en gros qui avait permis en partie aux *Colonies* de naître et de survivre. En partie. Car son père, Amédée Mureau, avait fourni sa part avant de mourir, grâce à une affaire de rhum qui n'avait pas si mal marché. Le sucre et le tafia au service des grandes idées ! Et puis il avait rejoint très tôt les lowtons de l'Union n° 115, la loge maçonnique écossaise de Saint-Pierre dont son père avait pris à lui seul la moitié des actions, soit 4 000 francs, lors de l'achat de l'hôtel de la rue Montmirail. Aussi la vue du moindre prélat avait-elle don d'aiguillonner sa haine. Et lorsque la tempête de la laïcisation de l'enseignement déclenchée par Jules Ferry avait touché ces côtes ensoleillées, il avait été de ceux qui avaient brandi l'étendard de l'absolutisme.

Jules Ferry, l'homme qui donnait à Mureau l'envie d'entrer dans l'histoire ! De son île perdue, il l'imaginait dans les tournois parlementaires, accompagnant ses envolées oratoires du frétillement de ses favoris. Suivait tous ses faits et gestes avec admiration, retenant son souffle, comme un zoologiste dans la brousse, captivé par la danse lointaine d'une gazelle. Ses discours, il aurait pu les déclamer d'une traite, comme ça, à qui eût voulu les entendre. Contre Napoléon III, contre Mac-Mahon, contre le gouvernement de « l'ordre moral ». Contre le cléricalisme honni. Et pour la dissolution des congrégations religieuses. Ah ! le froufrou d'épouvante des robes noires quand la loi avait obligé les Jésuites à se disperser sans condition et donné trois mois aux autres congrégations pour demander l'autorisation légale ! Quand la force avait mis fin aux privilèges de la calotte ! Les battements d'ailes affolées des cornettes et des barrettes. Panique au poulailler ! Quelle jouissance ! Fort de sa présidence au Conseil général, Mureau avait pu donner libre cours à sa violence. Chasser comme des malpropres les frères de Ploërmel qui assuraient depuis plus d'un siècle l'instruction primaire de la colonie. Exproprier comme des voleurs les sœurs de Saint-Joseph de Cluny et les pères maristes qui dispensaient, eux, l'enseignement secondaire. Voilà à quoi il employait son énergie, son enthousiasme et son talent de polémiste. Mystère. Mystère pour tout le monde, malgré tout, cette passion haineuse à l'égard des gens d'Eglise. Car, enfin, ne comptait-il pas dans sa famille, si proche, si proche de lui, un digne représentant de cette caste honnie : son frère, son aîné de onze ans, Edouard Sulpice Mureau ? L'abbé Sulpice, le curé de La Rivière-Pilote. C'est lui qui l'avait marié. Lui qu'Hortense allait voir en cachette de son mari, parfois, pour lui expliquer ses colères, tenter de les lui faire comprendre. Pour qu'il souffre moins de cette impiété si mal placée. Le bon Sulpice. Qu'on n'entendait jamais se plaindre de son frère. Même dans les pires moments de ses égarements. Quand on lui parlait de lui, il secouait lentement la tête comme devant un enfant espiègle, un garnement. Mais Hortense savait que les rares fois où ils s'étaient rencontrés, depuis que Marius avait choisi la politique, le ton n'était pas toujours resté fraternel.

D'Hortense les gens disaient, consternés, peinés pour elle : « Comment une si gentille personne a-t-elle pu un jour avoir l'idée de lier son sort à ce... » Et le dernier mot se perdait prudemment dans la barbe du silence. Ou bien : « Faut-il que son argent le retienne à elle pour qu'il lui permette de continuer d'aller à l'église ! » Car Hortense n'eût pas manqué une seule fois la grand-messe du dimanche.

On la plaignait donc, surtout chez les adversaires de son mari. Elle si douce, si tolérante. Lui si violent, si hargneux. L'eau et le feu. Mais elle : « Je suis heureuse avec lui ». Elle : « Vous ne le connaissez pas réellement, si vous saviez comment il est vraiment ». Et à celles qu'elle rencontrait à l'église sous la mantille : « Pardonnez-lui, sa famille a beaucoup souffert du racisme. Et puis il n'est pas méchant au fond de lui-même ». Donc toujours prête, avec un sourire modeste, à l'excuser, à le disculper. Mais dans les replis de son être, bien enfoui, bien caché, loin des épieurs, des fureteurs, un certain mal se lovait, multipliant ses anneaux. Un mal qui ne devait être visible pour personne. Même pas pour sa propre famille. Les Bellard étaient ainsi faits. De pudeur, de dignité et de discrétion. Un frisson d'eau sur de la mousse, dit le poète.

L'*Adriatic* jetait l'ancre quand Hortense se présenta sur le bord de mer. Un petit vent d'ouest mordillait la côte, meute de chiots dans les mollets, agaçant le sommet des vagues et retroussant les jupons des tamariniers. Petit vent poivré des îles, grisant, montant doucement à la tête des vaisseaux alignés dans un demi-sommeil. Cris dans le vent. Ceux des piroguiers pagayant avec force vers le brick qui venait d'amener ses voiles. Chantaient, soufflaient dans leur conque. Plaintes moelleuses et déchirantes, mêlées à la rumeur des flots et s'évanouissant dans les collines. « Roulé-é ! Rosé-é ! » Qui arriverait le premier ? Joies enfantines de la course. Et bataille pour la subsistance. Des yoles, des gommiers et des « sabas » tourneviraient, virevoltaient autour de la coque encore toute frémissante. Lui lançaient des cordages, des amarres, des gaffes. Fébriles efforts des Lilliputiens pour ficeler le géant enfin immobile.

Midi, place Bertin. Presque le silence. Plus de roues grinçantes sur le pavé inégal. De cris, de sifflets. La tonnellerie voisine, aussi, avait arrêté ses martèlements. Dételés, les haquets attendaient en ligne, face aux magasins, les mulets broutant leur avoine. Pendant que les conducteurs entouraient la marchande ambulante, sa « bombe » de haricots fumants entre les jambes, servant avec des rires son poisson pimenté, sa viande. Dix assiettes tendues au bout des bras d'acier. Muletiers, débardeurs, arrimeurs, mangeaient, accroupis, pitance au ras des lèvres, happaient, aspiraient, vite, pour ne pas en perdre une lichette, vite, et aller dormir ensuite sous les gros manguiers avant la reprise du labeur.

Hortense, assise un peu plus loin, sur un fût, au bord de la fontaine Agnès. Fontaine décorée de tritons musclés, modelés sur ces hommes assoupis. Elle attendait l'agent de la Compagnie, Joseph Plissonneau, le premier, toujours, à se rendre à bord, avec les douaniers et le médecin du port. Joseph, un jeune homme fort actif qui venait juste de convoler avec une fille de famille originaire de l'île voisine de Sainte-Lucie, Eugénie Mc Hugh. Hortense aimait bien cette femme au teint laiteux dont l'accent anglais augmentait la grâce. Un couple d'une fréquentation agréable, sans préjugé de race.

Voilà justement Joseph. A l'avant d'un canot qui revenait du large. Joseph et son air de yachtman en éternelle croisière de plaisance. A l'indolence charmeuse. Le madère commandé par Hortense figurait bien au manifeste. Trois barriques de 220 litres. Qu'elle vendrait 120 francs l'unité. Facilement. Car ce vin corsé se buvait beaucoup en ce moment. Avec son avantage de résister aux grandes chaleurs et à l'humidité. Joseph Plissonneau bavardait avec le capitaine Loring du *Charles Forbes*, une frégate à roues américaine de 450 chevaux venant de Boston, chargée entre autres de 20 barils de beurre, d'une glacière et de 8 colis d'eau de fleur d'oranger qui étaient aussi destinés à Hortense.

Parmi les autres passagers du canot, le capitaine Boon, de l'*Adriatic*, et un homme, le visage mangé par l'ombre de son panama, mais trop connu d'Hortense. Visage émacié d'Albert Codé, un jeune ingénieur chimiste. Ami intime du Dr Lota, donc adversaire implacable de Marius Mureau. Joues piquetées de petite vérole, comme rongées par l'acide d'une de ses préparations. (Ces grands chapeaux sont bien commodes quand on a quelque chose à cacher). Et Codé ne tenait guère à montrer à Hortense — dont les yeux noirs ne lui étaient pas indifférents — le front de marbre et les lèvres de glace qu'il réservait habituellement à son mari. Il lança quand même une main hâtive en direction de son chef. Ebauche de politesse. Mais le geste finit court et personne ne put savoir qui en était le destinataire, Plissonneau, le capitaine hollandais ou bien cette jolie mulâtresse au regard froidement impassible. Sous un aspect généralement affable, la misanthropie et l'aigreur se dissimulaient chez cet ancien élève de l'Ecole des Arts industriels et des Mines de Lille. Hortense n'ignorait rien de ses passes d'armes avec son mari. Revenu depuis six ans dans la colonie, diplômes en poche, il ne travaillait jamais longtemps au même endroit. Avec ce caractère ! Pourtant, tout le monde reconnaissait sa compétence. En 1877, le Conseil général de la Martinique l'avait chargé d'une étude du sol. Satisfaction unanime. Puis on l'avait vu dans deux ou trois distilleries. Sa science avait fait merveille mais on se serait bien passé de ses éclats de voix. Curieux quand même ce continuel emportement chez un homme que le métier de chimiste aurait dû prédisposer au silence et à la sérénité. Curieux. Peut-être tenait-il cela du fond de la terre, pensait Hortense avec un petit frisson, car elle savait, par le journal, qu'il se passionnait pour les volcans. « Le feu interne de la terre couve aussi sous les mers, recherchant une rupture du sol... », avait-il écrit. Chair de poule. A vivre ainsi avec des dragons, comment peut-on vivre avec les hommes ? Codé revenait justement de Sainte-Lucie où le gouvernement anglais, tourmenté par quelques grondements souterrains et enclin à les imputer à la Soufrière, le volcan local, lui avait demandé un rapport géologique, minéralogique et chimique des terrains. Codé à l'odeur de soufre. Aux colères magnétiques. Magma de malveillance. Son retour à Saint-Pierre au moment où commençait la campagne électorale risquait bien de réveiller quelques cratères éteints. « Voilà ce que c'est que de vivre avec un volcan ! » se dit Hortense avec un sourire. Mais elle n'avait pas tellement envie de plaisanter. Avant de rentrer à son bureau, elle s'attarda sur le port en compagnie de Plissonneau et d'autres. Parla, écouta, rit. Pour oublier ces menaces qu'elle sentait grossir. Imminence d'un danger dont on ne connaît pas la nature précise mais qui doit immanquablement vous percuter comme ce passant inconnu et brutal qu'aucune esquive ne peut faire éviter. La tendre confraternité du parler créole. Pour Hortense, inquiète.

III

Trop accaparée par l'apparition d'Albert Codé, Hortense Mureau n'avait pas vu débarquer de l'*Adriatic* le jeune Raoul du Morne Cordier, le fils aîné d'« Yeux Clairs ». Tel père tel fils. Raoul du Morne Cordier était un garçon droit dans tous les sens du terme. Droit du buste et de l'échine comme un officier de cavalerie. Droit dans les yeux pour vous fixer. Droit au but dans son langage. Hortense ne détestait pas ce blondinet toujours souriant, toujours avenant bien qu'à son goût un peu trop sûr de lui et trop fier de ses origines. Il y a deux ans, elle l'avait souvent rencontré en ville au hasard de ses courses. Une fois, même, il était entré dans son magasin. Pour une affaire d'expédition de rhum. Direct, sans mots superflus. Pas de temps à perdre. Mais d'une grande correction. Comme son père. Usant avec les dames d'une galanterie très vieille France qui leur faisait regretter parfois d'avoir passé le temps du marivaudage. (« Yeux Clairs » toujours dans ses pensées secrètes).

Un canot avait déposé Raoul du Morne Cordier au ponton du Gouvernement. Ville natale soudain retrouvée. Son odeur de morue salée et de rhum. Sa moiteur de dessous de bras. Première sueur perlant sur le front. Cloches de la cathédrale volées par la brise, souvenirs de sortie de messe, de gâteau chez le pâtissier. Au bout du quai, dans la victoria familiale conduite par le fidèle Victor, patientait Eugénie, sa mère, à l'ombre de la capote et d'un chapeau en fine paille d'Italie qui lui cachait entièrement le visage. Visage heureux d'une mère attendant le retour de France de son cher fils après une longue absence. Madame du Morne Cordier ne sortait que rarement de chez elle. Seulement pour se rendre à l'invitation de planteurs voisins. Et il ne lui serait jamais venu à l'idée de poser ses menus pieds sur les gros pavés de Saint-Pierre. Non qu'elle eût risqué de se rompre les os, mais il n'était pas de mise, pour une dame de la société, de se mélanger au peuple de la ville. Aussi ne descendait-elle jamais de la voiture avant d'avoir retrouvé l'allée bordée de manguiers annonçant l'entrée de l'habitation du Grand-Morne, sur les hauteurs de Saint-Pierre. Cette double rangée d'arbres conduisait au pied de l'ancestrale maison, avec le torse bombé, l'importance des soldats formant une haie d'honneur. Deux bassins circulaires au milieu desquels s'ennuyait un jet d'eau lymphatique tendaient à chaque aile un miroir pour s'y surprendre. Noble et romantique demeure. Quel secret enchantement de la revoir après tous ces mois loin d'elle ! De juxtaposer la maison de ses songes et celle-là, bien présente. Blanche façade recouverte de lames de bois comme les écailles d'une armure. Toit d'essantes débordant avec générosité pour abriter la galerie où sommeillaient généralement trois berceuses. Galerie des siestes interminables avec sa balustrade à croisillons sur laquelle, enfants, Raoul et sa sœur Hermance, s'essayaient à l'équilibre. Et tout autour, le jardin. Comme n'en recèlent que ces pays où soleil et pluie, deux adversaires pourtant inconciliables, s'allient pour le plaisir des yeux et de l'odorat. Où soleil riche et pluie copieuse font la terre prolifique et la nature débordante. Un joyeux désordre qui donnait à chaque plante, à chaque arbre, l'allure saine, heureuse, spontanée de tous les êtres qui vivent en pleine liberté. Justinien Thierry, le conservateur de ce si célèbre jardin botanique de Saint-Pierre, un chef-d'œuvre dans le genre, le répétait à chaque fois qu'il se rendait en visite ici, et il venait souvent. Partageant avec Gaston du Morne Cordier son enthousiasme pour toutes ces merveilles tropicales.

— Vos plantes, madame, ont un avantage sur les miennes : elles ne vivent pas en captivité.

L'arrivée au Grand-Morne. Rituel immuable. Rosette sur le perron, « da » Rosette, la bonne Rosette qui s'était penchée sur le berceau de Raoul comme sur celui de sa sœur et qui, aujourd'hui, alors qu'il venait d'avoir vingt-cinq ans, le considérait toujours comme un gamin bon à gronder ou à câliner. Da Rosette, « noire comme une nuit d'orage », aimait-elle à dire elle-même. Mais dans sa nuit brillaient les étoiles de son bon regard et l'argenterie de ses cheveux. Une bonbonne affublée d'une robe à fleurs traînant jusqu'aux pieds et nouée sous sa généreuse poitrine. Et avec ça un rire qu'elle allait chercher très loin, si loin qu'elle tenait à le garder longtemps dans la bouche. Ah ! l'ivoire de ce rire ! Da Rosette trônant au milieu du perron comme ces orangers en pot. Les deux mains frappant ses cuisses : « Missié Raoul, ça pas vrai ! ».

Et sortant d'une porte, sortant d'une autre, apparaissant à tour de rôle comme sur la scène d'un théâtre, comme s'ils avaient reçu un numéro d'ordre : Hermance, la sœur de Raoul, puis Elodie, sa grand-mère, puis Théodore, son grand-père, puis Clémence, la cuisinière, puis enfin « Gri-Gri », le chat siamois, suivi de « Fifine », le fox-terrier à poil dur qu'un os tombé du ciel au bout du jardin avait incidemment retardé. Tous ces êtres qui lui faisaient fête, qui l'entouraient de leurs bras, le couvaient des yeux, le couvraient de leurs mots et de leurs baisers. On voulait tout savoir en même temps : comment se portait la tante Anaïs qu'une fièvre pernicieuse tourmentait quelquefois. Et l'oncle Félix, dont les multiples prothèses aux bras, aux jambes, acquises héroïquement lors du siège de Paris, avaient fait surnommer « l'oncle fil de fer ». Tout savoir sur Paris, sur cette vie lointaine, ces vingt jours de bateau, ce monde inaccessible, tentateur et un peu inquiétant. Prestige du voyageur ruisselant d'inconnu. Tout savoir sur cette traversée, sur ces nuits passées à écouter les battements de l'océan. Enchantement des escales, Bordeaux, Ténériffe, Sainte-Lucie. Déjeuners à la table du capitaine. Promenades sur le pont, sous les étoiles. Tout savoir. Pour voyager un peu soi-même.

Et puis venait le déballage des valises. Surprises. Les yeux éclatant d'émerveillement au dépliage d'un papier, à l'ouverture d'une boîte. Joie de la surprise. Exclamations. Pour grand-mère dont c'était le péché mignon, une boîte d'andouillettes truffées, et pour grand-père des cèpes et des pilchards à l'huile. Maman que le soleil effrayait toujours aurait droit à ce chapeau — oh ! là, là ! — drapé de tulle et piqué de perles d'or et de boutons de rose de Bengale. Papa, lui... Mais, où est-il donc ? Une affaire de travailleur blessé l'avait retenu à quelques heures d'ici. Il hériterait pour sa part de ce superbe panama — oh ! qu'il va être content ! — qu'un joueur malchanceux de Colon avait abandonné à bon prix entre les Canaries et les Antilles. Quant à Hermance, cette chère Hermance qui attendait son tour toute frémissante... Hermance... Oh, pas possible ! Voici pour Hermance, pour son premier bal. — Quand ? — Elle ne pourra pas dire comme d'habitude qu'elle n'a rien à se mettre. « Fais voir ce que ça donne au toucher. De la soie de Lyon, ma chère ! » Et Eugénie du Morne Cordier sur qui des études de mode faites en leur temps avaient laissé quelques traces, lèvres gourmandes : Une robe en crêpe de Chine gris perle à jupe fourreau au-devant et à traîne à peine accusée derrière, et garnie dans le bas d'un entre-deux de dentelle. « Mazette ! » Hermance courant jusqu'au miroir à trois faces qui permettait une inspection générale de sa personne. Courant, sa robe retenue d'une main sur sa poitrine, plaquée sur elle comme par le vent. Et ses petits cris devant son image, devant sa posture valseuse. Virant, pivotant sur ses talons pour surprendre un angle nouveau, ne rien soustraire à son plaisir. Ce gris seyait tellement à sa pâleur et à sa blondeur ! Et cette dentelle coquine !

A midi, les manifestations joyeuses de « Fifine » qui laissaient heureusement le cheval impassible, avertiraient tout le monde que le maître de maison s'engageait dans l'allée des manguiers. Midi, c'était son heure. La cloche sonna immédiatement le déjeuner. Allons, allons, le maître n'attend pas. Pour le retour du fils, tous les cristaux brillaient sur la table. Et chatoyait le vin sous le prisme des carafes. Si l'on avait voulu savoir ce que deviendrait Raoul, vingt ans plus tard, il eût suffi de détailler Gaston du Morne Cordier. A voir ce crâne lisse, pourvu seulement d'une fine couronne de couleur ficelle, le jeune homme ne devait pas nourrir trop d'illusions sur ses boucles blondes. Mais il pouvait être quasiment assuré de garder sa ligne et son port. Tout comme la souplesse et le poli de son visage que l'âge n'altérait réellement, chez le père, qu'autour de la bouche et des yeux, aux endroits de grands passages. Le reste résistait aussi victorieusement, en dépit des levers avant le soleil et des morsures après. Mais il n'échappait pas à ce teint cuivré, à la traditionnelle marque de ceux dont la manne vient de la pluie et du beau temps. Beau cuivre du pain frais, sortant du four. Quant à ses yeux, les femmes ne se trompaient pas. Il les avait beaux et clairs. Eugénie, sa femme, n'avait pas le même mérite à conserver ses avantages. Les rigueurs de l'existence l'avaient jusqu'ici épargnée et elle n'était pas assez déraisonnable pour sortir de chez elle sans son chapeau ou son ombrelle. Le hâle de ses joues, elle en chargeait sa crème et jamais le ciel. Franchissant ainsi les années et les années sous les tropiques comme elle les aurait franchies en Europe, traversant ces climats sans une éclaboussure comme un évêque sous son dais, un jour de pluie.

Raoul aussi voulait combler les vides créés par l'absence, remeubler sa mémoire. Un an déjà ! Et si loin du Grand-Morne. Un an pendant lequel il s'était passé tant de choses. Son père ne s'intéressait plus guère à la politique en France depuis la défaite de Sedan et la chute de l'Empire, mais il n'ignorait rien de ce qui se passait ici où la situation s'était diablement compliquée. Ce mulâtre qui avait fondé ce journal, il y a trois ans, Mureau, le frère du curé de La Rivière-Pilote, le mari de cette jolie femme qui tenait commerce rue Bouillé, ce Mureau venait de prendre la présidence du Conseil général, et tout le monde s'attendait à sa victoire aux élections législatives de septembre.

— Ça ne nous promet rien de bon, dit-on partout, cet homme ambitionne de régner sur ce pays, et pour ça, il veut notre éviction. Ce suffrage universel nous perdra.

Raoul ne suivait pas son père dans ses nostalgies impériales. Son séjour parisien lui avait appris la République. Mais il tenait à son jardin, à sa maison et à son île. Les du Morne Cordier n'avaient jamais connu d'autres cieux. Trois générations déjà avaient chevauché sous ces arbres royaux qui n'eussent pas prodigué leur ombre si un chevalier célèbre dans la famille n'avait eu l'idée de mettre pied à terre ici. Cette colline, ces terres à perte de vue, carrelées de cannes soyeuses et de verts pâturages, c'était leur bien. Leur trésor. Acquis par le travail, la sueur. Que des Africains amenés ici pour aider à la culture aient obtenu le droit de vote n'y changerait rien. Né huit ans après l'abolition de l'esclavage, Raoul trouvait cela normal. Son père également. La famille était trop chrétienne pour s'opposer à un droit aussi légitime. Et elle considérait avec pitié ceux qui s'en indignaient encore et qu'elle rencontrait chaque dimanche à la messe. D'ailleurs, on n'avait pas attendu que Monsieur Schœlcher donnât le la. Il y avait belle lurette que les trente-cinq esclaves du Grand-Morne vivaient émancipés quand les rues de Saint-Pierre s'étaient remplies de drapeaux et de branches de laurier. Depuis lors une race nouvelle était née, celle des sang-mêlé, des mulâtres. Devançant la condition de leurs frères noirs, allant même parfois jusqu'à posséder des esclaves. Des hommes libres avec des droits civils et politiques. Accédant à la propriété, envoyant leurs enfants dans les meilleures écoles. Si Raoul avait maintenu des relations avec quelques mulâtres connus au séminaire-collège, il ne comptait pas d'amis chez eux. Sauf peut-être Virgile Savane, ce fou de latinité qui se faisait appeler Salavina et avait entrepris, à 17 ans, d'achever l'Enéide. Mais partis en France pour y poursuivre leurs études séparément, ils ne s'étaient pas revus depuis deux ans.

— Tu as sans doute appris ce qu'ils ont fait aux Sœurs et ce qu'ils ont l'intention de faire aux frères de Ploërmel ? dit

Gaston du Morne Cordier. Tu sais aussi qu'ils veulent supprimer le séminaire-collège au bénéfice d'un lycée...

Impensable ! Comment admettre pareils forfaits ? Alors, c'était bien vrai ce que lui avait raconté Albert Codé à bord de l'*Adriatic* ? On devait redonner une place à l'inquiétude ? (Vieille inquiétude enterrée, endormie au fond de son trou mais qui resurgissait toujours par un autre trou comme une taupe). Raoul n'avait plus faim. Gorge bloquée. Là. On quitta la table. Pour continuer à parler gravement dans un fauteuil, un verre de rhum à la main. Gravement de tous ces graves événements. En regardant l'alcool doré flamboyer dans sa paume. Ce rhum du Grand-Morne, le plus réputé, le plus glorieux. Raoul l'approchait de son front, le mirait. Tant d'efforts pour en arriver là ! Tant d'expérience, tant de fatigue, tant d'amour. Fallait-il qu'un jour le cabrouet n'allât plus jusqu'au sillon, que le rouleau arrêtât son broyage ? Absurde. Mais qu'opposaient ceux-là mêmes qui sentaient la menace grandir ? Que faisaient-ils pour se parer contre le désastre ? Que faisaient ces planteurs, claquemurés dans leurs regrets d'une époque révolue, fermant leur porte aux nouvelles du jour ? Ces békés qui avaient pourtant montré une belle pugnacité en d'autres temps. En 70, notamment lorsqu'il avait fallu répliquer à l'émeute, protéger sa vie et ses biens. Mais n'était-ce pas sous des formes différentes une émeute qui grondait ? Plus pernicieuse encore. Car, à sa tête, des gens intelligents, formés sur les mêmes bancs que ceux qu'ils voulaient abattre. Formés à Paris, à Bordeaux, pour devenir médecins, avocats, notaires. A Paris où ils rencontraient tous ces hommes porteurs d'idées certes, généreux, mais tellement utopiques ! Et tous ces voraces, ces cupides, jaloux des possédants, ces sans-chemises visant la propriété d'autrui, prêts à y mettre le feu pour en récupérer les ruines !

Raoul n'avait pas cru entièrement Albert Codé sur le bateau lorsque, embarquant à Sainte-Lucie, il lui avait parlé de toute cette haine qui bouillonnait, de ces couteaux qui s'affûtaient dans l'ombre... A présent, l'évidence sautait aux yeux : si l'on ne résistait pas, c'était la mort lente. Ou violente. Codé le lui avait dit en lui contant les démêlés de l'abbé Gosse et de François Lota avec Marius Mureau. Des hommes courageux. Qui avaient compris la situation. Compris où se trouvait la seule chance de survie. Et pourtant qu'avaient-ils eux-mêmes à défendre à part des idées ? Eternelle rengaine : le propriétaire de l'arbre n'est jamais à son pied pour empêcher qu'on monte dessus. Quand il s'en soucie, c'est trop tard.

La somnolence s'empara de Gaston du Morne Cordier peu de temps après que la belle pendule à balancier compensateur eut sonné deux heures sous sa cloche. Rien n'aurait pu empêcher le maître de maison, en cet instant, de monter rejoindre sa chambre. Pas même ces bruits alarmants d'émeute, de massacre que l'on annonçait pour les fêtes du 14 juillet. Vieil escalier craquant sous les pas, combien de temps encore résonnerait-il ? Et où conduisait-il aujourd'hui autre part qu'à la sieste ?

Raoul demeura quelques minutes encore avec sa mère et sa sœur. Puis il alla changer de vêtements dans sa chambre au premier étage. Echanger sa dépouille soignée de Parisien contre son pelage natal : pantalon et chemise de coton blanc, panama cabossé, bottines culottées. Cette poignée de porcelaine si fraîche dans la main chaude. Cette porte et son miaulement de chatte énamourée. Touffeur parfumée de bois du Nord, de résine. Monumentale armoire aux senteurs de vanille et de vétiver.

A présent il galopait dans l'allée des manguiers, suivi des jappements de « Fifine ». Il lui fallait retrouver l'univers de ses tendres années. Son royaume. Un besoin de se refaire les yeux, le nez, les poumons, de se laver à la source originelle. Au bout du long couloir ombragé s'ouvrait la campagne. D'un seul coup. Comme une pièce illuminée. L'immense pièce d'un château, sous les lustres. Le cheval arrêté, la chienne enfin muette, Raoul, immobile, retenant son souffle. Rassemblant les sons, les odeurs qui manquaient au tableau de son enfance. Ce bourdon emplissant soudain le calme de ses va-et-vient ronchonneurs. Cette bouffée d'air caressant la crinière du cheval et chargée de tous ces arômes soustraits dans sa course à la haie vive. Il resta ainsi longuement à contempler ce paysage si connu et en même temps si nouveau après cette longue absence. La récolte finie depuis un mois, la terre reposait. Jachère morte où couraient les herbes folles. Bientôt commencerait le labourage, le lent cheminement des attelages de bœufs aux cornes recourbées. Un premier feu de broussailles prédisait, au loin, l'arrivée des charrues. Fine haleine d'une fumée bleue flottant au ras du sol. Voilà. Le domaine était à ses pieds. Toute la puissance des du Morne Cordier, étalée là, tranquille, dans la léthargie de l'après-midi. La canne, les cacaoyers, les caféiers et, tout au bout, à l'horizon, la tache plus verte des pâturages annonçant le frais frisson de la rivière. A cette heure, le bétail dormait sûrement sous les frangipaniers, assommés par cet incendie du ciel.

Au trot, maintenant, Raoul passait derrière la maison, le long de la haie qui délimitait le jardin, cette bousculade multicolore d'hibiscus, d'acacias, de lauriers-roses et de lianes mexicaines. Passait derrière la « case à eau » et la cuisine, derrière les habitations des travailleurs, pauvres cabanes recouvertes de paille, alignées sous les savonniers comme pour l'inspection.

Alors subitement se précipitaient ces doucereux effluves qui trahissaient le sucre au travail. Au bout du monde, Raoul n'aurait pu oublier cette fragrance capiteuse que dégageaient la sucrerie et la rhumerie. Jus échappé du moulin mû par les bœufs et s'écoulant de chaudières en chaudières. Montagne de bagasse, ces résidus de canne, s'aigrissant sous le soleil en attendant les flammes des fourneaux. Et sous le figuier géant aux racines tentaculaires, cette cohue de boucauts de sucre et de barils de rhum prêts pour le grand voyage.

Après ce tour du propriétaire Raoul du Morne Cordier eut hâte de descendre à Saint-Pierre. Il désirait s'informer plus avant de ces dangers qui menaçaient. Il se rendit chez Virgile Savane rue du Mouillage. Il savait ce jeune mulâtre suffisamment libre d'esprit pour pouvoir aborder ce genre de sujet avec le fils d'un béké. Salavina — c'est ainsi qu'il se faisait appeler, maintenant — habitait au bas du Morne d'Orange, près de la rhumerie Nelgui, au coin d'une ruelle surnommée « ruette pissa » à cause de sa puanteur. Les « ti-tanes », ces filles qui avaient oublié d'être farouches, y donnaient leurs rendez-vous, la nuit, à la sortie du bal, et les éclats de leurs querelles tenaient le quartier en éveil. Et Salavina s'en amusait follement. Pendant la journée, c'était le marteau des tonneliers et des charpentiers préparant les grands boucauts de cinq à six cents kilos, qui se chargeaient d'entretenir le vacarme.

Raoul attacha son cheval à la crémone d'une des fenêtres. Les accents d'un piston lui indiquaient que son ami avait fini sa sieste car Salavina, le poète, avait pour les instruments à vent la même passion que pour les métaphores gréco-latines.

Joie des retours en arrière. Tous ces souvenirs en commun pour meubler chaque rencontre ! Les heures d'études ennuyeuses sous le regard aigu de l'abbé Gosse, sa soutane vernie de crasse et sa règle perfide qui frappait toujours par-derrière. Les descentes au galop de la rue des Bons Enfants qu'on appelait « l'impasse Monte-au-ciel » parce qu'un jour, racontait la légende, deux amoureux surpris là dans une suprême étreinte avaient été cloués sur place par un esprit malin, transformés en statue. Succulente histoire pour glousser dans les rangs et se pousser des coudes. Et ces indigestions de gâteaux « gros sirop » et de « kiort », ce pain d'épice poisseux de mélasse, qu'on achetait chez Zilia, à la sortie du séminaire-collège. « Fugit irreparabile tempus »... L'éternel déclamateur, main sur le cœur, bouche en cœur. Raie partageant par le milieu une tête intelligente et douce. Fine moustache terminée par des crocs dont personne n'eût pu croire à la méchanceté. Yeux francs comme l'or. Et parole d'or. Récitant à en perdre le souffle les stances de ce poète latin dont il avait emprunté le nom et son admiration émerveillée pour Théocrite et Homère. Salavina, saisissant son chapeau au vol, comme une mouche :

— Allons chez Bello, j'ai soif.

Poussée de chaleur parfumée cueillie au passage du soupirail de la boulangerie Masillac. Bello, un gros nègre hilare à qui l'on avait fait gober, au cours d'une nuit de bamboche, qu'il suffisait d'être baptisé chabin, c'est-à-dire mulâtre blond, pour le devenir. Le baptême de Bello devant cinquante farceurs, buvant, beuglant. « Tu te souviens ? » Et la polka inventée pour la circonstance :

> « Ça qui pas connaite Bello chabin, ché,
> gros Bello, gros Bello, gros chabin »...

Bello n'avait pas changé. Maintenant, devant un gin-orgeat et une grenadine au cognac, on se parlait d'autre chose. De ces rumeurs clapoteuses qui empoisonnaient les rapports. Ces sentiments hostiles, ces violences de langage, ce fanatisme, comment était-ce possible ? Comment Salavina pouvait-il expliquer l'attitude d'un Marius Mureau, d'un Clavius-Marius ?...

— Bon, d'accord. Mureau est un ambitieux, un arriviste. Il veut aller très loin. Et rien ne l'arrêtera. Mais il a au moins le mérite de crier quand tout le monde se tait. Crier contre tout ce qui ne va pas dans ce pays. Ce clergé rétrograde, ces exploiteurs du peuple...

Salavina ! Le premier à la messe au séminaire-collège, le dernier à critiquer les professeurs en soutane. Le dernier à souffrir d'une quelconque discrimination de la part des fils de ces « exploiteurs ». Deux ans avaient suffi pour le changer. Dont un an à Paris, à genoux devant Victor Schœlcher, sans doute. Applaudissant aujourd'hui à la création de ce lycée « laïc et républicain » !

— Nous avons besoin d'hommes comme Mureau, qui ne pensent pas seulement à faire de l'argent, à vendre leur sucre et leur morue. Notre société n'a plus ni Dieu, ni âme, ni arts. Elle est devenue misérable. Bientôt la machine va tout écraser. Ecoute son bruit d'enfer (un steamer essoufflé venait de lâcher un jet de vapeur). L'argent, rien que l'argent. « Auri sacra fames ! »

Une société plus juste, une plus grande répartition des richesses ? Raoul n'y était pas hostile. Mais pourquoi recourir aux excès, prêcher la haine ? Pourquoi relever ces barrières que le temps avait peu à peu détruites, raviver des souvenirs détestables, semer l'injure et l'outrage ? Raoul les yeux en feu :

— Ce Mureau a trouvé là le moyen de se faire un nom. La condition des nègres, il n'en a que faire. Il les méprise. Mais il s'en sert. Il en a besoin pour satisfaire ses appétits. Qu'importe que la Martinique soit livrée aux émeutiers si Marius Mureau arrive à ses fins ! Vingt ans de paix sociale sur l'autel des ambitions !

Raoul emporté par l'indignation. Le rouge au front. Tout son sang monté d'un seul coup dans les tempes, le reste étant devenu glacé. Les pieds, les mains. Glacé. Ce genre de fureur le prenait parfois sans qu'il pût y résister. Comme il lui arrivait de pousser son cheval, de temps en temps, seul dans la savane, de le forcer, bride abattue, mors aux dents, ventre à terre, jusqu'aux limites de ses forces, de son équilibre.

— Vous souhaitez la fusion de toutes les classes de la société créole, mais ce lycée va au contraire les séparer à jamais. Car seuls les clans déshérités lui enverront leurs enfants, pendant que les Blancs et les chefs de famille de couleur arrivés à l'aisance préféreront l'enseignement catholique.

— Erreur. Car l'enseignement catholique disparaîtra. L'éducation doit être nationale. Egale pour tous.

— Jamais ! Jamais nous ne permettrons à la secte impie de faire triompher l'incroyance. Jamais elle ne pourra toucher à la liberté de l'enseignement ! Jamais ! Jamais !

Se lever, partir. Rompre. Raoul en eut soudain l'envie. Car à quoi bon continuer à envoyer des mots en l'air comme des balles perdues ? Encore une fois, il lui fallait comprendre que quelque chose avait cassé, qu'un pan de mur s'était effondré alors qu'il tournait le dos. Que la personne présente devant lui, aujourd'hui, pouvait porter le même nom et n'être plus la même. Salavina, ses exaltations, ses illuminations, ses élans du cœur, ses rires fleuves. Plus le même. Plus le même regard pour considérer les hommes. Pour le considérer lui, son ami. Raoul regardait sa main. Sa main à côté de la sienne. Et pour la première fois, il distinguait ce qui les séparait vraiment. Cette teinte différente de l'épiderme. Plus le même regard, plus la même main.

— Allons, Raoul, oublions tout ça et buvons !

Un tintement de verre, une gorgée brûlante. Et la boule d'amertume glissait un peu dans le gosier, descendait doucement. Salavina lui parlait maintenant de son dernier coup de foudre. (Raoul avait oublié ses emballements périodiques pour les grisettes et les soubrettes. Eternel amoureux voguant d'une robe à l'autre. Jurant fidélité. Jusqu'à la prochaine rencontre).

— Regarde.

Un fin minois, deux braises au fond d'écrins en amande. Poitrine bien moulée, jupon broché, bottines vernies.

— Gabrielle. L'une des nombreuses filles de Louis Long-Ming, le fabricant d'allumettes !

Raoul appréciait. Avec sincérité. L'exotisme féminin taquinait souvent son démon intérieur. Surtout lorsque les yeux s'étiraient vers les tempes. A Paris, il avait goûté une première fois à ces délices extrêmes. Extrême-orientales. Une femme chat ronronnante à longueur de journée, dont le dos se creusait sous la moindre caresse. A voir ce sourire malicieux et libertin, né dans le mystère d'une nuit de Chine, il pensa que Salavina avait bien de la chance mais qu'il n'en profitait peut-être pas pleinement, faute d'expérience. (Ah, s'il était à sa place !) Salavina qui déclamait maintenant sa dernière ode à sa dernière conquête : « Ô brune rencontrée à l'aube de mes jours, gravissons du bonheur la rayonnante cime ! »...

Bello revenait, un verre brasillant dans ses mains noires, diablotin caressant le feu. Un être étrange entrait au même moment dans la petite salle. Haut. De toute sa taille ajoutée à celle de son chapeau. Un ensemble osseux, dégingandé, dont on comprenait mal qu'il pût tenir debout. Werner Ranifa, la plume caustique des *Colonies*. Pince-sans-rire. Signant « Système nerveux ». Alsacien comme Schœlcher, le grand homme qu'il vénérait. Un bohème enragé que les enfants se montraient du doigt en se poussant dans la rue. Abandonné un jour par un bateau dans ce port dont il avait fait son refuge. Entré dans ce journal pour guerroyer « au service de la démocratie, contre la réaction et la valetaille en robe ».

A la vue de son accoutrement, Raoul, qui le rencontrait pour la première fois, comprit tout de suite que l'entente avec lui serait difficile. A Paris, ce genre d'individu ne lui eût rien inspiré de malfaisant. Ici, dans sa ville natale, il ne ressentait à son égard qu'un absolu mépris. Epave déposée sur cette grève par quelque mauvaise tempête. Bouchon insubmersible flottant parmi les débris. Saint-Pierre en avait connu d'autres, venus on ne savait d'où, pour se refaire une vie et une réputation, mettre l'Atlantique entre le passé et le présent. Et disparaître aussi vite, au bout d'une autre passerelle.

D'ailleurs, dès ses premiers mots, Raoul du Morne Cordier avait senti à nouveau le sang lui monter à la tête, affluer à gros bouillons, emplissant ses oreilles d'un bourdonnement qui ne pouvait qu'annoncer une explosion. Ranifa évoquait l'article qu'il était en train de mijoter pour *Les Colonies*. L'Alsacien décrivait le déchirement de ses compatriotes en 1870. Donnés aux Prussiens par l'Empire. « Livrés pieds et poings liés aux Teutons par ceux-là mêmes qui avaient enlevé le choix de suffrage aux populations coloniales et supprimé la liberté de la presse »... (Décharné. Ses yeux ressemblaient à des trous dans une maison en ruine par lesquels s'échappaient des flammes). ...« Ces réactionnaires qui n'ont pas craint de soumettre les journaux à un régime répressif sous prétexte d'étouffer les haines coloniales ! Vous avez vu où nous en sommes aujourd'hui ? Pour le même prétexte ils veulent bâillonner *Les Colonies*. Ils veulent nous refaire le coup du 2 décembre ! »...

La provocation était visible. Ranifa ne connaissait pourtant pas ce jeune béké mais il voyait bien, par son aspect extérieur, à qui il avait à faire. Et il aimait piquer de sa langue comme de sa plume... « Et vous connaissez le résultat en 70 : l'insurrection a éclaté en Martinique, cinquante-deux sucreries incendiées et le planteur Codé frappé de trente-huit coups de machette dont cinq mortels... Méfions-nous de la juste colère du peuple ! ».

Flamboiement. Tout n'était que feu dans la tête de Raoul du Morne Cordier, déflagration, tonnerre.

— Vous ne savez pas ce que vous dites, Monsieur, comment pouvez-vous affirmer pareilles sottises ?

Debout, soudain, raide, cabré, il semblait dominer l'Alsacien malgré son tube énorme. Mais c'est parce que l'autre se tenait voûté dans sa redingote élimée. Salavina essaya de s'interposer. Il le repoussa d'un geste brutal.

— Vous n'avez pas le droit de parler ainsi. De déformer la vérité. Où étiez-vous donc quand ces événements ont eu lieu ? Moi, Monsieur, mon grand-père était ici, dans les rangs des volontaires de toutes races et de toutes conditions qui, sous les ordres du vaillant Auguste de Meynard, sont venus à bout des malfaiteurs...

— A bout de pauvres gens sans défense, exploités par les Blancs et réclamant plus de justice !

— Retirez ce mot, Monsieur, et tout de suite !

Première victime, le chapeau haut de forme avait atterri sur une étagère, renversant une bouteille. Maintenant il tenait son adversaire à la gorge, dans son poing serré. Hargne sans limite. Ranifa étouffait, se débattait. Un mannequin de cire désarticulé, bras et jambes ballottant. Une hargne qui avait paralysé Salavina. Et Raoul :

« Je vous interdis de transformer ces voyous et ces assassins en héros ! ». Serrait plus fort encore. Il allait l'étrangler ! Plus fort. Et maintenant l'autre ne pouvait même plus remuer les bras. Envoyait ses pieds dans le vide, de languides coups de pied dans un ballon imaginaire.

— C'est avec des gens de votre espèce, Monsieur, que les haines raciales se réveillent !

Comme le visage de Ranifa passait du jaune au vert, le jeune béké lâcha prise. Flageolant, l'Alsacien manqua de s'étaler de tout son long. Brassant l'air tel un désespéré qui ne veut plus se noyer, qui veut s'accrocher à la bouée, à la vie, il finit par se retenir au bord de la table qui chavira dans un bruit de vaisselle cassée. Bello l'aida à se relever et Salavina alla ramasser le chapeau maculé de sirop d'orgeat, dégoulinant comme un gros gâteau à la crème. Sans demander son reste, Ranifa prit sa canne et disparut dans la rue en maugréant.

— Tu y es allé un peu fort. Ce n'est pas un mauvais bougre, dit doucement Salavina.

La colère de Raoul n'était pas retombée. Il tirait sur les rênes, mais un cheval ne s'arrête pas comme ça. Enfin, il s'apaisait. Fixant ses mains tremblantes comme pour leur intimer l'ordre de retrouver le calme. Ses mains si pâles à côté de celles de Salavina, de celles de Bello qui resservait à boire. Des mains d'homme, pour travailler, aimer, caresser la tête des enfants, fermer les yeux des morts. Pour serrer la main des autres. Boire ensemble.

— Allez, à la tienne !

Pourquoi ces mains différaient-elles autant ? Pourquoi faudrait-il à cause de ces mains en venir aux mains ?

— « Omnia vincit amor », l'amour triomphe de tout !

Salavina retournait aux bagatelles. Une façon d'arracher Raoul au brasier de ses pensées. Lui montrait de nouveau la photographie de Gabrielle, lui racontait en riant qu'il était même retourné à l'église, un dimanche, pour la suivre des yeux, rencontrer les siens, s'y plonger, s'en repaître. Pendant que Tête-Poule tenait l'orgue.

— Elle est encore là, celle-là ?

Tête-Poule, rabougrie, toute plissée, ses pattes flétries sur les claviers. Mais quelle virtuosité ! Raoul, toujours enfoui sous une couche d'exaspération, impossible à dérider.

— Viens, on va voir Gabrielle.

Pourquoi pas ? Raoul avait du temps à perdre. Et une humeur à fuir. Il laissa son cheval et suivit Salavina. La maison des Long-Ming, une bâtisse cossue à deux étages avec un balcon en fer forgé suspendu en son milieu comme une poitrine plantureuse. Heureux hasard, Gabrielle prenait l'air, penchée sur la balustrade. Dès qu'il la vit, le jeune béké fut frappé par sa ressemblance avec l'Eurasienne qu'il avait connue à Paris. (Ruée subite des souvenirs, Quartier latin, chambre sous les toits, rideaux complices d'un fiacre, valse infatigable sous les quinquets d'une guinguette). Des sosies ! Comment deux êtres si étrangers l'un de l'autre, vivant si loin l'un de l'autre, séparés par tant d'hommes et de kilomètres, pouvaient-ils être si proches jusqu'à se confondre ? Et, aussitôt, le jeune homme pensa que ce qui les avait naturellement unis à une telle distance, cet élan mystérieux, cette attraction, cet aimant, n'avait aucune raison d'avoir perdu de sa force en traversant l'Atlantique. Théorie qui restait à démontrer. Si toutefois Gabrielle désirait se prêter à l'expérience. Et Salavina permettre sportivement la concurrence. Dans le premier échange de regard, Raoul crut entrevoir l'étoile filante d'une promesse. Mais Salavina était là. Pour tout brouiller. Avec ses exubérances, ses rires fracassants, ses vers de mirliton. Et Raoul remit à plus tard cette entreprise exaltante.

Pendant que le jeune mulâtre contait fleurette à Gabrielle, Raoul parlait à son père, Louis Long-Ming. Un magot jovial et bien portant. Arrivé avec sa mère quelque vingt ans auparavant. A bord de l'un de ces trois bateaux qui avaient acheminé neuf cent soixante-dix-huit fils du Ciel ramassés à Shanghai et à Canton. Cette main-d'œuvre devait normalement renforcer et même suppléer une autre immigration, celle des Indiens dont la mortalité extrême faisait scandale. Pauvres Tamouls de Madras ou de Karikal, refusant de s'adapter, malades du corps et de l'âme, tombant comme mouches ou demandant le retour au bercail ! Les Chinois n'avaient pas été meilleures recrues. Dix ans après, Raoul entendait encore son père s'en plaindre. De piètres cultivateurs. Qui ne pensaient qu'à trafiquer et à jouer au mah-jong toutes les nuits. Il faut dire que l'armateur bordelais O'Lanyer n'avait pas cherché bien loin en Chine pour remplir ses cales. Bateleurs et vagabonds traînant sur les quais avaient vite fait l'affaire. La lie du peuple. Incapables de tenir la serpe ou la houe comme les nègres du Congo ou du Gabon nouvellement débarqués. Mais dès leur arrivée, ingénieux et inventifs. Doués d'une intelligence rare pour le commerce, les échanges de toute nature. Et rivalisant immédiatement avec les Blancs.

Les Long-Ming avaient commencé comme colporteurs. Aujourd'hui leur nom brillait comme or. Une fabrique d'allumettes et partout, à Saint-Pierre aussi bien que dans les communes environnantes, des dépôts d'alimentation et de marchandises diverses. Morue et kérosène. Pain, source de vie des habitants. Le gros Louis sillonnait la campagne dans sa tapissière chargée à ras bords. Rusé marchand. Et galant homme, disait-on. S'attardant sous certains toits plus que le négoce ne l'eût exigé. Echangeant d'autres richesses. Cœur innombrable de Long-Ming. Aux enfants innombrables.

Raoul du Morne Cordier connaissait l'homme pour l'avoir vu souvent commercer avec son père. Informé de tout, ce Chinois finasseur. L'oreille toujours remplie des nouvelles qui semblaient fuir les autres. Que d'escaliers secrets au fond des soupirails qui lui servaient d'yeux !

— Ton père doit être inquiet avec tous ces bruits alarmants.

Raoul débarquait, il ne savait donc rien, avait tout à apprendre, jouant à l'ignorant, à l'innocent. Alors Long-Ming lui raconta. Ce qu'il entendait dire dans les mornes chez les « bitacos », les « descendus », ces paysans perdus au milieu des cannes. Et chez les débardeurs du bord de mer, les gabarriers et les marchands de la place Bertin.

— On parle d'émeute, de révolte anti-blancs.

Tout le monde savait ça, déjà. Sauf les sourds et les aveugles habituels. Les officiels, par exemple. Qui réalisaient toujours lorsqu'il était trop tard. Comme en 1870. Certains meneurs étant même en train de s'armer. Long-Ming pouvait le jurer.

— Des canots qui arrivent la nuit, du côté du Prêcheur. Ils viennent des îles anglaises. Je connais à Sainte-Lucie un Chinois qui importe des carabines et des munitions des Etats-Unis. Ici la douane semble tout ignorer. Moi, je dis qu'elle se bouche les yeux.

Menace à la gueule ouverte, toutes dents dehors. Menace du grand Alsacien avant de s'effrondrer en morceaux comme un guignol : « Méfions-nous de la juste colère du peuple »... Le Chinois continuait à voix basse, l'œil instable, méfiant :

— Des meneurs passent dans les cases, colportent des mots d'ordre. Tout devrait être prêt pour les fêtes du 14 juillet, dans quelques jours, donc.

Et les propriétaires, les Blancs, ils attendent les bras croisés, offrent déjà le cou à la machette ?

— Non. Certains préparent fiévreusement leur défense. Des

armes aussi leur parviennent. Ils savent qu'ils ne peuvent pas compter sur les autorités, alors...

Ecroulement d'un monde fait d'affection, de jours sereins, de bonnes fortunes, de ciel bleu. Dévastation, incendie. Tout allait donc finir ainsi dans le feu et dans le sang ? Long-Ming lui-même craignait pour ses jours. Trop riche, trop insolemment riche.

— Ils poussent les nègres à bout pour s'en servir d'infanterie. Pour prendre ensuite les biens des autres, car ils n'ont jamais travaillé de leurs mains, jamais rien créé par eux-mêmes. Des mots, des mots, de belles phrases dans les journaux et des discours. La jalousie mène le monde...

Le retour au Grand-Morne, au pas, harcelé par la hantise. C'était la fin de l'après-midi, la sortie des bureaux, des boutiques. Les rues pleines, le grouillement, le caquetage sous la lumière décroissante. Mais le jeune cavalier était tout à ses noires réflexions. Cinq heures, l'angélus, le morne refrain des cloches de la cathédrale. Au bout des « cales » perpendiculaires, de tranquilles voiliers s'ancraient pour la nuit. Raoul regardait sans voir cette brume du soir descendre sur la ville. Voilage contre une baie vitrée. Bientôt tomberait la boule rouge là-bas, en un clin d'œil, dans la mer, avec toute cette comédie habituelle du ciel, ses couleurs successives, ses effets fantasmagoriques.

Avant de prendre la route des Trois-Ponts, Raoul obliqua dans la rue des Bons-Enfants. Première fois qu'il retournait là depuis sa sortie du séminaire-collège à 18 ans. Rue qu'un caniveau pressé partageait par le milieu et que des marches paresseuses aidaient, par instants, dans son escalade. Rue de son enfance heureuse. Cartable sur le dos, mains barbouillées d'encre et de mélasse, genoux couronnés. Voilà cette façade blanche qu'un palmier célébrait comme un candélabre. Ce haut mur battu par les balles et les cris d'enfants. Ce parc, ces statues ennuyées sous les grands arbres. Odeurs de fleurs fanées, de cierges, d'encaustique. Chapelle illuminée. Longue file en uniforme, bras croisés, silencieuse, vers le dortoir des rêves.

Il entendit la cloche qui appelait à l'étude du soir, les clameurs des pions après les retardataires. Il reconnut même une voix, celle du Père Joseph, l'administrateur. La grosse voix qui faisait peur. Mais il n'osa pas pousser la vieille porte ogivée. Il voulait simplement revoir et sentir. Remettre à la bonne place les détails bousculés par la fragile mémoire. Sentir. Se pénétrer de ce qui avait été pour lui et de ce qui demeurait pour d'autres le creuset d'une vie d'homme. Afin de pouvoir le défendre au moment voulu. De toute son énergie.

Il rentra lentement alors que le soleil plongeait. Toute la chaleur de la journée semblait maintenant s'infiltrer dans la terre. Et montait comme une fumée d'encens l'humidité parfumée, soupirs de toutes les fleurs prêtes au sommeil.

Une surprise. A son arrivée au Grand-Morne, il fut étonné de trouver la maison en émoi. Les Belain venaient dîner. En son honneur. Agacement. Ces gens, des planteurs voisins, affables et débonnaires, Raoul n'avait rien contre eux si ce n'était leur obstination à le voir épouser leur fille Antoinette. Ce qui ne pouvait être qu'une cause de malentendu. Car il ne désirait pas se marier avant longtemps et, de toute façon, cette rouquine fade, édulcorée, boutonneuse, n'aurait jamais pu lui imposer d'avancer l'échéance.

La voici justement au bras de son père, toute rougissante, veloutée, angélique. Une robe bleue rehaussant encore son teint, et couverte de boutons comme si elle venait de traverser nue un marécage infesté de moustiques. Elle arrivait du bas du perron où l'avaient déposée la calèche et son cocher avec une attention exagérée, des courbettes prétentieuses. Arrivait avec son air de princesse désargentée, plus imposante encore que sa mère. Et déjà, ses yeux s'étaient fixés sur lui, collés, sans qu'il pût s'en défaire. (Une soirée entière à supporter ce regard chargé à la fois d'indulgence et de reproche, à le traîner comme un petit chien accroché à ses basques !) Heureusement d'autres convives se joignirent aux Belain. Auguste de Messiny, le directeur de l'établissement thermal du Prêcheur, et l'abbé Maillard, le fougueux curé du Centre, deux parleurs prolixes mais agréables qui protégèrent Raoul des conversations embarrassantes. On parla des derniers forfaits de ce gouvernement d'opportunistes athées. Voilà qu'ils avaient décidé, maintenant, de supprimer leur prescription légale du repos dominical obligatoire ! Et il était question de rétablir le divorce sur la proposition de ce savant mécréant Alfred Naquet !

Ebrouement, suffocation. Sa serviette en tampon sur la bouche, l'abbé Maillard tentait de reprendre souffle après une malheureuse bouchée avalée de travers. Enfin, d'une voix cassée :

— La déchristianisation continue ! Vous allez voir qu'ils vont finir par nous obliger à fermer les églises !

Sacré bonhomme ! Pourfendeur d'infidèles et de blasphémateurs. Avec sa trogne de bon vivant, couperose et bajoues, et ses rides frontales en pleine bataille, rides qui se contrariaient, qui s'affrontaient (comment garder la peau lisse avec tous ces péchés entendus au confessionnal ?). Sacré bonhomme interrompant un jour son sermon pour hurler à une femme qu'il avait vu sortir la veille de chez le quimboiseur : « Madanm'-là ka fait sorcier et i lé moin baille l'absolution ? ». Comment, en effet, pouvait-il l'absoudre ? Et à une femme infidèle dont il savait que le mari n'allait pas tarder à la congédier : « Ou pas peur yo metté ou déro ? ».

Il fut question aussitôt, bien sûr, de la série d'outrages et de blasphèmes que Marius Mureau avait récemment proférés dans *Les Colonies*, Mureau, « cet ennemi de Dieu que le diable lui-même avait dû faire expulser du cratère de la « Soufrière » tant il en avait eu assez de l'entendre éructer ». Des profondeurs de sa soutane, l'abbé avait sorti un article découpé dans le journal athée. Lisant :

« Vous prétendez accaparer nos droits, accaparer l'âme de nos femmes et de nos filles ; vous vous glissez chaque jour dans vos confessionnaux pour les entendre et leur demander, quand elles ne sont pas suffisamment expansives, ce qu'il y a de plus intime en elles »... (Les joues pustuleuses d'Antoinette prenaient, par plaques successives, la teinte de ces fleurs en pot dont les cornes acérées se dressaient impudiquement)... « Ce que nous, maris, nous, pères, nous ignorons, car vous êtes là, toujours vous interposant entre elles et nous »... De tous les coins de la table, d'une voix si forte que Rosette et Clémence surgirent de l'office, affolées :

— Quelle honte !

— Quelle infamie !

— Quelle turpitude !

— Attendez, attendez, vous n'avez pas encore entendu le plus beau passage. Ecoutez : « Conseiller la femme, vous qui avez rompu avec vos familles et qui, quatre-vingts fois sur cent, élevés dans les terres chaudes des séminaires, ignorez ce que c'est que la famille. Enseigner nos enfants, vous, les aimer, les chérir, vous qui avez juré de n'avoir jamais d'enfant. Allons donc ! ».

L'abbé Maillard en avait oublié son pudding de fruit-à-pain. Il se jeta dessus avec férocité alors que l'indignation étouffait les autres. Encore une cuillerée happée bruyamment, et il évoqua le dernier forfait de ces impies, « de ces impies de haute graisse et de crête écarlate, comme dit ce si talentueux Barbey d'Aurevilly » : l'ouverture prochaine de ce lycée, de ce sanctuaire de l'irréligion et les menaces qui pesaient sur l'existence du séminaire-collège. D'une voix blanche, solennelle et déterminée comme s'il venait de tirer son épée du fourreau. Et Raoul, se ruant derrière lui, dans le même élan chevaleresque :

— Jamais nous ne permettrons une telle avanie. Il va falloir se battre !

On se sépara sur ce serment. Les yeux d'Antoinette cramponnés jusqu'au bout à la silhouette juvénile que la nuit allait lui ravir. Pourquoi tant d'indifférence pour ce si beau parti ? Regrets. Sempiternels regrets d'Eugénie et de Gaston du Morne Cordier. Une fille unique ! Avec cent cinquante hectares de canne, une cacaoyère et vingt-cinq hectares de palétuviers ! Sur le perron, Raoul demeura un moment silencieux, pensif. Un cône de lumière glacée éclairait le sommet nu de la montagne, faisceaux d'une lampe de chevet sur un crâne chauve. Tout autour, sur un fond vaporeux, presque clair, des nuages de plomb s'amassaient, troupeau pressé craignant l'orage. Raoul regarda longtemps ce bouleversement du ciel. Au-delà de ces nuages, il n'y avait plus rien d'autre. Que l'invisible, ce qu'il ne comprenait plus.

IV

Le diable en personne. Grimaçant, répugnant. Satan. Le Malin, le Maudit, l'Esprit du mal. Voilà comment Mureau était considéré par les gens d'Eglise, à Saint-Pierre. Cornu, fourchu, crachant le fiel et le feu. « Un jour, à force de blasphémer, il nous fera tomber le ciel sur la tête. » On avait dit ça en pleine messe, une fois, au Prêcheur, le bourg voisin. L'abbé Bertot. Un jeune et fougueux pasteur, émule du père Maillard. Dénonçant, du haut de sa chaire, les ouailles qui travaillaient le dimanche au lieu de se rendre à l'office. « Le feu sur la tête »... Beaucoup commençaient à imaginer la malédiction que ces athées ne manqueraient pas d'attirer sur cette population pourtant si chrétienne, si respectueuse du grand tout, du souverain bien. Idolâtre et un peu fétichiste, il fallait aussi l'avouer tout bas car, dans les souvenirs d'enfance de ces anciens esclaves, grimaçaient encore quelques masques de bois d'anciennes divinités. Saint-Pierre, fière de ses quatre églises triomphantes : celle de la Consolation, celle du Fort, celle du Centre et celle du Mouillage, Notre-Dame du Bon Port, cathédrale depuis 1851, blanche, naïve, avec ses deux clochetons perchés sur ses tours, deux sentinelles en faction, raides comme la vertu, figées dans l'attente du jugement dernier. Et son bourdon, les jours de grandes fêtes, étrange et profond gémissement du bronze au bout des bras de bronze. Impressionnante lamentation qui, alliée à la chanson cristalline des petites cloches, ressemblait à une grosse voix morigénant le troupeau volage des pécheurs. Et partout, au bord des chemins, sur les mornes, dans les savanes, comme s'il avait fallu se protéger plus qu'ailleurs, comme si l'on craignait quelques représailles, partout des croix, des calvaires, des chapelles. Statues de saints bravant crânement les cyclones au sommet de piédestaux ou cachant pudiquement leurs doux sourires au fond de niches humides. Vierge du Morne d'Orange que les navires saluaient au passage avant d'aller affronter les hasards du grand large. Signes de croix des capitaines. Ce morne que l'on disait hanté par un moine dominicain mort en 1758. Mystérieux père Labat qui avait prodigué tant de bienfaits à l'île. Inventant, entre autres, le moulin à canne. Mystérieux prêtre si bienveillant, si paternel et qui, depuis sa disparition, semait la peur dans les campagnes, la nuit. Un habit blanc, une cape noire, une lanterne à la main. « Cé fanal pé Labatt ! » (« C'est la lanterne du père Labat. ») Il ne fallait pas voir cette lumière danser sur ce morne sinon la malédiction frappait aussitôt comme une navaja lancée par un tireur d'élite.

Marius Mureau mesurait bien la difficulté du combat qu'il avait entrepris de mener contre l'Eglise, ses pompes et ses œuvres. Comment déraciner une telle foi populaire ? Dans chaque foyer, Dieu était roi, sa mère était là, ses saints, sa croix, Dieu en plâtre, en carton-pâte, en papier. Dieu au-dessus des portes, sur le rebord des fenêtres. Dieu couronné de fleurs. Ou entouré de cierges brûlant pendant des nuits entières au creux des chapelles en miniature aménagées dans chaque demeure. La foi du charbonnier.

Il fallait donc porter ses efforts vers les nouvelles générations. Former une jeunesse respectueuse des institutions laïques. Former des patriotes et non des dévots. Jules Ferry et les républicains avaient donné le signal. Aux colonies de suivre. Et vite : « Le mal est immense », disait Mureau en soupirant comme un confesseur devant l'étendue du péché. Et il énumérait, sur l'air des litanies, les établissements tenus à Saint-Pierre par les religieux. Le séminaire-collège, d'abord, dominant la rade de toute sa morgue. Citadelle des pères du Saint-Esprit où se forgeaient les beaux esprits des hommes distingués. Pépinière de tout ce que l'île comptait d'adversaires déclarés de la République. Fief des « blancs esclavagistes », de ces « békés rétrogrades ». Il y avait aussi les frères de Ploërmel qui instruisaient les élèves du primaire « d'une main de fer ». « Peste noire, terreur des enfants »... L'orphelinat de Sainte-Anne, l'asile de Bethléem pour les infirmes et les vieillards nécessiteux, et puis surtout le pensionnat des sœurs de Saint-Joseph de Cluny. Celles-là on les avait délogées. Première victoire de la laïcisation depuis l'avènement de Jules Ferry. Obligées d'abandonner après un demi-siècle leur belle maison de la rue du Petit Versailles, près du Mouillage, aux

« mécréants de l'instruction publique ». C'est ici qu'on allait désormais façonner des citoyens sans distinction de classe ni de couleur. De vrais hommes. Déniaisés. Protégés des doctrines pernicieuses. Elevés selon les meilleurs principes matérialistes, positivistes ou athées. C'est ici, en effet, que serait inauguré le lycée de Saint-Pierre dans deux mois. Les sœurs et leurs jeunes filles de bonne famille en robe de mérinos noir étaient allées se réfugier, loin, très loin, au-dessus du Fort, dans le quartier de la Consolation. Le cœur gros, maudissant les usurpateurs.

Jour de deuil pour beaucoup de femmes de l'île. Et jour de honte pour Hortense Mureau, ancienne, elle aussi, de ce couvent où l'on enseignait, avant tout, le dévouement, la droiture et l'oubli de soi-même. Les études ne devaient pas dépasser le brevet supérieur, car il eût été dangereux qu'une jeune fille élevée dans la chrétienté, portant tresse dans le dos, s'ouvrît à des connaissances réprouvées par la morale. (La Supérieure aux parents en visite : « Les fleurs rares ne peuvent-elles pas s'épanouir sans fumier ? ») Que d'yeux mouillés, s'égouttant sur leur broderie ou leur tricot, à la nouvelle de ce déménagement inique ! Pendant que Marius Mureau applaudissait, le monstre ! Raillait : « Ces belles âmes qui imposent dans leur maison d'éducation la séparation entre jeunes filles blanches et jeunes filles de couleur au moment du bain ! Vous vous rendez compte, si les deux peaux venaient à se toucher dans l'eau, elles pourraient déteindre l'une sur l'autre ! »

Ce matin, calèches et cabriolets se succédaient dans la rue Lucy, déposant devant le n° 44 tout ce que Saint-Pierre et sa région comptaient de gens importants. C'était la réunion mensuelle du cercle de l'Hermine, cette association de Blancs et des quelques « grands mulâtres » qu'ils voulaient bien considérer comme leurs amis et leurs égaux dans la fortune. Cette porte ne s'ouvrant pas facilement, ceux qui ne pouvaient la passer racontaient que le diable dissimulait derrière elle ses coupables industries. D'industrie, il en était question, en effet, mais c'était celle du sucre et du rhum. Ce qui n'empêchait pas Mureau de clamer, de tonner dans ses colonnes : « Quand interdira-t-on ces rendez-vous de factieux ? » Parfois, cependant, à l'approche des joutes électorales, des hommes engagés politiquement donnaient à ces rencontres un ton différent, violant l'atmosphère ouatée propice aux assoupissements digestifs. C'était le cas en cette période où le feu des passions prenait de l'ampleur, embrasait les esprits les moins inflammables. Feu dévorant de la haine, des rancunes, des envies. Feu éternel de la vengeance. Eternels préjugés raciaux.

Ce feu couvait depuis bien longtemps. Depuis l'arrivée des premiers esclaves, peut-être, en 1641. Depuis le Code noir, quatre ans plus tard, qui réglait les rapports du maître avec son esclave. Feu enfoui dans la mémoire, sous la cendre de la pénitence et du pardon, absous, étouffé et soudain ravivé. Au moindre roulement de tam-tam, au moindre cri de ralliement poussé dans les halliers. Feu dans les veines, feu de ce sang bouillant fait de glèbe pressée, de soleil concentré, d'humeurs caillées, de sueurs de galériens, de plaies d'enchaînés. Sang du fouet, du fer rouge. Sève d'ébénier abattu. Pleurs de sang des séparés. Rouge de la colère. Mais colère souterraine, sous-cutanée, aux grondements imperceptibles. A fleur de peau, mais invisible. Armées de l'ombre, arme au pied. Colère que l'on croit perdue dans la nuit des temps, à jamais éteinte parce que le rire est franc, qu'il vient des profondeurs. Parce que la sensibilité est naïve, la bonté, la gaieté naturelles. Parce que le nègre prend plaisir à des riens. Parce qu'il rit d'un rien, on s'imagine qu'il a oublié tout. Mais soudain l'homme soumis se relève et son couteau s'abat. Révoltes, émeutes, massacres. L'histoire de la Martinique flamboie de ces lames. Ile marquée par le feu. Feu des hommes, feu du ciel.

Haine et rancune de la classe possédante, des Blancs à l'égard de ce Blanc qui avait osé s'élever contre l'esclavage après son voyage aux Antilles en 1840, et obtenu son abolition huit ans après. Victor Schœlcher. La longue redingote croisée de l'Alsacien honni, ses gants, son chapeau haut de forme, sa canne de bois rare, cette image familière des gazettes illustrées hantait tous les cauchemars, dans les habitations cossues où pleurait la nostalgie. Et sa déclaration solennelle fichée dans les mémoires comme clouée dans la chair : « Les nègres, fussent-ils véritablement d'une espèce inférieure à l'espèce blanche, comme on le prétend, les propriétaires d'hommes n'en seraient pas moins criminels de garder des esclaves sur des terres françaises, d'y maintenir une forme sociale que tous les bons esprits tiennent pour infâmes et intentatoires à la dignité humaine »... « Nous voulons établir que ce n'est pas la couleur qu'il faut haïr, mais la servitude ». Et il exigeait et obtenait l'abolition immédiate.

Aujourd'hui, au cercle de l'Hermine, c'était la démission de Hyacinthe Aube qui jetait la consternation. Comment vivre sans gouverneur militaire ? Depuis la fondation de la colonie l'uniforme avait toujours prévalu au gouvernement de Fort-de-France. Un civil ! Un homme en jaquette à la barre de ce navire quinteux, sur cette mer pourrie d'écueils ! Seuls ces républicains utopiques pouvaient avoir inventé ça.

Il y avait là, autour de la table en courbaril, les grands noms de la culture et du négoce : Gaston du Morne Cordier, Ernest de Saint-Domingue, Léon de Belain, Léon de Feissal, Ernest Duchamp de Chastaigné, Gaston Assier de Pompignan, Charles de Catalogne, Auguste de Meynard, Laurent de Reynal, Octave Hayot, William Cottrell... Et au bout de la table, le président du moment, Maître Desbarreaux-Verger, avocat de renom, barbe fleurie, moustache conquérante. Réunion d'hommes dignes, un peu tristes. Une indicible anxiété que chacun devinait chez l'autre par ses demi-mots, ses silences. Assis selon un ordre bien établi, en fonction de l'importance sociale et de l'âge, devant cette gigantesque table taillée dans un arbre séculaire, d'une dureté de roc, le plus incompressible des bois, le plus trempé, symbole de résistance et d'incorruptibilité. Assis comme dans la vie, confortables, imperturbables, mais au fond d'eux-mêmes, sous une épaisse couche de bienséance et de respect humain, la vieille angoisse des jours périlleux, l'ancestral qui-vive né de tant de vicissitudes.

« Un buste de Schœlcher dans notre ville ! ». C'était la dernière initiative de Mureau qui venait d'ouvrir à cet effet une souscription dans son journal. « Nous ne permettrons jamais ça ! ». Personne n'accordait vraiment de crédit à cette profession de foi, mais quel réconfort de l'entendre ! Car avait-on vraiment le pouvoir de s'opposer aux désirs du tout-puissant président du Conseil général ? Qui aurait osé ? Sûrement pas le maire, François Bernard, un homme simple et modéré, de race noire, tailleur de son métier. Son élection avait provoqué le courroux de maints mulâtres car on accusait ce « neg guo bois » de faire le jeu des Blancs. « Célestin est un renégat ! » « Célestin ! », le sobriquet dont *Les Colonies* l'affublaient pour le frapper au cœur : c'était le nom d'esclave de son père. Célestin, le souffre-douleur. Chaque jour, le journal se gaussait de la dernière histoire de Célestin. Insidieuse campagne destinée à lui ravir sa place. Un primaire sans titre ! Qui avait son prie-Dieu à l'église ! Et autant d'amis blancs que de noirs ! Mais riposte du journal d'en face, *Les Antilles*. Qui ne pardonnait pas aux métis et aux mulâtres d'avoir supplanté les Blancs dans la vie active, de s'être substitués à eux pour former la classe dirigeante. Claquement de crachat des mots : « Les meneurs qui montent sur les épaules des noirs pour arriver à leurs fins professent pour les nègres une mince estime. Ils se sont crus déshonorés par la nomination d'un noir à la mairie tandis qu'il y avait dans le conseil tant de mulâtres qui auraient pu remplir l'emploi !... ».

Sur la surface cirée du courbaril, l'objet du litige étalé comme la chemise ensanglantée d'un assassin devant ses juges : *Les Colonies*. Lecture d'une voix moqueuse et vengeresse. « Souscription pour l'acquisition d'un buste de Victor Schœlcher à Saint-Pierre... ». Soit une première liste dont l'énoncé sur un ton de gravité affectée, secoue soudain ces hommes engourdis qui ont bien voulu sacrifier aujourd'hui, comme chaque mois, l'heure pourtant si respectée et si précieuse de la sieste. Fi des bonnes manières. L'indignation jaillit à chaque nom : ... « Pétregille »..., « un nègre ! », ... « Sanson »..., « un nègre ! »... Jugement sans appel. ... « Rogol »... condamné ! ... « Florival »... condamné !

Ernest de Saint-Domingue se lève. Un cadet de Gascogne à qui il manque seulement l'épée au côté. Visage sans discussion possible. Net. Front haut. Verbe haut. Gestes larges.

— Pas un Français né aux colonies et fidèle aux souvenirs de sa race ne pourra jamais prononcer le nom de Monsieur Schœlcher sans haine et sans mépris. Il est notre vampire !

L'égalité des races ! Le suffrage universel rétabli après l'effondrement du Second Empire, cette absurdité qui permet aux hommes de couleur de représenter la colonie dans les assemblées de la République !

— Nous n'aimons par la République parce qu'en 1848 et en 1870 elle nous a livrés en proie à M. Schœlcher !

Ernest de Saint-Domingue se contentait, en fait, de répéter ce qu'il avait écrit avec d'autres dans *Les Antilles :*

— Voir le mulâtre dominer dans les Antilles françaises a toujours été l'idéal de la conception de ce monsieur. Ce qu'il veut c'est d'abord donner la prépondérance électorale aux Africains, et ensuite, des députés africains pour représenter les colonies françaises !

Dans la maison à côté, Jean-Jacques Cicéron tendait l'oreille, incrédule. Des discours sur ce ton ? Des applaudissements ? Venant du Cercle ? Et en pleine sieste ? Il ouvrit un volet. Sous les fenêtres du consul américain dont il était l'adjoint, la rue Lucy dormait, comme toujours à cette heure-là. Un soleil sans pitié et aussi sans victime. Immobilité générale. *Les Antilles* elles-mêmes, si bourdonnantes à d'autres moments, avec leur va-et-vient de commis, de messagers, de visiteurs, attendaient l'instant où les cloches des églises allaient remettre les hommes au travail. Cicéron tendait son oreille et ne la croyait pas. Habitué à tant de retenue de la part de ces voisins avec lesquels il entretenait des rapports courtois. Entendait derrière la mince cloison Léon de Feissal clamer comme s'il était debout sur une chaise. L'entendait s'exclamer : « Il est impossible de n'être pas saisi d'un profond dégoût quand on voit à quel point d'absurdité est arrivé cet homme qui se donne ici comme un sage et a réussi à se faire dresser des autels par l'innombrable secte des imbéciles ! »

Entendait Ernest Duchamp de Chastaigné, grave, sentencieux : « Monsieur Schœlcher est le ministre perpétuel des colonies. C'est lui qui trace à chacun le progrès à suivre, c'est lui qui distribue les blâmes et les louanges, la peine ou les récompenses. C'est lui qui destitue à son gré et nomme les fonctionnaires, surtout ceux de l'ordre judiciaire ».

Une voix grêle trancha soudain, cinglant la cloison comme une cuvette d'eau projetée à toute force.

— Les émeutes, l'assassinat, la violation de propriété se font aux cris de « vive Schœlcher ! ». Haine aux Blancs, leur effacement, leur disparition, voici le programme, et c'est M. Schœlcher qui l'a tracé !

Qui n'eût pas identifié le jeune Albert Codé par sa façon bien à lui de partager ses phrases, de les ficeler en petits paquets carrés ? Mémoire douloureuse de Codé arrêtée comme une horloge par un cataclysme, figée à jamais sur l'heure fatidique : 24 septembre 1870, 10 heures. La guerre avec la Prusse a mal tourné. Paris investi par Bismarck. L'Empereur chassé par les républicains. A l'annonce de ces nouvelles, l'insurrection a éclaté dans le sud de la Martinique, à La Rivière-Pilote. Un cri : « Mi Codé ! » « A mort Codé ! ». La foule ne pardonne pas au frère d'Albert Codé d'avoir fait condamner, au cours d'un procès où il était assesseur, un certain Léopold Lubin à cinq ans de réclusion criminelle pour avoir jeté à bas de son cheval un fonctionnaire métropolitain. « Mi Codé ! » « Vive les Prussiens ! ». Cléo Codé, barricadé dans son habitation, voit Georges, son nègre, qui le défend, submergé, piétiné, tué. « Mi Codé ! ». Voit cent têtes, deux cents têtes noires, bouches roses, échancrées, dilatées, éclatées exigeant sa mort immédiate. Miroir brisé d'Albert Codé, miroir de sa mémoire. Où gisait le corps calciné de son frère au milieu de sa maison incendiée. Rage, révolte. Lancinante souffrance d'une vengeance jamais satisfaisante.

Gorge déployée, Codé, à tous :

— Ils sont nés pour l'esclavage et leurs instincts sont ceux de l'esclave !

Le fougueux Léon de Belain qui sortait toujours ses lunettes de leur étui d'un coup sec et les dépliait d'un autre coup sec, comme la lame d'un rasoir à main, donna lecture d'un message qu'il venait de recevoir d'un informateur sûr. Un comité pour « L'avenir des Noirs » venait d'être créé dans la ville par quelques énergumènes.

— Des noms ? Les voici.

Chaussa ses verres qui jetèrent des éclats terriblement coupants. Ses lèvres d'un rouge vif, étonnant, comme si elles étaient enduites de gelée de groseille, semblaient gonflées du plaisir d'annoncer de l'inédit.

— Les initiateurs de ce comité s'appellent Bernard, Valère, Cyrille, Montout...

Dans le passé, que de comités de ce genre s'étaient transformés en groupes de massacreurs ! (Il y a toujours dans la cervelle d'un Blanc l'éclair cruel d'un coutelas qui abandonne le champ de canne pour se retourner contre son propriétaire.)

— Et, tenez-vous bien, ils ont demandé à Schœlcher son patronage ! Mais — faisant force gestes comme s'il voulait disperser une armée de poules, faire rentrer chaque cri dans sa gorge — mais écoutez bien, Victor Schœlcher ne veut pas de ce comité. « Vous faites erreur, leur a-t-il répondu. Ce qu'il faut rechercher, c'est la fusion des Blancs, des métis et des mulâtres »...

— Jamais ! Jamais !

Les bras de Léon de Belain recommencèrent leur gymnastique. Puis il reprit son papier. Appuyant sur chaque mot avec application, comme s'il apprenait à lire :

— ...« c'est la fusion qui peut seule assurer le bien-être et la prospérité des trois races »...

— Jamais ! Jamais !

— ...« des trois races destinées par la nature et la force des choses à vivre ensemble ». Et Schœlcher conclut en disant : « Il ne faut pas de classe prépondérante de couleur ».

— Substitution ! Substitution !

Les lunettes de Léon de Belain rentrèrent subrepticement dans leur étui comme une bestiole apeurée. Substitution ! Le mot lancé à tout bout de champ par les békés de plus en plus minoritaires. Pierre sifflant à la tête des mulâtres. « Ils ont le commerce, ils ont de plus en plus de terres, ils ont les assemblées électives, ils ont la justice, ils vont avoir l'enseignement, ils vont avoir tous les pouvoirs »...

Réunion terminée, les membres du Cercle se levèrent. A côté, Jean-Jacques Cicéron, le vice-consul des Etats-Unis, s'habilla en hâte. Sortit. Oubliant son chapeau tant il était impatient d'aller raconter à ses complices du Grand Balcon ce qu'il avait entendu derrière sa cloison. Un tohu-bohu au cercle de l'Hermine !

Au même moment, Marius Mureau, de retour dans son bureau sous les toits, aux *Colonies,* venait de mettre la dernière main à l'article que son journal donnerait en première page le lendemain matin. Coïncidence. Comme si les clameurs de la rue Lucy avaient porté jusqu'à cette mansarde, Mureau répondait à l'accusation habituelle : « Nous n'avons pas de haine pour les Blancs ; nous les regardons comme un élément absolument indispensable dans ce pays. Le rêve de substitution d'une race à l'autre que nous prêtent nos ennemis serait une imbécillité d'autant plus surprenante que chaque jour nous demandons l'assimilation à la mère patrie. Eh bien, pense-t-on qu'avec l'assimilation nous aurions les moyens, si même nous en avions le criminel projet, d'éliminer la classe blanche ? »

Quand son ambition ne le torturait pas trop, Marius Mureau rêvait parfois d'une communauté fraternelle où toutes couleurs se fussent fondues, confondues. Oublier toutes les souffrances, tous les coups reçus. Ne retenir que les bons côtés des choses et des hommes. Et vivre ensemble. Voulait croire à cela en regardant tout ce qui s'offrait à ses yeux, sur la montagne, à perte de vue, en vert, en bleu, en rouge, toutes les douceurs que cette terre octroyait, elle, généreusement à ses fils et à ses filles, et sans distinction d'origine. Un rêve comme une chanson. Une chanson qu'il aurait bien voulu composer. Mais, soudain, l'ambition revenait, pressée, mauvaise conseillère...

Georges César-Laîné tira Mureau de ses songes philanthropiques. Albert Codé allait dépêcher deux témoins de son choix auprès de lui afin de se mesurer en duel ! Encore un ! Fallait-il qu'on eût le sang chaud à Saint-Pierre pour que toute affaire se réglât ainsi, au fil de l'épée ? Pour un oui ou pour un non, en effet, les allées du jardin des plantes, les rues sombres et les cours isolées résonnaient du ferraillement des réparations. Pas un mois sans qu'une tache de sang fleurît sous une chemise trouée. La mort s'ensuivait rarement. Mais Mureau savait qu'il ne fallait pas toujours s'en moquer. A ses dépens. Après avoir bien failli quitter la vie. Il en portait encore la cicatrice à la poitrine, au côté droit. « Là, ce trou en forme d'étoile », disait-il à ses amis, fièrement. Un coup d'épée qui avait manqué le foie par miracle. A cause d'un article plein d'esprit, une facétie. A cause d'un sans esprit, de la colère d'un homme, un certain Verdet qui se disait ridiculisé, outragé. Le combat avait eu lieu dans une petite cour de la rue du Précipice. A l'épée. Une arme dont Mureau ignorait pourtant le maniement. Encore un de ses pieds de nez au bon sens, à la raison, son impertinente provocation, sa bravade coutumière. Mort par éclat de rire ! Voilà ce qui ne lui aurait peut-être pas déplu, lui que ses convictions philosophiques mettaient à l'abri des craintes de l'au-delà.

Ainsi ne devait-il pas trop mépriser l'adversaire du jour. Codé avait la réputation d'un fin tireur. Aussi César-Laîné lui conseilla-t-il de refuser le défi. Pourquoi provoquer le sort quand il ne nous demande rien ? D'autant plus qu'il ne se montrait pas meilleur au pistolet qu'à l'arme blanche. Et surtout, surtout, qu'il n'était pas directement concerné. Car toute cette affaire avait eu pour origine des articles très sots rédigés par Pascal Alfonsi, un pion du futur lycée qui, en attendant l'ouverture de son établissement, s'essayait dans la chronique indiscrète. Arrivé récemment de France, le jeune pigiste, républicain dans l'âme, s'efforçait par tous les moyens de porter atteinte à cet enseignement confessionnel, à ces bigots, à ces cagots si vilipendés par ses maîtres.

Sous le pseudonyme de Kouci-Koula, voilà donc Alfonsi ironisant un jour. Sur les jeunes choristes de la paroisse du Centre dont les employés du palais de justice, voisins de l'église, s'étaient plaints des vocalises. Voilà l'abbé Maillard, le curé du Centre, et voilà l'évêque, Monseigneur Carmené, qui s'en mêlent. Qui imposent aux jeunes filles d'autres horaires de répétition. Et voilà Kouci-Koula qui récidive. Cette fois-ci, c'est l'injure, l'ordure. « Les voix de ces donzelles s'apparenteraient plutôt au beuglement de la génisse en peine de son taureau ». En page 2 des *Colonies*. Scandale. Protestation. Séance extraordinaire du conseil de fabrique de la paroisse du Centre. « Il faut punir cet individu suffisamment vil pour s'en prendre à d'innocentes jeunes filles ! » Editorial vengeur de François Lota dans *Le Bien Public :* « Pourquoi ne pas flétrir la feuille indigne qui s'est rendue complice et responsable d'une telle infamie ? L'ignoble seul appelle l'ignoble. Nous n'avons que mépris pour cette feuille. »

Dégoût d'Hortense Mureau. Colère. Soirée tumultueuse à Tivoli où elle ne se prive pas de dire à son mari ce qu'elle pense d'une pareille littérature. César-Laîné, nature plus modérée, moins provocante, tendrait, lui, à abonder dans son sens. « Cet Alfonsi ne peut que nous faire du tort ». Mais Mureau explose. Bidon de kérosène jeté au feu. Explose, rouge sang :

— Qu'est-ce que c'est que toutes ces tartuferies ! Tant d'histoires pour ce mauvais papier ? Tout ça, c'est de la haine à l'égard de ma personne. On cherche à m'atteindre au moment où je brigue les suffrages de mes concitoyens !

Arsenal attelle le cabriolet dans la cour. « Hue, la Fine ! » La jument trotte vers Saint-Pierre, vers la Grand-Rue, vers le galetas, le refuge où naissent les grandes idées nourries des grandes querelles et où meurent les grands chagrins. Sur la table de bois, face à la nuit, à la ville endormie, la plume griffe, mord, sauvage, cruelle, sautille, bondit, danse de la mangouste face au serpent. Une église dit qu'il est dix heures. La Fine piaffe en bas. Solitaire, rêvant, Mureau a fini. Se relit, à haute voix. Déclamant. Il est à la Chambre des députés, à la tribune, devant tous ses collègues, devant tous ces Blancs (eh oui !). Lit son discours (coupé d'applaudissements) (et de bruits divers qui l'excitent). Lit son papier, la réponse à François Lota, l'homme qu'il exècre, le symbole de tout ce qu'il exècre, l'exécration personnifiée. Lit. L'éditorial du lendemain qui se termine par cette assurance formelle qu'il l'exècre, qu'il lui « crache au visage » et qu'il le « somme de sortir de son anonymat et d'accepter de se mesurer en duel ». Car Lota n'avait pas signé. Le surlendemain le médecin signe « Fouet » avec ce post-scriptum : « Mon coup de fouet n'est ni pour la feuille politique, ni pour l'organe républicain, il est uniquement pour la feuille ordurière, pour l'organe de cynique publicité qui se fait l'insulteur de tout Martiniquais qui n'est pas fait à l'usage de sa hideuse et blasphématoire impiété. » Titre de l'article du *Bien Public :* « Salfoin et son cornac. » Salfoin, l'anagramme d'Alfonsi. Le cornac, son patron. Vinaigre. « Seul un mécréant, un être sans foi ni loi pouvait insulter, avec tant de cynisme, tout ce que, personnes et choses, nous avons l'habitude de respecter et de chérir »... Vitriol... « Comme l'eau va à la rivière, l'ordure va au canal ». C'est Alfonsi qui est frappé, ce paillasse, cet aviné, mais c'est Mureau qui est visé ainsi que son journal, ce journal de la « radicaille impie ». Mureau qu'on voudrait bien voir écraser la poussière en septembre prochain, aux élections générales.

Bagarreur, toujours prêt à jouer du pistolet, Codé voulait régler son compte à Alfonsi et ne permettait à personne d'autre de s'en charger. Même pas à Lota. Il lui envoya donc ses témoins. La mauvaise langue des *Colonies,* la vipère, tremblait, glacée d'effroi devant ces deux messieurs glacés, rigides, graves. Découvrant soudain, à la vue du cartel, qu'un seul mot, un mot dont on rit, peut entraîner la mort. Comment ? Le choix des armes ? Mais il ne savait tenir que son porte-plume. Et le lendemain matin, profitant de l'absence de Mureau, il se confondait en regrets, tombait à genoux. Pardon ! Pardon ! Se jetait aux pieds de « ces jeunes filles parfaitement respectables » qu'il n'avait jamais eu l'intention d'offenser.

Fureur de Mureau. Alfonsi venait de mettre un point final à sa carrière de journaliste. Fureur de Mureau qui revenait de Fort-de-France où l'avait reçu fort aimablement Marie-Nicolas Moreau, le gouverneur par intérim. Alfonsi chassé, César-Laîné blâmé, malmené. Tête basse.

— Sacrés couillons ! Je tourne à peine le dos qu'on en profite pour baisser culotte ? Est-ce la façon de se comporter devant les cafards et les béguines ? C'est nous qui devons faire peur à la volaille, plus que jamais. Et non nous qui devons trembler. Il faut vider les poulaillers !

Ce Codé méritait une leçon. Il allait la recevoir. Magistrale. Exemplaire. Comme son complice, ce petit médecin corse dont la rumeur publique prétendait qu'il cherchait à se composer un arsenal. Sans doute parce qu'un armurier de passage proposait par voie de presse aux chasseurs de rongeurs, de pigeons et de gallinacés un choix de fusils choke bored, massant le plomb à grande distance, de fusils de chasse à baguette, à percussion centrale, et de modèles Lefaucheux. Aucune bouche à feu, en tout cas, n'entamerait la détermination de Marius Mureau. Ni les supplications d'Hortense que l'étoile de sa cicatrice, si étincelante fût-elle, n'avait jamais réussi à éblouir.

— A force de chercher la misère, lui disait-elle, tu vas la trouver.

Réflexions matinales qui avaient le don de l'irriter une journée entière, de lui gâcher tout un jour de son existence. Même si des satisfactions venaient à lui sourire. Douleur lancinante et disproportionnée. Cette molaire enragée, tout au fond de la mâchoire, une dent sur trente-deux, et la vie, tout à coup impossible, scabreuse. Comment vivre sans s'affronter aux autres quand on se bat contre l'arbitraire et l'iniquité ? Et comment vivre en refusant le combat, en baissant les bras devant les forces contraires, devant la haine, ce fauve qui s'attaque à l'homme ? Le temps d'être soi-même et de se vouloir jusqu'au bout, que deviendrais-je si on me l'enlevait ? se disait-il. Mais lorsqu'il considérait son passé, ses luttes successives, le moindre doute qu'Hortense eût réussi à semer ne laissait pas plus de trace qu'un mauvais coucher de soleil. Montagnard qui se retrouve au sommet et mesure son effort, satisfait de lui-même, de ses jarrets, de son souffle, de sa ténacité. A Hortense, dans ses yeux noirs brutalement, comme une goutte d'acide :

— Comment peux-tu imaginer que je pourrais me contenter de ta vie ? Le magasin, le bateau, la farine, les haricots...

Manger, boire, dormir, tout lui semblait futile. Pouvait-il manger, boire, dormir et être utile ? Hortense sentait une grande chaleur lui monter à la tête quand il montrait ainsi tant de mépris pour son métier si lucratif, si vulgaire, si éloigné du sien... Mais n'était-ce pas l'épicerie en gros qui lui avait permis d'être aujourd'hui à la tête du journal le plus influent de Saint-Pierre ? L'exaspération bridait l'œil, étirait la paupière d'Hortense. (Qui savait si elle ne devait pas cette transfiguration à quelque navigateur asiatique perdu dans ces eaux et de caractère irascible ?) N'était-ce pas grâce à l'argent de la farine et des haricots et aussi à celui de la distillerie que le père d'Hortense, Félix Bellard, ce « grand mulâtre » âgé aujourd'hui de 58 ans, et associé avec son ami Alirot, avait conquis une place importante dans le commerce de la ville et assuré bien-être et prospérité à sa famille ? Prospérité dont *Les Colonies* profitaient largement. Comme il haïssait, en effet, ce négoce, nourriture essentielle de Saint-Pierre ! Un monde de fripons et de falsificateurs. Spécialistes de l'escroquerie et du détournement. Des porteballes, des maquignons sans moralité. Et surtout, des exploiteurs du peuple.

— Ah ! l'ambition ! soupirait Hortense devant son père qui n'aurait jamais accordé à son gendre, quoi qu'il eût fait, le titre tant convoité de « grand mulâtre », il veut laisser une trace dans l'histoire.

— Une trace ! On en laisse toujours une, chère. Au cimetière.

Ce Codé, donc, n'aurait pas le dernier mot. Il allait le lui faire savoir. En relevant le défi. En première page. « Nous n'avons pas l'habitude de reculer devant qui que ce soit Que ceux donc qui vont battre les buissons, feignant d'oublier que nos bureaux sont ouverts toute la journée, se rappellent une fois pour toutes qu'on y trouve toujours à qui parler. Soit dit en passant pour le coco qui signe « Fouet » au *Bien Public.* »

Après avoir confié cette mise au point à son imprimerie, au 53 de la grand-rue du Mouillage, il se rendit seul sur le bord de mer. Une brise soufflait, alerte, presque fraîche, apportant l'odeur du large et tirant sur les ancres. Il sentait ses poumons se dilater, son sang prendre de la vitesse. Aimait le vent qui rapproche les bateaux. Qui vous crie des choses incompréhensibles comme un coureur essoufflé. Sous cette aile-là, sur les mornes, la forêt se fâche un peu, seulement, ronchonne. On ne la sent pas prête à se déchaîner. Une colère pour rire. Aimait ces pas lents le long du rivage, seul avec lui-même, quand il sortait ainsi de l'imprimerie après une nouvelle bataille. Le vent poussait devant lui une petite pluie qui semblait venir de loin. Pluie fine au bord de l'eau. Avec elle on a l'impression que toute la mer s'évapore. Demain, sûrement, il devrait se préparer de nouveau à croiser le fer.

V

Au Grand-Morne on préparait la terre pour la canne. Patiemment. Les attelages allaient et venaient dans la fumée diffuse des feux de broussailles. Feuilles brûlées, parfum sucré. Bruits lointains de charrois, cris des hommes excitant leurs bêtes. Raoul du Morne Cordier, chevauchant avec son père à travers la jachère morte, les herbes folles, les arbustes qu'il faudrait maintenant extirper, détruire. Une équipe de travailleurs, faucille en main, s'acquittait d'ailleurs de cette besogne-là, sous la direction d'un « commandeur ». Eclats des chairs nues et des lames. Plus loin, d'autres tenaient la houe dans la terre lourde, fraîchement « tournée », cassant les mottes une à une. Dans deux semaines, si le temps restait clément, les « ateliers » s'aligneraient le long des sillons et commenceraient « le plantage » des pieds de canne. Têtes baissées sous le bakoua, le large chapeau de paille. Deux par deux tous les 1,33 mètre. Un hectare dans une demi-journée. Quel travail !

Chaque jour, ainsi, Raoul suivait son père pour apprendre son métier. Avec conscience. Lundi on lui montrerait comment carreler l'habitation en « pièces » de un à deux hectares par de larges chemins qui permettraient, au moment de la récolte, le passage des « cabrouets » derrière les bœufs languides. Après-demain, la sucrerie lui ouvrirait ses secrets.

Inquiétude soudaine de Gaston du Morne Cordier scrutant le ciel. Une lourde escadre de nuages, formée en mer, faisait force de voiles vers le morne, vers la plantation. Effrayés, les halliers frémissaient déjà.

— Rentrons vite.

La main gantée de chevreau tira sur les rênes. Gros doigts de la pluie sur le panama enfoncé jusqu'aux yeux pour un galop d'enfer. Cinq minutes de plus et leurs vêtements étaient à tordre. Maintenant, à la porte de l'écurie, ils regardaient la terre rendre ses tripes sanglantes sous l'effet de l'indigestion. Regardaient Eugénie derrière le carreau de la salle à manger, belle aquarelle, son pâle visage souriant à travers les gouttes, heureuse de voir ses hommes à l'abri.

Pour le déjeuner de ce samedi, on avait invité les voisins, les inévitables Belain. Encore ! Raoul n'aurait jamais voulu rien reprocher à ses parents. Trop de respect le retenait. Mais ces gens-là, comment ne pouvaient-ils pas comprendre ? Comment cette disgracieuse Antoinette pouvait-elle toujours se nourrir d'illusions ? Il faudrait qu'une bonne fois pour toutes, rassemblant tout son courage... Mais non, ce n'était pas à lui de mettre les points sur les i. Et tant pis pour eux s'ils restaient sourds. Il n'allait pas passer sa vie à expliquer les raisons pour lesquelles il préférait une femme plus qu'une autre.

Raoul attendait par contre avec plaisir la visite d'Albert Codé avec qui il avait sympathisé à bord de l'*Adriatic*. Et celle de Léon Lucy, le rédacteur en chef des *Antilles*. Il lui tardait d'apprendre de bonne source ce qui se passait en ville.

— Vous pourrez ainsi vous entraîner au pistolet dans le jardin...

Le jeune chimiste arriva le premier. Punch au citron vert, acras de morue sur la galerie encore ruisselante. Le soleil était revenu, frappant le dos comme un ami.

— Regardez. Albert Codé ouvrait le coffret d'acajou qu'il avait apporté. Avec précaution. Et mystère. Fier.

— Je les ai achetés à Sainte-Lucie.

Deux revolvers à barillet couchés sur du velours grenat et se mordant la queue, tête-bêche. (Un doigt sur la bouche qui signifiait « contrebande »).

— Des colts Walker. Fabriqués en 1847 pour l'armée américaine (Raoul se risquait à passer un doigt sur le noyer lisse de la crosse). Calibre 44. Et regardez ces balles. (Dix cônes cuivrés alignaient leur culot dans un écrin entre les deux canons, comme une collection de boutons. Il en prit un, le lui mit sous le nez.) 14,25 grammes propulsés par une charge de 3,24 grammes de poudre noire. Quand on reçoit ça dans la caboche !

Yeux pétillants, il imaginait sans doute Mureau gisant, la tête fracassée, à ses pieds.

Une brassée de roses passa, et Eugénie, derrière, presque jolie.

— Avec ça, dit Codé, cruel, je suis sûr de l'avoir.

Les Belain débouchaient de l'allée de manguiers. Et le coffret se refermait avec le bruit sec d'une mâchoire. Antoinette était déjà là, assise près de Raoul, à l'affût de ses mots, une broderie sur les genoux pour la contenance. Assise et muette. Sa mère parlait pour elle, la vantant, la parant de mérites. Disant ceci, disant cela. Et Antoinette rougissante. Jusqu'à la racine de ses cheveux roux, jusqu'au bout de son nez fleuri d'acné.

Voici Léon Lucy. Pour Raoul, une diversion salutaire. Mais pour les Belain, un désagrément. Car cet athlète aux cheveux raides et à l'œil clair passait, en dépit de son aspect physique, pour avoir été métissé, pour avoir hérité de quelques gouttes de sang noir. Rien n'avait jamais été prouvé. Comme rien ne pouvait arrêter les langues. Suspicion, graine de coupable. Regards lourds de sous-entendus. Fleurs vénéneuses des sourires faux. Heureusement, l'intéressé n'en faisait pas un drame. Oui, il pouvait bien avoir eu quelque ancêtre caraïbe. Regardez. Cette paupière qui se retourne vers l'intérieur sur le bord, c'est la marque, la « double paupière » des Amérindiens. Mais ce qu'il pouvait assurer sans se tromper, c'est qu'il descendait d'un marin de Montpellier, arrivé ici en... Et puis, zut, quel crime ? On le prenait comme il était. Ou on le laissait. Raoul le prenait pour un ami, pour un frère, et il l'invitait chez lui. Les du Morne Cordier n'auraient jamais rien trouvé à en dire. Mais d'autres békés, d'autres planteurs blancs, petits ou grands, pinçaient les lèvres, retroussaient leur nez comme au passage d'une mauvaise odeur. Comment ! Recevoir ce mulâtre sous son toit ? Il suffisait de considérer son père, Louis Lucy, le gros négociant de Fort-de-France. Ses frisettes, sa lippe, tout le trahissait. « Grand mulâtre » peut-être, mais mulâtre. Et tout comme ils restaient chez eux, on n'avait pas à leur ouvrir la porte. Soit, il était permis de se rencontrer dans la rue, dans la savane, dans les affaires, au restaurant. De même à l'église et au cimetière pour enterrer une connaissance. Ou même au Cercle de l'Hermine puisque c'était la tradition. Mais dans la maison de famille, dans le musée sacré du temps échu, dans ce temple où brûlait la lampe éternelle, dans ce Saint des Saints où l'arche était enfermée, seuls les domestiques pouvaient passer sous les tableaux des ancêtres sans entendre ces derniers crier au sacrilège.

Voici donc Léon Lucy avec toute sa force. Force de corps et d'esprit. Et force de sa belle indifférence. Avec son franc-parler, sa chaleur, ses embrasements. Léon le tendre colosse qu'on appelait « Caret » au séminaire-collège, caret, la tortue des mers chaudes dont il avait la corpulence, le flegme et la carapace, Léon arrivait des *Antilles* avec cette rumeur : Paris aurait l'intention d'envoyer un inspecteur d'académie à Saint-Pierre pour enquêter chez les frères de Ploërmel, accusés de sévices, de tortures par le Conseil général. « Ils finiront bien par décourager ces braves religieux », dit Léon de Belain. (Dévisageant Lucy pour la première fois d'aussi près, examinant à la loupe le grain de sa peau, la texture de sa chevelure, l'encre de son regard). Et à Codé :

— Quand je pense à toutes ces insanités qu'ils écrivent dans leur torchon de journal. Ah, comme je vous approuve d'avoir cette attitude !

Le duel avec Mureau. Allait-il avoir lieu ou non ? Cet homme était un pleutre. Il trouverait l'échappatoire. Pourquoi vouloir se battre avec un chien crevé ? Mieux valait le laisser filer au gré du courant. Pour Gaston du Morne Cordier que ce coffret d'acajou intriguait, Codé voulut bien remontrer son acquisition.

— Quelles merveilles !

— Vous pouvez les prendre si ça vous fait plaisir.

Dans les mains du planteur, cette crosse de noyer si douce au contact, et ce poids, ce pouvoir, cette concentration redoutable de puissance. Souvenirs de patrouilles nocturnes en 70, d'équipées sauvages, de chasse. De duels aussi. Duel pour une femme dont il avait bien sûr oublié nom et visage. Plaisir du toucher et caresse des réminiscences. Et craintes d'Eugénie que cet acier luisant éblouissait d'horreur :

— Fais attention, Gaston, il y a tellement d'accidents !

— N'ayez pas peur, Madame, ils ne sont pas chargés.

On n'attendrait pas la fin du déjeuner pour respirer la poudre. Gaston du Morne Cordier entraîna tous les hommes au fond du jardin, suivi de la chienne « Fifine », excitée par l'aventure. Ils entrèrent dans la sucrerie. Midi. Silence et immobilité. Tout au bout de la cour, un dépôt de bagasse bien épais, bien concentré, faisait le gros dos au soleil.

Les revolvers quittèrent leur boîte, beaux poissons rutilants sortant de l'eau. Cliquetis et cérémonie. « Attendez ! ». Mains sur les oreilles, Eugénie venait chercher la petite chienne qui restait sourde aux consignes. Et le tir commença. Deux cartouches par personne. Codé surpassa tout le monde, fracassant deux bouteilles à lui seul, avec une adresse déconcertante.

— Je ne sais pas si Mureau sait tirer, dit Gaston du Morne Cordier, admiratif, mais si j'étais lui je prendrais des cours !

Marqué par la mort terrible de son frère aîné, tatoué comme un animal, martelé comme un arbre par cette horrible mort, le jeune chimiste avait placé dans les armes toute sa revanche. En souhaitant n'avoir jamais l'occasion de les entendre claquer contre un homme. Mais qui n'aurait pas voulu laver l'outrage d'un Mureau ?

Pendant le déjeuner, Raoul fit partager à Codé et à Lucy l'idée qui avait jailli de lui au cours de son pèlerinage au séminaire-collège. Touché sans doute par le Saint-Esprit, il avait projeté de créer un comité de défense, un groupe qui se porterait au secours des bons frères. Léon Lucy, ardent :

— Si vous poursuivez jusqu'au bout, je suis des vôtres.

Grâce à des souscriptions publiques, à la générosité de certains chrétiens favorisés, ce comité pourrait, par exemple, permettre à certaines familles désargentées de continuer à envoyer leurs enfants chez les religieux. Malgré la suppression des bourses par l'Etat impie et leur attribution à ce maudit lycée.

— Qui voudra envoyer ses enfants là-dedans pour apprendre *le Chant du Départ* et *la Marseillaise* plutôt que le *Salve Regina* ?

Aurélie de Belain, les joues incendiées par son audace. (Ces rougeurs étaient décidément une maladie de famille.) On évoqua ensuite la folle dépense, le gouffre, le gaspillage que ce lycée représentait pour la colonie. Alors que les finances ne brillaient pas de santé. Que la crise menaçait le sucre, « notre sucre, la première industrie du pays ». Et ces professeurs que l'on payait à ne rien faire en attendant que cette officine commençât son œuvre de perdition ?

— J'en connais un pourtant bien sympathique, dit Lucy, il va enseigner les sciences naturelles. Il voudrait faire une excursion avec moi sur la montagne Pelée. Il s'appelle Gaston Landes.

Un laïc, un chasseur de prêtres éveillant de la sympathie ? Idée de mulâtre, pensa la mère d'Antoinette qui essayait depuis un moment de rencontrer les yeux de Raoul pour lui parler de sa fille, mais elle ne parvenait pas à les emprisonner malgré de furieux efforts.

Cette excursion en montagne donna un répit aux fourchettes. Non qu'on s'intéressât aux détails d'une promenade très banale, mais on voulait savoir si le volcan en question était bien coupable, comme on le prétendait, de brouiller les couchers de soleil. Depuis quelque temps, en effet, chacun avait pu remarquer la lueur rouge vif, exceptionnellement intense et persistante, qui colorait les crépuscules. Et chacun se perdait en conjectures. Quelle était la cause de cet ensanglantement du ciel, de ce diabolique détraquement ? Les plus savantes explications ne faisaient qu'épaissir le mystère. Cyclones ? Volcans ? Ondes magnétiques ? La Pelée, cette vieille bête, n'allait-elle pas se réveiller ? Question inquiète d'Eugénie du Morne Cordier dont on vit les cils frissonner au son de sa propre voix :

— N'est-ce pas le présage d'un cataclysme ?

Sourires. Depuis quelques jours ce sujet noircissait les colonnes des *Antilles.* On avait encore en mémoire l'article de Léon Lucy, ironisant. Pour ceux qui ne s'en souvenaient pas, le journaliste le connaissait par cœur et avait plaisir à le répéter. « Il y a des peureux qui vous disent : c'est la fin du monde ! Elle n'est pas loin, sûrement ! Il faut se préparer ! Ou bien : c'est le présage d'une grande catastrophe naturelle, de tremblements de terre, d'orages terribles, mon Dieu, qu'allons-nous devenir ? Et en disant cela ils sont aussi blêmes que les lueurs sont rouges... » (En mémoire cet article qu'il avait écrit après avoir entendu les gens interroger le ciel et sonder les autres, en examinant ces mystérieuses flammes qui semblaient sortir du fond de la mer pour se coucher sur l'horizon et attendre la nuit). « Il y a les philosophes qui secouent la tête et, avec l'air du pilote qui voit dans le lointain des signes inquiétants de tempête en se mordant les lèvres : c'est mauvais, mon cher monsieur, quand on étudie l'histoire et que l'on compare les choses on trouve de cette comparaison des motifs effrayants d'inquiétude ! »... (Des fenêtres de la salle à manger se profilait, au loin, cette montagne si tranquille sous son plumeau de nuages habituel. Que pouvait donc dissimuler ce chapeau ordinairement inamovible ?)... « A l'approche des temps malheureux où s'effondra la société romaine, on vit des signes pareils dans les airs. On voyait des armées fantastiques dans le ciel, on y entendait des cliquetis mystérieux qui s'entrechoquaient... Nous voudrions nous tromper, être de faux prophètes, disent ces philosophes, mais nous craignons que nous n'en soyons de trop bons ». Après ces belles phrases, l'assistance n'était pas plus avancée. Gaston du Morne Cordier se massait le front pour en chasser une migraine.

— Alors, que faut-il en penser ?

— D'après Gaston Landes, qui a un peu étudié la propriété des aimants, cette pigmentation du ciel serait due aux contradictions accidentelles du champ magnétique terrestre. Les aurores boréales, par exemple, ce phénomène qui affole l'aiguille aimantée tout en colorant le ciel, auraient pour origine les perturbations engendrées par l'opposition entre les courants telluriques et l'électricité atmosphérique...

Cette exégèse obscure, ce charabia récité par Lucy sur un ton peu convaincu, ennuyait finalement tout le monde. On fut plus intéressé d'apprendre que le rédacteur en chef et photographe des *Antilles* espérait se procurer un jour aux Etats-Unis un appareil photographique qui permettrait de prendre des clichés en couleur afin de fixer ces magiques merveilles pour la postérité.

— En couleur !

Impatience d'Albert Codé. Ses stigmates de petite vérole se multipliant soudain, grouillant sur ses joues maigres.

— Moi, j'avancerais une autre explication à propos de ces lueurs, dit l'ingénieur-chimiste dont tout le monde se souvint qu'il avait étudié le sol sur la demande du Conseil général il y avait plusieurs années. (Fourchette en l'air, on le regardait. Ses doigts creusaient le sol volcanique avec fureur. Quartz, basalte, porphyre. Paillettes de ses yeux en mica.) « Sous l'action des rayons solaires ces cristaux de porphyroïdes et de trachytes mélangés à l'ocre rouge des terres arables, produisent des effets de lumière simulant l'éclat du cinabre, c'est-à-dire du sulfure naturel de mercure. »

Quel savoir ! Quelle érudition ! L'admiration imposait le silence. On contempla pendant ces quelques secondes l'irisation féerique de ces bijoux du ciel.

— Et ce volcan, alors, interrogea Eugénie du Morne Cordier avec une douce frayeur, il n'y serait donc pour rien ? (Comment cette si frêle créature, cette angélique quadragénaire, élevée dans la soie des sentiments bourgeois, dans le duvet des bonnes manières, pouvait-elle donc être attirée par ces troublants mystères de la nature, ces angoissantes énigmes, ces secrets épouvantables ?)

A nouveau un sourire.

— Dormez tranquille, Madame, depuis trente ans cette fournaise est bien éteinte. Nos pionniers ont signalé quelques grondements timides en 1772. Une douzaine de manicous qui s'étaient aventurés près du cratère se seraient retrouvés roussis ! En 1851, des colonnes de fumée se sont élevées et des cendres sont tombées sur Saint-Pierre. Rien de bien méchant. Depuis lors, c'est le sommeil.

Comme sur un signal, tous les regards se tournèrent à la fois vers la fenêtre. Plus un nuage, même pas une plume. La montagne resplendissait, solitaire. Dôme d'un gris bleuté, violacé, cuir grenu de pachyderme. Serein. Majesté assurée de la soumission de ses sujets. On le laissa dormir pour revenir à une autre question qui tracassait plus spécialement Raoul. L'expulsion des Frères de Ploërmel. Le jeune béké :

— Si cette ignominie passe dans les faits, la révolte éclate, le peuple est trop attaché à ces bienfaiteurs de la société. (Extase d'Antoinette devant les éclairs multicolores dont sa colère lui bigarrait les yeux.)

— En tout cas, je retiens ton idée de comité pour le lycée, dit Lucy, et je suis ton homme.

Puis le rédacteur en chef des *Antilles* prit congé. Il devait se rendre à la réunion du cercle de l'Hermine. Lourds de ce déjeuner fort copieux, les autres se levèrent à leur tour. La sieste les appelait. Tyrannique, impérieuse. Raoul, qui n'aimait pas perdre ainsi une heure de sa journée, demeura seul sur la galerie, accoudé à la rambarde. Regardant cette montagne dont on parlait tant et qui ne disait rien. Pourquoi, ensuite, le visage de cette Eurasienne lui revint-il soudain, alors qu'il admirait le feu de joie de ce flamboyant, de ce bel arbre éclatant de rougeur ? Pourquoi parfois ce despotisme des souvenirs, ce visage imposé à mille lieues de ses pensées ? (Peut-être finalement pour lui donner l'envie d'aller revoir en ville cette autre fille d'Asie qui n'avait pas les yeux dans sa poche...)

Donc le jeune Albert Codé avait décidé de relever le défi et allait dépêcher à Mureau deux témoins de son choix. Voilà ce que venait d'annoncer César-Laîné en lui conseillant de ne pas répondre. Comment pouvait-il fléchir les genoux devant une telle provocation au moment même où il apprenait — la langue de Cicéron portait vite et loin — que les gens du Cercle montaient sur leurs grands chevaux, se conjuraient pour travailler à sa ruine et à sa perte ? Mureau était déterminé : il accepterait donc ce duel. César-Laîné pouvait bien déployer toute sa force de persuasion et Hortense le désavœu et les reproches de son lourd regard, il infligerait la leçon de sa vie à ce petit ingénieur-chimiste qui, d'ailleurs, serait bien incapable de lui montrer ses diplômes. Duel au pistolet, à 20 pas, à 2 coups et au commandement. Voilà ce qu'il allait proposer aux deux témoins de Codé. César-Laîné avait aperçu dans son œil une lueur intense qui ne lui était pas habituelle, cet éclair étrange qu'émettent les fous. Et il se demandait s'il ne s'agissait pas, là, d'un présage, le dernier message d'une étoile, le plus ardent, le plus précieux, avant son extinction définitive. Souffle coupé :

— Tu vas à la mort, il va t'abattre comme un moineau, au premier coup !

Haussement d'épaules. En deux jours il apprendrait à faire

mouche, à surpasser l'adresse de l'autre. Il avait une bonne vue et sa main ne tremblait jamais. Voyait la sueur perler sur la nuque de son ami, sur sa toison crépue, glisser comme sur du velours, voyait son affolement. Appréciait cette sollicitude mais, diable, qu'elle était agaçante !

« A 20 pas, à 2 coups et au commandement », répétait-il d'une voix ferme et mécanique comme s'il se trouvait déjà sur le terrain, devant la boîte aux pistolets, noire, luisante.

Décidé. Il s'exercerait dès le soir même. César-Laîné irait demander les services du brave Zonzon, ce bougre qui tenait sur la savane du Mouillage un stand de tir dans une baraque foraine, à l'enseigne du « Tir National ». César Zonzon accepta d'emblée. D'autant plus qu'il avait un vieux compte à régler avec l'un de ces messieurs du *Bien Public.* Ce journal s'était permis de vilipender son commerce sous prétexte qu'il déparait le quartier et détournait les écoliers du chemin de leur devoir. Un vieux pistolet Flobert, à tir réduit, de 6 millimètres de calibre, datant de 1860, sortit d'une malle oubliée, pour retrouver joyeusement les claquements de sa jeunesse, en un endroit désert, sur le morne d'Orange. Une silhouette d'homme tracée à la peinture blanche sur la porte d'une cabane abandonnée. Mureau face à Codé, déjà. Visage de pierre. Œil fixe, braqué sur cette planche de bois qui personnifiait maintenant toute sa répulsion. « Feu !... un, deux, trois ! » Il apprit que, selon les règles, il était interdit de lever le bras avant le mot « feu ! » et de tirer après le mot « trois ! ». Œil fixe, braqué sur Codé, sur son corps plat qu'il aperçoit à 20 pas, corps presque humain à cause du soir tombant, de cette lumière mauve qui est le demi-deuil du jour. Trois ! Tire. Trois ! Tire, mais ni Zonzon ni César-Laîné n'ont le sourire quand ils reviennent de la cible. « Allons, recommençons. » A la fin de la séance d'entraînement, l'élève avait fait des progrès, mais le vieux forain connaissait trop la musique pour ne pas réaliser, dès cet instant, que Mureau ne parviendrait jamais à toucher son adversaire. Ni même à l'effleurer d'un seul de ses projectiles. Le lendemain soir, le résultat n'était pas plus concluant.

« A quoi sert de s'obstiner, risqua César-Laîné doucement, délicatement, comme s'il parlait à un grand malade, ce genre de pratique ne s'acquiert pas aussi vite. Codé a servi dans la cavalerie. » (Détail inventé de toutes pièces pour les besoins de la cause. L'ébranlerait-il ?) Non. Il s'enferrait. Diabolique entêtement des orgueilleux. (« Sa race qui lui vaut ça, son mélange. L'entêtement, la ténacité, l'obstination de la mule. »)

Après s'être entendus avec Mureau sur les noms des siens, les deux témoins d'Albert Codé, Garcin et Lahon, se présentèrent aux *Colonies,* le cartel à la main. Reçus par Georges César-Laîné et Louis Saint-Jude, deux statues de glace, qui leur signifiaient les conditions que Marius Mureau entendait imposer. Refus de son adversaire. Codé préférait le pistolet à dix pas avec tir à volonté.

— A dix pas, soit, répondirent, lors d'une seconde visite, les représentants de Mureau, mais nous refusons le tir à volonté. Ce sera au commandement ou rien.

A la troisième entrevue, impasse totale. Codé exigeait que le commandement fût renouvelé autant de fois qu'il le faudrait « afin que l'échange de balles donne, au bout du compte, un résultat ». Sinon les pourparlers devraient être considérés comme nuls. César-Laîné bondit, contenté, rassuré. Jeta :

— Eh bien, nuls ils le sont !

Devant cette fin de non-recevoir Codé dut admettre qu'il n'y avait plus motif à rencontre. Son adversaire méritait bien pour la seconde fois le surnom de Coco-la-Peur. Chacun devait en être maintenant persuadé : personne n'obtiendrait jamais de Mureau réparation par les armes. Mieux valait aller à la chasse aux papillons, au sphinx du laurier-rose, que de perdre son temps à fixer avec ses témoins les conditions d'un combat. Au dernier moment donc, Mureau avait reculé. Se rangeant aux sages conseils de ses amis. Et à ceux de Zonzon qui lui avait prédit crûment l'infirmité à vie ou les funérailles officielles. Mureau avait reculé, et son embarras fut grand quand il dut s'expliquer dans son journal. Un pataugement qui ne le grandit pas : « Monter sur le terrain avec les adversaires qu'on nous a jusqu'ici présentés, c'était, nous le reconnaissons aujourd'hui, manquer à nous-mêmes et à nos amis. Evidemment nous faisons trop d'honneur à des gens qui n'en valent pas la peine et qui, en risquant leur peau, ne risquent guère que l'argent de ceux aux dépens de qui ils vivent. »

Le lendemain, après une nuit de réflexion, une longue nuit avec lui-même, il donnait à sa rebuffade un air de défi, en provoquant le seul adversaire qui à ses yeux méritait qu'on tâtât le fer : Lota. « Il est plus que temps, écrivait-il, que le chef de la bande, celui qui est resté dans les coulisses, poussant les non-valeurs du groupe que l'on sait, se décide à se présenter lui-même. La vieille affaire que nous avons à régler avec lui pourra ainsi se terminer à la satisfaction de tous. Nous avons suffisamment craché à la face de l'écrivain anonyme du *Bien Public* pour qu'il se montre enfin ! »

Lota. Pas un homme dans l'île ne pouvait inspirer à Mureau plus d'aversion. Lota la répugnance. L'infect. Chérissant tout ce qu'il exécrait, tout ce qu'il voulait détruire. Lota le raciste. Le négrier. On racontait encore, même si ce n'était pas vrai, comment en 1870, il avait frappé d'un coup de sabre, une pauvre femme désarmée, Marie Gaspard, qui heureusement, ajoutait-on, n'en était pas morte. (Aucune des dénégations de cette femme, retrouvée bien après par Lota lui-même, n'avait jamais réussi à couper les ailes de ce canard.) Racontait encore la fois où il avait blessé un homme à la tête sous prétexte qu'il était noir, pendant cette fameuse émeute de 1870, un nègre qu'il avait ensuite jeté à terre et traîné dans le caniveau où il était mort, exsangue. L'horrible roman de Lota le sanguinaire. En fait, le médecin avait vu un homme descendre la Grand-Rue en courant et en agitant une main ensanglantée dans laquelle se trouvait un bout de chair humaine. Alors il l'avait harponné au passage puis, lui brisant le poignet, il l'avait forcé à lâcher prise et à laver sa main dans le « canal ». Voilà Lota, le tortionnaire. Qui n'avait pas hésité un autre jour, paraît-il, à tirer l'épée et à menacer de pourfendre, d'embrocher un groupe d'individus qui scandaient des slogans contre les Blancs et contre l'Eglise, à la sortie du palais de justice où l'un d'eux, un nommé Lagrange, venait d'être condamné pour encouragement à l'émeute.

Lota que Mureau assassine dans un nouvel article des *Colonies,* trois jours après celui qui a déjà mis la ville en émoi. « Jamais haine ne fut plus justifiée et plus légitime ! N'est-ce donc pas cet homme qui, depuis 10 ans, n'a pas perdu une seule occasion d'injurier tout ce que nous aimons, tout ce que nous vénérons ?... Cet ennemi de tout progrès est enfin parvenu à creuser ce fossé profond qui aujourd'hui divise notre population ».

Au cercle de l'Hermine, c'était l'effervescence. On avait lu la dernière provocation de Mureau et l'air sentait la poudre. Lota arrivait, ahanant, pourpre, le journal à la main, ouvert à l'endroit de l'article et l'exhibant en hochant la tête, avec une rage muette, le doigt sur le passage le plus dur comme sur une plaie ouverte. Il y avait là Lucy, Codé, Feissal, Belain, Pompignan, du Morne Cordier, Duchamp. Tous révoltés. Scandalisés. Prêts à venger l'honneur de leur ami. « Il va falloir qu'il le paie ! » Fureur de Lota. Fureur des autres. Exhortation du sage président du Cercle, l'avocat Desbarreaux-Verger, un homme très écouté, respecté : « Attention aux provocations, du calme mes amis, nos adversaires agitent la population contre notre clan, c'est le moment de garder la tête froide. » Ces menées, tout le monde en a déjà entendu parler. Codé l'affirmait. Il avait vu un « neg' guo bois » au beau milieu de la place Bertin, un nègre descendu de sa campagne, de son morne, s'écrier : « On m'a dit que le massacre allait commencer à Saint-Pierre ; je suis venu donner un coup de main. Qu'est-ce qu'on attend ? » Assurance d'un autre : la date du massacre est fixée le 14 juillet, dans quinze jours à peine. Des groupes armés passaient dans les rues, le soir, et tiraient des salves bruyantes. Qui ne les avait entendues ? Et les troupes avaient été consignées sur ordre du commandant de la place, le commandant Dubeux ! Les deux compagnies d'infanterie de marine devaient aller camper au Trianon, à 17 km de Saint-Pierre. Ainsi l'avait voulu le gouverneur Moreau. — « Ils sont passés dans les habitations et ils ont battu le rappel. C'est ma bonne qui l'a su par sa sœur qui habite l'Ajoupa-Bouillon. Des bandes sont formées. Elles aiguisent leurs coutelas ». — « Il faudrait prévenir le commissaire et les gendarmes. Qui s'en charge ? » « Moi ». — « Et nos familles ? » — « Il faut les faire partir par le yacht ». — « Il faut les envoyer à la campagne, c'est encore là qu'elles risqueront le moins... »

Où était la belle sérénité qui enveloppait, il n'y a pas si longtemps encore, les aimables conversations du Cercle ? Gaston du Morne Cordier fouillait dans sa mémoire en tirant sur son « bout », ce petit cigare créole qu'on fabriquait dans les propriétés. Fouillait et ne trouvait que désordres. Désordre des hommes. Emeutes, pillages, incendies. En 1848, au moment de l'Emancipation, en 1870, dans le Sud. Et latente, souterraine, cette animosité tapie dans le noir des regards. Désordre de la nature, tous ces coups de vent, ces ouragans qui s'acharnaient sur les cultures, les cases, sur tous les biens de l'homme, avec une folie de destruction qui ressemblait à de la jalousie morbide, ces tempêtes, ces raz de marée qui jetaient les bateaux à la côte comme pour en débarrasser la mer à jamais. Jusqu'à la terre que le dérèglement et la violence emportaient. En 1851, ce bruit sourd, sinistre, vers minuit, ce grondement de tonnerre, ce mugissement venu des profondeurs du volcan. La montagne possédée à son tour. Pourquoi cette démence, cette divagation générale ? Pourquoi cette démesure, ces monstruosités des êtres et des choses ? Le délire de ces belles créatures, le vertige de ce doux pays ? Etait-ce parce que Dieu voulait faire comprendre aux hommes que le paradis n'existe pas sur terre ?

« Mort aux Blancs ! Moin ka coupé cou békés ! » Voilà ce que disait, paraît-il, le refrain d'une biguine déjà fort répandue. Invention ? Intoxication ? La fête nationale approchait. Et l'angoisse montait dans la communauté européenne au même rythme que l'enthousiasme chez d'autres. Quatre jours de festivités républicaines, les 14, 15, 16 et 17 juillet. Quatre jours de joie ininterrompue. Mais serait-elle partagée par tout le monde ? Au sortir de la réunion, Albert Lota retourna chez lui rapidement. Sa belle-sœur était tombée gravement malade et Hortense, sa femme, nourrissait pour elle comme lui-même la plus grande inquiétude. Il craignait fort de devoir la faire entrer à la Maison de Santé, pudique euphémisme pour désigner l'asile d'aliénés de Saint-Pierre. Cette décision ne manquerait certainement pas d'altérer les nerfs déjà si atteints de sa pauvre femme. D'autant plus que sa belle-mère, malade également, ne résisterait pas à un tel coup du sort. Heureusement, la perspective de l'anniversaire de Louise Lota, la fille aînée du médecin, célébration que l'on préparait fébrilement, inondait de sa chaude lumière le futur immédiat de la famille.

De la réunion de la rue Lucy partit une décision : on irait trouver le maire afin qu'il prît les mesures qui s'imposaient pour assurer l'ordre. Le maire ! On ne donnait pas cher de son pouvoir. Un « primaire » méprisé par tous et surtout par les « grands mulâtres » revenus de France riches du savoir et forts de leurs relations politiques. Mais François Bernard était un homme de bonne volonté. Un Noir luttant pour la concorde, pour la paix entre tous les hommes. Mureau lui en voulait. Avec véhémence. Ne comprenant pas comment un homme de couleur tel que lui osait trahir sa race en pactisant avec ses anciens maîtres. Entier, il fallait l'être. Choisir son camp. Une fois pour toutes. Les concessions, c'était de la faiblesse. Reprendre aux Blancs tout ce qu'ils avaient volé. Jusqu'à la dernière canne.

Accompagné de Charles Dulieu et d'Eugène Raibaud, Gaston Assier de Pompignan se rendit donc à la mairie. François Bernard y avait convoqué Jacques-Jérôme Casanova, le commissaire de police, assisté de son adjoint Henry Montoison, deux costumes blancs remplis de corps sombres, débordants et luisants, le plus gradé reconnaissable à sa moustache. Une Marianne placide et poussiéreuse présidait à la rencontre. Et derrière un guéridon, décroché de son clou par une main républicaine, le portrait du maréchal Mac-Mahon attendant philosophiquement l'exil.

Deux préoccupations d'importance encombraient l'esprit de ce brave homme de maire. La fièvre jaune et le 14 juillet. L'une comme l'autre l'écrasaient. Témoin ce profond sillon qui lui sectionnait le front par le milieu, d'une oreille à l'autre, comme si son crâne, devenu subitement trop lourd, pesait sur ses arcades sourcilières, sur le reste de son visage. Poids d'une charge invisible mais que l'on imaginait considérable. Pauvre maire ! Il ne cessait de se dandiner sur son fauteuil, comme en proie à des démangeaisons mal placées, balayait d'une main nerveuse ses épaules l'une après l'autre pour en chasser d'inexistantes pellicules. Bref, s'agitait comme un ver coupé en trois. Il faut dire qu'il y avait de quoi s'inquiéter. Toutes ces fièvres à la fois ! Ce « vomito negro » et cette ébullition des esprits.

Survint le docteur Marry. Il entrait en coup de vent, sans prendre le temps de saluer l'un ou l'autre. Haletant comme s'il venait de gravir la rue Monte-au-ciel au pas de course. Le bon docteur Marry que la municipalité avait chargé d'enquêter sur l'épidémie naissante.

— Trois nouveaux cas m'ont été signalés ce matin : je les ai dirigés sur l'hospice. Sœur Sainte-Virginie m'a dit tout à l'heure qu'ils n'allaient pas fort. (Le soleil tapait dans l'œil de la fenêtre, l'œil rouge d'un bandeau de vitrail. Orange sanguine éclatée, giclante, qui éclaboussait le front mouillé du médecin). La pharmacie de M. de Belleroche ne désemplit pas. Symptômes toujours identiques : frissons, douleur rachidienne intense, douleurs des globes oculaires et des articulations... (Le maire se massa brusquement la nuque avec énergie comme s'il venait lui aussi d'être frappé. Les autres écoutaient, terrifiés, mesurant soudain l'inconsistance, l'insignifiance de leurs propres problèmes.) Ah ! j'oubliais : les gens du Câble français m'ont informé que la maladie sévissait aussi à New York et j'apprends que la goélette anglaise *Minnie Louise* entrera dans la rade après-demain. Il faudrait décréter la quarantaine...

— Elle doit arriver vers midi, précisa Gaston Assier de Pompignan. Je connais bien son capitaine, il s'agit de John Marchinson. C'est un homme de devoir. Il se pliera volontiers à toutes les mesures d'hygiène. Son agent est Knight. Là, je ne réponds pas de la discipline. (Son nez sembla s'allonger comme si on avait tiré dessus.) Amédée Knight comptait au nombre des plus farouches ennemis du clan européen. Souhaitant publiquement l'éviction pure et simple des Blancs. Beau parleur. Vindicatif. Et habile négociant.

— La cargaison est importante, ajouta Gaston Assier de Pompignan qui connaissait à fond les opérations de ses concurrents : 1 000 barils de farine, 225 barils de biscuits, 500 sacs de maïs, 20 bœufs.

Sur le front du maire, le sillon s'approfondit davantage. (Ses narines trop ouvertes semblaient appeler le compte-gouttes). La quarantaine, en voilà encore une affaire ! Braqua ses deux gros yeux, deux globes lisses et humides d'œuf dur, sur le commissaire de police, sur son carnet de notes qu'une main malhabile couvrait d'hiéroglyphes.

— Vous entendez, Casanova, il faudra prévenir la douane et prévoir des gardes.

Acquiescement de la fine moustache de coiffeur. Bernard voulait en apprendre davantage sur ce mal imparable. Savoir comment il survient, si l'on peut le prévoir. Un souci de s'informer qui dépassait de loin le légitime scrupule d'un officier municipal.

Le docteur Marry, assez satisfait de montrer sa science, et avec un léger remords pour la peur qu'il semait car pour ses interlocuteurs — il le savait — chaque détail énoncé devait sortir de sa bouche comme un serpent de son trou :

— « Ça commence par une fièvre de cheval, 40 degrés avec un pouls à 120. Viennent ensuite les vomissements bilieux, puis noirs de suie, par suite d'hémorragies stomacales et intestinales. Une période de calme précède l'ictère, c'est-à-dire le jaunissement des tissus et de la peau. On appelle ça le mieux de la mort »... Le mieux de la mort... Atrocité des mots. Un dard enfoncé dans la jambe du maire. Voilà l'effet que ce mot terrible semblait avoir déclenché chez François Bernard. Sa jambe droite prise de tremblements incoercibles, un chien qui se gratte. Il se leva. (Fin de la tremblote.) Bien. On allait prendre immédiatement des dispositions pour protéger la population de ce moustique — « que vous appelez comment, déjà, docteur ? Ah ! oui c'est ça, la stégomyie ». Bien. Des dispositions, donc pour nettoyer les caniveaux, les égouts, vider toutes les eaux croupissantes, recommander aux gens de faire bouillir l'eau qu'ils boivent... (Le docteur Marry consultait sa montre oignon)... « Conseiller aux familles d'isoler immédiatement toute personne qui »... (Bouclé, le sac de voyage à soufflets. Le chapeau, de retour sur la tête).

— Bon, dit le maire (le départ du médecin semblait l'avoir soulagé comme s'il avait vu toutes les stégomyies de la Martinique s'engouffrer à sa suite). Bon. Nous allons maintenant parler avec ces messieurs de ce qui les préoccupe.

Pompignan et les deux autres n'en furent pas étonnés. François Bernard se montrait pantois. Aucun de ces bruits alarmistes n'avait jamais frôlé sa large oreille en forme de feuille de rhubarbe. Comment était-ce possible du reste ? Des racontars. Rien de plus. Le commissaire opinait de la moustache. Impossible. Calme plat. Rien à signaler. Seul tourment de la population : cette épidémie qui étendait ses tentacules. Et puis, bien sûr, l'ordre d'expulsion des congréganistes, mais comme la date de leur départ n'était pas encore fixée, on se prenait à espérer une décision contraire. Que quelques personnes eussent perdu leur calme, c'était évident. Il suffisait de lire la presse. Mais de là à... François Bernard en convenait : ce dernier article de M. Mureau contre ce cher docteur Lota n'était certainement pas admissible. « Dans une ville comme la nôtre, s'envoyer de tels compliments à la figure ! » Jacques-Jérôme Casanova estimait beaucoup le docteur Lota. « Un si bon docteur ! » Il avait sauvé un de ses fils de la typhoïde.

— Je n'habite pas très loin de chez lui, dit-il, je lui rendrai prochainement visite pour l'assurer de ma sympathie.

— Nul doute que ça lui fera plaisir, assura Charles Dulieu avec un sourire (probablement) ironique.

Mais Gaston Assier de Pompignan se rengorgeant, croisant soudain les bras comme si on lui en avait donné l'ordre, buste à droite, buste à gauche pour prendre à témoin ses deux compagnons :

— Votre sympathie, Monsieur le Commissaire, vous ne croyez pas que c'est insuffisant ? Allons, monsieur, les bruits de massacre courent dans la ville et vous allez vous contenter d'aller prendre une tasse de café chez un voisin ?

Et sur un ton solennel, en détachant ses mots (comme s'il souhaitait faciliter le travail d'un sténographe), grave, théâtral, chaque syllabe découpée d'un coup de langue tranchante à l'adresse de François Bernard :

— Réfléchissez bien, messieurs, la sécurité de nos familles est entre vos mains. Si demain il leur arrive malheur, c'est vers vous qu'on se retournera.

Gros yeux nus et malheureux du maire. Front fendu en deux (cette fois-ci c'est le plafond qui avait dû lui tomber sur la tête). Gros yeux si dilatés, si écarquillés qu'on aurait pu craindre de les voir tout à coup rouler sur le bureau, entre l'encrier et la lampe à huile. Bon. Il allait voir ça de plus près. Bon. La sécurité publique serait maintenue, il en donnait sa parole. Le 14 juillet échauffait traditionnellement les Français. Rires. « Regardez ce qui s'est passé en 89 ! » Rire solitaire. Finissant piteusement par un hoquet gêné.

— Bon. Je vais adresser, demain, quelques mots à la population, un appel à la fraternité.

Lorsque les trois amis quittèrent la mairie, ils estimèrent que leur démarche avait finalement porté ses fruits. Ce brave nègre valait d'être secoué. Comme promis, le surlendemain le message du maire était livré au public. Publié à son de trompe dans les rues que l'on commençait à pavoiser. « Le maire rappelle à ses administrés qu'il est formellement interdit de se servir dans les rues ou places, d'armes à feu, ou autres »... Le crieur égosillé au milieu d'une volée d'enfants dépenaillés, bouches bées « et il avertit que toute provocation, rires ou injures seront sévèrement réprimés. Du reste, il compte sur la sagesse de la population pour célébrer dignement la fête de la République. Ces jours qui rappellent un si grand souvenir ne doivent être consacrés qu'à la joie et au plaisir »... « Et Saint-Pierre n'aura, il l'espère, aucun citoyen qui voudra troubler la concorde qui doit régner entre tous les habitants de notre belle cité ». (Colporteuses, charges aux pieds, mains aux hanches, soudain silencieuses).

Quelle force pouvait avoir cette proclamation, si déterminée fût-elle, face au déchaînement des passions ? Et chacun savait de quel mépris cruel, de quelle impitoyable nique les partisans de Mureau saluaient tout ce qui sortait de la bouche de « Célestin ». Sur le débarcadère, par exemple, ce matin, au moment où il assistait à l'arrivée de la *Minnie Louise,* la goélette anglaise en provenance de New York. Désireux de s'assurer lui-même de la bonne observation de ces mesures indispensables pour la santé de sa ville. Knight, à deux pas de lui, narquois. Et les autres. Gouailleurs. Mais que lui importe ! Il est prêt à tout supporter. Avec son bon sourire, sa bonne bouille de bon diable. On le brocarde, on le ridiculise et il rêve de paix. Tandis qu'il surveille l'immersion obligatoire des bœufs, jetés l'un après l'autre à la mer, qu'il s'émerveille devant l'instinct de ces animaux luttant contre les lames, ces bandes de loups blancs affamés, pour atteindre ce rivage où les attendent les assommoirs... Rêve de réconciliation, impossible mais si doux !

Drapeaux. Lanternes de couleur. La ville appelle la fête. Partout les tréteaux dressés du grand spectacle. Yeux grimés des boutiques, soliloques des clarinettes avant le concert général. Excitation des enfants déjà prêts à applaudir. Mais dans la ville aussi, les forces antagoniques mijotent, machinent leurs coups. Chacun prête à l'autre des projets scélérats. L'air pue le soupçon.

« Lota et sa clique se préparent à attaquer. Ils vont mettre les quatre jours à profit pour multiplier les incidents. Souvenez-vous de 70, ça a commencé comme ça, et la troupe a fini par tirer sur la population » ! Des groupes passent et repassent, cohortes joyeuses, gambadant sans but. Et sur l'air des lampions :

— Allez Mureau, allez à l'Assemblée défendre les libertés !

De retour d'une promenade d'observation dans les rues les plus chaudes, Jacques-Jérôme Casanova respire, rasséréné, la moustache triomphante comme une brochette sur la poitrine d'un brave. N'a rien vu, rien entendu qui ait pu nourrir son inquiétude. Mais il ne sait pas que les nuits du Dr Lota sont depuis quelque temps troublées par des hurlements hystériques. On tape même sur ses volets. « Lota, réveille-toi ! » Et lorsqu'il met le nez à la fenêtre : « Le peuple aura ta peau ! » Quatre jours de fièvre, de rhum, de ripailles. Quatre jours à tenir. Est-ce possible ?

VI

« Souriez, ne bougeons plus. » Louise Lota, sa sœur Marguerite, sa mère, son père. Etudiant leur physionomie. Devant Léon Lucy, le meilleur photographe de Saint-Pierre, dans son studio, au journal *Les Antilles*. Devant cet étrange appareil que l'assistant de Léon, Théophile Brezolles Duribar, recouvre mystérieusement d'un voile aussi noir que son gai visage.

— « Voilà ». La séance est terminée. Ils recevront leurs photographies demain ou après-demain. C'est pour l'anniversaire de Louise. Vingt-trois ans dans deux jours.

— Pour vous, docteur, on travaillerait la nuit.

Qui n'a pas de vénération pour le docteur Lota, aux *Antilles* ? Il a soigné et guéri tout le monde. Dévoué, désintéressé, compétent. Léon Lucy lui doit la vie de son fils de 8 ans laissé pour mort au cours d'une baignade tragique. Un bras à demi dévoré par la mâchoire d'un squale, à la Galère, cet endroit réputé dangereux à cause des eaux usées de l'abattoir qui attirent à foison congres, « bécunes » et requins. Théo Duribar aussi ne pourra jamais lui rendre tout le bien qu'il lui a prodigué. En arrachant sa femme à la fièvre jaune, l'année dernière, alors que deux éminents médecins de Fort-de-France l'avaient déjà condamnée.

— On vous menace, docteur, mais vous savez, je suis là, et j'ai de quoi faire !.

Et il montre ses biceps moulés comme ceux des bas-reliefs de la fontaine Agnès, place Bertin. Et ses dents éclatantes au milieu d'un rire homérique.

Lucy et Duribar se demandent comment on peut oser accuser

le docteur Lota d'être hostile à l'idée de rapprochement entre les races. Lui qui a accueilli sous son toit pendant des années une Haïtienne et ses enfants, la veuve de l'un de ses frères installé à Port-au-Prince et mort dans un accident. Lui qui a accueilli cette femme de couleur et ses enfants comme il l'aurait fait de parents européens. Des clichés du bonheur, exécutés par les deux photographes, témoignent encore de ces attentions et de cette affection. Mais quel pouvoir peuvent avoir deux photographies sur une commode face à toute cette haine irraisonnée ?

— S'il vous arrive quelque chose, nous sommes là, répète Duribar au médecin.

Tenailles de son épaisse main noire enfoncée dans le gras du bras blanc, de toutes ses forces.

Refermée sur les Lota, la porte s'ouvre sur une sarabande : Virgile Salavina, sa tendre Gabrielle, une amie, une autre, et encore une autre, et un jeune homme blanc, René Bonneterre Bonneville, poupon blondasse, pâlichon et hilare. Un joyeux drille qui cherche sa voie depuis qu'il a terminé ses humanités au séminaire-collège. Tout ce monde vient accompagner Gabrielle. La fille de Louis Long-Ming a rendez-vous pour une séance de pose dans une chemise en batiste blanche très friponne, très osée qui laisse voir ses fines épaules.

En ce premier jour de fête, le rhum a déjà bien coulé dans la ville. Salavina récite du Virgile, et les autres chantent, grimacent, se font des niches. Chahutent Théo Duribar dont l'œil inquiet surveille le fragile matériel à l'équilibre instable.

Au même instant entre Raoul du Morne Cordier, dont la tenue, redingote, panama, souliers vernis, tranche sérieusement sur celle des autres, négligés, débraillés. Le jeune béké est venu entretenir Lucy du problème qui l'obsède : l'avenir du séminaire-collège. On se toise un peu mais comme on se connaît, on entre en conversation. Et on s'entend difficilement tant les voix s'entrecroisent.

Tout de suite Raoul a oublié la raison de sa visite et amarré ses yeux à ceux de Gabrielle, yeux bridés, veloutés, et ne les lâche plus. Avec l'autorité naturelle, la domination instinctive de sa race, de sa caste pour cette sauvageonne à la peau dorée, cette belle pièce de gibier, cette caille. Il se sent d'autant plus libre d'agir ainsi, plus sûr de lui, que Salavina n'a de regard, aujourd'hui, que pour une autre, Yaya, une sauvage câpresse, noiraude, filiforme, aux nattes graissées à l'huile de coco. Silencieux échange de sentiments à travers la cascade des voix. Messages de statues. Le jeune béké n'a pas eu besoin d'insister beaucoup, Gabrielle lui a même épargné le déplaisir d'être obligé de dévoiler son jeu. Discrétion absolue. Ils savent maintenant l'un et l'autre qu'ils se rencontreront au plus vite sans témoin. Aujourd'hui sûrement. Dans l'heure qui suit, si possible. Alors commence l'impatience.

Sous les feux des photophores les épaules arrondissent leur galbe. Harmonie. Et le cou part à l'assaut du visage avec un élan de danseuse. Doux ovale que deux brillants poires illuminent. Au sortir de leur manchon de dentelles les bras comptent comme jamais des bras n'ont compté dans la vie de Raoul. La jupe très ample, très large, elle, ne compte plus. Elle n'existe qu'en tant qu'obstacle. Et parce qu'elle provoque l'imagination. Le reste se détaille très vite : mouchoir coquettement posé sur la tête. Fichu autour du cou artistiquement noué. Souliers à boucles. Et clinquant, miroitant, jetant mille éclats, des pendants d'oreilles énormes, des anneaux à tous les doigts, des bracelets lovés comme des couleuvres, des broches frôlantes comme des oiseaux-mouches. Des épingles piquées.

Torture de Raoul obligé d'attendre qu'on ait fini cette comédie. Exclamation. On s'ébaudit sur la pose ou on ne la trouve pas à son goût. Gabrielle assise sur une chaise de rotin, devant un décor champêtre en carton-pâte, offerte aux yeux comme dans une vitrine. Et Raoul. Et Salavina (heureux qu'un autre prenne sa place auprès de son ancienne conquête, lui permette d'aller courir ailleurs sans remords). Salavina rimant et latinisant.

— « Justine et abstine », pauvre Gabrielle !

Et Lucy pestant car il veut le silence. Comment travailler dans ce vacarme ? Lucy ajustant, pointant son appareil. Et Duribar jouant les utilités, déplaçant ceci, prenant cela, Théophile Duribar, l'aide indispensable du grand photographe. Et Raoul. Qui endure les minutes de ce qu'il peut appeler, déjà, maintenant une séparation. Raoul qui se demande comment il va bien pouvoir se retrouver seul avec ce tendron. Et qui imagine la tête de son père apprenant que son fils bien-aimé vient de nouer une liaison avec une des filles de Long-Ming, une fille de couleur. (Car il est sûr de cette conclusion). Mais lui, son père, n'en a-t-il jamais eu ? Cette femme distinguée dont on dit qu'elle a été entretenue longtemps par le maître du Grand-Morne, dans une villa de Fonds-Coré où l'on cache les amours interdites ? Cette mulâtresse qui le regarde si étrangement, lui, l'héritier, quand elle passe avec ce petit « chabin » si blond, si tristement orphelin de père ? Et son père, le père de Gabrielle, le grand Long-Ming, l'homme qui a réussi grâce à son labeur, à ses fatigues du petit matin, à ses nuits blanches, à égaler, surpasser les collectionneurs d'hectares ? Que dira-t-il Louis Long-Ming quand il apprendra ? Parce qu'il sait qu'un béké cueille la fleur — hop ! — la laisse mourir, pourrir, et qu'il s'enfuit toujours par la fenêtre avant le petit déjeuner. (Mais lui aussi, ce grand Chinois, n'a-t-il pas la réputation d'avoir autant d'enfants que de dépôts d'alimentation ?)

— Encore une pose, la dernière !

Salavina compte fleurette à sa câpresse, chante, siffle, rumine un sonnet de François Coppée, une histoire de menuisier remerciant le choléra de lui donner des commandes de cercueils. Pendant que le rire de Bonneville déborde, se répand, bulles de savon, écume. Rideau de pudeur. Pour cacher le chagrin qui l'assaille. Il est derrière son masque rigolard comme une tombe sous un bel arbre en fleur. Car chacun connaît son histoire malheureuse, ses tumultueux démêlés avec sa famille. A cause de cette fille qu'il embrasse à pleine bouche, qu'il serre contre lui brutalement comme s'il avait peur qu'on la lui arrache. Deux initiales entrelacées. A cause d'Eglantine, de sa peau d'ambre fumé. Née d'un père inconnu et trop connu, un notaire blanc de Saint-Pierre, et de Chotte, une petite lavandière de Sainte-Philomène, une négresse qui s'use mains et genoux sur les grosses pierres de la Roxelane. Eglantine. Une héroïne de roman, de ce roman que René Bonneville rédige en pensée la nuit surtout et le jour, sur les nuages, sur la pluie, sur la mer grise. Un roman qu'il écrira réellement, il en est sûr. Quand viendra cette main qui prendra la sienne, qui l'aidera à tenir sa plume... Il en est sûr. Depuis qu'il est entré en conflit avec son père. Ecrire ce livre pour vider sa querelle, partir en guerre contre l'ostracisme. Dire jusqu'où peut aller la bêtise pour empêcher les gens de s'aimer. Crier son amour pour Eglantine à la face de tous. Contre tous les préjugés.

Enfin, voilà, c'est fini. Léon Lucy a sorti sa tête comme Guignol de derrière son rideau. Cliquetis de cuisine, soupirs de soufflet. Duribar range le matériel, pressé de fermer la boutique. Dans la rue, la fête l'appelle, la danse, le rhum.

— On ferme !

— Allons au Mont Béni, propose Salavina. La sarabande refait tapage. Finalement cette invitation ne déplaît pas à Raoul. Elle l'arrange même, puisqu'elle lui permet de ne pas perdre des yeux sa préoccupation du moment. On s'entasse comme on peut dans la calèche. Son cheval suit derrière gentiment au bout de la longe. Fouettez cocher ! Capote bienvenue pour gêner la vue des indiscrets à travers la ville en fête. Par une subtile manœuvre et la complicité passive de l'intéressée, pense Raoul, il est parvenu à ses fins. A se placer à côté de Gabrielle, contre elle, contre sa cuisse qu'il sent frémir. Premiers frissons. Chaleur qui monte. (Il pense un peu bêtement : on est là dans ce vaste monde, on ne se connaît pas, on s'ignore. Rien, normalement, logiquement ne devrait nous présenter l'un à l'autre. Et puis, tout à coup, miracle, un regard, un signe, une onde, miracle, et l'on se retrouve dans une voiture cahotante, cuisse contre cuisse, sur une route de campagne !)

Le Mont Béni, une grande bâtisse délabrée sur le Morne Abel, pleine de pièces sombres où dorment des meubles d'acajou rouge dans les relents de vanille et de citronnelle. Un jardin sauvage forme une ronde, autour. Odoriférante. Jasmin, roses, œillets d'Inde, piment, « manger-coolie » qui exhalent leur humeur à la moindre averse. Allées abandonnées, herbes folles. (La famille du poète ne doit pas venir souvent jardiner ici). Dans le panier de Salavina chantent les bouteilles. Et fuse la bière à qui les nids-de-poule du chemin ont fait perdre patience. Tous ces mets étalés, achetés au bord de la route et préparés par des doigts de feu, mets piquants, mordants, brûlants et tellement délicieux. « Féroce » où morue, avocat et farine de manioc rougissent sous l'embrasement du piment. Piment « bonda man'Jacques », « derrière de Madame Jacques », joufflu, sanguinaire, impitoyable. Et « souskaï », cette fraîcheur acide de mangues et de prunes de Cythère précoces, macérées dans l'ail, le citron vert et le gros sel. Bouchées de braises, palais en flammes.

« O rus ! Quando ego te aspiciam ! ». Sous les branches d'un oranger vibrant de colibris, le doux poète invite Virgile à compléter ses *Bucoliques* et témoigne son ardeur à Yaya qui se laisse faire. Puis il embouche son trombone à pistons, joue une mélodie de Gounod, un air de *Roméo et Juliette,* insupportable aux oiseaux, vu leurs volettements effarouchés. Raoul du Morne Cordier ne veut plus se demander ce qu'il fait là, en bras de chemise, avec cet étrange équipage, alors qu'on doit l'attendre au Grand-Morne pour le déjeuner. Porcelaine, cristaux, carafes étincelantes... Il est là, oui, et s'y sent à l'aise. Près de cette chatte qu'il voudrait bien approcher davantage. Mais René Bonneville a déployé un jeu de dominos et, pendant un moment, les petits rectangles claquent sur le courbaril, claquent comme des coups de bec sur une cage. Puis, comme l'alcool lui est monté un peu à la tête, rompant le silence et la méditation imposés par le jeu, Bonneville raconte, tourbillons de mots furieux, raconte sa lamentable histoire, sans pudeur.

Son père qui l'a flanqué à la porte, chassé comme un domestique. Indulgente, sa mère lui a pardonné mais ne le voit qu'en secret, une fois par semaine. Eglantine est assise à ses pieds. Gros toutou léchant la main de son maître. Elle l'écoute à peine tellement ses yeux l'accaparent, l'emprisonnent. Se trouve-t-elle vraiment là, parle-t-on vraiment d'elle ? Dans son univers, les hommes ne sont pas méchants toute leur vie. Arrive un jour où la bonté reprend le dessus. Savoir attendre. Et pardonner. La patience des lavandières aux doigts usés, aux genoux calleux. Patience de la Roxelane roulant, ponçant ses pierres. Mais l'autre, avec ses rires forcés, ses défis, ses bravades, et lançant ses dés comme s'ils allaient engager toute sa vie :

— Nous nous marierons, et à l'église par-dessus le marché et j'inviterai tout le monde ! J'entends déjà les jérémiades de la société blanche !

Eglantine n'approuve pas, baisse les yeux, ennuyée. Le scandale lui répugne. Elle aime ce jeune fou, qu'il l'épouse ou non, que son père le veuille ou non. Elle l'aime, et c'est tout. Il n'existe pas autre chose pour elle. Que ce poupon rieur et batailleur, et avec lui ce déjeuner au soleil, un beau jour de juillet. Maintenant, elle parle à Gabrielle pendant que les dominos clignotent de tous leurs petits yeux. Avec leur jupe rouge et verte, on dirait deux oiseaux dans un balisier. Et entre deux dominos déplacés, Raoul lorgne sa voisine, œillades furtives, louche sur ses bras dorés que la dentelle, arrêtée au ras des épaules, rend encore plus délicieusement nues. Cherche avec malice une imperfection sur son visage. (Car comment une beauté pareille peut-elle exister et comment, lui, peut-il être là, à quelques centimètres d'elle, la respirant, la désirant ?) Pendant que Bonneville se suspend à sa pipe, comme à une branche, calculant son jeu et que Salavina continue d'effrayer les oiseaux. (Ces cheveux qu'elle renvoie derrière elle, mais d'un geste brusque, comme si elle ne les aimait plus, que d'essais sûrement dans le miroir, le matin, avant qu'ils soient dignes de sortir avec elle ! Et cette voix chantante, si douce à l'oreille, est-ce cet ensemble d'os, de chair, de cartilage qui produit avec l'air ce bruit harmonieux que l'on appelle « voix » chez les autres ?) Bonneville ingurgite rasade sur rasade. Et Raoul sent depuis un bon moment l'ivresse s'emparer de lui, le prendre par le ventre, la poitrine, la gorge... Inexorable progression. Et quand la liqueur atteint la tête, c'est l'explosion. Son défi devient mauvais, son rire bave, son masque de page amer se fracasse. Rictus. Gamin insupportable qui a trop forcé sur la bouteille. Il crie en repoussant brutalement les petites plaques d'ébène et d'os :

— Et puis qu'importe si l'on ne veut pas d'elle ! J'emmerde la terre, le jour, la nuit et les étoiles !

Il prend un domino, un double-six, le met sous le nez de Raoul comme il lui eût tendu une souris par la queue. Lui dit d'une voix râpeuse, empuantée d'alcool :

— Regarde ça, c'est toute la vie ici : le blanc, le noir, côte à côte, inséparables, pour le meilleur et pour le pire ! Tu peux le dire à ton père, à ta mère, à tes aïeux ! Ils ne changeront jamais rien !

Raoul, interloqué, ahuri par ce ton inattendu, ces reproches, ces accusations. A qui s'adressent-ils ? Et l'autre insiste comme on appuie sur un bobo :

— Toi, le fils de béké, tu ferais bien d'apprendre ça avant qu'il ne soit trop tard, avant que les nègres nous foutent tous à la porte !

Et il rit en même temps. Rit de toute sa mâchoire canine, de tous ses yeux d'épagneul aveuglé par ses mèches blondes. La plaquette bicolore papillote au bout de ses doigts, et le noir et le blanc, chargés de points blancs et de points noirs, se confondent, grisaillent. Que peut faire Raoul devant le rire grotesque de ce jeune homme blanc qui se désolidarise de lui, l'homme blanc ? Et devant ces deux jouvencelles si embarrassées, si mal à l'aise de se voir mêler à une sale histoire de famille ?

Mais d'un geste de rage fatiguée, d'un revers de main, Bonneville balaie le jeu de domino, jette à terre les plaquettes et les dés. Grêle giflant la poussière.

— Voilà ce qu'il adviendra aux Blancs et aux Noirs, s'ils continuent à se battre ici. Ils se perdront tous. Ils seront tous effacés pour l'éternité ! Dans la poussière !

L'os et l'ébène luisent sur le sol, épars. Et le piston de Salavina, là-bas, continue son soliloque, sa mélodie de Gounod pour Yaya la câpresse, son minois, ses longs cheveux lustrés à l'eau de cacao.

Finalement, c'est Eglantine qui sauve la situation. Elle entraîne Bonneville dans une des pièces, le force à s'allonger sur un matelas parfumé aux racines de vétiver, lui délace les chaussures. Voilà. Il dort, maintenant, ce garnement terrible, il ronfle, le blondinet aux rages puériles. Devant la fille du notaire blanc et de la pauvre lavandière, à côté des dominos renversés.

Alors, enfin, Raoul ose prendre la main de Gabrielle. Il est seul avec elle, enfin. Elle est là, enfin, au bout de sa main comme un coffre entrouvert au fond d'une caverne illuminée. Si près de lui, livrée à sa merci. A son bon plaisir. Mais sous ses doigts, soudain il la sent frémir, palpiter comme un pigeon blessé, aux ailes brisées. Voici qu'une répulsion semble l'envahir, une vague de légers frissons qu'il voit sortir de ses prunelles et descendre le long de son bras, jusqu'à la pointe de ses ongles. Ondes contrariées. Comment ? Elle a peur de lui, elle n'attendait pas comme lui ce tête-à-tête, dans l'impatience, l'exaspération ? Allons, nous sommes bien seuls, plus rien à craindre. Plus de témoins gênants. La petite mulâtresse peut se laisser faire. Ce n'est du reste certainement pas la première fois. Avec Salavina, par exemple, elle n'a quand même pas passé son temps à écouter des alexandrins. (Et puis regarde ce petit pli sous les crevasses qui lui servent d'yeux, ce petit pli qui en annonce d'autres, ailleurs, plus appréciables encore. Et ce corps qui parle sous la jupe évasée comme derrière le rideau le chuchotis du vent...) Comment rester froide à l'amour, imperméable, impénétrable, quand on est ainsi faite pour le délice de la vue et du toucher ?

— Gabrielle...

Mais il a beau avoir lâché sa superbe, jeté toutes ses petites supériorités à ses pieds, dans la poussière, avec les dominos, arboré le plus séduisant des sourires, la jeune fille demeure rétive, hostile même. Jardin condamné, abandonné aux ronces. Non, le fils du béké, le seigneur du Grand-Morne, l'héritier des du Morne Cordier peut toujours déployer ses charmes, jouer les enjôleurs, oublier pour un instant blason, arbre généalogique et privilèges, la fille de l'ancien immigré de Canton ne fléchira pas. Elle ne lui concédera rien. Même pas un baiser sur sa main récalcitrante. Car que croit-il donc le fils d'« Yeux Clairs » ? Qu'il suffit d'ouvrir la gueule pour que l'alouette s'y engouffre toute rôtie ? Que sa naissance lui donne encore des droits de possession sur les êtres ? Que les mulâtresses n'existent que pour son agrément, ses fantaisies, ses heures d'oisiveté ?

A cheval, sur la route du Grand-Morne, pendant que le soleil recommençait, avant de s'éteindre, ses étranges manœuvres qui intriguaient tout le monde, Raoul du Morne Cordier rentrait perdant, battu. Mais pas entièrement insatisfait. Car il aimait qu'on lui tînt tête, qu'on le forçât à se battre pour obtenir, pour vaincre. Méprisant les forteresses qui tombaient sans combat.

Dans une maison de la batterie Esnotz, à l'angle de la Grand-Rue et de la rue Pesset, le docteur Lota a donc réuni ce soir-là sa famille, ses amis, pour l'anniversaire de sa fille. La boiserie découpée et sculptée du grand salon, les riches entablements soutenus par des colonnes résonnent des six octaves et demie de ce superbe instrument que Louise vient de recevoir pour ses 23 ans : le dernier modèle de piano à buffet Chickering, arrivé tout juste de New York par ce navire en quarantaine.

— On a dû le faire passer à la fumigation, dit François Lota, heureusement que les boyaux de chat de nos grand-mères sont aujourd'hui des cordes de laiton.

Tranquille errance d'une sonate de Mozart. Louise, ses mains longues et fines, sa nuque laiteuse que des cheveux nattés, noués au sommet, offrent amicalement aux yeux de tous pour leur plus grand plaisir. Et à côté de Louise, son père. Le front intelligent et résolu de son père, son épaisse crinière que des favoris terminent avec noblesse, excusant un cou d'une épaisseur trop généreuse. Son père et Hélène, sa mère, discutent avec Joseph Plissonneau et avec Octave Hayot.

Mais ce dernier n'écoute pas, ne voit rien. Octave n'a d'oreilles et d'yeux que pour son autre voisine, Berthe, la sœur de Joseph Plissonneau. Berthe dont la pudeur zèbre la prunelle d'un délicieux effroi. Octave, un garçon d'avenir qui vient de publier chez Maximilien Deslandes, à Fort-de-France, une étude sur les sols de la Martinique. Codé voudrait pouvoir capter son attention et l'entretenir de ses propres observations mais ce soir, Octave est loin du basalte et de l'obsidienne. Seules brillent pour lui ces deux précieuses agates effarouchées. Il y a là, aussi, Auguste de Meynard, un ami de toujours. Et puis l'abbé Maillard, le curé du Centre, qui a administré tous les sacrements dans la famille, du premier au dernier. On parle. De la récolte de la canne « qui ne sera pas mauvaise », assure Octave Hayot qu'une absence momentanée de la jeune Plissonneau a provisoirement ramené sur ses terres arables. De l'attentat dont vient d'être victime à la gare de Baltimore ce pauvre président américain Garfield. Horrible. Mortellement atteint par les deux coups de feu de cet avocat de Chicago malgré l'acte héroïque de Blaine, son garde du corps.

— Charles Julien Gusteau, cet avocat, un Français ? demande Auguste de Meynard, inquiet pour le drapeau.

— Un Canadien, je crois, dit Plissonneau, qui a discuté de cette affaire, ce matin, avec des gens du Câble. Et un dément. Il voulait tout simplement se venger de n'avoir pu obtenir un poste de consul à Washington.

Hélène Lota, délicieusement troublée : « Un dément risque-t-il quand même l'enfer, mon père ? »

Notes cristallines du beau piano flambant neuf sous les doigts aériens de Louise. Chaleur que quatre flamboyants photophores aggravent de leur soleil. Mais, soudain, un bruit sec, coupant, se fait entendre. Arrête le piano. Un choc vient d'étoiler le miroir grâce auquel Octave Hayot épiait, dans la plus parfaite clandestinité, les jolis jeux de menton de celle qu'il commence à aimer. Un caillou. Lancé du trottoir d'en face. Des cris, maintenant :

— A mort Lota !

— Le peuple aura ta peau !

Vol maladroit de deux autres galets. On se précipite pour fermer les persiennes. Non, pas tout de suite ! Lota et Codé veulent identifier les agresseurs. Peine perdue. Ils s'enfuient déjà au bout de la rue. Courent sous la lune, sur les gros pavés, courent et crient, suivis de deux chiens contents d'aboyer, de se détendre les pattes dans cette escapade inespérée. Détalent en braillant sur l'air « Esprit saint descendez en nous » :

« Allez Mureau, allez à l'Assemblée défendre nos libertés ! »

— J'les ai vus, M'sié, lance d'en bas Charles Juliette, le cocher du médecin qui s'était assoupi dans la calèche verte en attendant de reconduire les visiteurs. Y avait Gédéon Moscou, Henri Noinel Célestin, celui qu'on appelle Rougeaud, place Bertin, et Amilcar Sonson, dit Gros-Pattes. Tous des vauriens, M'sié. Y passent leur temps à traîner au Mouillage, des mauvais sujets, des « vakabons bod' la mé » !

Chorus des voisins. Les Cottrell, notamment, que Mozart a maintenus éveillés jusqu'à cette heure tardive, le mur mitoyen étant trop mince pour s'opposer à la vigueur juvénile du piano yankee. Vieille fièvre retrouvant soudain son corps frissonnant :

— C'est Mureau qui doit vous les envoyer. C'est ce qu'on appelle la guerre des nerfs chez les Boers. Les paysans du Transvaal n'agissent pas autrement, en ce moment, avec les Anglais. J'ai lu ça dans *L'Illustration.* Toutes les nuits, ils viennent comme ça, pour user leurs nerfs.

Rage de Lota, rage des autres. Où pouvons-nous être tranquilles, à l'abri de la hargne ? Comment tout ça va-t-il finir ? (La poignée de voyous qui lancent des cailloux dans les salons pour effrayer les bourgeois devient pour lui une armée puissante, levée pour le massacre général. Hordes inspirées par ces irresponsables de Paris, bien entendu. Ces gens sans foi ni loi qui par haine de l'Eglise, haine d'une certaine société, haine des possédants, soutiennent la sauvagerie africaine).

— Ah ! Ils peuvent bien guerroyer contre les Pavillons noirs, essayer d'étendre l'empire jusqu'au Kamtchatka ! A quoi bon, s'ils abandonnent par ailleurs la Martinique à ces hordes saturées de tafia ?

Voix métallique de Codé qui clame sa fureur en éclats tranchants :

— Schœlcher ! Voilà l'homme d'où viennent tous nos maux ! Savez-vous, à propos, quel chiffre atteint aujourd'hui la souscription des *Colonies* pour l'acquisition de son buste ? 3 651,45 francs !

Regards discrets de Lota vers sa femme dont parfois l'humeur se rembrunit. Sa sœur a dû être hospitalisée le matin même comme on le craint depuis si longtemps. Et c'est sa mère, maintenant, qui montre des signes inquiétants. Nerfs détraqués. Démence sénile. Toutes ces nouvelles pour Hortense et ces cris dans la rue. Pour la si fragile Hortense.

Le noir Chickering a refermé doucement sa paupière vernie sous les fines mains de Louise. Malheureuse Louise qui voit dans ce miroir fêlé un jour d'anniversaire, le passage d'un oiseau de mauvais augure. Dernier regard voleur d'Octave Hayot qui va devoir bientôt — ô déchirement — retourner dans un monde vide, sans elle. Charles Juliette secoue ses chevaux. Les roues grincent avec les parlotes qui meurent. Derrière les yeux bridés des persiennes, les photophores rendent la belle maison à la nuit. Demain, sans pudeur, la République contemplera son nombril et célébrera bruyamment sa propre fête.

A la mairie, le lendemain matin, vers 6 heures. Le maire. Seul. Allant d'une pièce à l'autre, comme un visiteur cherchant la sortie. Examinant la disposition des lieux, la place de chaque siège, de chaque pot de fleurs. Réception prévue à 11 heures. Discours, vin d'honneur. L'a-llo-cu-tion. Trois fois il avait recommencé les trois feuillets qui, maintenant, attendaient dans sa poche, soigneusement pliés, la minute enivrante des applaudissements. Trois fois ce matin, de bonne heure. Alors que sa femme donnait à manger aux poules. Que les enfants se barbouillaient avec leur cacao. Mais il entendait déjà les railleurs. Mureau et ses fidèles. Toutes ces cinglantes badines de l'ironie. « Mes chers concitoyens »... Il en avait pourtant des choses à dire. Sur l'entente qui aurait dû régner entre tous et qui ne régnait pas. Sur ces hommes à l'esprit étroit dont le seul critère était celui de la couleur. Sur cette sacrée politique... Et des choses à garder dans son cœur généreux pour éviter d'envenimer les blessures. — « Vive Saint-Pierre et vive la France ! »

La fête devait être réussie. Tout concourait à cela. Tous

avaient travaillé pour cela. Vue de la batterie d'Esnotz, la ville pavoisée ressemblait à un parterre de fleurs. Jusqu'aux navires qui affichaient leurs sympathies vibrantes au haut des mâts. Les cent taches de couleur d'une lessive internationale. Et la mer. Qu'aucune étrave ne ridait encore. Le long entretien de la mer, seule pour une fois. La rue allait honorer comme il conviendrait cette République perdue et retrouvée. Rues bien rangées et rues dépenaillées, toutes prêtes à ouvrir ensemble le bal. Au signal du soleil. Mais pour l'instant, Saint-Pierre rapprenait la lumière. Lentement. Il ne faut pas déranger les grasses matinées. Derrière les volets clos, les corps se retournaient, s'étiraient. Et sur la crête de la montagne apparaissaient les premiers rayons. Premières traces de rôti, d'une croûte dorée au four.

Maintenant, juste avant la réception à l'hôtel de ville, les canots de course allaient confronter leur vitesse. Foule devant l'appontement Girard où les paris s'échangeaient à grand bruit. Alignées le long de la jetée comme des troncs de cocotiers, les proues effilées guettaient le canon qui allait les faire bondir. Soudain le silence, l'instant suprême. Attention. Prêts ? Le départ ! Cinquante bras rompant leur immobilité anxieuse, cinquante têtes noires nouées de mouchoirs blancs. Clameurs. Envol de paris. Les rameurs eux-mêmes s'époumonaient, s'invectivaient. Derrière les officiels, dans l'uniforme des grands jours, l'orchestre municipal passait à l'attaque avec *Le réveil de l'armée,* un quadrille éclatant qu'on ne jouait qu'aux occasions exceptionnelles. Sous les casquettes parées d'or, les figures dilatées, ruisselantes, semblaient s'escrimer dans le vide, pour rien, tant la brise pillait tout. La régate se disputait chèrement. Les rameurs du Fort grignotaient toise après toise mais rien n'était gagné. Il fallait viser la grande bouée de mouillage des courriers, là-bas, à un mille, la contourner et revenir ensuite au point de départ.

Ceint de son écharpe tricolore, et entouré du Conseil municipal, le maire portait beau. Impeccable, sa jaquette taillée hier de sa propre main et dont les pans, ailes de corbeau bien lissées, voletaient avec malice, pour permettre aux regards intéressés de découvrir la coupe parfaite du pantalon rayé signé François Bernard. Mille reflets soyeux de son haut-de-forme à bord plat porté comme une couronne. Une allure impériale. François Bernard avait toutes raisons d'oublier ses soucis. Et même le ciel proposait sa bénédiction. Pas une ride sur son front. On sentait que le soleil allait travailler dur toute la journée. Quiétude. Félicité. Hélas ! La même troupe qui, cette nuit, avait troublé la soirée des Lota, vient de se mêler au public. François Bernard l'a vite compris. Déjà s'élèvent les cris bien connus : « Allez Mureau, allez à l'Assemblée défendre nos libertés ! » Et les horions. Pour ce « cochon de Célestin ». Pour les complices de Lota. Roulements coléreux d'un « ka », ce quart de tonneau tendu de peau. Tambour ! Couacs piteux de la musique municipale que ce charivari détraque. Privés de leur spectacle, les gens se fâchent. Volent les coups. Les paniers des marchands de fruits alimentent en projectiles les tireurs des deux camps. Ecrasement moelleux des mangues fraîches. Giclements. Le « voum » est général. Adieu à la course. Au milieu du dernier carré qui résiste encore, François Bernard tient tête, stoïque. Grognard inébranlable. Il faut dire que Jacques-Jérôme Casanova a fait donner ses gardes. Stoppant sur leur flanc gauche l'avance des lanceurs de goyaves. Mais la belle jaquette qui sent encore le neuf, et ce chef resplendissant apporté de Paris, par une main amie, il y a tout juste une semaine ? Cette œuvre d'Ernest Motsch, le chapelier de l'avenue de l'Alma ? Non, on n'a pas le droit de risquer une telle fortune. Et de se retrouver, tout à l'heure, sous les yeux des administrés, hors d'état de présider la réception de l'hôtel de ville. Tant pis. Tant pis. Il est des replis que l'histoire finit par trouver géniaux. La retraite est sonnée. Sous les huées des agitateurs. Mais grâce aux gardes de police la déroute est évitée.

« J'aurais dû m'en douter », répète François Bernard qui se rappelle la visite de Gaston Assier de Pompignan et de ses amis. On s'éponge le front. On enlève jaquette et chapeau. Bretelles triomphantes mais tête basse, on se dirige en s'éventant vers la rue de l'Hôpital sous les sourires ironiques des fenêtres. Pour François Bernard tous ces drapeaux sont en berne. Et le soleil se voile la face.

— Mureau a juré notre perte. Il ira jusqu'au bout de son plan, souffle-t-il à ses adjoints.

La réception qui suivait ne pouvait échapper au désordre. Il suffisait de voir entrer les partisans de Mureau, chapeau de travers et moquerie dans les yeux. Bien décidés à s'amuser aux dépens de « Célestin ». Leur inspirateur et maître n'avait pas daigné répondre à l'invitation. Il donnait le lendemain soir, à Tivoli, le seul raout digne, selon lui, d'honorer la République. Mais même absent, on ne risquait pas de l'oublier. Les fous rires étouffés, les bruits divers, les grimaces pendant le discours du maire, c'était lui. Ce pot de fleurs qui perdit son équilibre et alla s'écraser dans un bruit impertinent aux pieds de Monseigneur Carmené et de sœur Onésime, la supérieure du couvent, lui encore. Mais il ne se manifesta vraiment qu'une fois le discours prononcé. (Difficile de casser l'émotion qui se dégageait d'une telle prose. Le cœur nu d'un homme bon et chevaleresque, livré à tous). Aux mots de « Vive la France », les slogans éclatèrent. Habituels refrains vouant « Célestin » à la guillotine et Mureau à la députation. Habituelles insultes. Amer champagne. Les toasts portés à la prospérité de Saint-Pierre et de la République se brisaient en plein vol comme pigeons d'argile. Les autres prenaient leur essor, vengeurs : « Vive Mureau ! Vive *Les Colonies* ! Vive Schœlcher » !

A un moment donné, François Bernard se retrouve entouré d'une meute vociférante. Coupe à la main, on veut le forcer à boire à la santé de son persécuteur. « Levez votre verre « Célestin » et buvez jusqu'à la lie en criant... » Il sent la colère ballonner sa tête, sa poitrine. Veut frapper mais se retient. Serre les dents. Jusqu'à les faire éclater. Pour broyer sa propre force, l'empêcher de se détendre. Les autres insistent : « Buvez, buvez... » Et l'injurient. Souffrir. Supporter. Quelle endurance ! Mais soudain il n'en peut plus, explose :

— Quoi ! On m'insulte chez moi, sous mon toit ?

Malheureuses paroles. Ils exultent. Se déchaînent plus fort encore. A dix, sarcastiques.

« Parce que vous considérez que la mairie est votre propriété, que vous êtes ici chez vous ? Voilà qui est intéressant à savoir ! » Heureusement, son regard perdu tombe dans celui d'un ami : Théophile Brézolles Duribar. Un homme comme lui. Avec du cœur, comme lui. Le bon Théophile, ami de tous, de toutes les couleurs. Ami des petits tailleurs noirs et des grands planteurs blancs. Théo qui lui ressemble avec sa grosse bouille, son nez écrasé de naissance par le formidable coup de poing du Créateur, et ses yeux ronds, grands ouverts, offrant généreusement leur blanc, le seul blanc de sa personne, ses yeux qui déclarent tout au premier venu sans même attendre ses questions. Théo vient à son secours. Sans un mot. Lui faisant comprendre qu'un ami est là, qu'il peut s'appuyer sur lui s'il le désire. Mais François Bernard ne refuse pas la bataille. Il toise ses agresseurs qui crient :

— Célestin ! Célestin ! Roi diable dero ! (dehors !)

Seule la faim pouvait délivrer le pauvre maire. Aux premières notes du carillon de l'église du Centre annonçant midi — elles étaient toujours les premières au rendez-vous — le salon d'honneur se vida plus vite encore que les dernières bouteilles. Quelques minutes après, la plupart des invités avaient déjà les pieds sous la table de leur salle à manger pour le grand déjeuner de fête. Soupe « z'habitants », matoutou de crabes, colombo de poulet... Au milieu de la salle quasi déserte, champ d'une bataille perdue, dans le relent sucré de l'alcool remué, parmi les verres vides et les débris du buffet, François Bernard méditait sur l'ingratitude des hommes. Demain, après-demain, après après-demain... Trois jours encore. Trois journées de cette fête infernale. Comment pourrait-il tenir ? Surtout que Sigismond, l'homme au doigt scintillant d'un gros cabochon de pierre noire, lui avait glissé à l'oreille, entre deux gorgées, tout à l'heure, une de ses prédictions dont il avait le secret et qui faisait frissonner même les plus forts quand ils ne s'y attendaient pas. Saint-Pierre connaîtrait un drame avant la fin de ces fêtes. Et François Bernard en serait le témoin impuissant. Sigismond, le « mentor » du Carbet, le « quimboiseur », le sorcier le plus réputé de la région. Parce qu'il ne se trompait jamais. Ou rarement. « Viens me voir, lui avait-il proposé, je te protégerai contre tes ennemis ». Promis, promis. François Bernard irait lui rendre visite. Il était prêt à tout pour en finir. Même à s'allier avec Artarot, Aglamaton, Belgébut, avec tous les diables de la Création.

VII

Flonflons, drapeaux, lanternes vénitiennes. Ville sacrifiant joyeusement à la tradition. Quels flots d'alcool et quelles cavalcades ! Mais la liesse populaire n'empêchait pas les mouvements de la rade. Ni le commerce. Et comme *La Claire* (capitaine Chollet) arrivait du Havre vers trois heures de l'après-midi avec 500 sacs de riz, 250 paniers de bière, 200 dames-jeannes de genièvre et 33 barils de morue d'Islande, il fallait bien se rendre au port. Hortense Mureau s'y rendit donc dans le phaéton, laissant le cabriolet à son mari. Une chance, la quarantaine ne frappait pas ce bateau.

Sur la jetée du Gouvernement, Hortense, robe au vent, assistait à la manœuvre. Grincement du cabestan tirant sur le filin noué à l'anneau de la bouée. Sifflet du capitaine à la coupée. Le long du bastingage, à deux milles de la rive, ses passagers découvraient cette ville rouge, blanche et jaune, cette échancrure de pierres grises au ras d'une eau turquoise, comme une muraille à toute épreuve, des remparts. Découvraient cette ville, cette palette de couleurs et, au-dessus, les vertes collines à l'épaisse fourrure, à l'ombre fraîche. Et au-dessus encore, après bosses et vallons, cette montagne au sommet tonsuré, épilé, comme si les nuages qui s'y posaient d'habitude l'usaient au passage.

Hortense regardait les barques qui faisaient cercle autour du steamer. Et au pied de la jetée les enfants qui plongeaient pour repêcher les pièces qu'on leur jetait en riant.

— Un sou à l'eau, m'sié ! Un sou à l'eau !

5 francs. Les canots allaient chercher les passagers pour cette somme. Mais le prix pouvait descendre à 3 francs si l'on

offrait une « goutte » à l'arrivée. Hortense n'eut pas à patienter trop longtemps. Bientôt se profila dans une embarcation le chapeau grotesque, jaune canari, de la personne qu'elle attendait. Un voyageur de commerce. Il venait de Paris pour lui présenter deux produits nouveaux : l'« Oriza lacté » et les « Cigarettes indiennes ». Il avait écrit trois fois pour annoncer son arrivée et Hortense devait lui consacrer quelque temps. Mais pas trop. Bien décidée à régler très vite cette affaire, à ne pas s'attarder en ville. Elle l'avait d'ailleurs promis à Amante, la despotique et affectueuse Amante. Car à Tivoli le travail ne manquerait pas avec cette soirée qui promettait d'être à la mesure du maître des lieux. Mais Parisien gouailleur et s'amusant d'un rien, le voyageur de commerce n'entendait pas quitter tout de suite le bord de mer. Il voulait assister à cette course de bourriques dont on venait d'annoncer le déroulement. Foule des grands jours, de blanc vêtue, sur la savane du Mouillage. Cuivres éclaboussants et étourdis massacrant Rouget de Lisle. Joie facétieuse. Bon peuple aux anges. Des gamins armés de lianes de tamarin guettaient le départ. Signal. Frappant alors à tour de bras les jockeys et leur monture. Jurons. Ruades. Cavaliers désarçonnés. Délire du public. Le voyageur se tenait les côtes.

— Allons, dit Hortense, on nous attend au magasin.

Le comptable était venu malgré ce jour de congé car il y avait quelque travail à cause de cette cargaison annoncée, et la patronne boudait les chiffres. « Cigarettes indiennes au canabis indica », disait l'étiquette.

— Pour faire disparaître les plus violents accès d'asthme, la toux nerveuse, l'enrouement, l'extinction de voix, les névralgies faciales.

Un boniment débité sans trop y croire lui-même, mais avec une malice où se cachait la franchise, ce qui ne déplaisait pas à Hortense. La lotion émulsive Oriza (lactée ou veloutée selon le besoin), fourniture de la cour de Russie, n'eut pas droit à moins plaisante présentation.

— Avec ça, plus de rougeurs, Madame, et plus de rides. Mais vous n'en avez pas ! Aussi vous proposerais-je plutôt l'Oriza Oil pour les cheveux — que vous avez beaux — ou la poudre Oriza fleur de riz qui adoucira votre teint davantage. A moins que vous ne vouliez essayer cette cigarette — que je ne vous recommande pas si vous n'avez pas l'intention de faire la sieste.

Quel numéro ! Hortense passa commande. Il était si drôle ! Et puis la pharmacie Cabanel ne pourrait résister à la tentation.

Si drôle qu'une fois l'opération conclue et cet arrivage de riz, de bière, de genièvre et de morue dûment réceptionné sur les livres, elle l'invita à la suivre à Tivoli pour cette réunion amicale. Le Parisien ne se le fit pas répéter. Le phaéton fut vite chargé des quelques achats demandés par Amante.

Tivoli croulait sous l'affluence. On y était venu des quatre coins de l'île. Beaucoup de chemises et de robes rouges. Quelques bonnets phrygiens.

Mureau, entouré de César-Laîné, de Clavius-Marius et de La Ruffinière, contemplant ce monde en joie, s'exprimant comme s'il s'adressait à tous ses adversaires, comme s'il criait cela sous les fenêtres du Cercle de la rue de l'Hôpital :

— Allons, approchez-vous, voyez ce peuple, oubliez un instant vos vieilles rancunes ! Vous qui tremblez dans votre peau, cessez d'avoir peur, ne craignez pas de vous mêler à lui !

Gaëtan Pasdeloup — c'était son nom — fut l'hôte qu'Hortense espérait. Malgré la fatigue de sa traversée atlantique et la chaleur qui l'accablait. Espiègle, sachant semer une bonne humeur convenable. Il venait de Paris et, à ce titre, tout le monde l'entourait, attendait le mot pour rire. Une mine d'histoires, ce joyeux drille en chemise mauve. Racontait par exemple la première apparition au Bois de Boulogne de cette invention anglaise issue du bicycle et appelée « bicyclette ». Décrivant cet engin qu'aucun être raisonnable accroché à la vie n'aurait voulu enfourcher pour rien au monde..

— D'autant plus que son usage est nuisible, assura le médecin principal de la Marine Thaly avec l'imperturbabilité de celui qui a beaucoup lu. L'attitude penchée en avant que ce vélocipède impose provoque une vague de protestations de la part de mes confrères. Comment voulez-vous que les poumons n'en souffrent pas ?

Dieu soit loué, cette machine infernale ne franchirait pas les mers de sitôt ! Il y avait quand même des inventions moins dangereuses et surtout plus utiles. Le téléphone, par exemple. « Ah ! bon ? Racontez-nous ça... »... « On entend bien... ? Ça ne vous fait pas mal aux oreilles ? »... « Il paraît que ça vous donne des vibrations dans la tête ? »... « Oui, des migraines, dit-on. »... Stupidités ! Les yeux mi-clos sous les assauts du rire, le Parisien parlait, parlait. Décrivait la première expérience de téléphonie dans la salle d'attente de la gare Saint-Lazare, l'année précédente. Folie. On en oubliait de prendre le train. Folie collective. La queue dans la salle des Pas-Perdus à 6 heures du matin. Pliants et sandwiches au jambon. Pour entendre ces messieurs répéter pendant des heures : « Allô ?

Allô ? » (car c'est ainsi qu'on doit se saluer, paraît-il dans ces petites boîtes magiques). « Allô ? » Quelle étrange façon de s'adresser à ceux qu'on ne voit pas !

Robert Lodéon entra dans la conversation, accompagné de Laurent Lacroix trempé, si dégouttant de transpiration qu'on imagina que le temps avait dû se mettre subitement à la pluie. Lodéon grincheux, malheureux. A Hortense :

— Nous n'aurons pas suffisamment de votre bois pour nos poteaux téléphoniques. En attendez-vous d'autres ?

Non. Pas de sitôt. Pas avant un mois. Injure du sort ! Obligation d'arrêter les travaux. Et il relata le consternant incident dont l'art nouveau de communiquer à distance venait d'être victime. Trente poteaux abattus à coups de hache et sciés en petits morceaux pendant la nuit entre Saint-Pierre et le Morne Rouge !

— Pour faire du bois ?

— Non, dit Lodéon, vous n'y êtes pas. Ces « ciriques », ces « bitacos », ces gens des mornes sont persuadés que nos fils peuvent transmettre un sort instantanément d'un endroit à l'autre. Et comme deux incendies s'étaient déclarés simultanément à peu de distance l'un de l'autre et sur le passage de la ligne, ils ont décidé d'abattre ces arbres maléfiques !

Visage immobile de Marius Mureau. Le seul à ne pas s'être esclaffé. Bougonnant :

— Voilà bien où mène l'obscurantisme. Quand on apprend aux enfants qu'une prière peut multiplier les poissons et vous faire marcher sur les eaux, on ne peut plus s'étonner de rien !

Algarade qui fit souffler sur les têtes, malgré la chaleur orageuse et l'imprégnation du rhum, un petit air glacial. Car on pouvait être républicain et souhaiter envoyer Marius Mureau à l'Assemblée sans pour autant vouloir envoyer le Bon Dieu au diable. Gaëtan Pasdeloup avait beau faire, ses traits d'humour ne portaient plus. Des balles qu'on lui renvoyait mollement d'un air indifférent. Alors, avec cette énergie qu'engendrent parfois les déconvenues, il se lança à l'assaut d'une très belle fille qui n'était autre que Lucie Saint-Jude. Son père venait d'arriver avec elle du Câble français, montrant à chacun la brassée de télégrammes qu'on avait envoyés à Mureau de partout.

— Tous, écoutez-moi !

Perché sur le piano à queue, attendant qu'on se tût, air sérieux, important, les petits papiers dans les mains, comme s'il s'apprêtait à distribuer les sujets du certificat d'études, Saint-Jude :

— Il faut que je vous annonce une grande victoire (un ah ! n'en finit pas de traverser l'assemblée). Ecoutez-moi bien : les frères de Ploërmel ont décidé de quitter la colonie !

L'accueil à cette nouvelle ne fut pas à la hauteur de sa présentation. Visiblement, on n'appréciait guère. Saint-Jude exultant :

— C'est le frère Arthur lui-même qui vient d'annoncer la décision. Les frères s'en vont ! Hourra !

Mais Mureau savait, lui, qu'il ne fallait pas se réjouir trop vite. Le Conseil général venait de voter l'exclusion des Frères. Parfait. Mais s'ils partaient tout de suite, qui assurerait l'instruction primaire ? Cette victoire ne serait donc vraiment acquise que le jour où l'on pourrait remplacer les religieux par des instituteurs laïcs. Tous les religieux. Et d'après ce que le président du Conseil général avait appris, ce n'était pas pour demain.

Debout sur le piano, Saint-Jude continuait :

— Je vais vous lire maintenant ce que les futurs électeurs adressent à notre cher futur député !

Une litanie qui dura bien un quart d'heure. C'étaient des « encouragements à poursuivre sa noble action », à « mener le combat sans faillir jusqu'à la victoire finale », à « renverser toutes les forces associées de l'Eglise et de la réaction... ». Et à la fin de chaque message, applaudissements, trépignements, vivats. Encore ! Bravo ! Courage ! L'alcool qui était d'abord monté avec difficulté dans les veines de Mureau se répandait maintenant sans contrainte comme si quelque chose avait cédé en lui. Conjugaison du rhum avec l'eau-de-vie de la réussite et de la popularité. Il percevait une pulsation à la surface de sa lèvre inférieure, petits battements réguliers qu'il n'arrivait pas à comprimer et cela l'agaçait soudain : il n'était plus maître de lui-même. Monde déformé, visages caricaturés sous la loupe de son ivresse naissante. (« Pourquoi ne suis-je pas assez fort pour garder la tête froide, pour éviter de me griser comme ces idiots aux yeux rouges ? ») Et, tout à coup, îlot de raison et de sagesse au milieu de ces clapotis fous, de cette écume d'insignifiances, Hortense. Sa main fraîche comme une feuille, dans la sienne, confiante. Hortense, fière de lui, enivrée elle aussi, mais seulement d'euphorie ! Le voir si près de réaliser ses ambitions. Si près du triomphe. D'euphorie et d'angoisse. Angoisse d'imaginer son échec. Et surtout angoisse qu'elle pourrait le perdre définitivement. Car une fois élu, n'irait-il pas vivre à Paris ? Et n'était-ce pas alors laisser sa place à une autre ? Parler avec lui de cette séparation, du déchirement qu'elle en éprouverait, quelle affaire ! Il fuyait toute conversation à ce sujet. Gardait ses mots. Dents soudées. Lui si éloquent d'habitude, le tribun qui enflammait les foules, le beau diseur, le beau parleur. Le futur représentant du peuple à la tribune. L'ancien avocat. Muet. Bâillonné par l'impuissance. Incapable de traduire ses sentiments. Alors il lui prenait la main, comme maintenant, une pression des doigts au poignet, ici, à l'endroit où les médecins tâtent le pouls, à l'endroit où c'est si doux, une pression qui voulait tout dire et ne rien dire. Lui dire : ne t'inquiète pas, nous avons trop connu de choses ensemble pour ne pas continuer à en connaître. Et aussi : cette absence nous fera du bien. Tu connais ce que l'on dit d'elle : elle est à l'amour ce qu'est le feu au vent, elle éteint le petit et rallume le grand. Lui dire tout cela et ne rien lui dire.

— Allez Mureau, allez à l'Assemblée défendre nos libertés !

Toute cette nuée hurlant son nom d'une seule voix, bras dessus bras dessous, tanguant comme des marins soûls, et l'orchestre qui ajoutait son mot, son accompagnement de cantique. Et Amante, la brave Amante dodelinant de la tête. A cause de cette affection démente, de cette idolâtrie pour un homme qu'elle adorait elle-même ou à cause de ces verres renversés, de ces cigarettes écrasées ? Et Joseph Clavius-Marius, dit « Clarinette », lune rieuse, et Georges César-Laîné, et Pierre Duprey de La Ruffinière... Ces amis de toujours et de tous les combats. Et ce farceur de voyageur de commerce qui courait maintenant le guilledou avec la belle Lucie aux cheveux de brique...

Personne n'avait vu le manège, à la sortie de l'habitation : Tivoli, ces groupes de gais lurons qui partaient en calèche, criant, chantant comme des conscrits. Sous une lune parfaite (on aurait pu compter les bateaux dans la rade), les attelages descendaient vers la ville en caracolant. Même les chevaux semblaient effrayés par le vacarme. Descendaient vers cette ville épuisée par tant d'heures de chaleur torride, de bruyantes réjouissances, de courses, de joutes, de tournois, et que la fête empêchait encore, par endroits, de se refaire, de restaurer ses forces. Bleu, vert, jaune, lent ballet aérien de ces fleurs de feu qui grimpaient au ciel et retombaient tristement vers le néant comme des prières refusées. Et sur le port, l'inlassable frétillement des biguineuses dans les beuglants ouverts jusqu'à plus soif. Mais ces fêtards en calèche n'allaient pas assister à la fermeture de « Chez Bébé », du « Requin repenti » ou de quelque autre établissement interlope de la rue Bouillé ou de la rue Dauphine. Leur objectif était Lota. S'amuser aux dépens du docteur Lota.

Minuit, presque. Les calèches stoppent à la batterie d'Esnotz, en plein cœur de la ville où dorment sur elles-mêmes les belles maisons de pierre de taille dans leur douillet confort bourgeois. En tapinois, on met pied à terre et l'on s'approche pouffant, gloussant. On s'approche de la demeure du médecin, une maison cossue, deux étages, le second mansardé, à l'angle de la rue Pesset et de la Grand-Rue, jusqu'au moment où Augustin Joachim, caporal des pompiers, donne le signal. Alors commence le tintamarre. On chante en chœur, on danse, on salue bruyamment la République, on maltraite un tam-tam, on tape dans ses mains tandis qu'une clarinette se détache du peloton, suit son propre chemin, folâtre, guillerette, irritante. Une minute après, s'ouvrent les volets et pleuvent les protestations.

— Comment ? Mais nous ne faisons rien de mal. Un arrêté municipal nous autorise d'ailleurs à chanter et à danser jusqu'à minuit.

Rien à dire en effet tant que l'horaire est respecté. Et au douzième coup de minuit les chenapans plient bagages. Chez les Lota on bout, on trépigne mais on se défend de réagir. Patience et maîtrise de soi (ne tombons pas dans le traquenard). Les volets restent clos et la rage bloquée à mi-gorge.

Cependant, le lendemain, alors que l'aubade recommence, un voisin de Lota, un homme qui pourtant ne compte pas au nombre de ses intimes, repère la manœuvre dont il est victime et décide de voler à son secours. Un voisin important. Bien placé pour apporter son témoignage. Jean Recoing, le procureur de la République. Raide, inflexible, tout d'une pièce, pointu comme sa barbiche, la loi faite homme. Il faut dire que cette fois-ci les chanteurs des rues n'ont pas lésiné sur leur temps de travail. Perfection dans le vice. 4 heures sonnaient lorsqu'ils ont fait retraite et leur spectacle n'a pas duré moins de deux heures.

Devant la maison du médecin, ils sont trente que le tafia a poussés là pour exhaler leur bile.

— A bas Lota, le peuple aura ta peau !

Trente. Et chez les Lota, encore une fois, la fureur continue à étreindre la gorge. Le bâillon étouffe. Les pierres cinglent maintenant les persiennes. Alors le médecin corse sent en lui un barrage s'effondrer et un flot bouillonnant l'envahir. Il n'y tient plus. Se précipite sur ses vêtements, les enfile. Veut aller vers la porte. Sa femme l'agrippe : « Ils vont te massacrer ». De la chambre à côté, Louise, sa fille aînée, révoltée, hors d'elle, accourt en chemise de nuit. « Laisse père partir ! ». Hélène Lota implore. Bon. Le médecin ne sortira pas. Mais il ouvre le volet, s'empare du premier objet qui s'offre à sa vue, une carafe d'eau, et la lance. Vol cristallin à la lumière des quinquets. Fracas. Injures.

— On se retrouvera demain soir après la retraite aux flambeaux, tu ne perds rien pour attendre ! braille le caporal des pompiers.

Le lendemain matin, le procureur Recoing qui n'avait pas dormi son soûl adressait une lettre au maire qui se terminait par cette injonction : « Usez de votre autorité ». Pauvre François Bernard ! Que pouvait-il bien faire pour empêcher les partisans de Mureau d'aller jusqu'au bout de leur vengeance ? Leur envoyer des gardes ? De toute façon, il n'en trouverait pas suffisamment un 17 juillet pour leur tenir tête. Et mécontenter le rigide procureur, voilà qui était suicidaire. Toute la matinée, occupé à recevoir, à saluer, à congratuler, assis dans son vaste fauteuil sous le buste de plâtre, il se demandait comment cette journée pourtant si belle, si prometteuse, allait bien pouvoir se terminer, se demandait par quel moyen, quelle astuce, quel miracle le Bon Dieu qu'il honorait tant arriverait à le sortir de ce piège à renard.

Alors lui revient, du fond de son oreille, ce que lui avait soufflé Sigismond l'autre jour, cette prédiction, cet événement fatidique, Sigismond ce sondeur de l'horizon, ce grand connaisseur de l'avenir, l'Isaïe du Carbet. L'autre jour, à la réception de la mairie quand il lui avait dit entre les dents : « Viens me voir, je te protégerai de tes ennemis ». Lui revient l'étrange étincelle que lançait, à intervalles réguliers, comme un phare au sommet de sa tour, la pierre noire qui enluminait sa chevalière. Cette pierre noire de Trinidad, François Bernard, toujours le premier, pourtant à la grand-messe du dimanche (deuxième rangée de gauche, la chaise du milieu) toujours bien fidèle à l'office avec sa femme et ses trois enfants. « Un chrétien sans reproche », répète avec une onctueuse satisfaction Monseigneur Carmené, l'évêque de Saint-Pierre, qu'un maire anticlérical et franc-maçon n'eût pas arrangé. François Bernard, chantre à ses heures à la cathédrale. Ce qui faisait dire à Mureau dans son journal : « Nous n'en voulons ni aux chantres ni aux bedeaux, et si nous nous occupons de ces honorables personnes, ce n'est que pour montrer que ces professions, si estimables et si estimées soient-elles, sont radicalement incompatibles avec les fonctions de maire ou d'adjoint ». Combien de fois ne l'a-t-on pas vu aider les prêtres dans leur exercice ? Portant la bannière, en tête des processions, ou construisant les reposoirs sur leur passage. Merci, merci mon fils, le Seigneur te le rendra. Qui accompagne dans les mornes perdus l'abbé Maillard lorsqu'il va porter l'Eucharistie aux mourants ? C'est lui qui, à chacune de ces occasions se présente toujours le premier pour former l'escorte d'honneur des cavaliers. Et chacun sait qu'un incroyant ne peut pas prendre part à ces équipées sous peine d'être frappé par les foudres divines. Vous n'y croyez pas ? Et ce pécheur qui a voulu récemment porter secours à un prêtre alors qu'il venait de trébucher dans un sentier. Ce pécheur dont la main a touché accidentellement le ciboire et qui s'est noyé aussi accidentellement la nuit même, à peu de distance, dans un torrent en crue ? François Bernard, le chrétien sans reproche, mais tellement désemparé ! Et puis quel mal, quel crime de prêter foi aux sortilèges, d'être convaincu que l'homme peut agir sur la nature, conjurer le mauvais sort, grâce à certaines pratiques magiques ? Si l'on ne blasphème pas ? Si Dieu reste étranger à tout cela ?

Sigismond habitait, à l'entrée du bourg, une case au toit de palmes qui lui servait en même temps d'échoppe car il était aussi apothicaire créole. « A la Porte Enflammée ». Une enseigne peinte malhabilement et clouée au-dessus de l'entrée. Et un frisson dans le dos de François Bernard, de la tête aux pieds, comme si une main malicieuse avait glissé une clé dans son col de chemise. Au moment où il pénétrait, un homme sortant par une porte latérale s'éclipsait sous un grand chapeau noir, se hâtait de regagner un cab anglais stationné à l'ombre de deux manguiers. François Bernard crut reconnaître Louis Long-Ming — non l'homme mais sa voiture — le fabricant d'allumettes phosphoriques dont les origines célestes et les occupations professionnelles ne pouvaient que prédisposer à ce genre de fréquentation. Sigismond ne fut pas surpris de voir arriver chez lui le maire de Saint-Pierre. Au contraire. « Je t'attendais », dit-il. Ce qui troubla davantage le visiteur déjà tellement impressionné par le lieu et le personnage. Enorme barbe frisottée, tignasse de scaferlati, essaim de guêpes, et au milieu, perdu comme le bec d'une fontaine enfouie sous la vigne vierge, une pipe minuscule. Prunelles brûlantes, d'une lumière intense, par où, en y regardant bien, on devait certainement pouvoir découvrir un monde inconnu. Contre le mur de la pièce sombre, humide, un autel. En son centre, un faux tabernacle entouré de statuettes, de poupées de chiffon et d'images saintes. Bric-à-brac religieux et païen, particulièrement honoré par les mouches, à voir leurs milliers d'offrandes.

— Je sais pourquoi tu viens et ce que tu attends de moi. Tu repartiras satisfait, j'en suis sûr.

Ses mots s'échappaient de son paquet de laine avec la fumée de sa pipe, par courtes bouffées. Chaque bouffée, une phrase. On aurait pu dire : heureusement qu'il fume sinon on ne connaîtrait pas le fond de sa pensée. Deux bouffées :

« Tu as besoin d'un bon « protègement ». J'ai ce qu'il te faut ». Eclair subit de sa bague comme si le Saint-Esprit lui-même venait de la frapper de sa langue de feu. Il l'emmena au fond de la pièce, devant une table où se trouvaient disposées trois cuvettes. La première remplie d'eau, la seconde de sang de cochon et la troisième d'un liquide noir qui pouvait être du café. Deux autres bouffées :

— Quelle peine veux-tu infliger à ton adversaire : mort, blessure ou graves ennuis ?

François Bernard n'eût jamais voulu nuire à qui que ce fût, même pas à Mureau. Mais comme le quimboiseur l'interrogeait, il valait mieux lui répondre sous peine de souffrir lui-même d'un de ces châtiments. Il choisit donc le moindre mal. Sigismond prononça alors l'incantation d'usage, baragouin au-dessus de cette cuvette noire dans laquelle François Bernard crut distinguer, à un moment, comme dans le miroir d'un paravent de laque, la face grimaçante et satisfaite (pas pour longtemps) de son persécuteur. Puis le « séancier » lui demanda d'ouvrir sa chemise et il lui passa, autour du cou, une cordelette faite des fibres d'un arbuste bénéfique appelé « mahot », au bout de laquelle pendait un scapulaire, une feuille de parchemin vierge recélant des herbes séchées, des poudres, des médailles et des amulettes. Cou tendu, François Bernard, docile, surveillait la sortie de la fumée.

— Avec ce protègement au bout de cette « cod' mahot », dit-il dans une bouffée particulièrement fournie qui indiquait que la pipe venait de rendre son dernier souffle, tu dois pouvoir triompher de toutes les embûches. Va, mon fils.

Et il le reconduisit à la porte après lui avoir demandé 5 francs : 2 francs pour le sachet et 3 francs pour avoir passé une partie de la nuit à « monter » son contenu, c'est-à-dire à le préparer magiquement. Dernier clin d'œil inquiétant du cabochon de jais et salutation profonde. François Bernard se trouva soulagé de revoir le soleil, de se noyer dans son inondation. Non loin de la masure il croisa un cavalier qu'il identifia très vite car il s'agissait de Georges Marie-Sainte, le timonier du *Brillant*, la goélette d'Hippolyte Moïse. Ce garçon devait avoir comme d'habitude quelques soucis de cœur et venait acheter le « quimbois » qui ensorcellerait la responsable.

Toute la matinée du 17 juillet, François Lota la passa à se répéter cette menace qu'on lui avait criée la nuit précédente après qu'il eut sacrifié à cause de ces braillards, cette belle carafe de cristal de Venise datant de son voyage de noces. « On se retrouvera demain soir après la retraite aux flambeaux ! »... Toute la matinée. Hanté. Avec le souvenir de cette nuit périlleuse. Et puis, plus angoissant encore, avec celui de ces horribles journées de 70 où les Blancs avaient dû se barricader chez eux pour éviter le massacre. Sur qui compter en cas d'action d'envergure ? La protection officielle qu'il avait sollicitée, il ne l'aurait pas. Trop lâches étaient ceux qui auraient pu la décider. Trop faibles. Seule restait donc la solidarité entre békés, le rappel général des amis. Lota, au milieu d'eux, au cercle de l'Hermine, autoritaire :

— Ce soir, ils me l'ont promis, ils vont revenir à mon domicile. Ça risque d'être sérieux. J'ai besoin de vous pour me défendre.

Trente bras se lèvent. C'est trop. Cinq ou six, pas plus : Latifaudière, père et fils, Dulieu, Meynard, Asselin. Voilà, voilà, merci.

Mais les Lota n'auront pas à attendre le coucher du soleil pour être durement frappés par cet autre événement qu'ils appréhendaient depuis quelques jours : l'hospitalisation immédiate de la sœur d'Hortense, suivie une heure plus tard de celle de sa mère. Prises toutes les deux de démence. Enfermées à la maison de santé... Le médecin crut bien qu'il devrait aussi y conduire sa femme. Car à la nouvelle de cette double infortune, Hortense s'était jetée dans ses bras, pantelante, égarée. Trop de malheurs à la fois. Trop d'anxiété mortelle.

— O ma femme, je te vengerai !

Cri de désespoir arraché par tant d'émotions.

Plus tard, l'arrivée inopinée de Léon Lucy et de son aide, Théophile Brezoles Duribar, avait réussi à ramener à la maison quelques instants d'un pâle bonheur. Par les photographies de Louise qu'ils apportaient, couchées dans un bel album relié, doré sur tranche. Louise, entourée de sa famille. Souriante. Et par la bonne humeur qui ne les quitttait jamais.

De retour à la mairie, fort de cette puissance secrète dont il avait désormais hérité, (un vent soufflant du sud, du Carbet, qui le poussait dans le dos, irrésistible, comme la pression soudaine d'une foule dans une file d'attente), François Bernard décida de prendre les mesures que l'ordre public imposait. Hélas ! Cette maudite fièvre jaune avait exilé au Trianon et au Gros Morne, loin de la ville, tous les fantassins et les artilleurs de la garnison. D'autre part, le messager dépêché auprès du commissaire Casanova était revenu bredouille à la mairie. Mais on ne pouvait quand même pas en vouloir à un fonctionnaire de s'octroyer une journée de congé en pleine fête nationale. Alors Sigismond ? Le scapulaire miraculeux fit quand même son effet : on retrouva deux gardes de police à leur domicile et on les envoya faire le guet sur le futur champ de bataille.

Salves d'artillerie et sonnerie de cloches. Girandoles. L'hôtel de ville, triomphant sous les torches de kérosène, plein d'un monde bruyant et réjoui, émoustillé par le départ soudain de la retraite aux flambeaux. Pas un seul trouble-fête. (François Bernard, la main sur la poitrine, sûr de lui, allant d'un groupe à un autre, épanoui, homme neuf). Musique ! L'orphéon attaquait *La Fille du régiment*. Pendant que les anciens combattants, le flanc scintillant de gloire, formaient leur bataillon. Ah ! les braves ! En tête, porteur d'un drapeau, Georges César-Laîné, le rédacteur en chef des *Colonies*. Personne ne s'en serait étonné. En 70, il achevait ses études de médecine à Paris quand les Prussiens étaient arrivés au bas des fortifications. Grosse caisse et cymbales, les préférées des enfants. Ces enfants qui se bousculaient, qui piaillaient, heureux d'échapper pour une fois au lit. Chœur des trompettes. C'était le signal. En avant, marche ! A la lueur des flambeaux, le cortège s'étirait avec lenteur comme un vieux dragon fatigué. Tout à l'heure, quand la tête s'engagerait sur la savane du Fort, la queue se traînerait encore lascivement au bout de la Grand-Rue. Gauche, droite, gauche, droite ! Discipline des premiers rangs habitués à marcher au pas, mais après, quel désordre ! Les curieux, sur les trottoirs, aux fenêtres, applaudissant et battant la mesure, et, fier, le torse bombé sous sa prestigieuse écharpe, au milieu du conseil municipal, François Bernard, persuadé maintenant que ces fêtes allaient se terminer sans heurt.

Voici justement qu'apparaissait au loin, la maison Lota, la seule dont les persiennes, demeurées obstinément soudées, refusait toute participation à la liesse... « Mourir pour la patrie-ie, c'est le so-ort le plus beau... » A tue-tête chantait le bon peuple, les vieux et les très jeunes surtout, les autres, les jeunes gens, courant le long des murs, débordant le peloton, bandes échevelées, avides d'aller se mêler aux danseurs du grand bal qui venait de s'ouvrir sous les lampions de la savane. ... « Le plus di-igne d'envie ! »

Tout à coup, l'incident. Violent. Imprévisible. Alors que le gros du cortège avait dépassé depuis longtemps la demeure du médecin, un groupe s'était détaché et jetait maintenant des injures en direction des fenêtres, meute déchaînée, enfermée dans sa fureur. Ces gens n'avaient jamais eu d'autre but que de venir là pour y clamer leur aversion, c'était visible. La musique, les chants continuaient, ignorant tout, mais les perturbateurs augmentaient leur nombre et amplifiaient leurs attaques. Et le garde en faction n'avait qu'à bien se tenir.

— Drapeau ! Drapeau ! Drapeau !

Impardonnable faute du médecin : il avait omis de pavoiser.

— C'est parce qu'il hait la République !

— C'est un « blanc », un sale royaliste, il faut lui couper la tête !

Au rez-de-chaussée, au premier étage, l'œil rivé aux rainures des persiennes, les assiégés, gorge sèche, membres crispés, appréhendaient l'ordre ou l'élan spontané qui eût déclenché un acte inconsidéré, une tentative d'incendie ou bien même un assaut. Angoisse multipliée par le silence qu'ils s'imposaient et les lueurs fantasmagoriques qui gigotaient, se tortillaient sur les murs et les plafonds de la grande maison plongée dans le noir.

— Lota, si tu es un homme, ouvre la fenêtre et crie : vive la République !

Sur le beau piano Chickering, couchée de tout son long et lançant des éclats bleu nordique, comme si elle eût voulu témoigner son impatience, la carabine Winchester du médecin appelait ses mains glacées. Terrible compagne des jours noirs de 70. Winchester 1866, légère, élégante, avec son magasin à 13 cartouches, l'arme d'épaule idéale des hommes qui s'enfonçaient vers l'Ouest américain. Et aussi celle des explorateurs africains comme Stanley ou Savorgnan de Brazza ou des aventuriers, des trafiquants d'armes comme ce jeune Arthur Rimbaud dont on parlait parfois dans la rubrique des faits divers.

— La République te somme de te montrer, Lota !

Beaucoup titubaient ou s'accrochaient aux autres. Depuis quatre jours le tafia coulait dans ces gosiers enflammés. Le tafia partout et à toute heure, et pas seulement dans les gargotes. Obsédante odeur imprégnant les corps avec leur sueur, les maisons avec leur humidité, les rues avec leurs eaux sales. Odeur de vidange des rhumeries. Odeur même de Saint-Pierre mélangée à celle de la morue salée. Odeur *sui generis*. On vivait, on dormait, on mourait avec cette odeur. Haleine aigre-douce de Saint-Pierre, haleine de gros buveur, de buveur impénitent.

— A mort Lota, le peuple aura ta peau !

Mais déçus sans doute par le manque de réaction des assiégés, fatigués de devoir insulter des volets clos et une maison morte, les manifestants se laissèrent finalement entraîner par les dernières vagues du cortège, bien décidés aussi à prendre leur part de plaisir dans cet ultime bal de juillet.

— Alerte levée, ordonna Lota quand il fut certain que le danger s'était éloigné, mais restons vigilants, ils vont revenir après le bal.

La garde continue donc derrière le peigne fin des persiennes. Tandis que sur la savane du Fort danse le petit peuple de Saint-Pierre. Cring ! Cring ! Râpement d'un violon pour donner le signal, suivi aussitôt d'une contrebasse, de la clarinette et de l'inévitable triangle. Une polka sautillante qui met tout le monde en joie dès que l'air est reconnu. La rue a afflué là, avec ses boutiquiers, ses employés et le port, ses débardeurs, ses pécheurs, ses marins roulant, tanguant. Le peuple est venu là pour s'oublier, pour oublier le quotidien, la vie dure du peuple. Aucun bourgeois, aucun négociant aisé, aucun grand mulâtre, aucun gros béké et, bien sûr, aucune fille de famille, n'eût osé participer à ces plaisirs à visage découvert. Mais comme sous ces falots les ti-tanes, les jeunes soupirantes de couleur, n'étaient pas farouches, on y surprenait souvent d'honorables pères de famille blancs ou métissés, des esseulés d'un soir cherchant fortune. « Et en avant pour le quadrille ! » Bancs recherchés sous les tamariniers, loin des clartés indiscrètes, loin des danseurs, lieux des étreintes. Allées où l'on s'enfonce deux par deux pendant qu'on s'agite en cadence, là-bas, dans la clairière, à la lueur des lanternes.

Un groupe de danseurs se détache, riant, chantant. Ribambelle déchaînée. Le voici qui passe baigné par l'aurore soudaine d'une torchère. Emergent des visages. Vite. On reconnaît René Bonneville et Eglantine, Salavina et Yaya, la câpresse (avec une robe de surah et un foulard d'une légèreté de nuée). Et puis derrière, offert à son tour à la lumière diffuse, un couple plus tranquille. Vite. C'est à peine si l'on a pu discerner cette silhouette de gamine, cette souplesse de félin dans sa robe de bengaline, ces petits pas qui ne se posent pas, ou presque. Gabrielle. Sous un grand chapeau de paille fine qui la tamise, ses demi-yeux faits d'un trait d'ombre, savourant leur nuit comme ceux des animaux de la nuit. Et près d'elle, mais il faut vouloir l'identifier à tout prix tant il se cache sous son panama, Raoul du Morne Cordier, chemise blanche à l'encolure échancrée, pantalon rayé serrant presque la cheville. Il tient la jeune fille par la taille et c'est un progrès considérable. Une licence qu'il vient d'obtenir au cours de la dernière danse. Enhardi, il a laissé son bras. Là. Elle ne bronche pas. Alors maintenant, il en profite, il accuse sa pression, et sa douce chaleur passe dans son flanc, dans son corps. Transfusion. Les autres s'agitent devant eux, sautillent, se trémoussent. Et eux se trouvent bien ainsi, la hanche collée, marchant malaisément, perdus dans leur sourire.

Raoul a beaucoup hésité avant d'accepter de suivre Salavina à la savane du Fort. Fêter la République, quelle drôle d'idée ! On peut ne pas regretter le roi ou l'empereur sans pour autant passer quatre jours à se soûler. Et puis tout ce que l'on colporte, ces bruits d'émeute, ces menaces contre les Blancs, les habitations... Mais Salavina a insisté. Parce que Raoul possède une calèche, la belle calèche du Grand-Morne, et que lui, le poète à la bourse plate, il n'a même pas une rossinante. Alors, à court d'arguments, il a dit : « Gabrielle sera des nôtres. » Et aussitôt Raoul s'est décidé. Aussitôt. Il souhaite tellement revoir la fille de Long-Ming. Une envie impérieuse. Depuis qu'il l'a quittée, l'autre jour, au Mont Béni, la maison de Salavina, sans même avoir pu lui baiser le bout des doigts. Son image s'impose à lui à tout propos, n'importe où. Surtout quand il est seul, à cheval, dans la campagne, au milieu des cannes ou dans les prairies. Le matin, avant l'aube, par exemple. Quand le soleil, qui se lève derrière la montagne, attend son heure pour illuminer Saint-Pierre. Raoul va parfois à sa rencontre, haut, sur le sommet d'un morne, très haut, et de ce promontoire, il voit le troupeau des toits, endormi, accroupi, au bord de cette eau presque noire. Et tout à coup, une bave de feu coule sur la crête de la montagne, déborde, comme si la montagne prenait feu, comme si des laves s'en échappaient. Et en même temps la lumière éclate sur la ville. Alors, Raoul pense à Gabrielle qui doit s'extraire doucement de son sommeil. A cause de tous ces coqs impossibles, infatigables. Pense à cette jeune mulâtresse qu'il voudrait bien retrouver très vite. Car quel sourire féminin pourrait éclairer sa vie de jeune homme ? Sur cette île exiguë où tout le monde se connaît, s'observe, jase, médit. Des cousins, des cousines, et encore des cousines ! Toutes aussi ennuyeuses les unes que les autres. Et cette voisine disgracieuse qu'on voudrait bien lui mettre dans les bras. (Peut-être un jour pourrait-il aller chercher sa femme en France ? Mais il briserait le cœur de ses parents). Alors, en attendant, il aimerait bien, à l'exemple de tant d'autres, mordre dans ces beaux fruits du pays, ces beaux fruits de saison. En se cachant un peu de tout le monde.

Sur la savane du Fort, donc, pendant qu'on danse le quadrille, la mazurka, les valses et d'autres airs sirupeux, « doux-sirop », Raoul du Morne Cordier passe sous son grand chapeau, enlaçant Gabrielle. Sans doute cette soirée se terminera-t-elle ainsi et pas autrement. La jeune fille le lui a déjà fait comprendre. Son père ne veut pas qu'elle dépasse l'heure à laquelle lui-même il rentrera chez lui. Minuit. Et Salavina est chargé de l'exécution des consignes. Mais qu'importe à Raoul puisqu'il est contre elle pour le moment, qu'il la tient tout entière, que personne ne les dérange. Maître absolu de ces inestimables minutes. Il sait que l'avenir ne sourit pas, et spécialement aux békés, que demain, peut-être, les grands couteaux vont sortir. Mais en attendant, c'est l'extase, l'euphorie, il se sent léger. Oiseau. Un oiseau dans l'air libre, survolant toutes les bassesses, les petitesses des splendides ailes de son mépris.

— Allons danser, propose Salavina dans la nuit.

— Oui, oui, oui !...

Sous la lumière où les corps se dandinent. Biguine langoureuse. Chanson nostalgique d'un « bélé » (bel air) où pleurent des amours malheureuses. Un quatrième couple se joint à eux. Et commence le quadrille. Virevoltes au son des tambourins. Tandis que sonnent clair les commandements en créole : « En avant deux ! Balancé les quat'zotes ! » (Qu'est-ce qu'on peut se dire vite, dans un sourire, quand on se croise ainsi, à quelques mètres, qu'on se touche à peine des doigts, qu'on se perd, qu'on se retrouve ?)... « Chassé croisé ! Z'enfants baissé ! » Enfin on se retrouve pour de bon. Avec la joie de ceux qui se sont quittés il y a longtemps. Et l'on retourne dans l'ombre des tamariniers, loin des cris perçants des clarinettes, des effluves du rhum et du corps. Dans le ballet silencieux des silhouettes furtives. On se retrouve pour s'embrasser, enfin. Derrière cet arbre, là-bas, qui étend ses bras fraternels. Parce que Salavina et les autres n'y voient que du feu. Pour qu'on ne croie pas que le fils du béké soulève la première ti-tane venue, comme ça, un soir de fête. Pour qu'on n'imagine pas que la fille du grand Chinois succombe, ainsi, à la moindre mazurka.

Comme promis, à minuit, Salavina ramena sagement Gabrielle à son père. Dans la calèche du Grand-Morne. Jusqu'à la dernière minute la main de la jeune fille resta blottie dans celle de Raoul, bien cachée entre les plis de sa robe.

Sur la savane du Fort, on continua longtemps à fêter la

République par des danses endiablées. On y vit notamment Gaëtan Pasdeloup qui avait réussi à tromper la confiance de Saint-Jude et escortait la rousse Lucie. Et puis Georges Marie-Sainte pour qui le quimbois de Sigismond semblait avoir fait merveille.

Vers deux ou trois heures, à l'heure où l'on rentrait les violons dans les sacs, à l'heure des retours de bal sous une lune malade, les vigiles postés aux fenêtres de la maison Lota n'eurent pas à réveiller leurs compagnons. Il y eut bien quelques cris et quelques pétards mais rien n'eût pu leur dire qu'ils étaient visés. Alors ils finirent par s'endormir. Malgré les moustiques qu'une grosse pluie laveuse et crépitante, brusquement surgie, avait délogés des caniveaux et des gouttières.

Albert Lota, lui, ne trouva guère le sommeil. Il eut beau creuser, creuser dans sa nuit pour s'y enfouir, s'enfoncer dans l'épaisseur de son subconscient, un masque grimaçant le rattrapait toujours, celui de son inexorable tourmenteur.

VIII

Au Grand-Morne, les quatre jours de fête du 14 juillet avaient quasiment arrêté le travail sur l'habitation. Ce qui faisait maugréer Gaston du Morne Cordier. Sous l'Ancien Régime, le peuple ne passait pas son temps à s'applaudir, à se pavoiser, à s'enivrer devant la glace. Qui fumera la terre pendant qu'on se trémousse dans les rues ? Qui conduira les mulets le long des sillons pour porter la morue et les engrais chimiques ? Qui mélangera la paille au labour, si l'on souhaite en octobre ou novembre une deuxième récolte de canne ? Et les cacaoyers qui ploient, harassés, surchargés de leurs « cabosses », leurs baies volumineuses qu'il faudrait cueillir maintenant afin d'en extraire les graines et les mettre à fermenter ? Et le roucou que les Bordelais attendent pour empourprer leur linge, et les orpailleurs de Guyane leur pain de campagne ? Heureusement les lampes vénitiennes allaient s'éteindre, les drapeaux retrouver leur grenier. 18 juillet. Dernier jour de surchauffe pour les tavernes et autres lieux de perdition.

Levé comme chaque matin avant l'aurore, Raoul du Morne Cordier chevauchait vers la ville. Son père lui avait demandé d'aller s'enquérir auprès d'un certain nombre de négociants des arrivages d'engrais et des prix pratiqués. Terre lourde sous les sabots du cheval et lourde chape plombée sur le sommet de la montagne. Rude journée en perspective pour le soleil. Pour sa superbe. Mais Raoul ne répugnait pas à affronter cette mauvaise humeur du temps, cette maussaderie. Le bleu sans histoire, cet habituel olympe de l'été avait, certes, son charme et il savait l'estimer à sa mesure, mais il aimait aussi l'hivernage et ses ciels difficiles, dantesques. Ces combats aériens qui donnaient aux nuages des formes presque humaines, ces affrontements de gladiateurs, ces défaites, ces gloires. Ciel de la Martinique livré aux incessants caprices de son imagination. Et ce matin, ces fines gouttelettes, ces miettes de nuages, tombant de ce plafond indéfini, apportaient, en plus, la fraîcheur que Raoul recherchait spécialement après cette soirée passée dans la poussière et la chaleur de l'orage. Panama à la main, il offrait son front à ce crachotement salutaire qui donnait à la nature un petit air propret, cirant les feuilles de bananiers, des « chapeaux-l'évêque », vernissant comme des ongles les gousses des tamarins, astiquant les toitures des cases et des habitations. Au loin, la mer. Mais non, comme d'habitude, étendue avec langueur en attendant la lumière. Une mer ténébreuse et conspiratrice, tramant quelque mauvais coup, quelque tour pendable. La mer, au-delà de la cohue des maisons, de cet amas de pierres et de tuiles qui ressemblait, vu de ces hauteurs, à une carrière éboulée, aux fruits d'une avalanche. Raoul espérait bien que le soleil prendrait le dessus au cours de la journée car il avait donné rendez-vous à Gabrielle vers cinq heures, au bord de la mer, justement, sur une plage retirée, loin des cris d'enfant et des regards de commère.

A Saint-Pierre, ce matin, il ferait donc la tournée des négociants, commençant par Plissonneau et Mac Hugh qui avaient annoncé par voie de presse un arrivage de tourteaux de colza de Nantes. Dame Mureau aurait peut-être à proposer du nitrate de potasse, ou mieux encore, du guano péruvien, puisque le brick anglais *Gem* avait relâché hier, venant des îles Chincha. Le jeune homme ne manquerait pas non plus de rendre visite à Félix Bellard, le père d'Hortense Mureau, qui était souvent pourvu d'engrais de bonne qualité, notamment de superphosphates de chaux. Albert Codé disait grand bien de ce produit dont l'effet pouvait, paraît-il, égaler celui du noir animal que rejetaient les sucreries.

Mais comme les boutiques du bord de mer n'avaient pas encore ouvert leurs contrevents, Raoul du Morne Cordier se rendit aux *Antilles*. Il savait Léon Lucy très matinal. Surtout les jours de parution. Il le trouva, comme prévu, à sa table de travail. Et en proie à une grande agitation. (« Caret » portait mieux encore son surnom dans ces cas-là, avec ses bras courts et puissants qui battaient l'air mollement comme une tortue nageant entre deux eaux).

— Mureau est en train de jouer aux apprentis sorciers. Je crains fort qu'on aille vers l'affrontement violent. Lota et Codé sont à bout de nerfs.

Il lui fit le récit du chahut de la nuit précédente, lui lut la lettre du procureur au maire, lui raconta ce qu'on lui avait rapporté de cette fête mondaine à Tivoli. Mais ce qui indignait Raoul davantage — le feu de ses joues de blond l'eût dispensé de s'exprimer — c'était cette nouvelle concernant les frères de Ploërmel. Ainsi le Conseil général avait voté l'expulsion ! La « secte impie et haineuse » était arrivée à ses fins. Comment tant d'hypocrisie pouvait-il s'allier à tant d'ingratitude ?

— Dans un mois, tout sera terminé, dit Lucy, car les frères sont bien décidés à partir d'eux-mêmes. Ils sont découragés.

Feu redoublant des joues. Comment ? Les religieux abandonnaient le combat à leur tour ? Impossible ! Il fallait, au contraire, qu'ils tinssent tête à cette assemblée irresponsable, aveuglée par l'intolérance et les préjugés. La population ne pouvait pas entériner une sentence si inique. Lucy, agitant ses nageoires : que faire, excepté ces articles vengeurs dans *Les Antilles* et *Le Bien Public,* et porter son cœur en écharpe ?

— Allons convaincre les frères de résister ! Allons voir Frère Joseph, allons voir l'évêque s'il le faut ! (Il aurait bien le temps de se rendre au bord de mer dans la matinée).

— C'est ça, dit Lucy (qui ne croyait pas trop à pareille initiative mais voulait passer, à ses propres yeux, d'abord, pour un homme courageux et sincère), allons voir Frère Joseph, peut-être parviendrons-nous à le faire changer d'avis. Mais c'est un Breton !

Au moment où ils s'apprêtaient à quitter *Les Antilles,* Théophile Duribar surgissait, l'œil rouge et les cheveux laineux, en désordre, défaits comme un nid pillé, souvenir d'une nuit de ripaille.

— Il est devenu fou !

Les Colonies au poing comme l'arme du crime. Mureau disant, criant encore une fois sa répulsion, lâchant son venin contre le docteur Lota et les Blancs.

— Nous allons vers un grand malheur, dit Lucy, branlant la tête.

A 7 h 30 le ciel ronchonnait encore. Crachin. Comme si tout le rhum ingurgité au cours de ces quatre folles journées l'avait détraqué pour toujours. C'est donc sous cet agaçant crachin que le docteur Lota sortit de chez lui ce matin-là. Quelques pas sur le pavé graisseux et il se retrouvait assis au fond de sa confortable calèche. Coup de fouet de Charles Juliette. Et le voici sur le chemin du couvent des dames de Saint-Joseph. Pour la messe funéraire de sœur Marie-Jésus, emportée, la veille, par cette terrible épidémie malgré tous les soins qu'il lui avait prodigués. Morose. Le médecin était morose, tendu et fatigué. Pas seulement à cause de sa nuit de veille. Mais aussi à cause de cet autre article des *Colonies* qu'on lui avait annoncé. A cause de Mureau, tout simplement.

De son côté, à la même heure, Marius Mureau se rendait au bureau du Câble français, comme chaque matin, avant de rejoindre *Les Colonies*. Pas une journée qu'il n'eût voulu commencer sans essayer de savoir ce que la planète avait bien pu machiner pendant la nuit (car il fallait bien l'admettre : la terre continuait de tourner même pendant son absence). Impatient, il ne pouvait attendre qu'on lui portât les télégrammes à son bureau. Au Câble, Lucie Saint-Jude qui l'accueillait habituellement, avait quelque retard. Aussi se servit-il lui-même. Sous ses doigts qui effeuillaient, passaient les continents, filait leur vie : un président américain se mourait à Washington, une guerre s'enlisait au Transvaal, une autre s'engageait en Tunisie contre les Kroumirs, un explorateur anglais et ses compagnons tombaient dans le Hoggar sous les coups de flèches empoisonnées, un tsar de Russie expirait après un sixième attentat. Et à Paris, Monsieur Sully Prudhomme, le grand poète, auteur du beau poème *La Justice*, se présentait à l'Académie française. Monsieur Pasteur, savant très connu pour ses travaux sur les ferments, se penchait à présent sur le fléau de la rage. Et ce qui intéressa particulièrement Mureau : un certain nombre de députés républicains proposaient l'abrogation de la loi de juillet 1879 autorisant les cléricaux à élever sur les hauteurs de Montmartre, à Paris, une immense basilique ayant pour titre « église du Sacré-Cœur ». Grâce soit rendue à ces Parisiens éclairés ! Ils n'hésitaient pas à s'opposer à l'emprise encore trop puissante des calotins. Bravo ! Voilà des hommes de courage. Quand les colonies comprendraient-elles qu'il y a toujours moyen de faire reculer les frocards même lorsqu'ils paraissent invincibles ?

A huit heures trois quarts donc, la calèche verte du docteur Lota descendait la Grand-Rue du Centre. Au pas. Car Charles Juliette craignait le dérapage avec cette pluie fine qui huilait les pavés et faisait moutonner les parapluies sur les trottoirs. Au même instant, Mureau descendait cette même rue. Mureau sous son large parapluie noir, sa taille élancée, sa façon très personnelle de marcher sans bouger la tête, le menton haut, comme s'il prenait garde de ne pas déranger un chapeau imaginaire. (Atavisme, maintien hérité de cette mère inconnue qui devait porter sur sa tête, du matin au soir, de lourdes « daubanes », ces poteries d'Aubagne remplies de lessive ou d'autre chose ?) Passant sur ce trottoir de droite, devant les bureaux du Crédit foncier, en se rendant à son journal, absorbé lui aussi par ses réflexions, Mureau ne comprend pas au début ce qui lui arrive. Ne comprend pas pourquoi, d'une calèche arrêtée brusquement, un homme saute prestement, se précipite sur lui... « et, avant que notre rédacteur en chef ait eu le temps de comprendre, cet homme, écumant de rage, lui tombe dessus à coups de poing, le frappe des deux mains un peu au-dessus de l'épaule en criant : « Crapule ! Canaille ! » Aussitôt remis de cette brusque attaque, Marius Mureau s'élance sur son adversaire qu'il étale dans le corridor de Maître Martineau, notaire, et regagne la chaussée ».

Toute sa force, toute sa hargne le bon médecin l'a rassemblée là, dans ses poings, soudain. Sans réaliser pourquoi subitement il se bat comme un chiffonnier, lui l'homme qui, habituellement va au secours de l'homme, lui la générosité même, le dévouement personnifié. « Alors M. Lota, dont la fureur est devenue croissante revient à la charge, frappe de nouveau notre rédacteur en chef, mais bientôt sa bouche est tout ensanglantée par les coups de poing qu'il reçoit à la figure, car M. Mureau se défend, et de belle manière. » Sans réaliser pourquoi les coups qu'il donne et qu'il reçoit, même s'ils lui cuisent les phalanges et la bouche, et même si le sang coule à présent, lui procurent une satisfaction intense, d'une exceptionnelle qualité. « Alors, désespérant de ne pas venir à bout de son adversaire avec ses deux poings, M. Lota s'empare du parapluie que M. Mureau a laissé tomber sur la chaussée et il en administre sur l'épaule un coup à celui-ci. Le parapluie brisé, M. Lota prend le manche pour continuer d'assaillir son adversaire. Mais il n'est pas plus heureux car M. Mureau n'a pas l'intention de se laisser faire ».

... Dans la rue, sous la pluie qui continue son petit travail lassant, indifférente à la scène, les curieux accourent. S'agglutinent. Les uns muets devant un affrontement si inattendu. Interdits. Les autres exprimant leur désapprobation : ces deux messieurs si bien, si convenables, ces gens de si grande dignité ! Mureau a pour lui l'avantage de sa taille et celui de ses longs bras, si démesurés qu'ils ne semblent pas lui appartenir tout à fait. Certes, Lota est plus petit et plus âgé mais il a du répondant grâce à sa souplesse. Tout à coup le médecin est ceinturé, maîtrisé. Quatre partisans de Mureau sont venus lui prêter main forte. Alors Mureau s'acharne, frappe. Frappe avec le manche brisé. Frappe son adversaire paralysé. — « Lâches ! Pleutres ! Ce sont bien là vos méthodes ! » Quand survient un ami du Dr Lota, Pinel de Golleville, le conservateur des hypothèques. Un homme courageux. Qui s'interpose. Alors d'autres, à son exemple, retiennent les combattants, mettent fin à la lutte. Et le brave Charles Juliette qui a assisté à tout ça sans vouloir intervenir — un cocher ne doit jamais se mêler des affaires de son maître — le brave nègre aide le médecin à monter dans la calèche, le médecin bossué, ensanglanté. Heureusement sa demeure est proche, à quelques pas, où Hélène Lota, que les cris ont alertée, se lamente et le réconforte. Et la foule qui grossit escorte la calèche en grondant. Le médecin est exténué, à bout de forces mais satisfait. Vengé. Entre deux halètements :

— Je lui ai donné la leçon qu'il méritait, on verra bien s'il aura le courage, cette fois-ci, de demander réparation par les armes, et là, je l'attends !

Accourus de partout, prévenus par de diligents coursiers, les fidèles de Mureau, ce menu peuple qu'il défendait à longueur d'article, un monde bruyant, surexcité, obstruaient déjà la porte des *Colonies* quand leur héros arriva, hirsute, dépenaillé, couvert du sang de son agresseur et des crachats du ciel.

— Nous te vengerons, Marius, Lota aura son compte !

Huées sous les fenêtres du médecin. Et derrière les volets vite fermés, le siège qui s'organise fébrilement. Deux amis alertés à temps ont déjà réussi à rallier le camp : le jeune Paul de Latifaudière et l'abbé Maillard qu'une obligation sacerdotale a attiré dans le voisinage. Mais ni Codé ni les autres, les principaux membres du cercle de l'Hermine, ni les amis du médecin, ne peuvent atteindre la place d'Esnotz tant cette fourmilière humaine prise de folie empêche toute approche. Huées comme ces vents de tornade où volent les tuiles et les tôles. Huées d'une foule innombrable. Foule rendue plus furieuse encore par les ombres aperçues dans l'entrebâillement furtif des fenêtres.

— Descendez, lâches ! C'est Lota que nous voulons !

Sept gendarmes à cheval et des gardes à pied se taillent difficilement un passage. Derrière eux, soufflant, jouant des coudes, suppliant qu'on se calme et qu'on se disperse, le procureur, son substitut, le maire, le commissaire de police. Toute la longueur de la rue à franchir, pas à pas. Capitaine improvisé, Ferralle, à demi nu, barbu, sale, lance ses ordres d'une voix d'ogre :

— Lota, sacré cochon, descendez si vous êtes un brave ou c'est moi Ferralle qui vous foutrai à terre !

La victoire soudaine et définitive du soleil semble donner plus de vigueur encore aux cris qui montent de la multitude. Têtes à perte de vue, têtes nues, crépues, touffues, cotonnées, tondues, chapeaux blancs, canotiers, bakouas, une armée de chapeaux roulant, ondulant, frétillant. Ils sont cinq mille, à présent, et tous cherchent à gagner le même endroit : là, où, dit-on, Lota a attaqué et blessé Marius Mureau.

Les pierres se mettent de la partie, frappant méchamment murs et fenêtres, écorchant le bois, brisant les tuiles dans un crépitement de feu de bambou. A l'intérieur la peur a fini par miner les courages. Même ceux des plus braves. Lota craint l'assaut, le massacre. Réminiscences des scènes d'épouvante vécues en 1870. Furieuses crispations des doigts sur l'acier de la carabine. Soudain deux mains agrippent un volet, l'ouvrent grand malgré la grêle de « roches ». Le fils Latifaudière. Dix-sept ans, la fougue et cette espèce d'ivresse démentielle qui fait les héros. L'ouvrent grand malgré la mitraillade redoublante. Et tente de haranguer la foule. « Paul ! » Trop tard. Un caillou coupant vient d'atteindre le jeune homme à la tempe, le sang gicle et il s'écroule en gémissant.

Le sang gicle sous les yeux de Lota, sur les mains de Lota qui se rue à la fenêtre. Mains de Lota qui se saisissent de la carabine, la belle Winchester à treize coups, et visent. Visent quoi au juste ? La foule ? Ou le ciel ? Le sait-il ? Sait-il ce que ses mains viennent de faire ? En tout cas la sèche détonation a produit son effet. Comme si une vague géante venait de déferler sur eux, les manifestants se couchent, se dispersent. Leur masse se désagrège, mais pour se reformer plus compacte et plus hargneuse encore dès qu'elle voit que la carabine a rentré son cou. Car personne n'a été touché. Mais la balle perdue que tout le monde croit avoir entendue siffler (et qui a peut-être quand même abattu un petit oiseau qui survolait inconsciemment l'endroit à ce moment-là), cette unique balle multipliée à plaisir par les esprits chauffés à blanc a décroché un bobard, une folle rumeur : Lota a tué. Plusieurs fois. Folle rumeur plus mortelle que tous les cônes de cupro-nickel.

— Il a déchargé son arme sur la foule à trois reprises, répètent toutes les bouches à toutes les oreilles, il y aurait des morts et des blessés.

Enfin les gendarmes à cheval ont réussi à ouvrir la brèche qui permet aux trois officiels d'atteindre le seuil de la maison. Enfin. Rendus, échevelés, fripés. Le dos contre la porte, Jérôme-Jacques Casanova s'adresse à la foule :

— Le Dr Lota s'est mis en infraction aux yeux de la loi en agressant M. Mureau. Nous venons pour l'arrêter. Allez, dispersez-vous, n'entravez pas le cours de la justice. Circulez, circulez...

Sur les têtes chaudes, le coup d'aile réfrigérante de la loi est passé comme un ange : un silence est descendu. Presque parfait. Alors le procureur cogne du poing contre la porte d'entrée qu'il sait défendue par des gens déterminés.

— Au nom de la loi, ouvrez !

Et Casanova, arrangeant sa moustache dont les crocs ont souffert :

— Vous êtes mon prisonnier, c'est vous qui êtes la cause de tout ce désordre...

Deux minutes de pourparlers et l'huis s'entrebâille. François Bernard, ses bons gros yeux qui se veulent convaincants :

— Voyons, docteur, laissez-vous emmener en prison. C'est le seul moyen d'apaiser leur fureur. Si vous n'acceptez pas, vous êtes tous perdus. (Pauvre François Bernard ! L'écharpe tricolore en loques, ressassant la prédiction de Sigismond : « un drame dont vous serez le témoin impuissant ». Mesurant l'inefficacité de son pouvoir magique. Pressant son gri-gri sous sa chemise, comme s'il voulait lui faire cracher cette force souveraine qu'il avait jusqu'à présent refusé de lui donner.)

A l'extérieur le peuple gronde de nouveau :

— Livrez-nous Lota ! Livrez-nous Lota !

Marius Mureau pourrait être satisfait qu'on réclame ainsi la tête de son adversaire, mais il ne l'est pas. Car si le sang coule, si Lota ou l'un des siens tombe sous les coups, est tué, que se passera-t-il, dans deux mois, au moment des élections ? Marius Mureau, député de la Martinique ! Le deviendrait-il si cette émeute se terminait par un massacre ? Comment le reste de la population réagirait-il le jour du vote avec six ou huit cadavres, ou même un seul, devant sa porte ? « Laissez faire la justice ! »

Au premier étage de la maison, les trois négociateurs ont réussi à convaincre. Pâle, frémissant mais la tête haute et les yeux secs, bras nus, chemise et col dégrafés, comme s'il allait à son exécution, le Dr Lota descend l'escalier. Après avoir embrassé sa femme et ses deux filles. Pleurs et réprobations. « Vous allez le livrer à ses assassins ». Et François Bernard, théâtral :

— Madame, pour que votre mari soit assassiné, il faudrait que je le sois aussi.

Lota descend l'escalier puis s'avance vers la porte contre laquelle pèsent trois hommes.

— Ouvrez, ordonne le procureur aux gardes.

Retenue par des mains prudentes la porte s'écarquille. Et le soleil revenu se précipite par la fente comme un beau renard doré, illuminant le visage grave des quatre hommes qui allaient sortir.

Attention ! Porte entrouverte et aussitôt refermée sous une nouvelle trombe de pierres. « Livrez-le-nous tout de suite ! Pas de prison, la mort ! ». Une voix de stentor. C'était Ferralle. (Il y a toujours un Ferralle dans une émeute pour prendre en main la colère des autres).

— Le maire et le procureur sont de mèche avec Lota. Ils vont le libérer !

Et chacun maintenant répétait ce mensonge. « Le maire nous a couillonnés ! ». Chacun voulait se persuader de la trahison de « Célestin ».

— Ils vont laisser filer Lota par la porte de la rue Pesset !

Impossible. Un grand gaillard bloquait déjà cette porte cochère donnant sur la cour, l'enfonçait d'un coup d'épaule. Félix-Jean dit Kérosine à cause de son caractère enflammé. Kérosine l'hercule, terreur des bals et des tenanciers de guinguettes. La porte explosant en vingt morceaux, aspirant aussitôt la foule. En avant ! Désertées par les assiégés qui avaient choisi de se réfugier au dernier étage, au galetas, les pièces du rez-de-chaussée et du premier étage allaient être dévastées l'une après l'autre par des équipes de destructeurs consciencieux soignant les détails. Tout était brisé et jeté par les fenêtres. Les chaises, une commode, le piano, le beau piano Chickering, détruit à coups de hache par Amilcar Roselmond Sonson, dit Gros-Pattes. Par la fenêtre. Matelas éventré par Kérosine et perdant ses entrailles, à gros flocons. Par la fenêtre. Et à chaque chute d'objet, à chaque vol plané, des débordements de joie. Un guéridon Napoléon III. Hourra ! Une table de toilette et tout son nécessaire. Hourra ! Mais soudain un frisson s'empara de la foule. Une jeune fille venait de tomber dans le vide. Une jeune fille tout de blanc vêtue ! Tenez, regardez ! Bouches bées. Non. Soupir. Ce n'était qu'un jupon et un corsage qu'un arbre avait arrêtés au passage.

Barrant la porte accédant aux combles, les représentants de la loi et de la force publique restaient sourds aux menaces :

— Vous ne passerez pas, criait François Bernard. Plutôt me passer sur le corps ! (Son écharpe pendait maintenant, lamentable, comme le drapeau du général Bourbaki).

Tandis que dans la pièce voisine Clavius-Marius, avocat, conseiller général, et son ami, le jeune Duprey de La Ruffinière, fils d'un gros négociant, soufflaient le chaud et le froid sur la foule, du haut de leur fenêtre. La rappelant au calme et au respect de la loi pour, ensuite, l'encourager à saccager et à piller. Criant toujours :

— Vous vous êtes fait couillonner par le maire. C'est lui qui a fait fuir Lota !

Pierre Duprey de La Ruffinière ! Qui ne se souvenait des obsèques de sa femme, une jeune fille très distinguée de sa race, celle des sang-mêlé, morte peu de jours après la naissance de leur premier enfant, et de la sollicitude paternelle que le docteur Lota lui avait prodiguée jusqu'au bout ? N'était-ce pas lui d'ailleurs qui, dans le convoi funèbre, tenait l'un des cordons du poêle, entouré de tous ses amis blancs ? Et Clavius-Marius, ce jeune avocat mulâtre promis à un brillant avenir ? Qui criait :

— Descendez, sacré cochon, aujourd'hui c'est votre dernier jour !

Dans le galetas où six personnes tenaient à peine, la peur figeait les visages. Chacun fixait cette frêle porte, cet obstacle dérisoire, comme un joueur qui a tout perdu regarde sa dernière carte. Une simple poussée un peu forte de l'épaule et le drame serait consommé.

Mais soudain, apparut dans l'encadrement de cette lucarne coincée sous le toit, la ronde et noire figure de Théo Duribar. Comment avait-il réussi à se hisser jusque-là ? Sans doute, étant donné la couleur de sa peau, l'avait-on pris, à l'extérieur, pour l'un des saccageurs. Son irruption ramenait un peu de courage. D'autant plus qu'il n'avait pas perdu son sourire d'homme imperméable à toute épreuve. On renaissait donc à l'espoir quand le docteur Lota vit à nouveau les yeux de sa femme basculer. Sa femme se jeter à genoux aux pieds de l'abbé Maillard et supplier, exaltée :

— Donnez-nous une dernière fois l'absolution, nous voulons mourir dignement.

Et à son mari :

— Tu viens de commettre une violence. C'est la colère qui t'a emporté. Demande à Dieu pardon.

A genoux tous les deux devant le prêtre qui étendait ses mains et récitait les paroles sacramentelles. Mais Paul de Latifaudière et Théo Duribar n'avaient pas, eux, l'intention de s'en remettre aussi rapidement au Créateur. Ils savaient qu'à Saint-Pierre la plupart des habitations n'étaient séparées de leur voisine, à hauteur du grenier, que par une mince cloison de bois. Une armoire normande fut donc aussitôt déplacée et un trou pratiqué après seulement trois coups de talon bien ajustés. Un trou donnant chez les Cottrell.

— Vite, dit Duribar, vous avez juste la place pour passer.

L'armoire repoussée, Duribar se précipita à la fenêtre, et, époumoné, furieux comme s'il déplorait lui-même cette constatation :

— Il s'est échappé par-derrière, « Docteur Lota ka fui par la rue Pesset ! ».

Ce qui dégagea d'un coup la Grand-Rue et permit aux assiégés de sortir par la porte principale des Cottrell, rejoints aussitôt par le maire, le commissaire, le procureur et son substitut. Feinte malheureusement vite déjouée. Car revenait maintenant la meute. Vociférante.

— Il est là ! Nous le tenons !

Comment parer tous les coups ? L'un atteignit le médecin à l'épaule. Le fit chanceler. Un second, porté sur le côté droit du visage, sans doute par une massue, l'étendit raide sur le dos. Comme s'il avait subitement obtempéré à un commandement. Sur le dos, immobile, paupières serrées, dents serrées d'où filtraient bave et sang.

— Misérables, vous l'avez tué !

Hortense Lota, bondissant devant les forcenés, tenant à bout de bras une statuette de la Vierge, une pauvre petite statuette en plâtre, la dressant haut, au-dessus de sa tête, comme si elle voulait l'offrir à Dieu, comme si elle attendait d'elle une intercession foudroyante.

— Tuez-moi, moi aussi. Je vous attends au jugement dernier !

Et ses yeux partaient encore à la dérive. Pendant que François Bernard se penchait sur le blessé, tentait de lui porter secours. Brave et courageux maire insouciant des coups et tombant à son tour sous le choc d'une pierre. Le crâne ouvert sur cinq centimètres. A plat ventre sur le pavé, écrasant de toute sa masse (et de toute sa furieuse impuissance) le scapulaire magique de ce farceur de Sigismond.

Relevé par les gendarmes et escorté, François Lota atteignit enfin la prison par la ruelle sombre qui montait le long du théâtre. Dernier chemin de croix au milieu de la foule hurlante. Derniers coups avant la porte cadenassée et la paille d'une cellule. Pendant que d'autres retournaient leur folie destructrice contre la maison des Cottrell.

Tête en feu sous un bandage de fortune, le maire fit irruption dans le bureau du Câble français. Et dicta aussitôt un message que Lucie Saint-Jude transforma séance tenante, de ses doigts fins, en télégramme. Par le menu, François Bernard faisait revivre pour le gouverneur, les heures chaudes que venait de traverser sa ville. Cette dépêche était suivie d'une autre signée du procureur. Qui ajoutait que les forces de l'ordre, en nombre insuffisant, étaient complètement submergées, que la ville appartenait aux émeutiers. Mais sans aucun souci de la hiérarchie le gouverneur Moreau répondit à la seule personne qui avait su jusqu'ici lui en imposer : Marius Mureau. A la seule véritable autorité existant à ses yeux. L'influent président du Conseil général. Peu lui importait qu'il fût au centre même de cette affaire et peut-être même l'un de ses instigateurs. Il l'avait trop souvent vu dans son bureau, campé sur sa superbe, pour ne pas utiliser aujourd'hui, jour crucial entre tous, le pouvoir qu'il savait être le sien. Sous les yeux du maire consterné :

« Gouverneur à Président du Conseil général, compte sur vous pour maintenir ordre et calme à Saint-Pierre. Je pars dans deux heures et je me rends avec le procureur général et le directeur de l'Intérieur ».

Toute son importance ainsi reconnue, les clés de la ville entre ses mains, Mureau s'empressa alors d'assurer le gouverneur de son entier dévouement, lui promettant le retour rapide au calme. Une heure après, il envoyait des équipes d'afficheurs placarder sur tous les murs de Saint-Pierre le texte de la dépêche officielle sous lequel il avait ajouté ces mots impérieux, cette proclamation : « J'invite la population au calme et à la modération. Nous avons la loi pour nous. Nous sommes forts. »

Le yacht de Fort-de-France accostait au ponton du Gouvernement au moment même où la compagnie d'infanterie de Marine entrait dans la ville, empoussiérée et clairon en tête. Après la bataille.

En cortège et encadré d'une nuée jacassante, le gouverneur se rendit à l'hôtel de l'Intendance, sa résidence pierrotine, où devait se tenir selon son vœu, une sorte de conférence dont il attendait quelques lumières. Face à face, devant Marie-Nicolas Moreau, petit monsieur pâlichon et frissonnant, se retrouvèrent donc là, de chaque côté d'une table géante, les différents acteurs du drame.

Alors, sous les gloussements narquois, François Bernard se leva et prit la parole. Personne ne l'avait invité officiellement à cette réunion, aussi se sentait-il profondément atteint dans son amour propre. Front plus que jamais tailladé par sa crevasse, son énorme tête couronnée d'un bandage, le petit tailleur s'adressait pour la première fois de sa vie à un gouverneur. Et c'était pour lui jeter le contenu de son cœur à la figure. De sa belle voix basse :

— Monsieur le gouverneur, j'ai le regret de vous dire que vous m'avez traité comme le dernier des derniers. Sans doute suis-je quantité négligeable à vos yeux, en dépit de l'écharpe tricolore qui ceint ma poitrine, pour que vous n'ayez même pas daigné répondre à mon télégramme ni pris la peine de m'informer des stupéfiantes décisions que vous veniez d'arrêter. Dans ces conditions, je vous offre ma démission immédiate. (Et il se disait en lui-même : « Alors, c'est couillon ki létat moin ! » « Alors, c'est mon état d'être couillon ! »)

Le gouverneur se gratta la gorge. S'empêtra dans sa réponse. Non, il s'était mépris, il aurait d'ailleurs l'occasion, tout à l'heure, de lui exposer... François Bernard, encouragé par cet embarras :

— Je maintiens ma décision. Je démissionne.

— Mille regrets, je ne saurais l'accepter. L'heure n'est pas aux abandons de poste.

— Parlons-en de mes responsabilités, vous en avez fait grand cas !

Maintenant, c'était Marius Mureau qui s'exprimait en dépliant ses longs bras. Pour dépeindre à sa façon les événements qui venaient de s'enchaîner. Et pour fustiger la cause de tous ces maux : une ligue factieuse, un nid de conspirateurs, de malfaiteurs, de trafiquants d'armes, un véritable foyer de subversion et de haine raciale.

— Je veux nommer ce cercle de l'Hermine où se trament dans l'ombre des agressions du style dont s'est rendu coupable le docteur Lota...

Et visant Me Desbarreaux-Verger de son index comme s'il voulait de rage le lui enfoncer dans l'œil.

— Décrétez la fermeture du Cercle dont le docteur Lota a été le président — c'est peu dire ! — et vous verrez que la paix reviendra dans notre belle cité !

La foule qui avait envahi l'hôtel de l'Intendance appuya cette proposition d'une explosion réjouie.

— Il est impossible que l'intolérance puisse à ce point régner en maître sur la première ville de la colonie, lança Me Desbarreaux-Verger comme il put.

Mais le gouverneur accepta la proposition de Marius Mureau. Le Cercle fermerait donc ses portes provisoirement. Et la compagnie d'infanterie serait consignée dans ses quartiers plutôt que de l'envoyer dans les rues au risque de « provoquer la population ». Puis Marie-Nicolas Moreau rentra dans ses appartements. Sous la lune la ville semblait avoir retrouvé une tranquillité absolue. L'œil glissé dans une fente de la jalousie, le petit homme soupira : « Quel pays ! Quels hommes ! ».

IX

Le lendemain matin les Pierrotins défilaient devant les maisons saccagées, parmi les débris qui jonchaient encore la chaussée. Consternés, contrits. Quel vent de folie pouvait avoir soufflé tout à coup sur cette ville réputée raisonnable, civilisée ? La « Perle des Antilles » !

Raoul du Morne Cordier n'avait pu s'empêcher de descendre en ville. Au galop. Son père l'avait même encouragé à le faire. En lui prêchant la plus grande prudence. Mais il était utile de se tenir informé. Pour le cas où cette folie s'étendrait à la campagne... Au galop sur la route des Quatre-Ponts, bousculant porteurs et cabrouets. Poursuivi par cette angoisse qui le torturait. Et par une autre inquiétude : Gabrielle. Elle n'était pas venue, la veille, au rendez-vous. Il avait attendu, pourtant. Seul sur cette plage déserte, sur ce sable gris, devant cette mer grise, sous ce ciel gris. Gris comme la solitude. Peut-être était-ce ce temps qui l'avait rebutée ? (Mais un nuage de pluie pouvait-il arrêter des sentiments intenses ?

Poings serrés de la rage impuissante. Poings serrés sur ses rênes, colère, en passant place d'Esnotz, devant ce gâchis, cette désolation. Et comme il aurait voulu témoigner sa solidarité au médecin et à sa famille ! Mais hier, lorsqu'il était remonté du bord de mer, attiré par cette immense rumeur, ce grondement, il n'avait pu passer tant la foule agglutinée formait bouchon, foule noire, semée de lames, hérissée de pics et de bâtons. Et puis à sa vue, des cris hostiles en patois avaient fusé. Vouant les fils de békés aux gémonies, les Blancs à la potence. Alors Lucy lui déconseillant d'aller plus loin, l'avait pris par le bras, entraîné de force vers *Les Antilles,* protégé contre lui-même.

Maintenant il se frayait un passage jusqu'à la maison de William Cottrell où Madame Lota avait trouvé refuge, car Gaston du Morne Cordier tenait à lui offrir l'hospitalité, à l'accueillir au Grand-Morne avec ses filles. Mais la police interdisait l'accès de la demeure, barrait la porte. Et personne n'eût pu lui confirmer si elle se trouvait là ou ailleurs, à la campagne. Alors il alla retrouver Léon Lucy à son journal. L'athlète travaillait à l'imprimerie, torse nu, mouillé. La vieille bécane à pédale grinçait et craquait comme deux mauvais chars à bancs à la fois et l'on avait du mal à se parler. (Quand entendrait-on dans l'atelier des *Antilles* le luxueux roulement des toutes nouvelles presses rotatives d'Hippolyte Marinoni, le mécanicien génial, dont *Les Colonies* venaient de se doter à grands frais ?) Dans un coin, lunetté de fer, Léon de Belain corrigeait des épreuves, pestait contre les coquilles, les débusquait avec force grimaces comme des cailloux dans les lentilles. Chaude odeur de l'encre, du papier et des hommes au travail. Ce journal tout frais éclos, humide encore, que la machine semblait rejeter, feuille après feuille, avec désinvolture, avait l'air de déplaire autant à l'un qu'à l'autre. Et pour cause. Ni le reportage sur le sac, ni les commentaires qu'il avait provoqués n'avaient pu y entrer à temps.

Duribar fit irruption. Tenant comme un drapeau arraché à l'ennemi le numéro des *Colonies* qui venait de tomber. Toute l'affaire de la veille s'étalait, évidemment, sur la première page, et Mureau s'y pavanait, superbe, offensé dans sa grandeur et sa dignité. Un titre gras comme un gros crachat : « Provocation criminelle ». Et dessous, des lignes perfides, grouillant comme des cafards derrière les verres de Léon de Belain. Une attaque en règle contre les « adversaires de tout progrès » et les « sectaires d'un autre siècle ».

Gaston Souquet-Basiège entrait, au même moment, dans l'atelier de composition où s'affairaient, devant leur casse, deux typographes, pince à la main. Cet avocat était révéré par toutes les communautés pour sa grande tolérance. Si calme d'habitude, il secouait la tête en tous sens, balayant l'air de sa florissante barbe grise. Choqué dans sa conscience morale.

Patatras. La vieille machine venait d'arrêter son ferraillement après une série de hoquets, signes d'une malencontreuse indigestion de papier. L'avocat s'étranglait à son tour :

— Un crime inouï vient d'être commis. On aurait pu s'attendre à ce que seuls les coupables soient inquiétés, et à leur tête, celui qui depuis si longtemps provoque par son journal une partie de la population. Mais au lieu de cela, que voit-on ? Des innocents en prison, une société privée abolie, et la force publique appelée à protéger les droits, internée en face de l'émeute !

Puis, serrant sous son bras le numéro des *Antilles* dont il avait tenu à régler le prix (10 centimes), l'avocat prit congé. Il allait de ce pas tenter d'approcher Lota en prison pour lui apporter le réconfort de son amitié.

Raoul du Morne Cordier désirait s'ouvrir à Léon Lucy, et à lui seulement, du projet de manifestation qu'il avait ébauché pour soutenir les frères de Ploërmel et les pères du Saint-Esprit, les encourager à tenir bon. Car l'entrevue de la veille avec le Père Joseph, loin de le rassurer, avait accru son anxiété, et, en même temps, aiguillonné son obstination têtue. Pour éviter toute indiscrétion, les deux hommes s'enfermèrent dans le magasin où l'on entreposait les rames de papier, dérangeant dans leur bombance une tribu de souris.

Lorsque Raoul quitta le journal, le soleil triomphait sur une ville radieuse, réjouie, épanouie, oublieuse de tout ce qui s'était passé, de tout ce qui l'avait salie. Raoul prit la direction du bord de mer, transi d'émotion, traversé par des frissons dont il ne voulait pas connaître la cause. Car après une rapide course au bureau d'Hortense Mureau, il allait essayer de revoir Gabrielle, lui demander de s'expliquer, de vider son cœur devant lui, enfin. Une bonne fois pour toutes. Pour qu'il sache. Pour qu'il ne perde plus son temps à se poser des questions, à se torturer l'esprit, à s'abîmer dans le labyrinthe des hypothèses. Cette résistance qu'elle lui opposait, en dépit de quelques marques encourageantes, ne pouvait plus se prolonger. Comment l'admettre, d'ailleurs ? Pour qui, finalement, cette petite « capistrelle » se prenait-elle ? (Encore ce sentiment de supériorité, cet orgueil de famille qui revenait à la charge, au galop, du fond de deux siècles de règne sans partage). Soit, il n'avait jamais enlacé aucune autre taille de guêpe ici, à la Martinique. Il ne pouvait donc juger l'attitude des filles du pays sur une expérience personnelle. Mais il en avait tellement entendu ! Que de bulletins de victoire déployés sous ses yeux par des guerriers sans mérite ! Filles à la peau d'ombre conquises en un clin d'œil. Chairs offertes, bras ouverts avant même l'hallali. Soumission et domination. Combien de békés et de grands mulâtres n'avaient pas dans leur poche la clé d'une discrète villa où ils allaient retrouver leur concubine de couleur, loin de la maison familiale, sous les frondaisons de Fonds-Coré ou de Sainte-Philomène ? Même Léon de Belain, disait-on, même ce raciste déclaré, à la peau flasque et au ventre satisfait, même lui, avec sa bigote de femme et sa boutonneuse de fille, donnait ses siestes et le meilleur de son temps à une câpresse de vingt-cinq ans, la petite-fille d'un des anciens « commandeurs » de sa plantation. Et en plus la rumeur publique lui attribuait même trois rejetons avec cette jeunesse dont on prétendait qu'elle avait succombé à dix-sept ans ! D'ailleurs, tous ces mulâtres, tous ces sang-mêlé, tous ces mélangés, tous ces croisés, tous ces teintés aux subtiles nuances, tous ces dégradés de couleur, tous ces mâtinés, tous ces effets de coupage, toutes ces moitiés, tous ces quarts de quelque chose, toute cette foule qui passait à l'instant dans la Grand-Rue, dans la rue Bouillé, n'étaient-ils pas issus de ces amours clandestines ? Raoul ne comptait-il pas lui-même quelque demi-frère ou demi-sœur ou quelque neveu ou nièce à la peau un peu teintée et aux cheveux trop frisés ? N'avait-on pas prétendu, à un moment, que « Yeux Clairs », son père, avait même séduit la femme de ce révolutionnaire aux dents longues ? Quel était déjà le nom de ce grand béké, appartenant à l'une des plus anciennes familles de l'île, qui avait paraît-il organisé un banquet d'honneur, l'année dernière, au « Restaurant du XIXe siècle », pour célébrer royalement la naissance de son vingt-sixième bâtard ?

Et Gabrielle dans tout cela ? Qui ne connaissait certainement pas l'origine de tous ses nombreux frères et sœurs. Gabrielle jouant la difficile, l'imprenable, l'inexpugnable ? Gabrielle que son père marierait contre sa volonté — c'était la mode — à quelque barbon riche à souhait, ou laisserait enlever, si l'intérêt le lui commandait, sans passer devant le maire et le curé. Gabrielle qui ne lui avait concédé jusqu'ici qu'un seul baiser, un soir de bal, quand d'autres lui auraient tout donné.

Hortense Mureau montrait un visage fatigué. Raoul n'en fut pas étonné. Il ne l'eût pas été non plus s'il avait trouvé sa porte fermée. Car il imaginait l'angoisse qui avait dû être la sienne au cours de ces heures terribles et l'abattement qu'elle connaissait sûrement aujourd'hui. Mais Hortense avait du cran. Et le défi insolent. Ce n'était pas encore ce genre d'épreuve qui allait l'empêcher d'ouvrir boutique. Au contact de Raoul du Morne Cordier, ses traits reprirent vite leur fraîcheur et leur grâce. Elle ressentait toujours beaucoup de plaisir à retrouver « Yeux Clairs » quelque part. Et Raoul ressemblait tellement à son père.

Elle lui parlait, et il la détaillait. Lèvres, yeux, nez, cou, poitrine, tout. Elle l'avait toujours intrigué depuis qu'il avait su que son père et elle... Enfin, il n'avait jamais rien su de précis. Des bruits. Des présomptions. Et l'imagination avait fait le reste. Une belle personne. On ne pouvait dire le contraire. Dommage qu'elle eût eu l'idée de lier sa vie à ce semeur de troubles.

Ils parlaient guano du Pérou, phosphates de Bolivie. Et Raoul pensait en la regardant : Topaze du Brésil, jais d'Espagne, ivoire. Et elle, dix ans en arrière, revoyant le fringant cavalier aux gants de chevreau, le beau danseur de quadrille sous les lustres du théâtre. « Yeux Clairs », la séduction. Or de ses souvenirs. Et lui, se demandant pourquoi, mais pourquoi donc, elle s'était décidée à épouser ce politicard vicieux, cet envieux, ce haineux. Oui, pourquoi donc ? Une femme si compréhensive, si aimable, si obligeante. Que pensait-elle donc de ce scandaleux incident qui avait retourné la ville hier ? Donnait-elle forcément raison à son mari d'avoir poussé ainsi la rue contre un homme seul ? Evidemment il n'y avait pas lieu d'en discuter ici, au moment où l'on traitait d'une affaire. Et il sentait sa question si prête à sortir qu'il serra les dents de toutes ses forces. Mais c'est Hortense qui finit par l'interroger. Elle en avait tellement envie depuis le début.

« Votre père, on ne le voit plus en ville. Il n'est pas malade au moins ? » Non, non. Il allait bien. Merci. Mais la roulaison, et puis le plantage maintenant... Elle écoutait avec une particulière attention, Raoul le notait, ses yeux noirs brillaient intensément, tout son visage se tendait vers lui. Une bouche assoiffée sous une fontaine. « Yeux Clairs ». Elle l'avait revu plusieurs fois ici, dans ce bric-à-brac, assis dans ce même vieux fauteuil d'où son fils lui parlait. Six fois, peut-être. Ses longues jambes repliées l'une sur l'autre, son buste raide, exactement comme Raoul, et ses gants de chevreau posés sur l'un de ses genoux. Avec cette même façon de s'adresser à elle, nette. Pas brutale, non, nette, franche, précise. Et ce même sourire de séduction distinguée. Attirance et fascination. « Décidément, c'est bien le fils de son père ». Pourquoi ne venait-il donc plus lui rendre visite maintenant ? Sans doute à cause de cette fichue politique. Combien de békés, d'ailleurs, s'étaient détournés d'elle, depuis que Marius avait adopté une position si radicale ? Combien préféraient à présent s'adresser à d'autres négociants ? Oui, cette politique lui faisait bien du tort. Son père, Félix Bellard, ne se lassait pas, du reste, de le répéter. Il n'avait guère applaudi à cette union avec ce « petit mulâtre », il déplorait qu'elle fût maintenant mariée à ce grand agitateur. Tout président du Conseil général et futur député qu'il était. Il déshonorait la famille. Voilà. D'autant qu'il ne voulait pas d'enfant ! Avait-on déjà vu un père refuser d'assurer sa succession ? « Un enfant, c'est cinquante pour cent de perdu dans l'activité d'un couple. Tu as ton travail, j'ai le mien. On ne peut pas, en plus, jouer au papa et à la maman. Quand je serai député, alors on verra. Mais pour l'instant pas question ». (Ma carrière avant tout, tant pis pour tes envies ridicules de mère, cette faim bestiale qui te passera avec l'âge). Et puis ses sentiments républicains étaient révulsés, scandalisés par cette manie furieuse des Antillais de collectionner les progénitures, légitimes ou non. « La femme ne doit pas être une poule pondeuse que l'on prime au rendement ! » Alors Hortense se contentait de chérir les enfants des autres. Son armée de neveux et de nièces, notamment. Et s'étourdissait dans le travail. Bienfaits de ce bourdonnement quotidien qui couvrait les petites voix pleureuses intérieures.

— Mon bon souvenir à votre père. Qu'il vienne me voir de temps en temps ça me fera plaisir. (Elle ne s'était pas entendu parler, pourtant elle avait bien prononcé ces paroles. Trop tard. Elles étaient dites et elles feraient leur chemin).

— C'est ça, je lui ferai la commission.

Hâte, maintenant, de courir vers Gabrielle. D'apprendre, de découvrir encore un peu plus d'elle.

Mais sous ses pas martelant le carrelage, la grande maison de Long-Ming pleurait le vide et la solitude. Raoul n'y trouva qu'une domestique un peu sourde dont les quelques mots qu'il put tirer lui indiquèrent que « missié » était en tournée dans les communes et que toute la famille avait suivi Salavina au Morne Abel pour une partie de « carrés ». Cette colline dominait le quartier du Centre, ses toits pourpres, ses pignons ouvragés et ses lucarnes ennuagées çà et là du feuillage des tamariniers lourds de ses grappes jaunes. En gravissant la succession des degrés de pierre de la vieille rue du Bois-Morin, qui s'accrochait au flanc du morne, Raoul s'interrogeait sur Salavina. Il le savait ami de longue date de cette famille dont la demeure avoisinait la sienne. Il l'avait vu, en outre, très empressé auprès de sa câpresse. Mais ne conservait-il pas encore avec Gabrielle quelques liens invisibles ? Car il était bien homme à chasser plusieurs lièvres (et plusieurs lèvres) à la fois ! Et cette passion pour les « carrés », les cerfs-volants, lui paraissait bien suspecte en ces heures où la ville frémissait sous d'autres souffles que ceux de ces ailes multicolores. D'autant plus qu'il connaissait les ardeurs révolutionnaires du poète, son enthousiasme romantique pour la cause « laïque et républicaine ». Pouvait-il, au lendemain de cette chaude journée, abandonner pic et bonnet phrygien pour la cithare ? Vaines inquiétudes. C'était aujourd'hui, pour tous les propriétaires de carrés, petits et grands, l'événement de l'année, l'occasion de rivaliser d'adresse devant la ville ébahie. Le grand concours annuel des cerfs-volants. Et Salavina, le poète, avait, pour ces objets aériens, la même passion que pour la République. La même exaltation. Ces messagers de l'azur qui l'emmenaient si haut, si loin. Ajouter ces fabuleux oiseaux à ceux du ciel ! Chaque jour, en attendant l'ouverture de ce lycée dont il serait l'un des premiers professeurs, il consacrait des heures à scier, à coller, à décorer, à papilloter ces fines charpentes de bois. Chacun les lui réclamait avec une insistance, une impatience d'enfant devant une pâtisserie. Raoul l'ignorait, mais les plus beaux carrés de Saint-Pierre, ceux qui arrachaient les plus grands cris d'admiration, ne pouvaient sortir que de ses mains. Un peintre de ses amis, Léon Fréjus, surnommé « Fragile » à cause de son peu d'entrain au travail, barbouillait ces papiers tendus des arabesques de ses plus folles chimères et parfois, de sa lubricité. « Fragile » que la verve populaire brocardait copieusement pendant le carnaval. D'où cette mise au point publiée un jour dans *Les Colonies :* « Ayant reçu hier soir une sérénade masquée, accompagnée de chansons déshonnêtes, je prie le public de ne pas me confondre, moi, Jean Fréjus, maître charpentier, propriétaire à Saint-Pierre, rue Isambert, avec Monsieur Fréjus, peintre, demeurant rue d'Orléans ».

Indigo, capucine, émeraude, groseille, dix cerfs-volants se balançaient, la queue frétillante, dans un ciel fait pour cela. Raoul retrouva très vite le petit groupe constitué du poète, de Bonneville et de la famille de Gabrielle. Au pied du fromager centenaire, ce géant que l'on se montrait du doigt en bateau, quand on entrait dans la rade, avec cette immense pancarte rouge qui criait le nom des plantations Saint-James.

Gabrielle. Heureuse de le revoir, semblait-il. Fière aussi qu'il eût parcouru tout ce chemin pour venir jusqu'à elle. Robe courte à pans droits. Robe que dans le langage des ti-tanes, on appelait redingote et qui, disait-on, n'appartenait qu'aux vierges. En principe, une adolescente ne portait la robe longue retroussée à la hanche que le jour où on la savait pourvue d'un ami sérieux... Gabrielle, son carré à la main, décoré d'yeux malins comme les siens et de soleils comme son sourire. Et l'air qu'elle parfumait délicatement d'ylang-ylang. Elle présenta le jeune homme au petit monde gloussant, pépiant qui l'entourait. Sa mère, d'abord, une odalisque au teint de sapotille et au visage trop léché (certaines femmes s'attifent comme si elles devaient entrer en scène à chaque instant) et toute une flopée d'enfants, de la Chine profonde à la Chine d'outre-mer, de l'extrême Extrême-Orient au très très proche Orient, dont elle devait avoir quelque difficulté, elle-même, à se rappeler les noms et la provenance.

Joie, cris de joie. Un immense aéronef chamarré comme une mire, prenait un envol royal après un terrible saut dans le vide. Le carré de Monseigneur Carmené ! Oui, l'évêque concourait lui aussi, à quelque distance de là, escorté d'une portée de bigotes et d'enfants applaudissant.

— Bravo Monseigneur !

Le cerf-volant épiscopal s'élevait vers l'infini comme un cantique. Avec les notes aiguës d'un orphéon qui venait d'attaquer « Auprès de ma blonde ». Et les paris jetés pêle-mêle dans le vent. Un franc à celui qui réussirait à toucher le clocheton de l'église du Fort ! Deux francs pour le sémaphore sur le bord de mer ! Célébration des tambours, chœurs des louanges et flots de bière. Le fils du béké, un peu emprunté, feignant de s'intéresser à ces papiers de couleur. Mais ne s'intéressant qu'à Gabrielle. Salavina :

— Sais-tu que ce sont les Chinois qui ont inventé ces merveilleuses choses ?

Et le carré du poète s'enfuyait vers la montagne, aspiré par un souffle ascendant, s'enfuyait avec le poète.

— O trois et quatre fois heureux !

René Bonneville et Eglantine courant, la ficelle à la main, courant à perdre haleine et le trapèze prenant son essor.

— Regardez le nôtre, il va toucher le soleil !

A cette longue queue, ils avaient attaché de petits morceaux de verre qui couperaient le fil des autres en cas d'abordage. Une idée de Salavina empruntée, affirmait-il, aux Romains : « In cauda venenum, dans la queue le venin ».

Raoul avait réussi à entraîner Gabrielle à l'écart, sous un bosquet de goyaviers. Feuillage frémissant d'anolis, ces petits lézards indiscrets au possible. Brise apportant les ah ! et les oh ! des concurrents et les boniments d'une vieille « marchande-la-pacotte » accroupie devant son « tray », son plateau chargé de corossols et d'autres fruits.

— Tout' sôte bon mangé !

Et les mains de Gabrielle enfouies dans les siennes. Elles n'en délogeaient pas, ce terrier avait l'air de leur plaire. Raoul, immobile, muet. Tant de questions se pressaient dans sa gorge, en vrac, qu'aucune ne pouvait sortir. Et puis à quoi bon ! La moindre demande d'explication risquait de rompre le charme. Et il se sentait si bien ainsi. Entre ses doigts. Silences où tout se dit même ce qui ne se dit jamais. Longueur incommensurable des minutes.

— Alors, Gabrielle ?

— Alors ?

Elle souriait. Comme revenant de loin. Alors, oui, c'est moi. Qui suis là, devant vous, vous prêtant mes mains. Moi, Gabrielle Long-Ming, la fille du riche Chinois, le fabricant d'allumettes. Une fille bien mystérieuse, c'est vrai, bien difficile à déchiffrer. Vous me plaisez, je l'avoue, et c'est pour cela que je dois me défendre. Contre moi-même, d'abord. Et contre ce fils de béké ! Contre ces séducteurs nés. Ces « Yeux Clairs ». Qui abusent des filles pour ensuite les rejeter, les recracher comme une arête. Je ne veux pas être une allumette que l'on craque. Et j'ai bien peur, Monsieur du Morne Cordier, que vous n'ayez pas d'autres idées sous vos jolies boucles blondes.

— Alors ?

Alors. Oui, oui, Raoul avait compris. Il n'avait pas besoin de grands mots, de grandes phrases. Compris. Depuis longtemps d'ailleurs. Depuis trop longtemps. Mais que lui répondre ? Elle ne connaissait pas les conventions de ce pays ? Elle ne savait pas qu'un du Morne Cordier épouserait forcément, obligatoirement, fatalement, inévitablement une fille de béké ? Que faire contre un destin gravé dans le marbre ? Mais était-ce une raison pour refuser l'amour et ses plaisirs ? (Dire tout cela en face quand on vous regarde avec ce petit sourire triste, avec ce minois chiffonné, cette bouche tombant de désenchantement, et que l'heure de la séparation approche !) Un autre rendez-vous. N'importe quand. N'importe où. Pour quoi faire ? Pour se voir, pour se regarder, pour ne rien se dire ? Pour se tenir la main ? Où ? Quand ? Trop tard, trop tard.

Là-bas, on appelait Gabrielle. Des enfants venaient s'accrocher à elle. Venaient l'enlever à Raoul. Ses mains partaient des siennes. S'envolaient. Cerfs-volants évadés, fil coupé.

Après une nuit de repos sans alerte, Marie-Nicolas Moreau, le gouverneur par intérim, avait repris le yacht de Fort-de-France, reconduit jusqu'à la coupée, par Marius Mureau, le sourire modestement triomphal, et Clavius-Marius, moins discret dans sa satisfaction.

Mais c'est Codé qui allait maintenant craindre pour sa vie. Le jeune Codé attablé vers cinq heures devant un vermouth en compagnie d'un ami, Laurent de Reynal, dans la salle à manger de l'hôtel des Bains. Plusieurs fois par semaine, le chimiste fréquentait cet établissement, confiant ses douleurs rhumatismales aux ondes de la source qui avait eu la bonne idée de venir chanter là, sur le plancher de bois, pour le plus grand profit de Pierre Crocquet, le propriétaire des lieux. Albert Codé lisait comme tout un chacun, ce jour-là, le commentaire que César-Laîné avait confié à son journal. Dents serrées. Langue acérée. Et son ami essayant d'éteindre un peu sa colère. Tous ces gens autour d'eux qui passaient, fouinaient, l'oreille à la traîne. Pendant qu'en ville, parmi les attroupements qui se formaient courait un bruit. Echevelé, sans origine. Rat affolé. « Codé veut tuer papa Mureau ! ». Et bientôt la foule cernait l'hôtel, accentuait son étreinte. Et Pierre Crocquet surgissant de derrière sa caisse, la peur rendant son visage plus pâle encore, levant les bras comme si le plafond allait lui tomber sur la tête : « Regardez, ils vont entrer, ils vont tout casser ».

Alors Laurent de Reynal comprenant que son ami était en danger, se levait, le prenait par le bras et l'entraînait vers la sortie. Bravement. L'entraînait dans la rue puis la traversait d'un bout à l'autre, comme si elle était vide, ignorant les cris et le reste, fendant cette foule hostile avec un détachement qui ne semblait même pas feint. Ils n'eurent que le temps de pénétrer par une porte latérale, de traverser le vestibule puis la petite cour qui ouvrait sur la rue de la Banque pour atteindre le poste de police dont le portail fut prestement refermé sur leurs pas.

Au moment où le maire atteignait lui-même le commissariat, les manifestants parlaient de forcer les grilles derrière lesquelles, sabre au clair, les gardes attendaient la suite. Codé avait demandé un sabre et, manches retroussées, il se préparait à se battre. Tout le monde connaissait ses talents de bretteur, et le combat promettait d'être sans merci. La foule pesait sur les grilles qui fléchissaient dangereusement. Moins nombreux, certes, mais très remarqués, quelques sang-mêlé parmi lesquels on reconnaissait des gens assez connus, protestaient contre cette violence, refusant d'accepter qu'une nouvelle tragédie raciale vînt endeuiller la Martinique. Mais des centaines d'énergumènes scandaient à tue-tête comme les émeutiers de 1870 à La Rivière-Pilote : « Mi Codé ! A mort Codé ! ».

A un moment, sur les prières du procureur, Albert Codé voulut bien se rendre devant la foule et lui confirmer qu'il n'avait jamais eu l'intention d'attenter à la vie de leur héros. Concession qui ne calma personne. On exigeait maintenant qu'il criât : « Vive la République ! ». Refus catégorique. Alors César-Laîné, de toute la puissance de sa volumineuse poitrine :

— Vous voulez contraindre M. Codé à crier Vive la République, consentiriez-vous à crier Vive le Roi ?

Mureau s'inquiétait du sort d'Albert Codé. S'il lui arrivait malheur, que dirait alors le gouverneur qui comptait tellement sur son grand pouvoir ? Et qu'adviendrait-il de son élection ? Car si, la veille, Lota s'était comporté comme un provocateur, on ne pouvait faire pareil reproche à Codé.

La sonnerie des clairons annonçait l'arrivée des fantassins requis par le procureur et le maire. Baïonnette au canon, les soldats se formèrent en carré. Alors François Bernard alla se placer courageusement devant eux, aux côtés du capitaine Houstalo. S'il était un instant où il eût désiré que toutes les forces divines et toutes celles que pouvaient receler la terre et certains hommes privilégiés, vinssent à son secours, c'était bien celui-là. Sous son écharpe son cœur battait à grands coups. Et dans sa tête passaient des éclairs. Devant lui, des poings levés, des bâtons brandis, des faces grimaçantes. Alors il fit un pas en avant et lança les sommations d'usage. Et comme la foule semblait rester sourde, il demanda au capitaine de faire sonner la charge. Au bruit des trompettes et au premier mouvement des soldats, armes pointées, le mur des émeutiers se fendit puis s'écroula.

Pour plus de sûreté, Albert Codé fut invité à passer la nuit à la caserne. Le lendemain matin, c'était l'évêque lui-même qui était visé. Mgr Carmené se voyait fermement suggéré, sous peine que « se réédite la journée d'hier », de renvoyer dans leur foyer, en France, les abbés Gosse et Maillard.

Un véritable conseil de guerre se tint au siège des *Antilles*. Se retrouvèrent là, le comité de rédaction de ce journal, celui du *Bien Public* et celui du *Propagateur*, un autre journal conservateur, ainsi que quelques membres éminents du cercle de l'Hermine. Atmosphère dramatique.

— Nous vivons des heures graves, dit Duchamp de Chastaigné. La terreur est dans la ville livrée aux fureurs d'une populace encouragée par l'inertie des pouvoirs publics et l'impunité. Mais il nous faut éviter de tomber dans la provocation, c'est ce qu'attendent nos adversaires.

Tout le monde comprit que dans sa dernière phrase le sage Duchamp de Chastaigné visait le malheureux Lota qui avait eu le tort, aux yeux de quelques-uns de ses amis, d'avoir « mis sa main dans le derrière d'un macaque pour chercher la misère ». Il est certain que s'il ne s'était pas jeté sur Marius Mureau, un beau matin dans la rue, rien de tout cela ne serait arrivé. Léon de Belain, fougueux, torturant ses lunettes :

— Il fallait donner une leçon à ce paltoquet ! Lota a eu raison. Et j'espère bien qu'il lui réglera son compte au pistolet quand il sortira de prison.

Gaston Souquet-Basiège prit la parole. Et comme toujours dans ces cas-là, on l'écouta avec attention. D'autant plus que cet avocat maniait la langue comme certains escrimeurs le fleuret, ce qui ajoutait au plaisir de l'entendre.

— Je pense que notre malheureux ami a donné droit dans le piège. Mais si ce fut sa faute, au sens où nous en faisons le reproche, ce sera aussi son honneur d'avoir, le premier, donné l'éveil et averti l'opinion. Il lui restera d'avoir, seul, osé démasquer un visage et attaquer une personnalité chez laquelle les plus détestables enseignements de la Révolution servent d'enveloppe à la haine arbitraire et à l'orgueil de l'esprit de race.

Et il suggéra la création d'un comité pour combattre les excitations haineuses des *Colonies.*

— Jetons-nous en travers de ces gens-là pour leur opposer la protestation indignée de la vérité !

Acceptée d'emblée, cette proposition fut complétée par la décision des responsables du *Bien Public* de changer le nom et le caractère de ce journal afin d'en faire l'organe de la légitime défense, de la défense de la société coloniale.

— *La Défense coloniale,* voilà le titre ! s'écria Feissal. Ce journal doit être le réveil de la race européenne conspuée depuis dix ans !

— Ce journal, reprit calmement Duchamp de Chastaigné, n'aura d'autre but que de défendre les grands intérêts d'ordre social, recommander à tous la concorde, la paix et l'union par le travail et la religion.

Ses lunettes en flammes, Léon de Belain :

— Il n'empêche que la population a peur. Je connais beaucoup de familles qui n'ont plus confiance et quittent la ville.

— C'est compréhensible, dit Gaston du Morne Cordier. (Il ne prenait que rarement la parole au Cercle, n'aimant pas les discours). Qui peut aujourd'hui se croire à l'abri des fanatiques ? Mais avouer qu'une portion de la population sue la peur comme le prétendent *Les Colonies,* c'est encourager nos adversaires à redoubler de hargne contre notre communauté.

— Il n'y a pas que les Blancs qui tremblent, beaucoup de sang-mêlé ont les mêmes craintes, ajouta Lucy.

Cette remarque donna à Me Souquet-Basiège l'occasion de rappeler combien de mulâtres et de noirs s'étaient portés au secours de leurs voisins ou amis de race européenne au cours de ces folles journées, comme ils l'avaient déjà fait en 1848. Il fallait leur en rendre grâce.

— Tout ça est bel et bon, coupa Léon de Feissal, mais il faudrait savoir comment nous pouvons mettre nos familles à l'abri.

Et il jeta surprise et trouble en rapportant le bruit terrible, fantastique, selon lequel des armes de contrebande étaient déposées certaines nuits, sur les rivages du Prêcheur, le bourg voisin.

— Des caisses d'armes et des munitions de guerre ! La police n'a soi-disant rien trouvé. Mais elle saurait qui sont les propriétaires des canots. Alors ?

Alors le nom de François Bernard arriva tout naturellement dans les esprits. Couronné des palmes de la reconnaissance générale. Le maire devrait restaurer son autorité. Mettre au pas les énergumènes qui tentaient de rallumer la guerre des races. Une délégation se rendrait donc à la mairie. Pour remercier le chef de la ville de son attitude courageuse. Et pour lui conseiller un peu plus de fermeté.

Du bureau de François Bernard sortait à l'instant le docteur Marry. Venu faire un nouveau rapport circonstancié sur le front de la fièvre jaune. Trois mourants au Fort, deux morts au Mouillage. Et MM. Petit et Bresson, deux des tout nouveaux professeurs arrivés récemment pour exercer dans ce lycée qu'on allait inaugurer, montraient des signes inquiétants. Car ce n'est pas parce que les hommes se battaient entre eux que le diable était satisfait. Le « vomito negro » continuait silencieusement à commettre ses forfaits.

Rajusté par le médecin, le bandage que le maire portait autour du crâne lui donnait une tête de pâtissier ridicule, la tête de ces mitrons qui traversaient Saint-Pierre en tablier et bonnet blanc, le panier de gâteaux à la main, répétant : « C'est l'ouvouier de la pâtissei qui passe, toujou content, toujou heu-eu. Oh ! qu'ils sont bons ! Oh ! qu'ils sont doux ! ».

— Lisez ça, dit le maire.

Sous les yeux des deux visiteurs un manuscrit lourdement raturé qu'il n'était pas aisé de déchiffrer. Alors François Bernard se chargea lui-même de la lecture. Sur un ton cérémonieux qui seyait mal à son accoutrement : « Habitants de Saint-Pierre, votre maire espère que les scènes regrettables qui ont affligé notre ville hier et avant-hier ne se renouvelleront plus, et sait que la grande majorité de la population est animée d'excellents sentiments et il compte que l'influence des bons l'emportera sur les excitations des méchants... » (et l'œil rond s'écarquillant encore davantage comme s'il voulait happer le papier, la main, comme s'il devenait bouche)... « Ecoutez bien : ... Mais il tient à vous avertir que, quoi qu'il arrive, il ne faillira pas à son devoir et qu'il saura le remplir jusqu'au bout ! Ce message sera affiché dès ce matin ».

L'œil béant s'adoucit. A la vue de la satisfaction qu'il sentait avoir provoquée.

— Vous nous avez devancés...

— Gouverner, c'est prévoir. Et, vous comprenez, je ne peux compter que sur les huit gendarmes qui sont casernés à une demi-heure d'ici dans le local de l'ancien séminaire-collège de Trouvaillant, car on peut s'attendre à ce que le gouverneur Moreau renouvelle aux militaires l'ordre de laisser les fusils au râtelier en toutes circonstances.

Le visage des deux hommes qui quittèrent la mairie, quelques minutes après, reflétaient deux sentiments contraires : l'amusement et l'inquiétude. Dans son inconfortable fauteuil de bois, François Bernard se sentait las, découragé. Un pêcheur sur sa banquette, les pieds au fond de sa barque vide. Comme il eût été heureux de pouvoir démissionner, l'autre jour ! Si le gouverneur lui avait permis ce glorieux départ ! Car quel plaisir un petit tailleur comme lui pouvait-il trouver maintenant dans l'accomplissement de cette charge devenue si astreignante, dès lors qu'il était couvert d'infamies par une partie de ses administrés ? Il en arrivait souvent à regretter son mètre et ses ciseaux et la douce atmosphère familiale que sa femme, Victorine, entretenait avec le même soin que leur petit jardin planté de roses-pays, de jasmin et de bougainvillées.

Deux événements prochains l'angoissaient sérieusement, creusant davantage encore le sillon de son front que le bandage bordait d'un blanc immaculé comme pour mieux le souligner : la célébration du soixante-dix-septième anniversaire de Victor Schœlcher, l'abolitionniste, et l'inauguration officielle du lycée de Saint-Pierre. Alarme d'autant plus justifiée que Marius Mureau entendait bien occuper le devant de la scène à ces deux occasions, avec sa clique et ses hommes de main. L'hydre de la provocation rampait déjà sous le bureau. Bête hideuse échappant toujours aux talons.

Mais l'irruption de Théo Duribar le divertit fort à propos. Avec le souvenir photographique de la première liaison téléphonique. « Me-z-anmi ! ». Quelles têtes ! L'apprenti photographe était de ces hommes que l'on aime voir entrer parce que le tracas sort aussitôt. Son seul défaut — hélas, majeur pour un photographe qui doit conserver l'œil clair et la main sûre — il abusait de la bouteille. « Ba moin an ti feu » (« Donne-moi un punch »). François Bernard s'enfermait alors avec lui dans une pièce attenante à son bureau et sortait d'un placard, selon l'heure, la « grappe blanche » ou le rhum vieux. Mais Théo se contentait le plus souvent d'un verre de simple tafia.

Avec cet ami gai racontant la dernière histoire, François Bernard oubliait pour un instant le tourment qui l'assaillait.

Théo Duribar partageait le sentiment de son ami : il ne devait pas se rendre à « la fête à Schœlcher », cela risquant de dégénérer. Mais sa place s'imposait à l'inauguration du lycée.

La souscription ouverte pour l'achat d'un buste représentant l'illustre vieillard n'ayant pas rendu ce que l'on avait espéré, on se contenterait, pour cet anniversaire, de banqueter entre gens de bonne compagnie. Le « Restaurant du XIXe siècle » au 118 de la grand-rue du Mouillage avait été choisi pour sa vaste salle qui eût pu facilement contenir un escadron de gendarmerie et son harnachement. Le discours prononcé ce jour-là, Mureau avait passé une partie de la nuit à le rédiger dans son galetas, harcelé par les moustiques. Et vers deux heures du matin, épuisé mais satisfait, il s'était endormi, tout habillé, sur le petit lit de camp qu'Hortense avait fini par lui faire installer. (Seul dans cette maison silencieuse, dans cette odeur de moisi et de vieux papier. Et devant lui, sous une lumière glacée, la montagne, si seule, elle aussi). L'idée lui était venue de se servir de la lettre que Schœlcher lui avait adressée le 23 février 1878 après qu'il lui eut présenté le premier numéro des *Colonies*... « Ne vous départez pas de la ligne de modération qu'on y observe, mais au moindre trait des vieilles calomnies dont votre race a eu tant à souffrir, relevez-le fermement. » Ce matin, au cours du banquet, favoris et cheveux fous, la chemise défraîchie, il affichait plus encore qu'à l'accoutumée cet air romantique des grands révolutionnaires qui composait tout son charme. « Et le grand Victor Schœlcher nous disait encore : Combattez le préjugé de couleur en toute occasion. C'est la grande plaie des Antilles françaises ; montrez avec calme mais résolument tout le mal qu'il fait dans le présent, et tous les dangers dont il est gros pour l'avenir. Aussi longtemps qu'il persistera point de paix ni de bien-être pour la société coloniale. Salut et fraternité ».

Vers la fin du banquet, d'autres orateurs s'étaient succédé pour exalter l'anti-esclavagiste mais les fourchettes n'avaient vraiment cessé leur va-et-vient que lorsque Joseph Clavius-Marius avait lancé sa première tirade. Voix haut perchée, trilles et trémolos, d'où ce surnom de « Clarinette » acquis au barreau où il était passé en coup de vent avec son ami Mureau. Sublime Clarinette aux louanges blasphématoires — « L'Eglise a ses héros et ses saints, la démocratie, plus modeste, a des hommes que guide le seul sentiment du devoir, que pousse la seule force de conviction et que (la voix monte alors au ciel) sans aspirer aux vains honneurs d'une béatification, aux joies problématiques promises dans un autre monde (la voix descend du ciel), vont droit devant eux dans les champs de l'idée et de l'action et sont (la voix va s'arrêter et veut qu'on le sache de façon à préparer les applaudissements) tantôt Washington, tantôt Lincoln, tantôt Wilberforce, tantôt Schœlcher ! » (Terminus et délire des mains et des gorges).

Au bout de la table, autour de César-Laîné, l'enthousiasme avait des accents lyriques. C'était le coin des littérateurs et des poètes : Werner Ranifa, « boulevardier parisien et publiciste », tel qu'il se présentait lui-même. Et Salavina avec son piston. Salavina qui couvrait Mureau des yeux comme il l'aurait fait de fleurs. Le poète toujours prêt à s'enflammer à la moindre étincelle, à s'envoler comme ses beaux « carrés » multicolores. Au dessert, il jouerait du piston, comme il était de tradition. Il caressait déjà son bel instrument, sur ses genoux, comme la tête d'un bon chien. Mais pour l'instant, la parole était à « Clarinette », au jeune avocat, verre en main :

— Messieurs, je bois à la liberté de la presse, parce que pour moi celle-là renferme toutes les autres (dièse), parce que c'est l'arme avec laquelle nous pouvons emporter la place (double dièse), parce que cette France, où l'instruction primaire est gratuitement donnée, nous prépare des générations nouvelles plus instruites où l'opinion publique sera la vraie maîtresse de ce pays qui a renversé de Broglie et Fourtou !

Un solo de piston exécuté par Salavina qu'aucun air patriotique et révolutionnaire n'effrayait, termina, repris en chœur par l'assistance, ce banquet mémorable au moment où la ville secouait sa torpeur, se relevait de sa sieste.

François Bernard décida finalement qu'il ne se rendrait pas à l'inauguration du lycée. Car, il le savait maintenant, certains de ses adversaires, mal guéris de s'être laissé prendre à son subterfuge le soir du sac de la maison Lota, sauteraient sur cette occasion pour le punir, pour user contre lui de représailles. Foin des scapulaires miracles, la sagesse imposait donc de rester chez soi. Belle journée encore pour Mureau. Belle cérémonie où il apparaîtrait encore une fois, devant le gouverneur, comme le seul maître de maison.

X

Lorsque le commandant Lacouné eut réussi par une subtile manœuvre à mouiller l'aviso *Le Magicien* devant le débarcadère Girard, malgré le faible tirant d'eau — ce qui montrait bien là l'expérience de ce vieux marin — le jour de gloire de Marius Mureau se leva. Il était neuf heures trois quarts en ce 24 juillet. Dans un costume de toile blanche qu'une cravate de soie bleue égayait, il s'avançait fièrement, en tête du groupe des notables, les cheveux flottant sous la brise, étalon émergeant d'un fleuve, crinière au vent, suivi de son sillage. S'avançait devant les adjoints du maire, devant le proviseur du lycée et les professeurs en robe. Monsieur le président du Conseil général accueillant le gouverneur par intérim, le directeur de l'Intérieur et leur suite de fonctionnaires.

Le cortège remonta donc la Grand-Rue jusqu'au théâtre, musique en tête et sous les vivats. Heureusement qu'il ne « fifinait » plus. Le crachin dont les nuages baladeurs de l'été sont souvent chargés, venait juste d'émigrer ailleurs, sur la montagne. Heureusement. Les pavés luisaient maintenant comme si on les avait frottés à la brosse. Ville neuve, toilettée. Et étincelait le costume immaculé de Marius Mureau, à côté de l'uniforme chamarré du commissaire de la Marine Moreau. Contraste de ces deux silhouettes, l'une racée, élancée, l'autre ramassée, comme écrasée sous sa casquette. La réception avait été organisée dans les bâtiments provisoires du lycée, face au théâtre et plus spécialement dans le grand dortoir que l'on avait, pour l'occasion, dépouillé de ses meubles. Discours sur discours. Assis à la droite du chef de la colonie, Mureau savourait sa réussite. Avec la modestie feinte d'un grand chasseur de fauve devant ses trophées royaux. Ce lycée, qui l'avait voulu le premier ? Qui s'était battu plus que lui pour l'avoir ? Derrière ce flot de mots lui revenaient toutes ces joutes oratoires qu'il avait dû engager au Conseil général et qu'il avait gagnées l'une après l'autre. Car ce lycée, au départ, personne n'en voyait l'utilité. N'y avait-il pas à Saint-Pierre, depuis combien de temps, un séminaire-collège qui formait tous les beaux esprits de la colonie ? Tous les républicains d'aujourd'hui avaient appartenu à cette noble institution. Même lui, l'athée qui voulait sa perte. Alors que le gouverneur prononçait péniblement, comme un coureur exténué et arrivé bon dernier, un discours qu'il n'avait manifestement pas écrit lui-même, Mureau entendait encore la voix de Me Souquet-Basiège, président du cercle de l'Hermine et maire, à l'époque : « Ce monsieur Mureau, revenu à la Martinique à l'âge d'homme, pourvu de tous les avantages dus à une existence assez longue au milieu de la civilisation française, n'ayant jamais souffert de ses origines, quels reproches peut-il faire à la société coloniale, de quels préjugés a-t-il donc à se plaindre ? ». Entendait cet avocat blanc qui avait tenu, en son temps, le haut du pavé et composé la classe dirigeante, et qui aujourd'hui, comme tous ses frères, n'avait plus son mot à dire. Ne figurait plus dans ces tribunes officielles. N'était plus que dans ce Cercle de nostalgiques ou dans ces habitations perdues au milieu des cannes et menacées par la vermine.

... « Il est donc un de ceux à qui le séminaire-collège a rendu le service d'avoir élevé leur niveau intellectuel et social, et à ce titre, au moins, l'établissement pouvait se croire des droits, sinon à sa reconnaissance, du moins à son équité ».

De la reconnaissance, pourquoi pas ? Mais quelle éducation détestable ! Quelle obstination à vouloir enfoncer dans l'esprit de l'enfant cet obscurantisme cher aux hommes d'Eglise afin de l'avoir toujours au bout de leurs griffes ! Et puis cette prétention de reconstituer la société coloniale par l'éducation et la famille en fermant leurs portes aux enfants naturels ! Alors qu'à Saint-Pierre même, dans les trois dernières années, on avait compté 1 188 naissances naturelles contre 485 légitimes ! Ah, cette éloquence dépensée au Conseil général, quels exercices pour plus tard, pour le grand hémicycle ! Exemple :

— Quand je vois cette réprobation absolue s'attacher à ces enfants innocents, j'en gémis, et vous partagez, j'en suis sûr, ces sentiments.

Jour béni que celui où Mureau pouvait voir enfin tous ces efforts récompensés. Quelle affiche électorale à deux mois du scrutin ! Un lycée à Saint-Pierre, comme à Paris, comme à Bordeaux ! La fin du monopole de la prêtraille et son départ proche. Quand il avait eu raison des réticences et remporté la décision, il avait fallu se battre encore. Pour l'argent. Faire voter des crédits. Se battre contre les communes qui, pour flatter leurs électeurs catholiques, demandaient qu'on accordât des subventions à leur curé. Ce si précieux argent pour réparer les vieilles églises alors qu'on en avait tant besoin pour édifier les esprits nouveaux ! La cathédrale de Saint-Pierre menaçait de s'écrouler après avoir été frappée par la foudre. Eh bien qu'elle s'écroule ! Cinq mille francs seront quand même votés sous les lazzis du Conseil. Et le clocher de l'église de La Rivière-Pilote qu'un coup de vent un peu fort eût abattu comme un vieux cocotier ? Maudit clocher qui fendait le cœur de Marius Mureau. Comment, en effet, refuser 1 000 francs à cette pauvre commune rurale, même pour rafistoler son clocher, quand le curé de l'église s'appelait Sulpice Mureau ?

Le gouverneur avait terminé son discours. Une lourde torpeur tombait sur les épaules, enveloppait les corps. Pas un souffle d'air dans cette salle à la toiture surchauffée. Agitation affolée des canotiers servant d'éventails. Mais le proviseur Joseph Combes évoquait maintenant le problème délicat de la question religieuse dans l'enseignement universitaire :

— Sur ce terrain, bien des fantômes se dressent comme autant d'épouvantails pour certaines consciences. Messieurs, il est de la nature des fantômes de s'évanouir dans l'ombre dès qu'on marche résolument sur eux !

A ce propos, Marius Mureau venait de connaître sa première déception politique. Déçu par l'homme qu'il admirait le plus après Schœlcher : Jules Ferry. Le champion de la laïcisation, le grand chasseur de calottes, Ferry s'était laissé prendre comme un gamin par les sénateurs. L'amendement qui imposait à l'instituteur l'obligation d'enseigner à l'enfant ses devoirs envers Dieu avait été voté par 139 voix contre 126 ! Parce que Ferry avait voulu faire une subtile distinction entre cléricalisme et catholicisme de façon à faire admettre ses thèses par la droite. Parce que Ferry, le spiritualiste, avait osé reconnaître publiquement la nécessité d'un enseignement religieux ! Protester contre l'école athée, déclarer que toute politique contraire aux intérêts de l'Eglise et de la religion serait nuisible à l'avenir de la République. Et voilà maintenant les instituteurs laïcs obligés de se transformer en curés ! Enseigner Dieu dans les écoles de la République ! Quel vieux fou, ce Jules Ferry ! Et quelle réplique de Mureau dans *Les Colonies* le lendemain !

Après une nuit passée à sucer son porte-plume, à écouter les chiens se répondre, de ruelle en ruelle, et à regarder méchamment les étoiles : « Lequel de ces dieux les instituteurs vont-ils avoir à enseigner, le Dieu qui ordonne à Pierre de remettre son épée au fourreau, ou le Dieu qui arrête le soleil et la lune afin que Josué ait plus de temps pour passer les hommes et les femmes au fil de l'épée ? Le Dieu qui dit : laissez venir à moi les petits enfants ou le Dieu qui dit : qu'est-ce que je vois ? Des petits enfants qu'on a épargnés ? Voulez-vous les éventrer tout de suite ! ».

— Faire prêcher leur Dieu par les athées, il n'y a que les cléricaux pour inventer ça !

Le lendemain de la parution de cet article, son frère, l'abbé Mureau, faisait irruption dans son bureau. Pour la première fois. Il n'était jamais revenu à Saint-Pierre depuis qu'il avait été nommé curé de La Rivière-Pilote en 1877. Les yeux exorbités, la soutane élimée, les souliers troués. Sulpice Mureau, son frère aîné, devant lui, comme sortant d'un autre monde.

— Marius, le diable t'a pris. Pourquoi fais-tu ça, qui te pousse à blasphémer pareillement ?

Le diable ! Voilà bien des termes surannés, des inventions pour faire peur aux petites filles. Il lui avait répondu... il ne savait plus ce qu'il lui avait répondu. Ses yeux l'intimidaient, le gênaient. Des yeux de Mureau qui fixaient Dieu dans les yeux ! Lui avait répondu qu'il ne croyait ni à Dieu ni au diable. Qu'il recherchait avant tout le bien du peuple. Qu'il voulait l'arracher aux superstitions, à l'exagération des croyances et des pratiques dévotes. Oui, voilà ce qu'il avait répondu à son propre frère.

Alors il l'avait vu repartir dans sa soutane rapiécée. Dans ses chaussures crevées. Dans sa vieille carriole, une bigote pour cocher. Son frère ! Mais avant de le quitter, il lui avait dit, en posant sur lui ses yeux d'illuminé avec insistance comme il eût posé trois doigts sur son front. Simplement ces trois mots :

— Dieu se vengera.

C'était idiot, irraisonné, mais il en frissonnait encore quand il revoyait cette scène grotesque, ce face à face de l'antéchrist et du Bon Dieu.

Pauvre Sulpice ! Quelque temps après, il devait douloureusement supporter le poids de l'ingratitude. Alors qu'on laissait pour l'instant à chaque commune la possibilité de choisir entre l'école des Frères et celle des laïcs, en attendant l'établissement définitif de l'école civile, un conseil municipal, un seul, rompait pour la première fois avec la tradition, effaçait d'un simple vote quarante ans de dévouement au service des enfants. Et cette municipalité était celle de La Rivière-Pilote. Celle dont Sulpice tenait la cure ! Décision qui allait en entraîner immédiatement une autre : pour ne pas subir chaque jour l'humiliation d'un vote semblable, les frères de Ploërmel se résignaient d'eux-mêmes à fixer la date de leur expulsion de la Martinique. Dans une lettre déchirante de leur supérieur : « Jamais je n'aurais pu imaginer, monsieur le gouverneur, que de telles amertumes m'étaient réservées pour mes vieux jours, de la part de ceux que j'ai tant aimés ».

Applaudissements nourris, impolis, soupirs de soulagement : le proviseur venait, par quelques vœux républicains, de mettre un point final à son interminable péroraison. Heureusement. Le gouverneur par intérim allait tomber en avant, statue déboulonnée, accablé de chaleur. Seuls Ranifa et le jeune Salavina trouvaient encore la force de rire sous cape, derrière la haie des officiels, épiant la plume pointue, mordante, de Jules Garcin, le caricaturiste, qui croquait le recteur pour le prochain numéro de sa *Galerie tintamarresque.* C'est alors qu'un cri jaillit dans la rue. Comme un appel au secours :

— Injustice !

Puis d'autres. Quarante, cinquante gorges déployées, un cri répété au moment où l'orchestre municipal s'apprêtait à emboucher ses instruments. « Injustice ! Injustice ! » Du coup, le gouverneur Moreau retrouva quelque vigueur. Emoi des têtes qui branlaient dans tous les sens. « Injustice ! Injustice ! » Alors Mureau se précipitait à la fenêtre. Suivi de César-Laîné, de Clavius-Marius. Qui osait donc troubler sa fête ? Perturber l'ordre républicain ? Lota était en prison, Codé à la caserne. Trente, quarante morveux, agitant des bâtons, des palmes et trompetant. « Injustice ! Injustice ! » Et à leur tête, bien sûr, les dirigeant comme à la manœuvre, le jeune Raoul du Morne Cordier. Ralliez-vous à mon panache blond ! Quarante, cinquante Blancs et sang-mêlé derrière le représentant d'une des familles que Mureau haïssait le plus, de ces « nostalgiques de l'esclavage », de ces « grenouilles de bénitier ».

— Alors, Casanova, qu'attendez-vous ?

Le commissaire réagissait enfin. Donnait des ordres à ses gardes éparpillés dans la salle. Mais la gendarmerie le devançait. Cavalcade dans l'escalier, voltige de casques blancs. Des partisans de Mureau, ceux-là mêmes qui auraient bien voulu réserver un accueil de choix à « Célestin », échangeaient déjà coups de poing et horions avec le petit groupe des protestataires formé d'anciens élèves du séminaire-collège. Brève bagarre mais violente. Un groupe attaquait pendant qu'un autre assurait la couverture. On avait répété chaque mouvement, la veille, et prévu le repli au premier coup de sifflet. La troupe des assaillants refluait maintenant en bon ordre. Il était temps. Un renfort de gendarmerie descendait au galop des hauteurs de Trouvaillant. Dispersion. Et ralliement en un endroit secret vingt minutes plus tard. Au pied de la statue de Notre-Dame du Bon Repos, sur le morne d'Orange. Raoul, mèche en bataille, chemise déchirée, lèvre écorchée, face à des troupes un peu défraîchies, elles aussi :

— Bravo. Notre action a été rondement menée. Ils sauront maintenant qu'il existe dans cette ville des gens déterminés à défendre ce qu'il y a de plus sacré : notre foi.

Puis, lorsque tout le monde eut repris souffle, on discuta de l'organisation de ce comité dont le but était d'aider le séminaire-collège à survivre. Mais comment, si l'Etat supprimait toutes subventions pour les donner au lycée ? Comment ces familles désireuses d'offrir à leurs enfants une éducation conforme à leur foi pourraient-elles continuer à fréquenter cette école qui allait devoir augmenter considérablement le prix de la pension et supprimer toutes les bourses ? Raoul exposa l'idée qu'il avait échafaudée avec Léon Lucy et d'autres. Une souscription. Recueillie par les membres du comité auprès de tous les nantis. Permettant de reconstituer, selon les besoins, ces bourses ou ces demi-bourses indispensables à l'admission des élèves.

On se sépara après avoir chanté le *Salve Regina* devant la gigantesque statue de la Vierge, sous la direction de l'abbé Maillard encore tout rubicond d'avoir dû monter à pied si haut.

De retour en ville, dissimulant sa joue tuméfiée sous son panama, Raoul du Morne Cordier devait apprendre de Lucy la nouvelle à laquelle il était heureusement préparé : les frères de Ploërmel décidaient d'eux-mêmes de mettre fin à leur enseignement et de quitter ces rivages. Sous les yeux du jeune homme, l'émouvante lettre du frère Joseph au gouverneur Moreau, sous ses yeux brouillés : « Nous partons après quarante ans de loyaux services. L'exclusion a été votée contre nous ; c'est la mort à laquelle nous condamnent les représentants de la population. Lorsque après avoir revu mes frères, je traverserai une dernière fois les rues de la ville pour aller sur le navire qui m'emportera, moi et les miens, loin de la Martinique, j'aurai la mort dans le cœur. Mais j'emporterai avec moi la conscience du devoir accompli et l'honneur intact de ma congrégation ».

— Nous les porterons en triomphe jusqu'au bateau !

— C'est ça, répéta Lucy pour se donner du courage, nous les

porterons en triomphe. A moins que d'ici là la population s'oppose à leur expulsion.

A Tivoli, Hortense Mureau ne décolérait pas. Elle venait d'apprendre que Gaëtan Pasdeloup avait disparu depuis trois jours avec Lucie Saint-Jude. Où étaient-ils partis ? Quelqu'un avait cru les avoir aperçus sur *La Perle*. Mais on disait aussi qu'ils s'étaient embarqués à bord du paquebot *La Louisiane* à destination de Colon. Angoisse de la famille. Et remords d'Hortense. Pourquoi avait-elle eu l'idée d'amener ce voyageur de commerce sous son toit ? La vue de son mari, rentrant dans le même état que le gouverneur, ruisselant, dégouttant, la cravate bleue déteignant sur le costume blanc, les chaussures spongieuses, aggrava son humeur. D'autant qu'il l'abandonnait encore ce soir-là pour se rendre, hors de Saint-Pierre, dans une réunion électorale. Sacrée politique qui ne respectait rien ! Dévoreuse de ménage. Alors ses nerfs avaient cassé, un ressort trop tendu, et Mureau avait tout reçu en pleine figure. A quoi rimait leur mariage sans intimité et sans enfant ? Traversé de tempêtes, de scandales, de duels, de coups, d'émeutes ? Et bientôt d'absences. (Paris, la vie mondaine, les petites femmes). Comment leur couple allait-il pouvoir résister à cette nouvelle épreuve ? (Vrombissement, murmures confus des reproches, ceux de son père, le grand mulâtre, de plus en plus hostile à son gendre, et d'une partie de sa famille criant carrément à la mésalliance).

Irruption de da Amante, mamelue, fessue, mains aux hanches. Justicière. Alors on se querelle, on se provoque ? Imaginait-on le spectacle ? La matrone donnait souvent raison à Hortense au fond d'elle-même, dans le cristal de roche de sa conscience, de son grand bon sens campagnard, mais comment eût-elle pu l'avouer ouvertement ? Il lui arrivait parfois de prendre sa grosse voix pour morigéner « Ti-Sonson » à qui elle avait appris le catéchisme et qui, aujourd'hui, vouait aux enfers Dieu et ses serviteurs.

— Diable-la en co' ou ! (Vous avez le diable au corps !)

Et elle se signait vite de peur de l'attraper à son tour comme une puce. Elle comptait pourtant quelques victoires à son actif. Et non des moindres. Son mariage à l'église, par exemple. Et sa présence dans deux ou trois enterrements religieux. Pour le reste, elle faisait confiance à la providence, enchaînant neuvaines sur neuvaines, fatiguant le ciel de ses prières. Se disant que Dieu, dans son infinie miséricorde, ne pouvait pas laisser ainsi l'un des meilleurs de ses fils signer un pacte avec le Grand Ravocal.

Le lendemain, Mureau apprenait que le docteur Lota allait être mis en liberté provisoire.

— Alors que la pire charge pèse sur lui ! Tentative d'assassinat ! N'a-t-il pas, en effet, tiré sur la foule ? Et ces gens emprisonnés aujourd'hui pour avoir saccagé et pillé la maison de la place d'Esnotz ne se considéraient-ils pas en état de légitime défense ?

Et à César-Laîné moins affolé par la nouvelle que par l'état de surexcitation de son patron :

— Je vais demander à Lota réparation par les armes. Et je vais l'abattre comme un chien.

Insensé ! Ne faisait-il pas ainsi au contraire le jeu de son adversaire ? Cette gifle en pleine rue avait bien pour but de le provoquer en duel, sachant que le pistolet n'était pas son fort. Alors ?

— Alors, je vais demander aux frères Duquesnay de me servir de témoins et nous allons reprendre notre entraînement avec Zonzon !

Mots inutiles de César-Laîné qu'il voyait parler derrière une plaque de verre épais, mots qu'il ne voulait entendre. Il aurait sa vengeance. Il se ferait justice lui-même. En attendant que sa victoire électorale du 21 septembre effaçât d'un seul coup toutes ses blessures d'amour-propre. Bouche de César-Laîné béant dans le vide. Mais à la fin, quand même, lui concédant une oreille, parce qu'il avait perçu un nom, celui de Saint-Jude, celui de Lucie. Partie au bras de ce vaurien de représentant, racontait-on. En fugue. A Colon, au Panama. Eh bien non. César-Laîné l'avait retrouvée à l'hôpital de Fort-de-France. Au chevet de Gaëtan Pasdeloup, atteint, lui aussi, par ce mal qui s'acharnait sur les nouveaux venus, mourant à petit feu sous les yeux de l'amoureuse.

Chez les Cottrell, dans la maison restaurée tant bien que mal, la joie avait retrouvé sa place, comme les fougères dans leurs pots sur le rebord des fenêtres. Subitement. Au retour du Dr Lota, libéré après dix-sept jours de prison. Remis « en liberté pure et simple sauf à se présenter à toute réquisition de la justice ». Arrivé avec une cohorte d'amis et de parents questionneurs, complimenteurs. Soutenu par le bras d'Octave Hayot et celui de Joseph Plissonneau qui s'étaient faits plus pressants, plus impératifs et plus affectueux au passage de la pauvre demeure d'où pendait encore un lambeau de rideau comme un drapeau en berne. Tous là, pour l'accueillir, l'applaudir, le réconforter. Même ceux qu'on ne voyait pas souvent en ville, que la canne retenait à la campagne ou dans les usines, les Depaz, les Lasserre, les Saint-Domingue, les Guérin, les Dormoy, les Belain et les du Morne Cordier. Tous là. Alors devant eux, devant l'abbé Maillard qui avait sorti de son bréviaire comme un beau papillon une image de la Vierge bénie à Lourdes pour lui seul, il s'écria :

— Après avoir rendu grâce à Dieu de ma délivrance, je le rends témoin de l'effusion de mon cœur à tous mes amis, et particulièrement à la famille qui a recueilli ma femme et mes filles. En attendant l'heure de la justice !

Trottinement d'applaudissements émus. Suivis du galop furieux de Léon de Feissal :

— Avec les mêmes convictions, mais avec des allures que lui imposent les derniers événements, *Les Antilles* seront notre poste de résistance et d'attaque contre les menées de l'hypocrisie démagogique et les débordements de l'impiété révolutionnaire !

Le procès n'aurait lieu qu'en décembre. Mais sans le principal intéressé. Car d'ici là, le Dr Lota devrait quitter la colonie. Ainsi en avait décidé le gouverneur. Pour apaiser les esprits. Codé le suivrait aussi dans son exil. En attendant, c'était le commissaire de la Marine Moreau qui pliait ses bagages. Personne ne regretterait cet homme suant de peur. Surtout pas le ministre de la Marine et des Colonies, l'amiral Georges Cloué, qui n'hésita pas, par la suite, à le condamner sans appel : « M. Moreau a prouvé qu'il n'était pas à la hauteur des fonctions qu'il occupait. Voilà un gouverneur qui a déposé son pouvoir dans les mains d'un chef d'émeute ». Comment allait donc se comporter son successeur face à ce « chef d'émeute » ? Il venait de débarquer à Fort-de-France du courrier *Ville de Brest*. Sosie du savant Pasteur et accent de Six-Fours. Vincent Gaëtan Allègre. Député de Toulon, fidèle à la politique « opportuniste » conseillée par M. Gambetta. Et nommé là par le ministère Jules Ferry. Mangeur de curés, pourfendeur de privilèges, le premier gouverneur civil de la Martinique ne pouvait que plaire à Marius Mureau et à ses partisans. Il montra d'ailleurs tout de suite ses préférences en se rendant immédiatement à Saint-Pierre en pleine campagne électorale, prenant le candidat républicain par le bras, parcourant la ville à ses côtés.

Demain *Les Antilles* et *La Défense coloniale* hurleront leur révolte. Par cet article vengeur envoyé à la tête du nouveau proconsul de l'île : « M. Allègre, vous savez que *Les Colonies* ne poursuivent qu'un but : l'anéantissement et l'abaissement de la race blanche dans ce pays. Vous le savez et vous avez voulu faire voir à la population que son idole est aussi la vôtre. M. le gouverneur, vous avez insulté la classe blanche. Quand nous vous avons vu passer sous nos fenêtres, escortant M. Mureau, vous avez éprouvé un sentiment plus que douloureux. Désormais il n'y a plus rien de commun entre nous et vous. »

Marius Mureau haussait les épaules. Le jour des élections approchait et l'on verrait bien qui rirait ce jour-là. Caressant la tête noire de « Danger » posée sur ses genoux, à Hortense bouleversée par l'histoire de Lucie Saint-Jude :

— Tu sais ce qu'ils chantent dans les rues ?

Et il entonnait la biguine entendue sous les fenêtres des *Colonies,* la dernière chansonnette politique de la campagne électorale, fouettant ses adversaires Alype et Godissard. Air guilleret qui jurait dans la tristesse d'Hortense. Hortense à l'hôpital de Fort-de-France, par la pensée, au chevet de ce pauvre garçon, aux côtés de cette pauvre fille. Et puis, ce soir encore, son mari allait reprendre le chemin des mornes, son bâton de pèlerin. Toutes ces heures à partager avec la solitude, à guetter le concassage des roues sur les pavés de la cour. Et puis dimanche prochain, les dés seraient jetés. Il était temps que tout cela finît. Grand temps. D'autant plus qu'il avait dépensé une belle fortune avec ces élections, que les dettes s'amoncelaient, que la colonne des débits s'allongeait tout comme la mine du comptable. Et tous ces clients qui fuyaient maintenant son comptoir, ces gens de toutes couleurs qu'elle entendait parfois dire d'un air navré, et sans vouloir s'expliquer davantage : « Ah s'il n'y avait que vous, Madame... »

Enfin le jour tant attendu se leva. Pourvue de deux arrondissements, celui du Nord et celui du Sud, la Martinique avait deux députés à élire. Dimanche 18 septembre. La foule des grands jours se pressait dans les bureaux de vote. Calme, silencieuse. Une majorité de mulâtres. Dehors, des bandes processionnaient, fredonnant *La Marseillaise*, psalmodiant comme une phrase du Coran leurs louanges aux héros du jour. Voici justement l'un d'eux, descendant de voiture devant la porte de l'hôtel de ville. Raoul du Morne Cordier et Léon Lucy ont retrouvé là quelques amis venus accomplir leur devoir de citoyen. Très peu d'amis, trop peu. Raoul n'a pas réussi à convaincre son père, ni Léon de Belain, ni d'autres békés, à quitter leur plantage et leur fumaison.

L'œil à tout, François Bernard, chapeau ciré, écharpe neuve, surveille particulièrement le lent défilé d'hommes devant les boîtes cubiques. Mureau avance, magnifique. Jette son bulletin dans l'urne comme un billet de dix francs à la quête. Admire l'effet produit comme un cygne son sillage et passe devant le maire comme un quatre-mâts devant un youyou. Laissant tomber ces mots, assez fortement pour que Lucy les ramasse :

— Alors, Monsieur le Maire, tout se passe dans une tranquillité exemplaire. *Les Antilles* qui prédisaient qu'une éruption volcanique allait engloutir la Martinique tout entière le 18 septembre !

Au théâtre aussi on vote sereinement. Et en musique. Au pied des escaliers à double révolution, piston en bandoulière, Salavina donne une aubade. Yaya l'évente de son chapeau de paille, éloigne de lui les petites mouches collantes. « Puer abige muscas ! » René Bonneville fait mine de ramasser des pièces qui tombent des fenêtres et tient Eglantine par la main, Eglantine en robe écarlate, comme il tiendrait une oriflamme. Les accents de l'instrument et les applaudissements ont attiré les pas flâneurs de Raoul du Morne Cordier. (Si Gabrielle était là !) Il s'approche mais ne l'aperçoit pas. Rebrousse chemin. S'en veut de mendier ainsi une présence. Tout à l'heure, il refuse de se le rappeler, il est allé musarder sur le bord de mer avec Lucy, sous prétexte de voir mouiller *La Louisiane,* le premier paquebot à vapeur de la Compagnie générale transatlantique, vieux déjà de vingt ans. Le navire manquait au rendez-vous, comme Gabrielle. Ils ont erré un instant sur le grand quai désert encombré de tonneaux et de caisses recouverts de prélarts. Silence de dortoir. Puis sur la savane du Mouillage ombragée de manguiers séculaires. Mais seules quelques bonnes d'enfants égayaient l'endroit de leurs tabliers blancs. Ensuite, Raoul s'est enhardi, il a poussé jusqu'à la boulangerie Massignac, le fournisseur habituel des Long-Ming. Plus loin, la maison ventrue comme son propriétaire et la fabrique d'allumettes sécrétaient leur ennui sous le soleil. Pas un cri d'enfant. Pas d'effluve d'ylang-ylang.

Alors maintenant, mâchonnant un bout de « zacharie », ce pain sans levure cuit sous la flamme, il se demande pourquoi il se sent si désemparé, pourquoi il divague comme un cheval égaré lorsque cette jeune personne est hors de sa portée, de sa vue. Pourquoi ce dimanche qui s'offre comme une fille facile, ces grelots jaunes des cassiers sous les fenêtres, les heures devant lui qu'il devrait traverser d'un pas tranquille, ont soudain perdu toute saveur. Il se demande tout cela en s'insurgeant contre lui-même, en grognant, en soupirant, en déplorant ces élans naïfs, ces caprices qui pourraient faire passer cette toquade pour une grande passion si l'on n'y prenait garde.

Marius Mureau fut élu haut la main au premier tour par les

électeurs de Saint-Pierre mais il n'obtint pas la majorité légale à Fort-de-France. Et le quart seulement des électeurs avait consenti à se déplacer jusqu'aux urnes. Pas un Blanc, peu de Noirs, beaucoup de sang-mêlé. Au deuxième tour de scrutin, il enlevait également l'autre arrondissement par 5 632 voix sur 19 933 inscrits, face à un Blanc libéral marié à une mulâtresse. Mais il optait pour la circonscription du Nord.

A Tivoli, de nouveau, le champagne pétillait. Cette fois-ci Hortense avait laissé la joie la submerger. Elle savait que ce n'était que mousse comme cette boisson scintillante, mais elle avait trop enduré pour pouvoir se retenir. Chants exaltés, toasts, acclamations vers le plafond qui renvoyait des guirlandes. Voix violentes des clarinettes hurlant comme des blessés. Rhum. Mureau, entouré, transporté d'un coin à l'autre du salon bondé, disparaissant sous les fleurs et les embrassades, reparaissant, mouillé, luisant comme un rocher. Rhum doré dans les poings, sur les lèvres. Feu dans les yeux et dans la gorge. César-Laîné, perché sur ce piano qui, décidément, ne semblait servir qu'à ça, mains en porte-voix :

— A Paris aussi la victoire des républicains est totale. Ils raflent 459 sièges ! Les chefs de la réaction s'effacent : Haussmann, Charlemagne de Bonville, le prince d'Arenberg...

Mureau enlevé, soulevé du sol, par des courants et des contre-courants, emporté loin d'Hortense qui le voyait s'en aller, se détacher d'elle, partir. Et elle, comme dans un mauvais rêve, se débattant, criant sans voix, retenue sur place par des liens invisibles, incapable d'avancer d'un pouce...

La fête traversa la nuit. D'un coup. Elle débordait dans la cour, dans le jardin, sous les arbres où des lanternes jouaient les indiscrètes. Balancement des couples au son des orchestres improvisés, danseurs champêtres vacillant au loin comme des feux follets. Baisers cachés. Debout sur une table en marbre, Salavina scandait à tue-tête son poème biblique, *Bethsabée*, qu'il avait disait-il envoyé à François Coppée de l'Académie française, recevant, en échange, cette réponse lue fièrement : « Merci de votre dédicace, mon cher poète, et croyez à mes sentiments les plus sympathiques ». Les alexandrins s'envolaient sous la lune. Sous la tonnelle où Yaya ne semblait pas attendre très fidèlement le retour de son compagnon. Quelle importance ! Salavina ne verrait pas poindre l'aurore dans ses bras, il avait déjà un autre rendez-vous. Avec Marguerite, une ti-tane au corps élastique. Farandoles échevelées s'étirant, se désagrégeant dans les rires et les canards des chansons à boire. Chœurs des chiens, des multitudes de corniauds, de « chiens manicous » excités par le tohu-bohu.

A l'aube, des buveurs sondaient encore des tonnelets de rhum dans le salon que des serveurs commençaient à débarrasser sous la direction de da Amante. Appuyé contre un paravent, chapeau haut de forme vissé sur la tête, Ranifa parlait aux anges en dialecte alsacien. Et Hortense se battait avec les lacets des bottines de son mari, affalé sur le grand lit de courbaril. Elle avait dû se faire aider pour l'amener jusque-là, où il dormait maintenant, bras en croix, bouche en hublot. C'était bien la première fois qu'il avait cédé ainsi à la douce tyrannie de l'alcool. Enfin Hortense l'avait retrouvé. Il était là, tout près, sage, docile, à la portée de sa main. Elle s'allongea à ses côtés tout habillée, dans sa jolie robe de percale et rêva, un instant, les yeux ouverts. Rêva qu'il ne partirait pas pour la France. Qu'il allait rester avec elle. Longtemps encore. Et peut-être même pour toujours.

Quand le soleil frisa le sommet de la montagne, ils n'avaient bougé ni l'un ni l'autre. Malgré les coqs et leur mépris foncier pour le sommeil d'autrui. Evanouissement de la nuit aspirée par la terre. Brume rase, buée d'un corps nu, noir, étendu, encore endormi. Un grand jour ouvrait sa porte. Le premier jour de Marius Mureau, député de la Martinique.

XI

Dans le long couloir silencieux les pas aériens des religieuses effleuraient à peine les carreaux de Marseille. Hortense Mureau avait tenu à se rendre seule à l'hôpital. Sans Louis Saint-Jude, rasséréné d'avoir retrouvé trace de sa fille, mais inquiet de la savoir au chevet d'un contagieux. Ainsi Gaëtan Pasdeloup était-il en train de mourir. Le doux visage de sœur Sainte-Virginie, pâle comme un cœur de laitue, entre les deux ailes de sa cornette, ne lui avait laisssé qu'un léger espoir. Cinq ans de Cochinchine au service des malades avaient plus appris sur les fièvres à cette sainte personne que tous les cours de la faculté. Quatre autres personnes atteintes de vomito negro agonisaient dans la chambre des isolés. Et parmi elles, aucun homme du pays. Que des Européens. Trois marins d'une goélette anglaise et Jules Tanqueray, un autre professeur du lycée qui venait d'arriver à Saint-Pierre.

— Le corps des autochtones sécrète un produit que ne doit pas aimer le moustique qui transporte le virus du typhus amaril. C'est ma conviction. Et ce produit est peut-être dû au piment que nous absorbons abondamment. C'est pour cela que je conseille à mes sœurs d'en consommer beaucoup.

Dans les bras d'Hortense, Lucie Saint-Jude, avachie comme une poupée de son percée.

— Allons, Lucie, tout n'est pas perdu.

Et de fait, au bout de quelques jours Gaëtan avait tellement repris vie que le docteur Marry et sœur Sainte-Virginie avaient décidé de l'envoyer en convalescence dans la maison de campagne de l'évêque sur les hauteurs de Saint-Pierre. Une vaste bâtisse en pierres meulières trouées comme des éponges que le vicariat général mettait traditionnellement à la disposition de l'administration maritime à chaque fois qu'une épidémie montait à l'assaut de la ville.

Hortense s'arrangeait souvent pour conduire Lucie au chevet du jeune homme, par ce chemin assez carrossable mais si étroit que deux calèches ne pouvaient s'y croiser. Un jour, à la suite d'une manœuvre un peu brusque destinée à donner place à un triqueballe chargé de troncs d'arbres, leur phaéton dérapa sur le bas-côté boueux, et versa, heureusement pas de très haut, dans le fossé à moitié rempli d'eau, emportant le cheval. Au même moment arrivait une autre voiture, un tilbury. De sa position fâcheuse, agrippée aux ridelles, Hortense vit l'homme descendre du marchepied et le reconnut tout de suite. Panama, vareuse blanche d'officier boutonnée jusqu'au cou, pantalon noir, bottes de cuir, gants de chevreau, elle ne pouvait s'y tromper. Gaston du Morne Cordier venait à son secours. Il eut vite fait de délivrer les deux femmes de leur piège fangeux. Maintenant elles le regardaient manœuvrer le cheval afin de remettre le phaéton sur ses roues. Il luttait avec la bête qui ne semblait pas vouloir sortir de son lit de vase. Coups de cravache, hennissements, ébrouements furieux, éclaboussures. Force dressée dans toute sa virilité, dans toute sa belle vigueur contre cet entêtement animal. A la fin, grâce à sa poigne de fer, tirant sur le mors, l'arrachant, tout fut remis sur la route, le cheval, l'équipage. Mais l'une des roues avait souffert dans le renversement. Voilée, le moyeu faussé, un rayon suspect.

— Vous ne pouvez pas continuer avec cette voiture, mesdames, je vous offre de monter dans la mienne. Elle n'est pas bien grande, mais on tiendra bien quand même à trois.

Gaston du Morne Cordier aida galamment Hortense et Lucie à prendre place sur l'unique siège du tilbury, sur la banquette recouverte d'une couverture où ses gants de chevreau étaient restés. Puis, d'une traction de fauve, il vint s'asseoir à leur côté après avoir attaché leur monture en remorque.

— Où allons-nous comme cela ?

La résidence de l'évêque n'était pas très éloignée du Grand-Morne. Il leur proposa donc de s'y rendre. Il y ferait réparer leur roue par son charron. Et puis elles pourraient y restaurer un peu leurs forces, rafraîchir leur toilette. Car leur tenue avait perdu toute allure dans l'accident et la boue maculait leurs souliers. Prises au dépourvu, intimidées, elles acceptèrent. Ainsi chargée, la voiturette avait du mal à avancer sur la route en raidillon. Le cheval peinait, ahanait. Muscles tendus, croupe luisante. C'est avec difficulté en effet que le cabriolet offrait la possibilité à trois personnes de s'asseoir. Placée au milieu, Hortense n'osait tourner son regard vers le béké, n'osait répondre à ses questions, à ses sourires. Forte, hardie même, audacieuse avec les hommes dans son travail, chaque jour au bureau, elle redevenait avec eux, hors de son fief, cette jeune fille élevée très strictement, un peu trop réservée, un peu trop prude. (Cahotements sur le mauvais chemin, sabots appliqués, laborieux). Redevenait cette jeune fille embarrassée, pusillanime qu'elle était à vingt ans. Aussi, quelle émotion, à présent ! Quelle émotion de se retrouver ainsi à côté de cet homme qu'elle avait toujours admiré, à côté de Yeux Clairs, pesant sur lui à chaque secousse, sentant la tiédeur de sa personne. Quelle gêne et quel plaisir ! Lui aussi, à l'entendre, à entendre ses exclamations peu naturelles, ses rires gauches, semblait troublé, en proie à un sentiment confus, équivoque. Elle voyait la main gantée de chevreau jouer avec les guides, et se rappelait ce jour de vente aux enchères où il avait acheté devant elle une jument mouchetée. Et puis, plus loin encore, alors que leur cheval avait enfin retrouvé son allant, sa vivacité en retrouvant le plat qui annonçait le Grand-Morne, elle revoyait ce danseur de quadrille sous les lustres du théâtre, ce sémillant lancier que les femmes guignaient derrière leur éventail.

Au bout de l'allée des manguiers, la lumière éclatait, victorieuse. Jets d'eau si quiets dans leur assurance qu'on les aurait crus immobiles. Ordre, tranquillité d'un paysage tracé depuis toujours et sûr de l'immortalité.

La vénérable maison semblait inhabitée. Mais des pas la réveillèrent soudain. Rosette en tablier blanc, suivie d'Hermance, la sœur de Raoul, avec « Fifine », jappant dans ses bras. Sourires de convenance. Hortense et Lucie, au milieu de la galerie, hésitantes, mal à l'aise.

— Entrez donc.

Jamais elles n'avaient franchi la porte d'un béké. Jamais. Ce n'était pas la coutume. On n'y pouvait rien. Chacun restait chez soi. Les békés chez eux, les mulâtres chez eux. Chacun chez soi, chacun pour soi. Elle entend encore son père : « On ne se rencontre qu'aux enterrements pour dire adieu ensemble à l'un ou à l'autre, et se dire adieu à la sortie du cimetière, adieu jusqu'au prochain faire-part ! ». Et à la chasse, parfois. A la chasse au ramier, à la tourterelle. Embusqué dans les herbes géantes, dans les framboisiers sauvages pendant que le petit jour s'étirait, s'agrandissait sans bruit, par surprise, on guettait ensemble le jet de pierre, le frou-frou suicidaire d'un de ces migrateurs, détonations, cris de joie, bouteille au goulot, et puis on rentrait, la gibecière pleine, le fusil cassé dans la saignée du bras. « A la prochaine ! ». « A la prochaine ! ».

Hortense et Lucie, un peu transies, comme si elles craignaient de salir le carrelage, de déranger quelqu'un dans son sommeil. Et pourtant Hermance les invitait gentiment à la suivre, à entrer dans la chambre de bain, à s'asseoir devant la coiffeuse, à se débarrasser de leurs chaussures. Gentiment, comme si elles faisaient partie de la famille. Une amabilité commune à beaucoup de créoles blancs. On savait vivre. Recevoir. Accueillir le voyageur. Bonne éducation, bonnes manières. Mais Hortense ne s'y trompait pas. Le sourire qu'elle voyait glisser sur le miroir, le sourire de cette jeune fille blanche, glissait de ses lèvres par politesse comme sur un clavier les doigts d'un pianiste chargé de faire attendre un auditoire. Dans une heure, peut-être, si leurs pas se croisaient de nouveau, elle n'aurait plus pour elle qu'un petit signe de tête. Peut-être. Bien sûr, on ne pouvait que déplorer ces attitudes. Mais les mulâtres n'avaient-ils pas, non plus, leur part de responsabilité ? Son père, le grand Félix Bellard, avait-il jamais ouvert sa table à un béké, en dépit de l'amitié sincère qu'il portait à certains d'entre eux ? A Théodore du Morne Cordier, le père de « Yeux Clairs », par exemple, avec lequel il s'était associé pendant un temps dans une affaire de rhum. Et les femmes, entre elles ? C'était pire. On se saluait furtivement à la messe, dans la rue, dans les boutiques. Mais après, huis clos, condamné. On s'était pourtant connu, entendu, estimé, lié d'amitié, sur le même banc, chez les religieuses de Saint-Joseph de Cluny, au couvent de Notre-Dame de la Consolation, au pensionnat colonial, ou même parfois en métropole. Mais passés les examens de fin d'études, poussée la porte de la vie, on s'ignorait avec élégance comme dans ces hygromètres à cheveu animés, la dame du beau temps et celle de la pluie.

Hortense se demandait souvent si elle n'avait pas choisi de sortir, de s'évader ainsi de chez elle et de se plonger dans le feu de l'action, la ruche du négoce, pour, justement, échapper à ce partage ridicule des hommes et des couleurs. Car une fois dans son officine, dont les fenêtres demeuraient ouvertes sur la rue, laissant le soleil et les bruits s'engouffrer, elle habitait une autre ville, une autre île. Un pays où personne ne changeait de trottoir à la moindre humeur, où l'on se donnait du sourire et des mains sans hésitation. Tout le monde entrait là et s'asseyait devant elle, dans le fauteuil éculé. Peaux noires, peaux blanches, peaux de toutes teintes. Car chaque coup de sirène apportait son flot de passagers lointains, d'étrangers. Flot de libertés, de nouveautés. Ouverture sur les êtres. Découverte de l'inconnu. Avec toutes les senteurs de ces marchandises accourues de l'horizon pour lui offrir le plaisir du dépaysement, des grands voyages immobiles.

Mais à présent, à cause de cette politique qui empoisonnait tout, la méfiance avait même envahi cette oasis. Certains békés fuyaient le contact. Gaston du Morne Cordier, lui-même, qui avait toujours l'habitude de descendre en ville, depuis quand n'était-il pas venu occuper le vieux fauteuil ? Pourtant, assise à l'instant dans son salon où Rosette servait une orangeade, elle l'entendait parler à Lucie de choses insignifiantes, comme si rien n'avait eu lieu à Saint-Pierre, ni sac, ni tentative de lynchage, ni élections. Comme si son mari ne s'était pas réveillé, l'autre matin, député de la Martinique. Comme si la barrière qui séparait les communautés s'était soudainement effacée. Discrétion par délicatesse ou mépris pour l'agitation ? En tout cas, il voulait leur montrer, à l'une comme à l'autre, qu'il les dissociait, au moins pendant le temps où elles étaient sous son toit, de ces hommes nommés Mureau et Saint-Jude, de ces ennemis irréductibles de sa race. Reconduites jusqu'à la calèche qui les emporterait à destination, elles ne virent pas, derrière le rideau d'une fenêtre du premier étage, le visage d'Eugénie du Morne Cordier, ni celui de sa mère, née Adèle de la Fauconnerie. Et c'était mieux ainsi. Car elles quittaient le Grand-Morne avec le fol espoir qu'en dépit de tout, l'herbe allait finir par repousser après l'incendie.

Hélas ! Quand Hortense revint à son magasin, dans l'après-midi, toute la ville ne parlait que d'une nouvelle affaire qui ne pourrait qu'envenimer encore les rapports entre Blancs et mulâtres. La provocation en duel que son mari avait lancée au docteur Lota. Réfugié chez les Cottrell, le médecin avait curieusement reçu en même temps que ce cartel, l'ordre de quitter Saint-Pierre dans les plus brefs délais. Un bateau à vapeur, affrété en dehors du service de la poste, devait l'enlever, le lendemain matin, lui et sa famille, à l'aube, comme un criminel. Pour le conduire au chef-lieu d'où il s'embarquerait sur un paquebot de la ligne transatlantique. Mureau pouvait-il ignorer cette décision alors qu'il était si bien en vue, si en vogue à Fort-de-France ? En tout cas son défi perdait de sa valeur. François Lota chargea immédiatement deux de ses amis, Léon Bally et Octave Hayot, de recevoir les témoins désignés par Mureau, Osman et Fernand Duquesnay, afin de leur donner sa réponse. Le lendemain matin, *Les Antilles* la publiait, en même temps que l'annonce de son départ à la sauvette. Ecrivant que, forcé de se rendre en France, Lota ne devait donc plus aucune satisfaction à M. Mureau, un « duel à la Martinique étant devenu, de ce fait, impossible ». Ajoutant que M. Mureau « allant également en France, là, des juges d'honneur, qui ne peuvent être liés par des résolutions prises ici, apprécieront l'affaire qu'il faut leur laisser entière ».

Trois heures du matin. Alors que la vieille machine à imprimer des *Antilles* commençait à mâchonner son papier, rue Lucy, le docteur Lota, sa femme et ses deux filles descendaient d'une calèche aux rideaux tirés, sur le bord de mer. Bras des amis autour du cou, de la taille, au bout des mallettes. La voiture partait, s'éloignait avec le brave Charles Juliette, fouet dans une main, larmes dans l'autre. Claquements évanouis des sabots, chanson de l'oubli. Le vapeur patientait en soupirant au bout du quai Girard. « Allons, allons, pressons ». Odeur d'huile chaude et de fumée, charbon consumé. « En avant toutes ! ». Derniers baisers. Remous de l'hélice. Doigts agités. La rade s'esquivait au ras de l'eau noire, irisée par endroits de flaques de lune. Lumières. Un fanal ici et là parmi les navires à l'ancre, le collier des timides réverbères de la Grand-Rue, le quinquet du boulanger allumant son four, un candélabre dans une chambre de malade. Petits yeux fatigués, lourds de sommeil, veilleuses. Et au-dessus, la lune. Dans une déchirure de nuage. Nimbant la montagne sans l'éclairer vraiment, laissant tomber une lueur sans nom sur la ville qui allait partir. Voilà la dernière image que le docteur Lota emportait de Saint-Pierre. De ce rivage où il avait connu tant de combats contre la souffrance et tant de souffrances. Le soir même, il s'embarquerait à bord du *Washington* pour Saint-Nazaire. Requiem des *Colonies :* « Le bandit corse va s'installer à la Barbade où il établira une officine d'excitation à la guerre civile. Il est obligé de fuir sous le coup de la réprobation publique. Espérons que nous n'aurons plus le triste privilège de le rencontrer parmi les ordures de nos rues ».

Mais Marius Mureau n'avait pas assouvi pour autant sa vengeance, cette douceur cruelle qu'il prenait pour une vertu. Lola parti, restaient ses complices. Ceux qui l'avaient défendu jusqu'au bout. Les plumitifs des *Antilles.* Le tout nouveau député voulait régler ses comptes avant de gagner Paris où il devait faire son entrée à l'Assemblée. Dans un mois. Il n'avait pas pris de leçons de tir au pistolet avec Zonzon pour le roi de Prusse. Deux balles sur cinq dans la cible à trente mètres. Avec un colt « New Model Police » de 1872, de calibre 36. Une petite merveille de précision, rapportée de La Nouvelle-Orléans par

César-Laîné, avec une boîte de pralines à la pacane pour Hortense.

Duchamp de Chastaigné. Voilà l'homme qu'il avait maintenant décidé de défier. Parce qu'il était, au sein du comité de rédaction des *Antilles*, celui qui représentait le plus la conscience de ce journal. La sagesse du notaire alliée à l'adresse du commerçant. Réuni au grand complet dans la petite salle attenant à l'atelier de composition, le comité du journal conservateur écoutait donc Duchamp lire le libellé du cartel qu'il venait de recevoir par porteur à son adresse personnelle.

Approbation, accord profond : il n'avait pas à se commettre avec ce malandrin qui, de toute façon, n'irait jamais jusqu'au terrain de l'honneur. On avait bien appris, par la rumeur publique, qu'il s'était exercé avec ce forain du bord de mer, mais combien de fois, aussi, avait-il reculé au moment de parler calibre et nombre de balles ? Roi de l'esquive et de l'esbroufe. Répondant à une gifle par une émeute ! A un combat singulier par un lynchage ! Jetant son gant à un adversaire que d'une autre main il faisait expulser de l'île ! Non. Ce monsieur ne méritait décidément pas 3,24 grammes de poudre. Le comité saisissait en outre cette occasion pour déclarer que tout duel était devenu désormais impossible entre Blancs et hommes de couleur. « Le comité a acquis la conviction que les Blancs accepteraient ainsi une lutte inégale, où ils courraient toute chance d'être assassinés par la populace. Il recommande instamment à ses amis de repousser toute affaire de cette nature ».

La nuit qui suivit la parution de cette réponse dans *Les Antilles,* Marius Mureau la passa dans son grenier avec le Dr Osman Duquesnay et Georges César-Laîné. Chaleur du rhum et des photophores, fournaise des mots. On cherchait la revanche, les représailles. La punition. Elle vint, jaillit de la tête de Mureau comme le bourbillon d'un furoncle. L'outrage devrait laver l'outrage. On allait prouver par une enquête approfondie que tous ces aristocrates nés du plus pur sang bleu ne pouvaient prétendre, en fait, appartenir à la race blanche. Ni plus ni moins. Parce qu'ils n'étaient réellement que des mulâtres nés de « croisements honteux, entre aventuriers et esclaves, négresses soumises ». Génial ! César-Laîné chargerait Werner Ranifa, dès son arrivée au journal, de monter cette machine infernale. On se sépara lorsqu'on entendit les premiers chuchotis des pieds nus sur les pavés, l'avant-garde de la grande armée des porteuses qui s'acheminaient vers le marché du Mouillage. Marius Mureau, dans son cabriolet, soûl de fatigue et d'exultation. Fouettant son cheval qui n'en pouvait mais, le fouettant avec une rage joyeuse jusqu'au porche de Tivoli.

Aidé par Emmanuel Orsenat, le fils d'un grand ami du nouveau député, Werner Ranifa se lança avec délectation dans la tâche qu'on lui avait confiée. Et avec le sérieux et l'amour de la perfection des hommes de l'Est. Fouillant dans des collections de vieux journaux, piochant dans les archives de l'état civil, et ramassant, de-ci de-là, les ragots de quelques hommes qui connaissaient d'autres hommes qui... Bref, à la fin de la semaine, la platée épicée et pimentée à souhait était prête à servir. Ces aristocrates puaient donc le mensonge, la fable, l'escroquerie, la falsification. Ils avaient tous usurpé leurs titres, improvisé leur blason, dessiné à main levée, et selon leur prétention, leurs beaux arbres généalogiques. Quant à leurs aïeux, ils avaient fauté à qui mieux mieux en Afrique, à Haïti, à l'île Maurice avec des négresses, des câpresses, des mamelouques, des quarteronnes, des métisses, des mulâtresses et autres « chapés » d'Hindou ou de Chinois. Noble par prescription, tel béké célèbre devait s'embarquer pour la Guinée s'il voulait retrouver trace de ses ancêtres. Tel autre, fier de son nom, cachait sa véritable identité, et pour cause, car on eût ri de la connaître. Quant à celui-là, il suffisait d'aller examiner sous le nez le gardien du lazaret de la Pointe-du-Bout, ce « rejeton olivâtre » issu d'une négresse inconnue, c'était son frère. Jubilation de Mureau dans *Les Colonies* : « Et maintenant qu'on a fait tomber vos masques enfarinés, vous voilà, Pierrots, ce que vous ne voulez pas être. Et c'est nous les mulâtres, qui ne renions ni notre origine, ni les nôtres, qui aurions pu refuser de nous battre avec ces mulâtres renégats, parce que par cela même ils deviennent des gens sans honneur et sans aveu ! ».

Mureau tenait sa justice, son plat froid. Un procès en diffamation ? Ils pouvaient bien l'intenter ! Soif étanchée, assouvissement. Ces écrits jetaient le feu partout, multipliaient les duels. Entre Blancs et mulâtres. Entre gens honorables. Entre notaires, entre avocats, entre médecins, même. Imagination débridée de l'esprit du mal. Et humour noir. Dans *Les Colonies,* encadré d'un filet, ce faire-part, signé Marius Repo, un mulâtre rigolard, barbier de son état et conseiller municipal pour la grande joie des présents aux réunions hebdomadaires : « Messieurs et chers concitoyens, vous êtes invités à assister demain jeudi 13 du courant à 7 heures du soir, à l'heure du couvre-feu, aux obsèques, et à l'enterrement de la haute aristocratie coloniale décédée à l'âge de 300 ans après trente ans d'agonie. On peut suivre le convoi sans donner aucun signe de respect ni de douleur ».

A l'heure fixée, trois cent blagueurs se rassemblaient sur le bord de mer, derrière un corbillard. Et le convoi s'ébranlait, braillant des cantiques pour rire, geignant, pleurnichant, sous la lueur blême des torches. Devant l'entrée du cimetière du Centre, champ d'honneur des vaillants officiers, des marins, des administrateurs et des serviteurs de l'Etat, victimes de la fièvre jaune, Repo prononça l'oraison funèbre de la race blanche, morte dans la lâcheté et le ridicule. « Madame se meurt, madame est morte... » Tube sur la tête, Ranifa trouva chez Bossuet les envolées dont il avait besoin lui-même pour recouvrir son obscur passé d'Européen, cette piètre existence qu'il voulait oublier à jamais. « Nous porterons délicatement les restes de la réaction blanche enveloppés dans les plis du vieux drapeau blanc au champ de l'éternel oubli. De profundis ! ». La cérémonie se termina en musique, aux accents du piston de Salavina. Venu là pour s'amuser. Sans penser à mal. Sans enterrer personne. Comme beaucoup d'autres, du reste. Comme ces lycéens qui séchaient le cours du soir. Comme Bonneville, heureux de jouer une niche à sa propre race, à son père, à ce Blanc qui refusait une belle-fille de couleur.

Cependant, un noyau fielleux, une grappe de malfaisants, de méchants, entendait bien lâcher son venin avant d'en finir avec la mascarade. Ce moment vint quand soudain, un prêtre sortit de l'ombre de la rue, précédé par un enfant, une lanterne à la main, et escorté d'un autre, le protégeant de son parasol. Un prêtre s'avançait, tenant les saintes huiles. L'abbé Maillard, le curé du Centre. Il venait d'administrer les derniers sacrements à un mourant. Alors ces gens de sac et de corde, sans aveu, sans foi ni loi, se précipitent vers lui, l'entourent, le houspillent, le pressent. Les enfants se sauvent en criant. La lanterne, le parasol tombent. Bâti en force, l'abbé tient bon malgré la bousculade. Les voyous s'acharnent. Il joue des coudes et des pieds. Le ciboire recouvert de son voile tangue au-dessus de la bousculade, volette, se cogne aux têtes comme un oiseau de nuit importuné dans son nid, aveuglé. A vingt contre lui. Hué, insulté, frappé. Mais d'autres comme Salavina, comme Bonneville, se ruent à son secours. Révoltés. Le piston souffre dans l'empoignade. Cabossé. A la fin ils forment autour de l'abbé Maillard et de son précieux fardeau une garde prétorienne, et ils l'accompagnent ainsi jusqu'à l'une des portes latérales de l'église.

Les heures qui suivirent donnèrent pourtant à l'église un sujet de satisfaction. Quand Mgr Carmené quitta son palais après le déjeuner, il devina qu'un événement heureux était survenu. En passant devant l'école primaire où se trouvaient justement les enfants de sa bonne, il comprit. Un attroupement acclamait les frères de Ploërmel qui, curieusement, s'étaient massés sur le pas de leur porte comme pour une photographie de famille. Au vent, les drapeaux à chaque fenêtre et les feuilles de palmiers au bout des bras. Chants religieux. Braves femmes en madras, braves hommes en bakoua, brave peuple. L'évêque vit Léon Lucy s'extraire de la foule, approcher de sa voiture :

— Les Frères restent, Monseigneur ! Ordre du ministre !

Prodigieux. Pas d'autres mots pour qualifier ce revirement inattendu, cette reculade. Prévenu par Lucy, Raoul du Morne Cordier venait d'arriver au galop. Impatient, il amassait les détails, pêle-mêle, dans ses oreilles émerveillées. Le ministre de l'Instruction publique ne pouvait donner d'instituteurs. Il n'en avait déjà pas assez pour la métropole. Alors on avait décidé : les Frères seraient maintenus dans les écoles jusqu'à nouvel ordre. Cela ne signifiait pas qu'ils ne partaient plus, mais l'espoir avait maintenant retrouvé les cœurs. Mêlés au flot joyeux, se laissant enlever, emporter, les deux jeunes gens parcouraient les rues, marchaient sans pouvoir évaluer le chemin parcouru, sans même considérer l'itinéraire. Et soudain, un cri projeté par-dessus les têtes :

— Aux *Colonies !*

Projeté et répété, et avant même d'avoir eu le temps de réaliser, les voilà sous les fenêtres du journal, devant les volets qui claquaient. Hurlant un nom, celui de Mureau. Accusé d'avoir été à l'origine de l'exclusion des religieux. Mais le député était absent. Il avait pris le vapeur pour Fort-de-France. Pour tenter de trouver une solution à cet imbroglio. Une porte de sortie qui permettrait au Conseil général de ne pas perdre la face. Devant cette assemblée au grand complet, houleuse, hargneuse.

— Qu'allons-nous faire si les Frères maintiennent leur décision de s'en aller alors qu'on ne nous envoie personne pour les remplacer ?

Au même moment, ouf, une dépêche tomba toute chaude et bienvenue du ciel, du ministère des Colonies. Faisant savoir que les Frères n'avaient pas le droit de partir librement. Qu'ils devaient attendre les convenances du Conseil général. L'honneur était sauf. Il fut convenu cependant que Marius Mureau avancerait son départ pour Paris où il devait rejoindre la

Chambre des députés. Il tenterait alors d'activer l'arrivée de ces enseignants.

Mais avant de quitter la colonie, de voguer vers sa nouvelle destinée, le tout neuf député avait encore d'autres comptes à régler. Il fallait, par exemple, qu'il enlevât la direction de l'administration de la ville à celui qui avait ouvertement protégé le docteur Lota contre la juste fureur du peuple : François Bernard dit Célestin. Il ne quitterait pas ces rives tous désirs comblés s'il ne voyait pas cet homme écraser la poussière. Comment la commune avait-elle pu se déconsidérer à ce point en mettant un chantre à sa tête, un homme qui avait ainsi partie liée avec l'Eglise ? « Si l'on prend pour maire le chantre ou le bedeau de la paroisse, peut-il soutenir sérieusement qu'il remplit les conditions d'indépendance, qu'il est libre de ses actions ? » Et puis, surtout, Célestin avait fait la preuve de son insuffisance, abandonnant toute responsabilité dans des moments graves, laissant la rue « extravaguer dans les bras du désordre ». Bref, il méritait cent fois d'être destitué.

Dans son atelier de tailleur, très occupé par la confection de la redingote que Jules Pornain, l'organiste de la cathédrale, lui avait commandée pour un mariage, François Bernard ne nourrissait pas trop d'illusions sur ses chances de conserver son écharpe. Trois mois auparavant, son élection avait tenu du miracle. Aujourd'hui, après la victoire électorale de Marius Mureau, seul un autre miracle aurait pu le maintenir en place. Mais lui-même ne le souhaitait pas. Déçu, blasé, écœuré. Trop de coups reçus au propre et au figuré. Ridiculisé. Trahi par ceux-là mêmes qui auraient dû, les premiers, le soutenir, ses propres frères de race. Parce qu'il avait voulu faire respecter la loi. Protéger ses concitoyens sans se poser de question sur la qualité de leur tannage. Défendu au péril de ses jours, peut-être, avec un aveugle courage en tout cas, des hommes seuls contre des multitudes déchaînées. Parce qu'il avait refusé d'être l'homme des vengeances. Derrière sa toute nouvelle machine à coudre à pédale Hurtu et Hautain, à double point de chaînette à deux fils, il apercevait sa femme, par la porte ouverte sur le jardin éclaboussé de couleurs. Sa femme frottant, brossant, savonnant leur nichée de gosses piailleurs. Ecume fraîche sur les chairs brunes, reluisantes, peau d'aubergine. Bulles aspirées par le soleil. Voyait ce tableau de la quiétude, de la douce béatitude. Et se demandait quel démon avait bien pu le conduire à se jeter dans ces joutes, dans ces jeux de mains et de vilains, à se commettre avec ces tripoteurs, ces tripatouilleurs. Au lieu de savourer cette félicité, de partager tranquillement ses heures entre son établi, ses enfants, sa femme et ses arbres fruitiers.

Fatigué, François Bernard ne s'opposerait donc pas à se laisser gentiment pousser vers la sortie de la mairie. Mais il désirait partir la tête haute. Comme il était arrivé. Ne pas céder aux menaces, à l'intimidation. Alors que ses adversaires des *Colonies* rêvaient de le voir chassé dans la honte et le déshonneur. Eh bien ils en seraient pour leurs frais ! Il ne se laisserait pas dépouiller comme un lapin. Mureau pouvait inciter les conseillers municipaux à rendre leur tablier, lui il resterait. Mouvement nerveux de ses ciseaux claquant l'air comme des mandibules affamées. Pli accusé de son front, creusé comme une tranchée prête à résister à tous les assauts.

Le chien aboyait, annonçant un visiteur. Théo Duribar, le fidèle. Au bout du jardin, caressant la tête des enfants, humant les fleurs. Le tailleur n'avait pas besoin d'interroger la pendule. C'était l'heure du rhum blanc et du citron vert. Duribar lui annonça que le bruit de sa destitution courait en ville. Mureau l'aurait obtenue du gouverneur Allègre. Cinq conseillers municipaux étaient démissionnaires. Gueule fermée des ciseaux, aiguille baissant la tête.

« Foute moin mélé ! » (« Quel pétrin » !) Ce gredin avait vraiment toutes les audaces. Jusqu'où le mènerait donc sa rancune ? Avalant d'un coup sec son punch « lélé » (sirop de canne, muscade râpée, bitter d'angustura et lait) :

— Pour se défendre, le gouverneur a prétendu que je lui avais caché la vérité sur la situation exacte de la ville pendant la journée du 18 juillet, et cela parce que je me trouvais en présence de mon ennemi déclaré. C'est avec ces mensonges qu'Allègre veut me pendre.

Et abandonnant le créole pour imiter l'ancien gouverneur intérimaire, sa façon de susurrer, d'expulser ses mots d'un air dégoûté comme d'une bouchée de pain, un cheveu long de boulangère :

« J'avais lieu de m'attendre de votre part à plus de sincérité et de fermeté. » Comment, en effet, pouvait-on lui reprocher de ne pas avoir rempli son devoir dès lors qu'un télégramme officiel avait investi Mureau de tous les pouvoirs, le chargeant de rétablir l'ordre ?

— Tu vas voir qu'ils vont essayer de t'humilier, dit Duribar, moin ka dit ou ça hein ! (« C'est moi qui t'le dis ! »)

— La poussié fait pluss ku ça, vent chaié-i (« La poussière avait fait plus que ça et le vent l'a emportée »). Bon Dié pini pas té loin (« La punition divine est proche ») !

Lorsqu'il fut en vue du grêle campanile qui signalait de loin l'hôtel de ville, François Bernard sut immédiatement que la rumeur colportée tout à l'heure par son ami était devenue officielle. Sur le visage des passants, les regards qu'on lui concédait avaient déjà changé. Rares saluts, coups de chapeau escamotés. Plus il avançait et plus il sentait cette indifférence, ce mépris silencieux. Même les choses semblaient vouloir lui faire comprendre qu'il avait perdu sa belle écharpe. Persiennes avec leurs yeux d'espion, balcons vides, pavés plus disjoints que jamais, torturant ses pieds. Cette porte qui s'ouvrait devant lui à contrecœur et qui claquait derrière. Son bureau qui n'était déjà plus le sien. Ce secrétaire, un étranger. Et puis au bout d'une main triste, ce télégramme. Les larmes surgies après une montée soudaine à travers tout son corps. Ses gros yeux nageant. Destitution. Condamnation lue à haute voix devant les habitants rassemblés. Destitution. Exécution capitale. Sa tête roulant dans le panier de l'opprobre. (« Ca moin ké fait ? » « Que vais-je faire ? ») Dissolution du conseil municipal, élections. Mureau allait enfin pouvoir placer ses hommes, nommer le maire de son choix. Mais il n'avait pas encore craché tout son venin. Léon Lucy apprit à François Bernard ce qu'il mijotait encore contre lui. Il allait maintenant l'accuser d'avoir dilapidé les fonds publics, vidé les caisses à son profit. (« Ca moin ké divini ? » « Que vais-je devenir ? ») Le traîner devant un tribunal. Prison, déchéance. Une commission administrative devrait bientôt se pencher sur les comptes de la municipalité. A ce sujet, François Bernard avait l'âme en paix. Honnête, scrupuleux, il l'avait toujours été. Ses aiguilles et ses ciseaux lui suffisaient bien pour vivre. Et ses arbres fruitiers. Mais qui sait si l'on ne trouverait pas parmi ces chiffres une virgule ou un grattage suspects, une retenue accusatrice ?

Opposition des hommes, un monde ligué contre lui. Et lui, seul, sans défense. Nègre nu. Alors lui revinrent encore une fois, sous ses paupières, les lueurs étranges que lançait la pierre noire au doigt du sorcier Sigismond. Retourner le voir, écouter ses conseils, suivre ses prescriptions ? C'était toujours la même tentation quand le malheur bondissait, quand la terre s'entrouvrait sous ses pieds. Bien sûr, il y avait le Bon Dieu, mais tellement inaccessible ! Tandis que Sigismond habitait le Carbet, à un quart d'heure à cheval. Son scapulaire n'avait pas fait miracle, la dernière fois. Bon. Décidé. Il y retournerait. Il n'en parla pas à Duribar qui en aurait ri. Théo riait de tout. Du Bon Dieu également. Surtout lorsqu'il avait un verre dans le nez. François Bernard galopait maintenant sur la route du

Carbet, vers la case du quimboiseur. Galopait en revoyant tout ce qu'avaient été pour lui ces trois mois passés au service de ses concitoyens. Trois mois irréels, extravagants où les honneurs ne compensaient pas les embarras. Mais quand même, accéder à ces sommets, lui, le petit tailleur, lui, le fils d'esclave, le nègre ! Monter sur les tribunes officielles, au milieu des drapeaux salués par les cuivres, devant la foule admirative. Griserie des discours, vapeurs des ovations, fumées des applaudissements. Galopait, et voyait derrière lui sa belle écharpe tricolore flotter dans le vent, flotter comme les cheveux d'une femme aimée et à ses trousses, tous ces loups hurlant, essayant de la lui arracher, de la lacérer à pleines dents. Essayant de le rattraper, de le dévorer, lui et son cheval. Mais il galopait, François Bernard, plus vite qu'un nègre marron. Sa monture le portait sans qu'il eût besoin de la guider, le long de ce chemin, au bord de la mer verte, comme si cet animal était déjà « voyé », ensorcelé. Et ce soir, dans quelques heures, il serait fort, il pourrait affronter tout le monde, il ne craindrait plus personne.

« A la Porte Enflammée. » A chaque fois qu'il apercevait cette enseigne, son cœur cognait contre ses côtes comme la tête d'un prisonnier contre ses barreaux. Sigismond ne se trouvait pas dans la pièce où il recevait habituellement mais dans l'appentis adossé à sa case qui lui servait de boutique d'apothicaire. En discussion avec une vieille femme venue lui livrer des plantes médicinales. Toutes sortes d'herbes, d'écorces, de racines. Herbes « puantes » pour la circulation, « couresses » contre la tension, « à chatte » pour les femmes en couches. Feuilles d'aloès ou de figuier de Barbarie contre les brûlures, de bois-canon contre les hémorragies. Fleurs miraculeuses d'hibiscus rouge, de coquelicot contre la toux, de « pompon soldat » contre les fièvres et les grippes...

Sigismond savait déjà pourquoi son visiteur arrivait ainsi, époumoné, sur un cheval suintant. Il connaissait ses déboires, pouvait nommer ses ennemis. Pas de doute. Le maléfice était en lui, chez lui. On l'avait « quimboisé ». Il fallait donc tenter de faire sortir ce mauvais sort, de l'extirper de son corps comme une balle de fusil. Pour cela, le sorcier détenait un remède infaillible : les « trois bains de chance ». Bains purificateurs que François Bernard devrait prendre, en une seule semaine, le lundi, jour du Saint-Esprit, le mercredi, jour de Saint-Joseph, et le vendredi, jour du Saint-Sacrement. Sigismond le pria de noter la composition de ce bain et l'emploi qu'il devrait faire de l'eau après coup.

— Voici, dit-il, en tétant sa pipe, ce que tu vas y mettre.

Retiens bien ça : de la farine de froment, du lait, un flacon de lait d'iris pour te blanchir aux yeux des gens dont tu crains l'opinion ou qui peuvent t'aider, de l'eau de duchesse pour jouir d'une grande considération, des feuilles mâles ou femelles de trèfle afin d'avoir tout le monde pour toi, du lilas, du raifort et de l'essence d'acacia puisque l'homme qui te poursuit est un mulâtre.

Puis le maire écrivit sous la dictée un certain nombre de recommandations qu'il aurait à observer scrupuleusement s'il voulait que cet antidote réussît pleinement. De retour chez lui, il se mit tout de suite au travail avec sa femme. Dans le bassin d'eau de pluie qui servait à l'arrosage du potager et aux besoins de la cuisine, on versa un à un tous les ingrédients rapportés de chez Sigismond, on remua comme on aurait fait d'un potage, et François Bernard s'y plongea. Il demeura un bon moment dans ce bain tiède, ayant oublié de s'en faire préciser la durée. Les yeux clos, la mixture au ras des lèvres, il lui sembla voir, peu après, le sortilège malfaisant l'abandonner, sortir de lui, et se sauver subrepticement comme un crapaud d'un cloaque. Mais doutant quand même un peu d'en avoir terminé si vite et à si bon compte, il préféra prolonger encore d'un quart d'heure sa trempette. Après, l'eau usée devait être utilisée. D'une demi-noix de coco en guise de louche, on en aspergea le sol des quatre pièces de la maison, celui de la cuisine et de la véranda. Cependant la purification de la demeure ne pouvait atteindre l'absolu qu'à la condition d'y joindre quelques pratiques supplémentaires. Madame Bernard s'en acquitta avec conscience. Sur le charbon de bois rougeoyant d'un « canari », une marmite en terre cuite, elle fit brûler de l'encens, du baume du Pérou, du benjoin, des grains de maïs et des boulettes de mie de pain. Et elle enfuma chaque pièce ainsi pendant plusieurs jours. Et chaque soir elle semait quelques poignées de gros sel sur le dallage qui entourait la villa, le lavant, le matin, à grande eau pour emporter d'un coup les quimbois qu'on avait pu poser dans la nuit comme des collets.

Malgré tout, François Bernard n'était pas tellement persuadé d'être délivré à tout jamais de ce diable de sort jeté par Mureau car, la nuit, souvent, son mauvais œil revenait briller entre les lattes mobiles des volets, avec les lucioles, ces « bêtes à feu ». Alors il attendit le premier vendredi du mois. Comptant sur ses doigts, chaque matin, les jours qui l'en éloignaient. Attendit ce vendredi, fiévreusement. Pour se lever aux aurores, prendre son cheval et charger jusqu'à la mer. A l'endroit où les flots étaient plus agités. Là où personne n'allait jamais se baigner.

Au pied du morne qui se précipitait, de toute sa masse énorme, dans la fosse abyssale. Ce morne qui séparait le quartier Monsieur et ses villas cossues de la longue plage de sable fin de l'anse Latouche. Il n'emprunta pas cet étroit tunnel qu'on appelait « Le trou » et que l'abbé Gosse avait fait creuser pour pouvoir aller, à cheval, desservir la paroisse du Carbet. Longea, au contraire, la falaise escarpée constellée d'impacts de boulets français et anglais. S'agrippant à ce sentier dangereux que le vide semblait vouloir attirer, avaler. Un raidillon trébuchait jusqu'au ras de l'eau, jusqu'à une languette de sable protégée de la fureur des vagues par quelques brisants déchiquetés, dents cariées par les tempêtes. A cet endroit, François Bernard était seul. Seul devant la mer et sa puissance surnaturelle, la plus grande purificatrice du monde, le lavoir de toutes les impuretés. Avant d'entrer dans l'eau tout habillé, il dessina une croix sur le sable gris. Et sur cette croix, il planta douze bougies qu'il alluma en se signant douze fois. Puis il s'avança donc dans les flots. Jusqu'au moment où il se sentit battu par cette houle qui arrivait de très loin, des îles Sous-le-Vent, peut-être, ou même du Nicaragua. Alors, l'eau à la ceinture, il cria dans le vent, dans le fracas des lames :

— Mureau, démarré moin !

Mureau, débarrasse-moi de ton maléfice, de ce qui fait ma misère et ma détresse, reprends ta malédiction et garde-la pour toi. Cria ainsi trois fois devant la mer vide, devant ce ciel rougissant. Devant cette escadrille d'oiseaux marins en mission de ravitaillement. Puis il retrouva la plage, enleva son pantalon et sa chemise, les tordit au-dessus de sa bouche afin de lamper quelques gorgées de cette divine lessive. Revêtit ensuite du linge neuf et, avant de remonter à cheval, tourna le dos à la mer, sortit un sou de son gousset et le lança par-dessus son épaule avec ces mots :

— Méci lan mê.

Merci la mer de m'avoir lavé de cet envoûtement diabolique, d'avoir emporté loin, très loin, aux îles Sous-le-Vent, au Nicaragua, ce quimbois qui voulait ma perte.

Le 9 octobre, les élections municipales donnaient comme prévu la victoire aux hommes du parti de Marius Mureau. Malgré une tentative de quelques Blancs, de quelques sang-mêlé et de quelques Noirs pour leur barrer le passage. Tout de suite après, *Les Colonies* se déchaînaient contre l'ancien maire, cet homme qui « se disait républicain » et qui « peu soucieux des intérêts de la ville » avait « vidé avec une désinvolture sans pareille la caisse des pauvres ». La commission annoncée par

Lucy allait se réunir. Après la dégradation, la prison. L'humiliation serait complète. François Bernard ne cessait de se féliciter d'avoir obéi à la lettre aux prescriptions du patriarche de « la Porte Enflammée ».

XII

Gaston du Morne Cordier se demandait s'il devrait un jour faire appel à la vapeur et condamner du même coup ses bœufs à la réforme. Ces braves bêtes aux longues cornes recourbées, originaires de Portorique, qu'il avait achetées chez Baisemont et Eustache en profitant d'une vente par décision de justice. Se demandait cela en regardant tourner ces animaux vigoureux, attelés aux moulins à sucre. Trois cylindres qui broyaient la canne avec un bruit de chariot tressautant derrière un cheval emballé, sur les pavés de la Grand-Rue. Sourire de commisération de Raoul devant cette installation d'un autre âge. Le fils du maître du Grand-Morne estimait qu'il faudrait en venir là tôt ou tard. Déjà certains planteurs s'y étaient mis, en Martinique, et leurs hautes cheminées cracheuses montraient à quel point ils travaillaient intensément. On voyait même maintenant, parfois, dans la campagne, de petits trains résolus, opiniâtres, chargés de canne, encourageant à grands coups de sifflet les moulins à tourner davantage. Mais n'était-ce pas, aussi, imprudent ? S'engager dans de telles dépenses au moment où l'on commençait à parler régression de la canne et crise sucrière ? Car les betteraviers de la Somme et du Nord cognaient durement à la porte. Au moment où les cours mondiaux épousaient des courbes inquiétantes. Et puis que faire contre ces usines centrales qui proliféraient un peu partout, concentrant la terre autour d'elles, économisant la main-d'œuvre en achetant la canne à bon prix ? Raoul avait tenu un jour à visiter l'une des plus modernes, celle de la Pointe Simon, à Fort-de-France. Un monde différent tournant sous l'œil vigilant du dieu rentabilité. Immense hangar recouvert d'une toiture de tôle ondulée soutenue par des dizaines de piliers qui se croisaient en tous sens et formaient des couloirs. A côté, des canots plats, remorqués par des hirondelles à vapeur, apportaient leurs chargements de cannes assemblées en faisceaux. Plus loin une locomotive laissait fuir ses soupirs d'impatience. Chavirement du contenu, dégringolade. Pendant que les tambours mâchaient à belles dents, remâchaient, mastiquaient. Que la pulpe comprimée, pilée, rendait son jus, l'écœurant vesou. Que des pipes, des buses, des gouttières alliaient leurs contorsions, leurs acrobaties pour satisfaire la soif des chaudières. Grincements, hennissement des machines. Sifflement de vapeur, ronflement de turbines. Rayonnement des fourneaux dans une gloire d'éclairs et d'étincelles. Fourmillement des hommes en nage. Quelle dissemblance avec cette exploitation artisanale !

Et puis des frais importants devaient sérieusement grever le budget familial dans un avenir proche. Hermance, la sœur de Raoul, allait se marier. Elle venait de l'apprendre elle-même, quelques jours auparavant, entre la poire et le fromage. Un nom d'homme qui lui était tombé dessus, ainsi, sans crier gare. La tradition était cruelle, mais c'était la tradition et il fallait la respecter. D'ailleurs Hermance n'aurait qu'à se féliciter du choix qu'on avait fait pour elle. Les Saint-Domingue représentaient encore une fortune appréciable malgré une vieille faillite qui avait quelque peu terni leur blason en 1848. Mais l'abolition de l'esclavage et, de ce fait, la fuite de la main-d'œuvre, leur avait donné bien des excuses. Partis s'installer en Louisiane avec une poignée d'« affranchis » fidèles, ils avaient recommencé à fructifier. Puis, après avoir enterré leur oncle là-bas, deux des quatre enfants avaient retrouvé le chemin de La Bastide. Hector était le fils d'Ernest. Un grand jeune homme maigre de 21 ans, un peu myope, au visage fermé comme un loup. Et des cheveux couleur moutarde dont les ondulations avaient fourni à plus d'un béké des occasions de racontars. Hermance l'avait souvent rencontré sans pour autant y porter le moindre intérêt. La même indifférence régnait du côté de cet échalas que seule la vue des chevaux avait l'air de toucher vraiment.

Oiseau en cage, Hermance ressemblait à 17 ans à toutes les jeunes créoles de son âge : elle n'aurait jamais eu l'idée de s'envoler d'elle-même. Au couvent, chez elle, elle n'avait appris qu'obéissance, abnégation, devoir. Les plaisirs de la vie, certains livres en traitaient, mais pas ceux qu'on lui permettait d'ouvrir. Ses émotions restaient encore très puériles, à fleur de peau. On ne devient mûr qu'à partir du moment où l'on réussit à dissimuler ses sentiments. C'était du moins l'opinion généralement admise dans la famille. Aussi, avec ses rougissements de fillette, Hermance avait-elle peu de chance d'être prise au sérieux. C'est sa mère qui lui avait parlé pour la première fois d'Hector de Saint-Domingue et de mariage. Comme elle lui eût annoncé quelque réception mondaine. Ou un voyage sans conséquence. Lorsque ces mots étaient tombés, Hermance approchait une tasse de thé de ses lèvres. Bien élevée, elle avait posé délicatement sa tasse sur le guéridon et écouté la suite. Elle n'était encore qu'une enfant, elle n'avait donc rien à dire. D'ailleurs que pouvait-elle attendre d'autre dans ce domaine ? Prisonnière de sa condition, de son éducation, de sa religion, de son île. Tôt ou tard, un homme serait arrivé ainsi dans sa vie pour la prendre par le bras et l'emmener sous un autre toit. Pas très loin, jamais loin. Ici, la mer vous barre toujours le passage. Et puis la terre vous retient, elle colle aux pieds. Un homme serait arrivé dont elle eût déjà connu la famille et bien sûr aperçu le visage. Il y a tellement peu d'hommes au milieu de cet océan, sur ce rocher perdu ! Tellement peu d'hommes capables de vous faire un enfant blanc. Digne de recevoir votre dot. Un homme serait arrivé au bout de l'allée de manguiers. Peut-être même un cousin, un cousin germain, le fils de la sœur de sa propre mère. Des mariages de ce genre, on en voyait fréquemment chez les békés. Il fallait seulement obtenir la dispense du pape. Rien ne sortait ainsi de la famille. Pas un arbre, pas un are. Une affaire cuisinée entre gens du même sang. Pour s'échanger les mêmes vertus et les mêmes tares, et parfois le même nom. Mais un plat au fumet trop connu pour émouvoir les jeunes cœurs.

— Cœur ? Quel mot étrange. Laissons ça au peuple. Parlons de main, avait dit un jour Adèle du Morne Cordier à sa petite fille. Quand un jeune homme de bonne famille se présente un jour à vous, il vous demande d'abord votre main. Le cœur suit toujours.

Hector de Saint-Domingue avait-il d'ailleurs un cœur ? Avait-il même un regard ? Depuis que les arrangements avaient été conclus entre les chefs des deux familles, que la nouvelle des fiançailles alimentait les chuchotements, Hermance n'avait pu remarquer chez lui un seul signe qui lui eût avoué le plus petit des sentiments. Visites de convenance dans le salon du Grand-Morne, le dimanche après-midi. Ennui. Clapotis des parlotes. Histoire de grandes personnes dont les enfants étaient exclus. Un jour, pourtant, Hector s'était levé subitement et avait invité Hermance à le suivre dehors, sous le sourire de consentement de leurs parents respectifs. Dehors, dans le jardin fleuri dont jamais l'haleine n'avait paru aussi forte à la jeune fille. Qui humait toutes ces odeurs réveillées par une récente ondée, le parfum sucré des joncs dans les bassins, l'arôme chargé des fleurs crémeuses de magnolia, du jasmin, toutes ces émotions exprimées de la nature, ses démonstrations de tendresse. Humait la vie. Et sentait pour la première fois un élan, un mouvement subit et ardent qui la poussait dans le dos, l'attirait vers les autres, autre part, ailleurs, vers les autres, vers ce jeune homme, peut-être. Pourquoi pas ? Et la voix de l'autre, soudain, comme sortant de ce buisson d'hibiscus :

— Regardez.

Elle regardait et ne voyait rien. Rien d'autre qu'un cheval.

— C'est un Norfolk mâtiné de Mecklembourgeois et de Navarrais ! Quel croisement incroyable, n'est-ce pas ? C'est mon père qui me l'a offert pour mes 21 ans.

Elle regardait cet alezan brûlé, son poitrail, son garrot, sa tête, et ne trouvait pas de quoi s'émouvoir. Pendant que l'autre continuait à lui parler, tout en flattant l'encolure :... « Elevé dans les riches pâturages de la Garonne, entre Castelsarrasin et Auvillar... » Regardait ce cheval puis cette main qui le caressait, puis au bout de cette main, ce bras dans sa manche blanche, bouffante, serrée au poignet. Ce bras qui allait la prendre un jour. « Ce sont de bons chevaux de cavalerie légère qui demandent beaucoup d'avoine quand le pâturage est humide comme ici... » Qui allait la prendre pour l'emmener un peu plus loin, seulement un peu plus loin, à quelques kilomètres d'ici, à un quart d'heure à cheval. Regardait ce bras. Puis ce visage qu'elle voyait pour la première fois s'animer parce qu'un cheval frémissait subitement des oreilles devant ses petits yeux de myope.

Raoul du Morne Cordier plaignait un peu sa sœur. N'appréciant pas ce flandrin avec qui il n'avait jamais pu avoir une conversation intéressante. Prévoyant les jours sans joie qu'il se préparait à offrir à Hermance. Mais donnant secrètement tort à la future épouse d'être trop docile, trop soumise. D'aller au mariage comme une sainte au bûcher, avec le sourire. Une fois, n'y tenant plus, il avait osé lui dire :

— Ma chère sœur, tu es faite pour souffrir. Les hommes en profiteront pleinement, c'est sûr.

Et l'imaginer dans les bras de celui-là le révoltait. Comme si on l'avait forcé, lui, à ouvrir les siens à la première venue. (Les joues granuleuses d'Antoinette de Belain. Pouah !) Oui, que ferait-il, lui-même, si ses parents lui enjoignaient brusquement de se déclarer à ce laideron ? Irait-il jusqu'à entrer en dissidence ? Ne pas y penser. Considérer cette hypothèse comme absurde. Et compter sur la grande sagesse de son père qui avait lui aussi accepté un mariage arrangé mais où l'amour avait trouvé son propre accommodement. Derrière une porte, un jour, sans l'avoir recherché, Raoul avait surpris l'un des entretiens que son père avait engagés avec Ernest de Saint-Domingue devant son notaire, maître Wilfrid Dorwling-Carter. Discussion courtoise mais serrée de marchands traitant une affaire. D'une voix impersonnelle et concise. Comptant leurs mots. Et leurs biens. Froid cliquetis des chiffres sautillant dans de confus calculs, tombant de tout leur poids au bas des additions. Il s'agissait bien sûr de la rédaction du contrat de mariage. L'oreille indiscrète de Raoul n'en revenait pas. Entendant parfois, au milieu de ce chuchotement métallique, de ces sordides combinaisons, le doux prénom de sa sœur comme un violon égaré. Pauvre Hermance ! On la vendait ni plus ni moins à cet escogriffe, et elle n'avait même pas le droit de jeter un coup d'œil sur la facture. C'est égal, elle aurait un beau mariage. De cela elle pouvait être assurée. Une robe de Paris, une assistance choisie, une cérémonie grandiose. Un tralala dont on parlerait longtemps après. Et qui la consolerait de bien d'autres choses quand le charme serait parti, tombé comme son voile.

En tout cas, même s'il n'envisageait pas de lier ses jours à qui que ce fût pour le moment, Raoul du Morne Cordier nourrissait une certitude : jamais personne ne lui dicterait son choix. Jamais il ne se laisserait imposer de vivre avec un être à qui il n'aurait pas accordé de lui-même sa préférence.

Après leur incursion à la sucrerie, vers cinq heures, le père et le fils s'étaient rendus au chevet d'un vieux travailleur malade. Un Noir à la peau ravinée, presque blanche à force de s'être frottée à la terre, à la vie rugueuse. Sur sa véranda, dans son fauteuil, entouré de sa femme, de ses enfants, et de ses petits-enfants, chapeau sur le front, son chien en boule à ses pieds, Grandvizi recevait. On disait de lui qu'il descendait de quelque roi africain. D'où son surnom de chef. C'est vrai qu'il avait une façon royale de se tenir sur son siège malgré ce mal qui le diminuait. Certains lui prêtaient même des pouvoirs occultes. Mais il n'en tirait pas profit. Une sorte de devin qu'on venait consulter comme un père, un patriarche. L'arrivée des deux hommes provoqua le silence. Deux Blancs à la cour de Grandvizi ! Voilà ce qui ne se voyait pas tous les jours. Silence. Et petits rires étouffés de la marmaille cachée dans l'ombre. Grandvizi offrit de la main les quelques fruits que contenait un saladier posé sur la table. Des « chadèques », ces énormes pamplemousses à l'écorce rembourrée, des pommes-cannelles aux vertes écailles, des oranges, des mandarines. La case familiale, une maisonnette de bois branlante, s'accrochait à la pente de la montagne comme ces cabris qui semblaient se retenir par les dents à l'herbe rase. Soudain le jour baissa. Le soleil venait de tomber à l'horizon. D'un seul coup. Comme s'il s'était décroché. Maintenant une fausse lumière semblait pleuvoir doucement. L'intérieur d'un château fort qu'une seule torche aurait éclairé, au loin.

— Nous allons rentrer, dit Gaston du Morne Cordier.

C'est alors que ces lueurs d'un rouge intense, ces traînées sanguinolentes qui maculaient le crépuscule depuis quelque temps, réapparurent, les unes après les autres, au ras de la mer, comme des lignes de soldats fauchés par la mitraille, des régiments massacrés. Bientôt tout était rouge, rougeâtre, rougeoyant. Les vêtements, les arbres, la prairie, le sommet de la montagne. Barbotage dans un bain de teinture. La tête nimbée d'une soie cramoisie, Grandvizi fixait ces bizarreries du ciel. Et ses yeux brillaient comme des caillots. Il parlait en créole s'adressant à lui-même. Disait qu'il avait déjà vu pareils phénomènes en août 1851 et que cela ne présageait rien de bon. Disait que ces longues flammes qui ourlaient le ciel provenaient de la montagne. Il la montrait du doigt. Là. Cette montagne sur le flanc de laquelle il était né et qui allait recevoir bientôt son corps. Là. Toute la famille l'écoutait, figée. Même les enfants s'étaient tus. Statuettes vernissées. L'écoutait raconter encore et encore la colère de la montagne, en 1851. Un bruit sourd, vers onze heures du soir, lointain, sinistre, un bruit qui se rapprochait comme un tombereau chargé de lourdes roches, roulant dans un chemin creux. Et puis soudain, un mugissement puissant, comme celui du vent dans la forêt, comme celui d'une tornade quand la maison craque et que les arbres plient. Et ce mugissement qui se transformait en sifflement, celui d'une soupape de chaudière, à l'usine de la Rivière-Salin ou du Marin. Sifflement mouillé de *La Topaze* ou du *Rubis* quand ils libèrent leur énergie. Alors Grandvizi avait fui avec toute sa famille. Dévalé la montagne. Avec des flambeaux. En criant : « C'est la soufrière qui bout ! » Des flambeaux partout dans la nuit, comme une retraite. Grandvizi avait fui en se retournant parfois pour regarder avec effroi le sommet de la montagne. Pour voir si la montagne ne le suivait pas avec son ébrouement, son écume de rage.

Le lendemain matin, quand ils étaient revenus à la case, tout le sol semblait recouvert de givre. Comme si la terre avait gelé de frayeur. Mais ce n'était pas du givre, c'était de la cendre. Une fine couche de cendre comme de la sciure de bois. La cendre du volcan. Grandvizi se souvenait encore de son étonnement en découvrant son champ tout blanc. Comme semé de lis. De la cendre, oui, il fallait vraiment que ce volcan fût en colère. (Terreur des enfants serrés les uns contre les autres. Ils devaient pourtant l'avoir entendue souvent cette histoire terrible). Il appela sa femme, lui demanda d'aller chercher le pot de confiture qu'il gardait dans sa chambre, près de son lit, précieusement.

— Touchez, dit-il à Raoul et à son père. Elle est aussi fraîche que ce matin-là.

La cendre s'écoulait entre les doigts du jeune homme. Poudre argentée, rosissante sous le ciel sanglant. Poussière du cœur de la terre. Eternuement du volcan.

— C'est comme ça que tout a commencé, dit encore Grandvizi en montrant l'incendie finissant du ciel, et vous verrez que ça recommencera. Quelque chose me le dit.

Retour silencieux des deux cavaliers vers le Grand-Morne. L'horizon avait fini de se singulariser. Mais quelques flaques demeuraient encore sur l'eau, pressées par la masse de la nuit. Dernières traces d'un assassinat. Retour silencieux, chacun avec ses pensées le long du sentier que le cheval connaissait heureusement par cœur. Raoul se souvint du projet de Lucy d'emmener Gaston Landes, le professeur d'histoire naturelle, au sommet de la montagne. « J'irai avec eux », se promit-il.

Mais Léon Lucy avait trop à faire à Saint-Pierre, au même moment, pour aller escalader les pentes pierreuses de la Pelée. Le rédacteur en chef des *Antilles* ne pouvait abandonner à son sort, face au déchaînement de Mureau, celui à qui il avait toujours porté estime. Le nouveau Conseil municipal venait de se réunir. Pour constater, comme l'avaient révélé *Les Colonies,* que les caisses étaient vides. Haro sur « Célestin » ! Mureau :

— Nous demandons à M. Bernard où était le danger qui le poussait à se ruer avec une telle furie sur l'argent des contribuables. Nous réclamons la lumière sur ces gaspillages !

Allégation, suspicion. L'ancien maire n'osait plus se montrer en ville. Rasait les murs. Un voleur, voilà ce qu'il était devenu aux yeux de ceux qui prenaient pour parole d'Evangile tout ce qui sortait de la bouche du directeur des *Colonies*. Coalition des amis autour du tailleur : Lucy, Duribar et les békés reconnaissants du courage qu'il avait montré au cours de l'affaire Lota. Défilé devant son établi, pour l'encourager, le réconforter. Et lui, ciseaux à la main, tailladant nerveusement l'air comme un bec furieux, les billes de ses yeux roulant en tous sens comme les bulles d'un niveau à eau secoué :

— I pa kaï tchembé moin ! (« Il ne m'aura pas ! »)

En silence, la commission administrative chargée d'examiner les comptes de la ville épluchait les livres, passait les factures sous la bougie. Une pièce lui était réservée au premier étage de l'hôtel de ville. Pièce dont les lampes ne s'éteignaient que fort tard, bien après les autres. François Bernard pouvait distinguer cette lumière de loin, au bout du dédale des toits et du fouillis des arbres. Lumière qui le poursuivait dans la nuit. Œil traqueur de la rancune. Mais une fois dans son gîte désinfecté, aseptisé, purifié, il ne craignait plus rien. Sûr d'être devenu intouchable. (« I pa kaï tchembé moin ! »)

L'ancien maire avait raison de garder confiance. Au bout d'une semaine de travail intensif, la commission avait rendu son rapport. François Bernard s'en tirait bien. Les censeurs le disculpaient de toute malhonnêteté. Conclusion du procureur général Servatius :

— M. François Bernard n'a occupé ses fonctions que pendant trois mois. Il ne peut donc être coupable de ces irrégularités qui remontent souvent à plusieurs années. Il n'y a pas lieu de poursuivre.

Défaite pour Mureau. Gloire à Sigismond et à ses souveraines prescriptions ! Bruyante sarabande des amis chez le tailleur, danse des verres dorés et brûlants dans le soleil. Visite à la statue de la Vierge du Bon Repos qui avait aussi sa part de mérite dans cet heureux dénouement.

Au même moment, Mureau bouclait ses malles dans sa propriété de Tivoli. Il devait prendre le paquebot le lendemain à Fort-de-France, le *La Fayette* de la Compagnie Générale Transatlantique. Sans attendre le procès Lota qui ne débuterait qu'un mois après, le 12 décembre, au palais de justice de Saint-Pierre. Le temps pressait tellement. Et l'impatience. Il lui tardait de rejoindre cette assemblée, cible de toutes ses ambitions, château de ses rêves. Hortense, allant et venant dans la chambre à coucher, au milieu des vêtements, de ce déballage, de ce pêle-mêle qu'une longue absence provoque toujours comme pour laisser encore plus de regrets à ceux qui restent derrière. Allant et venant pour cacher ses yeux rouges, s'étourdir dans le remue-ménage, dans cette agitation fébrile. Assourdir les cricris du chagrin. Pas un mot. Que se dire ? Tant de fois, déjà on avait fait le tour de tout ce qui s'échange dans ces cas-là. Qu'ajouter ? Que se répéter en secret, pour soi-même, les dernières recommandations, les dernières promesses. Tu m'écriras ? Oui, bien sûr. Tu me seras fidèle ? Quelle question ! De toute façon, le temps passera si vite, tu verras... (Si vite, si vite !) Et puis, peut-être Hortense attendrait-elle un enfant dans quelques mois. Peut-être. Car elle avait réussi à décider son mari. A le convaincre de devenir père. Après une bataille sans nom. Elle désirait tellement mener jusqu'au bout sa vie de femme. Et sans enfant, quel accomplissement ? Da Amante, énervée comme à chaque fois que le cœur lui faisait mal, fronçant l'œil, bras en anse d'amphore, devant le méli-mélo des préparatifs, cette débâcle :

— Ca ki cé dit ça ! (« Qui l'eût dit ! ») Moin dan an belle bancoulélé ! (« Je suis dans une situation impossible ! »)

Le nouveau député se reprochait de n'avoir pu, avant de quitter l'île, se dédommager moralement de tous ses offenseurs. Mais il laissait derrière lui quelques bombes à retardement. Elles éclateraient après le procès, grâce à la complicité du gouverneur et à l'action de Georges César-Laîné qui allait prendre, dorénavant, en main les destinées du journal.

Maintenant, de la véranda, il contemplait Saint-Pierre, sa ville natale, pour la dernière fois. Pour la garder longtemps dans ses yeux. Garder ces toits rouillés, ces auvents de zinc, ces murs ocre jaune, ces volets verts. Garder dans les yeux ce champ de toutes les batailles gagnées. Bataille contre les Blancs rétrogrades, contre les obscurantistes en robe noire. Contre toutes les injustices. Et pour l'unité du parti républicain. Et dernière bataille remportée, celle qu'il avait décidé de mener il y a quelques mois en accord avec sa femme : le rachat de la rhumerie Amédée Mureau, l'ancienne maison de son père, célèbre en son temps pour avoir été primée à l'Exposition Universelle de 1867. Une folie. Qui l'avait obligé à emprunter une forte somme et à hypothéquer sa propriété. Mais quelle joie, quelle satisfaction !

Ainsi son nom, le nom de Mureau, allait de nouveau flamboyer sur les bouteilles comme flamboyaient ceux du Grand-Morne, de Knight, de Saint-Léger Lalung, d'Ettori. Le nom de Mureau partout. Sous le titre des *Colonies,* à la Chambre des députés et, bientôt, donc, sur les étiquettes de milliers de bouteilles de rhum.

A ceux qui lui reprocheraient de se plonger à son tour dans l'épicerie, de compromettre sa réputation en devenant, comme les autres, mercantile et vénal, il aurait une réponse toute trouvée. Un homme politique ne peut rester indépendant s'il ne possède pas les moyens de son combat. Pour s'occuper de son affaire pendant son absence, il avait choisi et bien choisi son beau-frère, Théodore Bellard, un garçon entreprenant et courageux. Il tenait dans la Grand-Rue, en s'ennuyant fort, un commerce de faïence et d'articles divers. Il avait accepté d'emblée de devenir son mandataire général. Agissant donc pour son compte à Saint-Pierre et s'octroyant pour sa part le quart des bénéfices. A Tivoli, toujours appuyé au garde-fou près d'Hortense, toujours triste, venue le rejoindre :

— Regarde là-bas, la Galère, la troisième cheminée.

La Galère, au bas de la bave argentée de la Roxelane, ce quartier dévolu aux rhumeries, aux abattoirs, fumant de toutes ses cheminées comme s'il allait quitter Saint-Pierre, rompre ses amarres, prendre le large. Fumée des machines en sueur, salut des hommes au travail. C'est à la Galère que le rhum Mureau allait se distiller. Sous l'œil de son associé. Le député avait longuement visité les installations qui avaient appartenu à son père, caressant au passage les belles tubulures de cuivre d'où sortirait la liqueur d'or. Chaudières bombant la panse, bondées de promesses. Alambics Derosne et Cail prêts pour les exaltations sublimes. Gais serpentins. Et toutes ces barriques qui attendaient impatiemment le moment de rouler vers le port dans une précipitation joyeuse.

On parlait d'une crise du sucre, d'une baisse prochaine de son prix, d'une mévente probable du rhum ? Allons donc ! Quelle infortune pouvait vraiment frapper un homme qui, jusqu'à présent, n'avait connu que le succès ? Forcer sa chance, violer son destin, voilà ce qu'un audacieux se devait de faire à chaque fois qu'une barrière se dressait devant ses ambitions. Et puis Théodore montrait toutes les qualités d'un homme d'action et il saurait mener sa barque même en cas de tempête. Et puis à Paris il ouvrirait un comptoir, une succursale. Une sorte de tête de pont. Pour assurer l'écoulement des produits en France, répandre la marque, faire fructifier l'affaire. (Rêve insensé peut-être mais non irréalisable : une bouteille de rhum Mureau sur la table du président de la République !)

Embarquement pour Fort-de-France avec Hortense qui ne voulait quitter son mari qu'au pied de la passerelle du *La Fayette*. Foule des grands jours sur l'appontement Girard. Le petit vapeur piaffait, sifflait, rappelant à tous l'heure impérative du départ. « Allez Mureau, allez à l'Assemblée défendre les libertés ! » Flottille de canots, de gabarres, rameurs debout dressant leurs avirons. Toute l'équipe des *Colonies* avec femmes et enfants, mouchoir à la main. Mureau à la poupe, près d'Hortense, répondant des deux bras. Et regardant la ville qui s'éloignait, ses vingt-cinq mille habitants, leurs peines, leurs joies, leurs affections, leurs aversions. Tant de fraternels échanges et de fratricides combats. Et par-dessus, la fière montagne, spectatrice silencieuse, témoin muet de tant de vanités, de tant d'illusions. Et plus bas, à côté de la tache verte du jardin des plantes, caillou perdu dans l'herbe, Tivoli où le bonheur était entré comme un oiseau, un beau matin, et où parfois, à présent, il recherchait une fenêtre ouverte. Et sur ce morne, ce panneau publicitaire à la gloire du rhum Saint-James, défiant quiconque d'atteindre cette hauteur, cette célébrité. Défiant Mureau. Mais pas pour longtemps. Car l'une des cheminées de la Galère, dont on apercevait encore les signes d'amitié là-bas, projetterait bientôt plus haut son nom, plus haut que cette pancarte, plus haut que celui de tous ces propriétaires terriens pleins de morgue, de tous ces rhumiers pénétrés de leur supériorité, assis sur leur fortune.

Le jeune César-Laîné avait appris son métier à bonne école. Mureau lui avait laissé sa plume corrosive, son encrier rempli d'acide. La session des assises qui allait s'ouvrir quelques jours plus tard le 12 décembre 1881, montrerait à chacun que l'élève n'avait plus rien à apprendre. Trente-deux accusés comparaissaient pour répondre de la destruction et du pillage de la maison du médecin. Et à en croire César-Laîné, trente-deux innocents que les jurés ne pourraient condamner sans se déshonorer : « Un homme ayant la preuve du crime d'adultère commis par sa femme et qui, sur les provocations de sa femme, la tue dans un moment d'emportement, est-il coupable ? La conscience répond : non. On ne saurait condamner ceux-là dont l'égarement est la conséquence d'une provocation longtemps étudiée et préméditée ».

Un mois de débats dans une salle surchauffée, surexcitée, sous l'œil impassible du procureur général par intérim Fournier l'Etang, rigide comme le couteau d'une balance. Les vrais acteurs du drame, Lota, Mureau, ont quitté la scène, c'est le temps des figurants, celui du petit peuple, des gens du bord de mer. Vêtus de neuf, coiffés de frais, crachinant la sueur. Respectueux de la loi, polis, doux. Albert Gédéon Moscou. A failli assommer un gendarme en basculant une commode par la fenêtre. Son complice Auguste Joachim, le caporal des pompiers. A terminé le travail dans la rue à coups de pioche. Eugène Florival dit Conda. A fait main basse sur les bijoux de Madame Lota. Louise Alexandrine lançait des pierres « avec une telle vigueur qu'on l'eût prise pour un homme ». Dansait ensuite dans le salon dévasté. Léon Ferralle, le facteur des

Colonies. A ravagé le salon, en criant : « C'est moi qui vais le tuer ! » Et puis les deux accusés de choix, les deux amis personnels de Mureau. Deux membres de la haute société de sang-mêlé. « Des hommes bien élevés, écrivent *Les Antilles,* qui se sont roulés dans les lits comme l'âne sur le pré, cassant, brisant, empochant, faisant tout à la fois du communisme et de l'ordre, se montrant selon la minute, bons apôtres ou bons larrons ». Joseph Clavius-Marius, l'alter ego du député, conseiller municipal, adjoint au maire. On l'a vu se vautrer en riant dans le lit d'Hélène Lota. « Comment un homme comme vous, Monsieur Clavius-Marius... » Bouille de melon, éclatante denture. Rit. « Je ris, c'est ma note dominante, monsieur le président. J'ai toujours ri. On m'en veut parce que je ris ». Et Pierre Duprey de La Ruffinière qui a jeté bas une pendule, déchiré des billets de banque. « Comment, vous aussi, avec votre position sociale... » Parents huppés, pignon sur rue. Accusé avec les palefreniers, les gabarriers, les charbonnières. Et leurs avocats (sang-mêlé et blancs) voletant de toutes leurs toge, épitoge, rabat, volaille ébouriffée, hérissée. Transformant le banc des accusés en autel des sacrifices, et dénonçant à leur tour les témoins à charge, les accablant de risées et de mépris. François Bernard, l'ancien maire, s'avançant avec prudence, restant à une distance respectueuse de la barre et aussitôt raillé par l'un des défenseurs, tourné en ridicule à cause de ses relations avec les devins. (« Attention, lui a dit Sigismond, ne touche pas la barre, elle est quimboisée ! ») Même sort pour Duribar. Plus encore. A la sortie du tribunal, un soir, deux gredins se jettent sur lui à bras raccourcis. D'autres sont accusés de faux témoignages. Cent treize témoins. Menacés, intimidés, insultés.

Défilé des témoins à décharge trouvés dans la rue par les acolytes de César-Laîné et poussés, tremblants, dans le prétoire. Tous ont vu Lota et les siens tirer sur la foule. Alexandre Ericher, caché derrière un manguier, rue Montmirail. Balle frappant à quelques pas de lui. Bolo Sylvestre Léonval : deux balles tirées par Lota au fusil et au revolver. Joseph Sophie, maître au cabotage, rue d'Enfer : balle qui a fait un trou de cinquante centimes sous son nez... Balles sifflantes, miaulantes, innombrables. Grêle de balles. Sans peur, un expert, le chef armurier du régiment d'artillerie, entre sous cette mitraillade, s'avance devant les juges, une carabine à la main. Celle du docteur Lota. Winchester modèle 1866 (magasin de 13 cartouches annulaire 44 Henry à tête plate). Brandit l'arme devant les têtes qui fléchissent instinctivement, explique : « Les véritables projectiles de cette arme, tirés à quelques mètres seulement, auraient brisé les corps sur lesquels ils seraient venus se heurter en ne s'aplatissant que fort légèrement. Une expertise de l'armurier, mandée par le juge d'instruction, a démontré que les balles très aplaties n'appartiennent pas à cette arme mais aux complaisants qui s'étaient servis avec trop de zèle du marteau et de l'enclume ». Une balle avait été tirée en l'air, dans les arbres. C'est tout.

Improbations, mouvements divers. « Faites évacuer la salle ! »...

A la sortie du palais de justice, François Bernard courait vite jusqu'à la cathédrale où l'on préparait fiévreusement les fêtes de Noël, les répétitions studieuses sous la baguette de Jules Pornain, des différentes messes chantées. Celle du samedi des Quatre-Temps d'Hiver au cours de laquelle quelques prêtres seraient ordonnés, celle du Quatrième Dimanche de l'avent et, bouquet de l'affaire et jubilation des chanteurs, les messes de la Nativité, celle de minuit et celle du jour. Mais une grande déception attendait l'ancien maire, ce soir-là. Entrant sur la pointe des pieds dans l'abside où se trouvaient déjà rassemblés les trente choristes. S'asseyant respectueusement. Fettlinger, le grand Fettlinger, venait d'arriver, auréolé de toute sa réputation. Engagé pour un temps par le théâtre, il avait bien voulu promettre de venir chanter le « Minuit chrétien » à la tribune de la cathédrale pour complaire à l'abbé Simonet, cet autre artiste de renom. « Laaa ... » Pornain donnait le la sur un harmonium, le chœur allait entonner le premier cantique. « Laaa ... » François Bernard avait déjà gonflé ses poumons de basse quand l'abbé Simonet avait surgi, un peu essoufflé, faisant signe qu'on suspendît tout, annonçant cérémonieusement :

— Monseigneur !

Mgr Carmené était entré, escorté de l'abbé Cudennec, le curé de la cathédrale et de l'abbé Gosse, le vicaire général. Graves. Trois cierges éteints. L'évêque avait alors annoncé sa décision de supprimer la célébration de la messe de minuit dans toutes les églises de la colonie.

— L'état des esprits est tel qu'une manifestation de ce genre peut devenir un danger pour la paix publique et, du même coup, une menace pour la dignité du culte.

Puis le prélat avait énuméré les déplorables incidents dont avaient souffert les paroisses et leurs prêtres depuis quelque temps.

Désolation. Fettlinger repartirait en France sans avoir chanté l'hymne de minuit ! Tristesse, donc, chez les chanteurs. Et colère au Conseil général. Quand on apprit le contenu de la lettre confidentielle que Mgr Carmené avait adressée aux prêtres de son diocèse. « Il existe malheureusement toujours dans nos populations ordinairement si calmes, une certaine fermentation, et il est à craindre qu'un office de nuit, en pareille circonstance, ne devienne une occasion de désordre dans quelques-unes de nos églises ». Ernest Deproge et Osman Duquesnay fulminant, menaçant. Comment pouvait-on prétendre que la situation fût si dramatique à la Martinique pour nécessiter une telle mesure ? Imaginait-on la réaction des officiels métropolitains en apprenant que la colonie était à feu et à sang ? (Le linge sale ne se lave qu'en famille).

— Au milieu du calme le plus profond, il faut que l'évêque découvre des désordres qui n'existent que sous sa mitre. Dans nos temps les plus troublés, en 70 par exemple, on a pu célébrer la messe de minuit et cette année on ne le fera pas !

Occasion pour Duquesnay de réclamer le déménagement de l'évêque. Toutes les autorités civiles et militaires de l'île siégeaient à Fort-de-France, que faisaient donc encore celles de l'Eglise à Saint-Pierre ? L'isolement de l'évêque ne pouvait qu'augmenter son pouvoir et l'encourager, comme c'était le cas à présent, à en abuser gravement.

— Nous ne pouvons permettre que Saint-Pierre soit une ville épiscopale du moyen âge. Nous ne pouvons pas abandonner notre ville à la passion des lévites !

Quelques jours après, débarqués du paquebot *Europe*, les journaux de Paris annonçaient que l'office de nuit allait devoir être également supprimé dans la capitale à cause des troubles possibles...

Mais Mgr Carmené ne s'en tirerait pas à si bon compte. Ainsi sa maison de campagne sur les hauteurs, cette belle demeure dont la colonie lui avait abandonné la jouissance depuis trente ans, devait être restituée immédiatement. Pour abriter les loisirs et le délassement des professeurs du lycée. L'évêque encaissa l'affront en silence. Hortense Mureau proposa alors d'inviter Gaëtan Pasdeloup à Tivoli afin qu'il pût y poursuivre sa convalescence. Hélas ! Lorsqu'elle vint le chercher, le jour convenu, avec Lucie Saint-Jude, elle le trouva dans un état inquiétant. Ses vomissements l'avaient repris, son teint virait de nouveau au jaune.

— Il faut l'hospitaliser, dit l'abbé Maillard, vous ne pouvez l'emmener avec vous.

La mort rôdait encore une fois sur l'amour. Sœur Sainte-Virginie secouait la tête tristement. Elle avait en mémoire trop de moribonds, trop de vies enlevées en pleine accalmie, pour donner beaucoup d'espoir à Lucie.

— Priez Dieu, recommanda la sœur. Ne cessez jamais de prier.

Et Lucie priait. Avec Hortense. Toutes deux à l'église du Centre, sous une mantille, dans le coin le plus reculé, le plus perdu de la nef. Pour qu'on ne les reconnût pas trop. Pour s'inonder de leurs prières. Et puis un après-midi, Hortense voit entrer la jeune fille en larmes, en loques. La voit s'effondrer dans le fauteuil poussif, puis s'abîmer dans ces bras qui se tendent. Gaëtan est au plus mal. Le Dr Marry a tout dit, tout avoué. Au plus mal. Comment faire pour le sauver, il ne le sait pas. Il ne sait plus. Dieu seul le sait. Dieu ? A quoi ont servi toutes ces prières ?

Précédé de son ventre, Long-Ming, le fabricant d'allumettes, venu là pour affaires, le gros Chinois jovial tombe en plein désastre, en plein ruissellement. Alors il veut aider cette malheureuse qui désespère. Aider l'amour. Lui dit :

— Je connais un homme qui peut sans doute encore faire quelque chose pour lui.

Sigismond. Long-Ming est un de ses visiteurs les plus assidus. Sa confiance en lui est absolue et il s'en est toujours félicité. Il donne à Lucie quelques exemples de guérisons inexplicables, lui donne quelques raisons d'y croire. (De toute façon, que faire maintenant, où aller, à qui s'adresser puisque Dieu lui-même...).

— Si vous le voulez, je vous accompagnerai chez lui. Lucie accepte. Elle accepterait l'inacceptable. Long-Ming doit justement livrer de la morue au Carbet. Sa tapissière attend devant la porte. « Allons-y. » Assise à côté du Chinois, dans sa bruine, dans sa rumination, dans le bruit des roues, des sabots et des grelots, avec cette chaude pestilence que charrie la voiture, ces miasmes de négligence qui la rattrapent par bouffées.

Sigismond est là. Lucie l'écoute, frissonnante, comme si elle était encore secouée par le tremblement de la livreuse. Pacionise, sa da, lui a déjà raconté tant d'histoires de quimboiseurs, de « zombis », d'« engagés ». Elle a déjà tant frémi avec elle. Mais c'est la première fois qu'elle se retrouve ainsi devant l'un de ces princes de l'étrange. De ces êtres bizarres et effrayants qu'elle n'osait même pas regarder lorsqu'elle était enfant. Prenant la main de sa da, l'invitant à changer de trottoir, à fuir à grands pas. Se retournant vingt fois de peur d'être suivie. Et voici que l'un d'eux lui parle, maintenant, à deux doigts de son front. Elle sent son souffle chatouiller la pointe de ses cheveux comme celui de l'abbé Maillard lorsqu'il l'a confessée pour la première fois, l'autre jour. Haleine de pierre à feu, de silex cogné, haleine soufrée des allumettes de Long-Ming. Il lui parle mais elle l'entend à peine. Ça ne fait rien, Long-Ming lui répétera tout par le menu. Sigismond a guéri bien des maladies, réveillé des cimetières entiers de moribonds. Il lui dit que si Gaëtan est malade, c'est que quelqu'un lui a donné cette maladie. Quelqu'un qui s'oppose à leur amour. Lucie connaît-elle cette personne ? Tout de suite elle pense à son père. Non, impossible. Son père ne peut pas vouloir la mort. Alors elle cherche. D'autres visages défilent, pêle-mêle. L'un se détache, soudain. Celui de l'employé qui travaille avec elle au Câble français. Fernand. Ce câpre aux lèvres épaisses comme des limaces, à la langue violette comme celle d'un chien furieux. Deux fois, elle a senti sa jalousie la pincer furtivement. Il a un « gros chuveu » à cause d'elle, un gros chagrin d'amoureux. Pas de doute. Fernand. C'est lui, peut-être. Oui, c'est lui, sûrement. Alors Sigismond lui dit comment procéder. Comment se débarrasser de sa subordination, de sa malédiction.

Cette fois-ci elle écoute sans perdre un mot. Elle doit rapporter ici un petit bout de l'intimité de Fernand. Un de ses cheveux, une rognure d'ongle. Ou bien une chaussette, un mouchoir. Sale de préférence. Sigismond a besoin de ce « rapport » pour le « travailler ». Si Lucie ne parvient pas à obtenir ces objets, Sigismond enverra un animal au domicile de Fernand, un animal « voyé » (envoyé) qui se chargera de la mission. Un oiseau surnaturel, mi-ovipare mi-homoncule, du nom d'« antiori », né de l'œuf d'une poule noire pondu le vendredi saint et couvé sous l'aisselle. Un oiseau malin assez leste pour s'introduire partout, pour se glisser entre les lames des persiennes et chaparder comme une pie dans le nid le plus défendu. Sigismond en possède un, vivant là, sous son lit, nourri uniquement à la viande crue et aux légumes cuits à l'eau, sans sel. Il l'utilisera, au besoin. En attendant, le malade doit être arraché à l'empire de son sortilège. Peut-être est-il victime d'un de ces animaux « voyés ». Lucie n'a-t-elle pas vu, à son chevet, ou non loin de son lit, rôder une bête quelconque, un chat, une souris, ou même une araignée ? Non ? Elle s'obligera à jeter les yeux partout, la prochaine fois, à fouiller la chambre où il se trouve alité, tous ses replis, ses placards. Mais comment distinguer un animal « engagé » et « envoyé », d'un autre, inoffensif ? Très simple. Il suffit de le regarder, dos tourné, entre ses jambes écartées. On reconnaît ainsi immanquablement sa vraie nature. Si l'on tient sa proie, il faut, sans perdre son sang-froid, la fouetter aussitôt à coups de branches de cerisiers-pays ou d'acacia. Sous la douleur horrible de cette flagellation, la sale bête rend son âme, restituant plus ou moins vite sa forme humaine à son propriétaire.

Lucie quitta la cabane du « mentor ». Prenant bonne note avant de partir, d'une préparation étrange, d'une composition à base de feuilles de menthe glaciale, d'eau bénite et de tafia qu'elle devrait faire ingurgiter à Gaëtan, un vendredi avant l'angélus de midi. Quitta la cabane avec Long-Ming en se demandant si elle allait suivre toutes ces recommandations. Comme l'aurait fait sans sourciller, sans se poser une seule question, sa grand-mère, sa mère ou sa da. La femme du député doutait tout autant qu'elle. Jamais elle n'avait confié ses souhaits et ses espoirs à un quimboiseur.

Lucie avait à peine quitté le bureau d'Hortense que Théodore Bellard y entrait à son tour. De sa sœur, le jeune homme avait le teint clair, presque blanc, les yeux soyeux et le cou allongé qui l'obligeait à porter sa tête comme une couronne. Un air de distinction, une sorte de noblesse dont il ne semblait que faire, l'ayant hérité d'un ancêtre inconnu qui lui eût certainement reproché son col déboutonné et ses chaussures poussiéreuses. Mais cette négligence était sans doute à mettre sur le compte de son impatience. Toujours harcelé, assailli par le temps. Aiguillonné, éperonné par ses fichues aiguilles.

Théodore revenait des *Colonies* où on lui avait donné des nouvelles de Mureau. De bonnes nouvelles. La commission parlementaire chargée de vérifier ses pouvoirs après son élection avait rendu son rapport et il lui était favorable.

— Son élection est validée !

Ses adversaires étaient donc déboutés. Un dénouement qui arrangeait bien Théodore au moment où il avait besoin de tout le prestige du député pour obtenir des prêts bancaires. Car dans la rhumerie de la Galère, Mureau avait déjà jeté plus d'argent qu'il n'en possédait. Alors il avait fallu sonner à toutes les portes. Mais Théodore y croyait. Parce qu'il se nourrissait d'optimisme comme d'autres de fruit-à-pain. Parce que la position de son beau-frère à Paris, son influence, et bientôt le comptoir qu'il allait y ouvrir, ne pouvaient qu'amener la réussite. Ces rumeurs d'une crise prochaine ? A la Chambre des députés, il serait là pour veiller sur le prix du sucre avec la même diligence que la Constitution sur la République.

Hortense se félicitait que son frère eût enfin l'occupation que méritaient son énergie et sa perspicacité. Cette grande aventure de la Galère était à la mesure de son esprit d'entreprise. Théodore invita sa sœur à dîner. Car il la savait bien seule à présent dans sa vaste maison. Avant de l'emmener chez lui, il tint à lui faire visiter son nouveau domaine. Le jour baissait et une lumière insolite embuait le grand hangar où dormaient, comme la machinerie d'un navire au repos, toutes ces chaudières, ces appareils et ces tuyauteries, cette immense vaisselle de cuivre rutilante d'espoir. Hortense sur les pas de son frère, traversant la rhumerie déserte à grandes enjambées, transportée de joie et de fierté. Prince passant en revue l'armée de ses féaux conseillers. Hortense heureuse pour lui et en même temps inquiète, tourmentée. Inquiète de le voir à son tour se précipiter dans les bras broyeurs de l'ambition.

XIII

La terre fumait doucement, laissant apparaître çà et là comme des estafilades, sa chair vive, ruisselante, souffrante. Morsures du fouet de la dernière averse. Dans les potagers, les asperges, les choux-raves, la laitue, la chicorée et les pieds de gombo, plantés en septembre, prospéraient sous cette manne du ciel, ce mélange d'humidité et de fraîcheur. Bientôt les pluies allaient s'arrêter. D'un seul coup. Comme elles étaient survenues. Avec cette habituelle détermination, ce déconcertant imprévu. A cheval, goûtant ce silence étrange qui suit toujours les grandes cataractes, Raoul du Morne Cordier pensait : tout ce qui se passe ici dans la nature est empreint de brutalité sauvage. Le vent se lève, né de nulle part, et la mer d'huile perd tout contrôle sans savoir pourquoi elle-même. La pluie arrive, frappe, martèle à la grande surprise des nuages. Même le jour ne peut s'empêcher de tomber à brûle-pourpoint, sans crier gare. Autour des cases, des négresses en chapeau de paille se penchaient sur leurs carrés de légumes, récoltant les choux-caraïbes, les petits pois et surtout les pois d'angole qu'on servirait bientôt, à Noël, avec le ragoût de cochon. Plus loin, c'était la cueillette du café, du cacao et du tabac, le fumage des cotonniers plantés en juin et floconnant déjà. Et dans les champs de canne à sucre, le sarclage et le binage des jeunes pousses pointant leurs tiges avec impatience après deux mois seulement d'existence. Tout de suite après les dernières pluies viendraient les plantations de bananes, d'ignames, de patates douces et de manioc. Mais pour le café, la croyance populaire exigeait que l'on attendît le 25 décembre afin qu'il fût de bon rapport.

Noël approchait donc et tout le disait au jeune béké. Les stations à genoux des fillettes en robe longue sur les marches des « tit'chapelles », ces calvaires chaulés, cachés sous les arbres, nichoirs des prières champêtres. La répétition des chants et des cantiques autour des lampes à huile, le soir, après le travail. La construction de la crèche en famille, dans un coin de la galerie. Et ces effluves de rhum plus tenaces encore, ces exhalaisons sucrées qui flottaient avec celles de la sudation des hommes et des bêtes, qui montaient, lourdes, enivrantes, avec les voix confuses, au passage des maisonnettes de bois.

Au Grand-Morne on préparait activement les fiançailles d'Hermance. Repeint le grand salon et rempaillées quelques chaises fatiguées. Lassource, le jardinier, taillait les haies avec un entrain peu coutumier. La fièvre secouait la maison. Ces dames couraient dans tous les sens en poussant de petits cris énervés. Même « Fifine », la chienne, avait adopté cette frénésie, glapissant, clabaudant sans motif et sans arrêt. Seule Hermance restait la même, allant et venant d'un pas égal, caressant tout de sa grande indifférence. Raoul la regardait avec commisération et attendrissement. Cette fête allait marquer ses débuts dans la société créole. Les débuts de quoi ? Depuis qu'elle avait quitté la robe noire à ceinture violette et le chapeau de paille du pensionnat, ses broderies et ses saines lectures, que lui était-il donc arrivé ? Lisant et relisant les beaux livres rouges, dorés sur tranche, amassés lors des distributions de prix. Voyages en ballon, solitudes de naufragés, histoires de princesses russes. Morne défilé des jours immanquablement semblables dans l'ombre de sa mère ou de sa grand-mère. Ne connaissant qu'un chemin hors de la maison, celui de l'église où elle se rendait toujours escortée, surveillée, gardée. Jamais d'arrêt devant une vitrine, un chapeau, un corsage, une fanfreluche. Interdiction de pousser une porte autre que la sienne. Les objets convoités, les babioles, les vêtements, son frère, son père ou sa femme de chambre en ferait l'achat pour elle. Une porteuse les lui livrerait sur sa tête. Et s'ils ne lui convenaient pas, on les retournerait au marchand par la même voie pour les échanger. Sa seule sortie permise, cette année, avait été pour les religieuses, pour revoir la cour ombrée, sous les ailes placides des palmiers, le pupitre ciré, moucheté d'encre violette. Au moment du carnaval, elle avait vu sa famille se préparer pour le bal tout en restant elle-même dans sa chambre, un ouvrage sur les genoux, comme punie. Elle devrait attendre ses dix-huit ans pour connaître ces plaisirs. L'ouverture de la saison théâtrale n'avait pas donné plus de chance aux jeunes gens d'apercevoir son sourire. Fleur de serre, pâle et fragile qu'une main non désirée allait maintenant cueillir.

Raoul du Morne Cordier regardait aussi sa mère alors qu'elle s'occupait fébrilement de son argenterie, aidée par Rosette et Clémence, qu'elle s'occupait de compter les petites cuillères, d'astiquer les saucières. Regardait Eugénie, son visage doux et diaphane, comme extrait d'un pastel, et se demandait si sa jeunesse avait été différente de celle d'Hermance. Hélas, non. Rien d'autre n'avait jalonné son adolescence. Rien d'autre, le cours de ses années de femme, à part quelques soirées mondaines chez les voisins ou au théâtre, quelques promenades en montagne ou au bord de la mer et quelques fêtes familiales comme celle dont elle dressait aujourd'hui l'ordonnance. Sa joie, sa grande joie était là, devant elle, résumant tout, récapitulant toute sa vie. Cette table qui allait bientôt s'épanouir, chatoyer sous les mille feux de cette argenterie, de ces cristaux, des candélabres, des rires. Cette immense table autour de laquelle se retrouveraient bientôt tous ceux qui composaient son destin, qui tissaient jours après jours les fils de sa raison d'être. Ces couvées de cousins et de cousines, de neveux, de nièces, de tantes, d'arrière-grand-tantes, d'arrière-arrière allez savoir ! Car tout le monde sortait de si peu de lits qu'on avait souvent du mal à distinguer les cousins des maris, les tantes des belles-mères. Eugénie s'affairait autour de cette table, ses fines mains blanches ondulant de-ci de-là, houspillant un peu sa mère pour ses maladresses de vieille dame et sa fille pour sa langueur.

— Mais enfin, Hermance, on croirait vraiment que nous sommes en train de préparer les fiançailles d'une autre !

Pitoyable petite chèvre attachée à son pieu, attendant le sacrifice, pensait Raoul, les yeux enchaînés aux gestes indolents d'Hermance. Que ressentait-elle, sa mère, au moment de ses propres fiançailles, au moment où on lui avait présenté comme une carte forcée ce jeune cavalier rencontré seulement trois fois auparavant ? Avait-elle montré plus d'enthousiasme ? Et pourtant, depuis lors, quelle vie conjugale exemplaire ! Quel modèle de fidélité ! Du moins en ce qui la concernait elle-même. Car s'agissant de son père, Raoul prêtait assez foi aux ragots des commères de la ville. Eugénie se doutait-elle de ces accrocs ? Autant que ses voisines et cousines, sans doute, les autres femmes de békés. Mais du moment que le cheval revenait chaque soir avec son cavalier, que son bras retrouvait le sien sur le chemin de l'église, le dimanche, on n'y regardait pas de trop près. On ne posait pas de questions même si l'on s'en posait à soi-même. Silence recouvrant tout de son pesant manteau, invisible charpie sur les blessures. De toute façon, le maître du Grand-Morne avait assez de savoir-vivre pour ne pas donner à sa femme le dégoût de vivre. Il cultivait la discrétion avec le même soin et la même constance que sa canne à sucre et son café.

Raoul sortit soudain de ses réflexions, excité par l'envie de revoir Gabrielle. Excité à l'idée qu'il l'obligerait, cette fois-ci, à lui dire oui ou non, à l'aimer ou à l'envoyer au diable. Un mois déjà passé sans elle. A l'imaginer. A dessiner ses yeux, remodeler son visage et son corps. A la sentir partout au frou-frou de la moindre robe dans la rue, à cette silhouette que la distance s'amusait à rendre floue, incertaine, à cette bouffée d'ylang-ylang qui la faisait surgir pour mieux la ravir encore.

Alors il prend son cheval. Galope vers Saint-Pierre. Il sait où il va pouvoir retrouver Salavina à cette heure-là, au moment où se vide le palais de justice. Salavina, la clé de ses désirs. Il a vu juste. Salavina est attablé avec Yaya, Bonneville et Eglantine au Grand Balcon. Dans un coin de la salle, entouré par un attroupement compact, couine un phonographe, un engin bizarre que Cicéron, le vice-consul des Etats-Unis, vient de rapporter de New York. Le cornet acoustique mêle ses nasillements au brouillamini des paroles. Et la grande Olive, la si grande Olive, celle que l'on appelle « Télékilomètre », la reine des bastringues, se contorsionne, s'épuise dans des convulsions furieuses comme si elle était payée pour ces exercices. Vapeurs de vermouth, suage des aisselles. On s'entend à peine. Et Salavina lance en riant, en jaugeant la femme liane, la femme serpent, en admirant les déplacements de son centre de gravité :

— « Mens agitat molem ! » L'esprit meut les masses !

Gabrielle. Raoul attend que son nom émerge des lèvres de Salavina. Attend qu'il lui dise tout sur elle. Quand l'a-t-il revue, lui a-t-il parlé ? Depuis cette partie de cerfs-volants sur le morne Abel, depuis qu'il a senti ses mains glisser hors des siennes sous les goyaviers, se détacher de lui, s'enfuir comme ces bouts de papier vers les nuages. Attend qu'il lui révèle peut-être ce qu'elle cache vraiment dans le creux de sa tête. Mais tout à son amusement, Salavina ne perçoit pas la quête de ses yeux. Il faut que ce moulin à musique s'arrête de tourner là-bas, que le corps de cette négresse recolle ses morceaux. Alors il comprend. Raoul appelle l'amour de ses vœux, le poète va le lui donner.

— Viens dans mes bras, mon fils, je vais te conduire à ta belle.

Le vermouth brille dans le verre comme les reflets jaspés de ses iris. Il sait tout, Salavina. Sait que la jeune fille s'enquiert parfois de lui, autour d'elle. Qu'elle a même cherché un jour à questionner son père à son sujet. Que les Long-Ming sont pour la journée dans leur propriété de Champ Flore, il les y a vus partir.

« Allons retrouver là-haut les trésors de dame Nature. Et sait-on jamais, on pourrait nous y offrir à déjeuner. » Ils empruntent la voiture du Grand Balcon, s'y entassent comme ils peuvent. Et les voilà sur cette route qui monte, se tortille, suivis du cheval noir de Raoul attaché à la longe. Par bonheur, Bonneville, qui vient d'entrer à la Banque de la Martinique comme employé aux écritures, profite de son congé hebdomadaire. En profite pleinement dans les bras d'Eglantine et parle de ce roman qu'il va enfin écrire et dont elle sera l'héroïne. Une histoire d'amours contrariées, de créole blanc mis au ban de sa communauté de planteurs et de négociants parce qu'il voudrait épouser une fille de couleur. Son histoire. Leur histoire. Car son père, banquier à Fort-de-France, repousse toujours l'idée d'accompagner un jour cette mulâtresse à la mairie. Et ils tiennent à s'unir au moins devant les hommes, sans provoquer de drame familial.

« Nous attendrons, crie Bonneville dans le vent. Mon père changera un jour d'avis. Le jour où il voudra bien faire la connaissance d'Eglantine. » Deux baisers pour sceller ces paroles, deux fleurs déposées sur l'autel des promesses. Et les chevaux qui courent, maintenant, heureux d'en avoir terminé avec la grimpette, d'apercevoir Champ Flore, ses haies de pommiers-roses, ses fougères arborescentes. Champ Flore, au-delà des mornes, là-bas, lieu de prédilection pour beaucoup de Pierrotins qui viennent y chercher fraîcheur et solitude. Les maisons isolées cachent leurs tuiles ou leur tôle derrière la huppe des bambous. Pentes herbeuses où s'égaient comme des mouchetures d'hermine des chèvres, des cabris et des moutons. Taches plus sombres des fraisiers et des framboisiers sauvages. Champ Flore où Long-Ming possède une habitation, une plantation de citronniers, d'orangers, de goyaviers et de figuiers. Voici la maison sous les arbres, les voitures garées à l'ombre près des chevaux qui broutent. Et derrière la rambarde de la véranda un grouillement joyeux d'où fusent des éclats de rire. Toute la famille est là, et des amis en plus, au milieu des paniers de victuailles, des marmites, des calebasses. Enfants turbulents et chiens voleurs. Toute la famille. Toutes les couleurs. Des plus saillantes pommettes aux yeux les moins bridés. Et au milieu d'eux, Gabrielle.

Comme d'habitude aux Antilles, l'ami qui s'invite n'est jamais importun. On agrandit le cercle, on multiplie les verres et les couverts. Il y a bien trente personnes assises là, un peu n'importe comment, mais Raoul n'en voit qu'une. En longue robe verte qui la drape à l'antique, qui lui donne l'ondoiement du marbre. Elle lui sourit, ils échangent quelques mots creux, il trouve une place à côté d'elle sur une vieille caisse d'emballage. Son père n'est pas loin avec son fou rire d'ogre asiatique, sa voix tonitruante, ses grandes lampées de vin d'orange. Le verre de Raoul se remplit tout seul de malaga, se vide tout seul. Et vite la tête lui tourne. Ivresses mélangées : alcool et exaltation. Il avale des bouchées pimentées mais n'en sent même pas le feu. N'entend pas les conversations autour de lui. Ceux qui pouffent, ceux qui plaisantent, ceux qui voudraient bien bavarder avec ce pur produit européen perdu curieusement entre l'Asie et les Antilles. N'entend qu'elle. Elle lui parle. De Noël, de ces vacances qui ont permis à toute sa famille de se réunir ici pour un jour. De la nuit de Noël qu'ils fêteront avec quelques amis dans cette maison. Un réveillon de paysans, sans façon, autour d'une soupe à l'oignon et d'un jambon glacé.

— Si vous voulez être des nôtres, on vous invite, monsieur, dit la grosse voix chinoise à côté. Et vous aussi, messieurs dames.

Salavina ne dit pas non. Ni Bonneville. Ni leurs compagnes. Tout le monde est d'accord. Sauf peut-être cette femme, là, près de Long-Ming. Une mulâtresse aux traits fins, aux cheveux plats, la peau claire sauf celle des mains dont elle semble avoir trempé la paume et l'intérieur des doigts dans la mélasse. La mère de Gabrielle. Raoul a capté sur ses traits un soupçon de réserve, de réticence. Comme il a senti de l'hostilité chez son voisin immédiat, un jeune mulâtre dont la tenue distinguée, les manières, le silence tranchent étonnamment sur les autres. Qui est-il ? Un parent, un ami ? On l'appelle Alphonse. De temps en temps, Gabrielle s'adresse à lui en le tutoyant. Alphonse par-ci, Alphonse par-là. Un pur mulâtre. Visage net, cheveux ondulés, lustrés. Son frère ? Son cousin ? Non, comprend-il enfin, un ami. Alphonse. Un simple ami. Mais un ami proche, sans aucun doute. Habite Fort-de-France où il travaille chez un négociant. Est-ce ainsi qu'il a connu les Long-Ming ? Non. Alphonse les connaît depuis longtemps. Orphelin à 15 ans, il a été recueilli par eux, a vécu avec eux pendant deux ans.

Gabrielle avec un petit air malicieux que Raoul n'apprécie pas et un rire éclatant comme cette goyave à la chair ensoleillée :

— Alphonse est mon petit frère de lait !

Alphonse. Pourquoi ce gandin l'obsède-t-il soudain comme ce bouton bénin découvert subitement sur la joue, ce bouton qu'on ne peut plus s'empêcher de tripoter ? Autour de lui, la joie bon enfant. Chansons, facéties, gargouillement des calebasses. Et là, face à elle pourtant, si près d'elle pourtant, lui, insatisfait, tourmenté. (Lorsqu'on ne peut mâcher avec toutes ses dents, il manque quelque chose pour que soit complet le plaisir de manger). Lui, furieux contre lui-même, également, se disant : mais enfin, jusqu'à présent j'étais heureux sans elle, j'étais libre. (Une faible voix, remontée de son tréfonds : la liberté vous grandit toujours, vois ces fougères arborescentes comme elles sont loin de ces plantes de salon, anémiées, languissantes !) Libre et heureux, butinant les fleurs sans s'y poser. Tandis que maintenant, la hantise l'habite, il l'entend grincer en lui comme une girouette rouillée, nuit et jour. Oui, furieux contre lui-même. Parce qu'il n'aurait pas dû se laisser prendre ainsi par le cœur, se laisser malmener comme un bananier au vent par le souffle des sentiments. Parce qu'il aurait dû faire comme les autres, comme tous ses amis békés avec ces friandises du pays : consommer ou recracher. Ne pas oublier ce que lui avait dit un jour à Paris un rapin cynique devant un modèle nu dans un atelier de peinture : « Mon vieux, l'amour se réduit toujours à une question de vide à combler. » (Le corps de Gabrielle flottant entre les deux eaux de cette mousseline vert d'eau. Et la nuit quand il s'offre tout à coup à lui, enfin sans résistance, la nuit qui sait si bien transformer le mâchefer du jour en pierres précieuses). Sa voix ondoie comme la brume du matin sur les cannes et s'évapore. Gentil clapotage au pied d'une île assourdie de bonheur. Il en profite pour se remplir les yeux de son image. Découvrir les angles inconnus, les petits bouts de peau inexplorés. Compléter son inventaire. Afin de pouvoir en disposer quand elle lui manquera, tout à l'heure, cette nuit, demain. Peupler d'avance son absence. Et puis il voudrait tellement la sentir contre lui, la presser contre sa poitrine, la toucher. Prendre ses lèvres. (Souvenir de leurs danses, le 14 juillet, à la savane du Fort, juxtaposé aux clichés de son imagination).

Le mal avait fini par vaincre Gaëtan Pasdeloup. De même que Jules Tanqueray, le professeur du lycée. Lucie Saint-Jude avait eu seulement le temps de lui donner à boire une nouvelle tisane recommandée par le sorcier, une décoction de canéfice, de tamarin mûr, de bourgeons de « moubin » et de « pié-poule », médecine contre laquelle sœur Sainte-Virginie elle-même n'avait rien eu à dire. Mais la friction de « fleuri-Noël », de jus de citron, d'eau de mer et de camphre qu'elle lui avait préparée était demeurée dans son panier, inutile comme les autres orviétans prescrits par le vieillard du Carbet. La jeune fille avait eu beau chercher dans la chambre du malade, elle n'avait pas trouvé le moindre moucheron à fouetter de ses branches d'acacia.

L'enterrement de Jules Tanqueray et de Gaëtan Pasdeloup donna lieu à des incidents fâcheux, à des scènes déplorables dont on se serait bien passé en cette veille de Noël. Conséquence de cette frénésie antireligieuse qui s'était emparée de la France depuis quelque temps. La déchristianisation devrait être générale. Ordre du ministre de l'Intérieur : il fallait enlever immédiatement les croix ornant les portes des cimetières et de tous les monuments du souvenir. Des armées d'ouvriers partaient donc à l'assaut de ces derniers vestiges, de ces symboles si chers au cœur de la fille aînée de l'Eglise. Et pendant que Mureau se battait à Paris contre la construction de la basilique du Sacré-Cœur, en Martinique les premiers enterrements civils étiraient leur morne cortège entre les tombes.

« Trois enterrements civils ont eu lieu à Fort-de-France depuis deux semaines, s'écriait César-Laîné dans *Les Colonies*. Nous vous disions bien que cela prendrait et, en effet, cela prend ! En procédant de la sorte, on réalise une double économie, en fait, d'argent et de simagrées.

— Halte aux enfouissements bestiaux ! », répliquait *La Défense coloniale* au nom de tous les catholiques. Et désormais les athéistes et leurs adversaires se disputaient le moindre cadavre.

Jules Tanqueray et Gaëtan Pasdeloup étaient morts à l'hôpital de la façon la plus catholique possible grâce aux soins de l'abbé Maillard qui les avait assistés jusqu'à leur dernier soupir. Mais le lendemain matin, une troupe composée de César-Laîné, Clavius-Marius, Saint-Jude, Werner Ranifa, Marius Repo, et de quelques professeurs du lycée conduits par leur proviseur, Joseph Combes, se présentait à l'hôpital, bousculant les bonnes sœurs et l'aumônier. S'opposant à l'enterrement religieux. Exigeant qu'on leur livrât les deux dépouilles. L'abbé Maillard, rouge comme l'étole croisée qui barrait son surplis ce jour-là :

— Mais enfin ces jeunes gens n'ont signé aucun papier

léguant leur corps à la libre pensée ou à l'impiété. Ils ont au contraire déclaré qu'ils étaient catholiques, de familles catholiques ! Que faites-vous donc du droit de justice ?

Balivernes ! L'autorisation du gouverneur faisait force de loi. Ils enlevèrent les deux dépouilles et les enterrèrent civilement, invitant au cimetière tous les athées de Saint-Pierre.

Mais l'abbé Maillard savait que le diable en serait finalement pour ses frais. Car Dieu n'avait pas dit son dernier mot. Dieu ou, plus précisément Lucie Saint-Jude qui, grâce au Câble français, avait pu prévenir les familles des défunts de ce que l'on avait décidé sans eux. Deux jours après, Léon Lucy portait à l'abbé Maillard la réponse attendue : le père de Jules Tanqueray et celui de Gaëtan Pasdeloup demandaient qu'une messe fût dite pour leurs fils et que la terre où ils dormaient fût « bénie et purifiée de tout contact impur ». Aussitôt, branle-bas de combat. Sous la houlette du prêtre, de Léon Lucy et de quelques membres du cercle de l'Hermine. « Il faut effacer sur les tombes les traces de cette comédie sacrilège ! ». Rassemblement à l'église du Centre pour une messe chantée devant un catafalque. Et procession à travers la ville jusqu'au cimetière. Foule en grand deuil, recueillie, silencieuse. Foule d'inconnus et de connus : François Bernard, Duribar, le docteur Marry, Plissonneau, du Morne Cordier... Voix de l'abbé Maillard, portée par le vent jusqu'à la voiture, près du cimetière où attendaient Hortense et Lucie, derrière leur voilette, clandestines, méconnaissables.

— Ombres du jeune Tanqueray et du jeune Pasdeloup, rentrez maintenant dans votre demeure. Votre asile est pur. L'onction sacrée a tout enlevé, tout lavé. Puisse la leçon qui s'en dégage porter loin ses fruits. Puissent tous nos compatriotes apprendre enfin qu'il est l'esprit nouveau qu'on veut introduire parmi nous, puissent-ils comprendre la valeur de ces hommes à qui sont confiés le sceptre et le règne de l'éducation dans notre colonie.

Triste Noël pour Lucie et Hortense. Noël de vide, de solitude absolue. Terre dénudée, désert de ces jours et de ces nuits si peuplés, si joyeux pour les autres. A Tivoli, les nouvelles de Paris étaient plutôt rares. Marius Mureau se contentant le plus souvent d'envoyer des télégrammes laconiques à son représentant commercial et beau-frère, Théodore Bellard. Pauvre Hortense guettant l'approche du paquebot de Saint-Nazaire ou du Havre, guettant sa lente entrée dans la rade et le retour d'Agenor du bureau de la Compagnie Générale Transatlantique, les mains vides et la figure déconfite ! Mais Lucie revenait parfois du Câble avec des dépêches assez prolixes, de quoi, au moins, tisonner les braises. La lecture des *Colonies* et les visites de César-Laîné apportaient à Hortense le complément nécessaire, les éléments qui lui permettaient de planter autour de l'absent des décors, des tableaux, des personnages.

Pour l'instant Mureau habitait au Grand Hôtel des Deux-Amériques, 15, rue Geoffroy-Marie, dans le quartier du faubourg Montmartre, un établissement dont Madame veuve Lucien Taupignon avait fait le rendez-vous de tous les colons. En attendant d'emménager dans le cinq pièces qu'il venait d'acheter 27, rue Pierre-Demours près des Ternes, un lieu où écrivait-il, « je pourrai enfin mener le train de maison qui convient à ma nouvelle situation ». L'hôtel ne se trouvait pas très loin des bureaux qu'il avait loués pour son affaire au 17 du boulevard Montmartre où il avait également prévu les installations nécessaires au stockage du rhum fin, de l'eau-de-vie et du vin d'orange, les productions de la Galère. Toutes ces nouvelles dépenses affolaient un peu Hortense mais l'éblouissement l'emportait sur l'inquiétude. Et puis un jour, soudain, coup de soleil dans le plomb du ciel, Hortense, sautillante de joie, à Lucie abasourdie :

— Marius m'invite à le rejoindre à Paris pour le jour de l'An. Je t'emmène !

Ainsi en avait décidé Marius Mureau. Qui voulait arracher sa femme à sa mélancolie et Lucie à son chagrin. Et parce qu'il avait besoin d'Hortense. Besoin de ses compétences de femme d'intérieur pour agencer son pied-à-terre. Besoin de son sourire, de son irremplaçable présence. Elles embarqueraient sur le *Tampico*, un superbe paquebot de trois mille tonneaux qui desservait la ligne de Saint-Nazaire en treize jours. Noël en plein océan, reflets irisés de mille chandelles sur les flots d'encre, palais des glaces. Un mois à Paris, un mois pour écumer les cocktails, baguenauder dans les rues en fête, lécher les vitrines, s'étourdir, oublier. Hortense ne fermerait pas boutique pour autant. Maintenant que Théodore dirigeait la Galère, il pourrait conserver un œil sur la rue Bouillé. Et puis le comptable avait toute qualité pour expédier les affaires courantes.

Marius Mureau avait quitté Saint-Pierre depuis plus d'un mois mais pour ses partisans, il était toujours là, champion de tous les défis, homme lige de la République. Pareil flambeau pouvait s'éloigner sans crainte de voir faiblir sa luminosité. A Paris, il avait déjà commencé à en découdre avec quelques collègues réactionnaires. Et ses démêlés, ses querelles parfois assez violentes avaient vite traversé l'Atlantique. A en découdre, par exemple, avec Paul Leroy-Beaulieu dont l'ouvrage « De la colonisation chez les peuples modernes » avait heurté ses convictions abolitionnistes. Et épointé sa plume de rage dans la réponse qu'il lui avait faite séance tenante : « Oui, Monsieur, nous avons conquis le droit d'être français ! La race à laquelle j'appartiens a été malheureuse, misérable même ; elle a subi pendant des siècles l'esclavage le plus honteux qu'on pût connaître ; parcourez cependant l'histoire de nos Antilles, vous y verrez que jamais, même esclave, elle n'a marchandé son sang à la France ! Ceux qui prétendent être victimes de l'oppression noire, ce sont ceux qui ne pardonnent pas à la République d'avoir supprimé, en 1848, la possession de l'homme par l'homme. Ceux-là flétrissent chaque jour cette République coupable de ce qu'ils appellent une ignoble spoliation, et confondent dans une même réprobation, et le Nègre, amant passionné de la liberté, et le Blanc venu d'Europe ou né dans le pays même, qui ose affirmer son amour pour la République ! ».

Cette lettre, chacun la connaissait par cœur. La commentait à la sortie du palais de justice où le procès des émeutiers du 18 juillet traînait en longueur. Mais d'autres tréteaux étaient dressés pour des scènes moins bruyantes. Pour l'étanchement des vengeances du nouveau député. Vengeance contre Jacques-Jérôme Casanova, le commissaire de police et son adjoint, le mulâtre Henry Montoison. Allègre attendait pour cela la fin du procès, le verdict. La fin de la trêve des fêtes de Noël et du jour de l'An.

Noël que toute la ville préparait maintenant avec fièvre, dissimulait pour un temps, sous ses papiers dorés, ses haines et ses vicissitudes. Noyade des boutiques dans des flots de lumière, pyramides de « pâtés-cannelle », troupeaux sans nombre des jambons décorés. Et les vendeurs de boudin créole, à la peau luisante comme leur marchandise. « Boudin moin, c'est boudin cochon ! »

Bénédiction du ciel. Il n'y aurait pas cette année de réveillon au Grand-Morne. Pour la première fois depuis des années car Elodie, la grand-mère de Raoul du Morne Cordier, venait d'attraper une mauvaise grippe et elle avait dû s'aliter. Sa chambre étant située juste au-dessus du salon, les cantiques accompagnés au piano ne l'eussent pas satisfaite. Raoul du Morne Cordier n'eut donc pas grand mal à obtenir de ses parents d'aller réveillonner ailleurs. Chez des amis parisiens récemment débarqués à Fort-de-France... Galops endiablés dans l'allée des manguiers. Jamais Raoul n'a connu si belle nuit.

Etoiles projetées à pleines mains pour la fête, étoiles stagnantes, étoiles filantes, avec les lucioles, les « bêtes à feu » qui inondent la campagne. Le vent dans sa chemise, les frais alizés attendus depuis si longtemps et qui vont obliger à se couvrir pour la nuit. Se couvrir ! Et l'odeur obsédante des seringas cachant leurs fleurs blanches sous le velours de leurs feuilles pour dormir. Courir plus vite. Sur le pont qui semble traverser, au clair de lune, un bain d'étain en fusion. Sur le bord de la rivière tendu de fine gaze. Passer devant l'église où scintillent jusqu'aux chapiteaux des colonnes, jusqu'aux ogives, des couronnes de bougies grésillantes. Passer devant chaque case pour cueillir l'haleine d'un fourneau, une chanson à boire, une mélopée. Et courir plus vite. Plus vite jusqu'à Champ Flore, jusqu'à Gabrielle.

Dans la grande maison sous les arbres, toute la famille est rassemblée autour de la crèche, de cette nativité, de cette naïveté, autour de cette maison de carton, de cette mousse, de ces animaux miniatures. Rassemblée comme ces petits animaux autour de cette botte de paille où naît Jésus. Bonsoir, bonsoir. Long-Ming, sa femme, les autres. Toute la famille et Gabrielle. Dans sa robe vert d'eau de l'autre jour, dont son corps s'abreuve. Sa robe de jade qui la rend plus délicatement chinoise encore, princesse mystérieuse et bien lointaine. Toute la famille et plein d'amis. Salavina bien sûr et sa compagne, Bonneville et la sienne, et un autre poète, un grand jeune homme ténébreux de teint et de caractère, à la tête perchée, perdue. A la barbe dévoreuse qui lui emporte tout, la bouche, le menton, le cou. Eleuthère Saint-Prix Roné, c'est son nom, aussi long que lui-même. Protégé de Bonneville car sans le sou, vivant aussi pauvrement que ses parents. Tenant une minuscule boutique de comestibles, rue de la Source. Et rimant. En souffrant pour la France déchirée, amputée en 70 par les Teutons et par la faute des généraux incapables de Napoléon III. Rimant. En flagellant la conduite des hommes politiques, des politicards, des arrivistes de tous bords qui déchaînent les haines pour mieux asservir le monde. En rêvant d'une société où l'homme ne chasserait pas l'homme. Toute la famille, les amis et Gabrielle. Et Alphonse, le « petit frère de lait » dont l'air semble trop détaché de tout pour ne pas être attaché à tout. Alphonse assis tout près, trop près de Gabrielle.

Incursion, invasion. Submersion de l'odeur de la soupe à l'oignon qui vient de pousser une porte, poussant devant elle, aussi, une grosse femme noire armée d'une longue cuillère en bois, cuillère chargée à ras bord, qui interroge :

— Si i bon, di i bon. (Si c'est bon, dites-le).

Trois bouches se précipitent, lapent, sucent. Et apprécient :

— Fou ti bon ! (Fou ce que c'est bon !).

Assise près de la crèche, une vieille femme, lunettes sur le bout du nez écrasé, en pied de marmite, un madras en pain de sucre coiffant sa petite tête de souris sage, ses cheveux neigeux tirés en arrière, ramassés sur sa nuque en deux nattes naines. (La grand-mère de Gabrielle ? Raoul ne parvient pas à se retrouver dans ce méli-mélo de gens, cette confusion de visages, ce fouillis. Et parmi cette marmaille, combien de frères et sœurs attribuer à Gabrielle ? Long-Ming a tellement de lits différents !). Cahier posé sur les genoux, sur sa « golé » du dimanche, cette robe flottante dans laquelle trois femmes comme elle pourraient trouver refuge en même temps, la grand-mère chante un cantique. Chante dans le bruit brouillon des mots, des exclamations, sur un rythme syncopé, accompagnée de dix enfants battant des mains, des pieds. Un cantique qu'une oreille métropolitaine reconnaîtrait à peine. « Michaud veillait la nuit dans sa chaumière, près du hameau où dormait son troupeau... » Tandis que revient la grosse femme en tablier, donnant une cuillerée de quelque chose à la grand-mère, une gorgée de bouillon, de quoi attendre les agapes, interrogeant son regard, mains aux hanches, ventre en avant, et repartant... « Ô Périnello, moin lé bombé o, pays a pas bon pou moin, ché. »

Cette nuit les cloches ne sonneront pas puisque la messe de minuit a été supprimée. Mais les curés ont laissé les églises ouvertes pour la veillée. Alors tout d'un coup, on se lève, on redresse son madras, on ajuste son foulard et on part. Abandonnant la grand-mère et les plus petits. On part vers l'église, sous les étoiles. En groupes, en chantant. Vers l'église déjà pleine de monde, ronflante de prières. Les dames occupent les bancs et leurs compagnons restent derrière, sous la tribune, debout, comme s'ils craignaient d'approcher de trop près la petite lanterne rouge et ce brasier de cierges ravageant le chœur. Comme s'ils voulaient demeurer en marge de toutes ces histoires de femmes. Chuchotis, petits rires dans l'ombre, gloussements, et coups de hallebarde énervés du suisse menaçant, effrayant les nichées d'enfants. Voilà, on a dit sa prière, déposé ses vœux au pied de la crèche, respiré le suif et l'encens. Et l'on retrouve maintenant les étoiles. La tête gavée de scintillements, d'éblouissements, de chants célestes. Et le cœur épanoui, éclaté comme une grenade, sous les caresses de l'espérance. A la sortie de l'église, on s'appelle, on se compte, les groupes se reforment et repartent en chantant, en riant. Repartent vers la grande maison qui clignote au sommet de la route, derrière la brouillasse des bambous. Palmiers sous la lune, sur le front net et clair de la nuit, et leurs mains de danseuses orientales, dolentes. Montagne au crâne dégarni, d'une pâleur de morte.

Les assiettes fument et les compliments pleuvent. Et la ménagère rougit, baisse les yeux. On jure de n'avoir jamais mangé une soupe à l'oignon pareille. Puis vient le jambon glacé, parfumé au clou de girofle, et le ragoût de cochon et les pois d'angole. Un petit pain de Bordeaux dans un poing, un verre de vin d'orange dans l'autre, on va de la table à la crèche, de la crèche à la table. Pendant que la grand-mère continue à moudre ses cantiques, entre deux lippées, entre deux lampées... « Je vois, je vois l'étoi-le du berger... » Ses cantiques repris en chœur et malmenés par une assemblée déjà doucement ivre. A minuit, Salavina se met au piano et entonne une chanson de son cru, enflant démesurément la voix, se moquant de lui-même : « Les mondes glorieux voltigent dans l'azur où passent, immaculés, des anges, le cœur pur ! »... Bonneville a abusé de l'alcool et il commence à embrasser tous ceux qui lui ouvrent leurs bras. Et Raoul s'est rapproché de Gabrielle. Qui chante en riant, en déchiffrant par-dessus l'épaule du pianiste, le papier où il a griffonné son œuvre, composée dit-il, tout à l'heure, à l'église. Chante avec Salavina : « L'heure est sainte, ma fille, et les belles étoiles scintillent avec joie en l'infini sans voile... » Elle est debout, appuyée au dossier de la chaise, penchée en avant, dans sa robe de jade qui trahit ses formes. Mousseline glissante, coulante comme du sable. Raoul s'est approché et, hardiment, il a posé sa main sur sa taille puis il l'a enveloppée de son bras comme il l'avait fait, en cette nuit du 14 juillet, sur la savane. Les autres chantent, boivent, enlacent, s'embrassent, tout à leur joie, incapables de remarquer ce petit geste. Mais brusquement Gabrielle s'est dégagée d'un coup de rein, d'un mouvement tournant des hanches. Alors Raoul n'en peut plus, ne peut plus se contenir. Saisit Gabrielle par un poignet, l'attire brutalement, veut l'emmener hors d'ici, dans une autre pièce, au calme. Pour s'expliquer enfin. Mais Gabrielle résiste. Tortille son poignet dans tous les sens pour lui faire lâcher prise. Ses yeux de chatte furieuse griffent l'air. Eclairs dans lesquels Raoul entrevoit toute la sauvagerie bestiale de l'Afrique et la cruauté subtile, calculée, raffinée de l'Asie. Les ongles de son autre main égratignent, lacèrent. Tandis que Salavina poursuit sa ritournelle, braille sa poésie à deux sous... « Les astres mitraillent l'univers de lumière... ». Scène violente, silencieuse, combat de poissons dans un aquarium, de scorpions dans le désert. A la fin, elle explose, d'une voix sifflante, réprimée, effrayée d'être entendue par d'autres.

— Laissez-moi, Raoul, laissez-moi tranquille.

Elle a réussi à se dégager. Reprend son poignet, qu'elle frotte, qu'elle cajole comme une poupée cassée, en regardant autour d'elle, regard où se mêlent sourires et grimaces. Reprend son air normal, indifférent. Comme s'il ne s'était rien passé. Veut reprendre sa place derrière Salavina, sa chanson. Non ! Raoul ne rentrera pas chez lui, cette nuit, sans savoir ce qu'elle a au fond des boutonnières de ses yeux, dans sa petite caboche de mule. Il l'agrippe de nouveau et, cette fois-ci, il est bien décidé à ne pas la lâcher. Coûte que coûte. Elle peut se débattre, s'agiter comme un possédé, on n'y voit que du feu car tout le monde danse, à présent, petits et grands, jeunes et vieux, grâce aux accords impétueux de Salavina sur le piano tout vibrant d'allégresse. Une polka-mazurka de tous les diables. Un trépignement qui fait trembler la vieille maison sur ses fondations, la fait craquer comme un navire. Gabrielle est contre lui, poussée contre sa poitrine par les danseurs, emportée avec lui par la bousculade. Contrainte de sourire, de rire même pour donner le change, pour ne pas montrer son humeur. Et Raoul la tient bien, maintenant, il l'enserre solidement. Elle ne peut plus s'échapper. Maîtrisée. Prisonnière. Et il lui imprime le rythme de la polka, il la force à danser. Gabrielle danse. Danse avec Raoul. Tant pis pour Alphonse, il n'avait qu'à l'inviter avant lui ! Tant pis pour lui. Il lui reste à les suivre des yeux d'un bout à l'autre de la pièce. Allez Salavina, encore une autre. Enchaîne ! Enchaîne ! Raoul voudrait que ce piano ne s'arrête plus, qu'il puisse danser ainsi jusqu'au lever du soleil. Car plus le temps s'écoule et plus la réticence de Gabrielle s'étiole, plus elle se fait molle dans ses bras, presque docile. Les autres passent le long d'eux, se heurtent à eux, les houspillent gentiment, les enferment dans leur farandole, les interpellent :

— Allez, embrassez-vous, c'est Noël !

Oui, c'est Noël, les hommes doivent s'aimer, oublier ce qui les sépare, mais Gabrielle n'ira pas jusque-là. D'ailleurs, Raoul n'insiste pas. Il lui suffit de la sentir ainsi, de sentir son souffle sur ses joues, les taquineries de ses cheveux. Il voudrait bien lui parler, mais comment s'entendre dans ce vacarme ? Attendre que Salavina se fatigue. Alors, il lui dira tout. Là-bas, près de la crèche, la grand-mère a trop présumé de ses forces, ses lunettes sont tombées sur ses genoux, le cahier de cantiques sur le sol. Deux heures du matin. Soudain elle se relève. Comment ? Moi, endormie, déjà. Ce n'est pas possible ! Furieuse, elle dit à la grosse femme en tablier : « Sers le café. » Et l'autre revient de la cuisine, traverse la salle en folie avec un plateau fumant. Sur la table joyeusement éparpillés, du pain-doux, des congolais, du « blanc-manger-coco », du « gâteau-patate », du « nougat-pistache », des friandises, des gourmandises pour se sucrer la bouche, pour finir la nuit en douceur. Et des guirlandes d'oranges et de mandarines, grappes jaunes et vertes apportées ce matin par les paysans de Long-Ming, cadeaux de Noël au maître de l'habitation. Oranges de Noël dont il faut garder précieusement les pépins si l'on veut de l'argent tout le long de l'année. Un cadeau, Raoul en a un dans sa poche. Une pièce d'or, un napoléon. Aberration. Il avait pensé l'offrir à Gabrielle ! Mépris des convenances ! Comme si une jeune fille pouvait accepter quoi que ce soit d'un jeune homme sans se sentir engagée ! Maintenant que la danse est finie, que Salavina a refermé son piano, Gabrielle glisse, s'évade, chat qui s'échappe, et s'affale dans un fauteuil, en nage, palpitante. A ses pieds, appuyé contre le bras d'osier, sa bouche contre son oreille, Raoul va lui dire tous ces mots qu'il a mâchés et remâchés. Elle semble prête à l'écouter, résignée même. Ne sait-elle pas tout d'avance ? Il va lui dire... Mais Alphonse est revenu à la charge. Revenu s'asseoir à ses côtés, de l'autre côté. Et il lui parle. Et elle lui répond. En grignotant un gâteau craquant. En feignant d'oublier l'homme accroupi. Que lui trouve-t-elle donc qu'il n'ait pas ? (Voici soudain que l'aversion prend le visage de ce garçon, voici comment naît la haine sans qu'on y prenne garde, un regard, une voix et l'ennemi est incarné).

Assez. Raoul se lève. Assez de temps gâché. Se lève, salue tout le monde, s'en va. Près de la crèche où Jésus s'est assoupi enfin dans la paix, la grand-mère vient de s'écrouler de nouveau. Ses lunettes gisent par terre comme un papillon mort. Et le vermouth répand ses effluves. Raoul enjambe dormeurs et buveurs. Bonneville, Saint-Prix et Salavina chantent Bacchus, fils de Jupiter et de Sémélé. Chantent dans la langue de Tite-Live, les bacchanales du bois sacré de Stimula, à l'embouchure du Tibre, où hommes et femmes se livraient, échevelés, sous la lueur des torches enduites de poix, à toutes les débauches, à tous les transports de l'ivresse. Saint-Prix, le barbu, au profil mythologique, sorti d'une fresque de Pompéi, voué au malheur.

Raoul retrouve la nuit avec soulagement, ce grand espace sans limite où l'on peut tout perdre. Océan infini, réceptacle des misères du monde, asile ou cimetière des grands désespoirs. La nuit qu'il fend de son galop d'enfer. Il veut oublier cette mazurka qui s'accroche à lui dans le vent, qui refuse de le lâcher. Oublier cette voix, ces lèvres murées, cette forteresse imprenable, impénétrable. Comme cette robe de jade dont les lambeaux flottent autour de lui sur les champs de canne où se lèvent les jeunes pousses, sur la savane figée dans sa gelée lunaire. Comme ce visage au nom de jalousie, au nom de ce sentiment sauvage, de cette chimérique enfant de l'orgueil. Révolte contre le vol d'une possession exclusive issue d'une appropriation abusive. Cours, bon cheval, cours vers ton écurie où languit la litière réparatrice. Des cases dépassées s'échappent les derniers accents de la fête. Flûtes, accordéons, cha-chas, joyeux cortèges luttant pied à pied contre les sables mouvants du sommeil. Le Grand-Morne n'est plus qu'à quelques centaines de mètres. Raoul connaît chaque arbre du chemin. Ces trois fromagers en rendez-vous, rendez-vous de l'ombre et des troupeaux. Ce bosquet de bois-canon dont les feuilles blanchissent en vibrant, comme prises de frayeur. Ces gerbes de multipliants, feux d'artifice. Une brume traîne son indolence, glisse sur les branches, se vautre dans les grappes de bégonias, dans les dentelles des fougères. Pourquoi ce ciel si serein, ces étoiles si détachées de tout ? Les cigales, les « cabris-bois » et les crapauds continuent leur scie. Décidément rien ne l'arrête. Et pourtant quelque chose a pris fin pour Raoul. Voici le pont sur la Roxelane. La rivière aussi poursuit son chemin, sa fuite vers la mer. Née de cette montagne aux airs de fausse patience, de ses sources mystérieuses enfouies dans son flanc comme des plaies inguérissables. La rivière et ses rochers ronds, jouant les moraines, épaves à la dérive du volcan. Holà ! Le cheval bloque ses fers. Silence du vent. Plus que la chanson de l'eau et le concert des insectes. Raoul regarde ce liquide qui s'en va. Débandade sous la lune d'un troupeau aux yeux phosphorescents. Regarde la Roxelane qu'attend la mer, le grand large. Dans sa poche, sous ses doigts roule la pièce qu'il voulait offrir à Gabrielle. Roule dans ses doigts qui soudain se crispent, se contractent. Ses doigts d'acier qui tenaillent, mordent le morceau d'or. Le morceau d'or projeté en l'air, dans la nuit, dans le scintillement des étoiles, étoile parmi les autres, dans les flots noirs aux milliers d'yeux, œil brillant parmi les autres dans un éclair, et mourant comme un éclair. Puis le cheval reprend sa course, son souffle haletant. Traverse encore ce champ de coton aux nostalgies d'hivers européens. Et c'est le long corridor sombre des manguiers et, au bout, la maison que la lune éclaire délicatement, la récompense. Le refuge. Dans le salon, le petit filao décoré rassemble à ses pieds les cadeaux que l'on offrira demain au déjeuner de famille. Les chaises aux hauts dossiers, duègnes attentives, font sentinelle autour de la table déjà dressée. Tout est en ordre. Rien ne manque au décor des habitudes, à la galerie des traditions, à l'ornement de la tranquille vie. Chaque objet est à sa place pour tenir son rôle de figurant, pour servir de toile de fond au cours des choses. Objets vivants. Qui gardent l'empreinte du geste, de la présence. L'écho des mots, comme celui de la mer au fond des lambis. Demain, un jour de plus viendra joindre ses heures à l'amas des autres sous ces vénérables poutres, sous ce balancier d'horloge infatigable, lancé il y a cent ans comme un ballon lâché dans l'espace.

Silence. Parfum d'éternité. Raoul monte l'escalier comme un fantôme, entre dans sa chambre inondée de lune, se jette tout habillé sur son lit. Attend le sommeil. Sent la maison se refermer doucement sur lui comme des bras. Reprendre possession doucement de son corps, vieille maîtresse. La maison, la famille, l'ascendance. La maison qu'il entendra demain se réveiller en secouant ses os craquants de vieille, en s'étirant comme un animal ancestral. A travers les persiennes, après son combat avec la montagne, le soleil imprimera ses rayures, estafilades sur un dos fouetté jusqu'au sang. Le jour viendra reconquérir chaque renfoncement, chaque creux, rendre vie aux formes inanimées. Une cloche rappellera le devoir, au loin. Des pas, des voix familières. Une porte se redonnera à la lumière. Les yeux retrouveront leur chemin. Demain tout recommencera encore.

XIV

L'expulsion définitive des frères de Ploërmel fut décidée un peu avant le jour de l'An. Toutes les communes ou presque avaient voté en ce sens, parachevant ainsi la victoire de Marius Mureau, la victoire du champion de la laïcité. « Victoire de la raison contre l'obscurantisme ». Les instituteurs, ces républicains brevetés, athées à souhait, commençaient à débarquer de chaque navire, comblant les vides. Les écoles communales pourraient donc reprendre leurs cours après les vacances de Noël. Désormais la classe ouverte autrefois par la prière commencerait par *le Chant du départ.* L'éducation civique remplacerait l'instruction religieuse. Et deux fois par semaine les plus grands parmi les élèves iraient se préparer, sur la place publique, à l'exercice du fusil, un bâton à la main. Chaque départ des Frères donnait lieu à des scènes déchirantes. Attroupements de femmes du peuple conspuant ses responsables, escortes émouvantes jusqu'aux passerelles des vapeurs ou des paquebots transatlantiques.

En cette veille du jour de l'An, les derniers religieux quittaient leur école, à travers une ville pavoisée par le nouveau maire. Lampions de l'ingratitude. Une foule les accompagnait, chantant à tue-tête les cantiques appris sur leurs bancs. Triste défilé de la défaite. Sous leurs chapeaux à corne, dans leurs soutanes usées, chargés de leurs bagages, ils marchaient comme des proscrits. Osant à peine rencontrer les yeux des autres, regarder ceux qui compatissaient et ceux qui se moquaient. Marchaient comme des condamnés. Comme s'ils avaient commis un crime inexpiable, comme s'ils se reprochaient tout ce que les libres penseurs leur reprochaient. En tête de cette foule chantante, hurlante, leurs anciens élèves et, parmi eux, Raoul du Morne Cordier, Léon Lucy et François Bernard, le maire destitué. Tous la rage au cœur. De temps en temps sur leur passage, un homme, une femme criait son opinion, lançait à la volée ses sentiments :

— Vous reviendrez car on vous regrettera tellement qu'ils seront forcés de vous rappeler !

Ou bien :

— Fini les coups de règle ! Personne ne vous pleurera !

Mais les Frères ne semblaient rien entendre. Marchaient tête baissée. D'un pas vif. Comme si tout ce qui se passait ne les concernait pas. Les manifestations d'amitié comme les cris hostiles. Sur le quai d'embarquement, ils n'eurent même pas un dernier mot pour leurs partisans. Montèrent dans le vapeur sans se retourner, hâtivement, préoccupés uniquement par leurs bagages, de pauvres paniers en bakoua, des cantines en bois rude. Et un énorme crucifix qu'ils avaient enveloppé dans un morceau de drap comme le corps d'un enfant mort. Préoccupés par ce précieux fardeau qu'ils portaient à trois tellement il était lourd. Qu'ils portaient comme le Christ sa croix, comme le cadavre d'un enfant. Quand le vapeur quitta le quai en crachant une fumée noire de colère, François Bernard, le chantre, gonfla sa poitrine, sa voix et se mit à chanter de toutes ses forces : « Marchons au combat, à la gloire, marchons sur les pas de Jésus ! »... Cantique immédiatement repris par tout le monde. Cent poitrines, cent voix. Des femmes pleuraient, secouaient leur foulard, envoyaient des baisers. Mains ondulantes, ailes d'oiseaux tristes. « Nous remporterons la victoire et la couronne des élus ! »... Une fois le bateau disparu, la foule se dispersa, se désagrégea par petites touffes, édredon semant ses plumes. Le gros de la troupe se retrouva au palais de justice où se déroulaient les dernières séances du procès des émeutiers, le dernier défilé des vrais et des faux témoins, vite, avant le réveillon de la Saint-Sylvestre.

Le lendemain Raoul du Morne Cordier retrouva chez lui Lucy et Gaston Landes, le professeur de sciences naturelles du lycée. Avec une certaine joie. Cette excursion de la montagne Pelée, projetée depuis quelque temps, était le dérivatif qu'attendait son humeur morose. (Se disant : rien de tel qu'une ascension pour se détacher de toutes les petites bassesses de l'existence). Ils laissèrent leur voiture chez Grandvizi qui se remettait — miracle — de sa maladie, au milieu de sa marmaille, de ses chèvres, de ses cabris. Un guide les attendait là. Théobald Monand, un autre vieillard de race noire. Habitant une « ajoupa », une cahute en palmes sur le morne Balai. Solitaire mais non sauvage. Habitant cet endroit désolé depuis cinquante ans. Et propriétaire, disait-il, du sommet de la montagne Pelée. Propriétaire de la cime de ce volcan culminant à 1 351 mètres, de ce cône désolé. Il avait bien une tête à posséder un volcan, Théobald Monand. Avec sa barbe blanche qui broutait ses joues granuleuses comme une peau de chagrin, de morue. Ses yeux minuscules enfoncés dans le crâne comme à coups de burin, si profondément qu'on se demandait comment il pouvait voir avec ces trous vides, sans fond. Son bras gauche coupé au-dessous du coude, se balançant quand il marchait, comme le levier d'une étrange machine. Et sa voix. Faite pour gronder dans une grotte.

Grandvizi avait perdu son inquiétude. Avec la disparition des lueurs écarlates du ciel au crépuscule. Mais il gardait toujours pour l'avenir la vague appréhension d'une menace suspendue, remise à plus tard. Ce qu'il avait connu en 1851 ne pouvait que se reproduire. Cette pluie de cendre, ces grondements de la terre en colère. Et cette fois-ci, peut-être, la montagne exploserait. Avec toute l'île. L'île qui chavirerait dans les flots déchaînés, comme un bateau ivre. Quelque chose lui disait cela quand il lorgnait la montagne, la nuit, sous l'orage. Quand les éclairs découvraient sa tête comme celle d'un dormeur dégagée subitement de ses draps. La tête nue de la montagne lui disait cela. Car il entretenait des dialogues avec elle. Ils vivaient si près l'un de l'autre. Monand aussi croyait confusément à l'imminence d'un danger, à l'approche d'une issue fatale. Il en guettait les signes avant-coureurs comme un médecin la progression du mal sur un visage altéré. Guettait la lente transformation de la nature au sommet, près du cratère éteint. Ce frisson que semblait prendre parfois sans raison la végétation, la secouer doucement en plein calme plat, en l'absence de tout vent. Et la nuit ce grognement sourd qui l'avait tiré brutalement du sommeil à plusieurs reprises. Grognement de bête dérangée. Non pas ce bruit qu'il avait entendu en 1851, ce roulement caverneux de centaines de barriques au fond d'une cale, mais un bougonnement de fauve. Comment pouvait-il se tromper, couché à même le sol, sur sa litière de paille, l'oreille plaquée contre la terre, contre la poitrine de la montagne ? Il eût entendu son moindre ronchonnement, son moindre râle. Pour lui, d'ailleurs, la montagne était un animal. Pas forcément féroce. Puisqu'elle le faisait vivre avec son charbon de bois, ses fraisiers, ses choux palmistes. Mais ombrageux, capable d'une rage soudaine, de folie meurtrière. Et les savants pouvaient raconter ce qu'ils voulaient, cette bête ne faisait que dormir, elle n'était pas morte comme ils l'affirmaient. Mais bien vivante. Prête à mordre à la première fantaisie.

Gaston Landes voulait raisonner scientifiquement. Comme sa formation le lui imposait. Aussi toutes ces légendes inventées par les lointains Caraïbes, et arrangées à plaisir par les descendants d'Africains, le faisaient gentiment sourire. Mais persuadé, malgré tout, que ce volcan était moins assoupi que ceux de l'Auvergne ou de ces Pyrénées qui l'avaient vu naître. Arrivé depuis peu en Martinique, il avait été intrigué par l'importance que tous, ici, semblaient lui conférer. Par le prestige qu'on lui accordait. Et la crainte instinctive qu'il semait dans les esprits les plus éclairés. Zéphirin, son domestique, un homme simple mais pourvu d'une intelligence surprenante, avait même fini par l'ébranler. Et le convaincre d'aller voir là-haut de près ce qui pouvait intriguer ou inquiéter tant de monde. En lui montrant l'article d'un vieux journal découpé. Un papier jauni, soigneusement conservé comme une image pieuse entre les pages de l'unique livre qu'il possédait : un roman de Jules Verne. Souvenir d'enfance, cadeau offert par l'homme dont son père était le cocher, un certain Leprieur, auteur d'un rapport sur l'éruption de 1851. Cet article reproduisait cette conclusion en forme d'avertissement : « Si une première fois on a été quitte pour la peur, il n'en serait peut-être pas de même une autre fois, les causes semblables ne produisant pas toujours des effets identiques. » Voilà pourquoi il gravissait aujourd'hui la pente de cette sacrée montagne derrière ce grand gaillard au bras amputé du tiers, ce vieil homme plus vigoureux que lui. Deux porteurs bouclaient la petite caravane, l'un chargé des vêtements en cas de pluie et de quelques provisions, l'autre du lourd appareil photographique de Lucy, une « chambre noire de voyage », et de son « stéréoscope lenticulaire ».

Illusion d'optique. Ce qui apparaissait d'en bas dépourvu de toute végétation, décharné, désertique, était en fait recouvert d'une impénétrable toison de lianes, de broussailles et de fougères jusqu'à l'altitude de 1 000 mètres. Heureusement le guide connaissait un sentier, un étroit couloir serpentant, se tortillant dans ce sombre fatras. Les trois hommes montaient avec peine, glissant sur la masse visqueuse, sur les détritus végétaux, sur les racines dépouillées, comme des veines mises à nu. Parfois surgissait un torrent, chiens furieux, déchaînés, entre leurs jambes. Désordre, chambardement de caillasses.

Une marche pénible qui dura plus d'une heure. Puis soudain, victoire : lumière et répit d'une savane. Pente semée d'une herbe sèche et de pierres noires et pointues, scories, déchets du volcan. Une savane où le pied se posait plus sûrement malgré les éboulis de gravillons, ces tas de petits cailloux, de roches concassées, posés ici et là avec application comme si un tombereau les y avait déversés. De temps en temps l'un des deux hommes s'armait du stéréoscope et examinait tel ou tel détail du terrain, telle étrangeté. A la sortie d'un bois rabougri apparut soudain le but de l'expédition : la crête nue du volcan. Encore éloignée mais déjà terrifiante. Cône au sommet plus pointu qu'arrondi, étrange termitière d'un rouge foncé strié de vert, surplombant un abîme étroit, un gouffre béant. Les yeux à ce binoculaire qui lui donnait le sentiment du relief par deux images planes superposées, Landes en avait perdu son langage scientifique :

— Quel spectacle étonnant ! On dirait une cathédrale ! C'est du gothique flamboyant !

Lucy déplia son trépied, y fixa sa chambre noire à soufflet, et après une mise au point assez longue sur le verre dépoli, prit un cliché dont il se dit assez satisfait. Puis retournant son appareil vers la vallée, il pressa encore deux fois sur la poire de son déclencheur. Une vue lointaine, celle de Saint-Pierre apparaissant dans une trouée de verdure, rouge comme une fleur de balisier, un balisier qui n'aurait donné qu'une seule fleur. Tache sanglante au bord de cette mer et du ciel, morceau de piment de feu au bord d'un plat bleu turquoise. Et une vue plus panoramique où s'étalaient à la fois l'océan et la mer des Antilles, à l'est et à l'ouest et, où voguait à l'horizon, la presqu'île de la Caravelle, ourlée d'écume. La tête sous son voile noir, Lucy jubilait, criait son émerveillement (quelle drôlerie de voir ce voile de deuil secoué par des rires, ce voile de veuve joyeuse !). Comme s'il apercevait tout cela au sommet d'un mât géant, à la proue d'une nef fabuleuse, sous la brise enivrante du grand large.

— Voilà des plaques sensibles bien utilisées, il s'agit maintenant de ne pas les casser.

Et il les glissa avec soin dans leur caissette capitonnée de velours. Landes s'épongeait le front tout en prenant des notes. La progression reprit à travers une désolation d'arbustes nains, une clairière misérable hérissée de bosquets d'épineux, repaire idéal des vipères à corne.

— Pouen gade !

Clameur du vieillard qui avait levé son bâton comme s'il avait voulu en frapper le professeur. Gaston Landes recula d'un bond. Devant lui, à trois pas, à demi masquée par le fouillis des feuilles, une fissure large de deux mètres. Une crevasse sans fond. « La Fente ». Le guide leur apprit qu'elle entourait toute la crête et que deux imprudents avaient déjà disparu dans ses profondeurs. Perdus corps et biens. Engloutis pour toujours dans les entrailles de la terre, dans cette fournaise si enfouie qu'elle ne parvenait même pas à envoyer aux hommes la plus petite marque d'existence. Main dans la main, les cinq grimpeurs passèrent à l'endroit le plus étroit de la cassure. Mais sans en finir pour autant avec ces difficultés. Un bourbier leur barrait maintenant le passage. Où ils s'enfonçaient jusqu'aux genoux. Avec appréhension, craignant que cette boue noire, cette mélasse charbonneuse ne cachât quelque autre précipice, une gueule infernale qui les aurait happés. Mais le guide les tranquillisa, utilisant son bâton comme une sonde, devant lui, jaugeant la solidité du sol. Et tout à coup, surprise. Une fois cet épais magma traversé. Exclamation d'un porteur : « Manman ! »

Surprise au bout du marécage, après ce bourrelet recouvert de mâchefer : dormant au fond d'une crique de deux cents mètres de diamètre, entouré de gazon et de mousse veloutée et dominé par les pics brisés du cratère, tranchants comme les bords d'un vase ébréché, un lac. Le lac du cratère éteint des Trois-Palmistes. Toute prudence oubliée, Lucy et Landes couraient, pressés d'atteindre ce mystérieux miroir, de tremper la main dans cette eau transparente. Cette eau jaillie peut-être des fondations du globe, des caves de l'univers. Etrangement, une petite croix de fer pointait à la surface, en plein milieu. Comme l'aiguille d'un clocher, une église disparue dans une inondation. C'était le calvaire qu'un prêtre avait construit là, à l'époque où cet étang n'existait pas, c'est-à-dire avant 1851. Un sentier conduisait d'ailleurs, un peu plus loin, à un autre cratère bordé de choux palmistes, un cratère sans eau, celui-là, celui de l'Etang sec. Et surplombant le tout, dressée dans le ciel comme pour implorer sa clémence, au sommet d'un morne, point culminant de la montagne Pelée, une petite chapelle, simple clocheton piqué d'une croix. D'où ce nom de morne Lacroix. C'était le père Mary, le curé du Morne Rouge, qui avait fait ériger ce monument pieux, ce sanctuaire des cimes. Au prix de difficultés sans nombre. Et deux fois par an, à l'Ascension et à la Pentecôte, des pèlerins venaient renouveler l'huile de la veilleuse. Redonner vie à cette flamme solitaire, brûlant audessus de l'île comme la lanterne d'un phare au milieu des récifs, préservant les navires audacieux du naufrage.

A l'exemple de Lucy, Landes et les deux porteurs se déshabillèrent et piquèrent un plongeon dans cette nappe d'eau dont on distinguait le fond, couleur de rouille. Quatre baigneurs dans la gueule d'un volcan. Riant, s'éclaboussant. Heureux de pouvoir abandonner à cette onde pure leurs fatigues et leurs sueurs. Sous l'œil étonnamment réprobateur du grand vieillard. Landes ramena une poignée de vase rougeâtre et quelques pierres grises qu'il examina longuement. Pour énoncer doctoralement :

« Sable ferrugineux et pierre ponce. » Il coucha ses observations sur son papier. Nota également que l'eau se révélait moins froide que celle de la Roxelane ou des autres rivières de la région et qu'elle s'attiédissait curieusement au milieu du lac où la profondeur atteignait 1,50 mètre.

— Bizarre, dit-il, logiquement c'est aux endroits de moindre profondeur, c'est-à-dire sur les bords que l'eau devrait être plus chaude, et c'est le contraire !

Après quelques observations supplémentaires et trois autres clichés photographiques, les quatre hommes s'assirent au bord du lac et se partagèrent les provisions. A cette altitude, le soleil s'en donnait à cœur joie mais une brise assez fraîche agitait parfois son aile. Après ce casse-croûte, on voulut sacrifier à la coutume du pays, à cet impérieux désir du sommeil imposé par la digestion. Seul Théobald Monand ne s'allongea pas sur le velours humide de la mousse. Comment aurait-il pu le faire ? Coucher sur la tête de cette bête de feu ! Il gravit le morne Lacroix et alla s'agenouiller devant la chapelle du Père Mary. Devant la petite veilleuse. Pendant que les autres dormaient au fond du cratère. Alla bredouiller quelle prière, demander quoi exactement ? Pendant que les autres dormaient du sommeil du juste, sans se soucier d'autre chose. De cet animal tapi sous leur corps gisant, qui grognait la nuit, menaçant un jour de surgir, de bondir hors de son trou. Mais pour l'heure, tout était immobile et muet. Seuls quelques oiseaux siffleurs. Seule la brise. Et au pied de la chapelle, la voix profonde comme la nuit du propriétaire de cette montagne. La voix de crypte de Théobald Monand.

Le retour se fit dans la facilité. Lucy offrit à Landes de publier ses observations dans *Les Antilles.* Mais le professeur refusa gentiment, gêné et rougissant comme une jeune fille. Gaston Landes était républicain et laïc. Et bien que fervent partisan du dialogue, il ne désirait pas s'exprimer dans un journal hostile à ses idées. Pour remercier Lucy il l'invita à passer le réveillon du jour de l'An chez lui, à Fonds-Printemps, sur les hauteurs de Saint-Pierre. Zéphirin cuisinait à merveille. Le matoutou-crabe promettait d'être irréprochable. A moins qu'il ne préférât le vieux coq traditionnel de la Saint-Sylvestre assaisonné aux oignons-pays, aux échalotes et au citron vert. On dégusterait aussi des choux palmistes cueillis là-haut, ces cœurs de jeunes palmiers que l'on accommoderait en gratin, saupoudrés de gruyère, dorés au four. Et l'on reparlerait sûrement de cette excursion mémorable. De ce bain divin et de cette sieste céleste dans le silence d'un cratère.

L'année enterrée, on allait maintenant en finir avec cet interminable procès des émeutiers. Le jour était venu enfin où on allait savoir comment Thémis, aveuglée par son bandeau, se servirait de sa balance à Saint-Pierre. Pauvre femme ! Qui l'avait poussée sur ces rivages ? Voici justement le moment du réquisitoire. Refermant d'un coup sec le couvercle de la bouillotte, assourdissant l'ébullition. Mélangés au public qui se presse, Lucy, Raoul du Morne Cordier, Salavina, Ranifa et d'autres, cou étiré, menton dressé, oreille tendue. Le procureur développe les charges. « Sobre et pressant de logique », souffle Souquet-Basiège à Léon de Belain. « La parole est à la défense ! » Pour tous les avocats de ces trente-deux accusés c'est le procès de la race européenne, de ces Blancs « qui ne représentent plus aujourd'hui qu'un groupe insignifiant d'attardés ». Blancs enterrés sous le mépris général. Sur la tombe desquels Marius Mureau a « scellé la pierre de l'oubli ». On remonte à 70, à 48, à plus loin encore, aux cales des galères : « Pendant longtemps nous avons été humiliés et flétris. Esclaves courbés sous le joug, saignant sous le fouet, privés même de la dignité d'homme, et confondus pêle-mêle avec les animaux et les objets mobiliers ». Apologie des gens de couleur. Glorification de leur champion. Le public frémit sous l'exaltation. Un buisson de passions secoué par le grand frisson. Mais pas un œil glissé vers les quelques Blancs qui sont venus là en curieux. Pas un regard de défi ou de répulsion. On parle de la race blanche, mais c'est une entité, ce n'est pas untel ou untel. Ce n'est pas le voisin avec lequel on s'entend bien. C'est une vieille chose qu'on a sous la peau et qui ressort quand on se gratte. Qu'on hait ou qu'on envie. C'est un être sans visage à qui l'on voudrait parfois ressembler. Qui vous force à faire un choix impossible. A vous renier, et même parfois à vous détester.

Après délibération, le verdict. Le jury répond non aux cinquante et une questions qui lui ont été posées par la cour.

Acquittement de tous les accusés. Ruée du public vers la sortie et ruée des sympathisants attendant aux portes, loin du procès.

— L'esprit de race l'a emporté sur la justice, maugrée Souquet-Basiège.

— C'est normal, nos tribunaux, nos cours de justice et notre administration sont maintenant entre les mains des amis de Monsieur Schœlcher, lance témérairement Léon de Belain.

— Comptez les effectifs du service judiciaire, rétorque l'un des avocats, Me Martineau, un créole blanc, républicain, vous ne trouverez que huit hommes de couleur sur trente magistrats.

Bond de Léon de Feissal :

— Taisez-vous, monsieur ! Vous qui avez sacrifié votre honneur ! Vous n'avez pas craint vous, Blanc, et appartenant à une famille honorable du pays de collaborer à ce journal infâme, véritable moniteur officiel du crime et de l'infamie !

— Allons, allons...

Autour de lui, un cercle d'acier se referme. Menaces sifflantes. Allons, allons ! Lucy, Raoul du Morne Cordier font barrage de leurs bras et de leur poitrine. Mais heureusement la joie l'emporte finalement sur la colère. César-Laîné, hissé sur les épaules d'un athlète, comme après un but marqué dans une partie de balle au camp :

— Nos adversaires sont écrasés sous le poids formidable du mépris et de la honte. La démocratie martiniquaise sort triomphante de cette redoutable épreuve et ne laissera point survivre derrière elle ces calomnies et ces accusations infâmes avec lesquelles on avait cru pouvoir l'abattre !

Trois mille personnes devant le palais de justice acclamant les braves, les intrépides, les invincibles. Et, à leur tête, Joseph Clavius-Marius et Pierre Duprey de La Ruffinière, portés en triomphe. Accompagnés en cortège jusqu'à leur maison envahie. La joie aux *Colonies* où l'on sable le champagne, d'où l'on envoie un télégramme de victoire à Mureau. « On a gagné ! » Le désarroi, la rogne et la grogne aux *Antilles* où l'on vient d'apprendre, en même temps, avant tout le monde, la révocation du commissaire de police et de son adjoint. Et l'éviction de tous les fonctionnaires de premier rang qui ont joué un rôle dans les événements des 18 et 20 juillet : le procureur de la République, le procureur général, son substitut, le juge d'instruction. Tous renvoyés comme des domestiques indélicats. Rappelés en métropole. Pour effacer à jamais la tache de l'affaire Lota.

Grève ! Le lendemain même de l'arrêt de la cour d'assises, la première grève de l'histoire de la Martinique éclate à Saint-

Pierre et dans deux communes du nord de l'île. Grève, mot inédit, venu de la lointaine Europe, nouveauté tentatrice. Le mouvement prend naissance sur le port, chez les mariniers qui manœuvrent les lourds canots employés au déchargement des navires. Et s'étend d'un coup. Aux gabarriers qui partagent pourtant les bénéfices avec leurs employeurs. Aux tonneliers, aux ouvriers boulangers. Enfle, se propage. Aux communes, à la campagne. A deux groupes de travailleurs agricoles de Sainte-Marie et de La Trinité. Deux bandes de têtes brûlées, enflammées par des meneurs venus de la ville et tentant d'en entraîner d'autres, de marcher, coutelas à la main, contre les propriétaires, petits ou grands, blancs ou sang-mêlé. Sur les habitations souffle un vent d'affolement. Voici venu ce qu'on appréhende depuis juillet, la révolte, le massacre. Derrière les portes renforcées les fusils ressortis des greniers par des mains fiévreuses, font claquer leur culasse comme des maxillaires agressifs.

Au Grand-Morne, on veut garder la tête froide. Mais on décide quand même de repousser la cérémonie des fiançailles d'Hermance. Et sur l'initiative de quelques-uns se tient à cet endroit une réunion sous cape, sous le sceau du secret, réservée aux propriétaires blancs. Un véritable conseil de guerre auquel participent tous les planteurs des environs : Belain, Saint-Domingue, Meynard, Crocquet, Glandut, Lacombe... Personne jusqu'à présent n'a perçu chez lui le moindre signe de rébellion. Personne. Sauf Léon de Belain, peut-être, dont le commandeur s'est vu menacé par deux gaillards, jurant de le pendre un jour au cocotier le plus haut avec son patron. Mais comme on connaît les frasques amoureuses du propriétaire de ce béké, ses équipées joyeuses à travers la campagne, chacun ne peut s'empêcher d'imaginer là une affaire de jalousie. Quoi qu'il en soit Léon de Belain a pris l'avertissement au sérieux. Et sa voix tremble quand il évoque la façon dont il entend se défendre :

— J'ai retrouvé ma vieille pétoire et chaque jour je m'exerce à tirer comme j'exerce aussi ma femme, mon fils et ma fille. Nous n'avons pas l'intention de nous laisser assassiner.

Griserie des hommes entre eux lorsqu'ils parlent balles et poudre. Promesses d'aventures guerrières. Atmosphère de veillée d'armes. Crocquet et Glandut voudraient bien pouvoir se procurer autre chose que des tromblons et des escopettes. Mais comment faire ? Capitaine des milices en 1870, Auguste de Meynard est un spécialiste. Il sait. Où acheter. Quoi acheter. Sait aussi se servir de tous les calibres. Et propose à chacun son expérience... Tous s'inscrivent sauf Gaston du Morne Cordier qui a reçu de Codé, avant son départ, les deux revolvers à barillet Colt Walker de calibre 44 achetés en contrebande dans l'île anglaise de Sainte-Lucie. Demain donc, ceux qui veulent des armes en auront. Jean-Jacques Cicéron, le vice-consul des Etats-Unis, un créole martiniquais naturalisé américain, a fait venir clandestinement à Saint-Pierre douze carabines Remington et Comblain ainsi que mille cinq cents cartouches.

Au moment où l'on va se quitter sur ces espoirs prometteurs, réconfortants, où la dernière gorgée de punch dévale dans les gosiers, deux cavaliers arrivent en trombe, dans un nuage de poussière. Léon de Feissal, Gaston de Pompignan surexcités, survoltés :

— C'est l'émeute à La Trinité. Les Gouyer ont dû tirer pour se défendre. Il y a des blessés !

Les meneurs sont entrés de force dans quelques propriétés, à La Ressource, chez Richard, Coopens, Rassignac, ils ont exigé des salaires exagérés et, devant le refus, ils ont brisé les instruments de culture. Armés de coutelas, ils ont encerclé l'habitation dont Gouyer est l'administrateur, en criant des menaces de mort. Trente forcenés. Gouyer les attendait sur le pas de sa porte avec son jeune neveu et un employé. Calme, imperturbable. Sabre dégainé, jambes écartées, bien calé sur ses pieds. Ils avançaient. Gouyer ne bougeait pas. Avançaient en criant, en agitant leurs lames. Le neveu brandit son fusil mais Gouyer l'empêcha de s'en servir. Avançaient toujours. Jusqu'à toucher les trois hommes. Gouyer ne levait même pas son sabre. Seulement son fourreau, de la main gauche. Le pointant devant lui comme pour leur fixer une limite qu'ils ne devaient pas dépasser. Ils allaient certainement le tuer, tuer son neveu, tuer son employé. Quand un coup de feu partit. D'où ? Partit. Atteignant l'un des agresseurs à la poitrine. Alors la troupe déguerpit à toutes jambes. Mais Gouyer ramassa le blessé, le fit entrer dans sa maison et le soigna. Drôle de type ce Gouyer ! Un peu plus loin, la même scène se répétait. Chez Sarotte, un homme de couleur. Lui, il n'avait pas hésité à tirer. Blessant aussi l'un des attaquants. Et semant la panique chez les autres.

— Le moment est venu de nous défendre, de rendre coup pour coup, s'écrie Léon de Feissal, en proie à une exaltation si vive que ses yeux ont l'air de casser ses lunettes, de vouloir passer au travers.

— Voilà à quoi mènent les appels à la violence des *Colonies,* les excès de langage de Marius Mureau, enchaîne Pompignan sur le même ton. Et ce monsieur siège à l'Assemblée, nous représente à Paris !

Le lendemain, à l'aube, six ombres se glissaient chez Cicéron. Six paquets les attendaient. Bien enveloppés, bien ficelés.

— J'ai introduit ces carabines en Martinique le plus légalement du monde, en passant par la douane, affirmait le vice-consul montrant les papiers de ses déclarations. Regardez : « six fusils de chasse ».

Légales ou pas, ces armes ne sortiraient peut-être jamais de leur gaine, ne goûteraient peut-être jamais l'enivrant parfum de la poudre. Mais elles redonneraient confiance à des hommes inquiets pour leur vie et leurs biens.

A Paris, Marius Mureau connaît un bonheur sans nuage. L'accomplissement de toutes ses ambitions. La vie a un aspect si différent, considérée ainsi, du haut d'une tribune, devant les élus du suffrage universel. Quand on se souvient du petit galetas de la Grand-Rue, de cette ville de province, de cette île infime, gouttelette de l'océan. Quand Paris ouvre grands ses bras, ses salons, ses palais.

Hortense plus heureuse encore, étourdie de valses et de flonflons. Eblouissements. Avec Lucie Saint-Jude dans les rues pleines de fiacres, de lumière. Etonnées par tout. Première conversation au téléphone. Première ballade sur l'impériale du tramway hippomobile, d'Auteuil à Saint-Sulpice. Rires. A la vue du premier vélocipède enfourché par un original au bois de Boulogne. Au passage d'une élégante couronnée d'un chapeau excentrique. Bouche bée devant l'ascension d'un ballon au-dessus des arbres, des cheminées. Et rêves sans fin devant les vitrines des grands couturiers où défilent ces toilettes qu'elles n'achèteront jamais.

Mais quelques jours après son arrivée, aussitôt que Marius peut abandonner la Chambre pour s'occuper vraiment d'Hortense, il décide de la métamorphoser. De transformer cette petite provinciale en Parisienne. Rien n'est trop beau. Hortense devra porter les plus belles robes. Car elle est sa femme. La femme d'un député. Du représentant de la Martinique. Rien n'est trop beau. Elle doit égaler les autres, les surpasser, même. Les écraser de son élégance, de sa magnificence. Ecraser ces femmes blanches qui ont pour elle, certaines fois, des regards insupportables. Dont on imagine les risées dans son dos. Alors il l'oblige à s'habiller, à entrer dans de folles dépenses. La pousse dans les plus chics boutiques d'où elle ressort les bras chargés et toute confuse. Tuniques drapées, corsages plissés, robes de soirée à traîne, coiffures montées comme des caravelles. Oui, rien n'est trop beau. Crêpe de Chine, velours de soie, mousseline, moire antique comme ces reflets d'aurore sur la mer, vus de la passerelle du *Tampico*.

Au bras de Marius à l'Opéra, dans une robe de velours garance. Marius, cheveux plaqués, favoris taillés, nœud papillon frétillant, jabot glacé. (Quel changement !) A son bras, traversant le foyer d'un pas amusé comme le jardin des plantes de Saint-Pierre, admirant, humant. Jules Ferry, Gambetta, Clemenceau, tête chenue, nez et menton broussailleux. Paul Déroulède qui étend les bras comme *la Marseillaise* de Rude devant ce militaire à la moustache belliqueuse, disparaissant sous une charmille de voilettes et de plumes d'autruche, ce général Boulanger que Marius exècre. Et au cœur d'un bouquet chatoyant, d'une corbeille vibrante, bruissante, derrière un épais taillis, une haie infranchissable, Jules Grévy, le président de la République lui-même ! (Tu te rends compte, Hortense, être là tous les deux, toi et moi ! Etre nés à l'ombre de la montagne Pelée, sur cette molécule de lave, cette limaille, cette paillette, cette miette, et se retrouver côte à côte avec les grands de ce monde ! Moi, le fils naturel d'une marchande de corossols ou d'une couturière, allez savoir, moi, petit-fils d'esclave !) C'est vrai qu'Hortense est la plus belle, à présent. C'est vrai qu'elle dépasse les autres, qu'elle les domine. Regardez les yeux des hommes comme ils la suivent à la trace. Et comme leurs compagnes sont furieuses. Ces concupiscents et ces jalouses, quelle revanche !

Mais il faut penser aussi aux choses sérieuses, aux affaires. Penser à accéder à la richesse, à la grande richesse, afin d'avoir les moyens de continuer cette vie rêvée. Et de devenir vraiment quelqu'un. Le plus grand distillateur de la Martinique, le propriétaire du rhum le plus célèbre. Les nouvelles que lui envoie Théodore Bellard ne peuvent le combler davantage. La Galère tourne. A plein rendement. Malgré la crise dont on aperçoit les premiers signes, la crise sucrière qui grippe les machines, sape les fortunes. Demain débarquera au Havre le second arrivage de rhum Mureau. Au dépôt central, boulevard Montmartre, les bouteilles dorées scintillent sur leurs claies, attendent en rangs serrés de se lancer dans la bataille. Le catalogue est prêt : 4 francs le litre de rhum fin « Carte bleue », 5 francs 50, le rhum supérieur « Carte blanche ». Et surtout, « Exigez sur l'étiquette la signature légalisée par le maire de la ville de Saint-Pierre (Martinique) ». Et les commandes commencent à affluer. Mureau compte tellement d'amis, déjà. Toutes ces relations politiques, ces députés, ces conseillers généraux, ces gens bien placés qu'il reçoit à sa table, rue Pierre-Demours, dans l'appartement où il vient d'emménager. Qu'Hortense et Lucie ont bichonné, pomponné. Murs recouverts de toile de Jouy, rideaux bonne femme, sofa et revêtement des fauteuils en madras et, partout, se prélassant, s'abandonnant nonchalamment, des poupées martiniquaises en robe criante de couleurs et des coquilles de lambis bourdonnantes de ressac. Sans oublier bien sûr une vue de Saint-Pierre, la rade, les cheminées de la Galère et la montagne chapeautée d'un nuage blanc comme un gros gâteau avec des œufs à la neige. Table ouverte. Tous ceux qui portent un nom défilent sous cette gouache naïve de Jules Garcin. Et succombent aux délices des chatrous à la casserole, des fricassées d'écrevisses, des matoutou-crabes et des « macadams » de morue qu'Hortense et Lucie mijotent à longueur de journée, s'amusant à adapter les denrées du pays à leurs recettes ancestrales.

Ce soir, Mureau a invité chez lui l'homme qu'il vénère comme un dieu. Victor Schœlcher, l'abolitionniste. 78 ans. Mais encore vert. Et la langue affûtée. Hortense a rapporté de Saint-Pierre quelques articles de *La Défense coloniale* où le vieux lion est rudoyé, injurié. Le poulet à la pistache et la purée de christophine feront les frais de cette polémique. Pas un compliment à l'hôtesse dans la bouche de l'Alsacien.

— Prétendre que moi, blanc, moi que le grand humanitaire Victor Hugo appelle son ami, moi élu à Paris par 110 000 voix en 71, j'aurais depuis de longues années provoqué, entretenu la rage des nègres contre les Blancs — rage d'ailleurs que ces braves gens sont incapables d'avoir — pour conserver ce qu'on m'accorde de popularité à deux mille lieues de la France, dans une île où je n'ai pas mis les pieds depuis 41, c'est tout simplement absurde !

Rouge. Comme le piment. Hortense s'inquiète en regardant son invité, craint l'attaque d'apoplexie. En voyant l'incarnat de ses joues, de son immense front. Mais à la fin tout se calme. Tout s'adoucit sur les langues où glisse la glace à la banane. Mureau s'ouvre alors de ses ambitions d'homme d'affaires, de brasseur d'argent. De ses rêves capitalistes. Et redoutant la critique, les reproches de cet homme désintéressé, modeste, presque pauvre, explique :

— J'ai longtemps hésité avant de me décider à jouer à l'épicier de luxe, mais comment continuer le combat sans fortune, comment se priver du nerf de la guerre ?

(Hortense saisie. Figée, congelée dans sa glace comme dans une banquise. Que fait-il donc de son désir de puissance, de cette folie des grandeurs qui l'a pris comme une fièvre irrépressible ?) Mais Schœlcher approuve. Il n'a jamais été contre le profit dès l'instant qu'on l'utilise pour des causes justes, pour le bien du peuple. Se félicite de voir les mulâtres plongés, à son exemple, dans le commerce, l'argent décidant de tout comme l'artillerie, disait le grand Voltaire. Combien d'hommes de couleur possèdent aujourd'hui, en effet, eux aussi, de grandes propriétés, de grands magasins, de grandes entreprises commerciales ?

— Aussi n'est-il pas véritablement insensé de dénoncer une classe, la vôtre, qui est dans de telles conditions comme rêvant de désordres, de bouleversements où, loin d'avoir rien à gagner, elle aurait tout à perdre ?

Sublime Schœlcher qu'on reconduit à son fiacre un peu flageolant après une dernière rasade de rhum Mureau (« Carte blanche »), après une dernière accolade.

A Saint-Pierre si les grèves avaient cessé, l'effervescence, la tempête des passions n'étaient pas pour autant retombées. Car un nouveau scandale éclaboussait à présent certains membres des meilleures familles. Dénoncé par Henry Samuel Lynch, l'Anglais qui travaillait comme interprète au consulat américain, Jean-Jacques Cicéron, le vice-consul, venait d'être arrêté par la police. Importation illégale d'armes de guerre. Comment ! Mais ces armes étaient passées par la douane en bonne et due forme ! Les douaniers avaient simplement oublié d'ouvrir les caisses de ces « six fusils de chasse ». Qui cachaient en fait douze carabines à canon rayé : six Remington à percussion, modèle 1863 « Spleet et Breech », arme des nordistes pendant la guerre de Sécession, et six Comblain 1871, en service dans la cavalerie belge. Cicéron dut livrer les noms de ses clients. Tous les noms. Et un procès tonitruant vint une fois de plus diviser les communautés, les déchirer. Jeter de l'huile sur le feu. Les détenteurs de ces armes étaient ni plus ni moins accusés d'avoir voulu « comploter le massacre de la population noire et de sang-mêlé ». Cicéron condamné à trois mois de prison, peine réduite en appel à un mois, et révoqué par M. Garfield, le consul. Les autres, dix jours de prison et seize francs d'amende. Que de rancunes vont s'accumuler sur la paille humide des cachots, dans les blessures cruelles de l'amour-propre et de l'orgueil !

Et au moment où meurt Louis Blanc, le signataire de l'acte d'abolition de l'esclavage (rédigé du reste, par lui, dit-on), Mureau lance de Paris une campagne contre cette autre traite, ce trafic déguisé que constitue l'immigration des Indiens.

Dernier combat de Victor Schœlcher. « L'homme qui, selon Victor Hugo, a eu l'insigne honneur de prendre la parole au nom de la race blanche pour dire à la race humaine noire : tu es libre ». Schœlcher et Mureau au secours des 16 653 « coolies » que compte encore la Martinique.

Combien sont-ils venus depuis trente ans déjà, de Calcutta ou de Hyderabad, attirés par des contrats mirifiques, drapés dans leur sari, leurs yeux brillants dévorant leur visage ? Vingt-cinq mille, trente mille peut-être ? Mais beaucoup sont repartis. Ou sont morts. Victimes des maladies, du manque d'hygiène, de mauvais traitements.

Aux *Colonies*, ce mulâtre de 35 ans, Georges César-Laîné, a tout repris de son ami et maître. Son autorité sans partage, son caractère de feu. Il y a du fer là-dedans. Et des ambitions. Aussi ardentes que celles de Mureau. Des ambitions de maire, de député. C'est pour cela qu'il a abandonné sa carrière de docteur en médecine et pris la rédaction en chef d'un journal politique. Et cette affaire d'immigration arrive à point nommé pour lancer son nom bien haut, pour l'écrire en lettres d'or sur le front de la notoriété. Et puis, c'est vrai, aussi, la condition de ces travailleurs indiens le choque. Il se trouvait sur le port quand le *Syria* avait levé l'ancre, le mois dernier, pauvre bateau chargé de ces pauvres gens regagnant leurs rivages. Sur le port, regardant cette troupe misérable, ces ribambelles d'efflanqués, ces carcasses étiques encombrées de paquets, ces femmes, ces enfants transpercés d'os saillants. Toute cette misère retournant à la misère. Et lui-même se sentait desséché. De chagrin et d'irritation. Imaginant son grand-père, sa grand-mère sur ce même quai, leur ballot sur le dos, comptés par les argousins et dirigés, fouet à la main, vers les plantations. Au Conseil général, sa voix faite d'inflexions heurtées porte plus que les cris stridents de « Clarinette », son ami Clavius-Marius. Et le sourire affable dont il se pare toujours lui donne l'avantage paraphrasant le grand Schœlcher :

— Si l'immigration n'est pas l'esclavage, elle est incontestablement une servitude de la glèbe. Nous nous devons de faire cesser ce scandale, cette atteinte à la dignité des hommes !

— Nous n'employons pas ces étrangers de gaieté de cœur rétorque Gaston du Morne Cordier à qui veut l'entendre, car ils nous reviennent plus cher. Savez-vous que tous frais payés, la journée de coolie revient à 2 francs 50 au propriétaire alors que celle du travailleur créole ne lui coûte qu'1 franc 50 maximum ?

Et par centaines, maintenant, repris plus fort par cette nostalgie de l'Asie qui sommeille en eux, les Indiens abandonnent zébus et charrues et prennent le chemin du bord de mer, le chemin du Gange.

Dans les habitations la main-d'œuvre se raréfie car, bien souvent, le propriétaire ne peut accepter les nouvelles exigences salariales. Au Grand-Morne où viennent de se dérouler, enfin, les fiançailles d'Hermance, l'heure des comptes allonge les mines, les renfrogne. Sous la lampe à huile, Gaston du Morne Cordier voit danser les chiffres comme des insectes destructeurs. Le rhum marche bien mais le sucre se vend de plus en plus mal.

Il est loin le temps où les colonies avaient le monopole de la vente du sucre dans la mère patrie ! Depuis la découverte du sucre de betterave sous l'Empire (par la faute de ces maudits Anglais et de leur maudit blocus), la canne perd chaque année du terrain, les bénéfices s'amenuisent. Qu'attendent les députés pour protéger cette industrie, taxer les importations ? Et c'est à ce moment-là qu'on incite les Indiens à repartir chez eux ? Et au bord de la mer blanche des cannes, de ces longues vagues crêtées d'écume et courant devant la brise jusqu'au bout de l'horizon, Gaston du Morne Cordier à son fils, de la voix ferme mais résignée d'un officier qui sent que la bataille en cours est inéluctablement perdue :

— Tu verras qu'il nous faudra peut-être arracher tout ça, un jour. Mais pour planter quoi à la place ?

Du café ? Cette cochonnerie d'elecchysta coffeola a détruit les cultures et la nouvelle espèce plus résistante, importée du Liberia, n'a pas encore eu le temps d'imposer sa présence. Le cacao et le tabac croissent avec une louable application mais se complaisent dans la modestie. La banane et l'ananas lésinent, mesurent leurs efforts et leur prodigalité. Alors continuons avec cette bonne vieille canne. Continuons. Et mourons ensemble !

Juin apporte ses chaleurs et pousse des armées de « coupeurs » dans les cannes. Gestes saccadés des hommes, harmonie des bras et des troncs luisants. Balancement des gerbes au-dessus des chapeaux comme un adieu à la terre nourricière. Lambeaux d'une chanson lacérée par le vent. A cheval dans le champ fleuri comme au milieu d'un gué, le commandeur surveille le travail, récrimine. Tranchées en trois morceaux, effeuillées, les cannes sont liées par l'« amarreuse » et jetées en tas. Filets des suées. Filets rafraîchissants de la « donneuse d'eau » sur le front, sur la nuque. Gargouillis des gorges en feu. Et farandole infernale des mouches autour des bœufs placides.

Le maître du Grand-Morne constate que la récolte est bien

engagée. Elle échappera donc aux grosses pluies qui attendent la fin du mois en comptant les jours.

Lente procession des cabrouets qui s'éloignent, meules ambulantes. Gaston du Morne Cordier et son fils s'acheminent au petit trot vers la sucrerie. Ils ont rendez-vous avec Théodore Bellard. Pour une commande de mélasse. Trois Indiens marchent au bord de la route, soulèvent leur chapeau au passage des cavaliers. Leurs biens sur le dos. Ils s'en vont eux aussi. Raoul considère ces pauvres pieds meurtris dans la poussière et le ciel si pur, si insensible, et les bois d'Inde, les giroflées, les grenadiers exhibant leurs fleurs, et se dit : un jour, peut-être, nous devrons prendre notre ballot à notre tour et partir. Et regarde son père qui pense peut-être comme lui. Son père qui parle :

— Nous ne pourrons pas encore installer la vapeur cette année. Il nous faudra donc penser à renouveler quelques-uns de nos bœufs. Tu iras chez Baisemont et Eustase, ils disent avoir des créoles bien encornés.

Théodore Bellard observe la longue course du vesou mousseux, de gouttières en gouttières, vers le bac central. Puis la vapeur de soufre qui le décolore au passage. Puis sa chute dans les six chaudières à déféquer, bains de pureté, jusqu'à la dernière, la « batterie » d'où s'écoule avec délice un sirop noir. Ce sirop concentré, onctueux qui peut enfin porter le noble nom de sucre. Le frère d'Hortense Mureau est venu acheter de la mélasse, ce résidu sirupeux de la cristallisation, ce « gros sirop d'habitant », la matière sucrée idéale pour la fabrication du rhum fin. La qualité du Grand-Morne est très établie. C'est avec cette mélasse qu'on produit ici le meilleur rhum de l'île. Et Mureau compte bien lui ravir cette réputation. Gaston du Morne Cordier n'ignore pas ces prétentions. Mais comment refuser de vendre au moment où les clients se font si rares ? Et puis Théodore Bellard porte sur lui la sympathie. Enjoué, séduisant. Bien qu'un peu trop enjôleur, tout de même. Un charme poussé exagérément. Mais si sympathique, avec sa fougue, cet entrain au travail.

L'homme se plaint. De l'inclémence du marché, de la cherté de la mélasse.

— La vôtre, monsieur, je veux bien la payer ce prix-là, c'est la meilleure. Mais les autres, quand même !

Alors il se dit forcé d'acheter des produits d'importation vénézuéliens, portoricains, jamaïquains. Gaston du Morne Cordier serait tenté de lui démontrer à quel point l'homme avec lequel il a lié son sort porte la responsabilité d'au moins une partie de ces difficultés. Mais à quoi bon ! Et puis Théodore Bellard n'a-t-il pas pour sœur cette femme qu'il admire beaucoup ? Hortense. On parle d'Hortense. De son dynamisme dans les affaires, de sa sempiternelle bonne humeur. De sa vertu à endurer les désagréments avec le sourire. De sa patience. (Avec un mari pareil !) Ah ? Elle est à Paris ? (Le visage d'Hortense à la fenêtre d'un fiacre qui passe.)

On sirote avec de petits clappements appréciatifs un verre de ce nectar que Mureau voudrait bien évincer de son trône.

— Pas de doute, dit Théodore Bellard, c'est du meilleur Grenade. Le bouquet est moins relevé que le mien mais il est plus délicat, moins sec et plus moelleux.

Il a apporté une bouteille du sien, « Rhum Victor Mureau, carte bleue ». La débouche, en sert un doigt à Gaston et à son fils. Trois verres levés. Silence. Croisement de prunelles. Gaston, réjoui de constater sa supériorité évidente, mais bien décidé à n'en rien laisser voir :

— Type Jamaïque, arôme violent. Il est intéressant.

Et pour éviter de devoir s'étendre :

— Savez-vous à quoi certains attribuent ce parfum de vieux cuir que respirent en général ces rhums-là ? On prétend que les Jamaïquains y font infuser des rognures de cuir tanné !

— En tout cas, ce n'est pas notre procédé, dit Théodore Bellard en s'esclaffant.

— J'espère bien !

Quand il fut parti, les deux hommes demeurèrent encore un moment dans la sucrerie. Le travail avait cessé et seule une permanence de trois ouvriers veillait au fonctionnement des chaudières. La bagasse enflammée peignait d'étranges lueurs sur leur visage trempé. Fade, écœurante odeur du vesou. Les bœufs exténués profitaient d'un repos bien mérité. Entassé dans ses barriques le sucre attendait dans l'ombre les chariots qui l'emporteraient au port. Barriques montant jusqu'au plafond. Bientôt, on ne saurait plus où les mettre. Raoul près de son père dont le profil se découpait sur la fenêtre, sur le carré du ciel. Son père se retournant vers lui et lui disant avec une froide détermination :

— Il va falloir se battre, mon garçon.

XV

Il l'aperçut alors qu'il ne pensait absolument plus à elle. Absolument plus. Depuis combien de temps ne l'avait-il pas revue ? Six mois, un an ? (Bonne amnésie qui referme les blessures). Quand il passait sur ce pont de la Roxelane où il s'était arrêté pendant cette fameuse nuit de Noël, elle lui revenait bien sûr en mémoire. De très loin. Comme un mot perdu et retrouvé. Mais pour repartir aussi vite. Il était ainsi fait Raoul du Morne Cordier. Les amours mortes ne devaient jamais être déterrées. Sous peine de sentir le reniement, de puer le désaveu de soi-même. Gabrielle Long-Ming n'avait pas non plus cherché particulièrement à recoller les morceaux. Une fois seulement peut-être. La fois où elle avait demandé à Salavina s'il n'était pas parti, s'il n'était pas retourné en France. (Sa présence ou son absence, quelle différence vraiment ?) Et voici que tout à coup elle resurgissait. Dans ce vestibule du théâtre où entraient les gens, billet à la main. Aux côtés de Salavina toujours avide de musique. Au cours de cette soirée de gala en l'honneur du grand Ferdinand de Lesseps, le constructeur du canal. Resurgissait soudain comme un parfum. Et pour lui c'était comme si rien ne les avait séparés. Comme s'ils s'étaient quittés hier seulement. Resurgissait dans une robe de soirée en velours vert garnie d'une ruche de satin de même nuance. De ce même vert qui lui allait si bien en cette nuit de Noël. Qui lui allait si bien lorsqu'il l'avait vue s'appuyer sur le piano, se pencher vers sa grand-mère. Et lorsque ensuite il l'avait forcée à danser avec lui. Forcée à se presser contre lui. Et maintenant elle était là, toute droite, souriante. Elle prononçait sans faiblir le mot : bonsoir. Et d'autres, tout aussi banals :

comment allez-vous ? Mais elle eût proféré autre chose de moins insignifiant qu'il n'eût pas été plus heureux. Il lui suffisait qu'elle fût là et qu'elle lui parlât. Même pour ne rien dire. Elle le fixait droit dans les yeux et lui-même répondait avec la même franchise. Essayant de déceler un cillement de gêne, un trouble secret. Mais quel mal ! La Chine s'y connaît pour cacher tout. Il crut bien repérer cependant derrière ce paravent de laque, cette grande muraille, l'envol subit d'une hirondelle...

Ainsi on prend un jour, une nuit, une décision que l'on croit définitive. On laisse l'oubli s'amonceler, épaissir son lourd manteau ouaté. On se croit guéri, à l'abri des rechutes. Et voici que tout est à refaire !

Elle lui parlait encore. Chaque mot était comme un louis qu'elle lui jetait. Elle regardait le billet qu'il tenait. Rit.

— C'est drôle, nous serons côte à côte.

Il avait donné rendez-vous à cet endroit à Saint-Prix Roné et à Bonneville. Ils arrivaient justement, accompagnés d'Eglantine. C'est lui qui avait réglé leurs places : trois poulaillers. Ils lui firent fête.

« Nous, on monte au paradis ! A tout à l'heure ! » Des candélabres l'éclairaient comme s'ils avaient été placés là pour elle, comme des porteurs de flambeaux à son seul service. Et ce parfum d'ylang-ylang qui retrouvait aussi ses chemins. (Constatant : « J'aime jusqu'à l'air qu'elle déplace »). Salavina le poussait vers sa loge car le rideau allait bientôt se lever. Mais lui s'attardait, grappillant les secondes.

— On se retrouvera à l'entracte, dans la galerie.

C'est ça, c'est ça. Avec Alphonse en plus. Car il venait d'apparaître. Apportant le désenchantement, cette brume qui enveloppait Raoul, maintenant, et le laissant seul, abandonné. Mais Salavina le conduisait par l'épaule, le dirigeait vers les loges. Alphonse Justine, il l'avait oublié aussi. Ses cheveux plaqués, collés, aplatis pour en masquer les ondulations, son teint olivâtre, ses yeux goudronneux. Et cette distinction insolente. Cette élégance du corps qu'il eût préféré ne pas lui voir. Oubliés comme le reste. Et resurgis pareillement. Avec sa sourde répulsion.

La Juive. Et comme premier rôle Gérard, le fort ténor qui suivrait Lesseps à Panama car il était également ingénieur. Cette voix qui semblait ne pas naître de lui mais de quelqu'un au-dessus, dans les combles, dans le ciel. Et la voix de Mademoiselle Rinkly des grands théâtres de Bordeaux, de La Haye et de La Nouvelle-Orléans. Mais Raoul se moquait pas mal des chanteurs et de la musique d'Halévy. Ne se souciait pas davantage du père Zay, le vieux chef d'orchestre pourtant particulièrement inspiré ce soir-là, ni de la brillante assistance formée par l'escorte de Ferdinand de Lesseps, sa famille et tout un cortège d'ingénieurs et de savants. N'avait d'yeux que pour son profil, là-bas, à quelques mètres seulement, dans la loge voisine. Son profil et celui de la personne à côté d'elle, de cet inévitable Alphonse. Et plus il la guignait plus il éprouvait le sentiment qu'il ne pourrait pas continuer à jouer ainsi à cache-cache avec elle. Car — il en était maintenant foncièrement persuadé — il ne la laisserait plus jamais s'échapper. Rachel et Eléazar pleuraient sur scène leur amour impossible et Raoul se fixait un but à première vue impossible : la conquérir et la garder pour toujours. (Elle venait de tourner la tête vers lui, hop, juste un quart de tour, le temps de l'apercevoir, hop, et c'est fou ce que ce geste avait déclenché chez lui alors que l'orchestre attaquait le *Te Deum* d'Halévy). Oui, à présent rien ne l'arrêterait. Elle avait assez résisté, assez fait ses preuves. Assez montré qu'elle n'était pas comme les autres, comme toutes ces filles faciles, comme toutes ces filles conquises en une nuit et plus facilement conquises encore quand le séducteur était un Blanc. (Sa tête de nouveau vers lui, hâtivement, geste volé, coup d'œil volé, alors que Rachel chantait : « Il va venir ! »)

Il aurait voulu pouvoir lui dire tout cela à l'oreille ce soir-là, tout cela et encore ceci : elle devait savoir qu'il la rendait entièrement responsable de l'amour qui était né en lui. Car sans cette opposition, ce refus tenace, ces rebuffades de bêtes farouches, inapprivoisables, elle serait restée pour lui une de ces ti-tanes toujours disponibles, toujours bonnes à prendre. Il n'aurait jamais rien senti monter dans son cœur.

Entracte. Elle se levait, quittait sa loge. Vite. Il se tenait déjà devant sa porte avec Salavina un peu en retrait, un peu moqueur.

— Allons prendre un sirop d'orgeat...

Un sirop d'orgeat donc, pour elle, et un madère glacé parfumé de muscade pour les hommes. On parlait. Du livret, de la perfection de l'interprétation. On parlait. Alphonse trouvait que le duo des amants estompait le reste, notamment la scène de la Pâque. Salavina préférait de loin le trio du collier, d'une forme si originale. Et Gabrielle les chœurs, la marche triomphale, cette musique d'Halévy pleine de puissance et de grandeur, ce souffle vigoureux d'un rare sentiment dramatique... On parlait. Elle parlait. Raoul eût été bien incapable de donner son propre avis. Se contentant de mirer la jeune fille, de gober ses mots, de happer son moindre regard. Ce qui paraissait agacer son chevalier servant. Qui se trahissait par la nervosité de ses mains, par sa précipitation à vider son verre, par ce dandinement d'une jambe sur l'autre.

Diversion soudaine, apparition de Bonneville et de Saint-Prix Roné, de leurs bavardes compagnes, de Werner Ranifa prolongé de son chapeau cylindrique, et de Victor Cochinat, cet autre rédacteur des *Colonies,* cette autre plume acidulée. La discussion s'engageait alors sur le pamphlet que ce mulâtre venait de publier dans son journal, attaquant durement l'équipe de *La Défense coloniale* et particulièrement l'un d'entre eux, Michel-Henri Crassous. Et attaquant à travers eux toute la communauté blanche. Simultanément s'élevait, un peu plus loin, sur le même sujet, une altercation entre César-Laîné et Laurent de Reynal, le cousin de Crassous, un échange bref mais véhément au cours duquel un verre de rhum alla s'écraser, comme un encrier jeté par un potache, entre les pieds de François Bernard et ceux du fort ténor Gérard. Raoul avait lu cet article et le trouvait lui aussi inadmissible. Une bouffée de révolte s'exhala subitement de lui sans qu'il pût l'endiguer. Submergea tout en lui, repoussant le séducteur, le charmeur, remettant sa cour à plus tard. Il dit son fait à Cochinat et, contrairement à ce qu'il attendait, ni Salavina, ni Bonneville, ne prirent sa défense. Au contraire, ils le chargèrent. Saint-Prix Roné ne le ménagea pas davantage :

— C'est avec des brûlots de ce genre qu'on met le feu aux poudres. Vous ne trouvez pas que Saint-Pierre a assez connu de violences ?

Ranifa s'étant subrepticement éclipsé, le pamphlétaire se retrouvait isolé. Quand Alphonse Justine vola à son secours. Cinglant :

— Il a eu raison ! Crassous l'a insulté. Il l'a traité de bohème, de mendiant. Qui n'aurait pas réagi de la même façon ?

Raoul, comme s'il avait reçu un coup d'éperon dans le mollet, s'étonnant lui-même de sa brutalité :

— Mais pourquoi vouloir s'en prendre à toute une communauté si c'est une affaire entre deux hommes ?

C'en était bien une, en effet. Entre ces deux hommes face à face. Qui se mesuraient, se bravaient sous les yeux de Gabrielle Long-Ming. L'entracte tirait à sa fin, Cochinat et les autres partaient regagner leur place, tous les spectateurs quittaient la galerie. Mais Raoul et Alphonse continuaient leur empoignade, à s'apostropher, sourds aux adjurations de Salavina, aux prières instantes de la jeune fille. Là-bas, le brouhaha s'éteignait, on attendait les trois coups. Mais les deux hommes continuaient à régler leurs comptes. Puis subitement le ton était monté et Alphonse, sorti de ses gonds, avait levé la main, prêt à frapper. Alors Salavina s'était interposé :

— Arrêtez ! Vous êtes fous !

Raoul n'avait pas reculé d'un pouce. Attendait sans bouger que l'autre se fût calmé, retenu par Salavina. Qu'il eût cessé de se débattre tout en l'invectivant. Le madère sans doute lui était monté à la tête. Et la jalousie. Maintenant, dans la salle, le rideau se levait. Au bout de la galerie deux employés accouraient, affolés, exigeant le silence. L'autre gesticulait toujours, fulminant. Impossible qu'on ne l'entendît pas. Alors le reste avait défilé très vite. Gabrielle s'était emportée contre Alphonse. Prononçant cette unique phrase : « Ta conduite me scandalise. » Et stupéfaits, Raoul et Salavina avaient vu le jeune mulâtre partir, descendre l'escalier sans se retourner, disparaître. Et Gabrielle ne rien faire pour le retenir. Gabrielle encore toute frémissante sous son écume de colère. Et soulagée en même temps, apaisée par ce départ, cette fuite. Adieu à *La Juive !* Elle n'avait pas voulu rester plus longtemps là. Raoul avait fait un bond d'escrimeur, s'était campé devant elle.

— Je vous raccompagne.

Sans attendre sa réponse, il l'avait prise par le bras, entraînée jusqu'à la sortie. Rue de la Comédie encombrée de voitures et de chevaux immobiles, de cochers assoupis ou engagés dans des discussions bruyantes. Vacillement des fanaux sous le profond soupir monté de la mer. Il l'avait prise par le bras et, une fois dehors, dans ce dédale d'étroits passages entre les calèches et les animaux, il ne la lâchait plus. Avec quelque raison puisqu'elle risquait de trébucher, de se tordre le pied sur ces pavés mal éclairés par la lune. Mais maintenant qu'ils descendaient la Grand-Rue, déserte et moins sombre, il continuait à la tenir plus étroitement encore, peut-être. Au début malgré les questions dont il la pressait, elle était demeurée muette. Et à présent, seule avec lui dans cette rue peuplée seulement de chiens errants et du bruit de leurs pas, elle lui répondait avec une volubilité nerveuse. Alphonse se conduisait souvent ainsi. Un enfant gâté, capricieux, mal élevé. S'emportait pour des riens. Une soupe au lait. Un jour il avait giflé un matelot du *Rubis* parce qu'il se moquait de son gibus cabossé et il avait failli passer par-dessus bord. Une autre fois, dans un bal à Fort-de-France où il l'escortait, il avait provoqué en duel un capitaine d'artillerie pour le regard trop soutenu qu'il lui avait vu lui lancer Fort heureusement l'officier avait répliqué en s'esclaffant : il venait justement de gagner les concours de tir de la Martinique ! Elevé avec elle au sein de cette grande famille où les enfants trop nombreux échappaient souvent à toute autorité, il l'avait peu à peu mise sous sa protection. S'approcher d'elle, c'était donc tenter de lui ravir son bien. Une emprise abusive, un accaparement. Cette attitude l'avait amusée dans les premiers temps mais aujourd'hui elle l'insupportait. « Une vraie duègne ! »

Salavina en savait quelque chose, le pauvre poète, lui qui avait reçu d'Alphonse, à l'époque où il la fréquentait, une lettre comminatoire : « Cessez de la voir où je vous claque sur la place publique ! » Un sonnet bien senti, d'une ironie mordante, avait répondu à ces outrances et l'incident en était resté là. Et voici qu'à présent c'était lui, Raoul, qui souffrait de ses humeurs sous le couvert de cette affaire politique et raciale.

Raoul sentit soudain que son bras sous le sien se faisait plus lourd, se tenait avec plus de confiance. Un chien dans la tiédeur de son coin familier. Après, Raoul se souvenait de son rire. Quand il avait évoqué cette polka de Noël. De son rire quand elle avait manqué de tomber, entravée par l'étroitesse de sa robe. De son rire un peu gêné quand il lui avait serré la taille, enfin. Se souvenait de ce rire-là, gentiment intimidé, délicieusement effrayé, rire comme il l'aimait chez les jeunes filles. Se souvenait de tout cela et de leur joyeuse gambade dans la nuit jusqu'à la place Bertin. Arrivés là, ils s'étaient assis sur l'un de ces bancs étalés de tout leur long sous la lune, au milieu des barriques, des marchandises, à côté de la fontaine Agnès. Près d'eux un débardeur ronflait, cuvant son rhum. Feu de la batterie Sainte-Marthe et son inlassable ronde de chien de garde sur la mer. Feux des navires à l'ancre, ou lucioles, ou étoiles. Assis sur ce banc près de cette fontaine bavarde, comme s'ils attendaient un bateau pour partir. Proche au point de pouvoir la toucher, la mer reposait, silencieuse. Si calmement qu'elle semblait s'être évanouie, retirée très loin. Mais de temps en temps elle soupirait brusquement comme un dormeur qui se retourne. Là, donc, il avait essayé de l'embrasser, mais sans succès. Alors comme pour s'excuser, elle avait posé la tête sur son épaule. Comme elle eût posé sa main, grande ouverte, dans un abandon complet. La première fois qu'elle lui donnait ainsi quelque chose d'elle, qu'elle succombait un peu. Raoul aurait voulu demeurer là longtemps, jusqu'à l'arrivée des premières porteuses de légumes et de fruits, des marchandes descendues des mornes, jusqu'à l'aube. Mais Gabrielle avait promis de rentrer dès la fin du spectacle et peut-être aussi ne souhaitait-elle pas éterniser cette tendre confrontation. Retour par les ruelles obscures, le bras tenant plus fort la taille et les corps plus complices. Retour à pas très lents pour retarder l'échéance, pour avoir encore le temps d'échanger quelques mots, pour voler du temps à l'absence. (Comme si on n'avait pas toute la vie devant soi !).

Sur le pas de la porte, dans le creux d'ombre, seuls ses yeux émergeaient. Plongés dans les siens sans retenue, d'une sincérité totale, intenses dans leur gravité, ardents, généreux dans leur épanchement. Ses yeux pris, les mains suivirent, puis la taille, puis les lèvres. Livrée. Etouffée sous son étreinte, sous le poids énorme de sa bouche. Raoul se souvenait de tous ces détails et aussi du moment où la porte s'était ouverte, où la nuit la lui avait ravie. De ce moment où il s'était dit que jamais plus on ne la lui enlèverait.

Le lendemain, dimanche, deux individus, deux personnages tristes et froids, se présentaient au Grand-Morne, demandant à être reçus par Raoul du Morne Cordier. Porteurs d'un cartel. Alphonse Justine le provoquait en duel, s'estimant offensé par les propos qu'il avait tenus en public, la veille, au théâtre. Et choisissant l'épée de combat.

— Vous voudrez bien nous indiquer les noms de vos deux témoins afin que nous puissions régler les conditions de cette rencontre.

Abasourdi. Raoul le demeura longtemps après leur départ. Comment un homme raisonnable pouvait-il oser jouer avec sa vie et celle d'autrui pour de pareilles vétilles ? Même si l'offense invoquée portait en réalité un autre nom, et de cela Raoul en était bien convenu. Le nom de jalousie. L'exigence de son amour inquiet pour Gabrielle, un bien qu'il sentait glisser de ses mains. Le jeune béké ne reculerait pas devant le combat. D'autant plus qu'il se défendait bien dans l'usage de cette arme. Mais il avait toujours trouvé ridicule cette propension des créoles à régler leurs moindres comptes au bout de leur poignet. A se battre pour le moindre motif. Ne galvaudait-on pas l'honneur en le lavant ainsi à tout bout de champ d'outrages imaginaires ou négligeables ? Verser son sang, pourquoi pas, mais pas pour des bagatelles. D'autant que Gabrielle n'avait avec Alphonse échangé aucune promesse. Pas même un baiser. Elle le lui avait avoué la veille. Il était le premier lui, Raoul, le premier à avoir réussi à atteindre sa bouche. A la forcer. Personne avant lui. Personne. Son attitude, d'ailleurs, était sa meilleure défense : de peur d'un refus on ne risquait jamais rien. Ainsi Alphonse avait-il fait comme les autres, il était resté au bord, attendant une permission. Rien ne les liait donc. Que son désir de possession maladif.

Remis de sa stupeur, Raoul décida, après une brève conversation avec son père, d'aller demander conseil à Salavina. Homme de couleur comme Alphonse et le connaissant depuis longtemps, il parviendrait peut-être même à arranger cette affaire à l'amiable. Car si le mulâtre se disait offensé par quelques mots un peu trop crus, échappés au cours de l'altercation, il était facile de les retirer. Raoul plaçait autre part le sentiment de sa propre estime. En tout cas, une certitude éclairait son esprit : il ne dirait pas un mot à Gabrielle de toutes ces absurdités.

Le lendemain matin, armés d'épées et de revolvers, plusieurs hommes se présentent aux *Colonies*, exigeant de parler à César-Laîné. Laurent, Edouard et Georges de Reynal, les cousins de Michel-Henri Crassous, qu'accompagne Anatole de Pompignan, un cousin de Gaston, le négociant. Quatre hommes en colère, vociférants. Ils sont venus rosser le rédacteur en chef afin de l'obliger à accepter de se battre en duel. Car c'est lui que Crassous veut rencontrer sur le pré, et non ce Cochinat, l'auteur de l'article diffamatoire, cet écrivailleur famélique que tout le monde sait goutteux, incapable de se tenir debout sans ses cannes.

Pugilat. Appelés à la rescousse, les ouvriers des *Colonies* surgissent avec des bâtons, repoussent les assaillants. Bataille rangée. Pour se dégager, Pompignan tire un coup de feu vers le plafond. Soufflette César-Laîné. Et crie avant de disparaître sous les horions : « Nous jurons que nous aurons réparation ! ».

Mais Cochinat ne veut pas en démordre. C'est à lui de défendre l'honneur des *Colonies*, lui qui a écrit ce pamphlet. Aucun autre sang que le sien ne doit couler.

Bref ce fut encore une réparation manquée pour les békés. Car qui aurait voulu affronter un homme aussi diminué ? Et Cochinat s'était opposé jusqu'au bout à ce que son patron risquât sa vie à sa place. Par contre les cinq agresseurs des *Colonies* furent traînés en justice et, malgré les efforts de leurs avocats, Gaston Souquet-Basiège et Hippolyte Berté, condamnés à des peines variant de quinze jours à deux mois de prison. Verdict qui ne pouvait qu'empoisonner davantage une atmosphère déjà bien fétide, ce climat de défiance et de haine. Le carnaval approchait avec ses bandes masquées et bruyantes qui traversaient la ville. Avec ses « guiablesses » et ses pierrots facétieux. Et chacun voulait voir sous ces déguisements, qu'il fût d'un bord ou d'un autre, la hideuse trogne du défi et de la vengeance. Le moindre « bitaco » échappé à ses travaux champêtres pour venir s'amuser en ville était un conspirateur, un fauteur de désordre en puissance. Faux nez des suspicions, loups des faux innocents. On ne pouvait donc choisir pire moment pour décider de la visite du gouverneur Allègre à Saint-Pierre à l'occasion de l'ouverture officielle du lycée. Les fleurs de rhétorique de Joseph Combes, le proviseur, dans son discours, et celles de César-Laîné dans le sien, ne purent effacer la détestable impression produite par *Les Antilles* qui bramaient sur six colonnes ce jour-là : « Allez-vous-en M. Allègre ! » Et sous cette manchette : « Si vous ne sentez pas l'odeur nauséabonde qui se dégage autour de vous, nous, nous la sentons ! Le pays réclame le droit de vivre en paix. Faites place à la droiture, à la fermeté, à l'ordre et à la tranquillité ! » Le soir, des échanges de répliques désobligeantes troublèrent le quadrille d'honneur. César-Laîné, encerclé d'un groupe hostile, où prédominait la voix aiguë de Léon de Feissal pendant que Vincent Allègre dansait galamment avec une élégante :

— Cet homme est devenu l'idole des perturbateurs. Les honnêtes gens frémissent à sa vue, son nom est synonyme de démission et de lâcheté. Tous les bons citoyens attendent chaque jour qu'il plaise au gouverneur de purger notre sol de sa présence !

Zébrant l'air de sa baguette, transpirant à gouttes épaisses, le chef de la musique municipale, César Roseley, avait beau faire enfler davantage la clameur de ses cuivres, il eût fallu que le gouverneur fût sourd pour ne pas entendre pareillement tonitruer ses détracteurs et ses défenseurs.

Une immense peur sut mettre pour un moment tout le monde d'accord. Celle que provoqua le tremblement de terre qui devait secouer durement l'île quelques jours après, semant la panique à Saint-Pierre et à Fort-de-France. Raoul du Morne Cordier et son père se trouvaient à cette heure-là à bord de leur calèche, sur la place d'Esnotz, avec une liste d'emplettes à effectuer chez différents commerçants : au « Nouveau Siècle », chez l'horloger Mora, aux glacières Jusselain, à la boulangerie Gratiant-Labadie, fournisseur du meilleur pain grâce à un pétrin mécanique installé tout récemment et à l'eau de la Goyave. Commandes d'Eugénie du Morne Cordier, toujours rétive aux apparitions en ville. Les deux hommes allaient donc descendre la Grand-Rue quand la secousse se produisit. Violente, inattendue. Elle ne dura paraît-il que trente secondes mais personne n'en voulut rien croire. Le cheval fit une embardée et la voiture faillit se renverser. Gaston, accroché à ses guides, penché dans le vide, et Raoul précipité sur les pavés, un genou en feu. Le sol roulant sous lui comme mille barriques. Mille barriques avec leur bruit d'enfer. Et partout autour d'eux les gens qui détalaient dans tous les sens, bêtes affolées d'un troupeau décimé, attaqué par les coyotes. Détalaient en criant, en s'appelant, en invoquant les saints. Il paraît qu'en un instant les églises s'étaient peuplées, brondissant d'implorations ardentes. Marmonnement des âmes vers ce maître suicidaire. Qu'au bord de la mer des femmes avaient jeté leurs enfants à l'eau pour les soustraire à cette fièvre du sol. Que des meubles se déplaçaient tout seuls, comme munis de roulettes, que des vases tombaient des commodes, poussés par un esprit malin. Raoul plaqué contre les pavés, incapable de se relever, comme aspiré par cette force remontée du centre de la terre pour montrer son étendue. Paralysé. Au milieu de cette déroute de jambes et de sabots, de ce sauve-qui-peut général. Et le ciel au-dessus de tout ça, le ciel de Verlaine, si bleu, si calme. Le ciel feignant d'ignorer ce que faisait son autre main.

Trente secondes donc. Mais seulement pour les pendules. Quand Raoul avait retrouvé ses jambes, il eût juré qu'il était resté couché ainsi pendant une heure. A présent la terre ne tremblait plus. Mais pour combien de temps ? Qui pouvait dire s'il n'allait pas lui reprendre cette fantaisie, cette envie de faire peur ? Aussi personne ne voulait risquer de rentrer sous son toit. Tout le monde dans la rue, au milieu de la chaussée, stupidement immobile, ou pris d'une agitation incoercible. Ou partant au hasard, quelques biens dans les bras, sur le dos. Impossible de se frayer un passage en voiture. Les deux hommes décidèrent donc de continuer à pied. Obsession de Raoul : Gabrielle. Qu'avait-elle fait ? Où était-elle ? Il abandonna son père chez le boulanger qui venait de rouvrir. Courut jusque chez les Long-Ming. Courut comme il put. A travers cette foule confuse, cet embrouillement de voitures, d'animaux, de ballots. Courut. Pour arriver à rejoindre Gabrielle au moment où elle s'apprêtait à retourner chez elle avec tous ses frères et sœurs. L'affolement régnait dans la famille car le père, comme d'habitude, était absent, en tournée dans les communes. Mère débordée, enfants en larmes. Gabrielle sembla heureuse de le revoir, sans trop comprendre au juste pourquoi il avait choisi ce moment pour venir la visiter. Heureuse qu'il fût là quand même, sain et sauf comme elle. Mais trop occupée avec les tout petits, avec cette angoisse qui continuait à la poursuivre, qu'elle voyait encore dans les yeux de ces enfants. Heureux lui aussi. Et la quittant maintenant, rassuré, libéré d'un poids écrasant, pour retrouver son père. La quittant et constatant qu'elle comptait maintenant pour lui plus qu'il ne l'eût imaginé hier encore.

Au Grand-Morne la secousse avait précipité une carafe par terre, ce qui n'était pas grave. Mais ce qui le parut davantage pour Elodie, la grand-mère, c'est qu'une des faces du miroir de l'entrée s'était fêlée de haut en bas. « Un malheur nous arrivera avant la fin de l'année », avait-elle dit en se signant. Et de fait, la vieille dame était tombée malade le lendemain même. Assez gravement puisque le docteur Marry avait décidé de la faire hospitaliser.

Cette prédiction sinistre, Raoul s'en serait bien passé au moment où l'on tentait de l'entraîner dans un duel. Salavina fut du même avis. Essayer de raisonner Alphonse Justine. Mais connaissant l'homme il ne se donnait pas grande chance. Demain, son sort serait fixé. Lucy partageait leur point de vue. Tout valait mieux que ces ferraillements d'imbéciles. Mais d'autres soucis grignotaient Lucy depuis que la terre avait tremblé. Et depuis que Gaston Landes l'avait initié à l'étude de l'écorce terrestre. Plongé dans les manuels envoyés de Paris par Albert Codé. Enfoui dans des conversations interminables avec le professeur de sciences naturelles ou avec Octave Hayot qui venait d'épouser Berthe Plissonneau et s'adonnait aussi, avec sa femme, aux structures du globe et à l'histoire de la terre. Traité de géologie d'Elie de Beaumont sur les genoux, avec sa sphère partagée en tranches comme un giraumon, un potiron, sur les genoux d'une cuisinière, sa terre en morceaux, Lucy, son doigt docte pointé :

— Tous les grands maîtres sont formels : les tremblements de terre sont en relation avec le volcanisme. C'est le feu central de la terre qui provoque ces oscillations sur les parties fragiles de l'écorce. La première coupable de nos frayeurs n'est donc pas loin de nous. La voici.

Et son doigt accusateur se dirigeait vers la fenêtre, vers les toits, vers le faîte des arbres. Derrière, au loin, baignant dans une brume lactée, angélique, la montagne, radieuse, innocente, comme si on ne parlait pas d'elle.

— D'après Gaston Landes, ajoutait-il, ce phénomène pourrait bien se reproduire, car nous sommes dans une région disloquée, de moindre résistance. Souhaitons seulement que ces mouvements sismiques n'aient pas créé de fractures dans la mer proche, car un volcan qui avale de l'eau est un volcan qui finit par exploser comme une chaudière.

Le séisme avait causé peu de dégâts matériels. Quelques murs lézardés, quelques routes crevassées. Les seuls dommages importants, Dieu en avait frappé ses propres biens immobiliers : l'église de Case Pilote dont le clocher avait failli s'écrouler et la chapelle de l'hôpital militaire de Fort-de-France qui avait été presque entièrement détruite. Fureur divine pour édifices sacrés. Et ironie ricaneuse de l'athée César-Laîné dans *Les Colonies :* « Que dire maintenant de ceux qui prétendent que les tremblements de terre, le feu du ciel, les catastrophes enfin, sont les châtiments du Bon Dieu, comme nous l'avons entendu dire par de vieilles dévotes ignorantes et comme ne manquent pas de le répéter ceux qui exploitent si habilement la crédulité des pauvres gens ? »

Il évoquait là principalement les diatribes de l'abbé Maillard, ses véhémentes critiques contre la dissolution des mœurs, ses imprécations incessantes. Impétueux abbé condamnant au malheur, du haut de son perchoir, les maris infidèles et les femmes volages. Tonnant sous les voûtes :

— Savez-vous combien de naissances il y a eu l'année dernière ? 8 160 — ce qui d'ailleurs n'est pas suffisant à côté du nombre des décès : 1 418. Mais savez-vous aussi combien on compte d'enfants légitimes sur ces 8 160 nouveau-nés ? Même pas le quart ! Il n'y a eu dans l'année que 204 mariages ! Honte à nous, mes frères ! Honte à cette société décomposée qui court à sa perte !

Ou bien vouant aux feux éternels tous ceux qui oseraient se rendre au théâtre pour y applaudir cet opéra comique en trois actes, ce « succès du siècle » comme l'annonçaient *Les Colonies,* cette immoralité enfantée par les Bouffes-Parisiens : *Les Mousquetaires au couvent.* Deux militaires déguisés en moines s'introduisant dans un cloître pour y enlever deux jeunes filles pures ! Où allons-nous ! Que ne peut-on pas inventer pour salir la religion ? Et cette malédiction pour finir, cette admonestation lourde de menace attirant les regards craintifs vers les ogives :

— La miséricorde de Dieu est infinie, mais le châtiment est dans le péché. Nos actions nous suivent ! (Et ses mains en porte-voix afin d'être entendu jusque sous la tribune de l'orgue où s'entassaient les retardataires). Tout se paie en ce bas monde ! Tout se paie !

L'abbé Maillard était-il vraiment en communication avec le Très-Haut ? Une suite de fatalités put faire croire un moment que le malheur avait élu domicile à Saint-Pierre. D'abord le choléra. Arrivant de France où l'on déplorait déjà deux morts à

Paris. Navires en quarantaine noyés sous l'acide phénique et le lait de chlorure de chaux. Passagers enfumés, animaux immergés à peine débarqués. Trois cas douteux à l'hôpital. « Et pendant ce temps-là les rats pullulent dans les canaux de nos rues, s'insurgeaient *Les Antilles* visant le maire, la ville entière est un dépotoir ! » Il ne fallait plus qu'un bel ouragan. Il survint. En même temps. Dix-huit navires démâtés dans la rade, toitures envolées, moissons perdues. Dans ces conditions l'exposition agricole récemment ouverte à Saint-Pierre ne pouvait se conclure que par un fiasco. César-Laîné, l'organisateur, connaissait les coupables :

— La vérité, c'est que la grande propriété s'est abstenue. Sans elle, point de salut, point d'exposition vraiment digne de ce nom ! C'est une revanche qu'on a voulu prendre contre Vincent Allègre !

La grande propriété ? Pire que toutes ces calamités réunies, la crise s'était jetée sur elle. La grave crise sucrière, celle qu'on appréhendait depuis si longtemps, lui serrait la gorge, tout doucement, tout doucement. Crise. Mot plus inquiétant encore que séisme, choléra, ouragan. Il fallait vraiment ne pas être du métier ou se trouver comme Murau loin d'ici dans son écrin d'honneurs, sa mousse de contentements et de fiertés, pour ne pas comprendre qu'on s'acheminait vers une catastrophe économique. Théodore Bellard multipliait pourtant les avertissements. Démuni de ressources, il se demandait comment il allait bien pouvoir éponger les dettes qui s'accumulaient, endiguer l'invasion croissante des factures. Hortense, quant à elle, avait décidé de rentrer avec Lucie Saint-Jude. A bord de *La Ville de Bordeaux*. Le cœur comprimé, écrasé à cause des signes de détresse qu'Agenor ne cessait de lui lancer. Car le commerce battait de l'aile.

Le miroir fêlé du Grand-Morne avait bien jeté son maléfice : Elodie du Morne Cordier s'était éteinte à 75 ans. Emportée en trente-six heures. Le mariage d'Hermance fut donc renvoyé à la fin du deuil. A la satisfaction des deux familles devant ces menaces de récession. Restait le duel avec Alphonse Justine. Le jeune mulâtre tenait à cette explication sur l'herbe. D'autant qu'il connaissait par la rumeur publique l'épaisseur des liens qui nouaient maintenant Raoul et sa « sœur de lait ». Le combat devait avoir lieu chez Salavina, dans sa propriété du Mont Béni, sur le morne Abel. Loin des regards. A l'endroit même où Raoul avait connu ses premiers frissons avec Gabrielle. A l'endroit où René Bonneville, soûl de bière et de vin d'orange, s'était emporté contre lui. Renversant son jeu de dominos, ces touches noires et blanches, ces deux couleurs inséparables. A cet endroit, donc, Raoul devait se battre contre un homme de couleur.

Il avait justement choisi Salavina et Bonneville comme témoins. Le docteur Marry préparait sa trousse sur la table en courbaril. Saint-Prix Roné et Eglantine attendaient dans l'obscurité, derrière une fenêtre de la maison délabrée. L'arme utilisée, l'épée de combat, Raoul connaissait toutes les finesses de son maniement. Initié depuis longtemps à l'escrime par son père. « Cet art de donner sans jamais recevoir. » Avec ces épées qu'il avait ramenées de la guerre, ces épées d'officier à la poignée en corne, entourée d'un filigrane doré. Avec cette épée-là, attendant dans son fourreau de cuir à chape et bout de cuivre.

La rencontre avait été minutieusement réglée. Par écrit. Sept dispositions détaillées. Une précision d'ordonnance médicale. Le combat se ferait sans masque, buste nu et dépourvu de ceinture. Les épées examinées par les médecins. A six pas de distance l'un de l'autre. On commencerait au commandement « Défendez-vous ! ». Cinq minutes d'engagement et deux minutes de repos entre les reprises. Dans le cas d'un corps à corps, le commandement « Bas les armes ! » serait immédiatement prononcé à haute voix par le témoin directeur de combat désigné par le sort, et instantanément les deux adversaires devraient rompre et dégager les fers. Fin du combat à la première blessure qui mettrait l'un des adversaires en état d'infériorité, qui l'empêcherait de poursuivre.

Cinq heures du matin, près de la vieille maison, dans la faible clarté d'un petit jour couvert. Huit chevaux broutant sous les arbres. Huit silhouettes dans l'allée envahie d'herbes folles, guettant la montée de la lumière.

A cinq heures trente, René Bonneville, le directeur du combat, rappela les conditions press et rapprocha les deux épées bout à bout. Puis on entendit : « Allez, messieurs ! » Aussitôt Raoul se rendit compte qu'Alphonse se battait à l'italienne. Et pour cause. Il avait été entraîné par un Florentin, le capitaine Marino du navire *Orsolina* qui relâchait souvent à Saint-Pierre. Style ostentatoire, paradeur. Luttant de tout son corps pour chercher à troubler l'adversaire. Etalant une vigueur excessive, faisant des bonds, poussant des « han ! » Tout n'était au contraire, chez Raoul, que sobriété des gestes, économie des efforts. Réduisant au strict nécessaire le mouvement de son bras et de sa jambe. (La voix de son père à travers les cliquetis : « L'œil qui avertit, le jugement qui apprécie et décide, la main qui exécute. ») Après s'être tâtés, les deux hommes avaient sérieusement engagé le fer. Par deux fois Alphonse Justine avait tenté une feinte, attirant la lame adverse pour pouvoir mieux frapper par ailleurs. Mais Raoul ne s'y était pas laissé prendre. Calmement, il avait détourné le fer ennemi par des parades simples, attendant le moment favorable pour attaquer. Ce moment était venu. Le moment où Alphonse Justine s'était déployé avec une énergie fracassante, dans une extension spectaculaire, bras et jambe tendus en avant, assuré de porter un coup définitif. « Ah ! » C'est lui qui en avait reçu un, à l'avant-bras gauche, au bout de la riposte du tac au tac que Raoul avait lancée tout de suite après une parade, profitant du temps perdu de l'autre à se remettre en garde. Blessure superficielle mais qui saignait abondamment. Après le pansement on avait procédé au procès-verbal. Où il était dit : qu'à la suite de quelques passes M. Alphonse Justine avait été atteint au bras gauche. Que les médecins, après examen, avaient déclaré que la blessure mettait Monsieur Justine en état d'infériorité. Que par conséquent le combat avait dû cesser. « Fait double et de bonne foi. » Signatures. Poignées de mains.

Soupir de Raoul sous l'eau fraîche d'une cuvette. Apaisement. Soulagé que cette affaire se fût terminée ainsi sans drame. Il était sûr d'être le plus fort et si inquiet de sa force, si tourmenté à l'idée qu'il pût le toucher mortellement. Pour une bêtise ! Car non et non, il n'avait jamais eu le sentiment de s'être battu à cause de Gabrielle. Mais pour sacrifier à une coutume surannée.

— Ces émotions valent bien qu'on boive un coup, s'écria Bonneville une fois les autres en selle.

Kirsch et sang-gris au madère, et rires des amis retrouvés.

Raoul eut envie d'aller revoir Gabrielle. Pour lui raconter ce qui venait de se passer. Et pour être avec elle. Mais le travail l'attendait à l'habitation. Le travail et les soucis. Car Gaston du Morne Cordier se débattait maintenant dans des difficultés sans nombre à cause de la crise sucrière. Crise surgie comme le séisme. Violente, impitoyable. Aggravée par cet ouragan ravageur de récoltes. On l'attendait, certes, mais on n'aurait jamais cru qu'elle pût sévir pareillement. Les du Morne Cordier étaient contraints de se séparer de certains biens : une voiture, des chevaux. De réduire leur train de vie. Bien sûr, Hermance avait supprimé d'elle-même ses leçons de piano et de chant chez Monsieur Erhard, le pianiste du théâtre. Galant homme, cet ex-accompagnateur des théâtres italiens et lyriques de Paris avait fort bien compris. Quel désastre ! Tous les planteurs touchés sans exception. Certains même très durement. Jusqu'à la ruine. Les Belain, par exemple, devaient fermer leur sucrerie et, la mort dans l'âme, céder un bout de terrain boisé et cette clairière où ils aimaient flâner parfois le dimanche. De leur côté, les Saint-Domingue se voyaient obligés de fermer leur rhumerie et de licencier cinquante-trois personnes. (On disait aussi à voix basse qu'ils avaient marchandé de l'or, des diamants et des écailles de tortue chez Godet et Lithiase, Grand-Rue du Mouillage). Sombres habitations hantées par la tristesse. Fini les soirées entre amis, les joyeuses rencontres. On ne s'invitait plus à dîner, mais seulement au moment du dessert. « Vite, les voilà, on entend leur voiture. » On enlevait les couverts, on faisait disparaître les reliefs du maigre repas. Il ne fallait surtout pas montrer aux autres à quoi on en était réduit. Chez les du Morne Cordier, Eugénie avait l'habitude de servir une crème à la vanille. Grâce à un cousin qui possédait six vaches et voulait bien donner un peu de son lait. Une crème à la vanille dans un plat d'argent. L'honneur était sauf.

Le mariage d'Hermance et d'Hector de Saint-Domingue semblait donc bien compromis. D'un commun accord on attendrait des jours meilleurs. A moins qu'Arthur de Saint-Domingue ne parvînt à réaliser la vente d'un terrain de famille à Haïti. Mission dont s'occupait pour le moment, à Port-au-Prince, Kléber, le fils aîné installé là-bas. Adieu à l'habitation du Morne des Cadets que l'on projetait d'acheter à Madame veuve Ferray des Fontaines, pour y loger les jeunes mariés. Adieu au cheval sous poil blanc, moucheté, âgé d'environ douze ans, dont on voulait faire l'emplette pour Hector. Adieu au vélocipède, l'un des premiers de Saint-Pierre, que Raoul visait pour Hermance dans la vente à l'encan dépendant de la faillite de la dame Tourneau, rue du Centre. Adieu à tout ça. On suçotait maintenant de la crème à la vanille en se rappelant les heures où tout souriait.

Sur le bord de mer aussi rôdait la lugubre mine de la déconfiture. Une assemblée avait réuni les principaux négociants à la Chambre de commerce. Pour étudier les moyens de survivre. Entendre le président Paul Borde, célèbre pour avoir érigé le phare sémaphore, s'alarmer de l'état de l'encaisse métallique par suite des difficultés dans les affaires. Décider à l'unanimité de demander au gouvernement d'établir des bons de caisse pour une somme qui serait déposée dans les coffres au Trésor. Joseph Plissonneau parla au nom des consignataires saignés à blanc, traqués par le spectre de la faillite. Et Théodore Bellard pour les rhumiers dont les chaudières bouillonnaient à perte. Mais ce dernier parut gêné. Comme on le comprenait ! N'était-ce pas en partie à cause de son beau-frère si l'immigration indienne venait d'être définitivement condamnée par le Conseil général ? Et si la crise sévissait, les députés et les conseillers généraux avaient-ils vraiment fait leur travail ?

— Ah ! ils étaient ardents à d'autres besognes les abstentionnistes d'aujourd'hui ! s'écriait Feissal avec sa vivacité habituelle, quand il s'agissait de désorganiser l'école, de chasser les congréganistes, de faire niche à la religion, à la morale, à l'autorité des familles, de soutenir des principes malsains, des œuvres funestes ! A ce moment-là le jour leur semblait trop court pour délibérer, pour voter !

Atmosphère de sédition au cercle de l'Hermine. La faillite menaçante redonnait à chacun des accents belliqueux.

Gaston du Morne Cordier suggéra que l'on télégraphiât à Jules Méline, le ministre de l'Agriculture, ces trois exigences sans lesquelles le sucre colonial ne pourrait s'en sortir : impôts sur la betterave, halte aux importations de betteraves allemandes, taxe de sept francs sur les sucres étrangers.

— Il faut que l'Assemblée vote tout ça, dit-il, si nous ne voulons pas être contraints d'arracher nos cannes.

Ajoutant tristement, alors qu'il venait d'apprendre par *Les Antilles* la prise de Hué, en Annam, par l'amiral Courbet et la victoire du colonel Badens sur les Pavillons noirs à Nam Dinh :

— Tandis que la France dépense des millions pour étendre son empire colonial, elle risque de perdre misérablement les anciennes possessions qui lui restent et qui sont depuis des siècles les bastions de son commerce et de sa marine dans l'Atlantique.

Et Belain pour qui la laïcisation était la grande responsable :

— Comment voulez-vous qu'on n'en soit pas arrivé là ! Les instituteurs ont tourné la tête de nos écoliers. Des quantités de gamins de 14 ou 15 ans ayant quelques notions d'orthographe et de calcul croient maintenant devoir quitter les champs où travaillait leur père !

A bord de *La Ville de Bordeaux*, au large de la Guadeloupe, Hortense Mureau guettait les premières lueurs de l'aube par le hublot. Dans quel état allait-elle retrouver tout ce qu'elle avait laissé derrière elle ? Tant d'absence et tant de calamités ! Trois heures et demie du matin, yeux ouverts dans la nuit, sur sa couchette, dans l'immense bruissement du navire glissant. Impossible de dormir. Et tout à coup, un épouvantable fracas. « Brisant devant tribord ! » venait de crier l'homme de quart à l'avant. Trop tard. Hortense et Lucie projetées sur le sol de leur cabine. Le navire s'était échoué sur un rocher de la Désirade. « Machine arrière, toute ! » Un autre craquement sinistre, une autre éventration. Femmes hurlantes, à moitié nues, sur le pont qui s'incline. Marins aux prises avec les cent quatre-vingts passagers et leur panique. Raisonner les plus affolés, se battre avec les plus furieux, distribuer les ceintures de sauvetage, les bouées, mettre les canots à flot. Pendant que le bateau donne de la gîte. « On fait eau à l'arrière ! » La mer s'engouffre à la poupe par une brèche de trois mètres, envahit le beau bateau blanc chargé de vies et de lumière, avide de l'attirer dans ses profondeurs. « Tout le monde à l'avant, vite ! » On se marche dessus, on s'écrase. Hortense, pieds nus, serrant la main de Lucie, son sac, son peignoir qui s'ouvre. « Nous chavirons ! » C'est vrai, le navire est en train de basculer, de s'incliner, de se coucher sur le flanc droit. Lentement, lentement. De pousser lentement sa cargaison à la mer. On se retient au bastingage, on s'agriffe au pont, on saute à l'aveuglette dans un canot archicomble. Hortense, allongée sur le dos entre deux femmes terrorisées, voit la mort venir doucement vers elle. Alors que la terre est si proche, qu'elle envoie ses fanaux, là-bas, en signe d'existence et sans doute ses hommes au secours. Hortense ne pense pas à elle mais à ce qu'elle porte en elle. Car depuis un mois et demi un enfant croît dans son ventre. Un enfant ! Après tant d'années de vie commune ! Après tant de refus, de rebuffades ! Germes d'une nouvelle vie, commencement d'un homme alors que tout va finir.

Mais tout à coup le vent se lève. Le vent de la dernière chance. Se lève du nord-ouest, de la terre, de cette île rocheuse, meurtrière. Gonfle la grande voile d'arrière et le foc. Gonfle, boursoufle ces deux morceaux de toile qui pendaient déjà, prêts à s'abandonner aux flots. Le vent se lève et arrache la coque aux brisants, pousse le navire au large. Victoire ! Le voici maintenant qui se redresse, qui se reprend. Tout autour, sur les canots, les sauveteurs applaudissent. Le jour point, inventant le rivage, une léproserie, un village, une montagne. Réinventant la vie. Sauvés ! Mais il faudra cingler vers le premier port car le vaisseau, qui a bu, donne toujours de la bande. Deux bricks prendront à Pointe-à-Pitre les passagers pour Saint-Pierre.

C'est ainsi qu'Hortense et Lucie débarquèrent du brick autrichien *Pomoc* qui transportait, de Marseille, un chargement de huit cent huit barriques de vin, de cent caisses de pommes de terre et de quarante balles de lentilles. Malheureusement la malle d'Hortense, remplie de cadeaux et de souvenirs parisiens, devait payer, dans la cale inondée du paquebot, son tribut au naufrage.

Tivoli avait perdu quelques tuiles sous la furie de l'ouragan et Amante avait eu grand mal à réparer d'autres dégâts. Mais la bonne vieille da avait conservé son grand rire, et la maison ce doux bien-être qui naît du confort. Hortense se rendit tout de suite en ville. Hâte de respirer à nouveau sa boutique, son repaire. Agenor l'attendait, le comptable, les employés, heureux et inquiets à la fois, tous l'attendaient comme s'ils avaient passé leur temps à cela. A l'attendre pour pouvoir lui parler, vider leur cœur. Les nouvelles n'étaient pas bonnes. « Les affaires sont si difficiles ! » Etranges retrouvailles. Assise dans son fauteuil comme jadis, regardant les comptes, écoutant. Comme jadis la porte-fenêtre ouverte sur la rue, et le soleil et les bruits s'immisçant dans tout. « Oui, c'est vrai, la situation est sérieuse mais nous arriverons à nous en sortir, et puis nous ne sommes pas les seuls. » La crise... Ces visages autour d'elle, si nouveaux et pourtant si familiers. Ils avaient bien travaillé pendant son absence. Quel reproche pouvait-elle leur adresser ? Aucun, non, vraiment. La crise n'était pas leur fait.

Sourire d'Hortense. Tous ces gestes qu'elle allait refaire, tous ces petits riens d'une vie. Ce livre ouvert ou fermé, ce vieux fauteuil qu'un client occuperait aujourd'hui ou demain. Ces mille petites choses qui remplissaient les jours. Et cette ville qui la reprenait, l'appel de la vieille marchande de gâteaux, l'angélus du matin égrené par la cathédrale, le grincement d'une carriole, le piétinement infini de la pauvre légion des porteuses.

Un premier visiteur, Georges Plissonneau. Le nez à la porte pour demander des nouvelles. « Alors, comme ça, vous êtes revenue ? Comment c'est, à Paris ? »... Ces gens qu'il fallait réapprendre, ces voix oubliées et redécouvertes. Et à chaque fois, avec des hochements de tête, des mimiques funèbres : « C'est dur, vous savez... » De Paris, comment se rendre compte ? Bien sûr il y avait les lettres mais il y avait aussi tellement de pessimistes ! Fallait-il toujours les croire ? Et Marius et sa confiance inébranlable, Marius à qui tout réussissait toujours ?

Elle se rendit à la Galère, chez son frère, Théodore. Qu'elle trouva assez abattu, malgré sa joie de la revoir. Après ce naufrage, après ces longs mois d'absence, sa joie de savoir qu'elle allait être mère. Abattu, découragé à cause de cette crise, bien sûr.

— Je ne sais plus comment m'y prendre. Vois plutôt.

Il lui ouvrit grands les livres noirs. Tristes colonnes d'une armée vaincue. Dettes, créanciers, échéances. Quelle déroute ! On continuait à travailler grâce à des prêts, à acheter de la mélasse à crédit. Jusqu'au moment où les bailleurs de fonds réaliseraient l'ampleur de la culbute. Après, que ferait-on ? A moins que Marius ne parvînt à vendre beaucoup de rhum à Paris. Mais il faudrait vraiment qu'il en vendît énormément. Ce qui ne semblait pas être le cas pour le moment. Par contre, que de dépenses ! Que de chèques tirés ! Mais que pouvait-il donc faire de tant d'argent ? (Dans la tête d'Hortense tournaient des robes, des corsages, des chapeaux, morne ronde du remords, tous ces beaux atours au fond de l'eau).

— Je doute qu'il sache précisément où nous en sommes, dit Théodore.

Et il avoua à sa sœur que depuis sept mois, incapable de payer son principal collaborateur Eugène Poulain, il avait dû lui régler 17 000 francs d'appointements par billets échelonnés avec intérêt à dix pour cent l'an.

— Si je n'ai pas un peu d'oxygène avant deux mois, c'est la faillite frauduleuse !

Terrible mot. Infamie. Qui retomberait sur toute la famille. Sur Marius, d'abord dont la position ne pourrait survivre à tant de déshonneur. « Que Dieu nous garde », soupira Hortense. Et elle regagna Tivoli. Le soir allait prendre la ville. Figée, comme transie d'émotion, elle attendait. En hâte on fermait les volets, on rentrait les animaux, on rangeait tout pour traverser la nuit. Elle se retourna : la mer engloutissait un long nuage bas en forme de nef. Encore un naufrage, pensa Hortense. Mais un visage d'enfant surgissait soudain sur sa route, d'une case éclairée. Souriait maintenant dans ses songes. Le visage de l'enfant qu'elle aurait peut-être. Alors elle réfléchit à tout ce qu'elle aurait à faire le lendemain.

XVI

Bizarre. Le crépuscule recommença ses comédies grand-guignolesques quelques jours après le tremblement de terre. Aussitôt de doctes personnes secouèrent leur barbe, la caressèrent et redonnèrent leur avis, leurs explications. Vanité des hommes qui croient tout savoir. Chacun avait sa vérité. Les uns accusaient les volcans, et notamment le plus proche, celui qui dominait la ville, les autres les disculpaient. Comme s'il s'agissait d'un crime dont il eût fallu dénouer l'énigme. (Crime ? Pourquoi pas, avec tout ce sang répandu, cet éclaboussement du monde ?) Et comme d'habitude les deux journaux ennemis défendaient un point de vue différent. Pour *Les Antilles,* pas de doute : le volcanisme devait battre sa coulpe. D'ailleurs de grands savants, tels que M. de Gasparins, de l'Académie des sciences, l'affirmaient péremptoirement. On avait observé les mêmes phénomènes après la catastrophe de Java, l'éruption du Perbuatan qui venait de détruire dans une explosion fantastique la petite île de Krakatoa. Krakatoa, funeste nom. Dont on cherchait en vain la tête d'épingle sur la carte, dans le détroit de la Sonde. Dragon agitant soudain sa queue, libérant sa colère dans l'une des grottes sans fond de cette Asie impénétrable. Krakatoa qui faisait trembler l'écriture des enfants au bout des plumes Sergent-Major. Vingt mille habitants ensevelis sous une épaisseur de quinze mètres de cendres. Les deux tiers de l'île avalés par un gouffre marin de trois cents mètres. Une vague de trente mètres de haut submergeant le reste et poussant débris et cadavres jusqu'à Madagascar. Krakatoa la terreur.

— Ce volcan a lancé dans l'air des quantités de cendres

considérables, soutenait Gaston Landes, appuyé par Lucy dans *Les Antilles,* et les cendres ont suivi la marche ordinaire des cyclones. D'où cette coloration du ciel à certaines heures. D'autres éruptions se sont produites ces temps-ci. Celle de l'Etna, celle du Menkushin en Alaska et, au fond de la mer de Behring. Ces deux volcans dits éteints qui viennent de se réveiller. Rien d'étonnant, donc.

Et tout le monde de reluquer, d'espionner la Pelée. Tout le monde se demandant encore si ces lueurs n'étaient pas dues aux ondes extrêmement ténues que le volcan créole était sensé émettre au coucher du soleil.

Ruée sur les jumelles de marine. Et sur la longue-vue télescopique que le Dr William Lamb, un opticien new-yorkais en tournée aux Antilles, avait prêtée au professeur de sciences naturelles. L'Américain redressait la vue des Pierrotins dans la chambre nº 2 de l'Hôtel des Bains, grâce à « l'ophtalmomètre de Javal, l'instrument le plus utile pour la découverte de l'astigmatisme. » Et Gaston Landes interrogeait le ciel de ses petits yeux malins grâce à ce miroir magique inventé par Newton. Que d'exaltantes minutes contre cet oculaire, à la poursuite de ces traînées mystérieuses ! Comme si l'œil pouvait enfin sonder les entrailles de l'humanité. Le professeur tendant à Lucy la fabuleuse lunette :

— Regardez ! On dirait le corps d'une femme ensanglantée qui s'étire !

Oui, c'était donc bien d'un crime qu'il s'agissait. Mais d'un crime parfait pour le camp des *Colonies.* Dont on ne trouverait certainement jamais le coupable. Werner Ranifa défendait le volcan avec la même fougue que l'école laïque :

« On a tant mis de responsabilités, ô combien lourdes, sur le dos de ces pauvres volcans, sans qu'ils les eussent méritées, qu'il peut se faire qu'ils soient cette fois-ci encore victimes de la même erreur, de la même injustice. Laissons donc l'explication de ces excentricités de la planète à qui voudra. Et bonsoir. »

Pour certains membres du clergé, ces lueurs étaient des avertissements célestes, le rouge de la divine colère. Dieu pouvait-il rester insensible devant toute cette impiété ? Et comme au moment du tremblement de terre, l'anathème tomba des chaires de bois sculpté.

Première communion en l'église du Centre parée de bouquets de lis, symboles de l'innocence, de la pureté de ces petits anges de la terre qui allaient recevoir pour la première fois le Rédempteur caché sous le voile eucharistique. Devant un grand prie-Dieu orné de gaze et de dentelles, l'abbé Maillard, cramoisi comme ces crépuscules, comme la fureur du Seigneur :

— Tout commence et finit en ce monde. Dieu seul est immuable et éternel. N'oublions pas que la réaction est une loi qui gouverne aussi bien le monde physique que le monde moral. Ainsi donc, plus les excès de la secte impie seront coupables, plus la religion sera persécutée et plus la réaction de Dieu sera terrible et profonde.

Il faut dire que les provocations contre l'Eglise remplissaient chaque jour les journaux, les conversations. Le *La Fayette* venait d'emporter les dernières sœurs de Saint-Joseph de Cluny, semant les pleurs dans la rue. Raoul du Morne Cordier, avec Gabrielle, retrouvée le temps d'une course rapide chez un négociant. Mêlés à cette foule attristée composée principalement de femmes et d'enfants. Foule s'accrochant aux robes des voyageuses qui fermaient une à une les portes de leurs maisons, rue du Domaine. « Ne pleurez pas mes enfants, nous nous retrouverons au ciel ! » Foule en transe devant les bureaux des *Colonies :* « Honneur aux sœurs qui s'en vont ! Honte à leurs expulseurs ! » Et les quolibets de César-Laîné, de Cochinat, de Ranifa jetés de leurs fenêtres, douchant les têtes comme la pluie d'un tuyau d'arrosage.

— Qu'elles laissent donc leurs martinets, on vous fouettera avec !

— Ne vous lamentez pas, les sœurs laïques arrivent !

Jusqu'aux cloches qui s'y mettaient. Qui avaient osé sonner le 14 juillet. Sur ordre du gouverneur Allègre. La voix de l'ange magnifiant le diable. Prêtant son chant joyeux à la glorification de ce régime impie. François Bernard, au Grand Balcon, avec Théo Duribar, un verre vengeur dans le poing :

— Je suis républicain, tout le monde le sait, mais je désapprouve cette décision de forcer les clochers à carillonner pour la République. C'est indécent !

Werner Ranifa, de son accent légèrement tudesque :

— Et que penser de ceux de nos bons bourgeois qui ont fait dire une messe pour Napoléon III, pour célébrer l'anniversaire de la mort de celui qui a livré à la Prusse l'Alsace et la Lorraine ?

L'ancien maire se tut. Ce jour-là, il avait dirigé les choristes en l'absence de l'abbé Simonet, aphone. Certes il s'était racheté depuis en chantant *La Marseillaise* lors de l'inauguration, à la mairie, du portrait de Schœlcher signé Boëtzel et arrivé récemment par le paquebot *La France.* Mais les ricaneurs avaient maintenant à l'égard de « Célestin », un sujet supplémentaire de raillerie. Le vicaire général du diocèse, l'abbé

Gosse, lui, ne décolérait pas. Saint homme ôtant pour un instant son auréole de bonté et haussant sa tête nue vers les tours de la cathédrale :

— O cloches, sonnerez-vous maintenant sans remords avec autant d'allégresse qu'autrefois ? Cloches, gémissez, lavez vos fautes de vos larmes, pleurez votre virginité perdue !

Puis tourné vers les porches derrière lesquels la ville fêtait la République :

— Sacrilège ! N'avez-vous pas assez de vos canons, de vos fusées, de vos drapeaux ?

Et une semaine après, ils osaient encore redemander les cloches pour le 21 juillet, pour célébrer l'anniversaire de Victor Schœlcher ! Lui qui se vantait d'être athée ! Ce jour-là on avait tiré au pistolet au moment de l'angélus. Un autre coup de feu avait sifflé aux oreilles de l'abbé Anquetil, le curé de Sainte-Philomène. Tandis que dans le bourg voisin, au Prêcheur, l'abbé Bertot se voyait pris à partie pour avoir refusé de confesser un homme qui affichait dans sa maison le portrait de Schœlcher. Interpellé en plein sermon par un jeune partisan de Mureau, un mécréant, un émule de la libre pensée. L'abbé Bertot, plus bouillant encore que son collègue du Centre :

— Mon chien est plus libre penseur que vous. Vous êtes un sot, un imbécile, une canaille ! La corde pour les gens de votre espèce !

Empoignade à la sortie de l'église. Le curé avec ses ouailles et le maire avec l'autre moitié de la population. Et au milieu, les gendarmes. Et le Dr Marry, un paroissien bouleversé par tant de fanatisme :

— Arrêtez, arrêtez ! Au nom d'Hippocrate, je vous en conjure !

Le jeune homme avait dû fuir par la mer, à bord d'un canot pour ne pas être écharpé. Le lendemain César-Laîné réclamait au gouverneur la tête de l'ardent serviteur de Dieu. « Il faut que l'administration déplace ce prêtre acariâtre ! » Le carnaval qui suivit devait donner l'occasion aux adversaires des prêtres de redoubler d'incongruités. Seul le diable pouvait avoir inspiré ces profanateurs. Cette femme déguisée en homme, cigare à la bouche, canne à la main, qui était entrée dans une église au milieu d'une conférence où seuls les hommes étaient admis. Ce cavalier nu sur son cheval qui avait fait irruption dans une autre au moment de la communion.

Mgr Carmené dignement empourpré, enveloppé d'une fumée de rogne montant avec majesté comme celle de l'encens ·

— On a pu voir des hommes masqués ou plutôt des démons à

forme humaine parodier les choses les plus saintes de nos mystères, des débauchés vêtus d'oripeaux représentant les ornements sacrés et qui faisaient semblant de distribuer la sainte communion à des femmes de mauvaise vie ! Où s'arrêtera-t-on dans l'ignoble ?

Rage sacrée, augustes fureurs, si légitimes pour les prêtres attaqués. L'abbé Maillard, aveuglé, déchaîné, fonçant avec sa voiture sur le cortège d'un enterrement civil qui lui barrait le passage. L'enterrement du père de César-Laîné, frappé subitement par une fluxion de poitrine. Son petit cheval maîtrisé par les gardes de police, obligé de faire marche arrière. Et le fils du défunt, à l'entrée du cimetière :

— Il est temps que les prêtres catholiques comprennent qu'ici comme ailleurs certains actes pouvant passer pour une insulte à l'adresse de ceux qui professent un autre culte ne doivent plus être tolérés. Certes, le Concordat est accepté par notre gouvernement et la religion de Rome est en France religion d'Etat. Cependant la délimitation des pouvoirs civils et religieux y est nettement marquée. Alors messieurs les catholiques, arrêtez vos actions contraires à la liberté des cultes !

La réaction du pape à l'égard de la France saisie par sa frénésie anticléricale, sujet du jour pour *Les Colonies*. Sujet alimenté par les longues lettres de Marius Mureau, écrites à la buvette de l'Assemblée. Léon XIII en colère à cause de l'expulsion des religieux, refusant d'envoyer son légat à Paris, dénonçant le Concordat... Au « Blessé-Baba », sous l'haleine épaisse de l'absinthe, du vin d'orange et du kirsch :

— Il n'est pas fou, le pape, s'écriait Ranifa, avec un tel aplomb qu'on aurait pu le croire renseigné par un membre de la curie, s'il supprime le Concordat, il supprime du même coup le budget des cultes. Cinquante millions par an ne se trouvent pas dans les pas d'une mule, fût-ce celle du pape !

Furieux ou non, le pape entretenait les meilleures relations avec ses modestes représentants créoles, les rapports les plus filiaux. Au grand dam des amis de Mureau. Qui affirmaient que les plantations de café possédées par les religieux au Vauclin et aux Trois Ilets n'étaient pas étrangères à cette situation. Chaque année, en effet, Monseigneur Carmené adressait à Léon XIII une petite balle de ces graines chères et rares, sauvées des insectes dévoreurs par les plants d'Arabie et du Liberia. « Le pape acheté par le petit noir ! » En attendant le chef visible de l'Eglise avait envoyé à Saint-Pierre l'officier de sa chambre, Monseigneur Ribaud, le camérier de Sa Sainteté lui-même, pour le représenter au premier sacre d'un évêque en Martinique. Celui de Monseigneur de Milia, le représentant du souverain pontif à Haïti.

Gloire de lumière, d'harmonie et de ferveur. Dorures et chamarrures. Quelle revanche pour l'église souffrante, pour ces fidèles vilipendés, pour ce peuple de Dieu harcelé, martyrisé ! Prélats chatoyants dans leurs ornements neufs. Officiers en épaulettes, habits à basques noires comme jais, pantalon évasé, cravate blanche des grands jours. Tous ces nantis dépossédés, ruinés, habillés difficilement grâce à des sacrifices inavoués, à leurs dernières économies. Rivalisant d'élégance pour mieux cacher leur dénuement.

Après la procession du vœu de Louis XIII tout le monde s'était retrouvé chez les Saint-Domingue, à « La Bastide », autour de la table familiale, sous ce blason miraculeusement redoré par les produits de cette vente tombée du ciel. Tout le monde, dans ses frusques rabibochées, rafistolées ou ses toilettes trop coûteuses, ravi de pouvoir déguster enfin un repas à sa convenance. Les Saint-Domingue n'avaient pas lésiné. Œufs de saumon russe, ce condiment servi paraît-il tous les jours à la cour du tsar, (et trouvé chez Gaston Crocquet, rue de l'Hôpital, à un prix incommunicable), cochon de lait farci, grillé, lapin aux pruneaux et au rhum vieux... Et bien sûr, comme Raoul s'en était douté, Antoinette avait reparu en face de lui. Rougissante, bourgeonnante. Mais superbement coiffée, flambant de son casque roux. Grâce aux doigts d'artiste d'Alfred Saint-Ange du « Grand Salon Parisien », ce figaro des têtes prestigieuses, revenu récemment de Paris. « Quelle finesse de travail, quelle promptitude d'exécution ! » claironnait Aurélie de Saint-Domingue à la tablée admirative.

A la fin du repas, on avait discuté. Enfouis dans les bergères, à travers la lourde fumée des cigares, sous les clins d'yeux ardents des verres de rhum vieux. Discuté de tout. De la crise, bien sûr, de ces difficultés qu'on voulait oublier pour un moment, masquer, dérober à l'évidence derrière ce paravent de vanités mondaines. De la crise qui empêchait tant de projets heureux, d'accomplissements de vœux, d'assouvissements de désirs. Mais qui n'empêcherait plus le mariage d'Hermance et d'Hector. De cela, Ernest de Saint-Domingue était sûr. Résolution qu'il avait prise au lendemain de la restauration de sa fortune, et dont il réservait la nouvelle aux du Morne Cordier. Bon prince il avait décidé de prendre tous les frais à sa charge. En souhaitant le retour des auspices favorables. Refus net de Gaston du Morne Cordier aussitôt contré par sa femme, désespérée de devoir remettre toujours à plus tard cette grande réjouissance familiale. « D'accord », avait fini par dire le maître du Grand-Morne, mais il lui promettait de le rembourser jusqu'au dernier centime. Et lui demandait de ne dire mot à personne de cet arrangement qui égratignait son honneur.

Et ce que craignait Raoul s'était produit. Il avait vu Léon de Belain s'approcher de son père, lui parler longuement à l'oreille. Vu les petits sourires entendus de sa femme, Aurélie, dont les yeux de poule couveuse ne cessaient de l'épier, de le coucher en joue. Vu Antoinette tout émue, toute printanière sous ses bourgeons enflammés. Tout heureuse en imaginant la conversation des deux hommes. Raoul avait vu toute cette manigance avec désagrément. Vu les éclairs de satisfaction que semblaient lancer les lunettes du père d'Antoinette, et son propre père finir par opiner mollement du bonnet. Son père qui peut-être, en cet instant, liait son avenir, son destin de fils héritier à celui de cette jeune fille dont il repoussait tout. De retour au Grand-Morne, en fin d'après-midi, il décida de prendre les devants. Seul avec son père, il lui déclara tout de go qu'il n'épouserait jamais Antoinette ou une autre qu'il n'eût pas choisie lui-même. Gaston du Morne Cordier l'écouta avec calme, raide, la tête haute, les jambes légèrement ouvertes, les mains au dos comme un officier face à sa troupe. L'écouta patiemment. Puis il dit :

— Viens, je t'emmène faire un tour.

Interloqué, il suivit son père jusqu'à l'écurie. Ils sellèrent leurs chevaux. Trottinèrent en silence. Au bout de l'allée des manguiers, à l'endroit où, d'un seul coup, les arbres écartaient leurs bras, livrant à la vue des kilomètres de champs fleuris, les deux cavaliers s'arrêtèrent. Lointain roulement d'une charrette, rumeurs d'hommes qui s'en allaient. Comme le jour, en douceur.

— Regarde, dit Gaston du Morne Cordier, regarde ces cannes qui ondulent sous la brise, tu ne trouves pas qu'on dirait la mer ?

Raoul, plus interdit encore :

— Oui, bien sûr.

— Alors regarde-les bien, emplis-toi les yeux de leur beauté, de la beauté de la mer, regarde ces champs jusqu'à l'horizon et jusqu'au moment où tes yeux te feront mal, car tu risques fort de ne plus les voir bientôt.

Le profil de son père, l'étendue moirée des cannes. Raoul commençait à comprendre.

— Tu risques bien de ne plus les voir bientôt, reprit Gaston du Morne Cordier, parce que nous allons être obligés de les vendre, obligés de nous séparer de la moitié de nos terres.

Eblouissement brutal. Comme si soudain tous ces champs avaient pris feu, comme si le soleil était tombé dessus en morceaux. Son père dans un halo, à travers un rideau embrasé. Il savait maintenant ce qu'il allait ajouter, ce qu'il tenterait de lui faire admettre. Et savait qu'il lui serait pénible de répondre. Comme il aurait voulu, en cette minute, que son cheval, soudain emballé, l'emmenât loin, au bout de cette mer de cannes ! Loin pour toujours.

Exactement. C'était exactement les mots que Raoul avait devinés. Les mots d'un homme traqué par la ruine et prêt à tout pour sauver ses biens. A tous les sacrifices. Pour sauver ses biens matériels et ce bien moral que l'on appelle l'honneur. A tous les abandons permis par la dignité. Même s'il en coûtait un peu à chacun. Même si c'était au prix d'un peu de bonheur. Au prix du bonheur de Raoul. Son bonheur avec une femme... Voici donc quel était le marché car il s'agissait bien d'une affaire commerciale, d'une transaction.

Devant le penchant si fervent exprimé par sa fille, le cœur de Léon de Belain se gonflait d'attendrissement. Raoul serait pour elle le mari idéal. Et rien ne devait retarder leur union. Même pas la crise. Il s'engageait donc à vendre des terres situées dans le sud de l'île, terres trop éloignées et morcelées qui constitueraient la dot d'Antoinette, de son unique enfant. Le jeune ménage pourrait ainsi renflouer les dettes accumulées au Grand-Morne et éviter du même coup l'amputation du patrimoine. Plus tard, à ces terres sauvées viendraient s'ajouter, là-bas, à l'horizon, celles qui entouraient l'habitation du futur beau-père de Raoul...

A présent, pour le jeune homme, c'était une tempête effrayante qui semblait soulever cette mer de cannes, la secouer dans tous les sens. Une tempête rageante et sifflante. Ainsi l'héritier des du Morne Cordier avait-il l'obligation morale de renoncer à aimer. Sous peine de voir l'héritage englouti et d'être tenu pour responsable de sa dilapidation. Responsable devant ses ancêtres de la mort absolue du Grand-Morne.

L'arrivée d'un cabriolet tout sonnaillant interrompit le dialogue. Me Dowrling-Carter, l'élégant notaire, souriant sous son haut-de-forme impeccable. « Le beau Fernand » comme l'appelaient affectueusement les dames en coulisse. Il prit avec Gaston du Morne Cordier le chemin de l'habitation. Raoul la direction inverse. Besoin de rencontrer Gabrielle. Tout de suite. Il galopait sur la route poussiéreuse. Le ciel entier s'emplissait de rouille. Vase ferrugineuse soudain remuée et remontant à la surface. Il traversa la ville où s'employaient les allumeurs des quinquets. La nuit déjà, pensa-t-il. Nuit inexorable des tropiques, qui ne sait pas attendre. Il retrouva Gabrielle à la sortie de la boulangerie, des pains croustillants dans les bras. Il l'emmena sur la côte, à l'écart des gens, des autres. De cet endroit élevé on embrassait toute la rade, caressée par un doux alizé et papillotante sous les premiers falots. Odeur chaude, odeur de lit de la mer couchée, cherchant le sommeil. Odeur de pain chaud. Chaudes mains de Gabrielle. « Ecoute-moi bien », souffla-t-il. Elle l'écoutait. Sa voix s'insinuait en elle comme l'air d'une chanson à la fois étrangère et en même temps si connue, une chanson peut-être entendue dans une autre vie. Tout lui dire. La conversation avec son père, sa résolution. Et maintenant, que faire ? Elle l'écoutait. Il la tenait contre lui, exaspéré de désir. Tout lui dire pêle-mêle. Ces tractations de marchands, cet héritage à sauver. Et, maintenant, que faire ? La serrait avec sauvagerie comme pour la retenir, pour l'arracher à un départ, à une séparation. Faire corps avec elle. Ne plus être elle et lui, mais une seule personne. Elle l'écoutait et le fixait. « Raoul... » La tendresse oppressait sa poitrine. Tant de soupirs retenus ! Jamais jusqu'à présent ses lèvres n'avaient prononcé les mots qu'elle attendait, ceux qu'elle avait lus dans ses romans de jeune fille, ceux de ses rêves de jeune fille. Et pourtant, tous ces mots, maintenant, toute cette musique si ancienne et si nouvelle lui étaient plus doux que le plus doux des aveux. Pour la première fois elle apprenait de sa bouche à quelle place il l'avait mise dans sa vie.

Il la raccompagna chez elle au moment où les ombres s'ajoutaient aux ombres, éteignaient chaque visage aux fenêtres, chaque fenêtre. On voyait encore un peu la ville, la montagne mais bientôt la nuit remplirait tout. Au-dessus du cimetière du Mouillage, juste au-dessus de la maison des Long-Ming, « La Roche Enchaînée » luisait encore faiblement, accrochée au morne, nimbée d'un restant de couchant. Un rocher colossal, cyclopéen qui semblait avoir été posé là, en équilibre, dans une intention criminelle. « La Roche Enchaînée », croque-mitaine des petits et des grands. Regardée avec frayeur. On disait qu'elle allait un jour se détacher de la colline et tomber. Ecraser la ville. Poussée dans le vide d'un coup de pied rageur de Dieu, le jour où vraiment il ne pourrait plus supporter tant d'impiété, de sacrilèges. « La Roche Enchaînée » au-dessus de la maison de Gabrielle. Au-dessus de leur amour.

Le lendemain, torturé, ravagé par la mêlée de sentiments

contraires, il s'était rendu à l'église du Fort, la paroisse de la famille. Il lui arrivait parfois d'entrer dans ce vieil édifice en cours de restauration. Ses deux cloches familières, la « Créole » et le « Bourdon », l'appelaient de très loin, à travers les champs. Il aimait l'ombre tiède de cette nef, les amusettes multicolores de ses vitraux sur le dallage, le bourdonnement continu des dévotes. (Pourquoi les hommes ont-ils toujours besoin de la nuit ou presque pour partager leurs pensées avec leur créateur ? Ont-ils peur de le voir soudain grimacer ?) A genoux près d'un confessionnal, près du chuchotement des péchés et des absolutions. A genoux, se parlant plus à lui-même qu'au maître des lieux. Froissement de plumes d'une page de missel, bruit de feuillage d'une robe de religieuse, pas qui semblaient marcher dans le paradis. Présence immense de ces prières nées pourtant de pauvres murmures.

A genoux, donc, enfoui dans sa méditation quand une main tout à coup s'était posée sur son épaule. « Raoul ». Un prêtre lui souriait, l'abbé Mureau, son professeur d'histoire religieuse au séminaire-collège, son premier confesseur. Il venait de quitter la cure de La Rivière-Pilote pour prendre celle du Fort. Une bonne nouvelle, avait pensé Raoul. Grâce à cette présence il reviendrait peut-être vers cette église qu'il avait quelque peu délaissée. Il reviendrait vers Dieu. Pas de doute, c'est Lui qui lui avait envoyé le saint homme au moment même où il appelait à l'aide. Sulpice Mureau, la bonne oreille, l'apôtre toujours ouvert aux malheurs des autres, toujours prêt à apaiser, à consoler, à frotter les bosses, à laver les plaies, à pardonner, à vous soustraire à la juste colère, à plaider votre innocence. Doux visage de la bonté, comme sorti d'une image pieuse, dévoré par deux yeux enflammés, brûlant de piété, reflétant tous les cierges allumés, dédiés au salut des âmes.

Il était demeuré longtemps avec le prêtre, et quand il l'avait quitté, s'était senti mieux. Il lui avait promis de venir le revoir avant la fin de l'année.

A présent, plus léger, soulagé, il découvrait la rade ensoleillée, du haut de ce fortin planté là en 1635 par d'Esnambuc pour résister aux Caraïbes, de ces vestiges héroïques, ombragés par de grands filaos. Tout ce croissant doré qui s'offrait à lui comme une compensation. Il descendait vers les rhumeries fumantes de la Galère, vers ces rues grouillantes d'hommes au travail. Tonneliers aux torses nus frappant sur des barriques à coups cadencés. Tintamarre. Feux de copeaux où se tordaient des serpents de fer. Essaims de mouches vrombissantes dans les ruisseaux gorgés de mélasse.

Acre odeur. Il se rendait chez Théodore Bellard pour une affaire embarrassante, des factures impayées, un monceau de créances qu'il espérait bien recouvrer. Son père lui avait recommandé la fermeté : il avait donc essayé de durcir ses yeux, sa voix. Mais comme d'habitude l'autre avait levé les bras au ciel, vers ses tuyaux, vers ses chaudières :

— Où voulez-vous donc que je trouve l'argent, les banques ne veulent plus rien prêter à personne !

Et il lui avait répété (encore une fois) qu'il s'attendait à une rentrée massive, à une recette fabuleuse grâce à cette implantation parisienne dont rien ne pouvait maintenant entraver le succès. Car à l'entendre tout le monde découvrait le rhum dans la capitale, tout le monde en voulait. A tel point qu'il ne pourrait bientôt plus faire face à la demande.

Mensonge ou crédulité ? A Paris, en tout cas, les livres de compte de Marius Mureau n'affichaient pas le même optimisme. Autant qu'on voulait bien les consulter avec l'œil critique nécessaire, ils criaient même plutôt leur désespoir, flairant une ruine inévitable. Cinq cent mille francs de déficit creusés justement par le rhum en bouteilles ! Ce n'était pourtant pas faute de réclame. L'appartement de la rue Pierre-Demours ne désemplissait pas. Déjeuners et dîners se succédaient, réunissant sous le tableau de la Galère toutes les personnalités du moment. Et chacun de repartir vers son fiacre, une bouteille de « Carte Blanche » ou de « Carte Bleue » à la main, après avoir fait le serment d'en vider un petit verre chaque jour. Rhum Mureau pour fêter la première apparition de la fée Electricité au Grand Hôtel, grâce aux accumulateurs Faure. Rhum Mureau pour baptiser le premier omnibus électrique. Rhum Mureau à l'exposition d'Amsterdam, à celle d'Anvers, à celle du Havre. Rhum Mureau partout. A ce bal masqué, rue Pierre-Demours, où le député avait rencontré Céline. Ce bal travesti à thème mythologique où elle était apparue curieusement dans un fourreau de velours noir très ajusté qui l'enserrait de la tête aux pieds, ne laissant apparaître que la lune très pâle de son visage, que ses yeux bleus très pâles. En dansant avec elle, il avait essayé de la deviner. Deviner son identité, sa nature, et le personnage qu'elle voulait représenter, cette déesse mystérieuse dont le costume inattendu tranchait sur la banalité des autres.

— Allons, avait-elle soufflé d'une voix rauque tout aussi surprenante, vous ne trouvez vraiment pas qui j'incarne ?

Mureau ne connaissait rien à la mythologie. « Adoptez donc ce thème, lui avait dit le poète Victor Hugo, c'est à la mode, et les gens aiment se prendre pour des dieux. » Alors Mureau l'avait écouté, se déguisant lui-même en Vulcain dans un justaucorps couleur de flamme que recouvrait, sur le devant, un tablier de forgeron. Quelle autre divinité, en effet, pouvait mieux prêter sa magnificence au fabricant de cette liqueur de feu ?

— Alors, vous donnez votre langue au chat ?

Mureau ne cherchait pas. Ce n'était pas le pelage qui l'intéressait mais cette splendide bête au corps svelte, finement musclé, que l'accoutrement, loin de le cacher, mettait encore plus en valeur.

— Je suis la fille d'Erèbe et de la Nuit, dit-elle. Je suis la Mort des Romains.

Le sourire avait beau être éclatant et la bouche tentante, Mureau sentit un doigt glacé se promener sur ses omoplates. Impression bien vite effacée par trois tours de valse avec ce diablotin qui semblait avoir des ailes aux pieds. Ce soir-là, il avait un peu délaissé les sénateurs Hébrard et Michaux, les députés Truelle, Hovius, Basquias et son ami Victor Schœlcher qui avait fini par s'assoupir dans un fauteuil après trois « Carte Blanche ». Un peu délaissé le commandant Fournier, le héros du jour, le signataire du traité de Tien-tsin, le partenaire du vice-roi de Petchili. Délaissé tout ce bon monde pour cette belle femme qui avait fini par lui avouer aussi son nom et son adresse. Danseuse à l'Opéra. « Idiot, j'aurais dû m'en douter. » Un peu russe, un peu bretonne. Très ardente, très impatiente. Se glissant derrière un rideau pour perdre le prince polonais qui l'avait accompagnée là et attendre le départ du dernier invité. Attendre, frémissante comme ce rideau, d'être seule avec Vulcain, avec cet homme de feu.

C'est ainsi que Marius Mureau avait fini la nuit. Avec la mort. Depuis lors il ne quittait plus Céline Pichard. Là où ondulait cette blonde à chignon, se pressait le fringant député. La danseuse ne s'y entendait pas plus en politique que son amant en mythologie ou en jeté battu. Mais elle n'eût voulu pour rien au monde manquer ses empoignades avec les députés de l'opposition. Lors des sessions importantes, armée de ses jumelles de théâtre, elle suivait avec passion, dans les tribunes de l'Assemblée, les combats singuliers de Marius Mureau avec les « réactionnaires ». Contre ceux dont la montre, selon lui, retardait de plusieurs siècles. Les alliés de ces orgueilleux colons qui se croyaient revenus au bon vieux temps où le serf battait l'étang du seigneur pour empêcher les grenouilles de troubler son sommeil. Mémorables joutes de Marius Mureau dont l'accent créole ravissait le parterre. Luttant par exemple pour demander l'application aux colonies de la loi sur le service militaire obligatoire de trois ans. N'était-ce pas en effet, la meilleure façon d'assimiler ces populations d'outre-mer que d'obliger Blancs et Noirs à s'acquitter ensemble de l'impôt du sang, que de confondre dans la même caserne le descendant des colons et son ancien esclave ? (Et de clouer le bec de ceux qui l'accusaient de vouloir au contraire la séparation, voire l'autonomie).

A travers les verres grossissants de Céline, juché sur ce trône républicain aux dorures royales :

— Si vous voulez mettre ces Blancs à même de perdre toutes ces idées absurdes, inconcevables, il faut les faire venir en France, il faut les confondre dans les rangs de l'armée nationale. Ils constateront enfin que des distinctions de caste qu'ils persistent à conserver n'existent pas, que tous les hommes sont égaux !

Mais de ses rives lointaines, *La Défense coloniale* levait son bouclier : « Forcer le Blanc à servir à côté du nègre c'est humilier le Blanc, l'énerver et le dégoûter par une injuste assimilation contre laquelle protestent ses instincts et son éducation. » Et dans l'armoire à glace de la rue Pierre Demours, répétant cette réplique, la déclamant en pan de chemise, devant Céline lovée sur le lit, éblouie :

— O ironie du sort ! Ces chevaliers actuels de l'épicerie en gros et en détail, ces barons de la mélasse et de la chandelle qui osent prétendre que monter la garde avec les nègres ne serait pas la monter mais la descendre !... O France, ne reconnais pas pour tes fils ces gens sans cœur et sans pudeur. Nous les nègres que l'on conspue, vienne le jour des dangers, nous saurons puiser dans notre amour pour toi, que rien n'égale, assez de dévouement pour te faire oublier la couardise et la lâcheté de quelques êtres dégénérés et avachis !

Mais ce que craignaient surtout ces êtres « dégénérés et avachis », c'était de voir partir leurs fils de 18 ans et leurs jeunes travailleurs loin de leurs champs de canne au moment même où soufflait la tempête. Dans *Les Antilles*, Léon de Belain : « Qu'importe pour M. Mureau que vos enfants soient envoyés à la guerre au Tonkin et en Algérie, laissant ainsi déserts vos foyers ! Qu'importe que nos campagnes périssent du coup privées qu'elles sont des bras les plus robustes ! » Et le lendemain, César-Laîné dans *Les Colonies :* « Qu'importe que la France amoindrie, mutilée, saignant encore de ses horribles blessures de 70 ait besoin pour se relever du concours de tous ses enfants ! »

Bref, une excellente affaire pour préparer la nouvelle campagne électorale, garder son écharpe tricolore. Et peut-être — pourquoi pas ? — permettre à César-Laîné de conquérir à son tour un siège de député, de venir s'asseoir, lui aussi, devant l'un de ces prestigieux pupitres. Quelle succulente polémique ! Et quelle vie dévorante pour Marius Mureau, partagé entre ces pugilats politiques, sa maison de commerce et cette exigeante maîtresse ! Car Céline n'entendait pas le laisser vivre à sa guise. L'entraînait dans ses mille entrechats, dans cette farandole où s'étourdissaient ses jours et ses nuits. D'un palais à l'autre. Il fallait qu'au sortir de la Chambre des députés il la rejoignît vite à l'Opéra. Quelle que fût l'heure. Dans la salle ou dans les coulisses, surveillant sa montre en bâillant aux corneilles car la danse l'ennuyait ou louchant sur les gambettes couronnées de leur tutu commes des hampes de lis. Pourquoi cette jeune femme si vibrante, si palpitante, si passionnément vivante se sentait-elle attirée par l'anéantissement, l'immobilité définitive, la fin de tout ? Céline n'aimait en effet que les ballets où la mort triomphait. *La Mort du cygne* de Saint-Saëns, *le Crépuscule des dieux* de Wagner, quels régals ! Mais c'était surtout dans *Giselle*, ce ballet blanc et noir, ce ballet métaphysique, dans le désespoir, la mort et la transfiguration de Giselle que les pointes de Céline transcendaient. Hantée par la célébrité de la grande Grisi, de l'illustrissime Carlotta Grisi, l'inoubliable créatrice de ce chef-d'œuvre imaginé par Théophile Gautier qui n'avait d'yeux que pour elle. Grisi, la danseuse inspirée, qui venait de se retirer à Genève dans la somptueuse résidence du prince Radziwill, toujours poursuivie par l'amour sans espoir du poète. Ah, jouer devant Marius l'une de ces vierges défuntes et mal aimées, l'une de ces compagnes de Giselle qui venaient la nuit danser autour de sa tombe ! Jouer l'une de ces sylphides machiavéliques prête à entraîner les mortels dans leur nuit éternelle ! Voir Giselle, toute blanche, se transpercer le cœur puis apparaître à son amant et revivre avec lui, fantôme torturé, son amour perdu ! Et reprendre possession de son beau mulâtre dans l'ombre de la cantonade, se redonner à l'étreinte de ses puissants bras, encore toute ruisselante d'applaudissements. Après c'était la tournée des grands ducs à travers le Paris scintillant, souper chez Maxim's, au Vert-Galant, ou bal masqué chez quelque princesse slave, rédowas et mazurkas jusqu'aux premiers trots des omnibus. On se rencontrait chez l'un ou chez l'autre, rue Pierre-Demours ou dans la bonbonnière de la ballerine, à la Madeleine, sous la reproduction du tableau de Véronèse exposé au Louvre : *Mort d'une jeune femme*. Décidément !

Moins réjouissante et franchement morbide, cette inclination naturelle à vouloir retrouver partout cette faucheuse habillée de noir, à courir après les funérailles à falbalas. Ainsi avait-elle tenu à accompagner le député à l'enterrement de Victor Hugo en dépit de son opposition, effrayé qu'on les surprît ensemble. Mais comment aurait-elle pu se priver de ces pompes ? Champs-Elysées aux réverbères voilés de crêpe, statues en deuil, foule chapeau bas sous la pluie fine. Derrière le président de la République, les ministres, le groupe des sénateurs, celui des députés dont Marius Mureau, traînant les pieds, épuisé par une nuit sans sommeil. Et dans le premier rang des autres personnalités, Céline en cape de satin aile de corbeau, Céline aux anges, envoyant force signes à son amant à chaque tournant providentiel. Et lui, confus, embarrassé, feignant de ne rien voir. Cercueil porté à bout de bras par de jeunes admirateurs, chars croulant sous les fleurs, cortèges d'enfants. Quelle publicité pour les enterrements civils ! Le soir même, Mureau adressait à César-Laîné ces réflexions nées dans les accents de la marche funèbre : « Toute la sainte séquelle vit de la mort. C'est là on le sait une industrie où l'Eglise excelle. La façon dont Victor Hugo a fini était pour cette honnête industrie un échec irréparable. Le plus grand génie du siècle, les plus magnifiques funérailles qu'on ait jamais faites à un homme, une admiration universelle... et rien pour l'Eglise ! Bien plus, on lui a ôté le Panthéon ! »

Sa lettre précéda un peu son arrivée à Saint-Pierre. Descendu du *Canada*, après des adieux déchirants au Havre où Céline avait voulu, contre toute prudence, l'accompagner jusqu'à sa cabine. « Trois mois sans toi, que vais-je devenir ? » Saint-Pierre frissonnait encore sous les drapeaux et au souvenir du trépidant discours que César-Laîné avait prononcé devant la foule. On venait de débaptiser la Grand-Rue pour lui donner le nom du célèbre poète dont le portrait ornait la façade de la maison du Dr Thaly. Installé depuis peu, l'éclairage public au pétrole prodiguait maintenant à la ville, une fois la nuit tombée, une animation qu'elle n'affichait pas jusqu'alors. Mais tout le monde attendait cette électricité dont parlaient les journaux avec tant d'emphase. Marius Mureau débarquait avec à-propos. Hortense allait accoucher à la fin de la semaine. C'est du moins ce qu'affirmaient en chœur le Dr Marry et la sage-femme. Amante avait préparé la layette et le berceau, choisissant le bleu sans hésitation puisqu'une quimboiseuse voisine avait prédit un garçon.

Ni soirée ni banquet pour fêter le retour. L'heure n'était pas aux dépenses. L'exposé de Théodore Bellard montrait, dans la rigueur des chiffres, la profondeur du gouffre qui menaçait de tout engloutir. Mais Marius refusait de s'abandonner au pessimisme. Il fallait gagner ces nouvelles élections générales. Et pour cela s'attaquer au problème du sucre avec courage. Exiger du gouvernement qu'il assurât aux sucres de la Martinique les mêmes privilèges que ceux que l'Espagne accordait à ses colonies. Il fallait aussi organiser la lutte contre la spéculation des importateurs métropolitains, supprimer les intermédiaires, mettre le sucre brut directement à la disposition du public. C'est ainsi qu'on tiendrait la dragée haute à la betterave. Belles paroles pour discours électoral. Mais en attendant le tribunal de commerce de Saint-Pierre prononçait faillites sur faillites. Des empires s'écroulaient couvrant certains noms d'ignominie, semant le désespoir.

Mureau à peine revenu, la guerre des journaux, en sourdine depuis quelque temps, avait repris de plus belle. Le retour de Vincent Allègre dans la colonie était au centre du débat. Retour après sept mois d'absence. Sept mois en France pour échapper aux vengeances et à la suspicion, aux attaques incessantes des deux journaux conservateurs qui l'accusaient de jouer les Noirs contre les Blancs. Elu sénateur alors qu'il n'avait même pas songé à se présenter officiellement, élu à l'unanimité moins une voix, par une manifestation toute spontanée de la population, il avait donc dû quitter l'île à contrecœur. Après avoir vu son élection annulée parce qu'entachée d'illégalité. Quitter l'île pour échapper aux menées de ses adversaires, pour aller se justifier devant son ministre, Félix Faure. Et aujourd'hui, il revenait à Saint-Pierre. Toute la ville pavoisée à sa descente du *Washington*.

Mais Mureau ne s'associait que mollement à cet hommage, restait, du cœur et des lèvres, à l'écart. Sachant qu'Allègre avait l'intention de lui ravir, avec son ami Deproge, la direction du Parti républicain. Qu'il revenait pour cela. D'ailleurs, quelques jours après son arrivée, le gouverneur abattait ses cartes. Demandant en sous-main à César-Laîné de se présenter contre son ami Mureau aux prochaines élections. Refus de l'intéressé, bien sûr. Refus hautain de César-Laîné qui décidait, à la grande fureur du gouverneur, de se porter, au contraire, contre Ernest Deproge. Des heures chaudes en perspective.

Bataille. Eternelle bataille pour le pouvoir. Et affliction

d'Hortense. Chagrin d'être privée de son mari retenu par sa campagne, par ses affaires, alors qu'elle devait garder la chambre. Car l'enfant ne se présentait pas bien. Entourée de sa mère, de Lucie Saint-Jude, d'Amante, et de sœur Proserpine que le docteur Marry avait déléguée auprès d'elle. A voix basse le médecin avait confié ses craintes à Marius :

— L'enfant est tombé, mais mal. On en est au cent quatre-vingtième jour de la grossesse et j'ai bien peur que l'accouchement se passe d'ici peu. Auquel cas, nous aurons affaire à un prématuré. C'est ennuyeux.

Elmire Célestine, la sage-femme de la rue de Longchamp, partageait le même avis. Logeant au-dessus de la boulangerie Henri Joseph, elle s'en ouvrait en soupirant aux clients qui venaient prendre flûtes, miches, « pains-soldat » ou « zacharies » :

— La petite femme de notre député va avoir un accouchement laborieux. Elle aurait dû s'arrêter de travailler depuis longtemps. Mais que voulez-vous, les jeunes femmes de maintenant ne veulent en faire qu'à leur tête !

Et pour la énième fois aussi elle racontait cet accouchement horrible qu'elle venait de pratiquer, rue de la Source, celui de Marie-Eusèbe Beauvoise, l'accouchement d'un monstre à quatre bras et à quatre jambes. On pouvait s'en procurer les photographies chez le Dr de Massins (vendues au profit de la maman, précisaient *Les Colonies*).

Arsenal, le valet de Tivoli, arriva en trombe alors que les mitrons d'Henri Joseph sortaient la toute première fournée :

— Vini vite ! Vini vite !

Hortense souffrait, les mains agrippées aux parois du lit. Les douleurs concassantes l'avaient prise, broyant son ventre, ses reins. Debout dans un coin de la chambre Marius Mureau la considérait, rempli d'une grande pitié, impuissant, inutile. Pendant que les quatre femmes s'activaient autour d'elle, présentant cuvette, bouillotte, serviettes... Il s'était toujours juré d'assister à l'accouchement de sa femme mais maintenant, il se sentait faiblir, sentait ses jambes se dérober, son sang tourner. Alors, quand il entendit Hortense geindre comme un enfant sous les premières contractions utérines, il flancha, rasa le mur, sortit à la dérobée. Le Dr Marry le retrouva une demi-heure plus tard dans le salon, devant un verre de rhum. Le médecin venait vers lui du fond de la pièce comme un facteur triste, porteur d'un mauvais télégramme. Lui mit la main sur l'épaule, lui parla doucement. D'un bruit flou Mureau retira quelques bribes : bassin trop étroit, hémorragie, fœtus mort.

Bref, la pauvre Hortense avait mis au monde un enfant mort-né. Mais heureusement, grâce à des ballons dilatateurs qui avaient accéléré l'expulsion, elle n'avait pas perdu trop de sang. Sauver la vie de la mère, l'essentiel était acquis. Elle se reposait, à présent, elle dormait, elle allait oublier, il faudrait être très prévenant, très attentionné à son égard, longtemps, longtemps.

— C'est le naufrage de *La Ville de Bordeaux* qu'elle a payé là, lui dit Elmire Célestine, et cette crise qui lui a donné tant de soucis dans son travail. Ah ! si elle avait voulu se reposer un peu !

Remords. Honte de lui-même. Mureau ne savait plus comment apaiser sa conscience... Avoir laissé sa femme ainsi, seule face à d'aussi grandes difficultés alors qu'elle attendait un enfant dans de si mauvaises conditions ! Et à Paris l'avoir oubliée, ô combien, jusque dans les bras d'une autre !

Mais la bataille électorale devait ignorer ce genre d'état d'âme. Son tourbillon le happait vite à nouveau, l'entraînait loin d'Hortense, sur des estrades dressées pour sa gloire, devant des foules adulatrices.

L'intercolonial *Salvador* portant la malle d'Europe était passé dans la rade, distribuant quelques nouvelles. La statue de Diderot avait été inaugurée place Saint-Germain-des-Prés. Bravo ! Nouveau projet pour l'exposition de 1889 qu'on préparait dans la fièvre, une tour de 370 mètres éclairant une partie de Paris par un puissant foyer électrique réfléchi dans les rues par des milliers de miroirs. Mais on parlait aussi d'une concurrente plus modeste, une tour en fer de 309 mètres que l'on souhaitait édifier au Champ-de-Mars. Bravo, bravo. Et cette autre nouvelle : Jules Ferry venait d'être renversé de la présidence du Conseil à cause de l'incident de Lang-Son, du repli de la garnison devant l'offensive chinoise. Tant pis pour lui ! Ce n'est pas Mureau qui le plaindrait. Il avait montré trop de faiblesse lors de la mise en œuvre de la laïcisation de l'enseignement. Cet échec militaire fournissait au candidat républicain des boulets appropriés pour convaincre ses derniers électeurs hésitants :

— Croyez-vous que les scories de notre société coloniale iraient se battre au Tonkin ? Elles n'étaient déjà pas à Sedan et elles trinquaient au lendemain du 4 septembre, à la mort de la République ! Elles trinquaient et elles criaient : « Vive la Prusse ! »

Réélu haut la main, Mureau connaît malgré tout la déception de voir son alter ego échouer contre Deproge. Par soixante-neuf voix seulement, mais Allègre avait triomphé. Réussi à imposer son candidat contre le meilleur ami de son adversaire ! Echec cuisant suivi d'un autre revers, d'une infortune plus insupportable encore : les campagnes électorales des deux hommes avaient vidé les caisses, raclé les fonds de tiroir. *Les Colonies* devraient donc cesser de paraître. Il ne restait plus que de quoi vivre quelques mois. Cette fois-ci où trouver de l'argent frais, à quelle porte frapper ? Tout le monde se démenait, tentait d'échapper au bourbier glouton du marasme. Hortense, sa famille. Tout le monde. Déjà, pour aider son frère à la Galère, Hortense avait mangé ses économies. Il était temps de retourner à Paris et de s'y battre pour gagner cette guerre du sucre.

Avant de prendre le paquebot-poste *La France,* Mureau offrit à Hortense qui se remettait doucement, couvée par Lucie Saint-Jude et par la fidèle Amante, une paire de souliers forme Richelieu en chèvre, à lacets, un chef-d'œuvre cousu main acheté chez Coppier et compagnie, rue du Mouillage. Et du pont de *La France* il eut un dernier regard pour le cimetière du Fort. Où son frère, l'abbé Sulpice, avait tenu à enterrer pieusement cet enfant mort-né qui devait être un garçon. Enterré pieusement après l'avoir ondoyé devant Lucie et Amante. Pieuse, secrète et brève cérémonie à laquelle Mureau avait refusé de participer, étant donné ses convictions. Se contentant de commander le cercueil chez Adrien Anatole. Dont les mots résonnaient encore :

— Pour grandes personnes, c'est 7 francs, mais pour enfant mort-né c'est 3 francs. Maintenant, si vous fournissez le bois ça sera 3 francs.

La France voguait maintenant loin de ces mauvais souvenirs, loin de tout. Et au bout du voyage, une autre vie.

Sourire éclatant de Céline, ovale parfait de son visage émergeant de la déchirure d'un nuage comme de la fente du rideau de l'Opéra. Elle l'attendrait au Havre. Sûrement. Que d'étreintes en retard, que de nuits à rattraper ! Au Havre où il rejoindrait également les six jeunes Noirs, les six fils d'ouvriers de Saint-Pierre qu'il venait d'envoyer en France pour quatre ans. Pour apprendre le travail du fer et du bois dans une école professionnelle. A ses frais. Car la crise pouvait sévir, la jeunesse ne devait pas en pâtir.

La bonne nature d'Hortense lui évita une trop longue convalescence. En moins d'un mois, on la voyait de nouveau trottiner sur les pavés de la rue Victor-Hugo, reprendre sa place devant les vieux fauteuils de sa boutique. Il lui fallait retrouver cette palpitation, ce frémissement des affaires, ces rencontres, cette présence des autres ! Retrouver cet étourdissement. Faisant face à tout. Partout. A l'arrivée des bateaux, sur le bord de mer, surveillant le contenu de leur fardeau. A la douane pour négocier les droits, sous le feu des ventes aux enchères, dans la lourde buée des distilleries. Dix heures, sous la lampe, dans le grésillement des moustiques, alors que la ville dormait déjà, la vérification des comptes et les longues lettres à Marius. Elle tenait bon, Hortense. Peu de négociants parvenaient comme elle à rester à flot. Plissonneau, La Rougery, Blaisemont ? Oui. Mais les autres ? Une hécatombe.

Théodore, son frère, se demandait chaque jour s'il allait pouvoir continuer à donner pâture à ses chaudières. Un usinier vénézuélien avait bien voulu lui livrer dernièrement une grande quantité de mélasse. Mais après ? Quel sucrier de l'île se laisserait prendre encore à ses beaux discours ? Son père, vieux et malade, ne lui consentirait pas d'avance. A cause de Mureau. Hortense lui avait déjà trop prêté. Elle lui avait signifié nettement au cours de leur dernière explication :

— Si tu ne peux plus faire face, ferme. Il vaut mieux liquider plutôt que de continuer à accumuler des dettes. Et surtout, ne compte plus sur moi. Mon affaire marche mais il suffit d'un rien pour qu'elle connaisse les mêmes affres.

Devant les cuves à fermentation, à la Galère, surveillant le passage du moût dans les alambics chauffés à la vapeur, Théodore à sa sœur :

— Si tout cela s'arrête, Hortense, as-tu pensé à ce que deviendrait Marius ?

Oui, bien sûr, elle le savait, elle se l'était souvent dit ; si ces serpentins de cuivre cessaient tout à coup de débiter leur filet de cristal, on ne donnerait pas cher de la carrière politique de son mari. Elle ne survivrait pas à une faillite. Il fallait donc sauver la rhumerie, mais comment ? Roulement de la futaille sur les canaux poisseux, appels des ouvriers, rage sifflante de la vapeur. Comment calmer les banquiers impatients, les sucriers réclamant leur dû ? L'autre jour encore, racontait Théodore, ce jeune béké blond, ce Morne Cordier qui avait poussé la porte, énoncé ses chiffres, tancé sans méchanceté certes, mais tancé quand même. Et la prochaine fois, que devrait-il lui répondre, que devrait-il dire à son plus grand créancier ? Qui ne connaissait pas la réputation du propriétaire du Grand-Morne, cet homme rigoureux, exigeant ? Ferait-il encore crédit longtemps au beau-frère de ce révolutionnaire, de ce fauteur de troubles ? N'aurait-il pas là l'occasion rêvée, la chance inespérée de se venger de toutes les insultes, de toutes les offenses de Mureau et de ses amis contre les békés ? Au nom de tous ses frères de race. De faire cracher le venin à ce serpent républicain en lui serrant la gorge. (« Yeux Clairs », sa main gantée de chevreau, bien droit sur sa jument mouchetée, passant dans les songes d'Hortense).

— J'irai trouver Monsieur du Morne Cordier, dit-elle à son frère, et je lui expliquerai la situation. Peut-être comprendra-t-il.

XVII

Aujourd'hui, mariage d'Hermance du Morne Cordier chez les Saint-Domingue, dans leur propriété de La Bastide. Mariage de cette pauvre Hermance en ce tout début de l'année 1887. Nouvelle année attendue par chacun avec l'espoir d'une délivrance. Espoir que cette crise allait prendre fin, qu'on retrouverait bientôt l'aisance des temps de splendeur. Et un mariage que l'on s'efforçait de réussir comme si de rien n'était, comme si la bonne chance avait miraculeusement refleuri. Vapeurs des vins et des liqueurs, haleines de l'oubli. Toilettes ressorties des armoires avec leurs exhalaisons vanillées, parfums des jours heureux. D'un commun accord, devant les difficultés de l'heure, les deux familles avaient contribué aux frais, chacune pour sa part. Jusqu'au repas de noce dont l'une comme l'autre avait tenu à fournir la dépense. Le père d'Hermance avait apporté les trois cochons de lait et les têtes de chadrons, ces coquilles d'oursins blancs gorgées d'œufs qui accompagneraient le punch, une fois grillées loin de la braise, pimentées et citronnées. Ernest de Saint-Domingue, le traditionnel pâté en pot qu'aucune fête digne de ce nom n'avait le droit d'omettre, les écrevisses « queues rouges » dont on ferait une fricassée, et le dessert : un énorme « blanc manger-coco ». Une caisse de château-lafite 1875, providentiellement découverte au fond d'une resserre où Gaston du Morne Cordier recherchait un vieux tableau à vendre, arroserait ces agapes somme toute très convenables. Surprise énorme déclenchant une explosion de joie, celle que Léon de Belain réservait à son arrivée. Il avait acheté, rue Bouillé, chez Marie-Joseph, un panier d'escargots de vigne, débarqués la veille de France avec vingt mille de leurs compagnons et vendus — tout le monde en avait vu la réclame — un franc cinquante le cent. Clémence, la cuisinière du Grand-Morne, les ferait « à la bourguignonne », c'est-à-dire cuits dans un court-bouillon fortement assaisonné. Autre surprise, Ernest de Saint-Domingue avait invité un jeune étranger, un écrivain américain du nom de Lafcadio Hearn avec lequel son fils, Kléber, avait sympathisé lors d'une escale à La Nouvelle-Orléans. Enthousiasmé par la découverte de ce pays, avide d'en goûter toutes les grâces, toutes les douceurs, il avait mis chacun sous le charme par ses questions et ses réflexions énoncées d'une bien amusante façon. Saint-Pierre était pour ce garçon chétif et borgne — il avait perdu l'œil droit en Grèce, étant enfant — « la Circé tropicale », la perle de cette « île magique » enveloppée d'une éternelle brume d'été, « la plus pittoresque, la plus jolie ville des Antilles ».

— Tous les détours, toutes les pierres semblent murmurer sous les pas de cette population fantastique, de cette population de mille et une nuits !

Ajoutant ces mots qui trahissaient bien son excusable méconnaissance de néophyte :

— Tout est divin, tout le monde est honnête, gai, courtois à Saint-Pierre !

Voisin de table de Raoul pour le grand plaisir de ce dernier, il lui avait révélé son intention de séjourner en Martinique pendant quelques mois où il comptait se consacrer à la rédaction d'un roman. A la fin du repas, le jeune romancier avait pu apprécier ces coutumes très particulières de janvier, ces rites qui célébraient la nouvelle année. Grâce aux gens de l'habitation invités exceptionnellement, à ces hommes et femmes de la campagne venus présenter leurs vœux, leurs compliments d'usage. Venus saluer « Missié Hecto' » et sa jolie demoiselle. Femmes en robes de soie ou d'organdi, obligatoirement neuves si l'on souhaitait du bonheur toute l'année, et à la fois rouges ou roses, vertes à la rigueur, mais surtout pas bleues ou noires. Collier « choux », boucles d'oreilles « dahlias », foulard et madras « calandrés ». Hommes en blanc, chapeau noir de guingois, rose rouge à la boutonnière.

La photo de famille. Léon Lucy rassemblant tout son monde sur les marches du perron. Tout son monde, des petits cousins espiègles, turbulents, gigotant comme des vers palmites, jusqu'aux vieux oncles goutteux et cacochymes. « Je ne vous vois pas, monsieur, là-bas avec votre lavallière... là, oui... » Des vieilles tantes guindées, aux mains blafardes, déjà mortes, au cou d'iguane, à la poitrine sèche, aux mignonnes fillettes qui deviendront malheureusement comme elles un jour. « Maintenant, plus un geste, plus un mot, et on sourit ! ». Bruit de vaisselle de l'appareil à plaques, Lucy sous son voile noir (« Quelle idée pour un mariage ! »), sourires niais figés pour la postérité, pour les albums solennels que tourneront de leurs doigts perclus des aïeules nostalgiques. Raoul avait réussi à échapper aux prières instantes d'Antoinette de Belain, à ses appels désespérés. Réussi à ne pas danser avec elle. En la poussant dans les bras du jeune romancier. (Ah ! si Cupidon avait pu travailler pour lui, dans le bon sens cette fois-ci, en visant Antoinette d'une flèche yankee ou confédérée !)

Puis, le cœur gros, Raoul avait vu sa sœur s'éclipser avec son escogriffe de mari, Hermance disparaître par une porte dérobée, se perdre dans la nuit. L'orchestre continuait à jouer, continuait à faire danser et Hermance partait dans la nuit, dans la vie, avec un homme qu'elle n'aimait pas ! Et encore une fois Raoul s'était dit, s'était juré que pareil malheur ne le frapperait jamais. Et encore une fois il était retourné par la pensée aux côtés de Gabrielle. Pendant que sa sœur chevauchait dans la nuit vers son nouveau destin et que l'orchestre insoucieux, égoïste, poursuivait sa balade comme un bateau de plaisir sourd aux appels d'un homme tombé à l'eau.

Après, au retour, dans la voiture, quand on avait retrouvé l'allée des manguiers, le Grand-Morne, sans Hermance, Raoul avait entendu son père lui reparler d'Antoinette, et de la réponse qu'il devrait bientôt donner à Léon de Belain. Alors le jeune homme avait attendu d'arriver pour s'expliquer. Attendu de revoir le visage paternel, ses traits familiers, sous la lampe du salon, en pleine lumière. Seul avec lui. Alors que sa mère et son grand-père avaient rejoint leur chambre. Deux hommes face à face, dans le silence de la nuit. Devant la fenêtre contre laquelle battait l'aile d'un palmier qui semblait vouloir s'envoler.

— Alors, Raoul ?

Le petit bruit d'insecte de la pendule, ce bruissement de feuillage. Raoul cherchant ses mots, et puis, soudain, sans avoir eu le temps de les mettre en ordre :

— C'est décidé, père, je n'épouserai pas Antoinette.

Voilà. C'était dit. Clairement. Il faudrait que son père s'en arrangeât. Un coup de cravache en pleine figure n'aurait pas fait plus d'effet. Gaston du Morne Cordier blanchit. Il voyait son fils au milieu d'un cercle de feu, presque inaccessible, déjà, son fils, son héritier, qui lui tenait tête, s'opposait à la solution salvatrice, refusait d'arracher le patrimoine familial au chaos, à l'anéantissement. Son double, son autre lui-même ! Mais avait-il bien réfléchi, se rendait-il vraiment compte de la situation ? Fallait-il qu'il fût à ce point devenu inconscient, indifférent au sort de sa famille, de son nom ? Comment Gaston du Morne Cordier pouvait-il encore découvrir dans son fils ce jeune homme qu'il avait été un jour, en dehors de cet aspect physique, de cette ressemblance si frappante ? Lui qui s'était conformé sans broncher aux volontés de son propre père. Docilement. Au projet de mariage qu'il avait concocté en secret. Lui, pourtant, homme de caractère, tenace, déterminé. Lui qui avait dit amen à tout. Et oui à sa mère sans même la connaître.

— A-t-on fait un mauvais mariage ? Regarde-nous comme nous sommes unis, comme nous formons un couple sans problème.

Un couple sans problème ! Combien de békés donnaient autant de vertu à leur ménage, s'attribuaient autant de prix de fidélité et trompaient leur femme avec deux, trois maîtresses à la fois ? Un couple sans problème... C'était un fait. Jamais Raoul n'avait surpris une discussion orageuse, jamais l'ombre d'une querelle entre son père et sa mère. Mais Eugénie était si indulgente ! Comme toutes ses semblables, du reste. Fermant les yeux sur les détails pour sauver l'essentiel. Tournée seulement vers son intérieur, vers sa famille. Vers le devoir. Tournant le dos à la fenêtre. « Regarde-nous comme nous sommes unis... » A qui voulait-il faire croire pareil mensonge ? A lui-même, peut-être. A sa conscience honteuse, bourrelée de remords. Mais lui au moins respectait-il sa femme le plus possible, lui épargnant toute humiliation. Eugénie ne devait pas éprouver le besoin de changer de trottoir à la vue d'une de ces créatures, comme c'était souvent le cas pour ses amies. Décence, retenue, discrétion. Gaston du Morne Cordier mettait toutes ces qualités dans ses aventures. Ce qui lui permettait de proclamer bien haut que son couple était sans problème. Mais Raoul n'acceptait pas cette affirmation. Ne voulait pas devoir lui aussi, après un mariage qu'il n'eût pas souhaité, former « un couple sans problème ». Car si son père ne s'était jamais complètement contenté de sa mère, n'était-ce pas justement parce qu'on leur avait forcé la main ? Parce qu'on avait fait fi de leurs sentiments ?

— Tu feras comme moi, tu t'y habitueras. De nos jours où la vie est si dure on n'a pas le droit de faire passer le cœur avant la raison.

Et de ressusciter la grande cohorte des ancêtres, tous ceux qui avaient maintenu le nom, la fortune. Contre vents et marées.

Contre leurs propres inclinations. Contre tout mariage d'inclination. Tous ces nobles vieillards dont le portrait décorait les quatre murs du salon. Toutes ces barbes, ces perruques. Et toutes ces maîtresses femmes enlisées dans leur peinture à l'huile et dans leur dignité. Tous ces couples sans problème...

Vide et solitude de la nuit. Avec cette bouffée de vent tiède qui taquinait la lampe, les ombres sur le plafond. Et le tic-tac obstiné de la pendule à balancier. Obstiné comme la résolution de Raoul. Qui allait reprendre la parole ? Les deux hommes s'observaient. Longueur, langueur d'une minute, s'observaient, se guettaient. Plus de père ni de fils. Deux hommes, simplement. Et autour d'eux la vieille bâtisse qui craquait un peu, maintenant. (Dormeur remuant dans son rêve ou protestation d'une âme ?) Toute cette interminable nuit à traverser, pensa Raoul, et après, quelle couleur aurait le jour ? Gaston du Morne Cordier connaissait trop son fils. Trempé comme lui-même, indomptable. Ignorant les caprices. Mais que cachait donc ce refus si farouche ? Car, au fond, Antoinette n'était pas complètement dénuée de charme ! On ne le condamnait tout de même pas à passer sa vie avec la laideur et la bêtise ! (Eugénie lui ressemblait un peu à son âge, avec cette rousseur angélique). Alors, pourquoi tant d'entêtement ? Une autre ? Il plongeait ses yeux dans les siens, essayait d'en pêcher de quoi comprendre. Un étranger. Voilà ce que son fils était lentement devenu pour lui malgré ces apparences, cette enveloppe, cette écorce. (Un être grandit à côté de vous, pousse sous votre protection, allonge ses membres à votre exemple, répète vos mots, prend votre voix, vos gestes, vous prend tout et, soudain, au moment où vous allez tendre la main vers lui, faire acte de possession, de propriété, il s'esquive, s'échappe.) Et si c'était une autre ? Quelqu'un lui avait rapporté, récemment, qu'on le voyait beaucoup ces temps-ci avec cette petite mulâtresse aux yeux étirés vers les tempes, l'une des filles de Long-Ming. Et s'il s'agissait d'elle ? Non, impossible. Impossible. Raoul s'amusait avec elle comme il s'amusait sans doute avec d'autres. N'étaient-elles pas faites pour cela, pour le plaisir, pour la fantaisie, ces gamines à la peau ombrée ? Un instant il faillit le questionner à ce sujet, puis il y renonça. Raoul aussi sentit venir Gabrielle sur ses lèvres, mais il retint sa langue, s'interdit tout aveu. Gabrielle devait demeurer à l'écart pour le moment, à l'abri, dans le cocon de leur secret. Préservée. D'ailleurs pourquoi l'aurait-on mêlée à ces tractations, à ces marchandages, à ce maquignonnage ?

L'heure avançait. « Allons nous coucher, demain le travail... » Demain comme chaque matin il faudrait se lever à l'aube. Les jeunes cannes attendaient le désherbage et les caféiers la cueillette. Sarcler les vanilliers, tailler les goyaviers et les manguiers. Un jour de plus sous le grand soleil. Demain. Un autre jour.

A l'approche du mardi gras un bal paré et masqué réunissait au théâtre une partie de la société de Saint-Pierre au profit des pauvres de la ville. Bal qui terminait une grande kermesse tenue par quelques dames et demoiselles charitables, femmes et filles de békés, de grands mulâtres. Chaque famille honorable avait voulu participer à cette bonne œuvre au moment où l'adversité frappait tant de foyers. Trois jours de bonté et d'amusements. Dans le hall d'entrée, derrière des tables fleuries, enguirlandées, ces dames proposaient aux badauds tout ce qu'elles avaient pu recueillir, à droite ou à gauche, auprès des boutiquiers. Madame Erhard, la femme du professeur de piano, jouait à la fleuriste. « Achetez, beau seigneur, c'est pour porter bonheur ! ». Et Aurélie de Belain, à la photographe. « Grande photographie parisienne ! Tout le monde peut avoir son portrait instantané ! » Hortense Mureau présentait avec Lucie Saint-Jude un assortiment d'épicerie et de liqueurs, saumon frais en boîte, biscuits épicés, saucisson d'Arles et de Lyon première fraîcheur, condiments variés, sauces en tous genres et rhum Mureau bien sûr, carrés serrés de fiasques rangées comme pour la revue, bombant le torse comme des briscards, sous leurs étiquettes médaillées. A côté, la femme de Long-Ming vendait pêle-mêle victuailles, allumettes et tissus. « Véritable flanelle de Chine bleue et noire, irrétrécissable, à 35 francs le coupon pour un costume complet ! ». Tandis que Saint-Prix Roné avait provisoirement abandonné sa boutique de la rue de la Source afin d'ouvrir un petit estaminet où il servait toutes les boissons possibles, vermouth, vin d'orange ou madère à 0,50 franc, eau sucrée, rhum, cognac ou genièvre à 0,20 franc, bière ou limonade gazeuse à 1 franc. Salavina lui prêtait généreusement son concours par le renfort de son trombone.

Baguenaudes d'un coin à l'autre. Raoul avait retrouvé Lucy et Lafcadio Hearn au bar du poète. Le journaliste essayait de satisfaire la curiosité du jeune Américain, lui livrait son pays, sa population. Saint-Prix, un peu grisé, pleurait comme d'habitude la défaite de 70. La main sur le cœur, devant un auditoire à demi ému, à demi narquois : « On écrasait la France et mon luth n'a qu'un pleur... Qu'un éternel sanglot pour crier ma douleur. » Applaudissant parmi les autres, René Bonneville, remorquant sa peine et gentiment enivré, lui aussi, toujours malheureux, toujours en guerre contre son père à cause d'Eglantine.

C'est au cours de cette vente de charité qu'Hortense Mureau avait appris son infortune. Par la chanson d'un gosse masqué qui passait devant son étalage. Une chanson en créole où il était question d'une femme trompée et d'un mari député vivant joyeusement à Paris, « ma-ié-déié-la-pote » (« marié derrière la porte »). Chanson cruelle inventée pour nuire, pour faire mal, sortie de quelle cervelle ? Mais Marius comptait tellement d'ennemis, comment croire, comment porter crédit à ces médisances ? Brocards de la mi-carême qui s'en iraient en fumée, à la fin de la fête, comme le bonhomme Carnaval. Malgré tout, une heure après, ces paroles la taraudaient encore, cet air flottait encore comme une odeur putride. Et le doute s'insinuait, s'infiltrait, cale faisant lentement eau. Ne fallait-il pas voir là l'explication de ces silences prolongés, de ces pauvres petites lettres qui mettaient maintenant des mois pour franchir l'Atlantique et ne disaient rien ou presque ? Serments enflammés, mots cajoleurs, envolés !

Depuis le drame vécu dans son corps, Hortense pouvait se vanter d'avoir remonté la pente avec courage. D'autant plus qu'elle avait perdu, depuis, dans le même mois, son père et sa mère. Malades depuis longtemps et très âgés. Emportés tous les deux par les fièvres. Pauvre Hortense, seule maintenant avec tous ses souvenirs. Seule dans cette grande maison sur les hauteurs, ces pièces à la fois si vides et si pleines dans les coins de ces miettes, de ces vestiges, de ces restes de bonheur ! Se retrouver dans cette chambre où l'on avait imaginé, près du lit, le berceau, la table à langer, le poudrier, la cuvette. Heureusement, il y avait Lucie et sa gaieté. Amante aussi savait rompre le mutisme des choses, tirer cette maison de sa tristesse par ses bavardages de pie borgne, par ses longs rires sonores. Et « Danger », le chien bâtard, qui flairait encore son maître partout, le recherchait partout, comme elle, n'arrivait pas à se faire à l'absence.

Et voici que soudain une chanson fredonnée par un gamin terrible venait encore compliquer cette vie, l'obscurcir. Aile sombre de l'incertitude, vol plané de rapace. Hortense comptait pourtant tellement sur ces trois jours hors de son cadre habituel, au milieu de la foule joyeuse ! Sur ces trois jours au théâtre avec Lucie, derrière leurs tas de boîtes et leurs meutes de bouteilles. Pour chasser les idées noires, oublier tout. Quand ce gamin était passé.

Au dernier jour de la vente de charité, au moment où elle

s'apprêtait à faire ses comptes, elle reçut une visite inattendue. « Yeux Clairs » lui-même, accompagné de son fils et de quelques amis. Gaston du Morne Cordier n'avait pas voulu voir cette kermesse plier ses tréteaux sans y rendre une visite, déposer son obole. « Yeux Clairs », aussi semblable à lui-même, svelte et alerte comme un jeune homme, comme son fils Raoul, si différent de tous ces hommes barbus, moustachus, joufflus et ventrus. D'où lui venait qu'il restât si juvénile ? C'était la question. Celle qu'on se posait toujours à son sujet, les hommes avec agacement, les femmes avec émotion. Comment ce corps souple pouvait-il refuser l'embonpoint d'une façon si surprenante ? Quelle insulte pour les autres ! Ce port altier de cavalier, éternellement dressé sur sa selle, engagé dans un trot éternel. Cette assiette, cette allure qui faisait toujours à son passage, imaginer la monture. D'où lui venait aussi cette résistance des traits à l'érosion de l'âge ? Tenait-il cela au fait que contrairement aux autres, il n'avait jamais sacrifié à la mode en laissant les poils envahir ses joues, ses lèvres, son menton, son cou ? Pas de moustache en croc, en brosse, à la hongroise, à la russe, à la mousquetaire, à la gauloise. Pas plus de barbe impériale ou à la Souvarov que de bouc ou de barbiche, ou de favoris en « pattes de lapin » ou en « côtelettes ». Un visage uni et poli. Et l'œil d'une eau limpide.

Hortense Mureau n'avait pas revu Gaston du Morne Cordier depuis la fois où il s'était porté au secours des deux femmes sur la route alors que leur voiture venait de verser dans le fossé. Accident qui revenait maintenant dans ses pensées, déclenchant une grande tristesse chez Lucie, débusquant de vieux fantômes. (Ses gants de chevreau qu'il tortillait tout en parlant, n'était-ce pas quand même le signe d'un certain trouble intérieur ?) Avec son fils, il se lança ensuite dans une discussion enjouée, entrecoupée de rires, où il comparait les qualités des articles offerts par Hortense et Lucie, en débattait le prix. Manifestement, il n'avait pas l'intention de faire grandes dépenses mais plutôt celle de prolonger ce moment agréable. Hortense trouvait également plaisir dans ce petit jeu. Elle finit malgré tout par l'obliger à acheter une boîte de saumon frais dont il n'avait nul besoin et qu'il trouva bien chère. Mais il aurait certainement mis davantage si elle le lui avait demandé tant il voulait la contenter, profiter de son sourire. Le bal masqué devait avoir lieu le soir même et Gaston du Morne Cordier y invita les deux femmes mais elles déclinèrent l'offre poliment. A regret peut-être, mais il n'était pas question pour elles, encore, de se montrer dans un bal avant quelque temps. De toute façon Hortense s'imaginait mal en train de danser le quadrille en l'absence de son mari. Même si celui-ci, à en croire les chansons, n'avait pas à Paris une vie très exemplaire. Elle laissa donc « Yeux Clairs » s'éloigner avec son refus. Le laissa se fondre dans la foule. Cavalier qu'elle avait vu partir un jour, il y a bien longtemps, après des enchères publiques, partir au petit trot sur sa jument mouchetée, sans se retourner. Et elle se reprochait un peu, maintenant, de n'avoir su le retenir, le garder pour elle. Se le reprochait curieusement en se donnant pour prétexte qu'elle avait promis à son frère de le rencontrer pour lui exposer son cas et lui demander grâce.

Une autre bonne occasion allait par la suite les remettre en présence. On débarquait ce jour-là dans la rade quelques bœufs de Portorique. De robustes animaux dont Gaston du Morne Cordier avait commandé une paire pour remplacer ses zébus à bout de force. Quelques heures après, le planteur entrait dans la boutique d'Hortense, s'installait dans le vieux fauteuil, croisait ses jambes. Certes, ces deux bœufs de Portorique motivaient bien une entrevue mais pas un pareil empressement. Surtout en cette période difficile où chacun tâchait au contraire de reculer les échéances. Il fut donc aisé pour Hortense d'obtenir le sursis que son frère désirait. Après avoir promis à « Yeux Clairs » une danse à bord de *L'Océanien,* ce paquebot qui devait toucher Saint-Pierre pour la première fois, dans un mois, et à bord duquel un bal allait être donné. Dans un mois. C'était un délai respectable pour pouvoir changer d'idée, trouver une bonne excuse. Le deuil qu'elle s'était imposé serait bien fini à ce moment-là et, surtout, Marius aurait probablement rejoint ses pénates. Il avait évoqué ce voyage dans une de ses rares lettres. Un mois, donc. Pour oublier le plaisir confus que cette rencontre avait procuré. « Yeux Clairs » et son brusque retour de flamme.

Si l'absence prolongée de Marius Mureau menaçait grandement son ménage, elle n'avait pas meilleur effet sur sa position politique dans l'île. Pourtant César-Laîné se battait bien. Il avait même réussi à renflouer *Les Colonies* après avoir soudoyé quelques bailleurs de fonds assez désintéressés pour ne pas trop compter sur leur remboursement. Le journal reparaissait donc après dix mois de silence dont les adversaires du député, à droite et à gauche, avaient tiré profit. A gauche surtout car le gouverneur Allègre et son ami, le député Ernest Deproge, espéraient bien toujours détrôner Marius Mureau, lui reprochant la domination qu'il exerçait sur le Parti républicain, son autoritarisme forcené.

— Marius Mureau et ses amis ont voulu mettre la Martinique en coupe réglée au profit exclusif d'une caste, criait Deproge dans les réunions, il faut que ça cesse ! On peut aimer la République sans pour cela acclamer Marius Mureau comme un prophète !

Et César-Laîné qui visait la mairie de Saint-Pierre après avoir obtenu la présidence du Conseil général, faute de conquérir Paris, César-Laîné dont on apercevait le chapeau jaune à toute occasion, agité comme un tournesol sous la brise :

— Marius Mureau ne s'est jamais donné, que nous sachions, le ridicule de vouloir être prophète. En république il n'y a pas de maddhi. Mais souvenez-vous le temps où Ernest Deproge faisait applaudir notre ami par la foule rassemblée au théâtre en le couvrant de louanges ! On peut maintenant nous accuser de vouloir briser l'unité du Parti !

A Paris, Mureau ne s'inquiétait pas trop des manœuvres déployées contre lui dans son île. (Bien lointaine petite île peuplée de si peu de gens importants, de si peu d'importance). Se jurant d'obtenir auprès de ses amis politiques le rappel définitif de Vincent Allègre, « ce gouverneur réactionnaire devenu l'allié objectif des Blancs, des exploiteurs du peuple ».

— Ce que nous demandons à la France c'est de nommer un successeur qui dédaignera de se jeter dans les compétitions électorales, ne cherchera pas à être un chef de parti occupé par l'assouvissement de ses ambitions personnelles !

Que pouvait bien craindre Marius Mureau au faîte de son ascension ? Nommé membre du jury de l'Exposition de 1889 par le ministre du Commerce et de l'Industrie, invité en Algérie pour l'inauguration de la ligne de chemin de fer Alger-Tunis, invité à Melbourne pour présider une exposition française, invité... Ami intime de Félix Faure, le secrétaire d'Etat aux Colonies et, mieux encore, reçu à la table de Jules Grévy, le président de la République, pour un dîner en tête à tête ! Le gouverneur Allègre ne pouvait que souffrir de ces relations, le payer de son départ. Ce qui se produisit très vite. Un autre gouverneur fut désigné pour le remplacer. Pas pour longtemps. Deux mois après, le malin Allègre réussissait à chasser son successeur, à retrouver son poste à Fort-de-France. Et à retrouver son siège de sénateur.

— La politique de haine et de division l'a emporté grâce à la complicité de la haute administration ! s'exlamait César-Laîné que ses concitoyens venaient d'asseoir dans le fauteuil du maire. Plus que jamais, tous derrière Marius Mureau !

Marius Mureau à Paris, entre l'Assemblée et les coulisses de l'Opéra, entre les dîners avec les ministres et les soupers aux chandelles avec Céline. Devant les quatre premiers piliers de cette tour que l'on édifie au Champ-de-Mars. Avec sa danseuse frileuse, enrobée d'astrakan, alors que les machines et les grues ronronnent dans la nuit, sous la lumière électrique. Gloire d'étincelles des soudeurs à l'arc. Visage blanc de Céline cyanosé d'éclairs livides. « Que penserais-tu d'un petit voyage aux Antilles ? » Il fait ce projet un peu fou de l'emmener avec lui à la Martinique où il va devoir bientôt repartir en campagne. Projet d'un amoureux transi qui ne peut plus être séparé de l'objet de sa flamme. Aux Tuileries, tous les deux encore, alors que Victor Schœlcher est venu admirer cette bibliothèque dressée entre les arbres, ce petit pavillon métallique qui doit recevoir les livres qu'il a donnés. Ecoutant les explications de l'architecte de chez Moreau Frères :

— Les 3 500 pièces de fer de cette construction de 38 mètres de haut sur 18 mètres de côté vont être démontées pour être expédiées à Fort-de-France. C'est un véritable travail de Romains.

« Il y a des crocodiles à la Martinique ? » demande Céline en frissonnant contre le flanc du député. « Non, chérie, seulement des éléphants roses. » Ils rient. Et rêvent en imaginant leur voyage. Céline a trouvé le prétexte de sa présence là-bas. Engagée par une petite troupe que *Faust* et *Carmen* trimbaleront d'une île à l'autre. « Tu te rends compte ? Encore deux mois et nous serons sur le bateau ! » Nid douillet de la large poitrine où l'on aime se blottir.

Moins plaisantes sont les réalités économiques. Après un départ prometteur la vente du rhum stagne. Mureau a pourtant mis toutes les chances de son côté. Son adresse commerciale, boulevard Montmartre manquant de prestige, il a décidé de se rapprocher de l'Elysée, de Jules Grévy, installant ses bureaux rue du faubourg Saint-Honoré. Mais la clientèle ne se précipite pas pour autant. Et le déficit creuse inexorablement son trou. Mais les nuits sont si douces aux côtés de Céline quand les bougies font brasiller ses yeux et les flûtes de champagne. Quand son rire crépite comme les bûches dans la cheminée au manteau de marbre. Pendant que dehors il neige, que les passants luttent contre le vent, contre le grand mur blanc.

Bien sûr il y a les lettres alarmantes, alarmées de Théodore Bellard, ses appels désespérés. Et puis les tristes lettres d'Hortense en proie aux affres du doute. (Cet Atlantique qui n'en finit pas de s'agrandir pour elle, d'écarter ses rives, de les éloigner l'une de l'autre, comment peut-elle comprendre ?)

Mais toutes ces ombres sont si lointaines, si négligeables comparées aux grandes lumières de la ville, de la vie. Toutes ces ombres de palmiers égarés, semés dans l'océan.

Près de ces palmiers égarés, un bateau blanc avait fait escale. Pour son voyage inaugural, donc, *L'Océanien* ouvrait ses ponts à la fête. Croisière immobile des illusions, évasion d'une nuit. Pour se rendre sur ce paquebot illuminé, ce luxueux monument ancré au large, ces dames avaient affronté les dangers du canot. La crise sévissait plus que jamais mais chacun avait fait des prouesses, essayant de battre l'autre. A coups de dentelles, de fanfreluches. Hortense avait donc accédé aux désirs de Gaston du Morne Cordier de le retrouver là pour un tour de valse. Quel combat avec elle-même avant de se décider enfin ! Mais Lucie avait manifesté de son côté l'intention de se rendre à cette soirée. Sa première sortie au grand jour après son long tunnel. Et Théodore l'y accompagnerait. Et, aussi, d'autres amis. Alors, finalement, elle s'était laissé faire. Elle avait enfilé la seule robe parisienne sauvée du naufrage de *La Ville de Bordeaux*, une robe « pour femme sérieuse », lui avait dit la couturière, en velours noir égayée de fines broderies jaune paille et d'un jabot de dentelles. Et elle avait embarqué sur l'une de ces frêles embarcations que remorquait une chaloupe à vapeur de la flottille pénitentiaire.

Sur le pont transformé en salle de bal, c'était le mélange et la confusion. Visages reconnus et aussitôt perdus. « Prêtes pour le quadrille ! » La première figure, le « pantalon », ne semblait pas pouvoir imposer l'ordre parmi les danseurs. Du haut de la passerelle on eût dit une mer démontée. Vague gonflante emportant des nageurs imprudents, les soulevant très haut pour ensuite les laisser retomber pêle-mêle, les uns sur les autres. « En avant-deux ! » La mer s'était soudain calmée, chacun avait retrouvé chacune. Et Hortense retrouvé « Yeux Clairs ». Là, appuyé au bastingage dans ce costume blanc qui l'amincissait encore. Regardant les danseurs, recherchant peut-être cette jeune femme que la foule portait vers lui, irrésistiblement. Que la foule avait séparée des autres comme un fait exprès, de Lucie, de Théodore, de ses amis. Gaston du Morne Cordier était seul, aussi. Sans sa femme. Eugénie du Morne Cordier, c'était bien connu, n'apparaissait jamais dans ce genre de fête trop populaire à ses yeux. Laissant cela, disait-elle, aux « békés malheureux », aux « békés gouyave », à tous ces petits Blancs tirant le diable par la queue, et ne craignant pas de se frotter aux mulâtres et aux Noirs. Mais en fait, peu de grands békés dédaignaient de se presser dans ces réjouissances accompagnés ou non de leur épouse. Trop désireux de se montrer et pour certains trop avides de rencontrer quelque belle âme en peine. Par exemple, les Belain n'avaient pas voulu s'abstenir. Et si d'autres manquaient comme les Hayot ou les Saint-Domingue, c'était par respect pour un ami qui venait de mourir, l'abbé Gosse, le vicaire de la cathédrale, le fondateur de l'asile de Bethléem. Gaston du Morne Cordier avait donc laissé Eugénie avec son père et son canevas, son éternel ouvrage de broderie, emmenant là son fils et sa fille, Hermance qui avait réussi à entraîner son échalas de mari, Hector de Saint-Domingue, malgré le deuil imposé par les siens. Hermance dans cette robe rapportée de Paris par son frère, il y a bien longtemps. Et Hector dans un costume assez mal venu, né d'une pièce de tissu offerte par une cousine en cadeau de mariage. Costume taillé par sa femme. Les temps étaient si durs ! (Hermance en pleurs, les doigts en sang, faisant et défaisant les coutures, car privée de cette machine à coudre qu'elle avait tant désirée et qu'on n'avait pu lui offrir.)

« La poule ! » C'était la troisième figure. Brusquement l'orchestre s'était tu. Effacé devant la voix humaine de cette clarinette qui fusait comme un signal. Aussitôt les danseurs s'alignaient par quadrilles en rangs pressés. L'ordre régnait enfin. Comme dicté par quelque sergent-major. Sans trop savoir comment elle en était arrivée là, Hortense Mureau se retrouvait face à « Yeux Clairs », souriant, au bout d'une de ces rangées immobiles, attendant le second commandement. Que voici. La clarinette venait de lancer un autre cri. Dans un silence total. Alors l'orchestre attaquait et les danseurs entraient dans un balancement cadencé. Plus de mer agitée, de vagues déferlantes, mais un ondoiement doux et gracieux, un champ de canne sous la brise. Oui, sans trop savoir pourquoi elle dansait ainsi, avec cet homme, ce soir-là, Hortense, gênée, confuse de sa hardiesse. Que dira-t-on demain, quand le jour aura dissous ce mirage, quand les langues des commères commenceront à s'agiter dès l'ouverture des contrevents ? Mais autour d'elle, qui pouvait penser à mal ? Que joie, que plaisir d'être ensemble, de partager ces mouvements du corps, cette harmonie.

« Quatrième figure : la pastourelle ! » Le sourire, le costume blanc, cet homme qui s'avançait, à travers cette ivresse inexplicable que donne la danse. Cet état second. Qui s'avançait comme il y avait des années, des années, au théâtre, lorsqu'ils avaient partagé cette danse, cette première danse. Ils étaient libres alors, l'un et l'autre. Tout aurait pu être si facile !

Elle aurait accepté son rendez-vous discret à la campagne, dans cette maison retirée, si loin des regards, des cancans. Et elle serait devenue sa propriété. Combien de ses amies avaient ainsi suivi un soir quelque béké plus ou moins séduisant, plus ou moins jeune, au sortir d'un quadrille endiablé ? Et maintenant elles faisaient part à deux, laissant une moitié à une autre puisque tout mariage entre un Blanc et une mulâtresse ne pouvait se concevoir. Ou bien pleuraient encore leur aventure sans suite, montrées du doigt comme Marie-Madeleine. Tout aurait pu être si facile et pourtant rien ne l'avait été. A cause des principes, de l'éducation, de cette conscience religieuse, de ces scrupules de conscience. Et à cause du qu'en-dira-t-on, ce mal qui court les rues à la recherche des réputations à détruire. Et à cause de Marius qui avait été le plus fort. « Cinquième figure : la boulangère ! » La clarinette avait pris une allure courte, saccadée. Sautillement des danseurs. Hortense étourdie, en retard, empêtrée dans ses pensées et dans sa robe, gauche dans ses mouvements.

— Allons, Hortense, vous rêvez !

Comme c'était vrai ! Mais ses songes l'avaient quittée, avaient fui le soupirant manqué, le cavalier blanc d'un soir manqué. Voguaient maintenant vers Paris, vers lui. Vers cet appartement de la rue Pierre-Demours qu'elle avait décoré, fignolé. Et dont une autre avait peut-être fait son nid. Car elle en avait appris davantage depuis le jour où une chanson de carnaval avait apporté le soupçon comme un mauvais vent. Sans connaître l'identité de sa rivale, elle la savait blonde, danseuse et un peu slave. Savait qu'elle se rendait souvent à l'Assemblée dans une robe noire. D'où son surnom de « veuve ». Marius devait sûrement s'attendre à ces indiscrétions, avec tous ces adversaires tournoyant autour de lui, si prompts à la malveillance, à la malfaisance. Et puis ses silences n'avouaient-ils pas, à eux seuls ? Maintenant elle appréhendait son retour. Ce premier regard entre eux, ce premier mot...

« En-avant général ! Au galop ! » C'était la fin du quadrille. Hortense n'aimait pas cette figure trop brutale à son goût. Les danseurs se désunissaient, les lignes se brisaient, les rangs se confondaient. Chacun s'échappait de son côté dans une dislocation brouillonne. Hortense brusquement égarée, éperdue, cherchant son cavalier. Où était-il donc parti ? Seule au milieu des autres, chancelante dans la galopade, dans ce martèlement de pieds, ce tohu-bohu, dans les huées des clarinettes, le fracas des cymbales. Où était « Yeux Clairs » ? Parti. Comme ce soir-là, au théâtre, après sa dérobade, sa fin de non-recevoir. Parti. Comme le jour de la vente aux enchères, sur sa jument mouchetée. Parti et retrouvé. Là, en effet, là, à nouveau, brusquement, revenant avec d'autres, dans une ligne de danseurs. Le voici avec son sourire, avec son costume blanc, avec cette main qui allait prendre la sienne. Qui prenait la sienne, qui la gardait, la serrait. Lui faisait mal.

« Minuit, déjà ! Il faut que je rentre. » Elle avait quitté le bateau, soûle d'enchantement et de fatigue. Quitté le grand navire baigné de musique et de lumière. A force de rames, le canot l'emportait maintenant, barbotant dans les flaques des reflets multicolores. Penché au-dessus de la rambarde, « Yeux Clairs » la regardait s'éloigner. Sa silhouette tout en ombre n'avait disparu qu'à l'instant où elle s'était confondue avec le reste, où le canot avait touché la rive. Peut-être ne se reverraient-ils jamais en tête à tête. Peut-être. Car elle avait pris congé un peu hâtivement, profitant du départ de Lucie et de Théodore. Elle lui avait même faussé compagnie. Le mot n'était pas trop fort. Bien sûr, en homme bien élevé, il n'avait pas semblé s'en formaliser. Mais à présent, seul contre cette rambarde, devant la ville endormie, il devait la trouver bien revêche. Et la patience n'étant pas son fort — du moins prétendait-on — il déciderait sans doute de laisser là toute cour, de jeter dans cette eau noire tout espoir de conquête. Bien que cette ombre, là-bas, par sa ténacité, parût indiquer une disposition inverse.

Revenu vers les danseurs, Gaston du Morne Cordier avait fait une désagréable découverte. Il avait compris pourquoi son fils s'opposait aussi violemment à son projet de mariage. En le voyant agir, mêlé à l'assistance, avec cette jouvencelle gracieusement orientale, cette fille du négociant Long-Ming. Raoul ne montrait pas en effet avec elle l'attitude naturelle du jeune Blanc à l'égard de son amie de couleur. Ce mélange de galanterie, de désinvolture, de supériorité bienveillante, de petits airs protecteurs. Montrait au contraire une déférence admirative, un respect, une considération excessive qui devait cacher, c'était évident, d'autres sentiments bien plus profonds. A présent Gaston du Morne Cordier savait qu'il ne parviendrait jamais à faire entendre raison à l'héritier de la famille. Et il commença à réfléchir sérieusement aux moyens qu'il aurait à déployer pour arriver quand même à le circonvenir. Raoul dansait avec Gabrielle lorsqu'il surprit le regard de son père. Regard bref, un éclair. Mais suffisant pour se convaincre, de son côté, qu'une bataille allait s'engager, une bataille qu'il devrait gagner s'il ne voulait pas perdre la jeune fille.

La soirée s'était terminée pour Raoul en compagnie de son bouquet de poètes, de Bonneville, de Salavina, de Saint-Prix et de leur ombre. En compagnie de Léon Lucy que Lafcadio Hearn, le jeune romancier américain, ne quittait pas d'une semelle et de deux Européens arrivés la veille de Colon, deux invités du commandant Didier, le capitaine de *L'Océanien*. L'un d'eux, cheveux à la Bonaparte et moustache à la gauloise, un peintre du nom de Gauguin, attirait les regards accablants, lourds de reproches, les réflexions et les moqueries. Pour sa tenue, une mauvaise veste de coutil et un maillot rayé sans doute emprunté à quelque matelot dans un bistrot du bord de mer. Malade, tremblant de cette fièvre qu'il avait attrapée au Panama en travaillant à la construction du canal, cela ne l'empêchait pas de boire comme une éponge. Mais Raoul le trouva sympathique au possible. D'autant plus que le visage de Gabrielle avait séduit son œil d'artiste, qu'il désirait la prendre pour modèle. D'accord, ils se reverraient bientôt. C'est ça. Chez Victor Casimir, rue Victor Hugo, où les deux rapins avaient provisoirement élu domicile, ou bien au Carbet, parmi les pêcheurs vêtus de guenilles, s'ils y trouvaient une bicoque à bon marché.

Deux heures sonnaient, deux brefs coups d'une cloche pressée de replonger dans le sommeil, quand le jeune béké et sa compagne rejoignaient le rivage. Derrière eux la fête s'éteignait lentement sous les derniers râles d'un orchestre fatigué, dans les vapeurs d'alcool renversé, les miasmes des quelques danseurs en nage qui s'actionnaient encore, qui s'étreignaient encore. Sur la place Bertin, au milieu des centaines de barriques figées sous la clarté livide de la lune, comme frappées d'immobilité en plein roulement, en pleine descente vers la mer, Raoul et Gabrielle marchaient enlacés. Marchaient vers la maison des Long-Ming avec deux « chiens fé », deux chiens-fer à la peau glabre, auxquels les moustiques devaient empêcher de fermer l'œil, deux chiens affamés. Arrivée sur le palier, la jeune fille ouvrit la porte avec douceur, un doigt sur la bouche, et elle entra sur la pointe des pieds. Derrière ses persiennes bien closes comme des cils bien serrés, la maison semblait respirer au rythme de ses dormeurs. Entra sur la pointe des pieds et tendit la main derrière elle. Puis, sans plus de bruit, la porte se referma sur la rue vide, sur les deux chiens nus.

A Saint-Nazaire, le capitaine Dardignac de la Compagnie Générale Transatlantique surveillait les derniers préparatifs de départ de son bâtiment, la luxueuse *Amérique*. L'appareillage aurait lieu le lendemain et, bonne nouvelle, la brume pâteuse qui engluait l'océan depuis quelques jours, avait brusquement cédé au soleil d'août, de guerre lasse. Céline attendait ce jour depuis deux mois. Au milieu de ses bagages déjà bouclés, et rouverts à tout instant, pendue au cou de Mureau comme une belle médaille d'or, l'aveuglant de ses cheveux dépeignés, l'éclaboussant d'or :

— Cent cinquante kilos de bagages seulement ! Comment vais-je faire mon ange ?

Trois malles achetées chez Louis Vuitton, rue Scribe, face au Grand Hôtel, trois malles en zinc revêtues de toile damiers guettaient depuis quinze jours déjà dans l'entrée le bon vouloir des employés de la compagnie maritime.

Mureau avait réservé deux cabines de luxe, boulevard des Capucines. Deux cabines à quelque distance l'une de l'autre afin d'éviter tout rapprochement par la pensée de la part des indiscrets. Le prix de chacune de ces somptueuses chambrettes correspondait à celui d'un double passage de première catégorie. Une fortune. Mais Céline valait bien ça. La troupe en tournée à Savanilla, en Colombie, la rejoindrait à Saint-Pierre peu de temps après l'arrivée de l'*Amérique*. « Marius, quelle joie nous allons connaître ! » Vingt-trois jours de ravissement entre ciel et mer. Rutilance du chemin d'eau sous le labour de la grande lame d'argent. Rutilance de la table du commandant. Menu qui n'en finit plus : perdreau sur canapé, court-bouillon d'alose sauce vénitienne, sorbet au citron, côte de bœuf aux cèpes, poularde de Bresse à la crème, foie gras truffé, salade… « Où vais-je bien mettre tout ça ? » Yeux clos, enveloppés tous les deux dans une couverture, sur un transat. A écouter le sourd battement des machines qui travaillent pour soi, le roucoulement des pigeons voyageurs qui s'évaderont de leur volière en cas de brouillard. A rêver qu'on est parti pour toujours, que ce grand paquebot ne s'arrêtera jamais.

XVIII

Rêve et réalité. Deux mots que Céline Pichard avait souvent tendance à confondre. La vie se chargeait malheureusement aussi souvent de lui montrer son erreur. Sur l'*Amérique*, par exemple. Pendant cette traversée. Bien moins idyllique que prévu. D'abord Marius Mureau était tombé malade. Conséquence de ce débordement d'activité, de toutes ces journées à se battre, de toutes ces nuits blanches à plastronner ou à s'amuser. Surmenage compliqué d'embarras gastrique, avait dit le médecin du bord. Consigné dans sa cabine. Condamné à regarder la mer vide par le hublot ou à étudier le dossier de l'Exposition de 1889 qui attirerait à Paris, estimait-on, plus de trois millions de visiteurs. Si au moins elle pouvait relancer le commerce du sucre et du rhum, sauver l'île de la faillite ! « Laisse donc tout ça tranquille, mon ange, c'est ça qui te donne tous ces maux d'estomac. » Mureau, entre deux crampes, deux sachets de poudre, se répétant son amer monologue devant le ministre du Commerce : « Nous aurons au moins montré que nous sommes dignes d'intérêt, que nos vieilles colonies pourront redevenir très florissantes, le jour où la mère-patrie, encore trop indifférente à leur prospérité, voudra bien faire quelques efforts pour les aider à se relever de leur passagère déchéance ! ». Le ministre avait secoué la tête. « Allons, allons ! ». Et le sourire revenu quand il avait ajouté, la bouche en œuf de pigeon : « A toutes les médailles sur les étiquettes de votre rhum, à tous ces diplômes d'honneur, Amsterdam, Anvers, Bruxelles, Barcelone, à tout ce palmarès, vous aurez bientôt un autre titre de gloire à ajouter... » C'est ainsi qu'il avait su qu'il deviendrait d'ici quelques mois chevalier de la

Légion d'honneur. « Magnifique ! » s'était exclamée Céline, décidant aussitôt de se faire confectionner un chapeau enrubanné de rouge comme une boîte de chocolat. A porter le jour de la remise.

« Bienvenue à notre député ! ». A Saint-Pierre, César-Laîné et Clavius-Marius avaient orchestré la cérémonie d'accueil avec perfection. Réceptions dans les différents cercles et sociétés, vins d'honneur, feux d'artifice. Mureau promené d'une tribune à une autre, d'une table à une autre, couvert de louanges pour ses brûlantes interventions à l'Assemblée, assourdi d'applaudissements, de vivats.

A Tivoli, Hortense ne l'attendait pas avec la même joie. Pour elle, enfin, le moment des explications était arrivé. Comme une opération chirurgicale. Le patient s'en tirerait ou y resterait. Mais il fallait un dénouement. Oreilles consternées d'Amante derrière la cloison. Amante priant, à genoux pendant des heures devant la Vierge pour que la paix revienne dans la maison, pour que rien ne casse irrévocablement. Bien sûr, Mureau avait tout nié. Victime des médisances comme tout homme politique. Des jaloux. Cette danseuse blonde avec laquelle on l'avait aperçu ? Il n'en avait pas souvenance. Et puis il comptait tellement d'admiratrices ! Céline logeait discrètement chez une vieille demoiselle, Lucrèce Couesnon, habilleuse au théâtre, et de surcroît, cartomancienne. Quand Marius ne pouvait la rejoindre, le soir, elle se faisait tirer les cartes. Les mêmes tarots revenaient toujours comme si le jeu avait été truqué par quelque main maligne cachée sous la table. Le 6, le 13 et le 16. L'amoureux, la mort et la foudre. Les deux premières cartes n'étonnaient pas Céline. Elle vivait, poursuivie par ces démons, entre l'assouvissement de ses passions et son attirance pour la chose funèbre. La mort ne l'inquiétait pas, n'attendant rien de mal d'une amie. Mais la foudre, elle ne comprenait pas.

— Il faudra prendre garde au feu, mademoiselle, lui dit Lucrèce Couesnon, au théâtre, notamment, où les robes s'enflamment facilement.

Et désormais Céline Pichard passait toujours au large des sources de lumière. Elle fit particulièrement attention le soir de la grande première de *Faust* sur la scène de ce théâtre qui n'était pas encore pourvue comme en Europe de rampes électriques. Fierté secrète de Marius Mureau à la lecture des placards publicitaires : « Faust, opéra en cinq actes et huit tableaux de Gounod. Au deuxième acte, valse dansée par Mesdemoiselles Luciani et Pichard. » Si Hortense avait su ! Dans la loge d'honneur avec les officiels bissant, acclamant sa rivale. Et à l'entracte lui serrant la main, la félicitant. Enviant secrètement son succès, sa beauté et, peut-être, sa vie facile.

L'accueil à la distillerie de la Galère effaça d'un coup toutes ces satisfactions. Comme Hortense à Tivoli, Théodore Bellard exigeait des éclaircissements. Tenait à ce qu'il lui expliquât les raisons pour lesquelles il s'était lancé à Paris dans de pareilles dépenses, pourquoi il avait mangé ainsi toutes les recettes et mendié aux banques des prêts usuraires. Mureau répliqua que les livres de comptes de la Galère ressemblaient au brouillon d'un mauvais roman. Que si l'affaire battait de l'aile, la crise du sucre n'était pas seule en cause quand on découvrait la réalité de sa gestion. Qu'il menait cette distillerie comme un commerce de faïence. Bref les deux hommes en seraient certainement venus aux mains si Hortense n'avait surgi au plus fort de l'altercation. Pour annoncer une nouvelle qui détendit d'un coup l'atmosphère. Gaston du Morne Cordier consentait un délai supplémentaire à Théodore, un délai inespéré, remettant le recouvrement de sa dette à six mois ! Quel pouvoir magique Hortense avait-elle bien pu employer pour arriver à un tel résultat ? La plus grosse créance de la société !

— Ce béké a toujours eu un faible pour Hortense, dit Mureau sans penser à mal mais avec un petit sourire dans le coin qui instilla sous la peau d'Hortense un frisson d'inquiétude.

Théodore pouvait se jeter au cou de sa sœur, la serrer sur son cœur ; il ne saurait jamais combien cette victoire lui avait coûté. Elle revoyait la scène dans un éclair, pendant que son frère et son mari la congratulaient, la couvraient de baisers comme s'ils la retrouvaient après des années. Revoyait « Yeux Clairs » dans son vieux fauteuil, le lendemain de leur rencontre à bord de *l'Océanien*. Il était venu là, donc, ce qui prouvait bien qu'il ne lui en voulait pas de son départ précipité, de sa fuite. Et ce qui dans un sens la rassura. Mais la plongeait en même temps dans un embarras profond, une rougissante confusion. Bien sûr, il acceptait d'offrir ce sursis spontanément. Pour sauver l'honorabilité de cette famille très estimée, très estimable, les Bellard, les amis de son propre père. Et pour la sauver, elle. Car (et à ce moment-là, oui, elle avait dû faire un effort pour l'écouter jusqu'au bout sans offusquer sa conscience) il lui fallait l'avouer, il ne recherchait que son bien, depuis des années, en silence. Que son bien. Et il était heureux, en cet instant, d'avoir l'occasion de le lui montrer. De lui témoigner combien il lui était attaché.

Rien de plus. Il ne lui avait rien dit de plus, rien laissé de plus.

Excepté ce regard qui valait tous les mots. Mais Hortense savait maintenant qu'elle avait cédé par faiblesse, par une impulsion incontrôlée, à une sorte de combinaison, d'arrangement au bout duquel elle risquait de perdre sa réputation de femme vertueuse. Liée désormais à cet homme par une obligation, une dette de reconnaissance qu'elle devrait bien un jour lui rembourser. Alors les griefs l'empêchaient de partager cette joie avec son frère et son mari. Les griefs et le repentir.

Avec cette remise d'échéance, ce répit miraculeux, l'affaire allait peut-être pouvoir repartir. Sans espérer combler le gouffre dont on ne distinguait plus le fond depuis longtemps, au moins serait-on en mesure de continuer la fabrication. De pourvoir aux demandes exceptionnelles que les deux Expositions universelles projetées, celle de 1889 et celle de 1900, ces deux chances de relance extraordinaires pour le commerce, feraient logiquement tomber du ciel. Dès le lendemain Théodore télégraphierait donc à Trinidad où cent barriques de mélasse guettaient depuis deux mois l'arrivée de son chèque.

Encore une fois Hortense n'eut droit qu'à bien peu du temps de Marius. Mais ne caressant nulle illusion, elle n'en souffrit pas. Comme d'habitude, il était rentré au pays pour se rappeler au bon souvenir de ses concitoyens, pour se faire réélire. Partageant ses journées entre les préaux des écoles et les fêtes communales. Ivresse des beaux succès populaires, des tirades emphatiques. Rafales des punchs. Et heures volées, le soir, au foyer conjugal, dans les bras de Céline, la clandestine, entre le valet de trèfle et la dame de pique. Un mois de flonflons et de charivari bien réglé par César-Laîné et Clavius-Marius. Un mois de tapage pour réveiller les vieilles querelles, les débats éternels, les chamailleries sans lesquels les braves gens ne s'émeuvent pas, boudent les urnes. Comme par exemple cette ténébreuse affaire visant un membre du cercle de l'Hermine et, en même temps, tous ses amis de la société blanche, le médecin mulâtre, Adrien Dancenis, le directeur de la Maison coloniale de Santé, l'asile d'aliénés de Saint-Pierre. Cette odieuse rumeur que les partisans du député colportaient de tréteaux en estrades : de pauvres femmes, rejetées pour avoir fauté, seraient séquestrées sur l'ordre de leur mari dans les cellules secrètes de cette maison du mystère. On citait ainsi la disparition inexplicable de quelques épouses de planteurs. Malheureuses infidèles poussées ainsi dans la fosse aux serpents par ces Blancs impitoyables, payant leur inconduite jusqu'à leur mort. Débarquées la nuit sur le rivage, près de l'embouchure de la Roxelane, précipitées dans un tunnel puis dans une voiture bâchée jusqu'aux portes de cet asile qui se refermaient sur elles à jamais.

Mureau devait vaincre pour la troisième fois. Vaincre au second tour des élections par 3 253 voix sur 3 729 votants et 21 353 inscrits. Que de boudeurs d'urne ! Mais dans l'autre circonscription Ernest Deproge connaissait la même victoire et la même déconvenue. En avant donc avec l'Union républicaine pour l'expulsion des princes, les restrictions de la liberté de la presse et les poursuites contre le général Boulanger !

Le *Ferdinand de Lesseps* l'emporta avec Céline au lendemain d'une journée de fête passée à boire, à chanter. « Ouf ! Enfin ! ». La danseuse soupirait d'aise. Quitter enfin cette chambrette sans confort, cette ville de province à l'esprit étriqué, cette petite vie où la nuit commençait au crépuscule et ne contenait jamais rien ! Quitter ces nègres ou demi-nègres (Quelle horreur ! Ah ! que Marius était différent d'eux sous son pelage de député, dans sa séduction, sa magique aura !). Et retrouver la civilisation de la lumière électrique, des toilettes, des parfums. Retrouver les bras de Marius, capables enfin de l'étreindre sans peur.

Il était vraiment temps qu'il s'en allât. Le jour même de son départ, Hortense avait recueilli des renseignements assez précis sur son inconstance. Remontant jusqu'à la cartomancienne. Ainsi cette chanson de carnaval recelait-elle la vérité. Souvent les clowns et les masques montrent plus de sincérité que les visages découverts. Ainsi Hortense Mureau était-elle une femme bafouée ! Elle se précipita sur le bord de mer pour essayer d'apercevoir sa rivale, donner figure à l'infidélité. Trop tard. Le canot qui la portait était déjà loin et la mer houleuse la chipotait. Qu'un casque blond, comme un petit soleil sous le soleil, et une robe noire. Mais lui restait le souvenir de cette danseuse rencontrée au théâtre. Pendant des jours elle essaya de rassembler ces ruines dans sa mémoire, de reconstituer l'instrument de sa souffrance. De donner du feu à sa colère. Elle se souvenait avec précision de sa toilette. Une précision due au fait qu'elle en avait retrouvé le modèle un peu plus tard, en feuilletant une revue parisienne. Retrouvé cette jupe, ce corsage, la fidèle enveloppe de cette femme. Quel choc ! Et cette même silhouette, mince, un peu osseuse, d'une gracilité fragile, maladive. Mais le visage ? Pourquoi, diable, oublier à ce point l'essentiel d'une personne ? Ces cheveux blonds tirés en arrière, cette cravate en tulle illusion noir qui roulait en torsade sur la nuque, tout cela semblait correspondre à la réalité, mais ce visage ? Blême, diaphane, poudré... Depuis lors, que d'efforts pour recréer cette femme décapitée !

Désormais Gaston du Morne Cordier avait toutes les chances. Hortense ne pourrait plus rien opposer à ses avances. Plus rien. Car son désir de vengeance dépassait en violence tout autre sentiment, la submergeait. Débordait son honneur, son respect, son estime d'elle-même. Et dès ce jour elle souhaita le revoir. Ne fût-ce que pour sentir près d'elle une présence masculine, retrouver intact son pouvoir de séduction.

Cependant Gaston du Morne Cordier connaissait, au même moment, bien d'autres soucis. Théodore, son beau-père, venait de mourir, emporté par cette épidémie de petite vérole qui foudroyait, depuis un mois, tant de forces vives à travers l'île, malgré les bains de vapeur et les sangsues aux tempes. Les biens qu'il avait légués à sa fille, Gaston du Morne Cordier en avait déjà profité en partie. D'où cette générosité à l'égard de Théodore Bellard. En vendant le reste des terres laissées par le défunt, et ce petit hôtel particulier à Paris, si toutefois Eugénie et sa sœur n'y trouvaient pas d'inconvénient, il mettrait définitivement à l'abri du naufrage, son habitation, sa sucrerie et sa distillerie. Si toutefois Eugénie... Comment aurait-elle pu donner son avis ? Elle n'avait plus sa tête à elle. Frappée par la mort subite de son père, comme un oiseau par une pierre, elle sombrait de jour en jour dans une amnésie épaisse d'où elle ne se relèverait peut-être jamais. Le docteur Marry l'avait conduite aussitôt dans cette maison de santé dont on disait tant de mal. Seul le traitement du docteur Leroy, à base de purgatifs, de réfrigérants, d'émissions sanguines et d'excitants appliqués aux extrémités pouvait, affirmait-il, avoir quelque pouvoir sur ce dérangement des fonctions de l'intelligence. Et comme il était de coutume après chaque internement de béké dans l'établissement du Dr Dancenis, le mot honteux de « tare héréditaire » avait clapoté contre la porte du Grand-Morne.

Pitoyable Eugénie. Quelle vie avait-elle connue cette femme qu'il faudrait peut-être maintenant attacher sur son lit ! Mariée contre son gré avec un homme certes agréable, mais correspondant si peu à celui dont elle avait rêvé. Si peu à ce lointain cousin devenu notaire. Gaston du Morne Cordier, l'homme de la nature et du vent, l'homme des chevauchées dans la savane, des batailles, des duels. L'homme des audaces. Eugénie captive, contrainte. Pendant tant d'années. Cloîtrée, loin du soleil, dans cette demeure qu'elle n'avait jamais aimée parce que trop humide et trop chaude. Trop isolée. Dans cette campagne dont elle n'appréciait aucun des attraits, elle la fille des villes, la citadine. Eugénie la fille du devoir. Immolant tous ses plaisirs, toutes ses modestes joies pour le plus grand bien de son mari, de ses enfants, de ses vieux parents. Image même de ces femmes de békés vouées éternellement à la tâche. Cachant leur soumission sous leurs airs de grande noblesse, leur lassitude sous leur imperturbable sourire.

Tristesse de la grande maison où désormais Gaston du Morne Cordier et son fils se retrouvaient seuls, face à face. Tristesse de ces repas servis par Rosette dans cette salle à manger trop vaste, vide comme un bateau désarmé. Et conversations d'hommes, brèves, chiches de mots. Depuis que le spectre de la ruine avait fui le Grand-Morne, Raoul n'entendait plus parler d'Antoinette de Belain. D'ailleurs, on prétendait que son père la destinait maintenant à son cousin germain. Qu'il avait demandé pour ce mariage consanguin une dispense au Vatican. « Adieu Antoinette, et tous mes vœux ! ». Mais Gabrielle semblait à présent monopoliser l'attention du planteur. « Cette mulâtresse est jolie, je te l'accorde mais... » Mais que voulait-il donc savoir ? Raoul ne lui avouerait jamais — ou du moins pas tout de suite — la profondeur réelle de ses sentiments. Meilleur moyen d'avoir la paix. Car il ne voulait pas souffrir encore une fois d'une de ses mises en demeure. Gabrielle avait quitté depuis peu le foyer familial. Installée par les soins de Raoul dans une maison confortable, au coin de la rue Bouillé et de la rue du Précipice, face à la mer. Achetant pour elle dans une vente publique un lit à colonnes en courbaril, une table de toilette duchesse, un prie-Dieu, un vaisselier et des lampes à suspension. Un jour, ils se marieraient. Promis. Conclu entre eux. Quand la crise aurait rentré ses griffes. Quand viendrait le moment de l'annoncer à son père sans qu'il en tombât malade. « Et s'il s'y oppose, s'il veut nous séparer ? » (Combien de fois cette question sur ses lèvres ou dans sa tête et l'air embarrassé de Raoul, comme devant l'énoncé d'un problème de géométrie !) Et cette légèreté pour répondre : « Il ne s'y opposera pas... »

Promenade à la « Grosse Roche », émergeant comme un éléphant qui s'abreuve, à quelque distance du rivage, au-dessous de la route de l'Anse Latouche, promenade parmi les baigneurs en famille et les palefreniers nus conduisant leurs bêtes à l'eau. Etreintes derrière l'une de ces « chambrettes » construites par les amateurs de bains de mer, et adossées au morne, comme des caisses d'emballage rejetées par la tempête. Promenade jusqu'à la plage du Carbet, lardée de trous de zagayaques, ces petits crabes couleur sable, mulots des sables. Jusqu'à la maisonnette de bois des peintres Gauguin et Laval où l'on retrouvait Salavina, Bonneville, Saint-Prix, Lucy, Lafcadio Hearn, du rhum et des rires. Gauguin et Hearn en extase devant la diaprure aux mille coloris d'un retour de pêche. Tout le village tirant sur cette corde qui n'en finissait plus, tirant et scandant :

— Rhalé bois-canot !

Tirant jusqu'au moment où apparaissait, tout à coup, sous les cris de joie, la lourde seine et sa capture. Ventre plein traînant son faix comme après un grand festin. Et nuée de bambins chipeurs et de femmes aux robes retroussées remplissant leurs calebasses à pleines mains. Pillage d'écailles, salaire de leurs efforts.

Ruissellement d'émaux, glissade de lamé, frétillement de paillettes. Et Lucy et Salavina annonçant chaque découverte, reconnaissant, appelant les poissons comme des amis dans une foule : blanc le congre, l'anguille de mer, le moringue. Bleu le balaou, le couliou, le macriau, le minuscule tia-tia et l'orphie volante au long bec. Rouge la souris, le gro-zié. Rouge et noir la patate, le couronné. Rouge encore le crabe tourlourou et jaune le cirique. Et le lambi rose, comme toujours bon dernier au fond de sa coquille, qui finira quand même en brochettes sous une marinade.

— Attention ! Un crapaud de mer avec sa dangereuse nageoire dorsale !

Ils assistaient à la fabrication d'un gommier, cette étroite pirogue née d'un arbre du même nom. Tronc évidé, et gorgé pendant des jours de sable humide pour que la coque se courbe, se bombe ou s'affine. Gauguin ne peindrait pas aujourd'hui bien que le profil de Gabrielle l'attirât toujours. Mais il était malade, frissonnant de fièvre. Le romancier américain livrait à Lucy ce qu'il avait ressenti en visitant le cimetière du Mouillage, derrière la cathédrale, le matin même. Parlait lentement en fixant l'horizon de son œil unique, comme s'il guettait l'arrivée d'un grain, ou comme s'il allait chercher ses phrases au loin :

— Un jour, peut-être... la légion verte du morne s'avancera sans rencontrer de résistance. Les plantes grimpantes frayeront leur chemin, disloqueront les jolies tombes, arracheront les dalles noires et blanches. Puis viendront les géantes qui saperont plus profondément afin de trouver les poussières du cœur, en fouillant parmi les ossements. Et alors tout ce que l'amour a caché dans ce cimetière sera restitué à la nature, absorbé par les riches sèves de sa végétation pour revivre dans ses éclats de couleur. Pour ressusciter dans les offrandes d'émeraude et d'or qu'elle tend vers le soleil.

Etrange prophétie qui venait appuyer les menaces en chaire des abbés Maillard et Bertot, de ces vaticinateurs, de ces oiseaux funèbres. Considérant l'épidémie de variole comme une juste punition de Dieu. « On voulait des enterrements civils ? Eh bien, on est servi ! » Et prédisant d'autres châtiments à cette île que l'impiété avait prise. D'autres châtiments comme l'incendie de Fort-de-France, par exemple, en ce funeste juin 1890. Plus de la moitié de la ville en flammes, vingt-cinq morts, trente mille sans-abri, la cathédrale détruite, son orgue monumental qui avait coûté cent mille francs anéanti, ses cloches, trente mille francs, fondues, ses vitraux éclatant comme des pétards. Spontanément la ville sœur avait accouru, apporté son aide. Trois vapeurs affrétés par César-Laîné, le maire, chargés de trois cents volontaires et de la compagnie de sapeurs-pompiers, fendant les flots, poussant à fond leurs machines. Raoul du Morne Cordier, Lucy et Salavina sont à bord, ainsi que François Bernard et Théo Duribar, et des prêtres comme l'abbé Mureau, l'abbé Riou, le nouveau vicaire général, et Mgr Carmené, priant en silence, à la poupe.

« Regardez !... » Un nuage de plomb roule sur la mer, cachant l'approche de Fort-de-France. Un nuage qui se déchire soudain. Pour laisser apparaître le cœur sanglant du feu. Spectacle horrible d'une ville qui se tord dans les affres de l'agonie. Cris des fuyards, fracas des mines sous les mèches des artificiers, cloches affolées des pompiers, miaulements époumonés des pompes de cuivre. Et partout flammes, fumée, ruines calcinées, femmes en pleurs, enfants terrifiées. Le feu a pris d'une gamelle abandonnée sur un réchaud à charbon de bois, rue Blénac. Et le feu dévore tout. Trente millions de biens, de marchandises. Pendant que les pillards sont à l'œuvre. Et que le vent redouble comme à plaisir. Raoul et ses compagnons lutteront toute la journée. A coups de seaux. Car les pompes refusent souvent l'eau trop boueuse, refusent de la hisser jusqu'aux fenêtres, hoquettent. Lutteront toute la journée et rentreront éreintés, couverts de cendres, de suie, de boue, les cheveux roussis, les vêtements déchirés, mais la conscience satisfaite.

Le lendemain, c'est le bilan. Et les accusations. *La Petite France*, le journal de Deproge et de Duquesnay, le maire de Fort-de-France, tire à bout portant sur César-Laîné que personne n'aurait aperçu parmi les volontaires. « A cause de lui Saint-Pierre a laissé brûler la ville martyre sans lui porter secours ! » Contrebatterie des *Colonies* qui décrit le Dr Osman Duquesnay, revenant d'une partie de plaisir à Saint-Joseph, courant dans les ruines de sa ville en feu, sans savoir quoi faire, n'entendant rien, pris de vertige... « Et qu'avait-on prévu contre l'incendie ? Où étaient les pompes, les réservoirs ? » Et *Les Antilles,* sous la plume d'un ecclésiastique que chacun croit avoir reconnu, Mgr Carmené, miné par la fatigue et la maladie, à quelques jours d'un congé salutaire en métropole : « Dieu a ses desseins. Nous ne devons pas critiquer ses actes lors même qu'ils ne correspondent pas à nos désirs, à nos sentiments. Il a eu ses desseins, peut-être même des desseins de justice, dans l'événement qui fait encore couler les larmes des yeux de notre infortuné pays. Fort-de-France avait des torts à réparer : l'impiété, pour ne citer que ce seul point, y était devenue audacieuse. Pas plus longtemps qu'aux récentes processions de la Fête-Dieu, elle s'est scandaleusement affichée. A tout instant des individus, chargés sans doute d'arborer le drapeau de l'irréligion en face de celui de la foi, traversaient, le chapeau sur la tête, les rangs de la procession. A tout instant, sur le passage du dais, des paroles blasphématoires étaient proférées, de manière expresse à être entendues. N'allons pas plus loin dans cet examen de conscience d'une coupable que le malheur doit rendre déjà pénitente. Ne calculons pas l'ardeur du foyer que la discorde y avait établi. »

Combien de Pierrotins vont trembler en lisant ces lignes inspirées, pour beaucoup, par Dieu Lui-même ! « Hier Fort-de-France, et demain, peut-être Saint-Pierre. Que va-t-il donc nous arriver ? » Lucrèce Couesnon interrogeait ses tarots, Sigismond analysait ses songes. Et César-Laîné mûrissait sa vengeance contre le mulâtre Duquesnay « ce renégat de la race, qui affecte un républicanisme farouche et nous accuse d'être les alliés de la réaction ». En janvier de l'année suivante, un pavé paraissait à la première page des *Colonies,* accusant le maire de Fort-de-France d'avoir détourné à son profit farines et viandes salées envoyées aux malheureuses victimes par les différentes communes de la Martinique. Pavé que le journal de Mureau allait reproduire chaque jour, à la même place, pendant huit mois, sous la signature de Darius Mucret, un planteur de Saint-Joseph, ami de César-Laîné : « J'ai dit que le maire a volé le pain que la charité publique avait envoyé aux sinistrés de Fort-de-France. Et ce prévaricateur se promène tranquillement dans les rues de Fort-de-France. De deux choses l'une : ou j'ai calomnié le maire et je dois être poursuivi, ou le maire est coupable des faits dont je l'ai accusé et il doit être arrêté. Je publierai cette note en tête du journal jusqu'à ce que le maire ou moi soyons, l'un ou l'autre, déféré en justice. » La réponse ?

Mucret et ses amis pourront l'attendre longtemps. Ce « tripoteur effréné », ce « chenapan sans scrupule, chef du parti allégriste » ne daigna jamais la donner. Avec une belle assurance, il se représenta même aux élections municipales qui suivirent et resta maître du terrain.

Un cyclone d'une exceptionnelle violence, où tout le monde vit encore une immixtion divine, allait balayer toutes ces mesquineries terrestres d'un fantastique revers de main.

Cinq heures de l'après-midi. Immobilité de tout. Comme si l'œil malin du météore avait rappelé à lui le moindre souffle, rassemblé ses troupes, pour se jeter ensuite avec toute sa force dans la bataille. Calme absolu, étrange. Mais soudain les bras inquiets du sémaphore s'agitent, donnent le signal d'alarme. Affrontant le premier remous des flots, les canots de la direction du port vont porter à chaque navire présent dans la rade — il y en a une vingtaine — les recommandations de l'autorité maritime. Vite de nouvelles ancres sont mouillées, les amarres doublées, les panneaux fermés. A toute vapeur, vent debout, certains caboteurs gagnent le large, anxieux de pouvoir rallier la baie de Fort-de-France, la plus protégée, avant le déclenchement de la fureur. En ville chacun se précipite chez soi, cloue volets et portes, fixe tout ce qui ne l'est pas, tout ce que l'ouragan risque de s'approprier d'office. Lividité des visages sous la mine de plomb du ciel. Le crépuscule a sombré, la nuit va gagner une heure. Dans la cabine du sémaphore, devant l'ingénieur stupéfait, le baromètre s'effondre : 729 millimètres. Béante, la gueule du vent commence à donner de la voix. Et des fulgurations violentes déchirent le clair-obscur, le fouillent comme des élancements, des décharges de douleur. Galopades affolées sur les pavés devant la trombe qui menace.

Dans les habitations les animaux ont senti les premiers le danger. Trépignant dans leurs box, donnant du sabot et de la corne contre le bois. Au Grand-Morne Gaston du Morne Cordier et son fils ont pris toutes les précautions d'usage. Obstruant le moindre trou dans les parois de la vieille demeure, la moindre fente par où cette haleine de mort pourrait se glisser, s'engouffrer. Pourrait gonfler la maison comme un tonneau trop plein et la faire exploser. Mais le temps presse, la pluie tombe déjà, lourdement, bruyamment et il faut courir se réfugier dans l'une de ces « cases-à-vent » bâties dans une excavation naturelle, à quelques centaines de mètres. Clémence, Rosette, Victor, tout le monde, tout le monde, vite dans cette case renforcée, cet abri hermétique, cette casemate au fond du jardin, loin des arbres dont on craint la chute. Tant que le vent surgissait du nord-est, la montagne dressait son écran, mais maintenant il a tourné à l'ouest et rien n'arrête plus ses attaques. Plein ouest, c'est la mer, c'est l'espace infini où l'ouragan peut faire charger sa cavalerie, lâcher ses dragons. Par chance une bosse de terrain s'interpose devant la maison, les cases des travailleurs, la sucrerie. Une bosse qui va peut-être casser un peu l'élan, briser les dents de ce souffle dément. Par chance. Mais rien ne protégera les plantations. Et Gaston du Morne Cordier voit déjà cette pluie coléreuse coucher ses cannes, déterrer ses caféiers, des millions de pattes rageuses inonder ses cacaoyers. Voit tout ce travail ruiné, toutes ces peines inutiles. Ce naufrage. Il s'élance avec Raoul et les autres vers ces fortins à demi enterrés, aux murs de grosses pierres, privés de fenêtres et pourvus d'une lourde porte de noyer, à fleur du sol, sous les gouttes épaisses qui griffent la poussière comme des balles de mitrailleuse. S'élance, tête baissée, sous cette pluie meurtrissante et voit tout à coup Hortense Mureau.

Pourquoi a-t-il pensé à elle ? Parce que Tivoli, cette maison sur le morne, cette petite gentilhommière que Mureau a fait construire ne peut pas être plus exposée. Face à l'ouest, face à la mer, sur le sommet de la colline, offerte à tous les courants d'air. Pour l'ouragan, quelle aubaine ! Il a pensé à Hortense, fuyant, et il a aussi pensé à tous les êtres chers de sa vie, à sa femme dans cette maison de santé, heureusement bien abritée au milieu de son écrin de verdure, de son brise-vent. Aux Belain, aux Saint-Domingue courant sans doute aussi vers leur case en dur ou leur souterrain. Comme Raoul a pensé à Gabrielle calfeutrée, il l'espère, derrière les murs épais de sa solide maison. Le planteur a donc pensé à Hortense qui ne doit pas disposer de ce genre de réduit spécial construit par les gens prudents. (Que peut craindre un homme comme Marius Mureau. Même du ciel ?) Et il sait qu'elle a dû laisser son commerce pour se rendre là, exceptionnellement à cette heure. Comme tout propriétaire de maison isolée, hors de la ville. Pour barricader chaque ouverture, se trouver à la barre au moment de la tempête. Il la sait là, donc, et il imagine le risque encouru et se demande bien comment il pourrait lui venir en aide. Se demande cela au moment où le vent prend de la vitesse. Une vitesse folle. Où il aperçoit les premiers arbres ployer jusqu'à toucher les pieds des autres de leur cime, ployer et se casser. Heureusement il n'entend pas le bruit affreux de ces arbres ancestraux qui meurent. N'entend que l'épouvantable hurlement de toutes ces bêtes lâchées. De toutes ces bêtes féroces surgies du fond de la nuit, car il fait nuit maintenant.

Mais il fait aussi parfois plus jour qu'au grand soleil tant les éclairs se bousculent, s'entremêlent, s'entrechoquent. Voûtes d'une crypte embrasée par des flambeaux tremblants. Lueurs apeurées d'elles-mêmes. Car si la terre entre en transe c'est là-haut, surtout, que le fléau sévit pour l'instant avec le plus de virulence. Là-haut où se livre un combat de titans.

Car Gaston du Morne Cordier se souvient de l'ouragan de 1871. Saint-Pierre dévastée entièrement, les bateaux jetés à la côte. Des ruines partout comme à Sedan après le bombardement des sept cents canons prussiens de Moltke. Se souvient de ces vents qui roulaient à deux cents kilomètres à l'heure, fauchant, cylindrant, broyant. Pendant qu'un déluge noyait derrière eux les pauvres débris des hommes. Il se souvient de cet ouragan effroyable, et se souvient qu'il n'avait atteint son paroxysme qu'au bout d'un certain laps de temps. Qu'il n'avait déclenché son attaque frontale, sa charge, son assaut final qu'après une consciencieuse canonnade de quinze bonnes minutes.

Quinze bonnes minutes. N'est-ce pas suffisant pour sauver une vie ? Alors, soudain, il n'écoute plus ces bruits extérieurs, Gaston du Morne Cordier. Ces clameurs lugubres, les coups courts, les coups longs de ces bouches à feu sauvages ajustant leurs tirs. Il n'écoute plus que lui-même. Que cette petite voix dans sa tête, très calme, très sereine. Habituelle petite voix des grands moments de sa vie. Des moments dangereux. Il n'écoute pas son fils qui lui crie : « Mais qu'est-ce que tu fais, papa, qu'est-ce que tu fais ? » Il court vers l'écurie où les chevaux piaffent et hennissent de terreur. Ouvre la porte avec difficulté, la porte clouée par le vent. Ouvre et se bat contre sa jument déchaînée. Le voilà maintenant en selle, ganté de chevreau. Le voilà dans l'allée des manguiers, giflé par la pluie serrée et acérée, par les feuilles tourbillonnantes, couché sur l'encolure. Tivoli est loin mais il galope ventre à terre. Galope jusqu'à ce raccourci qui mène tout droit à la Roxelane. Ensuite, la descente en pente raide et Tivoli. On aperçoit son toit, du jardin des plantes, et ses arbres dressés, droits et nus comme des mâts de cocagne. Ces arbres que le vent a déjà dû décapiter depuis longtemps.

La petite voix continue à susurrer dans la tourmente mais elle est bien faible, bien faible maintenant. Et elle dit des choses bien folles. Comment peut-on y croire quand on a près de soixante ans ? Croire à ces choses bien folles après toutes ces choses vécues. Tout ce que l'on connaît de l'existence. Des femmes. (Faut-il qu'il y en ait toujours une plus forte que les autres pour arriver à subjuguer le cœur le plus blasé, le plus endurci ?) Croire à cette extravagante petite voix qui vous pousse vers la mort. Car Gaston du Morne Cordier le sait, personne — et ce mot vient s'imposer au fond de son oreille à travers son marmonnement d'égaré — personne ne risque en ce moment même dans l'île aussi sciemment sa vie. Il le sait, il le sait. Comme il lui reste un peu de conscience pour comprendre cette dramatique réalité : un instant, dans une minute peut-être, au bout de ce chemin, parvenu à ce tournant obstrué de branches cassées, il lui sera impossible d'aller plus loin sur ce cheval terrorisé. Sur ce cheval plus raisonnable que lui, sourd aux petites voix démentes, aux grelots de la folie. D'ailleurs le vent vient de prendre une telle force, oppose une telle résistance que la bête, même éperonnée avec violence, même fouettée jusqu'au sang, fatigue, s'essouffle, n'en peut plus. Il va la crever à la forcer pareillement. Elle va s'écrouler sous lui, se laisser glisser dans ce flot de boue menaçant. Elle va chavirer avec lui dans ce torrent grossissant, se laisser noyer avec lui. Gaston du Morne Cordier mort dans la boue avec son cheval pour les beaux yeux d'une mulâtresse ! Ridicule ! Son cadavre ramené par son fils au Grand-Morne, le défilé éploré de la société blanche, les pauvres yeux délirants de sa pauvre Eugénie. Et la rumeur ricaneuse derrière les masques consternés : il allait à Tivoli rejoindre la femme du député. Ridicule, ridicule !

La petite voix s'est tue, étouffée par ces ricanements sardoniques. D'ailleurs qu'aurait-elle bien pu faire maintenant, contre tous ces éléments ameutés ? Le chaos a commencé. Un mur d'eau s'élève, on dirait la mer qui s'avance. Comment la traverser ? Concert satanique de mille vents ligués. Hymne à l'épouvante. Mille vents arrachant tout, brisant, déclouant, déterrant tout pour s'en servir de projectile. Volent les tuiles par centaines de milliers, les briques, les planches, les poutres, les charpentes métalliques, les tôles, les branches énormes. Volent des barriques chapardées aux usines, leurs cheminées de fer, leur tuyauterie, des blocs de pierre de cinquante kilos. Tout vole, guillotine, hache, bombarde.

La petite voix s'est tue, étouffée par la peur. Depuis combien de temps le maître du Grand-Morne, l'ancien chasseur à cheval de 1870, n'a-t-il pas éprouvé une telle panique ? Même à Paris, pendant le siège, même l'année d'après lorsque le toit de l'habitation a sauté comme le bouchon d'une dame-jeanne trop agitée. Lorsque les portes éclatées ont livré passage à la furia de ce soufflet de forge, de cette tuyère si assoiffée de destruction, si joyeusement vorace. Quand les meubles et les objets balayés puis aspirés par cette poitrine diabolique ont tourbillonné autour de lui, dansé la gigue, avant de se fracasser contre les murs ou de disparaître, avalés par la nuit. Même ce jour-là, il gardait confiance, il croyait encore qu'il pourrait en réchapper, en sortir sain et sauf. Mais maintenant ? Sans s'en rendre compte, il est arrivé au bord de la Roxelane. Submergé par les eaux coléreuses, le pont ne va pas tenir longtemps. Inutile d'escompter le franchir. Ce n'est plus une rivière, c'est une bousculade, une débâcle de boue, de rochers, de troncs d'arbres. Toute la montagne rendant ses tripes. Sous les éclairs blafards, les remous jettent des clins d'yeux maléfiques. La volonté serait suffisante qu'il ne pourrait pas, de toute façon, poursuivre sa route. Voilà où vient se heurter sa fantaisie, se briser son caprice de quinquagénaire. Voilà peut-être l'endroit que le destin lui a choisi pour sépulture. Cette chausse-trape. Car il n'y a pas d'issue, pas d'échappement possible. Devant lui ce bouillonnement, cette furie liquide. Derrière, ce chemin qui n'en est plus un, ce torrent tumultueux qu'il ne peut remonter. Et au-dessus, la violence de l'ouragan, ses orgues. C'est bien en ce lieu que quelqu'un a dit, là-haut, qu'il devrait finir sa vie. La boue monte maintenant jusqu'au ventre du cheval, jusqu'aux pieds du cavalier. La boue monte et le cheval titube. Le cheval a perdu toute vigueur. S'il flanche, c'est la fin, le cavalier sombrera avec lui, se laissera engloutir, gober. Etouffer par cette vomissure du ciel. Gaston du Morne Cordier le sent d'ailleurs faiblir, se dérober sous lui. La boue jusqu'à la selle, jusqu'à ses genoux. Le sent s'affaisser. La boue jusqu'aux cuisses. Il a lâché la bride, il regarde le ciel une dernière fois. Vite. Etonnamment, plus d'éclairs, plus de tonnerre, plus rien. Le calme, le silence. On dirait qu'on a donné des ordres. Le vide. La boue, la boue. Le vide.

Est-ce la fin de l'ouragan ? Tout le monde a glissé son œil dehors. Et tout le monde frémit de revoir cette terre rasée, déchiquetée, tailladée. A présent la pluie tombe comme par repentir, comme pour laver les mille blessures. Tombe sans bruit. On n'ose pas imaginer ce qu'il y avait avant, ici et là. Avant ce terrain vague jonché d'éclats de toute sorte, de fragments, de lambeaux. Champ de bataille après le dernier coup de canon. Mais la trêve est vite rompue. Soudain les oreilles bourdonnent. L'ouragan recommence. Il est 22 heures. Sous l'œil sanguinaire du cyclone, l'île entière va payer son tribut de morts et de destruction. Car cet œil qui fixe maintenant les assiégés, est bien décidé à leur en faire voir encore. Fixe la rade où quatorze navires rompent leurs amarres, chavirent, coque éventrée, mâts cassés comme des bras en croix. Où *La Perle,* le vapeur de la Compagnie Girard sombre après une lutte héroïque. Où le bateau de guerre haïtien *Toussaint Louverture* venu se faire radouber à Saint-Pierre, est coupé en trois à la sortie du bassin. Tout ce qui dépasse trop, ce qui défrise, contrarie l'orgueil de l'ouragan doit retrouver la terre séance tenante : les clochers, les hautes cheminées, les poteaux téléphoniques plantés avec tant d'affection le long des routes par le père Lacroix, les arbres séculaires. Tamariniers géants dressant vers les nuages leurs racines pathétiques, place Bertin, comme un invalide ses moignons pour protester contre la guerre. (Ils narguaient le vent depuis cent ans). Porte de la cathédrale défoncée par un mystérieux bélier. Main du diable ? Croix arrachées dans les cimetières, fosses brisées. L'église de la Consolation en ruine. Main du diable ! Et sur le morne d'Orange, la statue de la Vierge du Bon Repos renversée. Renversée encore par cette main perverse. L'énorme statue de la Vierge protectrice, la gardienne de Saint-Pierre, mise à bas comme celle d'un roi déchu.

Quarante-trois morts à Saint-Pierre. Et des milliers de miraculés. Raoul Depaz, le géreur de la plantation Perinelle, voit passer au ras de sa tête un marbre de cheminée qui va frapper le bois du plafond et s'y incruste. Miracle. César-Laîné fuit *Les Colonies* dont l'eau a pris possession, condamnant le journal à dix jours de silence, et entre dans sa maison au moment où un cocotier se renverse dessus, l'épargnant lui-même, sa femme et ses onze enfants terrorisés. Lucy court auprès de sa vieille mère, court dans la rue Victor Hugo quand une tôle détachée d'un toit lui coupe le passage et vient s'encastrer dans une fenêtre. Miracle. Miracle chez François Bernard dont la maisonnette a éclaté comme un ballon sans causer de dommage. Chez Salavina qui se retrouve indemne sous son toit en morceaux. Chez Roumegoux, le directeur du théâtre, enfoui sous les décombres de son bel établissement, pleurant sur ce qui était la fierté de Saint-Pierre, mais vivant, bien vivant.

Au Grand-Morne, aussitôt le vent tombé, Raoul du Morne Cordier est parti avec Victor à la recherche de son père sans se soucier des dégâts. La maison est debout, c'est l'essentiel. Tout de suite il a pris la direction de Tivoli. A cheval, une lanterne à la main, les deux hommes avancent lentement dans la nuit. Des travailleurs sont venus les rejoindre, sortant des trous, encore hagards. Bientôt vingt lanternes se balancent en ligne, à travers la nature dévastée. Vingt hommes qui battent les taillis, les halliers, les champs inondés, transformés en rizière. Angoisse de Raoul découvrant à tout moment le corps de son père entre deux eaux. La direction de Tivoli. Parce que depuis longtemps, il se doutait. Il avait deviné cette inclination de son père pour Hortense Mureau. Surtout depuis l'hospitalisation de sa mère. Se demandant d'ailleurs si cette dernière n'avait pas perdu un peu la tête à cause de cela. Et à cause des potins empoisonneurs, des langues venimeuses, de leur travail de sape. Il en voulait à son père. Sans pour autant être en mesure de l'accuser avec certitude, sans pouvoir s'empêcher de lui pardonner à l'avance. Emu par cette séduction indestructible « A son âge... » Une vieille histoire. C'était une très vieille histoire, il le savait. Mûrie dans le silence au cours des années. Eclose tout récemment selon ouï-dire. Ruminantes rumeurs, insidieuses insinuations. Tous ces petits faits rapportés avec de petits sourires. Surpris ensemble à Fort-de-France dans un restaurant. Sur un vapeur, riant, batifolant. A Champ Flore en promenade. Et ces absences paternelles, après le dîner, ces randonnées solitaires à cheval, dans la nuit, suivi seulement de « Fifine »... On disait. On disait que cette femme était si malheureuse. Rongée par la solitude, par le drame de cet enfant mort-né, par l'inconduite patente du député, par ses soucis d'argent, par les dettes innombrables, accumulées aussi par son frère, Théodore. On disait. Et Raoul marchait dans la nuit, ballottant sa lanterne.

C'est le fox qui finit par découvrir son maître au petit matin. Connaissant le raccourci qu'il empruntait presque chaque soir pour rejoindre Hortense. « Fifine » jappant comme s'il s'agissait d'une partie de cache-cache. Joyeuse d'avoir gagné devant tout ce monde. Léchant le visage et les mains de Gaston du Morne Cordier. Qui ne s'expliquait pas comment il pouvait être encore en vie. Tremblant de froid et de fièvre. En vie. Et sans la plus petite blessure. Alors que son cheval était mort sous lui, noyé, emporté par la boue. Il racontait, criant presque, pour mieux y croire :

— J'ai bien cru que c'était fini. Le torrent de boue nous poussait, poussait vers la Roxelane. Je voyais ces tourbillons, ce rapide. Je me suis dit : ça y est. La jument a fléchi, s'est agenouillée. Heureusement j'ai pu me dégager des étriers. J'ai vu la tête de ma pauvre bête disparaître. Je me suis retrouvé flottant tant bien que mal malgré mes bottes, mais irrésistiblement attiré par la rivière en crue. D'ailleurs où était son lit ? Partout. Regardez, il est partout. Attiré par ces flots qu'on aurait dit en ébullition. Et puis, soudain, j'ai senti une poussée sous moi. Comme si mon pauvre cheval m'avait retrouvé et me reprenait sur son dos. C'était simplement un remous, une espèce de vague de fond. Elle m'a soulevé et m'a déposé là. Là, un lit de branchages, de feuillages armé de troncs d'arbres et de rochers. Un barrage d'abattis, un îlot de résistance construit par la rivière dans sa fureur, et pour lui tenir tête. Une passerelle atteinte à pied sec. Là. Où Raoul retrouvait l'auteur de ses jours.

Le lendemain, Marius Mureau recevait ce télégramme d'Hortense : « Tivoli complètement détruite mais tout le monde indemne. » Tivoli, sa maison hypothéquée ! Arraché, le toit. Disloqués, les murs. Et tout son intérieur sous les cataractes du ciel. Malheureuse Hortense ! Et peur justifiée de Gaston du Morne Cordier. Hortense, obligée de fuir dans la nuit avec Arsenal et Amante dès les premiers assauts du vent. Fuir jusqu'à un appentis fort judicieusement adossé à un solide mur au fond de la propriété. C'est dans cette remise en pierre de taille qu'elle avait attendu la chute du vent, la rémission, arcboutée avec ses deux compagnons contre la frêle porte qui menaçait de céder. Danger hurlant à la mort.

Désormais les rapports entre Raoul et son père allaient évoluer, changer de nature. Une complicité s'installa, fit sa niche discrètement, pudiquement. Il ne lui parlerait jamais d'Hortense, il ne lui parlerait plus de Gabrielle. Donnant, donnant. Deux vies côte à côte, en bonne intelligence. Mais cet accord tacite, si solide fût-il, éclaterait comme baudruche, Raoul ne pouvait en douter, le jour où ce simple mot monterait jusqu'à ses lèvres ou aux siennes : mariage. Mariage avec Gabrielle. Selon ses vœux, ou mariage avec la fille de quelque autre béké. Car comment son père serait-il capable d'imaginer le futur sans une alliance avec une autre famille blanche, sans perpétuer son nom de cette seule convenable façon ?

Gabrielle avait traversé le cyclone comme une fée la misère du monde. Sans une égratignure. Sans une goutte d'eau sur son tapis. Cas presque unique en ville où beaucoup de toitures n'avaient pu résister aux appels du large, aux attraits de la liberté. Rues obstruées de décombres. Restes d'une armée pilée, écrasée. Débris de toutes sortes, ordures du vent. Aux premières loges, face à l'ouest, le quartier de la Galère avait le plus souffert. Navires couchés sur le flanc, venus mourir sur le rivage comme des nageurs épuisés. Barriques ivres à la dérive. Distilleries saccagées, saignant de la rouille de toutes leurs entrailles mises à nu. Théodore Bellard au milieu de ses ruines.

Général vaincu, comptant ses blessés et ses morts. Au milieu des enchevêtrements de ferrailles, des tuyaux tordus, des chaudières éventrées. De ses espoirs anéantis.

— Les dix-huit usines de la Martinique, soit un capital de plus de vingt millions, n'existent pour ainsi dire plus, clamait Mureau à la tribune de l'Assemblée. Un million et demi de litres de tafia perdus dans les six mille fûts que s'apprêtaient à transporter en France les navires qui se sont échoués. (Et sa voix ponctuée de points d'orgue sur chaque chiffre car c'était sa propre survie qu'il était en train de jouer). Combien de victimes aussi ! On parle de trois cent quarante morts et même de cinq cents ! Aussi réclamons-nous des mesures d'exception. J'évalue à cinquante millions au bas mot les pertes de l'île. Je demande un dégrèvement de quatre ans sur les sucres et sur le rhum !

Un instant Hortense avait pensé que Marius allait traverser l'Atlantique, reprendre le chemin du foyer conjugal. Mais non. Trop occupé par sa bataille parlementaire contre cette loi inique qui frappait les instituteurs créoles de la Martinique en leur donnant le quart du salaire de leurs collègues européens, par la remise de la Légion d'honneur des mains du président de la commission permanente des marchés coloniaux au ministère de la Marine. Trop occupé aussi, mais Hortense ne le savait pas, par l'avènement des premières automobiles. Céline, grande vedette, perchée sur l'un de ces engins révolutionnaires entre deux haies de photographes au bois de Boulogne. Perchée, un peu effrayée, mais grisée, sur le siège arrière de la première voiture proposée au public, le phaéton à vapeur de l'ingénieur Serpollet. Sur la galerie découverte du premier tramway électrique Asnières-Madeleine. Et Céline à Moscou pour l'exposition française où le rhum Mureau remportait médailles sur médailles (sa photo à la première page de la « Petersburgskia Vadomosti », deux yeux félins d'Esquimaude au milieu d'une boule de renard argenté).

Alors, seule avec ses décombres, avec cette dévastation, Hortense fit ce que n'importe quel Bellard aurait fait : elle se battit. En digne fille de son père, le grand Félix Bellard, fondateur de la dynastie. Se battit avec fougue, avec l'énergie des femmes esseulées, abandonnées. Un duel contre la fatalité. A gagner absolument. Ne fût-ce que pour se convaincre elle-même qu'il lui en fallait davantage pour la détruire. Elle se battit donc. Aidée quand même par quelqu'un. Gaston du Morne Cordier. Depuis qu'il avait failli périr en se portant à son secours. Car elle avait su. Comment ? Par un de ces travailleurs du Grand-Morne sans doute, l'un de ces volontaires partis cette nuit-là à sa recherche. L'homme avait parlé et l'histoire, poussée par le malicieux zéphyr des murmures était venue caresser son oreille. Ils se voyaient, mais en catimini, comme d'habitude. Brève rencontre au jardin botanique à l'heure où le soleil impitoyable rejetait tout le monde dans l'ombre des maisons, près des fontaines intérieures. Pas à pas sous les longs cheveux des lianes, sous la voûte des « figuiers maudits », des frangipaniers roses, des sabliers, sur la passerelle tremblante, sous les postillons de la cascade. Ou escapade dans la campagne, dans quelque village perdu, où l'on piochait en riant dans un bol de « macadam », ce mélange de riz et de morue. Où l'on marchandait des avocats, des noix de coco, des gâteaux. « Ça kilé bel mangé ! » Et retour le soir jusqu'à la villa de Fonds-Coré, louée pour le temps de la réfection de Tivoli. Profiter des premières fraîcheurs de la nuit derrière la balustrade de fer forgé, sous la tonnelle des rosiers taillés ou dans le hamac à fines mailles. En se balançant doucement, profiter du plaisir d'être ensemble. Mais pour combien de temps ce plaisir volé ?

Comme de coutume après une calamité, les prêtres étaient remontés en chaire pour lever des poings accusateurs. Ce cyclone, on l'avait bien mérité. Tant d'impiété ne pouvait qu'encourir pareille sanction. « D'où viennent les maux qui nous affligent ? Ne cherchez pas, mes frères... (L'abbé Maillard, gonflé dans sa fureur, si gonflé qu'on l'aurait facilement vu quitter cette tribune déjà élevée pour grimper encore, grimper au ciel...) Ne cherchez pas les causes de la punition de Dieu quand les enfants du peuple sont arrachés à l'Eglise, quand on ricane au passage du Saint-Sacrement ! Croyez-moi, nous n'avons pas encore fini de boire la coupe des expiations... »

D'appeler ainsi à tout instant la colère du Créateur, ne finirait-elle pas un jour par éclater vraiment ?

César-Laîné le laïc refusait de charger le Bon Dieu. Dans *Les Colonies,* sur du papier encore bien humide : « Le temps seul apportera remède à ces imaginations malades qui croient aux faux prophètes. Par contre une vraie calamité nous menace : la guerre et les graves événements qui se sont déroulés au Bosphore peuvent la faire craindre. Y a-t-il un fléau plus épouvantable, plus dévastateur que celui-là ? Toutes les calamités de la nature qui nous font pousser de si grands cris d'humeur, ne sont rien à côté. L'homme sur ce point a surpassé la nature même lorsqu'elle est si cruelle. »

En attendant la guerre, c'était déjà la déroute chez les

sucriers et les distillateurs de l'île. L'ouragan avait brisé leur contre-attaque, mouillé leurs dernières cartouches. A la Galère, dans son bureau dévasté, au milieu des serpillières — beau décor pour un naufrage — Théodore Bellard écrivait à Marius Mureau en pleurant de rage. Sous la lampe à huile deux mots ressortaient des lignes régulières, de l'élégante écriture, deux mots épais, gras, sales : « liquidation judiciaire ». Comme deux chicots au milieu d'une denture parfaite.

XIX

Le 6 janvier de l'année 1894, à Paris, au son de la *Marche funèbre* de Chopin, la France reconnaissante allait enterrer Victor Schœlcher, le sénateur inamovible, le grand abolitionniste, au cimetière du Père-Lachaise. Le triste cortège serpentait le long de la rue de la Victoire, devant le domicile du défunt. Le député Ernest Deproge tentait vainement d'apercevoir Marius Mureau sous l'un des hauts-de-forme qui grouillaient autour du char de 4ᵉ classe comme des bourdons autour d'une haie d'aubépine. Il ne tenait pas les cordons du poêle aux côtés de Félix Faure, l'ancien sous-secrétaire d'Etat aux Colonies. Pas plus qu'il n'apparaissait derrière l'une de ces couronnes portées à bout de bras. « La Martinique à Victor Schœlcher. » Feuilles de laurier et de palmier nouées de crêpes noirs. Noirs aussi la plupart de ces visages affligés. Comment Marius Mureau pouvait-il laisser ainsi son ami partir sans lui ? Il s'était tout simplement rendu à un autre enterrement. Celui de Mureau le distillateur. Celui de son affaire commerciale. Embarqué la veille sur *La France*. Seul. Céline ne l'avait pas accompagné au Havre. Depuis qu'elle avait eu connaissance du jugement du tribunal de première instance de Saint-Pierre, sa foi en lui avait décru progressivement. Il l'avait senti, se disant, amer : « Elle finira un jour par se détacher complètement de moi. L'argent seul l'intéresse. » Il faut dire que depuis quelque temps, il avait mis un frein brutal à son train de vie. Plus de virées le soir après l'Opéra. Plus de dîners fins aux meilleures tables. Priver Céline de luxe ! Autant condamner une cigale au silence. Tandis qu'il regardait baisser les falaises crayeuses, résonnait encore lugubrement l'extrait des minutes du greffe :

« Vu le bilan produit par l'exposant à l'appui de sa requête, et concluant à la nécessité de cesser ses paiements à la suite des pertes considérables qu'il a subies, le Tribunal ordonne la liquidation judiciaire du sieur Mureau, négociant domicilié à Paris, rue Demours 27, et représenté à Saint-Pierre par le sieur Théodore Bellard. »

Derrière lui, donc, Céline, l'ingrate. Et peut-être, plus grave, la fin de sa carrière politique. Car si l'Assemblée lui avait accordé ce congé sans difficulté, elle n'allait pas tarder sans doute à exiger sa démission. L'article 21 de la loi du 4 mars 1889 ne lui laissait aucune chance. Il en connaissait les termes par cœur. Graillant à ses oreilles comme les dernières mouettes des côtes de France : « A partir du jugement d'ouverture de la liquidation judiciaire, le débiteur ne peut être nommé à aucune fonction élective. S'il exerce une fonction de ce genre, il est réputé démissionnaire. » Démissionnaire ! Quel accueil allait lui réserver cette île si les lauriers abandonnaient leur auguste chef ? (La meute hurlante des créanciers au bout de la passerelle). « Notre ami le député du Nord vient dans la colonie pour le règlement de ses affaires commerciales. » C'est ainsi que César-Laîné avait annoncé son retour dans son journal. En attendant, quelle traversée morose ! Boudé par les quelques passagers de marque déjà informés de sa déconfiture et par le personnel du paquebot qui avait reçu des consignes. Fini les invitations à la table du commandant. La Compagnie n'avait plus de politesse à devoir à ce négociant contre lequel elle venait d'ailleurs de porter plainte. Car Mureau allait l'apprendre en débarquant, de la bouche d''Henri Cougoul, le procureur général, cette Compagnie, dont il était l'agent général à Saint-Pierre, avait décidé de le poursuivre pour détournement de fonds. Pour les 60 000 francs de droit de mer, de prix de passages et de fret empochés à son préjudice par le sieur Bellard, pris à la gorge par les plus vindicatifs des prêteurs. Mureau risquait l'inculpation. Seule l'immunité parlementaire pouvait encore le protéger, le soustraire au déshonneur. Mais jusqu'à quand ?

Cette fois-ci, sur le débarcadère, pas de comité d'accueil, pas de fanfare. Mais une voiture discrète au fond de laquelle se pelotonnaient Théodore Bellard et César-Laîné. Mines renfrognées des heures funestes. Où était donc Hortense ? Pourquoi Hortense... ? Hortense n'avait pas eu le temps d'aller jusqu'au bord de mer. Trop occupée, en ce dimanche, par les travaux qui continuaient à Tivoli, traînaient en longueur faute de subsides. Hortense et cet œil noir qu'il connaissait si bien depuis quelques années, à chacun de ses retours de France. Cet œil presque étranger, si différent de celui qu'il avait vu pour la première fois, vingt-cinq ans auparavant. Presque inconnu, maintenant. Presque celui d'une autre. Elle ne se souciait pas de sa santé, ne voulait rien savoir de son voyage. Ne l'intéressait que cette situation financière qui risquait d'éclabousser le nom de sa famille et de précipiter sa propre affaire dans la ruine. (Toujours pareilles, les femmes, toujours obsédées par l'argent. Elles n'ont que ça dans la tête). Depuis un an ou deux pourtant, il s'était de nouveau rapproché d'elle. Prévoyant sans doute qu'il devrait tôt ou tard retourner vivre dans son île, abandonner Paris et ses fantasmes. Face à elle, aujourd'hui, malgré cette mauvaise lueur du regard, la comparant à Céline, il lui donnait tous les avantages. Comment aurait-il pu ne pas accorder la totalité des points à cette femme dont il avait été si amoureux ? A cette femme courageuse, si méritante. A cette fille de sa race ? A côté de cette danseuse, certes, bien agréable, bien faite pour le plaisir de l'homme, pour la jouissance de l'homme, mais si éloignée de ses véritables aspirations ?

Etonné et peiné par cet accueil glacial. Il se souvenait donc de son dernier séjour. Il avait tant besoin d'elle, à présent ! Sur qui pourrait-il se reposer, à qui pourrait-il se confier dans ces moments difficiles, les plus difficiles de sa vie, peut-être ? Il aurait tant besoin d'une présence, le soir, à Tivoli, après ces dures journées dont il ressortirait échiné, vidé. Et s'il ne recouvrait pas Hortense, la vraie Hortense, l'ancienne, s'il ne recouvrait pas ses forces, sa raison d'être, que deviendrait-il ? N'est-ce pas dans ces moments-là que l'homme retrouve toujours sa femme ? Elle lui parlait de Céline ? Bon. C'est vrai. Il n'avait pu supporter son absence, affronter tous ces longs jours sans une voix douce à son oreille, un regard sur lui, de temps en temps, un regard de femme. Et puis combien d'hommes seraient capables de jurer que... On parlait d'elle avec ce béké ? Ce n'était pas la première fois. Et il ne devait pas être l'unique homme de Saint-Pierre à lui trouver du charme. Quel mal à cela ? (« Si cette affaire est vraie, je tue ce type séance tenante. »)

Hortense avait donc vu sans plaisir son mari réintégrer le domicile conjugal, flairant un séjour prolongé et bien des bourrasques. Après deux ans ses relations toutes platoniques avec Gaston du Morne Cordier s'étaient déroulées avec assez de discrétion pour que ni l'un ni l'autre ne souffrît trop des racontars. Elle avait découvert chez cet homme beaucoup plus âgé que son mari, un ami sincère, un gîte tranquille pour son âme inquiète, la sécurité dont elle manquait tant dans son isolement. Il lui était de si bon conseil. Elle pouvait compter sur lui en toute occasion. Bien sûr il avait tenté maintes fois de transformer cette amitié impossible entre hommes et femmes, de profiter de sa confiance pour l'attirer davantage, gagner complètement son cœur. Sans qu'elle eût besoin d'opposer un refus brutal car son attitude indiquait suffisamment les limites à ne pas dépasser. Jeu dangereux où chacun trouvait son agrément. Moins lui qu'elle, certes. Lui qui espérait toujours mieux, qui voulait toujours davantage. Mais quoi ! Pouvait-on imaginer voir un jour Hortense Mureau quitter Tivoli et aller vivre, comme d'autres femmes entretenues, dans quelque villa discrète de Fonds-Coré ou de Sainte-Philomène ? Elle ne serait jamais une de ces ti-tanes, couverte de robes et de bijoux, attendant dans une luxueuse oisiveté la furtive visite de son ami blanc. Elle était simplement une femme active, une négociante indépendante et libre qui avait tout bonnement trouvé là un remède convenant à sa solitude. (Et une compensation à l'humiliation que lui infligeait publiquement son mari). N'avait-elle pas un sentiment plus profond pour Gaston du Morne Cordier ? Lucie Saint-Jude, sa confidente, se le demandait parfois. Elle qui connaissait de nouveau, au même moment, un amour tout à fait irraisonné, une passion aveugle pour Georges Marie-Sainte, ce timonier embarqué aujourd'hui sur *La Gabrielle,* le yacht d'Amédée Knight, le distillateur sorti de Centrale et de Navale. Se demandant si elle n'aurait pas eu le pouvoir et l'audace de l'aimer vraiment jusqu'à quitter Marius. Et répondant à sa place : oui peut-être. A condition que cet homme fût capable lui-même de la traiter autrement qu'une femme « dé-ié la pote », et qu'elle-même fît un trait définitif sur sa réputation. Et répondant donc à sa place : non. Avec la mélancolie de celui qui voit le bonheur passer à côté d'un ami.

Poings serrés, cœur serré, Mureau n'attendit pas un jour pour prendre son problème à bras-le-corps. Dès son arrivée il se précipita chez Ferdinand Le Boucher, le directeur de la Banque de la Martinique. Implorant. Avec une voix qu'il ne se connaissait pas :

— Donnez-moi un délai de dix ans. Avec ça je pourrai m'acquitter de mes dettes et poursuivre l'annulation de ma liquidation judiciaire.

Mais l'autre, levant deux mains molles, impuissantes :

— Nous ne sommes pas votre principal créancier. D'autre part, vous n'êtes pas sans savoir que l'on envisage maintenant l'hypothèse où la liquidation judiciaire serait convertie en faillite et l'action publique mise en mouvement contre vous pour délit de banqueroute simple.

Faillite ! Banqueroute ! Quels horribles mots pour les oreilles d'un honnête homme ! Combien de renommées avaient chu dans la fange, aussitôt prononcés !

Théodore Bellard devait essuyer la première colère de Mureau. Devant Hortense. Car s'il était accusé aujourd'hui par les liquidateurs d'avoir fait à Paris des dépenses exagérées et de s'être procuré des ressources par des tirages de traites à découvert et sans provision, à qui la faute ? Comment aurait-il pu connaître la véritable situation de l'affaire avec des livres aussi mal tenus à Saint-Pierre ? Et soudain, comme si elle avait entendu ces reproches, la pile des gros registres noirs s'effondra dans un bruit d'écroulement fatal. Une seconde pile alla rejoindre la première par terre au geste brutal que fit Théodore Bellard en direction de son beau-frère :

— Ça c'est trop fort ! Qui a envoyé six jeunes gens vivre en France aux frais de la société ? Qui a ouvert des bureaux faubourg Saint-Honoré et sa table aux grands de ce monde ?

(Défilé de robes chez les couturiers, soupers au champagne, lampions et serpentins. Hortense enlisée dans ses pensées. Doux souvenirs du temps où ils s'aimaient, du temps de la splendeur. Remords). Pendant que les deux hommes se colletaient, se cherchaient plaies et bosses, s'étripaient à coups d'offenses et de menaces. Alors qu'au même instant, dans le bureau du procureur général et dans celui du gouverneur par intérim Moracchini, à Fort-de-France, la manœuvre d'encerclement était ordonnée, le piège ouvrait ses mâchoires. Ne parvenant pas à connaître la véritable situation commerciale de Marius en France, le tribunal de Saint-Pierre avait transmis ses pouvoirs à un syndic parisien afin d'enquêter sur place. Fâcheuses découvertes. Une montagne de dettes, une harde de créanciers montrant leurs griffes. L'actif énoncé au bilan était réduit de plus de 800 000 francs et ne laissait espérer à chacun des créanciers qu'une quote-part de remboursement inférieure à cinquante pour cent. La maison de Paris était débitrice de 276 000 francs envers celle de Saint-Pierre. Faillite déclarée. Inexorable chute de Marius Mureau.

Dans le bureau du gouverneur, à Fort-de-France, l'homme en uniforme galonné, mains dans le dos, s'arrêtant soudain d'arpenter la pièce :

— Mureau, la Chambre attend de vous des explications. Il faut que vous les envoyiez par le prochain courrier. Ne mâchons pas les mots, il va vous falloir d'ici peu adresser votre démission à l'un de vos amis pour qu'il la remette au président de l'Assemblée.

Par la fenêtre grande ouverte, sous les yeux du mulâtre, la baie de Fort-de-France se mit à vaciller, les bateaux à chavirer. Dix minutes plus tôt, rentrer dans ce bureau, suivi du regard encore respectueux des employés, des gratte-papier, et en ressortir dix minutes plus tard comme un moins que rien ! Et après le départ de son visiteur, le gouverneur réfléchissant à ce casse-tête chinois : comment éviter que cette affaire ne vînt agiter encore la population, aggraver une situation déjà si précaire ? Tête dans les mains, fixant le cuir vert Empire de son bureau, l'encrier en bronze, la photographie dédicacée du président Sadi-Carnot. Prenant sa plume, écrivant à Théophile Delcassé, le sous-secrétaire d'Etat aux Colonies. Pour lui faire respectueusement partager quelques-unes de ses préoccupations. Tirer la sonnette d'alarme. Quel retentissement dans l'île si la Chambre prononçait la déchéance de ce député si populaire ! Il fallait donc obtenir de lui sa démission volontaire. Ne saisir la Chambre qu'en cas de refus de sa part. « Il conviendrait aussi de faire en sorte que la mesure ne soit prise que six mois avant les législatives, afin d'éviter une élection partielle dans la situation actuelle, par application de la loi de 1889 qui interdit tout retour aux urnes pendant une période de six mois avant des élections générales. »

Le gouverneur serait-il entendu à Paris ? Pourrait-on attendre jusqu'en avril si des poursuites étaient exercées d'ici-là ? Et quelques jours plus tard, la mine défaite de Lucie Saint-Jude entrant à Tivoli, un télégramme à la main : « Sous-secrétaire d'Etat aux Colonies vous prie amicalement envoyer par lettre démission jugée indispensable. » Inutile d'aller chercher un peu de commisération dans le regard d'Hortense. Elle était là, près de lui, mais absente, absorbée par d'autres soucis, une histoire de toiture, de tuiles à remplacer. Bien futile problème à côté de celui-là. A côté de celui que ce petit bout de papier bleu venait de déposer entre les doigts de son mari comme un pistolet. Un pistolet chargé. Braqué sur lui.

Alors Mureau quitte Tivoli, l'indifférence. Fait atteler la Fine à la calèche, démarre en trombe. D'un seul coup il a assez de cette vie de luttes, de conflits permanents. Assez d'entendre les aboiements des chiens courant à ses trousses, la meute des envieux, des rivaux. La paix ! Il veut la paix, enfin. Refuse de supporter plus longtemps le harcèlement de tous ces banquiers, ces hommes âpres à la curée, ces sordides chipotiers qui ont juré sa perte. La paix ! Ces tire-sous, ces grappilleurs, ces vampires. Refuse de reparaître devant ses adversaires, pieds nus, la corde au cou. « Ils ne m'auront pas ! » Que croient-ils donc ? Qu'il va se livrer à eux, se jeter à leurs genoux ? La paix. Et le seul endroit où la trouver maintenant : la mort. Roule la calèche à un train d'enfer. Traverse la ville. Et s'arrête, le cheval écumant, devant la baraque foraine du « Tir national ». César Zonzon est là, graissant ses carabines de foire, comptant ses pipes de plâtre. Il lui demande un pistolet. Pour se défendre contre les rôdeurs qui hantent le voisinage de Tivoli, la nuit. Un pistolet qu'il lui rendra dans quelques jours. Mais Zonzon trouve sa voix trop blanche et son regard bien étrange. Non, il n'a pas l'arme adéquate. Que ces carabines à air comprimé. Même pas de quoi tuer un chat. « Allons plutôt boire un coup, dit Zonzon, j'ai soif. » Il l'emmène chez « Bébé ». Sifflent rhum sur rhum. C'est dimanche. On chante, on rit, on chahute autour de lui. Mains chaleureuses frappant ses épaules, son dos, comme frappe le grand soleil. Bons yeux qui disent : « On est avec toi, on ne t'abandonnera jamais. » Bon vacarme étouffant les menées subversives de l'âme, les petits bruits intérieurs. La paix ? Il l'a peut-être trouvée au fond de ses verres qui s'alignent et dans ce sabbat où il se sent seul et, en même temps, si nombreux. Dans cette ivresse où pour la première fois il se réfugie.

Après Zonzon l'accompagne jusqu'aux *Colonies.* Le remet entre les bras de César-Laîné. L'aile noire s'est définitivement envolée de ses yeux, avec les vapeurs du rhum. Il dort un peu, couvé par son ami. Puis il monte s'enfermer dans son bureau sous les combles. Depuis quand n'est-il plus entré dans ce refuge que César-Laîné a voulu conserver pieusement, laisser en l'état, en attendant ce retour ? Tout son passé resurgi. Ces papiers qui portent sur eux tant de batailles. Cette table tranquille, au bord du carreau du ciel comme une barque au bord d'un lac, prête pour l'escapade. Cette fenêtre par où la ville entière se précipite avec ses toits moussus, ses flamboyants frétillant d'oiseaux-mouches, ses cloches, ses sabots de cheval, ses milliers de pieds nus, et sa montagne au loin, assise, énigmatique, comme un bouddha de jade. Retrouver tout. Et se sentir heureux, ne serait-ce que le temps d'un éclair. « Ainsi me revoilà ici... » On part un jour au bout du monde, on s'enivre de louanges et d'honneurs, on connaît tous les plaisirs et tous les luxes. Et voici qu'on découvre le bonheur dans un galetas poussiéreux.

Grince maintenant cette plume qui pourfendait tant d'adversaires, grince de nouveau entre ses doigts nerveux : « Monsieur le Président de la Chambre des députés... » Demain le gouverneur pourra télégraphier au ministre avec un soupir de soulagement. Sa démission volontaire, elle est là. Sur cette table inondée de lumière. Comme une tache de sang au milieu d'un grand mouchoir blanc. Dans quelques jours, tout le monde saura. Après la faillite, la dégradation sur le front des troupes. Tout le monde saura à Saint-Pierre et commentera. Il entend déjà le chœur des goguenards et des insulteurs. Quelle revanche pour tous ceux qui ont souffert de ses combats contre les inégalités, contre les privilèges, contre l'obscurantisme ! Quelle seconde manche pour ces békés du cercle de l'Hermine, blanchis sous le harnais, les Feissal, les Saint-Domingue, les Pompignan, pour les Lota et les Codé ! Jours bénis pour le clergé, pour ces sonneurs de cloches, ces porte-missel exaucés enfin dans leurs prières ! Hosanna ! Les cris de joie d'Allègre, de Duquesnay, de Deproge, les actions de grâce de *La Petite France* au comble de la satisfaction. (Sortir dans la rue au moment de l'affluence et affronter tête haute tous ces moqueurs. Ou bien faire irruption au milieu de ce cercle d'attardés vieillissants, et leur jeter à la figure cette haine que l'adversité n'a pas émoussée !) Il imagine la réaction de l'un et de l'autre, le changement de comportement à son égard. Ces yeux qui vont le fuir, virer de bord ou de couleur. Ces portes vite repoussées sur son passage, ces paroles sournoises, artificieuses : « Vous ici ? On m'avait dit que vous aviez quitté la Martinique définitivement... » Le dos du mépris avant le trou de l'oubli. (Zonzon a dû lui mentir tout à l'heure, mais après tout n'a-t-il pas eu raison ? Sa disparition ne serait-elle pas un cadeau inespéré pour ses ennemis ?)

Au moins les amis fidèles des *Colonies,* les vieux compagnons de lutte ont-ils toujours la poignée de main ouverte, sans façon, sans arrière-pensées.

— Nous étions à tes côtés aux heures fastes, nous le restons dans le malheur, clame Joseph Clavius-Marius, la joyeuse « Clarinette » des grands triomphes.

Georges César-Laîné, lui, a décidé de présenter sa candidature aux élections générales qui auront lieu en août, puisqu'on attendra jusque-là — tout le monde est d'accord — pour pourvoir le siège du démissionnaire. Elu, le rédacteur en chef des *Colonies* remplacera ainsi l'homme provisoirement terrassé, assurera la relève. Et pour lui donner les moyens de continuer à travailler, de subvenir à ses besoins, César-Laîné prend l'initiative de créer une rhumerie coopérative par actions de cinquante francs. Branle-bas aux *Colonies.* Il faut sauver le patron. (Et sauver en même temps ce journal qui risque de ne pas survivre longtemps à sa ruine). Hélas, malgré les relances incessantes, il faut vite renoncer au projet. Encore une espérance en miettes, un château qui s'écroule en Espagne.

Désormais la guerre fait rage entre Mureau et son beau-frère. Guerre sans merci où chacun charge l'autre, le couvre du noir manteau des péchés. Entre les deux, Hortense, déchirée. Comment donner tort à son frère qu'elle avait tellement vu faire front, qui avait tant multiplié les mises en garde ? Son frère, le continuateur du patronyme depuis la mort du grand Félix Bellard. Et comment frapper un homme à terre, même s'il a commis autant de manquements au devoir, même si volage, si déloyal ? Un homme vaincu, mais un homme que l'on a aimé. Un mari. Dont on porte le nom, pour le meilleur et pour le pire. La première confrontation des deux hommes chez le juge a tourné au pugilat et, maintenant il serait vain d'espérer une nouvelle rencontre. Le procès aura lieu l'année prochaine et Mureau sait qu'il risque la prison. Mais il n'y entrera pas seul.

— Théodore m'y suivra, je le jure !

Hortense a abandonné tout espoir de raccommodement. On ne fera pas fléchir Marius Mureau. Blessée, la bête est furieuse, ne se laisse pas approcher sans danger. Venu lui apporter son aide morale — ne lui avait-on pas dit qu'il avait parlé de mettre fin à ses jours ? — son propre frère, l'abbé Sulpice, repart ulcéré. Il n'a besoin de la pitié de personne. Et surtout pas de celle d'un prêtre. Car frère ou pas, il arbore la soutane, et la soutane est l'uniforme des bonimenteurs. Au lieu de s'occuper de ce qui ne le regarde pas, qu'il aille donc demander pardon à ses pauvres d'avoir dépensé tant d'argent pour la reconstruction de son église victime du cyclone. D'avoir dilapidé tous les fonds du conseil de fabrique du Fort pour rafistoler cet ancien fief des Jésuites, sa façade primitive du XVIIe siècle ornée des clés de Saint-Pierre. D'avoir spolié les clercs et les laïcs, pillé les troncs, pour savourer le plaisir d'être le curé de la plus belle église de la ville !

Il s'en prend aussi à François Bernard que sa charité chrétienne a poussé à Tivoli, chez son vieil adversaire. Sentant l'âge peser, le maire destitué est venu tendre la main à celui qui l'a fait tant souffrir. Sachant combien un tel geste procure de chaleur lorsque la disgrâce dresse subitement devant vous son grand mur de glace.

— Allons, réconcilions-nous, oublions tout, Marius.

Et le député déchu, de toute sa hauteur :

— Pas ni rhonte ! (Vous n'avez pas honte ?). Je veux bien te serrer la main, Célestin, mais je ne peux pas oublier que tu as pactisé avec nos anciens maîtres. Tu as fait cause commune avec les Blancs, je veux que tu t'en souviennes !

François Bernard a tourné les talons. Secouant sa grosse tête, roulant ses gros yeux : « Eh bien, malgré ça ! (« Est-ce possible ? ») Quel diable d'homme ! Rien ne le changera jamais ! »

C'est bien également l'avis d'Hortense dont la prudence a redoublé dans ses rapports avec Gaston du Morne Cordier depuis le retour de son mari. A-t-il un doute ? En tout cas il ne le montre pas. Pas plus qu'il ne donne l'impression de penser encore à sa danseuse. Pourtant il lui écrit. Hortense a même entrevu une enveloppe, un jour, sur un bateau en partance, dans la main d'un de ses amis. « Mademoiselle Céline Pichard, Théâtre national de l'Opéra... » Pour elle, aujourd'hui, que reste-t-il de cette femme lointaine ? Depuis le temps où un canot malmené par la houle lui a volé son visage. Depuis cette fois où elle l'avait rencontrée au théâtre alors qu'elle ne savait pas encore. Maintenant Céline appartient à un passé bien révolu. A une scène cachée de la vie de Marius. Une scène somme toute banale dans la vie d'un homme. A ce Paris dont elle ne se souvient plus elle aussi que comme d'un soir de bal. Un soir, il a dansé avec une autre et après, il est parti faire un tour en sa compagnie. Voilà. « Pas plus que ça. » Voilà.

Et elle-même ? Un soir, elle a dansé le quadrille avec un autre et... Et elle est rentrée à la maison. Elle rentrera toujours à la maison. Car que peut-il lui offrir de plus, « Yeux Clairs », qu'un quadrille sous un ciel étoilé ? Et qu'une panacée contre tous les maux qu'engendre la solitude des abandonnées ? Et que pourrait-elle lui offrir de plus que la chaleur d'un corps pour son lit trop froid ? D'ailleurs il lui suffit d'assister à cette hâte de la quitter, parfois. Cette précipitation pour reprendre son panama, ses gants de peau, sa liberté. Pour courir jusqu'à son cheval, éternel soupirant éconduit, morfondu, rongé d'impatience. Il lui suffit d'entendre s'évanouir dans la nuit son galop effréné. Elle sait qu'elle n'entendra jamais que cela dans la nuit avec lui : un galop qui s'éloigne. Que de fois aussi a-t-elle surpris la tristesse l'envelopper graduellement, lambiner devant son regard bleu comme la fumée d'un cierge mouché ? Eugénie, sa femme. Prisonnière de sa douce folie dans cet asile discret, encerclé de verdure. « C'est sa conscience qui est là-bas, derrière les barreaux », se dit-elle. Sa conscience de mal agir en quémandant son amour. Car elle ne l'ignore pas : il se rend souvent près de sa femme, à chaque fois que le Dr Dancenis et sœur Maria-Emile le lui permettent. Se rend à son chevet et tente de découvrir, de voir subitement poindre au fond de ses yeux vides le signe d'un retour prochain dans ce bas monde. Ou peut-être aussi l'apparence d'un pardon. Comme si elle-même ne connaissait pas le repentir ! La douleur morale de mal faire en permettant (seulement) à un autre homme de la regarder avec les yeux du désir. Malgré sa volonté de rendre à Marius son offense, de se dédommager en le punissant. (L'abbé Maillard, derrière le guichet clayonné du confessionnal, dans un relent de café mal digéré : « Cet homme est contre Dieu mais n'oubliez pas que vous l'avez épousé devant Dieu. ») Oh ! non, elle ne l'oublie pas, et elle aimerait tant l'oublier parfois. Quand « Yeux Clairs » se fait si pressant. Il suffirait d'un rien. D'un simple petit cillement.

Ses rencontres avec Gaston du Morne Cordier se sont donc espacées depuis le retour de son mari. Elémentaire précaution. Elle n'ose pas imaginer le dramatique affrontement de ces deux hommes. Le duel qui s'en suivrait. Cette distension des rapports, le planteur pourrait s'en plaindre. Mais non. Trop occupé par les travaux de réfection de ses installations industrielles détruites par le cyclone, travaux lambinant à cause du manque de crédits. Trop préoccupé surtout par l'avenir de son fils. « Toujours pas marié. A 35 ans ! » Et chacun connaissait sa liaison avec Gabrielle Long-Ming ! Cela durait depuis tant d'années !

La veille de l'anniversaire de Raoul du Morne Cordier, un homme embarrassé s'était présenté à lui : le négociant chinois. Incapable d'exprimer son tourment. Finissant par dire :

— Voilà, Monsieur du Morne Cordier, il faut que je vous explique. Ma femme et moi, nous vieillissons et nous voudrions bien voir Gabrielle fonder famille...

Raoul s'attendait à sa visite. Prévenu par Gabrielle. Alphonse Justine revenait en force. Riche, puissant. Bras droit à Fort-de-France d'un négociant prospère. Conseiller municipal, président de plusieurs associations. Le parti rêvé pour le Chinois, pour sa fille préférée. Alphonse pourrait l'aider dans son commerce de bazar ou prendre en main la fabrique d'allumettes en attendant que la moustache apparût sous le nez d'Albert, son fils aîné. Car Long-Ming ne s'illusionnait pas. Sachant que ce béké ne donnerait jamais son nom à sa fille. Malgré son désir maintes fois exprimé. Malgré tous les philtres et les formules magiques de Sigismond qui avait conseillé, par exemple, à Gabrielle de glisser dans la poche de son ami un quimbois composé de rognures des ongles de ses gros orteils, trempées au préalable dans de l'eau bénite, et de six épingles entrelacées trouvées dans un cimetière, piquant des draps funèbres, le tout copieusement arrosé de lavande « Double Rouge ». Gabrielle s'était évidemment refusée à pareille comédie. Long-Ming n'avait pas obtenu plus de succès en essayant, par d'autres sortilèges, d'arracher sa fille des bras de cet homme qui ne la conduirait jamais à l'autel. Deux roses (jaune pour la mulâtresse, blanche pour le béké) suspendues à une persienne exposée au vent avec un sachet rempli de plantes desséchées et d'une poudre sympathique, devaient normalement jeter la discorde dans le ménage... Bref une démarche auprès du coupable lui avait paru finalement plus efficace. Mais Raoul avait baissé la tête, aussi gêné que lui-même. Que lui répondre ? Si ce n'était d'attendre encore, de garder patience. Et de croire en lui, en la sincérité de ses sentiments. « Nous avons tellement de soucis au Grand-Morne, en ce moment, avec tous ces travaux qui n'en finissent plus, avec ces cultures dévastées à restaurer. »

Tant de soucis au Grand-Morne ! Oui, et pas seulement à la distillerie, dans les champs et dans les vergers. Car la belle complicité entre père et fils n'avait pas duré trois ans. Fini, les repas tranquilles sous la surveillance affectueuse des ancêtres. Dès qu'ils se retrouvaient face à face, le sujet revenait à la charge. Gaston du Morne Cordier était obsédé par l'avenir. Sans doute par la faute du Dr Marry qui avait décelé chez lui un début de phlébite. « Il va falloir que vous pensiez à vous ménager, Gaston, il serait grand temps. » Et pour la première fois l'ancien officier de chasseurs à cheval avait entendu le plomb des années lui siffler aux oreilles. Un soir, une douleur lancinante dans la jambe droite, la jambe gonflée, tuméfiée. « Phlébite oblitérante, un bel œdème qui disparaîtra, je l'espère, d'ici trois ou quatre semaines. » Et de fait, quinze jours après il n'en paraissait plus rien. Mais le Dr Marry avait averti, les binocles menaçants sur le bout du nez comme les élytres d'un insecte inquiétant :

— La prochaine fois, attention à l'embolie !

A ces mots le planteur avait senti un caillot remonter jusqu'à son cœur. Depuis lors il avait changé. Sensiblement. Ne voyant plus rien comme avant. Et surtout interrogeant le futur. Après lui, Raoul, mais après Raoul... ? Et c'est à ce moment-là qu'il avait pensé à Marie-Thérèse, la cadette d'Ernest de Saint-Domingue. Elle n'avait que seize ans ? Et alors ? Quel inconvénient ? A plusieurs reprises déjà, son ami avait évoqué cette possibilité. Avec une certaine exaltation. Le ménage formé par son fils Hector et Hermance, sa fille, ne donnait-il pas l'exemple de l'harmonie ? Et ce petit-fils tout juste arrivé au monde, ce blond chérubin à la frimousse de pleine lune, n'était-ce pas le fruit de deux sangs bien mélangés ? Et puis Marie-Thérèse avait une grâce qui faisait oublier toutes les imperfections physiques d'Antoinette de Belain, qui effacerait tous ses boutons. Une grâce juvénile devant laquelle il semblait malaisé de rester de glace. Gaston du Morne Cordier crut bien un instant que son fils allait s'y laisser prendre. Raoul lui tirait les nattes avec un plaisir si malin, si équivoque, qu'on aurait pu facilement imaginer autre chose. Mais pour Raoul ce n'était en fait que l'amusement d'un instant. Quand la question survint, brutale, sèche, la réponse partit pareillement :

— Je n'épouserai pas cette oie blanche.

Un tableau parut osciller contre le mur, comme si la terre avait bougé. Rosette rattrapa de justesse le plat de chayotes qui lui glissait des mains. Et comme le ton montait, Raoul préféra quitter la table. Il ne voulait pas manquer de respect à son père. Quitter la table et sortir. Et enfourcher son cheval. Et galoper à bride abattue à travers la campagne. Comme il le faisait toujours quand il souhaitait fuir un ennui, une contrariété, laisser tout ça derrière lui, dans le nuage de poussière soulevé par ses sabots. Galoper et boire le vent. Et penser à Gabrielle. Quelle coalition contre leur amour ! Son père, le père de Gabrielle et ce gominé d'Alphonse remonté des oubliettes pour tout compliquer encore.

Et voilà qu'un jour Gaston du Morne Cordier frappe à la porte de Gabrielle, rue Bouillé. S'assoit sur cette chaise, croise les jambes, malaxant ses gants de chevreau. (« C'est vrai qu'elle a du chien, cette femme. » Et il songe qu'il serait peut-être tombé aussi amoureux d'elle à l'âge de son fils). Malaxe ses gants et lui dit sans ambages que leur liaison est sans avenir, que Raoul n'ira jamais jusqu'au mariage. Lui dit ces crudités sans circonlocutions, comme un père parlerait à sa fille. Dans son intérêt. Avec une bienveillance affectueuse. « Réfléchissez, mademoiselle, vous ne voulez pas fonder une famille ? » Gabrielle enfonçant ses yeux au fond de leur faille, signal d'une grande détermination et, aussi, d'une rudesse sauvage, vient d'écouter poliment son interlocuteur. Puis, soudain, le mot a volé comme un coup d'éventail :

— Et Hortense, cher Monsieur, comment va-t-elle ?

Raoul le soir même, sous la tonnelle fleurie :

— Tu lui as dit ça !

— Et lui, qu'avait-il osé me dire, que tu ne m'épouserais jamais !

Et l'explication entre le fils et le père, un peu plus tard. Les cris qu'on entendit jusque dans les communs. Et la nouvelle cavalcade de Raoul dans les chemins creux qui se mettaient à fumer sur son passage. Et la semaine suivante, pendant un déjeuner, ces mots tombant avec fracas comme un couteau dans une assiette :

— Tante Anaïs est au plus mal. Oncle Félix ne va pas fort non plus. Il vient de me télégraphier. Il faut que tu partes par le prochain courrier.

Gaston du Morne Cordier n'avait pas perdu de temps. Il s'était déjà renseigné sur le mouvement des navires. Le *Saint-Germain* passait dans la rade vendredi. Dans trois jours.

— Attends-toi à demeurer à Paris pendant quelque temps. Ce pauvre Félix aura besoin d'aide. Avec ses vieilles blessures. Et puis il veut aussi pouvoir compter sur toi pour réaliser quelque affaire dont nous devrions sûrement profiter.

Soudaine avalanche d'une trombe furieuse battant la toiture. « Tout s'écroule... » C'était bien ça. L'occasion inespérée pour les séparer. Regardant tristement la pluie grillager la fenêtre. « Tant d'eau entre nous, tant de jours sans elle, qu'allons-nous devenir ? » Le nombre de fois où il avait entendu la même histoire sortir de la bouche de l'un ou de l'autre ! Cette famille de békés envoyant leur fils en France, l'exilant, le déportant pour l'arracher à des bras interdits. Ce bannissement, ce déracinement pour cause de passion illicite.

— Que puis-je faire ? Il m'est impossible de ne pas aller porter secours à ces braves parents qui m'ont tellement bien accueilli pendant mes études. Et toi, avec ta mère malade, tu ne peux pas me suivre...

Gabrielle, en effet, devait soigner sa mère, atteinte de fièvres pernicieuses. De toute façon, où dénicher l'argent de son passage ? Et que deviendrait l'emploi qu'elle avait trouvé chez Plissonneau et Mc Hughes avec tant de difficulté ?

— Résiste, disait René Bonneville. Regarde, moi, ce qui m'est arrivé avec Eglantine.

Raoul connaissait sa fâcheuse aventure, l'ayant soutenu moralement jusqu'au bout avec Salavina et Saint-Prix Roné. Son père s'opposant à son mariage. Lui-même s'opposant à son « expatriation ». Et la suite dans les journaux, comme un feuilleton. Décidé à épouser Eglantine coûte que coûte. Sollicitant alors auprès de la Banque de la Martinique où il était employé un congé de quelques jours afin d'aller se marier clandestinement dans l'île anglaise de Sainte-Lucie. Son père avait aussitôt prié le directeur de l'établissement, Ferdinand Le Boucher, dont il était l'ami, de rejeter sa demande et de le congédier au cas où il s'absenterait malgré tout. Ce qu'il avait fait. Et ce qui avait déclenché un beau tollé dans la presse. Depuis quand un directeur devait-il, pour accorder un congé de mariage à l'un de ses employés, obtenir le consentement de son père ? Beau tollé lorsque René Bonneville avait attaqué la banque en justice afin d'obtenir réparation. Raoul au tribunal, dans une houle bruissante, entendant soudain son ami déclamer noblement :

— Les droits de mon père sont sacrés. Il n'est responsable de sa volonté devant qui que ce soit. Je n'ai donc pas à connaître les motifs de son opposition. Mais vous, monsieur le directeur, vous n'avez pas le droit de priver de travail un chargé de famille !

A présent Raoul regardait Bonneville et sa femme. Heureux. Leur anneau neuf qui brillait au doigt. L'enfant qu'ils attendaient déjà. Heureux et libres. Regardait ce couple s'éloigner bras dessus, bras dessous et regardait Gabrielle pleurant doucement. Oui, bien sûr, elle devait lui reprocher de ne pas avoir ce courage, cette audace. De ne pas vouloir braver son père, braver la société, braver le monde entier pour elle. Claquer la porte à tous ces empêcheurs d'aimer. Qu'attendait-il pour l'épouser depuis qu'il le lui promettait ? Remettant toujours l'échéance à plus tard. Invoquant toujours l'obstacle de dernière heure. « Gabrielle, regarde-moi... » Amandes tombées à l'eau, petit nez renifleur. Le visage de son ami à travers un rideau de pluie, lointain déjà. Il lui expliquait. La différence entre lui et Bonneville, entre sa famille et la sienne, sans terre et sans traditions. Comment pouvait-il abandonner son père, seul maintenant ? Car son mariage signifierait bien cela : son divorce d'avec les du Morne Cordier, son expulsion du Grand-Morne, son excommunication. Et sa mère, battant la campagne, perdue dans son absence, dans ce vide, cette vacance des autres, de la vie, qu'aurait-elle dit, cette femme de devoir, si elle avait appris qu'il renonçait aux siens, à son obligation morale envers sa famille et son nom ? Gabrielle l'écoutait et une autre voix venait doubler la sienne. Une voix douce, conciliante — n'était-ce pas celle-là qu'on appelait la voix de la raison ? — venait lui dire à l'oreille : « Si tu l'aimes vraiment, tu ne dois pas exiger de lui ce qu'il n'est pas en mesure de te donner. Tu ne dois pas le forcer à renier père et mère, à renoncer à tout pour ta petite personne. Accepte le peu qu'il te consent s'il n'a pas le pouvoir de t'offrir davantage. » Voix douce et conciliante, aussi douce que ses larmes.

Le *Saint-Germain* leva l'ancre sous la brouillasse. Pauvre jour pour s'en souvenir. Le ciel bas écrasait tout, la foule, ses foulards agités sur la jetée, le long bateau gris dont la cheminée noire crachait la tristesse, la ville au ras des vagues, gisante comme un noyé. « Tu m'écriras ? » « Oui, oui, bien sûr. » Et quand Gabrielle s'était retournée, elle avait vu, au bout du débarcadère, sur le bord de mer, Gaston du Morne Cordier monter dans sa voiture. Le maître du Grand-Morne s'asseoir au fond de sa victoria, très satisfait sans doute. Très apaisé. Content d'avoir réussi à être plus fort que l'amour.

Il se rendait à la maison de santé où comme chaque vendredi Eugénie était censée attendre sa visite. Eugénie dans une de ces atroces cellules aux fenêtres fermées de barreaux. Dépeignée, la bouche sale. Elle si soigneuse, si méticuleuse. Qui consacrait tant d'heures à sa toilette. Elle le fixait de ses yeux morts, de ses yeux apparemment si intacts, si entiers, si purs. Et il lui parlait. Comme si elle comprenait. Comme si elle était encore là. Lui racontait le départ de Raoul, en essayant d'entrer profondément dans ces yeux purs, de casser leur glace. « Raoul, notre fils, tu sais bien... » Lui racontait tout. En pétrissant ses gants de chevreau, en les lissant sur son genou. Lui racontait comment, avant de partir, il lui avait demandé de l'embrasser pour lui, elle, Eugénie, sa mère. Devant la porte, le Dr Leroy branlait la tête : « Amnésie partielle à l'état chronique... »

Sur sa jument, maintenant, Gaston du Morne Cordier s'en revenait chez lui. Au bord de l'allée des manguiers Clémence guettait le bruit des sabots pour mettre à griller sur la braise les côtelettes de cochon « planche ». Elle les servirait arrosées de « sauce chien » et accompagnées d'une purée de bananes jaunes. « Deux côtelettes, ça suffit, avait-elle dit au boucher, Monsieur est tout seul maintenant. »

Quand septembre arriva avec le dépaillage et le sarclage de la canne, la mise en champ des plants de manioc, la cueillette des cachimans, du « raisin bord-de-mer » et des barbadines, on sut qu'une sécheresse exceptionnelle allait sévir. D'habitude, en effet, de fréquents orages, accompagnés de fortes pluies, saluaient ce mois jusqu'à sa moitié, de leurs excès tropicaux. Et cette fois-ci pas une goutte d'eau n'était tombée sur les carrés d'asperges, les ignames et les choux-caraïbes qui avaient pourtant la pépie. Alors encore une fois on s'était préparé dans les habitations à une année dangereuse, à des peines redoublées. Décidément, on n'avait pas assez de la crise du marché sucrier, il fallait aussi que le ciel s'y mît !

Cette crise, on en avait abondamment parlé sur les tribunes improvisées, sous les drapeaux, sous les guirlandes de la campagne électorale. César-Laîné avait mené rondement son affaire. Et s'il n'avait pas été élu au premier tour, il avait écrasé son concurrent au second avec 3 582 voix contre 602. Juste compensation, agréable consolation pour Mureau. Car c'est lui que ce petit peuple avait réélu en votant pour son meilleur ami. Ainsi la moitié de lui-même allait retourner à l'Assemblée « défendre les libertés ».

Quelques mois après, le député déchu, le négociant ruiné engageait le plus difficile et le plus triste combat de sa vie. Au tribunal correctionnel de Saint-Pierre, devant une assistance ardente, bouillonnante, partagée comme toujours en deux clans. Sa défense consista à rejeter toute responsabilité sur son consignataire général, son beau-frère Théodore Bellard. Dont la comptabilité déplorable, aux livres raturés, grattés, surchargés, ne pouvait, selon lui, que provoquer la déconfiture. La main sur le cœur :

— J'ai eu tort d'avoir mis ma confiance en ce monsieur. Mais si on peut reprocher à un homme d'avoir été trop confiant, ce reproche ne peut lui être adressé que le jour où il s'est trompé. Il ne devient donc coupable que lorsqu'il est victime.

Le juge Fabre, barbiche impériale tressaillante de dénégation :

— Mais j'ai là des lettres de M. Bellard qui vous décrivent une situation critique à plusieurs reprises. Et au lieu de faire preuve de prudence vous amassiez les dépenses.

Coincé Mureau ? Non. Arrachant les larmes de quelques-uns avec cette réponse, la voix secouée d'un tremblement d'émotion :

— C'est vrai, Monsieur le Président, je ne vivais pas comme un petit marchand. Je recevais des relations, des ministres à ma table, des personnages utiles pour mon pays. J'ai élevé en France six enfants d'ouvriers et de cultivateurs de la Martinique. On n'a jamais pu dire que je prodiguais mon argent aux cocottes ou que je cultivais la dame de pique !

(Applaudissements prolongés). De son côté, Théodore Bellard était acquitté par la cour d'appel après avoir été condamné en première instance à six mois de prison et à 55 000 francs de dommages-intérêts envers la Compagnie Générale Transatlantique. Marius Mureau s'en sortirait-il à si bon compte ? En tout cas l'ancien avocat sut magistralement tirer profit des quelques enseignements acquis lors de ses premières armes. Son dernier plaidoyer n'avait pas bouleversé seulement ses émules. Comment ne point s'apitoyer sur un homme tombé si bas après avoir connu de si hauts sommets ? On arrêta de s'éventer avec son chapeau, on retint son souffle. On écouta cette voix solitaire qui flottait si dignement au-dessus de ces têtes saisies d'émotion comme un drapeau troué de balles sur des ruines silencieuses.

— Je ne suis pas au bout de mes épreuves. J'ai péniblement mais courageusement gravi mon Golgotha, et l'opinion publique avant même le tribunal, sait sur quoi faire retomber les responsabilités de la catastrophe dont je suis victime. J'ai vécu honorablement alors que j'étais riche. J'étais tout à tous. J'ai aidé et secouru d'un argent honorablement amassé. Je reste pauvre mais debout, ne demandant rien à mes concitoyens sinon leur estime que je n'ai cessé de mériter et qui survivra à votre verdict alors même, ce qu'à Dieu ne plaise, qu'il me serait défavorable.

(Emotion redoublée.) L'auditoire tout entier s'écoulait alors tristement comme de la maison d'un défunt après une mise en bière. Beaucoup de mains tendues vers Mureau. De mains d'adversaires, d'ennemis, même. Pour lui montrer qu'on était avec lui dans ces terribles épreuves, qu'il n'avait rien perdu de la considération publique. « Affaire en délibéré - le jugement sera rendu à une date qui n'a pas encore été fixée, annonçaient *Les Colonies,* l'opinion publique fait confiance à la justice pour innocenter cet honnête homme. » Tandis qu'à Fort-de-France *Le Réveil,* le nouvel organe des anciens amis républicains de Mureau, s'élevait contre cette justice « magistralement représentée par les protégés d'hier de l'accusé. » Contre ce procès au cours duquel ce « prétendu justiciable » avait pu pérorer à loisir pour la galerie » et émouvoir l'auditoire « au point que des magistrats auraient versé d'abondantes larmes ».

Marius Mureau entendit prononcer le verdict comme si cela ne le concernait pas : « Quinze jours de prison pour banqueroute simple ». Il ne réalisa qu'une fois rentré à Tivoli lorsque Clarinette lui relut la déclaration du jury. Voix aiguë perçant l'épais coton qui enveloppait son esprit. « Reconnu coupable sur trois des chefs de la prévention. Premièrement : pour n'avoir pas fait exactement l'inventaire et pour avoir tenu irrégulièrement ses livres de commerce. Deuxièmement : pour avoir fait des dépenses personnelles excessives. Troisièmement : pour avoir, après cessation de commerce, payé certains créanciers au préjudice de la masse. » « En conséquence... »

Mureau entendait cette voix qui le condamnait, et soudain, il entrevit à travers son brouillard un visage familier, accueillant, comme une rive hospitalière après une pénible traversée : Hortense. Et soudain retrouva ces yeux qu'il avait perdus depuis si longtemps, les yeux de leur première rencontre. Elle était donc là. Au moment où il avait le plus besoin d'elle. Mais où croyait-il qu'elle fût cette femme de devoir ? Malgré leur si longue absence. Les arrière-pensées, bactéries pernicieuses des sentiments, les commérages de salon, friandises des mauvaises langues, bonbons empoisonnés qui rongent lentement les couples jusqu'à leur dissolution. Là, donc, prête à l'aider s'il le lui demandait.

Le coup de poignard d'un anarchiste italien à la foire exposition de Lyon, allait peut-être sauver Marius Mureau de la paille humide des cachots. En envoyant à l'Elysée, à la place de ce pauvre Sadi-Carnot assassiné, l'ancien sous-secrétaire d'Etat aux Colonies, Félix Faure. Qui avait accueilli maintes fois dans son intimité le député déchu. Qui possédait au Havre une maison de commission pour les peaux et les cuirs avec laquelle Mureau avait souvent commercé. A peine installé dans ses meubles, Félix Faure recevait donc de son ami antillais une demande de recours en grâce pour délit de justice. Hélas ! Sans attendre la réponse du faubourg Saint-Honoré, le procureur général de Saint-Pierre, Armand Trillard, sommait le condamné de « se constituer » dans les trois jours, dernier délai. Il faut dire que le ministre des Colonies, Camille Chautemps, avait menacé de démissionner en cas d'aman présidentiel. *Les Colonies* pouvaient donc toujours annoncer en bonne place la récente élévation du magistrat au grade de chevalier de la Légion d'honneur, le commissaire Dandrimont, ceint de son écharpe, et accompagné d'une escouade de douze gardes de police, venait se présenter le jour dit, au bureau du directeur du journal. Malgré les consignes, la foule s'était rassemblée, orageuse. Hurlant sa réprobation. Conspuant le procureur général. Encourageant celui qui était désormais entre les mains de la justice. Tête haute, Mureau marchait calmement, entouré des gardes et de cette foule amicale. Marchait non pas comme un prisonnier mais comme une personnalité en visite officielle. Répondant sobrement aux saluts, souriant avec dignité. Lorsqu'il passa dans la rue Montmirail, il aperçut Théodore Bellard. Au balcon de cette maison dont tout le monde savait qu'elle appartenait à sa maîtresse. Cette dernière vint d'ailleurs le rejoindre contre le garde-fou. Et tous deux regardaient s'avancer le prisonnier. Et lorsqu'il passa à leur hauteur,

Bellard déchira une photographie et en lança les morceaux à la foule. Souvenir du temps de leur amitié dispersé au vent de la colère. Des pierres lui répondirent. Alors il brandit un revolver. Provoquant trois mille cris. Et ce fut grâce à l'intervention de Mureau lui-même si cette maison ne connut pas, sous la fureur populaire, le même tragique sort que celle du Dr Lota.

Le tragique sort du Dr Lota, l'ancien député en fut épargné en prison. Il n'occupa pas cette sombre cellule, celle au fond de laquelle le médecin avait moisi, mais une claire chambrette attenante aux logements des gardiens. Et il y reçut comme un prince. Pendant quinze jours. Un défilé continu des amis connus ou inconnus. On accourait de tous les points de l'île. Jamais le directeur de la prison, Louis Sailleron, son adjoint Paul Suffrin, et leurs guichetiers Cayol et Lubin n'avaient eu pensionnaire si visité, choyé, fêté. Aussi virent-ils poindre le jour de la levée d'écrou avec soulagement. Cinq mille personnes dans les rues. Portant des placards « Vive Mureau ! » « Vive notre défenseur ! » Couvrant le prisonnier libéré de bouquets de fleurs naturelles et artificielles. Rue Saint-Jean de Dieu, rue du Petit-Versailles, pavoisées, surpeuplées, deux rivières chatoyantes, deux rivières chantantes. Couplets inventés pour la circonstance, compliments de fillettes aux joues en feu. Les bureaux du journal décorés par les soins des employés, assiégés par la joie. Le héros du jour étouffé sous les embrassades. Et Darius Mucret, l'un de ses plus chauds partisans, hissé sur des épaules chevalines, les mains en portevoix :

— Merci d'être venu en si grand nombre affirmer votre sympathie à notre cher persécuté. On a voulu le réduire, le diminuer et c'est le contraire qui s'est produit. Son indomptable énergie est restée à la hauteur des circonstances, et la flétrissure morale qu'on a cherché à lui imprimer est retombée tout entière sur les auteurs de la catastrophe commerciale de sa maison, et sur ceux qui ont été plus tard ses bourreaux !

Ivre était Mureau. De fatigue et de plaisir. Retournant chez lui à dix heures passées, la tête brondissant encore comme une toupie, les yeux papillotant. Retournant vers Hortense. Lui disant, exalté :

— L'homme qui est devant toi croyait avoir tout perdu. Eh bien, regarde-le bien. Il sait maintenant qu'il n'a pas perdu le cœur de son peuple, et c'est l'essentiel.

Mais le cœur d'Hortense ? Brusquement il s'en souciait moins. A partir du moment où il sentait la popularité renouer autour de lui ses bras affectueux. Pourtant, le lendemain matin, il mendiait encore la compassion de sa femme quand il recevait cette lettre à l'en-tête du grand chancelier de la Légion d'honneur, le général Victor Février. La décision du conseil de l'Ordre qui le rayait des matricules de la prestigieuse cohorte et qui le privait définitivement du droit de porter toute décoration ou médaille française et étrangère. Ce ruban rouge, arraché de sa poitrine comme un morceau de son cœur, il était là dans son écrin, souffrant au bout de sa croix, haletant comme une langue pendante. Jamais plus il ne pourrait l'arborer. Jamais plus. Alors il le prit une dernière fois, avec douceur, du bout des doigts, avec délicatesse, comme un papillon, le prit, et devant son miroir l'épingla sur le revers de sa redingote. Une dernière fois. Devant son miroir qui lui réfléchissait l'image de cet homme honoré, célébré qu'il avait été. Et l'image d'Hortense dans le halo de ses songes.

Tant de batailles pour en arriver là ! Tant d'épreuves. Pour devoir maintenant refaire le chemin, remonter la pente. A quarante-six ans. Alors que d'autres poursuivaient leur ascension, s'installaient sur ces cimes abandonnées. Adieu à la grande vie ! Aux relations sémillantes, aux réceptions brillantes, aux nuits scintillantes ! Adieu à Céline dont les entrechats féeriques hantaient encore ses rêves, la scène de ses souvenirs, mais que le grand rideau de fer de l'oubli allait bientôt lui ravir. Ses lettres s'espaçaient. Comment s'en serait-il étonné ? Il ne pouvait plus vivre dans ses pensées depuis qu'elle était privée de sa nourriture essentielle, de ses luxes, de ses somptuosités.

Il remit sa croix sur son canapé de velours, referma l'écrin. Soupira. Le contrevent battait un peu sous la brise. La nuit s'offrait, étoilée, sans réserve. Au fond du grand lit à colonnes, Hortense dormait déjà, pelotonnée. Il sortit à pas feutrés, alla sur la terrasse. Plongé ainsi dans l'obscurité, dominant la ville, au bord du vide, il avait toujours l'impression de se trouver sur le pont supérieur, le gaillard d'avant d'un paquebot, en plein océan. L'alizé faisait illusion. Comme le feuillage agité. Cette nuit-là toute son île semblait voguer avec lui, toute son île avec toutes ses odeurs, son jasmin, son seringa, ses fleurs d'oranger. Toute son île retrouvée, heureuse de l'avoir retrouvé. A ses pieds, Saint-Pierre brasillait faiblement comme un bois de filaos sous la lune au bord du grand champ de la mer. « Ma ville, ma chère ville... » Et au-dessus de lui la montagne. Comme le château de poupe du navire. La montagne surveillant son monde. « Toute cette pente à remonter jusqu'au sommet. »

XX

Revoir sa femme souriante, bien coiffée, jolie, et entourée de joie, de rires. La revoir en face de lui comme si elle n'avait jamais quitté cette maison. Gaston du Morne Cordier n'arrivait pas à s'imposer cette scène pourtant bien réelle. Un si long voyage ! Dont elle ne semblait jamais pouvoir revenir. Le retour d'Eugénie du Morne Cordier au Grand-Morne avait donné lieu à une véritable fête. A cette occasion Hermance avait rallié l'habitation familiale avec son mari Hector, leurs deux enfants, Adèle et Théodore, deux chérubins insupportables, et ses beaux-parents. Les Saint-Domingue avaient voulu, eux aussi, célébrer cet événement avec leurs amis. Il ne manquait que Raoul. A Paris depuis neuf mois maintenant, il ne savait pas encore. Ne connaissait pas cette grande nouvelle : la résurrection de sa mère. Il rentrerait à la fin de l'année quand il en aurait terminé avec cette liquidation de succession bien compliquée que son oncle Félix lui avait demandé de régler pour lui à la mort de sa femme, Anaïs. Certains termes du testament de la vieille dame avaient été contestés par des parents, et Raoul se félicitait d'avoir retenu quelque chose de ses trois ans passés à la faculté de droit de Paris. Un hôtel particulier avenue de Wagram et une propriété importante en Sologne brillaient au bout de cette longue procédure. Un trésor pour Gaston du Morne Cordier qui, malgré une nette amélioration de sa situation, se demandait toujours s'il n'allait pas devoir éteindre les chaudières de sa sucrerie.

Ce jour-là, en tout cas, on n'avait pas lésiné sur les mets et les vins. Victor avait réussi à trouver chez Grandvizi, le vieux prophète de la montagne, et chez Théodore Monand, le guide, une douzaine de manicous, ces sortes de sarigues que l'on voit courir dans les sous-bois, leurs petits accrochés au ventre. Après les avoir nourris à la mangue, au corossol et à la banane, il les avait confiés à Rosette et à ses casseroles. Ce ragoût parfumé au vin de Bourgogne et au vieux rhum était le plat préféré d'Eugénie. Le régal des temps difficiles, de ces jours noirs où l'on regardait à la dépense, où l'on devait couper un liard en quatre. Plat préféré d'Eugénie qui ne semblait pas aujourd'hui l'apprécier comme chacun l'eût espéré. Gaston la regardait d'un air soucieux, questionnant discrètement ses traits fragiles de convalescente. Pâle sourire d'une femme qui revenait d'un pays inconnu. Mais en était-elle vraiment revenue ? « Ne la brusquez pas, n'essayez pas de violer son intimité. » Paroles du Dr Leroy et de cette brave religieuse. « Vous verrez, sa mémoire reprendra peu à peu son chemin familier. Elle est encore sous le choc, vous savez. » Mais quel miracle malgré tout, quelle intervention divine ! Seul le ciel, en effet, avait pu la ramener ainsi de la mort à la vie. Gaston du Morne Cordier s'était obligé à aller remercier la Providence. En sacrifiant quelques cierges devant la statue de la Vierge, à l'église du Fort. Et il avait écrit à Raoul pour qu'il en fît autant dans cette nouvelle basilique du Sacré-Cœur que l'on venait de consacrer sur la butte Montmartre. A côté d'Hermance, très préocccupée par Adèle qui tapait un peu trop fort sur la tête de son petit frère, le Dr Marry observait aussi cette femme avec une inquiétude retenue. Visiblement Eugénie n'était pas guérie. Bien que chacun feignît de le croire. Mais croisant le regard de Gaston du Morne Cordier, le médecin avait aussitôt emmené tout le monde dans des histoires assez cocasses. Par exemple l'histoire de cet homme qui avait manqué de se faire décapiter par le fil d'un cerf-volant, rue Ferdinand de Lesseps, voilà quatre jours. Ses avatars avec cette ligne téléphonique qui reliait maintenant son domicile à la pharmacie Berte-Sainte-Ange, première installation de ce genre chez un particulier, à la Martinique. Le médecin avait aussi innové en faisant entrer chez lui cette électricité dont on parlait tant en s'en méfiant beaucoup.

Vif-argent des conversations. Délicats fumets évadés des plats d'argent, sonnailles du cristal. On évoqua aussi cette fête de charité que Laure de Chastaigné avait donnée dans son asile de vieillards. Et cette fantaisie exécutée au piano ce jour-là par Mademoiselle Saint-Léger Lalung et ces variations de Proch dites très finement par Marie-Thérèse de Saint-Domingue (dont les deux nattes se balancèrent au bout de la table avec une évidente satisfaction). Le père de cette jouvencelle s'enquit discrètement auprès de Gaston du Morne Cordier des intentions de Raoul. Avait-il varié ? Reviendrait-il avec un cœur disponible ?

— Quel père peut vraiment peser sur le destin de son enfant ? dit Gaston du Morne Cordier, mais soyez sûr que tout ce que je pourrai faire pour que ce mariage ait lieu, je le ferai.

Il avait cru d'ailleurs déceler un changement d'attitude chez son fils. Dans sa dernière lettre. Un mot qui lui avait mis la puce à l'oreille. Mais il ne voulait pas en parler, craignant d'avoir mal compris, et surtout de trahir un secret. Par les Long-Ming un autre espoir lui était venu. Meilleur encore. Mourante, l'épouse du Chinois aurait fait promettre à sa fille Gabrielle d'épouser ce garçon qu'elle avait élevé comme son fils, cet Alphonse Justine qui avait désormais pris en main la fabrique d'allumettes familiale. Et prisonnière de son amour filial, de son infinie dévotion pour sa mère, Gabrielle aurait accepté. (Pour Long-Ming, c'était le résultat de la dernière préparation de Sigismond : deux « anolis », deux petits lézards verts, liés tête à tête avec des herbes de cabouya, désséchés et glissés sous le matelas de Gabrielle pour la rendre amoureuse). Gaston du Morne Cordier pouvait donc raisonnablement s'attendre à cette nouvelle alliance tant désirée avec cette famille amie. Tout se résoudrait donc dans quelques mois, avant que l'on ne plantât les caféiers, c'est-à-dire à Noël.

Le retour d'Eugénie dans la vénérable demeure ne pouvait que relâcher davantage les liens qui retenaient encore son mari à Hortense Mureau. La longue résistance de la mulâtresse avait aussi fini par émousser l'ardeur du planteur. Sans abandonner toute espérance, il avait mis son cœur en sourdine, lui promettant d'autres offensives et d'autres victoires. De son côté, Hortense avait dû se réhabituer à la vie commune. Avec un homme diminué, aigri et toujours aussi difficile. Se refaire à ses foucades, à ses enthousiasmes, à ses colères, à ses bouderies. Et panser de nouveau ses blessures lorsqu'il revenait harassé d'une de ses sempiternelles échauffourées.

Après une campagne des *Colonies* d'une incroyable violence Mgr Carmené avait fini par donner sa démission d'évêque de Saint-Pierre et de Fort-de-France. Alléluia ! Mureau avait obtenu sa revanche. Quelle jouissance lorsqu'il vit l'évêque et ses malles à l'embarcadère ! Parmi les bigots qui se pressaient là, François Bernard était l'un des plus éplorés. Le prélat monta dans le canot et l'ancien maire entonna le Salve Regina. Avec la même voix impétueuse que pour chanter *La Marseillaise* le

14 juillet à la mairie. Le bateau parti, François Bernard aperçut Mureau. Son ricanement lui emportait le bas de la figure comme une pleine bouchée de piment.

— Pas de doute, dit tout bas le tailleur à sa femme en rentrant chez lui, Mureau est « engagé ».

Sigismond lui-même le lui avait assuré : l'ancien député avait passé un pacte avec le diable. Signé de son sang sur un parchemin glissé dans une bouteille qu'il avait attachée, selon la règle, goulot en bas, sous l'arête du pignon de sa maison. François Bernard connaissait le nom de quelques suppôts de Belgébut, d'Aglamaton, d'Artarot ou du Grand Ravocal qui espéraient ainsi pouvoir obtenir plus facilement le feu des grandes passions, l'autel des honneurs ou la corne d'abondance. Combien d'entre eux d'ailleurs, avaient mystérieusement disparu à la suite, sans doute, d'une mésentente, d'une rupture de contrat avec leur seigneur et maître ? Ainsi ce Monsieur de Perinelle, le propriétaire de cet ancien couvent de Jésuites datant du XVIIe siècle, cet « engagé » dont le corps, après sa mort, aurait été aspiré par une fenêtre ouverte. Une fenêtre que nulle force humaine n'aurait réussi à refermer depuis. Et ces défunts qui refusaient de se laisser enterrer ? Les croque-morts obligés de frapper à coups redoublés sur le cercueil de l'« engagé » ou de le porter au cimetière, les pieds en arrière.

Sans Mureau, les vieux antagonismes, ces bêtes malfaisantes, avaient perdu leurs griffes. Et voilà que la tête hideuse ressortait de son trou. *Le Réveil,* le journal de Fort-de-France, proche de Duquesnay et de Deproge, l'apostropha par une lettre ouverte : « Depuis que vous êtes revenu dans ce pays qui a été si bon pour vous, vous recommencez à injurier, à insulter tout le monde. Vous voulez encore une fois jeter le désordre dans cette colonie où, vous absent, on commençait à oublier les haines et où on ne faisait que travailler. » Pousser l'impudence jusqu'à attaquer Ernest Deproge, lui qui par trois fois avait sollicité le président de la Chambre des députés afin que ce créole ne fût pas déchu par les représentants des Français ! Et ce pauvre évêque obligé de quitter ce pays où il laissait son âme.

Marius Mureau en avait maintenant contre le gouverneur Moracchini dont il demandait la démission à cor et à cri. Contre ce fonctionnaire pourtant si débonnaire, si peu capable de vilenie, mais qui avait pour tare de s'entendre trop bien avec Duquesnay, Deproge et consorts. « Moracchini le négrier ! » Proférée dans *Les Colonies,* cette accusation allait être entendue jusqu'à Paris, déclencher dans la presse métropolitaine une violente campagne de dénigrement, clouer cet homme au pilori. De quel crime s'était-il donc rendu coupable ? De martyriser un nègre sans défense, prisonnier, avec sa famille, de la République française. Et pas n'importe quel « neg ' bois mitan ». Sa Majesté Béhanzin, l'ex-roi du Dahomey, le souverain déchu après la conquête du général Dodds et exilé en Martinique, assigné à résidence au fort Tartenson, près de Fort-de-France. Tout le monde avait vu pourtant comment il avait été accueilli à son arrivée dans la colonie. L'amiral en personne sur la passerelle, le lunch et les toasts, le bal qui suivit, attirant dans les bras des meilleurs valseurs de la Royale, les filles de l'ex-roi, bien rondes sous leurs tuniques bariolées. Ce grand monarque aux pieds nus, ses quatre épouses, son fils, ses trois filles, son secrétaire et son interprète allaient très vite devenir l'objet d'une curiosité insatiable. Et la cible des moqueurs, de leurs satires. « Quat femmes, quat iches, douze francs pou an jou mais ni di quoi rend'an roi fol dans tête ! » (« Quatre femmes, quatre enfants et trois francs par jour, voilà bien de quoi rendre fou un roi ! ») Mais Marius Mureau est allé visiter le reclus de Tartenson et ce qu'il a vu ne prête pas à rire. Cet ex-souverain est victime d'une mesquinerie humiliante de la part de ce gouverneur au cœur sec. Comment ce petit chef qui règne sur un mouchoir de poche peut-il se conduire ainsi avec un homme dont le royaume s'étendait sur 112 000 kilomètres carrés ? « Considération pour Béhanzin ! Respect dû à son rang ! » Mureau enflamme les généreux, les magnanimes, les chevaliers des grandes causes. « A ce prisonnier que la nostalgie ronge et que consume le souvenir de sa grandeur passée, l'administration n'apporte pas les égards que commande son malheur. Bientôt sans doute il devra renoncer à sa principale distraction, à sa pipe, car il ne pourra plus acheter le tabac nécessaire pour l'alimenter. » On s'adresse en personne à celui qui vient de donner par les armes le Dahomey à la France : « Que vous, général, vous son vainqueur d'hier, deveniez son défenseur, son protecteur de demain en usant de votre autorité, de votre grande légitime influence près de qui de droit pour que Béhanzin, qui vous a en grande estime, soit à l'avenir traité comme il convient à la dignité de la France. »

Brave et misérable gouverneur. Que dire pour se justifier, laver son honneur ? Et surtout tranquilliser Paris ? « Permettez-moi de vous rassurer, Monsieur le Ministre. Ni la dignité de la France, ni l'humanité n'ont à souffrir jusqu'ici de la manière dont Béhanzin a été traité à la Martinique. » Son logement ? Sûrement plus confortable que ces paillotes qu'il occupait dans son pays. Le lit, Béhanzin le dédaigne pour coucher par terre.

Quant aux couverts, il leur préfère ses doigts. Les femmes et les filles de l'ex-roi ne sont guère vêtues, aussi leur a-t-on commandé chez une couturière des robes pour leurs sorties. « Elles n'ont pas consenti à porter des chaussures car ça serait manquer de respect au roi devant qui toute la famille s'agenouille quand il s'assied... » Demande-t-il une voiture pour se rendre à Fort-de-France ? L'artillerie lui en fournit une aussitôt. Le champagne dont il raffole, on lui en offre à discrétion. De quoi donc peut-il se plaindre ?

Enfin cesse le calvaire du gouverneur. Le jour tant souhaité de son départ, de son retour en France. Mais Noël Pardon, son successeur, va connaître les mêmes tourments car Marius Mureau n'a pas l'intention de lâcher prise. Il a mis le prince Ouanilo, l'héritier du trône, sous sa protection personnelle. Placé au lycée de Saint-Pierre où il veille sur lui comme s'il s'agissait de son propre fils. A la distribution des prix, le souverain déchu est là. Assis près du député déchu. Tirant sur son calumet dont le fourneau touche ses augustes pieds. Là dans sa chasuble à fleurs, avec ses larges épaules nues et sa grandeur royale, sous le parasol brandi par un de ses fidèles comme le dais du Saint-Sacrement. Mureau s'est débrouillé pour faire décerner à son noble rejeton le prix de la bonne humeur. Quelle fierté de le voir gravir les marches du podium et en redescendre sous les applaudissements avec le beau livre rouge couvert de dorures ! Et quand le roi et sa suite regagnent leur vapeur, quelle pâmoison de contentement pour leur défenseur ! Deux détrônés mêlant leurs petits plaisirs pour retrouver un peu de leur splendeur d'antan.

Mais ces satisfactions sont bien pâles à côté des honneurs perdus. Mureau n'a plus droit aux tribunes, aux discours, aux ovations. Il n'a même pas été invité à l'inauguration du tramway hippomobile qui va dorénavant relier Fonds-Coré à la place Bertin à raison de deux rotations par heure. (Près de cinq kilomètres pour trois sous seulement). Quel événement pourtant ! Le ban et l'arrière-ban rassemblés au pont des Pères, autour de la coquette voiture ornée de fleurs et de drapeaux. Autour de la mule « Madagascar » pomponnée et chapeautée, guettant, oreilles dressées, le signal du départ. Lucy assure le reportage pour *Les Antilles,* capte pour la mémoire des hommes, dans son appareil photographique, la première image de cet attelage révolutionnaire. Silence. Voici que commence la cérémonie. L'abbé Sulpice Mureau appelle la bénédiction de Dieu sur « cette première ligne de chemin de fer qui va permettre aux hommes de bonne volonté de mieux aller les uns vers les autres ». Puis le fondateur de l'œuvre sans laquelle ce tramway n'aurait jamais connu la douceur des rails, M. Lejeûne de Clermont, salue « cette locomotion prompte et à bon marché, indispensable condition à la prospérité d'un pays. » De nombreux « capitalistes » seraient prêts, paraît-il, à souscrire pour un nouvel appel de fonds afin de prolonger la ligne jusqu'au marché du Mouillage. Pourquoi pas, un jour, jusqu'à Fort-de-France ?

Attention, le grand moment approche. Redingotes et robes à ramages garnissent les sept banquettes de la voiture. Quelques passagers sont debout près du cocher ou à l'arrière, le seul endroit où l'on peut fumer. Tout à l'heure, lorsqu'on reviendra au point de départ, il suffira — ô géniale invention ! — de retourner le dossier des banquettes et d'atteler « Madagascar » du côté opposé. Sifflet. Le cocher vient de donner du sifflet. Trente regards fixés sur cette vaillante mule dont le coup de rein digne d'admiration va arracher ce train de plaisir à l'immobilité. Voilà ! Trente sourires. Les roues glissent dans le ravissement général. En route vers le futur, vers la postérité ! Dix minutes de trot pour un voyage sans fin.

Dans la foule des curieux agglutinés le long de la voie ferrée au terminus, Marius Mureau et Hortense et tous les négociants du bord de mer, Plissonneau, Long-Ming et les autres, et la fanfare municipale qui joue « Les Petits Pavés », et les marchands de poissons, de fruits, de légumes, et les gosses excités. Et les gosses qui accompagnent ce wagon en courant, en bêlant, montent sur le marchepied, agaçant la mule comme des mouches. Mureau, amer, contristé, épiant l'arrivée de cet express chargé de personnalités, ce char des notables où il n'a désormais plus sa place. Sulpice a surpris le chagrin de son frère. Il va vers lui, lui parle. « Allons, comment les choses se passent-elles pour toi, où en es-tu... ? » Mais l'autre le repousse. La commisération, ce n'est pas pour lui, qu'il réserve cet élan aux faibles, aux veules, aux esprits pusillanimes.

L'abbé Sulpice demeure un moment adossé au bâtiment métallique de la douane. Regarde son frère s'éloigner dans la cohue bigarrée du marché, dans le grincement des haquets, la sonnerie argentine de l'horloge de la Chambre de commerce, le babillage des catalpas lourds de leurs grappes fleuries. Regarde cet être cher s'éloigner et se demande s'il le reverra jamais. Car le pressentiment de sa fin prochaine le travaille depuis quelque temps. Non pas depuis qu'il a fermé les yeux de son collègue du Centre, l'abbé Maillard, le mois dernier, ce bon abbé mort d'un arrêt du cœur après un dernier emportement. Mais depuis qu'il a revu le corps momifié de l'abbé Gosse, l'autre jour, cinq ans après sa mort. Quel effet quand le cercueil décloué a laissé apparaître cet homme qui semblait dormir ! On avait exhumé ses restes pour les transporter dans le nouvel hôtel-Dieu qu'il avait fondé et voilà qu'il revenait dans ce monde des vivants, le visage frais, à peine fatigué, après une si longue absence ! Le mot « miracle » avait été évidemment prononcé et, comme toujours dans ces cas-là l'Eglise avait prêché la prudence. Mais comment expliquer autrement l'intégrité dépourvue de dessèchement et de putréfaction après cinq années de reptation souterraine ? A la vue de ce vieil ami ainsi retrouvé, Sulpice crut l'entendre parler. Il lui disait : « Tu vois comme la mort nous laisse paisibles quand nous vivons dans le Christ. » N'était-ce pas une façon de le préparer à son propre départ ? En tout cas, pour beaucoup, cette manifestation surnaturelle du saint homme avait une signification évidente : il était porteur d'un message divin à la population de Saint-Pierre. Et chacun d'y aller de son inspiration. Pour François Bernard que les choses de l'au-delà passionnaient jusqu'à s'être confectionné un cercueil, l'abbé Gosse voulait avertir ses anciennes ouailles, les prémunir contre un grand danger.

— Je le connaissais bien, disait le tailleur à ses clients et aux habitués du Grand Balcon, c'était un homme serviable, préoccupé avant tout par le sort de ses frères. Il nous montre son corps intact pour nous rendre service. Il nous dit par là que nous pouvons survivre nous aussi, ne pas être atteints par la dégradation, par la destruction, à condition de nous éloigner du péché. Si nous ne l'écoutons pas, nous périrons. Car un grand malheur nous guette.

Avis que bon nombre partageait. Le siècle traînait vers sa fin, et peut-être le monde en faisait-il autant. Sigismond le craignait :

— J'ai vu une bien curieuse étoile filante, l'autre nuit, glissa-t-il à Long-Ming lors d'une de ses secrètes visites, au lieu de traverser le ciel d'un bond, elle a fait une boucle en forme de point d'interrogation juste au-dessus de Saint-Pierre.

D'où venait donc cette appréhension permanente d'une menace suspendue ? Cette crainte d'un dénouement tragique ? Pourquoi rongeait-elle tant d'esprits ? On eût dit qu'elle appartenait à la nature même de ces hommes pourtant si joviaux, d'une gaieté si aimable, amoureux de la vie. D'où venaient ces frissons que le plaisir ne reconnaissait pas ? Grandvizi, lui, confia à Gaston Landes dans sa case sur le flanc de la montagne, que le volcan faisait la nuit, à ce moment-là, un étrange remue-ménage, comme s'il se préparait à quelque démonstration publique.

Plus obsédés que jamais par les secrets de la terre, profitant de quelque congé, Gaston Landes et Léon Lucy s'étaient offert un agrément de choix : une excursion au volcan de Santa-Maria, au Guatemala, où venait de se produire un tremblement de terre qui avait ébranlé toutes les Cordillères. Abandonnant la femme qu'il venait enfin d'épouser, Lucy avait organisé l'expédition en soignant les détails. Couché à Quetzalteranga « la ville de l'oiseau », vieille cité espagnole au fond d'un entonnoir, dominée par le volcan, à sa merci, comme un nid de passereaux sous l'œil perçant d'un busard. Gravi ce cône vert de douze mille deux cents pieds fissuré de plaies graniteuses lançant à jets continus des vapeurs d'eau et de soufre. Cime atteinte grâce à la conduite d'un inquiétant boiteux rencontré par hasard et qui s'avoua être le maître sorcier de la région. Une croix de bois de dix mètres de haut ornée en son centre de l'image du Christ avait été plantée là par ses soins. Des cierges brûlaient autour ainsi que des tablettes de « copal », l'encens des Indiens. Çà et là volaient des plumes de poulet, indiquant qu'un sacrifice venait d'avoir lieu.

— Le feu de la terre est en colère, expliqua le boiteux, nous essayons de le calmer de notre mieux.

Derrière lui, le sol crachait des bouffées de soufre à intervalles réguliers, comme sous l'action d'un piston. Les deux amis rentrèrent très impressionnés. Surtout qu'ils avaient vu, du haut de ce pic, le soleil se vautrer dans une mare de sang, sur l'immensité du Pacifique. Le même insolite crépuscule qu'il avait pu observer tant de fois à Saint-Pierre. Et à leurs questions sur ce phénomène le sorcier était parti en clopinant, les laissant redescendre seuls jusqu'à la vallée de Quetzalteranga. « Plaise à Dieu que Quetzalteranga ne subisse pas un jour prochain le sort malheureux des antiques capitales du Guatemala, écrivit Gaston Landes en conclusion dans son compte rendu de voyage, en 1755 elles ont été complètement détruites par les éruptions des volcans Azna et Fuega. »

Pourquoi aussi avait-on constaté cette subite invasion de serpents en Martinique ? A cause de la sécheresse ? L'explication paraissait insuffisante. Pourquoi les serpents déjà fort nombreux auraient-ils ainsi soudainement proliféré ? (Y avait-il un rapport avec ces dérèglements géologiques ? Se nourrissaient-ils, dans leurs trous, des courroux secrets de la terre ?) En tout cas on trouvait partout, on voyait partout ces vipères jaunes et noires dont la grosseur dépassait parfois le poignet d'un homme. On en avait même tué toute une « frôlée », une femelle et vingt-sept serpenteaux, dans une villa de Sainte-Philomène. Alors, encore une fois, la mangouste avait été appelée à l'aide. Déjà, il y a dix ans, un marin, le commissaire du paquebot *Saint-Domingue,* en avait rapporté une de la Jamaïque. Et ce petit animal gris, au poil ras, au corps allongé, bas sur pattes, avait fait merveille, s'était courageusement battu contre les plus gros des reptiles. Cette année encore Octave Hayot avait retenté l'expérience avec un couple importé des Indes. Et il en avait offert la première portée à Gaston du Morne Cordier dont les champs de canne étaient particulièrement infestés de trigonocéphales. Mais multipliées en trop grand nombre, elles semaient maintenant la panique dans tous les poulaillers. Car friandes des œufs de serpent, elles ne dédaignaient pas non plus ceux des poules.

Cette sécheresse exceptionnelle que le pays connaissait depuis six mois venait encore compliquer bien cruellement la vie des cultivateurs. Alourdir le fardeau quotidien déjà bien pénible à porter depuis le commencement de la crise sucrière, voilà bientôt dix ans. Continuelles plaintes contre le présent et nostalgiques évocations d'un passé clément. Au Cercle :

— Le temps est loin où le sucre valait 64 francs ! Souvenez-vous. Il s'est maintenu ensuite aux environs de 45 francs pendant quelques années et, maintenant, regardez où nous sommes tombés : 30 francs, et même 27 francs ! On ne produit plus qu'à perte.

Gaston du Morne Cordier avait obtenu quelque succès en favorisant des cultures annexes comme celle du citron vert dont les Américains faisaient grande consommation, et celles de la banane, du café et du cacao que la métropole demandait de plus en plus.

— La Martinique produit à peine 500 000 kilos de cacao quand Trinidad en exporte cinq millions !

Il attendait d'ailleurs le retour de son fils pour installer l'électricité dans sa « boniferie » à café. Il pourrait ainsi s'équiper de différents moulins pour peler le café en cerises et le dépouiller de son parchemin. Ernest de Saint-Domingue ne fut pas fâché d'apprendre à cette occasion que Raoul venait d'embarquer sur le *Paris,* le tout nouveau transatlantique américain à double hélice, le premier du genre, et qu'il serait donc rendu bientôt à Saint-Pierre en un temps record.

L'héritier des du Morne Cordier n'aperçut que son père sur l'appontement vers lequel son canot se dirigeait à toutes rames.

Avec tristesse mais sans étonnement excessif. Gabrielle avait joué la franchise dans ses lettres. Eperdue de chagrin elle s'était rendue aux raisons de ses parents, ne pouvant languir éternellement après ce mariage impossible. Raoul aussi avait fini par en prendre son parti. Plus aisément peut-être, dans la mesure où l'éloignement et le dépaysement l'avaient aidé à creuser ce trou derrière lui, ce trou de marmotte (ou d'autruche) au fond duquel hiberne la mémoire. Mais lorsque les côtes de la Martinique avaient percé la brume, Gabrielle s'était de nouveau imposée, avec les heurs et les malheurs de leurs années partagées, toutes les images du passé. Tout ce qui désormais formait contre vents et marées leur patrimoine commun. Ces provisions de réminiscences, bien à l'abri de l'érosion parce que cachées dans le secret du cœur. Aussi espérait-il quand même un peu distinguer sa silhouette familière dans la foule rassemblée là, à l'arrivée des canots. Sa fine silhouette dont l'apparition l'avait tant de fois ému. Avait tant de fois affolé ses sens. Mais non. Que son père au bord du quai et son immuable panama, et ses immuables gants de chevreau. Et son immuable sourire sobre. Et sa rituelle question :

— Comment vas-tu, mon garçon ?

Dans le roulement et le brimbalement de la voiture, le bruit de tout ce vécu qui reprenait sa place. Qui se rappelait bruyamment à lui. Cette rue où ils avaient mêlé leurs pas, là leurs mains, là leurs lèvres. Ce théâtre qui avait connu leur première vraie rencontre, ce théâtre ravagé par le cyclone, inutilisable, depuis lors, fermé. Fermé comme leur amour. « Tu vois on va installer l'éclairage électrique dans la ville, Lacroix a obtenu la concession... » Mais il ne l'écoutait pas. Cent clichés se bousculaient, se battaient pour être reconnus, retenus. Tout paraissait de loin, si facile à semer... « Le maire a ordonné le massacre des chiens, on a jeté des boulettes de viande empoisonnées dans les rues. Ce sont les marchands de muselières qui se sont frotté les mains ! » Le rire de son père. Et le rire de Gabrielle. Quand il lui avait dit : « Je te rapporterai un chapeau qui fera crever d'envie toutes les jolies femmes de la société. » Et il lui en avait fait la description (apprise par cœur dans une revue empruntée à Lucy) : « En satin broché noir forme toque, garni de cabochons d'améthyste, rehaussé sur le côté d'un magnifique oiseau fantaisie. » Et s'il ne lui allait pas ? Impossible. Le mannequin qui le portait sur la revue lui ressemblait comme une sœur. Rire de Gabrielle. Et les flonflons du bal sur la savane du Fort que voici. Les grands manguiers avaient souffert aussi du cyclone, certains gisaient déracinés. Comme gisait au fond de l'eau de la Roxelane la bague jetée du haut de ce pont. Toutes ces ruines...

Retrouver ce chemin sous les arbres, cette maison au bout, si fidèle aux vieilles pensées, ancrée là pour l'éternité, semblait-il. Entrer dans le salon, et prendre l'escalier pour entendre craquer ses pas avec tous les pas disparus. Sa mère ne guettait guère son arrivée. Assise près de la fenêtre, son friable visage contre le ciel. Du verre. Il s'approchait et toute la pitié montait en lui. « C'est toi, Raoul... » Elle l'avait reconnu, pourtant. Mais elle n'était pas là tout entière. Une partie d'elle, seulement. Il l'embrassa. La serrer dans ses bras et l'arracher à son absence. Etre sa volonté, sa force. Mais derrièree, son père. Avec un sourire triste :

— Allez, mon garçon, viens déjeuner, le travail nous attend.

La fortune généreusement laissée par tante Anaïs avec la bénédiction de l'oncle Félix allait donc permettre la modernisation de tous les moulins et machines voués à la fabrication du sucre et du rhum et au traitement du café. Adieu aux braves bœufs de Portorique qui avaient bien mérité leur retraite. D'un coup de baguette magique l'électricité ferait forcément tourner ces meules et ces cylindres sans un ahan de fatigue. Adieu aussi aux cabrouets que l'on voyait cahoter péniblement à travers champs. Un petit train allait les remplacer, saluant joyeusement de son sifflet l'avènement de ce progrès inespéré.

Raoul n'était pas mécontent d'un tel surcroît de travail. Pas mécontent de s'occuper l'esprit avec des piles bichromates, des lampes à incandescence, des dynamos, des turbines. Au milieu de ces attirails hétéroclites et de la complexité de leur montage, les yeux bridés de Gabrielle pouvaient toujours se faufiler, ils ne demeuraient pas longtemps dans la place.

Il l'avait revue très vite. Le lendemain de son arrivée. Sans l'avoir particulièrement recherchée. Du moins s'efforçait-il de le croire. Mais ses pas traînaient lorsqu'il était passé devant les bureaux de Plissonneau et Mac Hugues. Traînaient et espéraient. Elle se tenait justement à la fenêtre. Le hasard. « Tiens, elle a changé de coiffure... » (Se faire à l'idée qu'elle doit satisfaire maintenant le goût d'un autre). Avait-elle eu du plaisir à se heurter ainsi à lui, à le retrouver ainsi, sans crier gare, alors qu'elle l'imaginait encore sans doute si loin de ces rivages ? Allez donc lire dans ces yeux-là ! Ils s'étaient dit quelques mots. Lesquels ? Oubliés. Effacés avec toutes ces banalités prononcées au cours d'une journée. (Pour quoi faire ?) Ah ! oui, la seule chose bien précise qui lui revenait maintenant, c'était ce : « A bientôt peut-être. » Et cet autre

« peut-être » qui avait suivi. Puis il avait fait un pas pour s'en aller, un pas hésitant. Avec l'ardent désir d'être retenu. Mais rien. Puis ses pas s'étaient succédé, toujours à regret. Mais rien et rien. Alors il s'était retourné et il l'avait vue penchée à la fenêtre, le regardant s'éloigner. Et cela lui avait donné un frisson. Comme une caresse. Et depuis lors il repensait toujours à cette dernière scène quand il voulait se faire plaisir.

Aujourd'hui, visite aux négociants. Passer commande de matériaux, discuter prix et crédits. Des heures de palabres pour gagner trois sous. Il entre chez Hortense Mureau. Envahi comme chaque fois par un sentiment trouble. Cette belle femme que son père a peut-être tenue dans ses bras. Tassé dans le vieux fauteuil l'ingénieur Lacroix, venu acheter une nouvelle cargaison de bois du Nord pour l'installation de l'éclairage public qui lui a été confiée.

— Vous pourrez dire bientôt adieu à vos lumignons fumeux, lança-t-il emphatiquement, comme il eût prédit un miracle, avec une seule ampoule comme celle-ci il fera aussi jour ici que sur le port à midi.

Au bout de ses doigts boudinés, grosse bulle de savon perchée, une lampe à filament bombe le ventre. Emerveillement d'Hortense qui approche son visage, fixe la prison transparente des watts comme si un oiseau allait en sortir. Osant même la toucher d'un doigt qu'elle retire bien vite de peur de s'y brûler.

— Quant au téléphone, enchaîne en zézéyant l'associé de Lacroix, il vous fera quadrupler votre chiffre d'affaires.

Mais c'est trop rêver pour Hortense. Elle a un geste désabusé, celui d'un joueur assuré de perdre alors même que la roue tourne encore.

A présent, Raoul est seul avec elle. (Il comprend l'inclination de son père pour cette femme que ses quarante ans ont peut-être un peu alourdie, mais si sculpturale, si majestueuse !) Un écriteau pend au mur, chantant ce rhum Mureau qui espérait conquérir Paris. Et dessous, un poème composé par Saint-Prix Roné pour trois francs et une bouteille de cet alcool qu'il fait parler :

Je donne de l'esprit à ceux qui n'en ont pas.
Pour tous j'ai mille attraits, de séduisants appâts,
Goût exquis, fin arôme.
Loin d'être un malfaiteur comme certains produits
Où tant d'ingrédients affreux sont introduits,
Je fais du bien à l'homme.

Discussion d'affaires. Puis on converse d'autre chose. De cet incendie du « Bazar de la Charité » à Paris dont on se demande encore, deux ans après, comment il a pu provoquer tant de morts. « Avec l'électricité, nous serons à l'abri de ce fléau. » De ce projet d'immigration de main-d'œuvre japonaise en Guadeloupe, repoussé par le Conseil général. « Il y a déjà tellement d'Asiatiques dans cette colonie ! » Hortense se mord les lèvres jusqu'au sang. Cette réflexion lui a échappé, a glissé comme un noyau d'olive, et elle le regrette. Elle connaît tout de Raoul et de Gabrielle. Tout. Par Gaston dont elle a partagé les obsessions. Tout. Secrètement elle les a plaints tous les deux. Aujourd'hui, elle voudrait pouvoir les aider. (Faire triompher l'amour des autres, c'est oublier un peu son propre échec). Mais comment s'y prendre ? Comment même aborder la question sans trahir du même coup toutes ces confidences ? Et Raoul, que sait-il d'elle-même avec son père ? (O l'entendre évoquer « Yeux Clairs » !) Elle s'est si détachée de lui depuis le retour de Marius et il a pris tellement de distance de son côté dès qu'Eugénie a retrouvé son toit ! Et maintenant qu'il est si loin, peut-être désirerait-elle qu'il le soit moins d'autant que Marius a remis sur le tapis ce projet de voyage qui l'occupe depuis un moment, ce séjour à Paris pour y liquider ses affaires. L'ombre de la danseuse, encore, et le spectre de la solitude. Elle se risque :

— On m'a dit votre père un peu fatigué en ce moment ?

Et pour atténuer son coup d'audace, en se précipitant :

— Et votre mère, se rétablit-elle comme vous le souhaitez ?

Il lui parle. Il a deviné son secret plaisir de retrouver son père dans sa bouche, alors qu'il lui parle. Maintenant il est certain qu'un lien la noue à lui. Lui parle. « Le Dr Marry pense que cette phlébite est jugulée... » (Comme elle a l'air rassurée, soudain !) Depuis six mois maintenant, elle ne l'a plus rencontré et tous ces simples mots lui font du bien. Pouvoir d'un petit son sur les sentiments. Et si elle pouvait le charger d'un message ? Peut-être n'attend-t-il que cela pour revenir vers elle ? Lui si inaccessible dans ses hauteurs dont il ne descend jamais. Mais elle le laisse partir. « Bon, il est l'heure que je remonte, il doit se demander ce que je fabrique... » Elle le laisse la quitter, rejoindre « Yeux Clairs ». Rejoindre cet homme qui ne saura jamais combien sa présence lui manque.

A présent, Raoul glisse entre les passants de la rue Victor-Hugo. Midi. Courant et contre-courant, remous de fonctionnaires en col dur, de porteuses aux pieds nus, d'écoliers bossus sous leur cartable. Cris des cochers énervés, sifflet impatient du tramway, mélopée des vendeuses à l'affût des fenêtres. « Ca qui lé bel avocat ! Ca qui lé pain mi ! » Soupir d'un steamer lointain, heureux d'avoir rallié la rade. Il glisse dans une rue adjacente et, tout de suite, c'est comme s'il refermait une porte. Plus de bruit ou si peu. Un piano étouffé, le murmure de l'eau de source dans les « dalots » en pente le long des étroits trottoirs, le chuintement d'une friture envahissante. Pourquoi a-t-il pris cette rue qui le rallonge ? Parce qu'il a une chance à cette heure d'y croiser Gabrielle ? Attaché à un anneau, place Bertin, son cheval guette son retour, le museau enfoui dans son sac d'avoine. Sur le chemin du Grand-Morne, Raoul revoit Hortense humant ses mots comme des roses. Une grande affection. Oui, c'est sans doute cela. Une immense et noble affection. Sans doute cela seulement. L'émotion le gagne, gonfle sa poitrine. Seulement cela. Deux êtres qui n'en finiront pas de se chercher, qui n'en finiront pas de se perdre. Il connaît bien cette situation, lui qui n'a jamais vraiment trouvé Gabrielle. Et il n'en veut presque plus à son père. Presque plus.

Ses fiançailles avec Marie-Thérèse de Saint-Domingue furent une affaire rondement menée par les deux familles. Comme ces choses dont on veut s'acquitter au plus vite de peur de les voir se compliquer. Et désormais on ne pensa plus qu'à l'installation des futurs époux. Bien sûr, Raoul ne quitterait pas le Grand-Morne, mais quatre pièces lui seraient réservées au premier étage, son père et sa mère se contentant du rez-de-chaussée. Les cadeaux s'amassaient déjà sous le toit respectif des fiancés. Ernest de Saint-Domingue avait trouvé à la « Scierie mécanique » de Louis Girard une chambre à coucher en acajou moucheté de toute beauté avec remise de quinze pour cent : lit bateau à 255 francs, commode au même prix et armoire à 191,25 francs. Une occasion unique. Gaston du Morne Cordier avait acheté chez Max Albert Dormoy une voiture à deux places en très bon état, avec strapontin, harnais simple et capote se démontant à volonté. Livrée avec un bon cheval français âgé de six ans, tirant seul et à deux, et ayant sept mois de colonie. Et chez le sellier harnacheur Jeanmaire, rue Victor-Hugo, une selle de gendarme avec brides, licol, étriers, étrivière, surfaix, sangles, houseaux et bissac en cuir. L'habit de noces de Raoul, son père désirait qu'il le commandât à Paris chez Julibon, rue du Bac, le tailleur attitré de la société blanche. Mais Raoul préféra confier ce travail à François Bernard car il avait toujours éprouvé une sympathie particulière pour l'ancien maire et chantre. Pour ce Noir intrépide et généreux qui n'avait pas hésité à défendre les békés contre ses frères de race dans les pires moments de la folie collective.

Ainsi Raoul s'était-il habitué peu à peu à séparer sa vie de celle de Gabrielle. A omettre Gabrielle de tous ses projets. Fleur à part du bouquet, tombée d'un vase. Marie-Thérèse de Saint-Domingue l'y aidait beaucoup. En se révélant une fiancée aimable et aimante. Lui-même, sans nourrir de passion, se laissait doucement prendre par cette femme-enfant. Par sa grâce et sa gracilité. Cette minceur délicate qu'il prisait tant chez Gabrielle... Gabrielle qui se préparait, elle aussi, au mariage. Elle deviendrait bientôt Madame Justine, l'épouse de ce gommeux et prétentieux à qui Long-Ming avait confié les destinées de ses « Allumettes chinoises ». Un jour il la rencontrerait dans la rue, grossie, bouffie, cinq marmots noirauds pendant à ses jupes. Un jour il ne la reconnaîtrait plus. Ne lui ferait même plus un sourire, un signe de tête. Ainsi est la vie : on se croise, on s'aime, on se sème. Des morceaux de bois sur l'eau, poussés là, jusqu'au bord, par quel mystère, arrivés du grand large pour flotter côte à côte sur les vagues, ballotter et tenir bon, rester ensemble malgré les coups, les cahots. Et puis soudain, pourquoi, soudain cette lame pas plus forte que les autres, cette lame s'acharne sur eux, les disperse et les emporte loin l'un de l'autre...

Oui, pourquoi, par exemple René Bonneville avait-il fini par quitter sa femme ? (Ou Eglantine, son mari). Lui qui s'était tant battu pour l'épouser. Pour l'imposer. Contre son père et contre tous les Blancs de la Martinique. Eglantine, l'héroïne de ce roman dont il était en train de rédiger le dernier chapitre.

Sans doute ne fallait-il pas aller chercher bien loin les raisons de cette rupture. Celles-là mêmes qui présidaient au mariage de Raoul. Ces sales préjugés de couleur, cet ostracisme, colchique indéracinable plus florissant que l'hibiscus. Eglantine, seule avec son rejeton bicolore...

La chance avait aussi peu souri au poète Eleuthère Saint-Prix Roné. Amoureux d'une nymphette, il l'avait surprise un soir avec un autre. Un vieil homme qu'il avait provoqué en duel et tué d'une seule balle. Depuis lors aussi inconsolable, regrettant ce geste plus que l'amour perdu. Saint-Prix, l'incompris, le porteur de malheur. Halant sa peine comme une tortue sa carapace.

Salavina s'était étonnamment asssagi. Il embouchait encore parfois son trombone, mais il lui fallait de grandes occasions. Assagi depuis son mariage avec Pauline, la seule femme qui avait réussi à l'amarrer définitivement, lui le prince des « yeux clairs ». (« La colle l'a pris an den ou » — « La colle l'a pris dans ses dents »). Pauline qu'il avait installée dans une villa de Sainte-Philomène et sur laquelle il veillait comme un vieux lion sa femelle. Depuis le départ du romancier Lafcadio Hearn, chassé de l'île par les fièvres, et des peintres Gauguin et Laval, perclus de paludisme et de dysenterie et rapatriés par les soins des autorités locales.

La dernière visite de Raoul aux deux peintres avec Salavina et Lucy, il y a des années maintenant, dans cette pauvre case de pêcheurs, au Carbet. Souvenir de cette visite à jamais fixé dans son esprit par l'extrême détresse de ces hommes. Entourés de quelques toiles où roulaient des fruits exotiques, où s'éventaient de belles négresses. Couché sans force sur une paillasse de varech, Paul Gauguin attendait en vain des subsides de son mécène Emile Schuffenecker pour retourner en France. « Vendez de mes tableaux 40 à 50 francs, tout ce que je possède, à vil prix, mais il faut me tirer de là, sinon je claque ici comme un chien ! » Atteint de fièvre jaune et sauvé par l'homéopathie grâce à son compagnon, Charles Laval avait voulu se suicider. Comment pouvait-on être si misérable sous un pareil ciel bleu ?

Salavina avait loué sa maison du Mont Béni à Thomas Prentis, le nouveau consul des Etats-Unis, et souvent, le dimanche, il était l'invité de cette famille avec sa jeune femme sous les flamboyants de sa jeunesse. Parfois il s'y retrouvait avec Raoul et Lucy. Les trois amis aimaient la compagnie de cet homme affable, enjoué, arrivé récemment de son Massachusetts natal où il avait laissé ses deux aînés, James et Thomas. Cet Américain parlait un français très châtié. C'est en évoquant avec lui la personnalité attachante de Lafcadio Hearn qu'ils avaient lié connaissance. Dimanche à l'heure du thé, avec Thomas Prentis et Clara, sa femme, une Anglo-Saxonne osseuse, aux grandes dents d'inoffensif carnassier, et ses deux filles Mary, 16 ans et Christine, 9 ans, deux petites demoiselles d'une blancheur et d'une blondeur tout à fait surprenantes sous ces cieux voués aux couleurs accentuées. Féru d'astronomie et de géologie, le consul écoutait avec passion le récit des excursions de Lucy au Guatemala et sur la montagne Pelée.

— Ma sœur Alice qui est mariée à Melrose, au Massachusetts, ne veut rien entendre pour venir nous voir, dit Clara Prentis en exhibant ses dents comme pour les donner à brosser, elle a trop peur de ce volcan qui nous surplombe. Je l'ai invitée par trois fois, et à chaque fois elle trouve toujours un prétexte pour remettre son voyage.

Aimables sourires. (Il faut être Américain pour avoir peur d'un volcan endormi). Les grandes dents revenaient à la charge, deux rangées éclatantes, au garde-à-vous :

— Vous avez lu ce qu'a écrit cette voyante dans « L'Echo du merveilleux » page 156 ?

Personne ne savait bien sûr ce que Lucrèce Couesdon avait bien pu prédire cette année-là, si près de cette fin de siècle que chacun appréhendait. Ce qu'elle avait pu confier à cette sorte d'almanach qui meublait les soirées solitaires et les jours de pluie. Clara Prentis ânonnait comme si elle faisait un exercice de français :

Sur un mont très élevé
de la mer entouré
le feu va passer
les hommes vont griller
j'en vois des milliers.

Salavina riait à gorge déployée. Il connaissait la voyante et la prenait pour une illuminée. Voici dix fois déjà qu'elle voyait des catastrophes s'abattre sur Saint-Pierre.

— Elle finira bien par avoir raison un jour, dit-il. Regardez ce cyclone dont on se remet à peine. On peut en connaître un autre du même genre avant la fin du siècle. Mais ce volcan !...

Au bout des doigts, les tasses de thé s'étaient figées en l'air, dans un bel ensemble. Impulsivement toutes les têtes avaient décrit un quart de tour vers la droite, vers la fenêtre. Vers le lointain. Vers cette montagne.

Qu'allait-il donc emporter dans sa chute, ce siècle agonisant ? Pour Marius Mureau, en tout cas, il était temps qu'il se terminât car l'infortune ne le lâchait pas. Il dut d'abord enterrer son frère, l'abbé Sulpice Mureau, le curé du Fort. Sa tombe fut scellée dans le sol même de cette église qu'il avait tant servie. Depuis combien de temps Mureau n'avait-il pas mis les pieds dans un tel endroit ? Mais le sort lui réservait d'autre coups fâcheux. Son ami de toujours, le plus fidèle des fidèles, Georges César-Laîné, mourait à son tour. A Paris au cours de son mandat. A 51 ans. « Nous n'oublierons point le collègue si doux et si sympathique, ce républicain fidèle aux traditions de la France émancipatrice », avait déclaré le président Henri Brisson en annonçant son décès à la Chambre. Prostration de Mureau pendant deux jours, enfermé dans son bureau sous les combles, sourd aux tambourineurs. « Que vais-je devenir sans lui ? » Et comble de malheur, son pire adversaire politique du moment, l'ancien maire de Fort-de-France, Osman Duquesnay, battait Ernest Deproge aux élections législatives et entrait triomphalement dans cette prestigieuse assemblée qui l'avait chassé, lui, comme un voleur. L'ennemi vomi ramassant le fusil tombé des mains du frère d'armes fauché par la mitraille. Au cours de ces mêmes joutes, Mureau assistait à la défaite de Clavius-Marius. Clarinette battu par un métropolitain, le journaliste Denis Guibert, disciple du prédicateur dominicain Lacordaire ! Guibert qui siégera dorénavant à côté d'Osman Duquesnay. Mureau ne pouvait pas imaginer pareille déconfiture politique.

Bien piètre consolation fut l'élargissement de l'ex-roi Béhanzin quittant avec sa famille le fort Tartenson pour s'installer sur les hauts de Fort-de-France dans une confortable villa exempte de gardes. Et bien petite joie, mais joie quand même, les succès scolaires du prince Ouanilo qui grandissait en sagesse au lycée de Saint-Pierre, sous sa protection affectueuse.

Marius Mureau allait maintenant retourner en France. Pour un séjour de deux mois seulement. Pour en finir avec toutes les affaires restées en suspens là-bas, liquider ses biens, son stock de rhum. Pour fuir tous ces morts, toutes ces ruines, tous ces échecs. Et pour retrouver Céline aussi, bien sûr. Hortense n'était pas dupe. Sa danseuse l'attendrait au Havre, au bout de la passerelle, les bras ouverts. Elle le reprendrait. Elle pourrait bien. Elle le lui laissait. Car il n'était plus l'homme qu'elle avait connu.

XXI

Grincement des freins mal desserrés, énervement du cheval gêné dans son élan. Coup de fouet de Victor. « Roulé-é ! » Quand la voiture s'était ébranlée et qu'il avait vu son père rabattre à l'intérieur le petit rideau vert, Raoul s'était dit que sa mère partait, cette fois-ci, pour toujours. « Cette fin de siècle ne sera bonne pour personne », avait maugréé Gaston du Morne Cordier quelques jours auparavant. Comment avait-on fini par apprendre qu'Eugénie du Morne Cordier était retournée à la maison de santé coloniale ? On se doutait malgré tout de quelque ennui au Grand-Morne car la date, pourtant fort lointaine du mariage de Raoul et de Marie-Thérèse de Saint-Domingue, avait été reculée, et cela sans explication. Gaston du Morne Cordier avait donc repris ses visites discrètes à sa femme dans l'établissement si isolé et si décrié d'Adrien Dancenis. Et cette fois-ci, ni le Dr Leroy ni ce bon Dr Marry n'avaient parlé d'une guérison possible. Aussi Raoul n'avait-il pas été étonné quand il avait vu de nouveau, quelques mois après, son père se rapprocher lentement d'Hortense Mureau.

Lentes retrouvailles en effet que celles de ces deux êtres que la solitude venait encore une fois persécuter. Car si le Grand-Morne sonnait le vide, Tivoli respirait la même tristesse. Lucie Saint-Jude n'y venait plus, trop éprise de son beau marin, Georges Marie-Sainte. Quant à Amante, devenue bien vieille, elle allait du lit au fauteuil, pauvre corps désarticulé, sans force. C'est chez les Guérin, à Fonds-Coré, que Gaston et Hortense s'étaient revus. (Pour la première fois depuis combien de temps ?) Chez Auguste Guérin le propriétaire de cette usine importante en bordure de la rivière Blanche. Au cours d'une brillante soirée donnée en l'honneur du passage à Saint-Pierre de l'amiral Fournier, le séduisant commandant en chef de la

Division navale atlantique, un homme aux yeux d'un vert d'algue et aux cheveux d'une blancheur d'écume. Gaston avait été emmené là par le Dr Marry, venu avec Rosette, sa femme, Raoul, son frère, Eugène, son père et Elodie, la seconde femme de ce dernier, tous arrivés en joyeuse bande de « La Grande Case », l'habitation voisine. Hortense était entrée au bras de Théodore Bellard, son frère, toute fraîche comme une naïade sortant de cet Atlantique. Son frère qu'accompagnaient Laure Crocquet et Henri Saintonge, deux jeunes gens de la bonne société mulâtre, dont on annonçait le mariage prochain comme l'événement du nouveau siècle. Voilà donc comment Gaston et Hortense s'étaient retrouvés face à face, sans l'avoir vraiment cherché. (« Deux petits nuages dans le ciel encombré de bien d'autres nuages et qui finissent par se croiser. ») Et pendant l'exécution par Madame Lucchetti de Saint-Thomas, de ce morceau de piano d'une saveur étrange, Raoul les avait surpris en conversation près de cette grande fenêtre d'où l'on apercevait les toits de tôle de l'usine et la haute cheminée retenue par des haubans. Les Saint-Domingue faisaient évidemment partie de la fête et Raoul avait remarqué aussi cette discussion animée de son futur beau-père avec son ami, l'avocat-avoué Georges de Laguarigue de Survilliers, et le notaire Blondel de Rougery, supposant bien que son mariage posait encore quelques problèmes. Quand aurait-il lieu, d'ailleurs ? Les Saint-Domingue manifestaient moins d'impatience que son père à son sujet. Souhaitant maintenant des fiançailles assez longues, d'au moins un an. Sans doute voulaient-ils laisser à Raoul le temps d'affirmer son choix et d'apprécier les qualités de leur fille. Sans doute attendaient-ils aussi que Gabrielle fût devenue Madame Justine, cessant définitivement de tenter les célibataires.

Donc Gaston et Hortense. Se retrouvant de nouveau après cette soirée chez les Guérin. De nouveau ensemble à chaque fois qu'ils le pouvaient. Avec la même discrétion que par le passé, la même fougue chez l'un, et la même retenue chez l'autre. Qui aurait pu oser dire vraiment qu'ils étaient amant et maîtresse ? Chacun rentrait le soir sous son toit respectif. Leurs rencontres étaient bucoliques, se déroulaient loin des yeux, la nature pour seul témoin. Un jour pourtant, Raoul les avait aperçus. Assis au fond de leur voiture. Devisant. Maintenant il savait où ils se donnaient rendez-vous. Près de cette chapelle des Trois-Ponts qu'un palmier solitaire dominait comme un drapeau victorieux, au bord de la Roxelane. Non loin de l'endroit où son père avait failli laisser sa vie pendant ce terrible cyclone. A cause d'elle. Aussi Raoul évitait-il maintenant cet endroit comme un promeneur dans un parc respectueux de la tranquillité d'un couple de daims. Passait au large, avec un certain trouble. A 65 ans et plus, son père avait peut-être enfin découvert le chemin du cœur. Après avoir tant sacrifié à la raison. Qu'il profitât de la défaillance de sa mère pour être avec une autre ne choquait que modérément Raoul pour le moment. Il lui en voulait davantage de l'avoir obligé lui-même, en même temps, à abandonner ce chemin-là en vertu des principes, des préjugés et des traditions.

A chaque fois qu'Hortense se rendait près de « Yeux Clairs », elle sentait la jeunesse lui revenir. Cette partie non vécue de sa jeunesse, seulement rêvée, admirée de sa fenêtre de jeune fille. Marius Mureau ne lui avait pas donné que des soucis, mais il avait manqué totalement de sensibilité avec elle. Ce qui lui advenait à Paris au même moment ne l'intéressait pas outre mesure. Elle avait appris avec la même indifférence qu'il avait décidé de prolonger son séjour.

Céline Pichard n'avait pu aller au Havre pour voir arriver le *Canada.* Retenue à Paris à cause de ses démêlés avec l'administration de l'Opéra décidée depuis peu à se séparer d'elle. A 35 ans, elle n'avait rien perdu de sa souplesse et de sa grâce, mais de plus jeunes battaient du pied à la porte du ballet. Ces ennuis n'arrangeaient pas son humeur, et Mureau fut déçu par ces bras retrouvés dont il espérait davantage. Ayant dû se séparer de son appartement, il avait élu domicile chez elle. Et dans cette bonbonnière fourrée de poupées, de fanfreluches, de colifichets, de dentelles, il se sentait aussi mal à l'aise que si elle l'avait obligé à partager sa loge d'artiste. Pour ajouter à sa contrariété, un homme au crâne lisse et aux yeux de feu avait frappé à la porte, le second soir, alors qu'il était seul. Et Céline avait montré, en l'apprenant, une certaine gêne. « C'est Igor, il veut m'engager dans le ballet qu'il est en train de monter... » Igor qui l'avait fait rougir comme une rosière. Mureau voyait maintenant des chauves partout. Et comme, en plus, il refusait de dilapider ses maigres économies dans les endroits à la mode, les soirées manquaient de bien des attraits, comparées à celles dont ils avaient tant goûté les splendeurs.

Heureusement vinrent des funérailles. Celles de Félix Faure, le président de la République, mort brusquement. Céline aimait toujours autant la mort et ses apparats. Ceux-là furent à la mesure de son plaisir. Bien que troublés par la manifestation de la droite nationaliste menée par Paul Déroulède. Céline força son ami à l'accompagner jusqu'au bout, dans une robe de cachemire noir avec garniture de crêpe qui moulait son corps comme une anguille. Jusqu'au bout avec cette pâtisserie funèbre sur la tête, cet énorme chapeau fait de plumes d'autruche noires et de tulle de même couleur, scintillant sous une poussière de strass comme sous une pluie de sucre cristallisé. Mais Félix Faure avait été son ami, et il lui devait bien ce sacrifice. Il regretta quand même un instant de ne pas se trouver à Saint-Pierre à cette occasion car le grand deuil avait été décrété dans la colonie. Glas des églises, journaux bordés comme des faire-part de décès. Regretta ce service funèbre auquel il aurait assisté, mêlant son affliction à celle des personnalités de la ville, des fonctionnaires portant cravate blanche ou noire et chapeau garni de crêpe. Regretta aussi de voir présider par un autre l'inauguration du monument élevé à la mémoire de Georges César-Laîné, son frère. Bien modeste stèle pour un si grand homme. Il y avait eu si peu de souscripteurs ! (« L'ingratitude et l'oubli, il faut être un homme politique pour en connaître vraiment les affres ! ») Mais son plus grand regret, c'était surtout d'avoir appris par lettre, si loin, si désarmé, les événements dramatiques survenus récemment dans son île. Parties du nord, des bandes d'émeutiers avaient parcouru le pays, pillant, incendiant les récoltes. La troupe avait tiré : onze morts.

— Onze ouvriers, onze travailleurs agricoles à qui l'on refusait des salaires décents ! Voilà ce que produit la politique quand elle est faite par des hommes peu scrupuleux, aux poches pleines, comme Monsieur Knight.

Céline : « Calme-toi, calme-toi », mais il ne décolérait pas. Depuis qu'il avait appris l'entrée au Sénat d'Amédée Knight, le distillateur de Saint-Pierre. Le si florissant, si prospère distillateur et planteur, devenu président du Conseil général. « Calme-toi, calme-toi ! » Elu sénateur le 13 août 1899 en remplacement de feu Vincent Allègre avec 197 voix contre 75 à Monsieur Sainte-Luce, conservateur.

— Ce socialiste de la gauche démocratique qui paie ses ouvriers avec un lance-pierre !

— Calme-toi donc, Marius.

Se calmer ? Alors que les scissionnistes du parti républicain, les Knight, les Deproge, tous ces « collectivistes » regroupés autour du journal *L'Opinion* édité à Fort-de-France, utilisaient à leurs profits ces syndicats d'ouvriers qu'il avait lui-même contribué à créer dans tout le pays ? Transformaient ces organisations de défense en vils comités de propagande à leur solde ?

Parlant pour lui seul, suffoquant, tremblant, devant la danseuse ébahie, incapable de saisir un seul mot de la tirade :

— La politique sert à créer les syndicats, la politique servira à les désorganiser et à les détruire, c'est une loi fatale. Peu importe à ses schismatiques de fausser ces institutions pourvu que par elles ils puissent arriver à une hégémonie politique plus exclusive et plus tyrannique !

Il s'était levé, marchait de long en large, gesticulait. Céline, de plus en plus inquiète :

— Mais pourquoi me dis-tu tout ça, Marius, je n'y suis pour rien !

— Et pendant ce temps-là nos tafias, nos sucres et nos mélasses, nos éléments exclusifs de vie, vont à vau-l'eau !

Marius Mureau défenseur des épiciers en gros, des chevaliers de la mélasse ! Ainsi, prenant de l'âge, et échaudé par sa malheureuse expérience d'homme d'affaires, l'ancien député s'était-il éloigné de ses idées extrêmes pour se rapprocher des républicains modérés, des « progressistes » animés par ce grand bourgeois protestant de Nantes, Waldeck-Rousseau. Halte à la droite conservatrice, cléricale, militariste et anti-dreyfusarde ! Mais halte aussi à ces socialistes et radicaux socialistes dévoyés qui ne pouvaient qu'amener l'anarchie par leurs excès en tous genres !

Heureusement, le Paris de cette fin de siècle, la bonne ville de ce « bon Monsieur Emile », le président Loubet, l'homme à la belle et longue barbe, a suffisamment d'atours et de séduction pour faire oublier un peu tous ces sujets d'irritation. Dans six mois, ouverture de l'Expo ! Ventre ouvert de Paris où vrombissent jour et nuit les machines. (« Attention, le premier métro va sortir de terre, là, sous nos pieds ! ») Automobiles pétaradantes, fumantes, nauséabondes, montées par des personnages masqués, pressés sans doute de rallier quelque carnaval. On monte dans l'autocar de Dion-Bouton jusqu'aux pentes du Trocadéro où s'étagent les pavillons coloniaux. Celui de la Martinique règne seul, écrasant de son importance les modestes Guadeloupe et Réunion. Délégué par le « comité pour l'Exposition universelle », Gaston Landes a quitté Saint-Pierre et son lycée pour venir surveiller les derniers préparatifs. Trop tard ! Ce célibataire endurci a aperçu Céline au bras de Mureau. (« Après tout, je m'en fous ! ») Mais l'ancien député hèle quand même un fiacre pour la ravir à d'autres regards. Jamais ce pavillon ne sera prêt pour l'ouverture. (« Comment s'attendre au contraire avec les incapables qui dirigent aujourd'hui la colonie ? »)

A Saint-Pierre, pourtant, on s'activait. Les caisses s'amoncelaient sur le bord de mer, remplies de ces produits porteurs d'espérance. Mêmes rêves caressés, mêmes illusions qu'en 1889. Si cette exposition pouvait relancer les sucres et les rhums ! Peut-être Raoul du Morne Cordier se rendrait-il à Paris pour s'assurer de la bonne présentation des productions du Grand-Morne : le rhum, le sucre, la banane, le café et le cacao. A moins que son mariage ne fût avancé. Gabrielle venait d'épouser son vaniteux, les Saint-Domingue sécrétaient donc moins d'inquiétude. Mais le père de Raoul souhaitait accélérer les choses car Eugénie montrait depuis quelque temps des signes d'épuisement tout à fait alarmants. Et puis ces émeutes, ces pillages organisés, partis du François et durement réprimés par la troupe, avaient exhumé derrière eux, dans chaque habitation, avec les fusils rouillés, les vieux fantômes de l'angoisse. Au cercle de l'Hermine, émigré depuis peu rue de l'Hôpital, les survivants des heures héroïques reprenaient leurs couplets vengeurs, agitaient de nouveau, comme de sinistres oriflammes, leurs prophéties cataclysmiques.

René Bonneville n'aurait pu choisir meilleure époque pour faire paraître son roman « Le Triomphe d'Eglantine ». Quelle revanche pour l'ancien employé de banque limogé que cette tempête soulevée aussitôt par ce livre dans la société blanche ! Oser étaler au grand jour les amours coupables d'un jeune béké pour cette jolie Chotte, cette mulâtresse, née d'un notaire blanc de Saint-Pierre et d'une fille de couleur séduite et abandonnée ! Chotte, tout le monde croyait la connaître. Et ce notaire, n'était-il pas celui qui s'était récemment vanté en public de compter derrière lui quarante bâtards de couleur ? Et Raoul, ce jeune béké forcé par son père de se séparer de Chotte pour épouser une de ses cousines ? Raoul du Morne Cordier avait pourtant supplié Bonneville. « Appelle-le comme tu voudras, il y a tellement de saints dans le calendrier. » Mais le romancier entêté : « J'ai vécu avec ce Raoul depuis tant d'années, je ne peux pas l'abandonner. » Alors, bien sûr, le rapprochement était trop facile, le jeu trop facile. On avait persiflé sous cape. Aux dépens de ce seigneur du Grand-Morne qui interdisait à son fils ces plaisirs défendus par sa morale, tout en ne se privant pas de les savourer lui-même. Aux dépens de tous les békés. Gaston du Morne Cordier avait perdu sa légendaire impassibilité :

— Cet écrivassier nous fait du tort, il faut que nous nous opposions à la vente de son bouquin.

(Il l'avait lu et l'avait trouvé malheureusement assez bien écrit). Que faire donc ? Consulté, le notaire Dorwling-Carter, l'ami de la famille, avait secoué la tête, impuissant. « Aucune chance d'arriver à vos fins. » Il ne restait donc plus aux du Morne Cordier et à tous ceux qui se sentaient visés de fermer leur porte et leurs oreilles. Et de souhaiter une courte carrière à ce roman. En attendant Raoul évitait de s'afficher davantage avec René Bonneville. Et pensait à Gabrielle que la lecture de ce livre avait dû plonger dans le trouble et les larmes. Raoul assistant avec Salavina et Saint-Prix à la première séance de cinématographe en Martinique dans la salle de restaurant de l'Hôtel des Bains, et entendant quelqu'un crier derrière lui dans le noir : « Et Chotte ? Tu l'as laissée à l'habitation ? » La rage. Incapable de suivre convenablement ce film si intéressant, « La Passion du Christ », la célèbre production de Louis Lumière. Serrant les poings. Et quittant les lieux sans attendre la suite du programme annoncé par Monsieur Philippi, ce promoteur audacieux à qui l'on devait la primeur de ce spectacle magique. Ces « pellicules de tableaux d'actualité » sur l'affaire Dreyfus et sur les malheurs du président Loubet dont le haut-de-forme avait été cabossé d'un coup de canne royaliste au Grand Prix de Longchamp.

Donc le mariage avait été avancé et Raoul, finalement, n'avait rien trouvé à en redire. Il avait si hâte d'en terminer avec toutes ces affaires, avec toutes ces interférences familiales. A 42 ans ! Avec les violations de sa vie privée. Mariage, comme il se devait, en grand tralala. Cérémonie religieuse célébrée par le chanoine Anquetil, le successeur de l'abbé Sulpice Mureau et le doyen des prêtres de Saint-Pierre, ce doux être que Raoul avait rencontré trois fois avant de se retrouver devant lui, ce jour-là, à côté de Marie-Thérèse de Saint-Domingue. Il n'ignorait rien de ses démêlés sentimentaux, de sa bataille perdue, et sa voix chantante lui revenait encore, résonnait encore aussi étrangement que le soir où il lui avait dit, à la sacristie, la main sur son épaule : « Peut-être un jour retrouverez-vous la satisfaction de votre cœur. Les desseins de Dieu sont si impénétrables. » Mariage en grande pompe qui avait déplacé malgré la pluie autant de curieux devant l'église que d'invités à l'intérieur. Faste. Splendeur des robes décrites une à une par la chroniqueuse mondaine des *Antilles*. « La mariée, voilée à la juive, robe de satin blanc, forme princesse, corsage lacé dans le dos, en soie bouillonnée, jupe à tablier avec dans le bas un volant de mousseline décoré d'un cordon de fleurs d'oranger.

Demoiselles d'honneur en popeline vert amande et en soie rose chair, plis lingerie, manches pagode, chapeau en tulle illusion orné d'ailes de Mercure ». Toutes ces dames affichant la même magnificence. Brasillement du strass et de l'or sous les lustres royaux. Trilles féeriques des grandes orgues sous les doigts d'Albert Erhard, redevenu professeur de piano pour les demoiselles de la société en attendant la réouverture de son théâtre. Et stupéfaction générale à voir les dizaines de têtes prises par un soudain tournis : la marche nuptiale chantée par la plus belle voix de Saint-Pierre, une voix certainement vieillissante mais si peu altérée, la voix de François Bernard. Le marié lui-même avait été surpris. Personne n'avait rien su du coup que le tailleur avait fomenté avec Albert Erhard et l'abbé Anquetil. Il tenait tant à faire ce geste à l'égard de Raoul du Morne Cordier. En reconnaissance. Pour l'honneur d'avoir été chargé de la coupe de son habit. Certes, le marié n'était pas le mieux vêtu, chacun avait pu le constater. Son pantalon rayé avait du mal à tomber avec rigueur à cause d'un coquin défaut à la hanche, et sa jaquette montrait une légère indiscipline à l'épaule droite. Mais Raoul se trouvait bien dans ce costume car il avait été taillé avec tendresse. Dans sa maisonnette, devant le miroir à trois faces où se reflétait le futur marié, François Bernard admirant son travail de loin avec sa femme : « Mi cadence-mi ! (Quelle allure ! ») Et en s'esclaffant bruyamment, mélangeant patois et afféterie : « Tonné crasé moin en mille miyettes, vous allez voir que vous allez séduire à l'envi toutes ces belles ti-mounes là ! »

Joie à La Bastide, la propriété des Saint-Domingue, quand on avait vu soudain le soleil ressusciter après la pluie. On pourrait faire enfin, tout à l'heure, la photo de famille devant l'habitation. Joie pendant le déjeuner, ce véritable banquet de soixante-treize couverts qui réunissait bien des grands noms de l'île. Marie-Thérèse avait dit : « Soixante-treize, ça porte malheur, il faudrait inviter quelqu'un de plus. » Et on n'y avait pas pensé davantage. Lucy préparait son appareil photographique. Raoul considérait tous ces amis et sa très jeune femme à travers le film translucide de sa douce ivresse. Les yeux de biche de Marie-Thérèse lui feraient-ils jamais oublier complètement ces autres yeux qu'il revoyait encore, même à présent, même en cet instant où le sacrement s'était interposé pour toujours, avait tranché son destin de sa lame suprême ? La fin du repas approchait, et les rires explosaient avec les bouchons de champagne. Debout, Lucy scrutait le ciel, appuyé à la fenêtre, inquiété par quelques cumulus, clients habituels de décembre, et traditionnels ennemis des photographes. Le brouhaha était tel que personne ne l'entendit crier. Sauf Raoul, placé non loin de cette fenêtre. Raoul observant maintenant avec Lucy ce qui avait provoqué son exclamation. Penché à la fenêtre comme vingt, trente autres, aux autres fenêtres. Fascinés par ce qu'ils apercevaient au loin, dans un coin du ciel complètement dégagé, vierge de toute nébulosité. Dans le plus pur morceau du ciel. Et cornant leur étonnement comme Lucy l'avait fait. Un étonnement justifié ! Inanimé, figé, cristallisé dans sa raideur cadavérique, mort, enseveli, depuis quarante-huit ans, le volcan fumait.

— Vite l'appareil photo !

En un clin d'œil tout le monde se retrouva dehors. La mariée, dans une envolée de mousseline. Piailleries des enfants endimanchés. Aboiements des chiens dérangés dans leur sieste. Chacun allait de sa description et de son explication. Lucy braquait son appareil comme un canon de campagne. « Les plaques, passez-moi les plaques ! » Et Gaston du Morne Cordier s'était armé de ses jumelles d'officier.

— Rien de méchant ces mofettes, un simple renvoi de gaz. Il a dû boire trop de champagne, lui aussi.

Rires. Ces fumerolles semblaient en effet bien bénignes. Un steamer à l'ancre, trois heures après son arrivée, laissant doucement éteindre ses feux. Si impondérables, si inconsistantes qu'elles apparurent à peine sur les plaques sensibles. Lucy profita de cette fin de repas inopinée pour rassembler tout le monde sur le perron. Pressé. « Allez, les enfants devant, assis les jambes croisées ! » Pressé de se rendre chez Landes à Fonds-Printemps.

Une heure après, le photographe et le professeur partageaient passionnément leurs opinions, se livraient à une observation détaillée grâce à la longue-vue de marine dont Gaston Landes s'était maintenant équipé. « Fumerolles sulfhydriques apparaissant dans la partie orientale. » Lucy notait. Pendant qu'à côté, insouciant, le jeune voisin et élève du professeur, Edouard Thouin, pataugeait dans le bassin de la villa, abrité d'un toit de palmes, éclaboussant Zéphirin, le vieux domestique.

— Rien à voir avec août 1851, remarqua Léon Lucy, d'après le Dr Rufz il y avait eu trois colonnes de fumée, assez épaisses, une noire puis deux blanches. Pas de tremblement de terre mais une violente vibration du sol et des émanations de soufre qui chassèrent de chez eux les habitants du voisinage.

Lucy pensa à Grandvizi et à Théobald Monand, les deux

ermites de la montagne. Seraient-ils obligés de fuir ? En 1851, l'un comme l'autre avaient dû descendre jusqu'au Morne-Rouge, poursuivis par cette nuée comme par une tempête de sable.

— Voilà bien le moment d'aller y refaire un tour.

Mais Landes ne pouvait s'absenter de Saint-Pierre avant plusieurs jours. Car il devait prendre en main la direction du jardin botanique, en plus de sa charge au lycée, et le travail ne manquait pas. En ville, on n'avait pas prêté une attention très soutenue au phénomène. Sitôt passées les premières notes de curiosité, les oh ! les ah !, chacun avait repris ses occupations. Un samedi soir comme un autre, l'esprit tourné vers l'attrayant lendemain. Et puis, quoi de plus naturel ? La pluie tombe, le vent souffle et les volcans fument. A table, au dîner, on en parla quand même un peu. Les vieux surtout évoquèrent ce mouvement d'humeur autrement plus sérieux de la « soufrière » qui avait duré plus de trois mois.

— Les gens fuyaient avec des flambeaux dans la nuit, raconta Landes à ses élèves le lendemain, (Landes qui l'avait su de Zéphirin), les gens se rendaient dans les églises pour implorer miséricorde. La dernière manifestation de la Pelée remonte à 1792. Mais cette fois-là il n'y avait eu qu'une explosion de gaz au sommet qui avait rasé quelques arbres et tué dix-neuf manicous dont on avait retrouvé les cadavres. Une éruption qui n'avait guère attiré l'attention des habitants de l'île. Il est vrai qu'on était alors en pleine révolution...

Lucy pesta contre la nuit dont la lune trop timide, transie sous son molleton, ne lui permit pas de discerner un seul instant le sommet du volcan. En tout cas il ne perçut pas de grondement, ne sentit aucun tressaillement du sol. Mais ce qui le surprenait davantage, c'était l'indifférence des gens. Comment ! Quelqu'un se réveillait après quarante-huit ans, quelqu'un d'important, et combien avaient vraiment levé la tête ? Plus surpris encore par l'apathie officielle. Qui avait réagi à Saint-Pierre et à Fort-de-France, dans l'administration, aux sièges du pouvoir local ? Peut-être aurait-on pu se poser quelques petites questions. Notamment celle-ci : pouvait-on encore prétendre comme d'éminents scientifiques parisiens que la montagne Pelée était un volcan éteint ?

— Tu vois, même la montagne a voulu fêter ça, dit Marie-Thérèse à Raoul en se pressant contre lui dans la voiture qui les emmenait en voyage de noces.

Oh, un voyage bien modeste ! Tout le monde fut d'accord pour qu'en cette période de crise on ne s'absentât ni trop loin ni trop longtemps. D'autant que les travaux de transformation du Grand-Morne avaient souffert de quelque retard. A cause du naufrage dans la baie du Galion, de ce navire russe que la mer en furie avait englouti avec deux turbines et deux appareils à cuire le sucre dans le vide, embarqués au Havre. Bref on avait loué une maison au Prêcheur, à une heure à peine du Grand-Morne avec un bon cheval. Une maison sur la plage au milieu des cases de pêcheurs. Grâce à François Bernard dont le vieil ami, Théo Duribar, connaissait tout le monde dans ce village qui l'avait vu naître. Il se trouvait d'ailleurs là quand la voiture, cette belle acquisition aux sièges de cuir neuf, déboucha devant le modeste chalet en bois. Théo, le bon Noir que sa propension à consommer le rhum sans discernement privait assez souvent d'équilibre. Ce qui n'était pas le cas en ce dimanche, souffrant actuellement seulement d'une migraine attrapée la veille sans qu'il sût pourquoi...

— Suivez-moi, ou cé an ababa-moustapha. (« Vous n'allez pas en revenir. »)

Le tour du propriétaire. Trois pièces humides au parquet mou, reposant sur des pilotis vermoulus, une toiture de tôle, trois fenêtres ouvertes généreusement sur le large, offertes à la brise salée. Derrière, un jardinet limité par une haie de campêches aux chatons odorants, des pruniers sauvages piqués de clochettes roses. Le sable noir jusqu'aux pilotis, rampant avec la vigne de mer, ces « patates bod'la mé » d'un vert éclatant agrippées au sol comme des chats effrayés. Effrayés sans doute par le ressac bien moins commode ici qu'à Saint-Pierre. Duribar leur présenta leurs voisins, des pêcheurs nus jusqu'à la ceinture, loups de mer tannés, riant sous leur large chapeau de paille, à l'ombre de leurs filets, tirant sur leur bouffarde ou leur « bout » mâchonné. Leur présenta Alexandre Boisson dont la femme Loulouse portait le poisson au marché du Fort, sur sa tête, chaque jour, payant ainsi les études de Félix, leur fils qui se destinait aux troupes coloniales. Augustine Ciparis, une brave épouse, lavandière à ses heures et pas fière, elle, de son fils, Louis, un joyeux colosse tanguant plus souvent dans les bistrots que sur la banquette des gommiers. Louis Ciparis, dit « Sanson », un des compagnons de beuverie habituels de Duribar, un garçon doux à jeun et méchant autrement.

Une semaine ainsi à vivre loin de tout, parmi ces gens frustes mais si naturels, si riches de leur sincérité. Une semaine pour jouer avec l'écume, avec ces avortons de crabes jaunes aux pattes velues. Pour jouer avec les tortues courant vers leur élément à peine sorties de l'œuf. Ou assister à un combat de coqs assis avec François Bernard, Duribar et Ciparis sur les gradins d'un petit cirque recouvert d'une toile en forme de chapeau chinois. Assister à l'affrontement pathétique de deux « coqs game », deux coqs nés pour mourir héroïquement. Pauvres volatiles dressés pour s'entre-tuer devant cinquante spectateurs appelant le sang et la mort. Dressés comme des gladiateurs par leur propriétaire respectif. Nourris de poivre de Cayenne, abreuvés de tafia, le croupion frotté au piment rouge. Ça y est ! La cloche a sonné et les deux combattants posés à terre, attendent entre les mains de leur maître le signal de l'attaque. Entre ces grosses mains, lissant leurs plumes, leur tête rasée, caressant le col, le bec, mouillant le ventre dénudé, rouge vif. On les a pesés. A pleine bouche, on a sucé leurs ergots pour bien montrer au public qu'ils ne sont ni empoisonnés ni armés d'éperons de fer supplémentaire. On leur a parlé tendrement à l'oreille comme à celle de la fortune. Et maintenant que les paris sont engagés le second coup de cloche retentit. Et les coqs se précipitent l'un vers l'autre. Oiseaux dépenaillés, ridicules. Tondus, la tête basse et la queue en bataille mais pitoyables. Où est la fierté de ce noble animal, roi des basses-cours, symbole national ? Deux voyous. Qui se labourent le flanc. Qui s'étripent, qui s'entr'égorgent. Qu'on encourage au meurtre. « Pas lagué-i ! » (« Ne la lâche pas ! ») — « Tué-i mon fi ! » (« Tue-le, mon fils ! ») Et quand le vainqueur lance son chant d'aurore, l'autre retrouve, pantelant, de grosses mains consolatrices, des caresses affectueuses, une joue où le sang se mêle aux larmes de la défaite.

Une semaine donc pour oublier tout. Et regagner le Grand-Morne dans la voiture neuve, les nattes de Marie-Thérèse sur l'épaule dans l'échancrure de la chemise, fraîches comme deux « couresses », deux petites couleuvres. Et ne plus s'étonner de cet anneau brillant qui enserre le doigt. Et ne plus penser à rien en passant le pont de la Roxelane. A rien en entrevoyant dans une trouée de verdure les coulées verticales des rues vers la mer, et la saignée horizontale de la rue Bouillé, devant la cathédrale. A rien. En apercevant plus loin, au bout de la rade, ce paquebot arrivant de France au bout de sa trace de limace, ce même paquebot qui l'avait ramené un jour, lui, Raoul, d'un Paris où il avait voulu tout oublier.

Ce paquebot dont les passagers, groupés à la proue, découvraient les démonstrations du volcan. Et parmi les passagers, la haute silhouette et les cheveux broussailleux de l'ancien député. Revenu plut tôt que prévu à cause de ce télégramme qui lui avait annoncé la mort prochaine de da Amante. Le féal Arsenal l'attendait. Son deuil le rendait plus noir encore :

— Madanm'-la a monté, Missié, foute la peine profiteu ! (« Elle est morte, monsieur, le malheur nous poursuit ! »)

Enterrement prévu le lendemain. (La mort est pressée dans ces pays, comme le soleil pour tomber). Rien n'avait pu retarder la fin de cette pauvre femme que Marius Mureau avait toujours considérée comme sa mère adoptive. Ni les remèdes du Dr Marry ni ceux de Sigismond que Lucie Saint-Jude était allée consulter au Carbet, dépêchée par la vieille dame. Les tamarins aigres délayés dans du sirop n'avaient rien fait contre les douleurs intestinales. Pas plus que les injections de papier jaune et de poussière de craie.

Mureau se rendit aussitôt chez le fils d'Amante où sa dépouille avait été transportée. Une misérable case perdue en pleine nature, cernée de bananiers, de multipliants, de lataniers, à deux kilomètres de Tivoli. Hortense était là déjà, sous une mantille noire qui cachait ses larmes. Au milieu d'un monde envahissant et bruyant, de tous ces paysans endimanchés, ces « bitacos » en vestes blanches, en longues robes fleuries. Au milieu de ces gens à la joie surprenante qui, après avoir aspergé la défunte d'eau bénite et présenté leurs condoléances, se rassemblaient sur la galerie pour boire, manger, chanter. Pour jouer aux dés ou aux dominos. Ou entendre les exploits légendaires et fantaisistes de da Amante énoncés par un parent. Ou les aventures de « compé lapin » ou de « Papa ti poisson » retracées par le conteur de service. Et entendre après lui l'assistance répéter « Eh-cric ! » « Eh-crac ! » autant de fois que l'exigeait la tradition. Et entendre dans la chambre mortuaire les versets psalmodiés et les lamentations, à la lueur de quatre bougies rituelles éclairant la morte. L'élégante morte que l'on a habillée de sa plus belle robe, couchée sur le drap neuf qui lui servira de linceul. Entendre jusqu'à l'aube les chants nostalgiques sous la lumière fumeuse des torches de résine. Et lamper verre sur verre. Et parler. Et chanter encore. Et rire. Et applaudir. Pour ne pas rester seul avec la mort. Pour traverser la nuit ensemble, sans risquer qu'elle vous prenne. Pour échapper à toutes les forces mauvaises qu'elle recèle.

Amante fut enterrée le lendemain matin au cimetière du Fort. Dans le caveau des Mureau. Hortense avait eu le temps d'en aviser la mourante. C'était la volonté de Marius. Il lui devait bien ce geste. Elle qui lui avait donné toute sa vie.

Douleur d'Hortense à la pensée qu'on allait faire basculer cette grosse pierre et que le trou béant allait apparaître. Hortense, restée seule à la maison puisque les femmes ne devaient pas enterrer les morts. Cette fois-ci Mureau avait mis ses convictions dans sa poche. Ebauchant même un signe de croix quand l'abbé Anquetil, le successeur de son frère, avait refermé son livre après la dernière prière. Amante dont il entendait encore la voix, à la fête foraine lorsqu'il manquait de basculer de son cheval de bois : « Pengade, ti-chouchou ! Ou caï tombé ! » Et l'odeur du café qu'elle faisait griller chaque matin dans la poêle, l'odeur des peaux d'orange jetées dans le premier feu du réveil pour embaumer la maison, l'odeur des matins d'Amante.

Neuf jours durant Hortense dut rejoindre la famille dans la chambre qu'occupait Amante. Neuf jours autour du lit funèbre, éclairé par une petite lampe à huile religieusement alimentée chaque matin, sous l'œil fixe de la pendule arrêtée à l'heure fatale et voilée de crêpe. Pour mêler les mouvements de son âme à ceux des autres, pour aider Amante à rejoindre le Seigneur. Et pleurer. Pleurer sur elle-même. Amante partie, Lucie accaparée par l'amour, que lui restait-il ? Son mari était revenu, mais dans quelles dispositions ? Et comment allait-elle pouvoir poursuivre ses relations avec « Yeux Clairs » ? Elle ne donnait d'ailleurs pas longtemps à Marius pour recueillir sur leur compte bien des médisances. Mais là, elle aurait de quoi se défendre. Ne serait-ce qu'avec ces lettres enflammées qu'elle avait trouvées, sans les chercher du reste, sous le papier de cette cloison défoncée par le cyclone. Ces lettres d'une mièvrerie rare qui la rassuraient, finalement, sur sa propre supériorité. (Au fond les hommes infidèles poussent au moins la galanterie à se contenter souvent de moins bien).

Fêter la naissance du siècle avec Céline dans ce Paris où tout était préparé pour cet avènement. Voilà encore un plaisir auquel Mureau avait dû renoncer. Mais cette séparation inopinée avait peut-être évité un divorce définitif. Les derniers jours avaient été si pénibles à supporter ! Bouderies interminables d'où personne ne voulait sortir le premier. Grosse pierre du silence qui écrasait lentement les sentiments. Dans ces conditions, qu'il l'eût quittée un peu plus tôt ou un peu plus tard, quelle différence ? (« Quand on n'a plus rien à se dire, il vaut mieux se séparer, et tout de suite. ») Mais il y avait la nuit pour tout réparer. Céline savait si bien se racheter une fois la lumière éteinte. Et les lumières de cette dernière nuit de l'an ! Et son désespoir quand il lui avait annoncé son départ. (Ses bras qui le serraient, une étreinte inouïe, comme si elle l'avait vu glisser dans un trou, un précipice, disparaître, mourir). Il lui avait donc fallu revenir. Rechausser ses vieilles savates, fouler de nouveaux ses ruines. A 52 ans. Retrouver cette femme que chacune de ses absences éloignait un peu plus de lui. Son lit froid. Et aussi ses batailles. Ce journal dont il était bien décidé à relancer la vente, auquel il allait redonner cœur et âme. Depuis qu'il avait appris l'accession de Lucy à la direction des *Antilles.* Lucy, un homme dont il connaissait la pugnacité. Bien décidé surtout à lutter de toutes ses forces contre le « socialisme frelaté » et le radicalisme de Knight et de Deproge, et contre leur journal *L'Opinion.* Faire des *Colonies* un grand journal « progressiste, libéral et réformiste », l'organe de combat de tous les vrais socialistes. Pour défendre le peuple sans démagogie. Défendre les ouvriers sans les pousser contre les baïonnettes, sans les livrer au massacre par la troupe comme à Trinité.

« Almanach 1900, 1 franc la douzaine. Langage des fleurs, devises nouvelles. En vente au bureau. » Mureau accrocha cette réclame à la porte et la ferma derrière lui. Remonta la rue Victor-Hugo. Balcon de Théodore Bellard, prison, maison de Lota, batterie d'Esnotz... Remonta ses souvenirs. Lampadaires électriques suspendus comme des perles, et leurs ronds de lumière. Noël. Dans quelques jours. A voir les crèches scintiller derrière les persiennes, à entendre le bourdonnement nostalgique des cantiques. Et dans les arrière-cours, et les « dépendances , le domaine des domestiques, les cris épouvantables des cochons qui allaient faire encore une fois les frais des ripailles. Un charivari attira Mureau jusqu'aux fenêtres du Grand Balcon. Bonneville s'essayait à la trompette sous l'œil admiratif d'une section de zouaves en ribote. Saint-Prix Roné déclamait son « Chant pour la France » enfin honoré par les presses de l'imprimeur... « O ma France chérie, toi qui adoptas pour ton fils le fils de l'Africain... » Tandis que Marius Repo et Werner Ranifa chantaient, gueulaient : « Voilà zou-zou, voilà zou-zou, voilà zou-â-â-â-ve ! » Et lançaient au plafond les chéchias des vaillants militaires. Buvaient à la santé de l'armée française. A la santé du volcan qui devait avoir bien soif pour fumailler autant. Buvaient. Et personne ne parlait de ces onze ouvriers que la troupe avait assassinés au François. La troupe, ces zouaves avinés, peut-être. Onze pauvres nègres transformés en chair à canon par des socialistes dévoyés. « Peuple inconscient et futile, quand se réveillera-t-il ? »...

Ce volcan fit donc boire beaucoup mais peu parler de lui. Et ne donna pas le temps à Lucy et à Landes de monter sur sa tête pour l'examiner de plus près. Les fumerolles disparurent avant que le dernier jour du siècle eût pu en faire autant. Les deux amis se retrouvèrent le soir du réveillon chez Thomas Prentis, le consul américain, au Mont Béni, avec Salavina, Raoul du Morne Cordier et leur épouse.

— J'espère que les humeurs de notre volcan n'ont pas traversé l'Atlantique, dit Clara Prentis. Sinon c'en est fini de notre espoir de voir un jour ma sœur Alice à la Martinique.

Et elle voulut rappeler les prédictions sinistres que Lucrèce Couesdon avait confiées à « L'Echo du merveilleux ».

— Nous savons, coupa Thomas Prentis, agacé, elles figurent page 156 et tout le monde les connaît par cœur.

A partir de ce moment-là on évita d'évoquer la montagne. On alla très loin, à Paris. Où Waldeck-Rousseau venait de nommer un ministre de la Guerre réactionnaire, le général de Galliffet, celui-là même qui avait dirigé la répression contre les communards. Ce qui provoqua aussitôt la grande fureur de Salavina. A Paris, où la voiturette Richard s'était montrée bien supérieure à sa rivale américaine, la Stanley, « sans odeur, sans bruit et sans trépidation », avec toutefois l'inconvénient de ne pas posséder de marche arrière. Mais comme ce sujet avait l'air de contrarier le consul, de hérisser sa courte barbe blonde en forme de cactus, de geler ses yeux de fjord, on passa encore à autre chose.

Juste avant minuit, on sortit pour admirer un instant le spectacle de la nature endormie, curieux aussi de savoir ce qu'elle allait bien pouvoir inventer pour marquer cette date fatidique. Un ciel neuf attendait le siècle neuf. Au loin Saint-Pierre scintillait faiblement. Feu couvant de tisons. Des navires piquetaient la rade de petits clous cuivrés. Des chants arrivaient du lointain par bouffées, brouillés par la friture des insectes. Plainte aiguë d'une clarinette chipotée par la brise de terre. Minuit, le monde allait-il soudain s'écrouler ? Tant de prophéties avaient battu la campagne qu'on pouvait se permettre ce petit frisson le long du dos. Salavina retrouvant sous les étoiles ses ritournelles géorgiques :

— « Felix qui potuit rerum cognoscere causas ! »

Et il dut traduire pour le consul qui ne possédait pas un traître mot de latin, cette invitation à pénétrer les secrets de la nature et à s'élever au-dessus des superstitions du vulgaire. Encerclé par les bras de sa femme, la joue agacée par l'une de ses nattes, Raoul ne pouvait empêcher ses pensées de hanter une dernière fois, très vite, les greniers du siècle moribond. Ouvrir ces vieux tiroirs, cette malle veloutée de poussière, pousser cette porte miaulante. Une dernière fois, peut-être, dire adieu à Gabrielle. Souvenir de cette Saint-Sylvestre passée loin d'elle, à Paris, en compagnie de son vieil oncle qui avait ressorti pour l'occasion son dolman de hussard. Coupes levées, frémissantes de bulles : « Je bois à tes amours, Raoul, qu'elles durent toujours, et par Saint-Georges, vive la cavalerie et mort aux cons ! Et Dieu sait s'il y en a ! » Cher, brave oncle Félix. Avec lui seul, Gabrielle aurait triomphé. Bulles crevées de ce siècle qui allait mourir.

Bruissantes bulles sous les yeux étincelants d'Hortense Mureau. Sous ses yeux que cet instant de plaisir avait fini par persuader du bonheur. Elle est là, enfin, dans sa jupe à traîne de satin jaune, serrée un peu au-dessous des seins, avec son madras rayé, clignotant d'épingles et de glands dorés. Là, enfin. Avec ses colliers de perles d'or ciselés, ses « colliers chou » et ses « zanneaux à clous », ses larges boucles d'oreilles entrelacées qui tremblotent comme sa main sur le cristal, comme ces bulles. Là, enfin près de lui, face à lui qui ne l'attendait plus. Depuis deux heures, déjà, tournant en rond, épiant derrière le contre-vent, entrouvrant la porte de cette villa de Fonds-Coré. Il avait entendu arriver le dernier tramway près de l'Ex-Voto, des rires de noceurs, des aboiements lancinants. Et il s'était dit vingt fois qu'elle ne viendrait plus. Qu'elle avait renoncé. Prise de remords. Ou gênée au dernier moment par un imprévu. Pourtant Gaston du Morne Cordier avait bien aperçu Mureau sur le pont du dernier vapeur. Il ne pouvait être revenu de Fort-de-France. Ce réveillon avec ses amis politiques était tellement important. Avant de remonter au Grand-Morne pour s'habiller, il avait tenu à s'assurer de son embarquement sur *Le Rubis*. Pour s'habiller comme s'il s'était rendu à l'invitation du gouverneur. Jaquette noire, gilet de satin blanc à boutons de nacre, nœud papillon gris souris à pois blancs. Et sur le visage un peu de cet « extra chypre » acheté chez le coiffeur Petit, rue du Mouillage. Et sur sa couronne de cheveux que ses 68 ans avaient tout juste réussi à argenter, un peu de brillantine Meiza. Son visage dans le miroir, sa peau lisse, à peine flétrie aux endroits où normalement commence le naufrage, au menton, au cou. « C'est fou ce qu'il ne fait pas son âge ! » Il fallait bien le croire puisqu'on ne cessait de le lui répéter. Pourtant que de lourdeur dans les jambes ! Mais bien convaincu de ses avantages quand il détaillait ses contemporains tous enfouis dans la graisse des ans, les Saint-Domingue, les Belain, avec leur bedaine en tonneau.

Bref, elle est là, maintenant derrière les persiennes de ce cottage caché dans les lauriers-roses, sous les lianes mexicaines, au fond de ce gîte d'une nuit. Là, sur son trente-et-un, comme si elle devait rivaliser avec cinquante autres. Appréciant, elle aussi, ses attentions, le champagne frappé, le foie gras du « Cordon Bleu » rue de l'Hôpital, ces hibiscus et cette petite boîte à poudre en argent, cachée dans sa serviette, ce si joli présent qu'elle laisserait dans cette villa afin d'éviter les questions embarrassantes. Et à minuit, découvrant, d'un geste cérémonieux comme un prestidigitateur, un magnifique phonographe à pavillon. Dont il baisse aussitôt le bras pour l'accueillir dans les siens. Valse de Chopin. Dernière valse d'une épouse fidèle. Dernière valse du siècle.

Hortense dormait quand son mari revint le lendemain matin vers 9 heures. Heureusement. Car il affichait sa figure des jours de crise. La soirée avait mal tourné, quelques-uns de ses amis ayant décidé d'abandonner la fête au beau milieu après une violente discussion avec lui. La politique, bien entendu. Parce qu'il avait osé affirmer son appui à celui qui était encore hier son pire adversaire, le « fieffé coquin », le « fieffé voleur », l'ancien maire de Fort-de-France, le docteur Osman Duquesnay. Lui donner raison publiquement contre Knight et Deproge. Comment ne comprenait-on pas ce revirement ? Fallait-il continuer à s'opposer à un homme quand il avait eu le courage de s'amender ? Car qui venait de monter à la tribune de la Chambre pour interpeller sévèrement le gouvernement au sujet de cette répression sanglante de Trinité ? Qui sinon Duquesnay et Denis Guibert, le député de la deuxième circonscription ?

— Denis Guibert, ce propriétaire blanc, cet ancien rédacteur en chef de *La Presse* et de *La Patrie ?* Cet ancien chroniqueur du *Figaro ?*

Et Mureau s'étonnant lui-même de la réplique surgie soudain de son esprit, s'imposant spontanément à lui :

— Un Blanc ? Oui, un Blanc ! Parce qu'aujourd'hui, il faut le reconnaître, les préjugés de couleur ne sont plus de mise. Parce que *Le Propagateur* et *La Défense coloniale,* ces feuilles qui représentaient les passions d'une autre époque, ont disparu. Parce que les Blancs ont cessé de bouder la République, se sont fondus politiquement dans la masse du pays. Parce qu'ils ont accepté loyalement les institutions !

Et qui criait le plus fort contre lui en cette nuit détestable dont il se serait bien passé ? Joseph Clavius-Marius ! Le compagnon de lutte des premières années, l'intime, le frère ! Passé à l'ennemi. Chez Deproge ! Par ambition, bien sûr. Briguant lui aussi les honneurs de l'Assemblée.

La voie aiguë de Clarinette retournée maintenant comme le fusil d'un traître contre la poitrine amie :

— Regarde ce que tu as fait de ton journal. Il n'est pas aujourd'hui allié plus fidèle des réactionnaires blancs que *Les Colonies !*

— Si l'attitude d'une race dans ce pays s'est formellement modifiée, comment peut-on reprocher à un journal et à un homme représentant la race adverse, de modifier leur attitude sur les transformations sociales accomplies ?

Guerre fratricide. Inexorable. Du haut de son pigeonnier, Mureau décochait au transfuge tous les projectiles de son arsenal. « Nous demandons à M. Clavius-Marius si l'homme qui était poursuivi en cour d'assises à l'occasion de l'affaire Lota en 1881, était le même qui, en 1896, se joignait à Monsieur Fernand Clerc pour écraser nos amis républicains de Trinité. A ce moment-là, il n'avait pas honte d'aller supplier les puissants usiniers de leur prêter aide et assistance pour, quelque temps après, les traiter d'affreux réactionnaires, d'affameurs des travailleurs ! »

Quel retournement ! Aujourd'hui c'était Mureau qui se plaçait dans le camp des usiniers, des affreux réactionnaires. Mureau l'allié du député blanc Denis Guibert. Ce député européen originaire de l'Hérault, élu en Martinique grâce justement à la persuasion de Fernand Clerc, l'usinier de Trinité et le maire de cette localité depuis six ans. Trinité, où avait eu lieu la sanglante répression... Fernand Clerc dont Mureau appréciait le tempérament décidé et, disait-on, la fortune. Car on prétendait qu'il lui devait la survivance des *Colonies*.

Pour tirer au clair cette sombre affaire d'émeute, le gouvernement avait décidé d'envoyer un enquêteur, l'inspecteur général Ricanon. Mureau applaudit des deux mains tandis que Knight récusait déjà l'homme comme un tyran antiprolétaire. Mois et mois d'empoignades. A travers lesquelles se profilaient les élections générales d'avril 1902. Avec tous les slogans beuglés par les uns et par les autres en métropole et qui arrivaient là, insolites comme des boules de neige : démocratisation de l'armée, guerre aux « moines ligueurs et milliardaires », suppression du Concordat, socialisation des mines et des chemins de fer...

Mois et mois d'esclandres, de bagarres, de duels. Pendant que dans les habitations le travail continuait silencieusement, que les petits trains fumants s'époumonaient, du champ à l'usine et de l'usine au port. Reine depuis un an, maintenant, l'électricité avait accru le rendement du Grand-Morne comme celui de beaucoup d'autres habitations. Le Crédit foncier colonial pouvait toujours ouvrir sa gueule, il ne happait plus grand-chose. Gaston du Morne Cordier n'avait pas complètement laissé les rênes de l'exploitation à son fils, mais il lui avait quand même confié, les yeux fermés, l'entière responsabilité de la partie industrielle. Raoul ne vivait donc plus que dans le bruissement mouillé des cylindres, le gargouillement des bacs de mélasse, le roulement des chariots, le sifflement de la vapeur. Une fois, une ombre vint grisailler les relations des deux hommes. Soucieux de moderniser la méthode de fermentation de la mélasse pour la fabrication du rhum, Raoul voulait essayer de substituer au moût mélangé à l'ammoniaque des levures pures et sélectionnées, ce qui lui semblait plus rationnel. La bouche paternelle se tordit :

— Ça va augmenter ton rendement en alcool et la qualité de ton rhum va en souffrir. Tu vas lui enlever une partie de son arôme. Je te conseille d'abandonner ton idée.

Il s'était entêté ! Et il avait dû donner raison à son père. Depuis lors régnait un froid. Des silences. Raoul ne l'invitait plus à partager sa table, au premier étage. Marie-Thérèse était enceinte, l'excuse affleurait le bord des lèvres, toute prête. Il aurait souhaité revenir vers lui, effacer la brouille. Lui dire : « Allons, viens déjeuner ! » Tout ça lui paraissait si ridicule, si démesuré. Mais il se sentait retenu. Empêché. Quelqu'un soufflait sur les flammes malgré lui. A plaisir. Il comprit en s'analysant un peu. Comprit pourquoi il lui en voulait vraiment. C'est sa mère qui lui imposait cette attitude, sa pauvre mère, du fond de son cabanon, du fond de sa déraison. Car depuis quelque temps Gaston du Morne Cordier se rendait moins souvent à la maison de santé coloniale. Moins souvent que lui-même. Oubliait le chemin de cette maison submergée par la végétation. Et voilà pourquoi. Il reprochait tout simplement à son père d'enterrer sa mère vivante. C'était une accusation bien horrible et il n'aurait jamais osé l'exprimer autrement qu'au fond de sa tête, derrière le bâillon de son grand respect, de sa grande affection. Mais il fallait en convenir : cette mulâtresse le détournait de son devoir élémentaire. Raoul ignorait leurs rencontres discrètes dans cette villa de Fonds-Coré. (Qui aurait pu s'en douter, du reste, avec leurs ruses de Sioux ?) Mais il se doutait bien que les absences de son père n'étaient pas seulement dues aux travaux des champs. Et comme il ne surprenait plus sa voiture près de la petite chapelle, il imaginait d'autres rendez-vous plus intimes. Un jour peut-être finirait-il par ne plus se rendre du tout dans l'établissement d'Adrien

Dancenis. Mais une autre voix le rudoyait. Lui disait qu'il n'avait pas le droit de le condamner ainsi pour un délit auquel peu de ses pairs échappaient. (La rumeur publique n'attribuait-elle pas à Ernest de Saint-Domingue, son propre beau-père, une demi-douzaine de bonnes fortunes ? Et lui-même, pendant combien de mois ou de jours allait-il rester fidèle ?) Pas le droit de l'obliger à sacrifier ses vieux jours pour un être dont tout souvenir était éteint, toute mémoire perdue. Dont la vie n'était plus que végétative. Le Dr Marry n'avait pas pris de gants avec lui : « Votre père est veuf, mon pauvre garçon, aucune force de la nature ne pourra malheureusement jamais contredire cette triste réalité. »

Chaque matin, Raoul se rendait à la distillerie. Il tenait à surveiller particulièrement la fabrication de sa « grappe blanche », ce rhum « agricole » obtenu par la seule distillation du jus de canne pur, sans autre addition que de l'eau et un peu de ferment pour activer la transformation du moût. Avec Léon Lucy, venu acheter quelques bonnes bouteilles, il regardait flamber l'intérieur de ces futailles de chêne dans lesquelles après ce traitement la grappe blanche dort et se dore pendant des années au fond des chais, loin du bruit et de l'agitation. Il admirait le travail des ouvriers à travers l'âcre fumée quand il entendit des cris derrière lui. Torse nu, pieds nus, tout couvert encore de cette mélasse où ils étaient plongés à mi-corps, deux statues luisantes accourues de la sucrerie s'égosillaient au milieu du boucan des chariots, du cognement des barils :

— Mi manmaille-la, gadé volcan-a ka voyé la fumin ! (« Regardez les amis, le volcan fume ! »)

Dehors quinze, vingt ouvriers s'étaient groupés, mains aux hanches, têtes dressées, dans la même position sans doute que des milliers et des milliers d'autres hommes au même instant, à Saint-Pierre et dans les environs. Dans un ciel d'un bleu de lessive, le volcan jouait donc la récidive. Mais cette fois-ci sans discrétion, rejetant des volutes noirâtres comme un feu de cheminée, prodrome d'un incendie important.

— Pas de doute, dit Lucy, il se manifeste aujourd'hui comme en 1851. D'abord la fumée est noire. Elle va ensuite devenir blanche. Je ne serais pas étonné non plus que des cendres se mettent à tomber.

En proie à une surexcitation extrême, il se précipita sur son cheval et descendit rapidement au jardin des plantes où il était sûr d'y trouver Gaston Landes. Moustache, barbiche et mèche frémissantes, le professeur se tordait le cou mais ne parvenait qu'à distinguer imparfaitement le sommet du volcan à travers le fouillis inextricable des palmistes à colonne, des fromagers et des flamboyants envahis de lianes comme pris au filet.

— Allons chez Borde !

Paul Borde, le président de la chambre de Commerce avait installé un télescope au dernier étage de cette élégante maison à colonnettes où se réunissaient périodiquement les commerçants et les industriels. Braqué sur le large, à la plus haute fenêtre, juste au-dessus de cette horloge si familière aux navigateurs, elle permettait aux négociants impatients de guetter l'approche de la cargaison espérée. Vite, on transporta l'appareil jusqu'au sémaphore et, avec la permission du capitaine du port, on le hissa jusqu'à la cabine du guetteur, dans le nid d'aigle du brave Charlemagne, celui que tout le monde appelait « Ti-Jési » sans doute à cause de sa position élevée. De là-haut, à côté des énormes falots, la vue de la montagne était garantie. Alors pendant que Ti-Jési se plaignait de son salaire de misère à Lucy dans l'espoir de susciter un article en conséquence (« 525 francs 87 ! A-yen ! Lan misé ! ») (« Un rien ! Une misère ! ») Landes examinait à loisir cette nouvelle manifestation intempestive.

— Voilà la blanche, s'exclama-t-il soudain comme si on venait d'élire un pape.

Merveille des merveilles ! Une mince colonne de fumée d'un blanc virginal s'élevait maintenant droit dans l'azur comme le signal d'alerte d'une tribu de Peaux-Rouges. Jubilation du professeur. Trépignement de joie. Pasteur, ce valeureux savant à qui l'Etat avait rendu les derniers honneurs cinq ans auparavant en prenant ses obsèques à sa charge, ne devait sûrement pas être plus heureux quand il avait découvert ses vaccins, penché sur le choléra des poules. Les deux amis se promirent de monter jusqu'au cratère dès le dimanche suivant. Trois jours à attendre. (Pourvu que d'ici là le volcan ne change pas d'idée !) Dans la rue, contrairement à l'année d'avant, l'émoi était grand. Planté au milieu de la chaussée, chacun n'avait d'yeux que pour cette cheminée alpestre. Et en secouant la tête comme s'ils partageaient les secrets des dieux, certains même laissaient entendre : « Qui fait deux fait trois, et la troisième fois sera la bonne. » Sans vouloir en dire davantage. On voyait aussi des « marchandes la-pacotte » déposer à leurs pieds leur « tray » chargé de morue pour se signer hâtivement. Et sur les bords de la Roxelane, les lavandières s'arrêter subitement de fesser leur linge sur les grosses pierres noires, de lancer des quolibets aux voisines et aux passants de connaissance. Pour prier. Pour demander à la Vierge que l'eau de la rivière ne devînt pas noire comme en 1851, comme leur avait raconté leurs mères quand elles les aidaient, enfants, à plier leurs kilomètres de draps encore humides.

Enfin un événement à Saint-Pierre ! Enfin une distraction pour meubler ses dimanches, en dehors du boire et du manger. Léon Lucy et Gaston Landes avaient invité Thomas Prentis à les accompagner dans leur excursion. Mais au dernier moment, hélas, le consul avait dû déclarer forfait à cause de l'arrivée inopinée du propriétaire américain d'un manège à vapeur, Armitage Herchell, qui projetait de s'installer à Saint-Pierre. Et comme Landes avait pris froid en demeurant, la veille, un peu trop longtemps dans son bassin, on avait décidé de tout annuler purement et simplement. D'ailleurs, on eût dit que la Pelée en avait eu vent, car la fumée s'était résorbée deux jours après avec la même soudaineté que pour apparaître. Et les Pierrotins n'avaient plus parlé de leur volcan, réservant leur affliction aux officiers et à l'équipage du cuirassé *Brennus* qui venait de couler corps et biens dans l'Atlantique après avoir été éperonné par le contre-torpilleur *Framée*.

Lucy profita de ce contretemps pour aller régler avec Albert Erhard le cérémonial de la réouverture du théâtre. Gloire à ce brave pianiste qui s'était tant dévoué pour redonner à sa ville ce fleuron que le cyclone lui avait arraché ! Admiration ! Eblouissement ! Cet édifice dressait ses huit colonnes de marbre comme neuf ans auparavant dans ses plus beaux jours. Exacte reproduction en miniature du grand théâtre de Bordeaux, chef-d'œuvre unique dans les petites Antilles. Huit cents places. Et quel livre historique ! Où pour la première fois en 1790, une cocarde tricolore avait été arborée en Martinique à la grande fureur des monarchistes. Où pour la première fois en 1836, Blancs, Noirs et sang-mêlé s'étaient retrouvés assis côte à côte, sans distinction de race. Luxe et lumière. Foisons de photophores et de lampadaires, débauches et fresques, enluminures de rosaces, de médaillons. Et comble de raffinement, des loges grillagées pour les femmes en rupture de deuil désireuses d'échapper aux regards.

Soir du grand soir. Toute la ville est là, applaudissant les prodiges du vieux pianiste au col cassé et à l'énorme lavallière. Toute la ville est là et Raoul qu'accompagnent Lucy, Salavina, Thomas Prentis et leurs femmes. Raoul seul, car Marie-Thérèse a préféré garder la chambre, étant près d'accoucher. Raoul dans le splendide habit de François Bernard, perdu au milieu du buisson des chapeaux scintillants de paillettes et de perles, frissonnants de plumes et de tulle. Curieux de revoir Gabrielle et la recherchant d'un œil faussement indifférent, tout en bavardant, en s'éventant avec son programme (*La Traviata* avec le grand Renault-Raynal), en rajustant sa cravate régate à coups de petits gestes nerveux. Cherchant Gabrielle et souhaitant, en même temps, ne pas la trouver. La recherchant parmi ces tourbillons d'élégantes. Ces vagues de plis Watteau, de velours comète, de guipures de Venise, de satin bouillonné, de coquillé de taffetas, de reps, de cachemire. Et la trouvant soudain. Dans une robe de surah mauve. Dans un corsage froncé à la vierge, légèrement échancré et serré à la ceinture par une torsade de fils d'argent. La retrouvant. Pendant que l'orchestre clame de tous ses cuivres comme pour saluer l'événement. Que la salle se lève en l'honneur du gouverneur Merlin. La retrouvant. Alors que les artisans de cette résurrection architecturale, Erhard, Orsenat, le professeur de dessin du lycée, et Fulconis, le sculpteur, montent sur la scène, se livrent à l'ivresse des ovations. La retrouvant comme on retrouve son chemin après s'être perdu dans la nuit. Et que Renault-Reynal, le plus prestigieux ténor qu'ait connu ce théâtre, monte à son tour sur les planches de la renommée. Comme on retrouve joie et santé après avoir failli mourir.

Venue seule, elle aussi, chaperonnée par son père. Alphonse a pris le *Canada* hier, pour se rendre à l'Exposition universelle, pour y présenter ses « Allumettes Chinoises ». Seule, donc comme elle l'était encore il y a combien de temps déjà ? Il y a si longtemps déjà. Inéluctablement, ils se sont rejoints au moment de l'entracte. Sans difficulté. Avec trois fois plus de monde ils auraient eu aussi peu de mal. « Asseyons-nous »... Sur une banquette de velours, l'un à côté de l'autre comme autrefois. (« Tant pis pour la galerie, l'instant est trop précieux »). Il ne sait pas s'il peut encore la tutoyer, il s'y risque et elle semble y trouver une saveur intense. Ils ont conscience de se trouver à la limite du défendu, mais ils sont si loin de tout, à la fois. De tous ces gens qui passent. De ce vain tumulte du monde. Il plonge ses yeux dans les siens avidement car dans une minute, deux minutes il va les perdre, ils vont partir. Plonge ses pensées au fond des siennes et va cueillir ce qu'il y a laissé, tous ces souvenirs secrets de tendresse et de plaisir, toutes ces petites choses qui font le grand amour. Plonge et remonte avec un sourire comme un pêcheur de perles, les mains pleines. Voilà, maintenant c'est fini, la sonnerie vient de retentir. Fini. Le rideau va rouvrir sur un autre décor. Long-Ming vient chercher sa fille. Au revoir Madame Justine. « Adieu Gabrielle »... La robe de surah s'éloigne dans la foule, dans la houle, malmenée comme une voile, disparaît, reparaît, s'évanouit, engloutie.

Mais ce soir Raoul a une conviction : il la reverra. Même s'il doit s'en vouloir comme il en veut à son père. Même s'il doit avoir encore quelque difficulté à contempler dans le miroir son visage de jeune marié et de futur père.

XXII

Babillement, première expression d'un petit homme, première découverte extasiée de ses inventeurs. Gaston du Morne Cordier, riant : « Les yeux de sa mère, le front de son père et le menton de son grand-père, finalement il n'a rien pris de moi ! » Deux visages souriants au-dessus du berceau, dans la chambre du premier étage et à côté, gentiment fière et encore tout étonnée, la jeune mère. Et à côté, le Dr Marry. Et derrière, timidement émerveillés, Clémence, Rosette et Victor. Le baptême aurait lieu le surlendemain à l'église du Fort. Le chanoine Anquetil viendrait tout à l'heure pour convenir des détails. C'est Rosette qui porterait Théodore à l'église, entourée du parrain et de la marraine, Hermance et son mari. Théodore du Morne Cordier, né le 29 décembre 1900 à cinq heures du soir. Rosette qui aurait bien souhaité voir cette cérémonie retardée d'un mois, persuadée d'accorder ainsi à l'enfant une année de vie supplémentaire. Rosette bien décidée à lui faire ingurgiter aussitôt qu'elle en aurait le soin, de la mie de pain trempée dans du miel pour lui donner l'intelligence. De lui frotter le corps avec des feuilles de tamarinier et de goyavier macérées dans du rhum pour lui donner des muscles et du courage. La robe de Théodore, Hermance l'avait choisie au goût du jour. Elle serait « américaine », en mousseline blanche, tombant tout droit jusqu'aux chevilles sans être arrêtée à la taille, zébrée d'entre-deux de dentelles du Puy, et ornée en bas de gros choux de soie.

Heureux événement venu à point nommé pour réconcilier définitivement Raoul et son père. Les deux hommes s'étaient d'ailleurs expliqués en se rendant le lendemain à la grande fête annuelle du « château » Perinelle, dans la plaine de la Consolation. Peu de mots avaient été nécessaires. Inutile d'épiloguer sans fin. Qui pouvait faire la leçon à l'autre ? Gaston du Morne Cordier n'ignorait pas que son fils avait repris ses relations avec Gabrielle. Et Raoul savait maintenant pourquoi son père s'intéressait tant aux horaires du tramway et aux fatigues de la mule Madagascar. Car il avait finalement découvert la villa clandestine de Fonds-Coré. Si son père avait appris qu'à cent mètres de là, il se cachait lui aussi souvent dans une maison identique ! Bref leurs silences n'avaient plus rien de nuisible. Au contraire, ils recelaient le meilleur ciment des rapports masculins, la complicité. Quoi de mieux pour se comprendre qu'une entente inexprimée ?

Gaston du Morne Cordier aimait se rendre à cette fête que Marcellin de Massias, le géreur de la plantation Perinelle donnait traditionnellement le premier jour de l'an dans cette ancestrale demeure dominant le quartier du Fort. Fête populaire, fête de tous les travailleurs. Pour célébrer l'année nouvelle, le siècle nouveau, et surtout la récolte de canne qui s'annonçait, cette fois-ci, prometteuse. Dans le cart, derrière les sièges, brimbalant avec allégresse, un baril de vingt litres de rhum, la contribution du Grand-Morne aux réjouissances générales. Il irait rejoindre sur les chevalets et sur les tables les barriques de tafia et les dames-jeannes de vin d'orange et de vin de Madère apportées par les autres. L'évêque venait d'arriver à Perinelle quand les du Morne Cordier y firent leur entrée. A Saint-Pierre depuis près de trois ans, Monseigneur Alfred de Cormont tranchait sur ses prédécesseurs Carmené et Tarnoux par son franc-parler et son air décidé. Plus proche par là de l'abbé Berthot, le combatif curé du Prêcheur devenu depuis peu celui de l'église du Centre, que du doux chanoine Anquetil officiant au Fort ou de son collègue Le Breton, le curé de la cathédrale. La tradition imposait cette messe célébrée par le prélat dans la chapelle de l'habitation. Pour appeler la bénédiction de Dieu sur la récolte de ce domaine qui couvrait plusieurs centaines d'hectares. Puis les divertissements commencèrent.

Costume noir, tuyau de poêle ou canotier, souliers vernis, un bambou à la main simulant la canne, le travailleur endimanché s'est levé tôt le matin encore pour se préparer à la fête. Et si la joie est grande dans ses gros yeux dilatés et dans sa bouche toute blanche de rires, ses pieds souffrent le martyre. Car il n'a chaussé ses beaux souliers qu'à l'entrée de la propriété et les orteils ne s'y font pas si vite. Dans ses pantoufles en drap aux broderies de teintes vives et dans ses bas de couleur, sa femme se sent plus à l'aise. Plus fiérote dans sa jupe « piquée », c'est-à-dire relevée pour montrer ses dessous brodés et bien repassés, ou sa « douillette », sa longue robe à ramages, agrémentée, autour du cou, d'un fichu de soie à la bretonne. Sous son madras rutilant d'épingles à têtes d'or et son ombrelle à volants de dentelles. « Et voilà Cerique ! » Cerique qui conduit le bal de sa musique endiablée. Jusqu'au petit matin les couples vont tourbillonner sur l'esplanade du château éclairée a giorno par des flambeaux et des lanternes vénitiennes.

Une auréole respectueuse fait cercle autour de l'évêque, verre à la main. Mgr de Cormont déplore encore cette messe de minuit tapageuse que la cathédrale vient de connaître.

— Vous rendez-vous compte, déclencher le tumulte jusque dans les églises ! Les impies ont de plus en plus d'audace. Le chanoine Le Breton a dû menacer de faire évacuer la cathédrale.

Prétendre comme Léon Lucy dans *Les Antilles* que l'irréligion est en recul, quelle hérésie !

— Nous entrons au contraire dans le siècle de la déchristianisation. Il va nous falloir serrer les rangs si nous ne voulons pas être submergés !

Règne des méchants, de l'apostasie. Pour le prélat, Saint-Pierre n'aurait rien à envier au quartier de la Madeleine, à Paris, où il résida longtemps. On y respire partout l'odeur du soufre. Il suffit de compter le nombre de naissances illégitimes.

— Allez consulter les listes de l'état civil et vous serez édifié. Un enfant légal sur cinq !

Silence embarrassé. Autour de l'évêque chacun baisse les yeux. Combien de ces békés et de ces mulâtres plastronnant là, l'air scandalisé par tant d'inconduite, d'impénitence, pourraient lever la main et jurer sur l'Evangile de ne pas être le père de quelque bâtard ? Plainte amère de l'abbé Bertot qui constate que ses paroissiens se pressent plus volontiers au théâtre où l'on joue des insanités comme *Mam'zelle Nitouche* que dans l'édifice voisin, Saint-Etienne du Centre, son église. Et que ce paganisme s'étend à toutes les couches de la population.

— Il paraît même qu'il est de bon ton d'arborer maintenant au théâtre la casquette anglaise et le négligé qui sied aux anglomanes. Quel sans-gêne !

Et comme on parle de péché, on parle d'expiation. D'après l'évêque, des religieuses du Morne-Rouge auraient vu distinctement dans le ciel de Saint-Pierre, au cours d'une nuit de l'été dernier, une épée de feu reposant sur un nuage comme sur un coussin de satin.

« L'épée est restée suspendue pendant une heure avant de disparaître. » François Bernard frémit. Invité avec Duribar à cette soirée, il s'est heurté, avec lui, tout à l'heure, à une vieille marchande de pistaches qui criait dans la rue : « Châtiment ! Châtiment ! » Elle est passée devant la cathédrale en criant toujours, la tête dressée vers les deux tours, comme si elle voulait déclencher le branle des cloches. Et quand les deux hommes ont voulu connaître le nom de cette femme qu'ils n'avaient jamais rencontrée jusqu'alors, on leur a répondu : « Elle n'a pas de nom. On l'appelle Châtiment. » Et cette étrange étoile filante que Sigismond a aperçue, formant un point d'interrogation au-dessus de la ville ? Ce point d'interrogation, cette épée de feu, le corps intact de l'abbé Gosse, cette marchande de pistaches...

— Viens, dit Duribar, allons goûter de cette nouvelle barrique qu'on vient de mettre en perce. Ça nous remontera un peu.

Boire et boire encore. Mais l'ancien maire ne parvient pas, cette nuit-là, à desserrer l'étreinte de l'angoisse. Trop de signes du ciel inquiètent son âme simple. Tant de haine a déchiré cette ville, tant d'hommes s'y sont affrontés depuis vingt ans, le Créateur peut-il rester les bras croisés devant un pareil manquement à la générosité chrétienne ? « Tu aimeras ton prochain comme Moi-même... » Et Duribar : « Bois-moi ça, c'est le meilleur. » Et dans l'ivresse qui le submerge le visage de Mureau lui apparaît soudain et c'est celui du diable. Le diable du carnaval, le Grand Ravocal. Un masque où percent deux cornes, où louchent des morceaux de miroir. « C'est lui ! C'est à cause de lui, tout ça ! » Il hurle après cet homme, cet « engagé », ce suppôt de Belgébut dont Célestin a tant souffert. Hurle contre celui d'où vient tout le mal. On l'entoure, on tente de le calmer. « Laissez-moi, ce n'est pas à vous que j'en veux, mais à « Coco-la-peur ! » Coco-la-peur, un surnom qui vieillit tout le monde de vingt ans. La grande colère africaine s'est déchaînée, brutale comme une ondée tropicale. Pourquoi l'alcool est-il venu réveiller ces rancunes d'un autre temps, ronger, dissoudre la croûte épaisse de l'oubli ? Pourquoi presser l'éponge de l'absolution et se noyer de nouveau dans un passé détestable ? Ils sont trois à essayer de le maîtriser. Pas Duribar, plus soûl que lui, mais Raoul, mais son père, et Belain. Hurle : « Sacré maudit ! » et « An toreau banal ! » (« Un scélérat ! ») A essayer de l'entraîner vers une voiture, de l'y faire monter. Mais il se débat. Il est encore fort ce vieux bonhomme. Hurle menaçant : « Pas poté man-nié si-bémol ou ba moin ! » (« Ne faites pas le fanfaron avec moi ! ») A la fin, ils y sont parvenus. Le cart des du Morne Cordier roule à présent dans la nuit. Peut-être François Bernard va-t-il s'endormir. Mais dans la rue Victor-Hugo le voici maintenant qui entonne un cantique à pleine gorge. Un Salve Regina triomphal. Sous les volets clos d'où filtrent des lumières étonnées. Et lorsqu'on arrive à la hauteur des *Colonies* le vieux couplet s'arrête et les injures reprennent. Et Raoul ne peut rien faire contre ce sacré gaillard tant il rit.

Dès que Mureau poussa la porte de son bureau, ce matin-là, il apprit que Célestin avait traversé la ville six heures plus tôt en lui crachant au visage. Mais l'ancien député avait d'autres querelles à vider. Avec Amédée Knight et son poulain, l'avocat et vice-président du Conseil général, Louis Percin, ces deux mulâtres « renégats, fourvoyés ». Avec ces radicaux socialistes « qui ne sont ni radicaux, ni socialistes ». Certes, quand on voyait l'attitude de ces hommes de gauche, il y avait lieu de pavoiser comme on le faisait dans *Les Antilles* en affirmant que la libre pensée avait perdu du terrain. Et Mureau :

— Regardez-les ces cauteleux ! Ils se déclarent contre l'Eglise, les Congrégations et le Concordat, et ils confient leurs enfants aux écoles chrétiennes. Comme Monsieur Knight ! Ils s'aplatissent devant leur seigneur de Cormont, peuplent nos écoles d'aumôniers et font bâtir des églises !

Attaquer sur un tel ton si longtemps avant l'ouverture de la campagne officielle pour les élections générales, promettait bien des fracas au cours de ces onze mois à venir. Mais comment parvenir à bout du « parti catholique » avec ces prétendus radicaux et ces prétendus socialistes et leur politique de faux-fuyants, « ces pantins au double visage » préoccupés de capter la confiance d'électeurs qui ne partageaient pas leurs convictions et dont ils rêvaient d'étrangler les libertés religieuses ? N'était-ce pas à cause d'eux si la laïcisation si bien inaugurée il y a vingt ans s'était aujourd'hui — selon les mots des *Antilles* — « tempérée, rangée, civilisée » ? Oui, on avait reculé. Révolus les enfouissements civils et l'épanouissement du rationalisme ! Et Mureau, encore :

— L'ouvrier dont on prétend faire un collectiviste en est encore à souper avec son évêque. Il se promène à la queue leu leu dans les rues, dans les nuages enivrants de l'encens, à la suite des saintes reliques, le cerveau doucement bercé par le rythme enchanteur des cantiques. Son fils est dans un lycée où l'on boit à la santé du pape en recevant l'évêque et où l'on vient d'acheter pour quatre cents francs de catéchismes !

Voilà à quoi menait de distinguer le catholique du clérical. On avait banni la lutte en faveur de la libre pensée pour rétablir la prédominance de l'esprit religieux ! Dieu Tout-Puissant, où était donc partie l'impiété ?

Atteint par son échec commercial, humilié par sa dégradation, Marius Mureau avait trouvé un nouveau souffle dans cette guerre politique si brutalement rallumée. Que de joies nouvelles dans ces batailles au corps à corps ! Un an après les émeutes du François faisaient encore retentir leurs clameurs, leurs crépitements et leurs salves. Jusqu'à Paris, à l'Assemblée où les nouveaux amis de Mureau, Denis Guibert et Osman Duquesnay, accusaient les socialistes martiniquais d'avoir pris les incendiaires et les pilleurs sous leur protection. Et au Sénat où Amédée Knight chargeait ces deux députés au point de leur attribuer la responsabilité entière de ces troubles et de la mort des onze ouvriers.

— C'est la faute de leurs promesses non tenues. Où est le relèvement de salaires que ces députés ne cessaient de leur faire miroiter ?

Et la réponse de Denis Guibert rapportée avec une délectation infinie par *Les Colonies :*

— Monsieur Knight est un singulier socialiste. Il demande que chez les autres le salaire des ouvriers soit porté à deux francs et au-delà, alors qu'il continue de payer un franc et un franc vingt-cinq ceux qu'il emploie chez lui !

Et de révéler que le sénateur venait d'acquérir pour 30 000 francs quarante-huit hectares de terre dans une réserve à Grand-Rivière alors que les autres parcelles de cette propriété avaient été adjugées aux « pauvres travailleurs » au prix de 3 000 francs l'hectare.

Quant à Gerville-Réache, cet homme de couleur et cet ancien disciple de Schœlcher, ce député radical de la Guadeloupe qui avait apporté sa voix aux critiques du sénateur, honte à lui, honte à son étiquette républicaine et socialiste !

— Il a la coutume très louable — je ne l'en blâmerai pas assurément — après chacune de ses élections, d'aller faire un pèlerinage à Notre-Dame du Mont Carmel pour y recevoir la bénédiction papale ! Pour un anticlérical !

Bataille à l'Assemblée, bataille au Sénat. Et bataille au conseil municipal de Saint-Pierre où, par l'intermédiaire des anciens partisans de César-Laîné, Mureau menait campagne contre le maire de la ville, Hyacinthe Nicole, un autre traître au parti, un autre homme à abattre, un « déprogiste », un radical, un renégat. Accusé d'avoir voulu renflouer les caisses de la ville en montant avec son frère une opération financière pour le moins douteuse. N'avait-il pas aussi abusé de la confiance de ses conseillers en liant la ville pour cinquante ans à une compagnie chargée de son éclairage moyennant 30 000 francs pas an, sans même jamais avoir donné connaissance de ce contrat à ses adjoints Fouché et Ernoult ?

Joie caustique au marbre du journal, jouissance de Mureau aidant à monter les lignes de plomb qui partaient à l'assaut de ce bastion municipal dont il espérait la chute. Pages entières au bas desquelles Nicole s'effritait chaque jour un peu plus comme un mur de terre sous une pluie battante. Il se défendait pourtant comme un beau diable.

— Nicole n'a rien fait ? Allez donc dire cela à tous ces malheureux à qui je suis venu en aide, à tous ces indigents de l'hospice, aux habitants de vos banlieues, à ces enfants du Parnasse à qui j'ai donné l'instruction ! Et vous me trahissez !

Et le chœur du public, la claque organisée par Mureau, tous ces « chapeaux jaunes » qui en voulaient au maire d'avoir trahi feu César-Laîné en se présentant contre lui aux élections générales de 1893.

— Non, vous n'avez rien fait. Et vous avez trahi César. C'est ça même ou t'ai fait Césa ! Ça bien faite ! (« C'est exactement ce que vous avez fait à César. C'est bien fait ! »)

Souhaiter le départ de Nicole, c'était obtenir enfin et surtout l'épuration des listes électorales de Saint-Pierre. A Fort-de-France le maire venait d'opérer la radiation de plus de 1 800 électeurs imaginaires. Qu'attendait-on pour en faire autant à Saint-Pierre où l'on avait l'habitude de ressusciter les morts le jour du scrutin ?

Nicole tomba. Mureau retrouvait enfin le goût exquis de la victoire. Comment le maire aurait-il pu tenir dans une pareille tornade, contre un tel déchaînement de violence ? Suspendu, il céda sa place à son premier adjoint Raymond Fouché dont la tâche initiale fut d'assainir les listes électorales, de faire la chasse aux votants d'outre-tombe. Victoire à Saint-Pierre mais défaite à Fort-de-France où quelques jours après, Amédée Knight prenait la tête du Conseil général. Et arrivait de Paris, débarquant du *Saint-Laurent,* le socialiste collectiviste Joseph Lagrosillière, un Martiniquais bon teint envoyé par Alexandre Millerand, le ministre du Commerce, pour enquêter sur les salaires et les conditions de travail à la suite des « événements » de l'année précédente. Accueilli à Saint-Pierre et accompagné en cortège le long de la rue Victor-Hugo par cinq syndicats ouvriers, celui des cordonniers, des charpentiers, des maçons, des métallurgistes et des tonneliers. « Lagro », ce jeune avocat de 29 ans, déjà populaire, pourri d'ambitions, revenu à la colonie pour y faire une carrière politique. « Lagro » au bras de sa femme, dans la liesse populaire, sous les fenêtres des *Colonies*. Un adversaire de plus à combattre.

Mais Marius Mureau se réjouissait du départ du gouverneur Merlin et de son remplacement par l'ancien gouverneur de la Côte-d'Ivoire et de la Guyane, l'administrateur de carrière Louis Guillaume Mouttet. Précédé d'une solide réputation, honnête serviteur de l'Etat, sourd aux influences politiques, ce fonctionnaire de 44 ans arrivait à temps pour remettre de l'ordre dans la colonie. Accueilli donc les bras ouverts par Mureau déplorant seulement la mutation de Merlin — « ce Merlin de Monsieur Knight » — dans l'île voisine :

— Il est seulement regrettable qu'on l'inflige à la Guadeloupe. La colonie sœur dont le situation économique est aussi déplorable que la nôtre, n'avait pas besoin de cette catastrophe !

Tout à son combat Marius Mureau s'éloignait plus encore de chez lui. Si les femmes aident souvent les hommes dans leurs ambitions, les ambitions ne le leur rendent pas. Car elles sont aussi souvent à l'origine de leurs malheurs conjugaux. Quand Hortense se penchait un peu en arrière, laissant traîner ses yeux dans ce Tivoli si encombré de souvenirs ou dans cette ville aux rues si éloquentes, si évocatrices, comment ne pouvait-elle pas regretter les premières années où Marius n'était rien ? Qu'un jeune avocat riche de sa foi en l'avenir. Où Marius n'était rien et où elle était tout pour lui. Aujourd'hui, il fallait bien en convenir, s'ils marchaient toujours sur le même chemin, c'était chacun sur un bord différent, sans jamais plus croiser ni leurs pas ni leurs regards. Qu'un homme s'arrêtât pour sourire à sa femme, à cette femme qui cheminait comme lui, près de lui, ne l'inquiétait pas outre mesure. A condition qu'il n'en perdît pas la face, que ce sourire restât secret. Ou une simple rumeur. Que cet homme demeurât sans visage et sans sillage. Tout comme Céline était passée dans sa vie pour le commun des mortels. Hortense avait analysé ainsi son mari. La discrétion, voilà le prix de la tranquillité. Elle devrait le payer longtemps si elle voulait continuer à aimer Gaston du Morne Cordier. Jusqu'au moment où Marius quitterait sa danseuse. Où de son côté, il n'aurait plus besoin de cet accommodement, de cette paix dans les rapports. Où il romprait ce modus vivendi. Seulement alors devrait-elle craindre le pire.

Et les rencontres de Fonds-Coré se succédaient comme les beaux jours de l'été. Dur était de trouver le prétexte de l'absence et de le laisser derrière elle, au bureau, à Agenor après le coucher du soleil. Mais alors, quel plaisir troublant, quelle fête émoustillante ! Sitôt la rue tournée, elle se cachait la tête sous un foulard et montait dans le tramway, mêlée aux paysannes. Ballottée avec sa petite peur et sa grande excitation. Attendue à l'Ex-Voto, dans le jardinet entourant cette chapelle, derrière sa murette, sa grille rouillée. Etreinte dans le noir, dans les herbes folles, et emportée, enlevée jusqu'à la maisonnette sous les arbres. Emportée, soulevée comme une jeune mariée. Ou bien Gaston patientait au fond de son tilbury à une autre station du tramway, près de la batterie Saint-Louis, au bord de la rivière des Pères qu'on entendait jaspiner avant de se jeter dans la mer. Ou bien encore sur la route de la Galère, devant le cimetière du Fort dont les mausolées de marbre et de basalte se profilaient derrière leur enclos comme des cavaliers en armure attendant le départ pour la croisade.

Personne. Personne absolument ne semblait jusqu'à présent avoir découvert leur cache. Personne ne les avait jamais vus ensemble. Un exploit dont ils se félicitaient souvent. Tenant de son père, Raoul agissait de même dans sa liaison avec Gabrielle. Et l'Asie avait donné suffisamment d'elle-même à la fille de Long-Ming, en plus de ses yeux bridés, pour qu'elle sût utiliser toutes les finesses de son adorable duplicité. L'emploi exercé chez Plissonneau lui donnait d'ailleurs l'indépendance nécessaire. Son mari, Alphonse Justine, était revenu, après une longue absence, de cette Exposition universelle où il avait gagné une médaille de bronze. Les allumettes de Long-Ming couronnées par un jury international ! Quelle fierté pour cet ancien émigré arrivé nu de Shanghai sur un pont surchargé de ses semblables ! Alphonse avait également rapporté de Paris, à la demande de son beau-père, les éléments d'un feu d'artifice extraordinaire, sans égal, le premier de son espèce à la Martinique, dont il préparait la composition fusante afin d'éblouir Saint-Pierre le jour de la fête nationale. De quoi combler lumineusement ses loisirs et laisser sa jeune femme courir les allées sombres. Il avait déjà envoyé quelques bouquets dans les nuages pendant le dernier carnaval, et cela promettait d'être une réussite. A condition toutefois de mieux maîtriser ses fusées. L'une d'entre elles, éprise de liberté, s'était égarée dans la cour de la gendarmerie, provoquant la panique d'un peloton monté. Et la mort du gendarme Desanti, un parfait cavalier pourtant rompu à toutes les difficultés de l'équitation, à qui le lieutenant Maire, le commandant de la compagnie, n'avait pas hésité — d'après *Les Colonies* — à confier « un cheval qu'il savait vif et au sujet duquel il avait cru devoir lui faire les plus expresses recommandations. »

Ces expériences pyrotechniques inquiétaient certains Pierrotins qui ne voyaient là que pantalonnades propres à exciter davantage la susceptibilité du ciel, à attiser son courroux. Sigismond le répétait tant et plus à ses visiteurs : on ne lance pas impunément des pétards dans les jambes de Dieu. Et il ne s'était pas privé de le dire à son fidèle client Long-Ming de qui venaient finalement ces amusements irrespectueux. Ses ancêtres pouvaient bien avoir inventé la poudre, ce n'était pas une raison pour risquer de faire tout sauter.

Avis partagé par beaucoup. Petits frissons des grandes superstitions. Partagé entièrement par François Bernard, persuadé que seul le diable trouvait son plaisir et son compte dans ces jeux dangereux. D'ailleurs n'étaient-ils pas dus à son inspiration ? Ces gerbes et ces cascades d'étincelles ne ressemblaient-elles pas, d'après certaines images pieuses, à celles de ce feu éternel où grillaient les pécheurs tordus dans d'affreuses souffrances ? Laissons donc le ciel tranquille ! On avait vu comment cet aéronaute américain Colby, venu faire le malin dans le ciel de Saint-Pierre, avait fini piteusement sa course. Son ballon tombant en torche dans la rade sous les quolibets de la foule : « Colby monté, Colby descend ! Colby tombé dans dl'eau !... » Combien d'hommes avaient péri en essayant d'imiter l'oiseau ? Cinq ans auparavant, le savant allemand Otto Lilienthal qui s'était écrasé avec ses deux voiles inclinées et son gouvernail, cet engin baptisé « aéroplane », après seulement deux cents mètres de vol plané. Et un an après, ce Français, Charles Richet, dont la machine à vapeur n'avait pas parcouru plus de cent cinquante mètres avant de disparaître dans les flots devant Sainte-Adresse. La même année, François Bernard avait bien entendu parler de ce Clément Ader et de cet « avion » qu'il avait réussi, lui, à soulever de terre sans dommage. Mais il ne perdait rien pour attendre. Toutes ces prétentieuses expériences de l'homme ne pouvaient que faire de l'ombre aux êtres pourvus d'ailes par le Créateur et aux purs esprits. Maîtriser le feu, cette invention du diable, relevait de la même utopie. Le nombre de chaudières qui avaient explosé depuis l'apparition du premier pyroscaphe en rade de Saint-Pierre ! Et François Bernard laisserait tourner ce manège américain à vapeur, ce « steam riding galery » installé depuis peu sur la savane du Fort, cette nouveauté si populaire. Il n'y enverrait pas ses petits enfants. Qu'il n'accompagnerait pas non plus à cette nouvelle « représentation cinématographique et gramophonique » de la « Passion du Christ », donnée par ce Monsieur Filipi au théâtre, chaque dimanche matin. Car ces lanternes magiques et leurs rubans aussi inflammables que les allumettes de Long-Ming, avaient également de quoi inquiéter, même si le sujet traité pouvait leur procurer l'impunité.

Fin du monde ! Apocalypse ! François Bernard voulait bien le reconnaître : aucune de ces prophéties catastrophiques émises les années précédentes par les pythonisses de la ville ne s'était réalisée. Un siècle en avait chassé un autre sans coup férir. Mais pour combien de temps encore cette indulgence suprême ?

— Souvenez-vous, avait-il dit une fois à ces mécréants de Ranifa, de Cochinat, de Repo et de Bonneville, dans cette guinguette installée à l'ancienne adresse des francs-maçons et baptisée « La Loge », quand Mgr Carmené a dû quitter Saint-Pierre, on lui a jeté des pierres, alors il a dit à quelqu'un qui me l'a répété : « Un jour ces pierres vous retomberont toutes chaudes sur la tête. »

Ils avaient ri, ces trois libres penseurs. Pauvres boucs émissaires chargés des péchés d'Israël ! Ranifa mort dans la misère le mois d'après, Repo et Cochinat disparus sans laisser de trace, et Bonneville pleurant son Eglantine envolée. Libertinage et débauche ne pouvaient que mériter le malheur pour salaire. Et « La Loge » si fière d'être le premier établissement public éclairé à la lumière électrique, « La Loge » en flammes quelques jours après son inauguration. (Faire danser le monde dans un endroit pareil, marqué à jamais par le sceau du diable !). D'ailleurs cette électricité tant vantée n'apportait que déboires. Depuis l'installation de ce nouvel éclairage, rue Victor-Hugo, on ne cessait de se tordre les pieds dans les « canaux » d'évacuation des eaux usées. Les ampoules sautaient une à une comme soufflées par le Malin. Mureau avait beau s'extasier sur le génie humain dans son journal, et reléguer les réverbères à huile et à pétrole dans la nuit des temps, Saint-Pierre ne serait jamais la ville lumière.

Point de cataclysme, il fallait en convenir. Mais une accumulation de faits étranges que François Bernard prenait, comme beaucoup, pour des signes. D'abord cette trombe inexplicable dont Fonds-Coré venait d'être victime. « Le même phénomène effrayant qui se produit dans le désert du Sahara » rapportèrent *Les Colonies*. Affolement des habitants. Un tourbillon fantastique emportant vers les nuages la poussière, la paille, le linge. Alors que tout était si calme à quelques centaines de mètres de là, le ciel si limpide, la mer si plate. Fonds-Coré dont les entrelacements des arbres dissimulaient tant d'enlacements coupables... Et cette diarrhée subite frappant les buveurs d'eau de Saint-Pierre ? Dysenterie, gastralgie, sourdes douleurs d'entrailles, enfer des tripes. A quoi l'attribuer ? A qui imputer cette chaleur étonnante de l'eau distribuée à la ville, sourdie de la Goyave et de la source Morestin ? D'où provenaient ces irisations de matières huileuses ? Et ce brusque tarissement de certaines bornes-fontaines comme par exemple celle du haut de la rue du Montmirail dont le bec en forme de museau de chien tirait la langue depuis plusieurs mois ? A l'usine électrique récemment installée en amont et utilisant la force motrice, au contact du plomb et du cuivre des turbines et des conduites ? Ou bien comme certains l'affirmaient — et François Bernard penchait plus vers cette hypothèse — au volcan dont les viscères regorgeaient de soufre et de goudron ? Ces coliques ne pouvaient être que diaboliques. D'ailleurs qui pouvait avoir brisé l'une des turbines de cette usine électrique, coupant le courant pendant des jours ? Une main criminelle, prétendaient *Les Antilles*. On avait introduit une pièce de cuivre et les aubes avaient éclaté comme sous l'effet d'un formidable coup de bélier. Allons donc ! Pour la première fois François Bernard donnait raison aux *Colonies :* aucune malveillance de ce genre n'était possible. La prise d'eau avait lieu à cinquante mètres de la source et sous les fenêtres de la maison du surveillant. Qui alors ? Qui pouvait s'opposer à ce que la lumière fût ?

Et cet incendie que les Prêchotains avaient vu descendre du piton Marcel, en pleine nuit, comme une horde barbare armée de torches jusqu'aux confins de leur bourg, entre la rivière Céron et la rivière du Prêcheur, sur le versant de la Pelée ? Cet incendie qui avait dévoré soixante hectares de bois. Comment avait-il bien pu prendre dans un endroit aussi inhabité, si près du sommet du volcan ? Ne pouvait-on pas imaginer là encore la basse besogne d'un génie malfaisant ?

Mais il fallait avoir l'esprit simple et en même temps un peu torturé pour rapprocher tous ces événements et en déduire qu'ils annonçaient pire encore. Les scientifiques, comme Gaston Landes par exemple, n'accordaient aucun crédit à ces sornettes qui montraient, selon eux, à quel point le peuple était demeuré arriéré. Pur produit de la laïcisation, le professeur de sciences naturelles du lycée, un célibataire austère et rigoriste, avait tendance à en rendre responsables les prêtres et ses collègues du séminaire-collège. Barbichette brandie comme le doigt d'un juge :

— On ne raconte pas impunément des balivernes aux enfants pendant des siècles sans qu'il en reste quelque chose !

« Sacrilège ! » Chrétien et pratiquant, son ami Lucy déplorait ce comportement irrationnel mais refusait d'en charger les épaules des hommes de Dieu.

— Cherchez plutôt en Afrique. Ce ne sont quand même pas les prêtres qui déconseillent aux blanchisseuses de croquer une banane en repassant leur linge sous peine d'attraper une maladie de poitrine ! Pas plus les prêtres qui demandent qu'on brûle du caoutchouc dans la maison le vendredi à trois heures de l'après-midi pour chasser les mauvais esprits !

Bonnet blanc et blanc bonnet. Pour Landes la foi chrétienne n'était qu'une superstition de plus. Et ces croyances aux présages, habilement entretenues par les ministres du culte comme par les quimboiseurs, ne vivaient-elles pas toutes de la naïveté populaire ? Beau sujet de conversation chez les Prentis où Gaston Landes et Léon Lucy retrouvèrent Raoul du Morne Cordier et Salavina un dimanche devant une « jambalaya », ce plat louisianais. Dont la femme du consul avait rapporté la recette de la Nouvelle-Orléans.

— Riez si vous voulez, disait Clara Prentis (bouche encombrée de riz ou de cet accent inimitable ?) mais en tout cas cette Lucrèce Couesdon que je suis allée rencontrer rue du Petit-Versailles avait bien prévu cette fumée du volcan. Et elle m'a dit : « Attendez, vous n'avez encore rien vu. La prochaine fois... » Et elle s'est signée à trois reprises.

Plus un mot. Seul le tintement des fourchettes à la recherche des bouts de porc et de bœuf. La politesse paralysait la langue du professeur. On le sentait couver une sourde irritation. A la fin, sa voix rugueuse déboula de ses Pyrénées :

— Il ne faut pas mélanger ce qui est conforme à la raison et ce qui ne l'est pas, chère madame. Le volcan et ses fumerolles sont des réalités. Les papotages de cette dame sont des suppositions totalement irrationnelles. Mais ça ne veut pas dire que le volcan ne se fâchera pas une bonne fois un jour. Sans pour autant, du reste, provoquer quelque désastre.

Thomas Prentis ouvrit grands ses yeux, vallées glaciaires envahies par une mer nordique :

— Manifestement, vous ne croyez pas à une catastrophe possible ?

La mèche professorale vint barrer le front dans une négation têtue.

— En somme vous niez tout danger réel comme vous niez l'existence de Dieu, dit Raoul du Morne Cordier.

Lucy coupa court à cette polémique qui l'ennuyait. Une grosse bouffée de vent frais et joyeux.

— Vous avez dit « manifestement », monsieur Prentis, savez-vous que ce terme, prononcé « manifessetement » par le peuple, est tout à fait banni par les sorciers ? L'utiliser vous expose au plus sinistre des malheurs. Tout comme « concurremment » ou « occupé ». Pourquoi ? Je ne me permettrais pas de m'étendre sur ces allusions plutôt vulgaires devant madame votre épouse...

— Encore les tabous idiots, grinça Landes. Quand je vous disais que la religion...

Crissement d'élytres. Papier froissé. Une grosse mouche argentée, pourvue de longues pattes, venait de pénétrer dans la pièce, affolée. Lucy se leva pour essayer de l'attraper. Sans succès.

— N'y touchez pas ! s'écria Salavina, c'est un « sophie counan », il porte la mort sur lui. Un deuil est proche.

Dégringolade de rires. Lucy :

— Mais non ! C'est tout le contraire. Les gens disent qu'il apporte de l'argent. Celui qui parvient à le toucher connaît la fortune dans l'année !

— Pauvre petit hyménoptère ! C'est un insecte assez rare et tout à fait inoffensif, précisa le professeur de sciences naturelles sur un ton un peu méprisant comme s'il corrigeait des cancres au tableau.

L'insecte mit tout le monde d'accord en retrouvant le chemin de la fenêtre et la liberté. Alors Salavina voulut en revenir au volcan. Il venait de relire « Les Derniers Jours de Pompéi » de sir Edward Bulwer-Lytton et surtout les Lettres de Pline le Jeune à son oncle. Il déclama quelques phrases en latin où l'on crut entendre gronder le Vésuve et hurler de terreur les habitants de Stabies et de Pompéi. Salavina vouait à Pline l'Ancien la même admiration qu'à Virgile. Landes aussi vénérait cet homme mort victime de son dévouement pour la science et pour l'humanité. Il n'avait pas lu les trente-sept tomes de son « Histoire naturelle », mais il en connaissait des passages entiers qu'il aurait pu sur commande réciter de mémoire.

— Puisque nous parlons de superstition, dit-il, en voilà un

qui a passé sa vie à leur faire la chasse. Il n'est guère de fable scientifique qu'il admette sans contrôle.

Agacement du consul. Chatouillement de sa barbe. Il pensait que le professeur allait replonger, tête en avant, dans son idée fixe. Erreur. Il préféra évoquer la fin tragique de l'écrivain romain. Débarquant à Stabies dans une famille amie qu'il avait voulu sauver de l'éruption du Vésuve. Et mourant asphyxié par les vapeurs sulfureuses.

— Jusqu'au bout il n'a cessé de prendre des notes sur le phénomène, et jusqu'au bout, lui qui était amiral de la flotte de Misène, il a envoyé ses vaisseaux vers la côte menacée pour tenter d'arracher les habitants au dernier supplice.

Silence. Comme après un roulement de tambour. Puis Clara Prentis, traînant, de sa langue, sa délicieuse lourdeur :

— Vous reprendrez bien un peu de jambalaya, monsieur Landes ?

Le soir même tout le monde se retrouva au théâtre. Pour une dernière fois. L'établissement fermait définitivement ses portes. Liquidation judiciaire. Albert Erhard n'avait pu combler le trou financier creusé par les emprunts successifs. Et par les resquilleurs qui chaque soir escaladaient les clôtures, entraient par les fenêtres, par le toit. Tragique anéantissement d'une œuvre et naufrage du vieux pianiste dont les huissiers allaient saisir jusqu'au bien le plus cher, son Gaveau demi-queue.

Ce soir donc, dernière représentation des « Deux Gosses », une pièce moderne en cinq actes et huit tableaux. « Le plus immense succès du siècle. » Avec un exploit technique au septième tableau, l'écluse du pont d'Austerlitz remplie d'eau naturelle. « Nota : cette pièce des plus émouvantes, très amusante et écrite dans le plus pur style, est du meilleur goût. » Ultime service spécial des vapeurs de la compagnie Girard amenant leurs cargaisons d'habitués des plus lointaines communes. Et au public ému, au bord des larmes, les mots d'adieu du vieil artiste, d'une voix cassée et touchante comme un piano désaccordé :

— Pendant deux ans j'ai travaillé pour ressusciter ce théâtre, j'ai lutté, j'ai souffert, épousé des déceptions et des humiliations, et je n'ai même pas eu la satisfaction d'avoir réussi à distraire et à amuser tout le monde.

Albert Erhard reprit ses leçons de piano et de chant, puis mourut de chagrin, oublié.

Ses grilles cadenassées, « la Comédie » s'endormit, attendant le mécène assez fortuné. Léon de Belain ? Ernest de Saint-Domingue ? Le ténor Renault-Raynal ? Non. Le temple de

Thalie exigeait trop d'argent pour se réveiller. La mousse verdit donc ses escaliers, les pavés de la cour. La fontaine au masque de sphinx put enfin s'entendre. D'après les guichetiers de la prison toute voisine, certaines nuits, un piano jouait du Chopin et on y avait aperçu plusieurs fois de la lumière. Mais, c'était de notoriété publique, les guichetiers passaient plus de temps chez Lucie, la gargote de la rue de l'Enfer, que devant les barreaux des cellules.

Bien moroses soirées sans théâtre. Heureusement venait l'époque des grandes fatigues agrestes, des journées sans fin dans les champs de cannes mûres abattues par les lames fulgurantes. L'époque de la récolte des ananas, des pommes acajou, des cerises-pays et des goyaves. Enfants singes dans les pruniers agités. Dodelinement des paniers caraïbes sur le sommet des crânes. Fleurs de giroflier et de grenadier pillées par les oiseaux sucriers. Le soir on rentrait exténués dans les habitations, soûls de soleil et d'odeurs capiteuses.

Puis arriva la préparation des festivités du 14 juillet. Cette fois-ci l'électricité serait au rendez-vous de la République. Lampions et girandoles illumineraient ses nuits. Evasion des chants martiaux par les fenêtres ouvertes du lycée. Petits poumons gonflés de ferveur patriotique. Cacophonie de la musique municipale. Massacre des « Girondins » ou de la polka « Coquelicot ». Le nouveau maire voulait marquer son accession par une série de manifestations hors de pair. Un grand buste de Marianne serait dressé dans un kiosque au milieu de la savane du Fort, et là, défileraient les enfants des écoles, les anciens combattants, les syndicats ouvriers. Sur la rade, courses de chaloupes et de gabarres. Sur le quai du gouvernement, un mât de beaupré avec divers prix au sommet dont un à dix francs. Mais ce que chacun attendait comme un chasseur le gibier c'était la nuit du 14. Après la retraite aux flambeaux, après la démonstration des acrobates, après les jeux de bague et de triangle, et avant le grand bal public. La nuit du 14 au cours de laquelle Alphonse Justine et son beau-père devaient avec leurs jeux de feu parachever cette fête par une apothéose.

Les deux hommes avaient, dès le matin, installé leurs différentes pièces sur la savane du Fort, dans un enclos gardé par la police et les pompiers. Mélangés savamment dans leur laboratoire, combustibles, comburants et colorants devaient produire les plus beaux effets.

« La Chanson du tambour-major ». Ce « pas redoublé » était le signal convenu. Le feu d'artifice allait commencer. Par trois fusées, une verte, une rouge et une blanche. Qui s'élevèrent dans la nuit avec une grâce féminine, puis après une révérence retombèrent comme des bras de ballerines fatiguées. Quatre feux de Bengale découvraient maintenant les arbres, les buissons, les bancs, toutes ces choses endormies, violaient leur quiétude intime comme celle d'amoureux surpris. On put voir distinctement Alphonse et Long-Ming courir d'un endroit à l'autre, un brandon à la main, comme des incendiaires. Bien terrée dans l'obscurité, loin des foyers de lumière, Gabrielle avait retrouvé Raoul. Pour un court moment. Tout à l'heure, après le bouquet final, il lui faudrait retrouver le rendez-vous conjugal, la petite guérite sous les arbres où son mari avait entreposé son matériel.

« Oh ! la belle bleue ! » Comètes, fusées, gerbes d'étincelles. Ovations et pétarades. Tous les nez en l'air, tous les yeux de la ville collés aux célestes lambris pour applaudir Alphonse. Gloire, soleils, chandelles romaines, roues féeriques, chars fabuleux emportant les regards et les âmes jusqu'aux tabernacles éternels.

Mais on n'a pas tout vu. Alphonse et Long-Ming ont gardé le plus beau pour la fin. Une bombe lumineuse terminée par des ailes de moulin. Six jours de travail pour parvenir à cette composition unique. Qui doit être un triomphe. Leur signature. Toutes les couleurs vont éclater : le jaune du sel marin, le vert de la baryte, le blanc étincelant de la limaille de fer, le rouge de la poudre et du noir de fumée mélangés, le rose du salpêtre et le bleu du zinc. Toutes les couleurs et toutes les matières pour le rayonnement des « Allumettes Chinoises », pour la renommée d'Alphonse Justine, le gendre du célèbre Long-Ming.

Nuit et silence. Et souffle retenu. Les enfants frissonnent sur les épaules de leur père. Yeux écarquillés qui imaginent déjà des étoiles. Alphonse marche tout seul vers cette pièce. Long-Ming lui en a laissé l'honneur. C'est son enfant, sa propriété personnelle. Celle qu'il a rapportée de Paris avec sa médaille de bronze. Marche tout seul jusqu'à cette pyramide, jusqu'à cet assemblage de baguettes, de boîtes à feu, de paquets ficelés, de tubes en carton. Une mèche dépasse, un cordon glissé sous les charges comme une couleuvre. Il s'accroupit, craque une allumette. Minuscule flamme bleue au bout des doigts. Au bout de cette baguette magique d'où va jaillir un carrosse de lumière. Hélas ! Il a mal calculé la longueur de cette étoupille de coton humectée d'eau-de-vie gommée et recouverte d'acétate de plomb. Mal dosé la teneur de cette substance, de ce dérivé d'acide acétique dont la mèche est imbibée et qui a la propriété de retarder la combustion, de ne brûler que très lentement, treize centimètres à l'heure. Mal calculé les charges bourrées de poudre, de salpêtre, de sulfates, de carbonates, de limailles de fer et d'acier. Car Alphonse n'entend rien à l'art d'employer le feu et de le conduire. A la chimie. Et cette pièce finale est son œuvre propre et capitale. Son accomplissement. Long-Ming n'a pas voulu y mettre la main. Il aurait dû. Mais son gendre a montré beaucoup d'obstination et surtout trop de prétention. L'ombre du grand Long-Ming lui était pesante. Il voulait s'en défaire, entrer tout seul dans la lumière. Fasciner, éblouir tout le monde. Et Gabrielle, sa femme. Voir enfin ses yeux de chat, ses petits glaçons, briller d'extase et d'admiration.

A peine la bluette a-t-elle jailli qu'elle communique ses sentiments à la masse des explosifs. Alphonse n'a même pas le temps de se relever. Le souffle l'a renversé, jeté à terre. Assommé. Et instantanément les charges éclatent les unes après les autres. Tir de barrage. Bouches à feu crachant de tous côtés. Lançant leur mitraille en désordre. Ce n'est plus un jeu, c'est une machine infernale. Un accident d'arsenal, une soute à munitions touchée de plein fouet. La foule n'a pas compris. Cent fusées zèbrent la nuit, cent gerbes l'illuminent, cascadent. Et ça lui suffit. D'autant plus que dans ce fatras, cette confusion, cette folie de soleils et de coups de tonnerre, le moulin vient de se mettre à tourner. Belle mécanique, sage et obéissante, battements d'ailes d'un phénix prenant son essor, s'élevant du néant. Palettes d'une roue brassant une mer féerique, roue de la Fortune giclante de pièces d'or, roue d'un char fabuleux en route vers l'éternité bienheureuse. La foule n'a pas compris. Applaudit, acclame, trépigne. Mais Long-Ming, lui, a vu tout de suite le drame. D'un bond, il s'est précipité. Trop tard. La première explosion a été fatale. Le corps d'Alphonse gît disloqué, son visage face au ciel. Les yeux grands ouverts, vides. Et remplis de fantastiques étincelles. D'un rêve réalisé.

Belle était Gabrielle toute en noir. Belle sous ses larmes. Mais elle pleurait moins sur son mari disparu que sur son propre sort. Veuve à 27 ans. Et enceinte. (Mais de quelles œuvres ?) Certains amis de Long-Ming tel François Bernard se rendirent au cimetière avec hésitation. Cet accident ne pouvait qu'avoir été ordonné là-haut. Tribut de tous ces magiciens, de tous ces farauds, de ces capitans infatués de leur personne jusqu'à se croire l'égal de Dieu. De tous ces aéronautes, de ces oiseaux manqués, de ces artificiers présomptueux. De ces violeurs du ciel. Voilà ce que rapportait le commerce avec le diable. Au cimetière du Mouillage, quand on souleva le cercueil pour le glisser dans le caveau, François Bernard détourna le regard et ferma les oreilles. Il avait si peur d'entendre Ravocal protester contre les prières du chanoine Le Breton. Si peur de voir le cercueil échapper soudain au grappin des croque-morts et se rouler dans la poussière comme une vache enragée. Et se fracasser contre les tombes comme une barque contre les brisants.

L'enfant de Gabrielle naquit quatre mois après, la veille du jour des Morts. Une fille. Qu'on appela curieusement Théophiliane. (Le désir de sa grand-mère avant sa mort, paraît-il). Théophiliane devenue aussitôt Liane pour tout le monde. Dès que Raoul put voir le nouveau-né, il le prit pour sien. Qui d'ailleurs pouvait s'y tromper ? Clair de peau, doré sans excès, blondasse, le front des du Morne Cordier, leur nez, leur bouche. Seuls les yeux restaient résolument du côté des grands-parents maternels, fidèles à leur continent respectif. La prunelle africaine, la fente orientale. Pauvre Alphonse ! Liane l'avait complètement oublié dans sa confection. Mais comme toujours en pareil cas on lui trouva quand même un petit air de ressemblance. Fierté et contentement de Long-Ming. Qui craignait tellement devenir encore une fois le grand-père d'un « ti-neg' ». Car, il le déplorait, ses trois fils et ses deux autres filles s'étaient unis à plus noir qu'eux-mêmes, donnant naissance à des câpres et à des câpresses. Des enfants certes bien venus, et heureusement dotés de la grâce féline héritée de la dynastie des Ming dont le Chinois prétendait descendre, mais à l'épiderme noir. Alors que Liane était « bien sortie ». « Teint de lis » et « bons chouveux », « chouveux d'lo » (« coulant comme de l'eau. ») Liane avait donc réussi à « passer à côté ». A échapper à cette couleur des esclaves, à la tristesse crépusculaire, aux ténèbres du gouffre, au royaume des ombres. A la malédiction.

Un an après son avènement, Théodore du Morne Cordier, un bébé joufflu et rieur, comptait donc une demi-sœur. Le hasard aurait allongé ces deux enfants sur la même peau de mouton qu'on eût distingué immédiatement leur lien de parenté. Et ces mêmes cris rageurs à l'heure du biberon n'auraient trompé personne. Deux fois père, Raoul se partageait entre ses deux progénitures avec le même soin qu'il se donnait tour à tour à leur mère. Question d'organisation. Marie-Thérèse et Théodore avaient droit à ses soirées, Gabrielle et Liane se partageaient le déjeuner et la sieste et parfois le dimanche. Les travaux dans la plantation excusaient la plupart des absences. Les autres, les moins explicables, étant aussitôt admises et pardonnées par cette résignation traditionnelle propre aux femmes de certains békés. Beaucoup d'hommes mariés se conduisaient avec moins de tact. Se montrant au grand jour avec femme et enfants. L'acceptation de Marie-Thérèse aurait peut-être pu atteindre ces limites, Raoul se refusait de toute façon à la faire souffrir. Marié forcé, soit, mais galant homme à l'exemple de son père.

Novembre poussa comme d'habitude une foule recueillie vers les cimetières. L'évêque s'était plaint cette année-là d'une certaine désaffection pour le culte des morts et chacun avait tenu à se rendre sur sa tombe. Longs cortèges de redingotes et de parapluies, madras recouverts de tulle vaporeux. Dès l'aube, les mornes clignotaient de lanternes descendant lentement vers la ville. Même les plus pauvres avaient acheté leur paquet de bougies, leur croix et leur couronne de perles. Ils entraient maintenant dans ce cimetière aux allées dallées et se groupaient autour des tombes comme s'ils attendaient que la pierre se soulevât. Tombes nues et tombeaux chamarrés comme des plastrons d'officier, caveaux cossus pour familles de nantis, airs de propriétaire, et misère qui suit le pauvre même sous terre. Et, à la lueur affolée des bougies en plein vent, autour du marbre où bavait le suif, la communion des vivants et des morts. Toutes les familles recueillies, noyées dans le souvenir. Et les enfants à quatre pattes jouant avec les décorations naïves, les petits cailloux blancs, les coquilles de lambi, les morceaux d'assiette. Jouant avec les objets familiers des disparus, le soulier de bébé, la photographie dans son cadre. Et quand on avait fini de prier, assis sur les petits bancs de bois apportés à cette occasion, assis devant les tombes, on papotait bruyamment en attendant l'arrivée du prêtre. On causait de tout et de rien. En ne se gênant pas. Comme si on était autre part, entre gens de bonne compagnie. Entre amis. Comme si les morts étaient encore là pour partager ces bavardages. Parfois d'ailleurs on s'adressait à eux. Sans respect excessif. Avec la familiarité d'autrefois. Pour leur dire : « Tu vois on est venu te voir, en voisin, bonjour, comment vas-tu ? » Des gens se rencontraient, s'interpellaient. On s'embrassait, on se serrait la main. Heureux de se retrouver, joyeux, radieux dans ce lieu de repos éternel. Après quoi on quittait le cimetière. Après deux heures, trois heures de ce caquetage. Après avoir pris bien soin de ramasser croix et couronnes de perles afin de pouvoir s'en servir la fois prochaine. On quittait le cimetière et les morts suivaient, paraît-il, leurs âmes accompagnant les gens jusque chez eux, retournant sous leur toit. Jusqu'au lendemain à minuit où ils devaient prendre le chemin du retour. Le chemin du tombeau jusqu'à l'année d'après. Jusqu'à ce que des bougies reviennent larmoyer sur leur ventre.

Hortense Mureau n'aurait jamais pu oublier ce jour sacré.

Tant de sépultures attendaient ses prières au cimetière du Fort ! Celles de ses parents, celle de son enfant mort-né, celle d'Amante. Et dans l'église, sous une dalle, à l'entrée, à gauche, celle de son beau-frère, l'abbé Sulpice. Hortense derrière sa voilette à pois dans ses méditations. Pendant que le jour baissait sur Saint-Pierre, sur la montagne. Que le soleil épuisé se laissait glisser dans l'eau mauve, dans la lie. Qu'un tilbury à la capote baissée patientait, non loin de là, sous les arbres. Qu'une main gantée de chevreau tapotait sur un genou.

Jamais Mureau n'aurait accompagné sa femme au cimetière. Jamais. Et de toute façon il avait bien trop à faire. Avec ces élections générales qui enflammaient déjà tant d'esprits. Cette échéance si importante fixée en mai qui risquait d'amener à la Chambre une majorité nouvelle. Avec ce carnaval inauguré le jour des Rois et dont la célébration jusqu'à la mi-février devait revêtir, cette année-là, une ampleur exceptionnelle. Trop à faire avec son journal, avec ses démêlés, avec ses querelles. Trop à faire pour suivre sa femme au cimetière ou ailleurs. D'autant plus que Céline venait encore de se manifester intempestivement par une lettre de douze feuillets. Lui disant à quel point elle souffrait (finalement !) de cette séparation. Et de son silence « plus pesant encore que celui dont je pâtis depuis que le rideau de fer de l'Opéra s'est refermé sur moi. » Et lui annonçant son intention de venir le rejoindre dès qu'elle aurait réuni la somme nécessaire « au moins pour un aller ». Comment l'en dissuader ? Comment lui signifier que les lumières de Paris s'étaient éteintes pour toujours dans son esprit et dans son cœur ? Paris, charnier de ses ambitions, cénotaphe à la mémoire d'un député déchu, d'un chevalier dégradé. Fosse commune de toutes les illusions. Comment lui avouer qu'elle appartenait désormais à une ancienne planète, à un astre mort perdu dans la galaxie et baptisé « Céline » ? D'où ne lui arrivaient plus que les lumignons de cristaux tintinnabulants, des airs de valses et d'opéras, des glissements de chaussons, des crissements de pointes résinées. Echos posthumes si atones, si languissants après tout ce voyage, cette odyssée interstellaire.

De ces feuillets griffonnés avait glissé, était tombée une photographie. « Ma dernière acquisition. » Robe de satin noir broché, capote noire avec brides de tulle de même nuance. Et toujours ce visage de crêpe enfarinée. Et la main droite enveloppée dans un pansement, boudinée comme une poupée de son nue. « Mon réchaud à alcool qui a explosé. Cette voyante de Saint-Pierre m'avait pourtant bien dit de faire attention au feu !... »

XXIII

Alliés pour une fois. Pour sauver la moralité publique. La mairie et l'évêché avaient donc fait cause commune. Ce carnaval 1902 devrait se dérouler dans la plus stricte décence. Fini les débordements scandaleux, les outrages aux mœurs, les orgies sur la voie publique. On ferait impitoyablement la chasse aux lubriques et aux alcooliques. Car chaque année depuis le retour de ces réjouissances après l'interdiction qui les avait frappés pendant si longtemps, les excès en tous genres ne faisaient que croître et embellir. Mais Mgr de Cormont avait demandé à ses prêtres de monter en chaire avant l'Epiphanie, avant que les premiers grelots ne s'agitent, afin de rappeler leurs ouailles à plus de bienséance. « L'impiété prend souvent un faux nez pour agir plus à sa guise ! » Bas les masques impurs ! L'année dernière, par exemple cette chanson évadée du casino « Au lan morue », ce bastringue que tenait Bébé Fahis, devant la cathédrale, cette salle toujours pleine de titanes et de gros bras gigotant dans l'odeur du poivre, du tabac, de la naphtaline, du tafia et du fauve. Cette chanson de la foule avinée alors que l'évêque célébrait la messe. Chanson grossie de la clarinette friponne des infatigables Libon et Médouze et beuglée par les trois portes ouvertes du temple : « Cha cha cha, déchi-é tout' ces rob'là ! » Et ces blasphémateurs parodiant l'Eglise et ses serviteurs, affublés d'ornements sacerdotaux en papier, de frocs pour rire ! Tous ces ratichons du diable, ces druides de la débauche. Du haut de sa chaire, retroussant les manches de sa soutane, sous le regard étonné de saint Etienne, le patron de son église, le chanoine Bertot n'avait pas employé de périphrase : « Dieu est là qui nous juge à nos actes. Nous avons beau nous cacher sous nos déguisements, nous sommes nus devant Lui ! Rien ne lui échappe ! » Jusqu'aux religieuses que l'on assurait avoir vues tomber sous l'emprise de cette folie collective, roulant des hanches inconsciemment dans la rue au passage des musiciens diaboliques.

Et sous l'œil placide de Marianne, Raymond Fouché avait arrêté ce qui suit dans le but de prévenir tout abus pendant ces divertissements : « Article premier : il est défendu de paraître sous le masque, sur la voie publique, excepté le dimanche, les jours gras et le mercredi des Cendres. Article 2 : personne ne pourra se montrer dans les rues avant 10 heures du matin et après 10 heures du soir. Article 3 : des permissions spéciales pourront être accordées à l'occasion des bals masqués. Article 4 : le porteur de masque ne pourra posséder ni bâton ni arme. Aucun individu ne pourra prendre un déguisement qui serait de nature à troubler l'ordre public ou à blesser la décence, ni porter aucun insigne ni costume appartenant aux ministres des cultes légalement reconnus par l'Etat ou appartenant à un fonctionnaire public. »

Prudent administrateur communal. Ce carnaval coïncidait avec les prémices de la campagne électorale et l'on pouvait craindre que le fanatisme politique ne mélangeât le vinaigre au tafia. Aucune candidature n'était encore officielle mais les adversaires sortaient déjà leurs griffes et leurs émissaires couraient les mornes. Les radicaux socialistes présenteraient sûrement l'avocat mulâtre Louis Percin, soutenu par le sénateur Knight et par le journal *L'Opinion*. Cet autre avocat de sang-mêlé, le jeune Lagrosillière, porterait les couleurs des socialistes révolutionnaires, sans grandes illusions. Alors que les républicains libéraux et progressistes placeraient leurs espoirs en Fernand Clerc, ce créole de vieille souche, neveu du général Brière de l'Isle et propriétaire d'usines et d'immenses domaines. Un béké à l'influence considérable, aussi bien vu chez les Blancs que chez les Noirs. L'homme à qui Marius Mureau avait promis son concours, l'appui total des *Colonies*. Moyennant finances, prétendaient certains. Possible. Car comment imaginer cette alliance avec un Blanc ? Mais ne s'agissait-il pas de savoir avant tout qui abattre ? Ces faux socialistes n'étaient-ils pas les vrais ennemis du peuple ? Et Mureau si souvent accusé par le passé d'entretenir la guerre des races, Mureau s'élevait aujourd'hui avec force contre les provocateurs déguisés en pierrots.

— Attention, on veut faire du carnaval une occasion de vengeance et de défi. Des comploteurs n'attendent que ces réjouissances pour agir. Le désordre nous guette. Ouvrons l'œil !

Complice ce maire que ses relations grandissantes avec Amédée Knight rendaient de plus en plus suspect. Complice ce gouverneur Mouttet qui finalement montrait aussi peu de nerf que son prédécesseur, se laissait lentement subjuguer, enjôler par ce sénateur à la moustache de mousquetaire.

« Tous les Noirs de qualité sont attendus au Casino. Orchestre sous la direction du chef Pétrarque. » Le coup d'envoi du carnaval fut donné le samedi 4 janvier au Casino et au Trocadéro où, pour la première fois, les cavaliers (3 francs l'entrée) et les dames (1 franc) dansèrent à la lueur de lampes électriques. Békés et grands mulâtres se retrouvèrent le lendemain au théâtre, rouvert pour l'occasion, et à l'Hôtel des Bains où l'on n'entrait que sur invitation et où les danses étaient plus sages. « Aristocrates, bourgeois, hommes du monde, venez tous à l'Hôtel des Bains. Tenue de soirée de rigueur comme au théâtre. » Polkas en redingote ou en habit, champagne jusqu'à l'aube, bataille de confettis. Mais beaucoup de békés préféraient se rencontrer entre eux, chez l'un ou chez l'autre, protégés de toute promiscuité embarrassante. Ainsi les Saint-Domingue qui avaient trouvé ce prétexte pour présenter leur petit-fils à la société. Raoul du Morne Cordier n'y avait donc pu échapper malgré son grand désir d'aller « courir vidé » sous un déguisement, suivre quelque bande de masques à travers les rues, en compagnie de Gabrielle, incognito comme lui. Soirée donc à La Bastide où l'on avait fait venir un orchestre, où la lumière électrique rayonnait comme le bonheur et la joie. Le maître de céans avait acheté au « Printemps », la succursale des grands magasins parisiens ouverte depuis peu rue du Fort, tout un ensemble de guirlandes lumineuses et de girandoles du plus bel effet. Vaincue la nuit où resplendissaient maintenant les arbres rosés, orangés, bleutés. Radieuses les fontaines qui pouvaient couler comme en plein jour.

Vint là plus de monde qu'on n'en avait jamais vu rassemblé dans cette propriété. Ce qui fit dire à quelqu'un dans les rires : « On croirait vraiment qu'on s'est donné rendez-vous pour la dernière fois. » Les Belain au complet, Hermance avec ses deux enfants malgré cette mauvaise grippe dont ils relevaient à peine. (Mais, accompagné de sa femme et de son frère Raoul, le Dr Marry avait donné la permission). Le bon médecin surveillait aussi sans en avoir l'air sa cousine Emilie Dujon et Charles, son mari, que la témérité avait poussés à sortir de leur propriété, « La Grande Case », au Prêcheur, au risque de retomber dans leur fluxion de poitrine. Le Dr Auguste Guérin, toujours vaillant malgré ses 71 ans, parlait mélasse et cœur de chauffe, comme de bien entendu, avec son fils Eugène, le directeur de l'usine de la rivière Blanche, à Fonds-Coré, la femme de celui-ci et Joseph du Quesne, leur premier contremaître. Laure Duchamp de Chastaigné avait décliné l'invitation et personne ne s'en étonnait. Qui l'avait déjà vue quitter ses chers petits vieux de l'asile de Bethléem, cette institution qu'elle avait fondée au pied du morne d'Orange ? Mais elle avait délégué à la fête sa sœur Léonie et son petit neveu Louis Domergue, 8 ans, déguisé ce soir-là en médecin de Molière. Gaston du Morne Cordier discutait avec Eugène Raibaut, le géreur des plantations Saint-James, sur la route de Fonds-Saint-Denis, le distillateur Louis Ernoult, adjoint au maire, les négociants Edouard Lasserre et Joseph Plissonneau, et le Dr Cottreil dont le neveu, René, 17 ans, guignait une voisine, une adolescente du même âge, travestie en pierrette. Conversation bien sérieuse pour un pareil soir où les mots « prix de revient » et « cours mondial » sonnaient drôlement. « Quarante francs les cent kilos sortis d'usine à l'exportation, trente francs à la consommation, quelle tristesse ! »

— « Qu'il ressemble à son père ! » Fatigué par ce genre de réflexion, Raoul avait laissé son fils dans les bras de Marie-Thérèse pour échanger avec quelques membres du cercle de l'Hermine ses impressions sur ce char qui porterait leurs couleurs lors du défilé du mardi gras. Une jeune fille devait tenir le rôle de Marianne embouchant une trompette au sommet d'une sorte de rostre, et l'on ne s'était toujours pas mis d'accord sur le nom de cette bayadère. Mérites de Joséphine et défauts de Marie. Tour de poitrine et de hanches, centimètres et kilogrammes. Et puis, bien sûr, il y avait ces élections obsédantes, ces dates du 27 avril et du 11 mai et chacun espérait la victoire de Fernand Clerc. Mais fallait-il encore qu'il fût investi par les progressistes. Le serait-il ? Certes, il n'était pas le candidat idéal. Trop anticlérical. Et ce soutien des *Colonies* pouvait cacher, de sa part, un certain double jeu. Mais faute de grives... Et l'attitude du public ? Battrait-on encore une fois le record de l'abstentionnisme ? Comment encourager le béké à prendre le chemin des urnes ?

— Il est si dégoûté par la politique, dit Feissal, il y a tellement de fraudes. Tout est pourri dans l'administration.

— Il n'y a pas que l'administration, dit Gaston Assier de Pompignan, un peu grisé, regardez, à Saint-Pierre, il n'y a plus de boulanger blanc, alors il n'y a plus de pain mangeable !

Une petite guerre ravageait en effet les fournils de Saint-Pierre depuis que les békés avaient pris l'habitude de commander leur pain à la boulangerie à vapeur Blanchette, rue Garnier-Pagès, à Fort-de-France, où flûtes, « bordeaux » et « marseillais » étaient pétris par deux mitrons européens.

— Faites comme moi, je ne mange plus que du succédané de pain, des biscottes du docteur Woebt. C'est une légumine diastasée excellente contre le diabète et surtout l'obésité. La pharmacie Tranquillin en vend des quantités.

Tous les yeux visèrent aussitôt la panse avantageuse de ce diététicien, le dentiste Birot de la Pommeraye, célèbre pour son élevage de singes. (Il partait dans quelques jours pour la France où il resterait un an. Qu'allaient devenir ses animaux ? Les emmènerait-il avec lui ?) Un chapelet de pétards fit sursauter les jeunes filles. Donnant l'idée à Raoul d'évoquer ce concours de tir à l'arme de guerre auquel il venait de participer au jardin botanique. Le fils d'un inspecteur des impôts, Augustin Elizé, avait obtenu le premier prix pendant qu'il recueillait lui-même le second.

— Pourquoi ne nous battrions-nous pas en duel au fusil ?, interrogea quelqu'un connu pour ses nombreuses cicatrices, le fusil c'est l'arme nationale. Un duel de ce genre a eu lieu en 91 à la Guadeloupe, entre le directeur de l'Intérieur, Monsieur Feuillet, et un créole, Monsieur Cicéron. Monsieur Feuillet a eu les deux cuisses traversées.

Le dentiste, caressant sa bedaine :

— Est-il vraiment besoin de fournir aux duellistes un nouveau moyen de se détruire ? Les armes actuelles suffisent bien.

Une farandole emporta tout le monde comme une rivière en crue, à travers le jardin plein de bruissement et de lumière. Et au-delà, à travers la nuit où des couples s'égaraient. La nuit qui renvoyait des bouts de chansons et de fou rire. Nuit de joie dans chaque case, même dans la plus pauvre. Où l'on avait tué le cochon après une dure journée, penchés, cassés, sous le bakoua. Passée à désherber, à sarcler, à biner les jeunes cannes, à cueillir le cacao et le café. Maintenant on se rendait visite, on s'arrêtait de porte en porte pour présenter ses vœux et, ensuite, on faisait bombance. Nuit où les chiens eux-mêmes étaient de la fête. Courant la campagne à perdre haleine et jappant sans discontinuer comme s'ils avaient autant bu que les hommes. Chiens bien gras et chiens perdus, innombrables chiens de la savane, des mornes, de la montagne, dormant le jour pour mieux vivre la nuit, pour exciter les coqs, leur faire prendre des vessies pour des lanternes, la lune pour le soleil, leur faire croire bêtement à l'aurore. Nuit habitée, surpeuplée de la Martinique. Nuit vivante. Ardente nuit.

Et le cri provocant des clarinettes. Le lendemain, à deux heures de l'après-midi, place de la batterie d'Esnotz où naît le carnaval 1902. Un flux bigarré montant du bas de la ville, du Mouillage, descendant des mornes. Pour se mélanger, se heurter à la foule déjà rassemblée, piaffante, chantante, dansante. Sonnailles et grelots agités, cris de ralliement, quolibets, paquets de rire jetés des fenêtres comme de grands seaux d'eau fraîche. « Cirique ! Cirique ! » Des groupes se forment, grappes frémissantes, impatientes. Chacun a trouvé la guenille la plus criarde, l'oripeau le plus clinquant. Faux or, faux argent, morceaux de miroir. Bijoux du pauvre, étoiles, diamants d'un jour. Et les encouragements à la musique : « Cirique ! Cirique ! » Gonflée, la vague crève, déferle, dévale dans la rue Victor-Hugo. En tête, une charrette tirée par un âne, bourrée de nègres ondulant au rythme de leurs instruments, secoués, disloqués par le cahotement syncopé du tambour, sous un feu roulant, ses bordées, ses salves. « Cirique ! Cirique ! » Suit la mer écumante, brasillante, trois mille hommes et femmes saisis par la même frénésie, atteints de la même folie, trois mille langues pour scander les mêmes paroles, six mille mains battues en cadence. Et voletant, piaillant comme des mouettes, cent, deux cents gamins pieds nus, dépenaillés, deux cents enfants et le peuple enfant.

Et le peuple déguisé, masqué. Les jeunes filles en bébé, en petite chemise, en pantalons ras, brodés, en bonnet d'enfant, des rubans partout, papillotant de couleurs. Les femmes en longue jupe jaune canari, en capuchon pointu. Corps contorsionnés, coups de rein effrénés, ivres du battement de mesure, obscènes. Aperçue en un éclair, reconnue, Lucie Saint-Jude qu'un bras nu noue comme un cordage, celui de son marin, Georges Marie-Sainte. Lucie déhanchée, démontée, démoniaque, criant comme ces filles travesties en garçon pour pouvoir tromper la vigilance de leurs parents : « Moin caï cassé code ou soué-a ! » (« Je vais rompre mes amarres ce soir ! ») Miroitantes de colliers-choux, de breloques, de pendentifs. Ou : « Manman, o souéa, moin lé mo ! » (« Maman, ce soir je meurs ! ») Et François Bernard et ses enfants, et Théo Duribar, en culotte courte serrée à la taille par une ceinture de couleur, en turco, en arlequin, un foulard de soie cramoisie flottant sur les épaules comme un manteau de page. « Me-z-enfants, moin c'est du feu ! » Peau luisante, dégouttante, odeur âcre et tenace, rhum et sueur.

Du balcon de Thomas Prentis la vague ne finit pas. Clara, sa femme, émerveillée, ses deux filles May, 22 ans et Christine, 15 ans, applaudissant ou prenant des photographies avec ce nouvel appareil à plaques, don de leur tante Alice M. Frye qui s'est enfin décidée à venir à Saint-Pierre. Attendue en avril, à Pâques. Et à l'autre fenêtre du consulat, Salavina, Saint-Prix et Bonneville que le consul a invités pour en apprendre davantage sur ce carnaval dont on parle même aux Etats-Unis.

— Les « nègres gros-sirop ! »

En pagne, le corps enduit de mélasse et de suie, troupe misérable des travailleurs du sucre, des hommes attisant les feux de bagasse, poissés de vesou, tiquetés de mouches. Et les « congos » des plantations, les coupeurs de canne, armés de leur machette, les « amarreuses » en jupe de percaline, sous leur bakoua imbibé de transpiration. Airs plaintifs ou roulades débridées, torsions lascives ou dandinements, turbulence, détraquement général. Vingt musiques jouant simultanément le long du cortège.

— Les voilà ! Regardez !

Voilà ceux qu'on attendait. Les diables en personne. Grands gaillards plus forts que les autres. Rouges des pieds à la tête sous leur maillot collant prolongé d'une longue queue. Un crâne de bœuf constellé de petits miroirs et couronné d'une lanterne rouge. Une perruque blanche en crin de cheval (car le diable doit être vieux, plus vieux que le monde). Ils sautent, bondissent, apeurent les fillettes. Lancent en l'air des cris indéfinissables. Pendant que des lutins crépus, d'un noir verni de chaussure, tentent de leur attraper la queue, de leur faire des niches.

— Vous voyez, dit Saint-Prix au consul, ici point de costumes luxueux comme à La Nouvelle-Orléans ou à Venise. Point de princesses en lamé et de marquis poudrés. C'est le carnaval du peuple. Tout le peuple est là avec sa joie, sa simplicité, sa modestie.

— Admirez-les, ils ne sont que danse. Et la musique vit en eux, chante presque Salavina tellement les mots s'envolent de lui-même avec fougue et passion. Garaud, l'un de nos vice-recteurs disait, il y a une douzaine d'années, en citant un ancien gouverneur : « Si vous voulez dissiper un attroupement, une émeute, envoyez-lui un orchestre, au son de la musique les colères tomberont, et tout le monde finira par danser. »

Un peu plus loin, Mureau regarde s'écouler sous sa fenêtre ces paillasses, ces négrelats, ces pantalons, ces dominos, ces chauves-souris, ces zouaves, ces pierrots. Regarde ce ruissellement sous le soleil et essaie de percer sous les masques et à travers les refrains rabâchés la critique, l'attaque contre tel homme en place, contre telle politique. Il sourit de voir passer trois moines franciscains et un pénitent, singeant le recueillement et la ferveur malgré l'interdiction municipale, et un faux prêtre en rouge bénissant tout le monde de son goupillon. Mais grince des dents quand surgit au haut d'une perche le mannequin d'un béké représentant Fernand Clerc. Où est donc celui de Knight et de Percin que devait fabriquer Albert Gédéon Moscou et porter Sonson Gros-Pattes et Kérozine ? Et cette chanson polka en créole qui égratigne les républicains progressistes et le traite, lui, de vendu aux békés ! Au milieu de tous les potins rapportés, des satires, des caricatures, de ces railleries chantées à tout va, de ces « mémoires de Vonvon », la grosse mouche bleue, la mouche indiscrète qui se cogne partout, entre chez l'un et chez l'autre, bourdonne à chaque oreille. Et des racontars de cette comète de 1881 ou de 1889, de ces astres sans retenue, incapables de garder un secret, dont la queue de feu pend comme ces langues de vipère : « La comète a dit nous à quat heu du matin »... Bavarde comète à l'affût des lits désertés.

Tumulte, bousculade. Au Mouillage où les diables des lieux, Fernand Boby, l'hercule craint comme la peste, et le Gros Roro, le poltron, se mesurent à ceux du Fort, Ti-Jean, Polycarpe, Odifrène. Se mesurent et s'affrontent, se jettent des défis. Léon Lucy photographie la scène, en compagnie d'un confrère arrivé depuis peu, Théodore Célestin, un fabricant de cartes postales. Cris de guerre et claquements de fouet. Les grelots s'agitent, les queues flagellent la poussière, les pierres sifflent. Poitrine tapissée de billets de banque, Boby doit reculer devant le nombre. De toute façon, les gendarmes arrivent, réconcilient tout le monde à coups de bâton.

Quarante jours après l'événement tant espéré resplendit. Délire et pâmoison. Mardi gras. Des fenêtres du cercle de l'Hermine on assiste au défilé des chars :

— Le nôtre est le plus beau !

Marianne dressée sur son socle fleuri, une trompette d'une main, celle de la victoire, et un drapeau tricolore de l'autre. Quelle cariatide !

— C'est ma cousine Albertine, se vante Hector de Saint-Domingue.

On applaudit cette jeune fille rougissante. Mais voici le char des mulâtres, plus polémique. Une statue de Marianne coiffée d'un bonnet phrygien et le cou entouré d'un nœud coulant. Marianne vient de briser les chaînes qui entravaient ses poignets. Marianne triomphant de l'oppression des Blancs : « Hou ! Les vilains ! » Sûrement une inspiration radicale socialiste. Mureau dans une grimace : « Ce char retarde d'un quart de siècle. Ces chaînes, il y a longtemps que nous les avons rompues. Grâce à moi. » Mais le char suivant fait tomber la hargne. Celui des ti-tanes. Vingt caillettes, vingt brunettes se trémoussent parmi les hibiscus, hibiscus elles-mêmes, escortées par un peloton de soupirants montés sur des demi-sang anglais et chaussés d'éperons d'or. Vingt donzelles hilares, portant cet écriteau : « Deux raisons de vivre. La première, c'est l'amour. La deuxième, c'est le faire ! » Quel âge ont ces jouvencelles ? Seize, dix-sept ans ?

Scandale ! Le char par qui le scandale arrive ! L'évêque, sur le parvis de la cathédrale, entouré du curé, le chanoine Le Breton, et des vicaires. Tous se retournent vers les sœurs du couvent de Saint-Joseph de Cluny, vers mère Marie-Thérèse, la supérieure principale, cette Alsacienne de 39 ans qui ne badine pas avec le règlement, et mère Théodore, son assistante. Ont-elles reconnu leurs pensionnaires dans ces drôlesses, ces « bobos » ? Comment le savoir ? Les gamines se sont grimées en conséquence, le péché les recouvre entièrement de sa couche de fard, de minauderies, de singeries. Mais demain, au couvent, les noms glisseront des lèvres de quelques autres. A moins que les coupables n'appartiennent au pensionnat colonial, le « couvent républicain » de Mesdames Dozé, Orsenat et Lagrosillière ? Voilà le résultat de cette trop grande liberté laissée aux jeunes filles ! (Et, surtout de ce mélange des races imposé par la République. Car ces filles ne sont certainement pas celles des bonnes familles blanches de l'île, mais des mulâtresses, des filles de commerçants et de fonctionnaires. Pas de danger que Mesdemoiselles Dupouy et Rameau, les directrices de l'institution la plus huppée de Saint-Pierre, retrouvent leur bien dans cette charrette du mal. La « muletaille » ne peut entrer chez elles).

Combien de neuvaines faudra-t-il décréter pour racheter tant de lubricité ?

— Dur sera le jour de l'expiation, soupire Mgr de Cormont en retournant tristement vers le palais épiscopal.

Ce carnaval devait finir comme il avait commencé : dans l'immoralité et la profanation. D'abord, bien entendu, les prescriptions pressantes de l'Eglise n'avaient pas été respectées. Les prêtres pouvaient toujours demander que le carnaval s'arrêtât le mardi soir, le carême avait bien le temps d'attendre jusqu'à jeudi matin ! Une journée de plus pour boire et danser, une journée pour enterrer « Vaval ». La journée des « guiablesses », ces grandes femmes habillées et masquées de noir, enturbannées de blanc. Et pour porter Sa Majesté jusqu'au bûcher, cinquante hommes recouverts d'un drap blanc et noir, agitant leurs ailes de pingouin, hurlant dans leur « masque lan mo » (la mort) pour terrifier les petits enfants. Derniers râles d'une fête épuisante. Derniers faux cris de désespoir de ces flandrines alcoolisées, de ces géantes dégingandées. Tirant derrière elles de vieilles casseroles ou des « bombes » à pétrole, des gallons en fer-blanc de dix-huit litres. Tintamarre de tous les diables. Jetant des poignées de farine à la tête des passants. Chantant comme les litanies des saints : « Vaval, Vaval, ça nous fait ou lé quitté nous, malgré la vie-a raide, Vaval pas quitté nous ! » (« Vaval, qu'est-ce qu'on vous a fait pour que vous nous quittiez ? Bien que la vie soit dure, ne nous quittez pas ! ») Litanies jusqu'à la place Bertin où l'effigie de carton-pâte va se tordre dans les flammes. Voilà. Elle brûle devant le bon peuple et ses larmes de crocodile. Brûle devant les guiablesses qui vont maintenant s'adonner au stupre et à la turpitude après s'être livrées au grand satrape des ténèbres. Se rouler dans l'immonde. Enterrer ces quarante jours de liesse dans la fange de folles bacchanales. Les flammes montent du bord de mer, illuminent les visages inondés dont les masques sont tombés, enfin, las d'avoir tant grimacé, d'avoir tellement singé la mort ! Montent dans le ciel rougeoyant du couchant, vers ces nuages moutonnés que le volcan semble happer comme une lanterne attire les moustiques. Feu de joie de cette grande joie qui meurt.

Fête aux relents païens auxquels l'Eglise s'était depuis longtemps habituée. Mais comment, par contre, supporter le blasphème, comment admettre ces outrages par paroles et par gestes à la religion et à ses serviteurs ? Ces ivrognes déguisés en bonne sœur et en curé de campagne, ce pantin figurant l'évêque, au bout d'un bâton, levant les bras et baissant la tête comme à la messe. Et ces ordures tracées à la craie sur la porte de la cathédrale ? Aussi personne ne s'émut-il d'entendre Bossuet gronder dans le sermon épiscopal du vendredi saint :

« O hommes, ne cherchez plus l'expiation de vos crimes dans le sang des animaux égorgés ; dussiez-vous dépeupler tous vos troupeaux par vos hécatombes, la vie des bêtes ne peut point payer pour la vie des hommes. »

Quelques jours après, cri de surprise. Cri d'Hortense dans la chambre de cette villa de Fonds-Coré où elle avait l'habitude de retrouver « Yeux Clairs ».

— Regarde, dit-elle à son ami, accouru, inquiet.

Elle montrait la boîte à poudre sur la coiffeuse, près du lit à baldaquin. Gaston, yeux écarquillés. Ne comprenant pas. Elle prit l'objet en argent, le lui remit. Pleurant presque :

— Elle est noire ! Oxydée !

— Allons, il suffit de la frotter avec un peu de blanc d'Espagne et du rhum !

— Mais je l'ai nettoyée hier matin et regarde sa couleur.

Noire, pareille à une pomme de terre brûlée. Pour Hortense c'était un mauvais présage. Jamais elle n'avait vu l'argent noircir à cette vitesse, avec ce parti pris. Gaston l'embrassait, l'apaisait :

— Un peu de cendre et du citron. Tu vas voir.

Cinq minutes après, la boîte brillait à nouveau dans le creux de sa main comme en cette nuit de réveillon, étincelait sous ces mêmes yeux étincelants. Mais le lendemain c'est lui qui s'étonna : son travail était réduit à néant. Le poudrier avait repris sa sale couleur. Raoul lui donna l'explication le soir même, au dîner. D'après Lucy, on avait constaté que le volcan lâchait depuis quelques jours des bouffées de gaz sulfhydrique. Des habitants du Prêcheur étaient incommodés par une odeur d'œufs pourris que le vent rabattait parfois sur le bourg. L'odeur de ce gaz incolore et toxique. Mortel à une certaine dose, en décomposant le sang, en sulfurant son fer. Et provoquant toujours des nausées, des vertiges, des troubles nerveux, des pertes de connaissance. A « La Grande Case », chez les Marry, au Prêcheur, l'argenterie s'était subitement oxydée aussi, comme celle des Guérin à Fonds-Coré... Et plus inquiétant, des bergers avaient découvert çà et là, au morne Folie, au-dessus de Sainte-Philomène, des cadavres d'oiseaux morts asphyxiés. D'ailleurs, en abordant certains endroits, sur les hauteurs, les chevaux devenaient rétifs, n'avançaient que sous la cravache. Et des marins racontaient dans les bistrots du port, chez Ti-Rose Congo, au Requin repenti, d'étranges histoires sans doute exagérées sous l'effet du rhum, mais si concordantes. Leur bateau avait dansé d'une façon curieuse, dans les parages de l'île, une sorte de balancement qu'aucun marin n'aurait pu appeler roulis. En même temps, la mer avait montré de surprenantes oscillations, phénomène inconnu jusqu'alors.

— En 1851, ces vapeurs de soufre se sont également fait sentir, dit Gaston Landes. Le rapport Leprieur est formel. Mais de ces mouvements de la mer, personne ne parle.

« Avec ou sans citron ? » Prenant le punch avec René Bonneville, Saint-Prix et Salavina, venus le rencontrer au lycée alors que Madame Clarac, la lingère, Cousté, l'économe, Méhouas, le censeur et Rici, le proviseur, l'écoutaient en silence, assez inquiets, cherchant le mot rassurant. Dix élèves habitant les hauteurs ne s'étaient pas présentés, ce matin-là, leurs parents craignant ces gaz nocifs sur le chemin de l'école.

— Nous logeons à Sainte-Philomène, dit Salavina, et si ces odeurs d'œufs pourris persistent, nous allons retourner à Saint-Pierre. Avec un bébé de trois mois nous ne pouvons pas prendre de risque.

Emoustillé par le frisson qu'il voyait parcourir les échines, Bonneville en rajouta, sarcastique :

— Le clergé l'a bien dit : nous habitons une cité perdue. Une Sodome maudite que seul le feu pourra purifier. D'abord le ciel nous saupoudre de soufre, après il craquera une allumette ! D'ailleurs, moi j'ai compris, je déménage !

L'écrivain avait trouvé un emploi dans le journal de Knight, *L'Opinion,* à Fort-de-France. Heureux de quitter cette ville scandalisée une nouvelle fois par son dernier roman « Les Sœurs ennemies ». Cette ville peuplée d'esprits si étriqués, si arriérés. Rigolant des remous à nouveau provoqués dans la société blanche par cette histoire d'officier de marine blond aux yeux bleus qu'une créole épouse pour s'apercevoir après coup qu'il n'est pas blanc ! Histoire sulfureuse, plus délétère encore que ces vapeurs volcaniques. (Le feu roulant du tambour de Jovin, le concierge, interrompit subitement la conversation, appelant les élèves à l'étude, au moment même où sonnait l'angélus). Puis Landes rapporta ce que son collègue Degennes avait révélé, ce matin-là, en pleine classe. Rocambolesque affaire dont les békés allaient encore faire les frais. Une bouteille lancée à la mer et retrouvée par un pêcheur. Et au fond de cette bouteille une boulette de pain dans laquelle se trouvait glissée une minuscule bande de papier grisâtre. Et tracée sur ce papier avec un clou ou une dent de fourchette, cette phrase inachevée : « Sain d'esprit — secret — sauvez-m ». Aucun doute pour personne : ce message émanait d'un de ces faux malades internés dans cette étrange maison de santé coloniale. D'une épouse infidèle rejetée par son époux béké et prisonnière de ces épaisses murailles. Salavina :

— Quand ira-t-on voir ce qui se passe vraiment dans cet asile ? Quand le commissaire Alonzo y enverra-t-il ses hommes ?

— Pourquoi déranger les fous, dit bizarrement Saint-Prix, laissez-les donc mourir tranquilles, ils ont encore la meilleure mort, ils ne la voient pas venir.

On le sentait amer et fatigué. Découragé par le peu d'audience de ses poèmes. Par cette dure vie imposée, si cruelle pour sa muse.

Malédiction ? Du Morne Rouge arrivaient de bien troublants échos recueillis par les porteuses aux pieds nus, donnés pour vrais à chaque oreille sur les marchés du Fort et du Mouillage. Confirmés aussi par Long-Ming, l'éternel voyageur. A François Bernard que ces vapeurs de soufre avaient fait sortir de chez lui comme un renard enfumé :

— Les sœurs du couvent de la Délivrande ont entendu à plusieurs reprises des bruits de vaisselle cassée et lorsqu'elles sont arrivées dans la cuisine, la vaisselle était intacte.

D'autres potins de ce couvent hanté : chaque jour la lampe posée devant l'effigie du Sacré-Cœur tressautait devant les religieuses. Encore : la statue de la Vierge de Lourdes s'était figée tout à coup dans une mystérieuse tristesse. Et encore : poursuivie par un fantôme, la mère supérieure avait ouvert l'Evangile, tombant sur ce passage de Job : « Un glaive tiré de son fourreau étincellera dans son amertume ; d'horribles spectres iront et reviendront à lui ! »

Chair de poule, sang glacé de l'ancien maire déjà alarmé par l'attitude de Sigismond. Depuis un certain temps le sorcier fermait sa porte à tout le monde, refusant même de parler à travers le bois.

Il médite, lui avait dit Long-Ming, il veut la paix pour pouvoir entrer en communication avec l'au-delà. Il attend un message important.

Comme les vapeurs sulfureuses empuantaient l'air au point d'obliger les résidents de Fonds-Coré, de Sainte-Philomène et du Prêcheur à brûler des herbes odoriférantes, Gaston Landes décida de se rendre à l'Etang-Sec, au bas du pic extrême de la montagne Pelée, le morne Lacroix, un étang auquel il ne restait plus que le nom, siphonné par l'éruption de 1851, vidé entièrement et recouvert de gazon. C'est de cette cuvette que s'élevaient maintenant ces émanations sulfureuses, échappées de longues fissures blessant le sol comme des coups d'épée rageurs. Retenu à Saint-Pierre par la préparation des élections, Lucy n'avait pu suivre le professeur d'histoire naturelle. Mais il eut le temps d'aller interroger ceux qui se trouvaient en première ligne, sur les dernières pentes du volcan, les plus exposés à ces gaz, les propriétaires des habitations situées le long de la rivière Blanche, au-dessus de Fonds-Coré, Eugène Guérin, le Dr Marry et Emmanuel Isnard. Il en revint assez perplexe. Confia ses observations à Landes, balançant mollement sa tête pesante comme les molocoyes, ces tortues terrestres qui doutent toujours de leur chemin.

— Ils font état d'une augmentation d'eau tout à fait extraordinaire dans le débit de la rivière Blanche, une eau devenue inutilisable en raison des odeurs répugnantes qui s'en dégagent et du fait qu'elle donne la colique.

Moustache soucieuse du professeur. Il avait analysé les gaz. Même nature, mêmes réactions relevées en 1851 par le grand géologue Elie de Beaumont.

— Ce volcan est soumis à un lent et incessant travail. Il pourrait bien nous réserver d'autres surprises.

Le lendemain, 2 avril, Lucy prenait pour la première fois le risque de faire partager ses appréhensions à ses lecteurs. Pesant ses mots pour éviter toute panique. Posant simplement ces questions : « Notre volcan, le vieux Pelée, après avoir sommeillé longtemps, accroupi et replié sur lui-même, va-t-il enfin se décider à rompre un silence de juste un demi-siècle cette année ? Comme en 1851, se propose-t-il de nous faire assister à quelque réveil aussi subit que sensationnel ? » Mais d'autres sommets accaparaient l'attention des Pierrotins, ces tribunes où des hommes commençaient à briguer leurs suffrages. Quelques jours plus tard, le 11 avril, Fernand Clerc devenait officiellement le candidat des républicains progressistes, les représentants en Martinique de l'Alliance républicaine démocratique. Hostiles au cléricalisme mais en faveur de la liberté religieuse. Apre lutte entre deux hommes déterminés. Entre Fernand Clerc, le blanc, le béké, et Louis Percin, le mulâtre, appuyé par le sénateur Knight, l'intrépide au verbe haut, hostile aux périphrases :

— Votez pour qui vous voulez, mais pas pour un béké, un métropolitain ou un blanc créole. Ces blancs sont nos ennemis, nous devons les combattre par tous les moyens. J'écraserai tous ces békés sous mon talon républicain !

Feu roulant, croisé. Mureau avait déclenché son tir d'artillerie dans *Les Colonies*. Notamment contre Raymond Fouché, le maire, qui avait pris résolument parti pour Percin « l'évictionniste ». Tir fusant, plongeant. Rappelant la loi relative à la répression des fraudes en matières électorale. Loi signée Waldeck-Rousseau, président du Conseil, ministre de l'Intérieur et des Cultes, et promulguée le 30 mars. Punissant tout acte frauduleux d'un emprisonnement de six jours à deux mois et d'une amende de cinquante à cinq cents francs. « Si le coupable est un fonctionnaire public, la peine sera portée au double. Avis aux amateurs qui ne craignent pas de distribuer à leurs amis des cartes d'électeur ! » Mureau courant les préaux d'école et les mairies avec François Bernard, réconciliés par la grâce politique, à l'affût du moindre mot de l'adversaire, attrapé au vol et retourné contre lui avec deux fois plus de force.

— Si vous votez pour ce Blanc, c'est le rétablissement de l'esclavage, menaçaient les émissaires de Knight et de Percin. Voyez ce qui vous attend ! Approchez donc !

Bruit de ferraille. Chaînes, carcans, cangues exposés aux yeux des pauvres crédules de la campagne. Fouets et cravaches. Tous ces souvenirs abominables de la servitude sous les yeux des coupeurs de canne venus jusqu'à ces tréteaux, le torse luisant encore de sa fatigue. Voilà ce que ce Blanc allait ramener dans les habitations. Et de rappeler que le père du candidat avait été chargé par Schœlcher de porter la liberté aux esclaves émancipés par le décret du 27 avril 1848.

— Ne votez pas pour les descendants de vos oppresseurs. Votez pour Louis Percin, le fils de vos libérateurs !

Et Mureau, oubliant son passé dans la lie de son encrier : « Fi donc, Monsieur Percin ! C'est vous qui après cinquante ans de liberté et plus de trente ans de République, évoquez le souvenir de l'esclavage ! Le jour où vous alliez chez Monsieur Clerc et chez tant d'autres usiniers pour quémander leurs suffrages, aviez-vous donc perdu de vue que vous alliez faire cause commune avec vos anciens oppresseurs ? »

Les méthodes électorales de Fernand Clerc en choquaient également plus d'un. Mais Mureau voulait rester obstinément sourd à ses anciennes querelles. Oublier les violences verbales de ce béké qui ne se privait pas, une fois descendu des estrades, de traiter noirs et mulâtres de cochons et d'incapables. Raoul du Morne Cordier suivait souvent le candidat, de morne en morne, avec Lucy et d'autres membres du cercle de l'Hermine. Suivait avec étonnement et parfois une grimace d'énervement, ce démagogue, ce flatteur du peuple, cet exploiteur de faveur, cet amuseur. Distribuant sucre, rhum, mouton, morue salée, haricots rouges, et beuglant du haut des tréteaux :

— Tant que je serai là vous aurez le droit de vous soûler le samedi soir !

Délire de l'auditoire. Acquis, transporté.

— Vous aimez le fruit-à-pain arrosé d'huile ?

— Oui ! Oui !

— Que dites-vous d'une belle daurade dorée, d'un mètre carré de morue salée avec de l'avocat, du piment « bonda man'Jacques », de la farine de manioc ?

— Vive Clerc ! Vive papa Clerc !

— Vous aimez faire l'amour, c'est ça qu'est bon, hein ? Vous êtes des hommes, des vrais, citoyens !

— Vive Clerc ! Vive papa Clerc, tu es notre père, notre mère, la prunelle de nos yeux, notre Bon Dieu !

Lucy enthousiaste devant tant d'unanimité. Où étaient la haine, la division, les préjugés de race ? « Certes l'union des cœurs n'est pas absolue mais de son aile reposante le temps a endormi les ardeurs effrénées, de sa douce haleine il a calmé les brûlures des plaies vives. Dans vingt ans peut-être il n'y aura plus sous notre ciel de divisions politiques et la question de couleur ne sera même plus évoquée »...

« J'adorerai dans votre saint temple, et je célébrerai votre nom. Alléluia. » A l'Ajoupa-Bouillon, Raoul du Morne Cordier s'était retrouvé avec son père, avec les Feissal, les Duchamp, les Reynal, à la consécration par l'évêque d'une petite chapelle. Un calvaire à trois niches sur l'allée de la Batterie, dans ce bourg minuscule situé sur l'autre versant de la montagne, au-delà du Morne Rouge. Chacun avait prêté un plat d'argent pour recevoir Mgr de Cormont, des plats qu'il avait fallu astiquer jusqu'au dernier moment tant le volcan les avait ternis de sa mauvaise haleine. Et c'est là que le prélat avait annoncé à chacun son départ pour la France. Désiré, ordonné par le gouverneur Mouttet craignant que son influence ne fût pernicieuse au moment où se disputeraient ces joutes politiques. « Adieu mes chers enfants, je ne reviendrai qu'après le 2 mai, après le deuxième tour des élections. Je vous confie à Dieu. » Confiant en même temps l'administration de son diocèse à l'abbé Parel, le curé de Fort-de-France. La semaine sainte ne verrait pas fulgurer sa crosse. Il n'entendrait pas les enfants annoncer les offices à coups de crécelle, de « rara-la-semaine-sainte », pour remplacer les cloches parties en congé annuel.

Samedi de Pâques, tout le monde rassemblé sur les plages, au bord des rivières et des fontaines, petits et grands, comme le voulait la coutume du « gloria », guettant le premier tintement, le premier battement du carillon, l'annonce du plongeon propitiatoire. « Les voilà ! » De loin en loin les cloches accouraient, folâtres, et chacun se jetait à l'eau, tête la première, pour se frotter le visage énergiquement, se débarrasser de la saleté des fautes, obtenir le pardon de Dieu. François Bernard et toute sa famille, et Long-Ming et la sienne, dans l'eau tiède de l'anse Latouche. Et le surlendemain, venait le traditionnel déjeuner en famille, le traditionnel « déjeuner de rivière ». Toute la ville à la recherche du coin tranquille au bord de l'eau pour y ouvrir le panier à provisions, la bonne bouteille, la marmite de colombo de poulet, s'asseoir dans l'onde écumeuse d'un torrent, se baigner en caleçon long, les yeux nageant dans le bleu du ciel tamisé par les branches basses, et sous le nez, la moustache baveuse et satisfaite des phoques.

Sur les roches rondes de la rivière des Pères, Salavina avait donné rendez-vous aux Prentis, à Raoul du Morne Cordier, à sa femme et à ses deux amis les poètes, dans le meilleur endroit, là où une modeste chute d'eau fourgonnait avec conviction. Aux Prentis chagrinés par la défection d'Alice Frye qui avait finalement décidé de remettre à plus tard son séjour chez sa sœur, de différer son voyage en Martinique.

— Je lui ai dit qu'on ne craignait rien, dit Clara Prentis avec tristesse, mais je ne sais pas, elle a l'air inquiète.

— Qu'elle est chaude !

Premier cri du premier baigneur, Thomas Prentis, les pieds chaussés de sandales de bain et la tête protégée d'un canotier. Chaude comme jamais on ne l'avait connue. Et pas très propre. Plutôt trouble, tirant sur le gris. Aussitôt le consul accabla le volcan. Et René Bonneville le défendit par dérision.

— A force de le rendre coupable de tout, il va finir par se fâcher.

Coupable de tout. De chasser les oiseaux, d'attirer les serpents. Comme le racontait Salavina. A Fonds-Coré, à Sainte-Philomène, les pluviers, les grèbes, les becs fins, les pattes-jaunes, tous les oiseaux migrateurs arrivés du nord comme chaque année pour jouir de la bonne chaleur des tropiques, avaient soudain pris la fuite sans un cri, en de longs signes d'adieu triangulaires. Quelques jours après les oiseaux sédentaires avaient émigré à leur tour. Tous sauf les passereaux. Rassemblés sur les arbres fruitiers ils s'étaient envolés vers le sud, d'un seul coup, dans un bel ensemble, comme si un chasseur leur avait donné le signal en tirant en l'air. Et plus inquiétant ce que rapportait Raoul d'une promenade avec Marie-Thérèse sur le flanc de la montagne, d'une visite à

Grandvizi, l'ermite de la Pelée. Tous ces serpents ramassés mourants, tous ces « loquiots », ces lézards bleus argentés, asphyxiés, toutes ces fourmis blanches, ces termites, ces chenilles disparues sans laisser de trace. D'ailleurs en ce samedi de Pâques, les coutumières excursions sur la montagne furent quelque peu troublées par cet exode animal. Plusieurs caravanes durent rebrousser chemin précipitamment devant les portées de « trigonos » affolés qui déboulaient les pentes rocheuses pour aller se jeter sur quelque basse-cour, semer la panique dans quelque écurie. D'autres promeneurs ne purent résister longtemps à l'odeur insupportable que les fissures exhalaient comme des fosses d'aisances et décampèrent aussi vite. Mais beaucoup passèrent sur les deux versants du volcan d'agréables heures de détente en famille comme l'usage l'ordonnait en ce si beau jour d'avril. Femmes aux jupes retroussées, enfants et chiens follets. Bandes bavardes marchant au rythme de la flûte ou de la clarinette. Rondes charmantes au bord du lac étonné. Cueillette des choux palmistes. Et retour au crépuscule, bras dessus, bras dessous, musique en tête, lourds de bonne fatigue, secoués de rires, de cris, de chansons malicieuses. Retour à travers les rues de la ville, répandant la joie, l'introduisant par portes et fenêtres avec la brise de mer que le soir apportait toujours.

Le 19 avril, Léon Lucy arriva à cheval, essoufflé, devant la villa de Gaston Landes à Fonds-Printemps. Le professeur sortait de son bain, de ce bassin de céramique que son fidèle Zéphirin vidait une fois par semaine, nettoyait et remplissait de nouveau d'eau de pluie. Essoufflé, ému, dit en tendant une dépêche : « Deux mille morts au Guatemala. Un tremblement de terre ». Ils se précipitèrent sur la carte. Le Guatemala occupait peu de place sur l'atlas mais ils distinguèrent nettement la zone touchée par le séisme. Quezaltenango, la seconde capitale du pays, et Amatitlan, l'autre ville touchée, nos deux amis les avaient visitées lors de leur excursion au volcan de Santa Maria. Cette fournaise n'était d'ailleurs pas très éloignée de l'endroit composant avec les volcans Aqua et Pacaya une ligne de feu parallèle au Pacifique, une chaîne infernale. Landes, les yeux à demi fermés comme s'il avait vu subitement cette carte s'animer, ces volcans fumer, ces forêts vert foncé frissonner comme de la fourrure :

— Curieux, curieux, cette coïncidence entre nos vapeurs sulfhydriques et ce séisme. (Rouvrant les yeux, ébloui, comme revenant d'une pièce plongée dans l'obscurité). Mon ami, j'ai l'impression que nous n'avons pas fini d'en voir.

Jeudi 23 avril, neuf heures moins le quart. Gaston du Morne Cordier venait juste de refermer la porte de la petite villa de Fonds-Coré où Hortense s'était glissée. Hortense heureuse de cette rencontre nocturne, favorisée par cette campagne électorale qui éloignait pour la nuit son mari de Saint-Pierre. Hortense prête, déjà, à astiquer la boîte à poudre en argent noircie plus encore que les autres jours. Il venait juste de refermer cette porte à clé sur la nuit, de retirer ses gants de peau. Et il allait maintenant soulever le globe d'un second photophore pour allumer la mèche imbibée d'huile. La main sur la boule de verre, donc, pour la soulever, pour la déposer. Quand sa main trépida soudain. Trépida sous l'effet d'une brusque secousse. En même temps une sourde détonation l'avait fait frémir des pieds à la tête. Comme saisi, choqué par une émotion forte. Hortense s'était jetée dans ses bras et il ne se souvenait déjà plus du moment où elle avait bondi pour se réfugier là. Avant ou après cette explosion souterraine ? On entendait des gens s'interpeller avec inquiétude dans la rue, des contrevents battre, des portes claquer. Yeux grands ouverts dans la demi-obscurité, visages tatoués du lavis des ombres, ils écoutaient en silence tous ces bruits de frayeur. Ecoutaient et s'interrogeaient et se pressaient l'un contre l'autre comme s'ils avaient peur tout à coup d'être séparés à jamais. « Ecoute, souffla-t-elle au bout d'un moment, les cabris-bois »... C'est vrai, les gros grillons avaient arrêté leur crissement. Comme chaque matin vers quatre heures. Muets. Comme s'ils attendaient, eux aussi, la suite.

A la même heure Clara Prentis écrivait dans sa chambre à sa sœur Alice. Quand elle perçut la première détonation, sa plume griffa le papier. Christine, sa plus jeune fille, était à côté d'elle et elle alla voir à la porte si quelqu'un n'avait pas cogné. Tout de suite après deux autres détonations ébranlèrent la vieille maison de bois. Si brutalement que des plats tombèrent du vaisselier. Quelques minutes plus tard, le consul avait rejoint sa femme, encore toute tremblante. Décision prise : ils déménageraient dès le lendemain pour aller habiter une maison plus solide, au cœur même de la ville, une maison en pierre de taille capable de résister à toutes les agressions volcaniques.

Mais c'est surtout au Prêcheur que la terre avait été secouée le plus rudement. Au Prêcheur où un agent du Câble français, en service dans les parages, l'avait enregistrée sur son trépidomètre. Arrivé aux aurores à son bureau, le lendemain matin, malgré une femme alitée et un enfant atteint d'oreillons, Léon Lucy répercutait la nouvelle : le câble sous-marin reliant la Martinique à la Guadeloupe avait été rompu. Landes poussa la porte des *Antilles,* les cheveux en rébellion, le verbe précipité, charriant sur sa langue sa caillasse pyrénéenne :

— Exactement les mêmes symptômes qu'en 1851. D'abord des vapeurs sulfhydriques, ensuite des détonations. Maintenant, il faut s'attendre à de la fumée et à des cendres.

Lucy, tout aussi excité :

— Qui donc pourrait le nier avec quelque apparence de vérité ? Ce début d'éruption est une répercussion naturelle des terribles phénomènes séismiques qui ont fortement ébranlé le sol du Guatemala il y a seulement six jours.

Rapide regard vers le ciel. Temps bouché, hordes serrées de cumulo-nimbus, pas la moindre possibilité d'apercevoir la montagne. Moue de Lucy. Il aurait tant voulu monter au cratère, fuir les tapages et les clameurs de la politique pour les saines joies scientifiques. Son appareil était prêt, dans son sac. Dimanche, peut-être, le temps se remettrait au beau et il pourrait risquer cette excursion.

Au galop, sur la route de Saint-Pierre, Raoul du Morne Cordier, la tête lourde de soucis, chavirée. Gabrielle avait été saisie d'une angoisse tout à fait incompréhensible. Voulant quitter la villa, aller habiter Champ Flore, la maison de campagne de son père. Et Liane ne cessait de pleurer comme si sa mère lui avait communiqué son anxiété. « Encore Long-Ming avec toutes ses histoires de fantômes, de quimboiseurs ! »... Dans quelques minutes, elle serait dans ses bras, câline, rassurée peut-être. Derrière les volets de ce douillet appartement de la rue du Précipice, ce nid si chaud de souvenirs, retrouvé après la mort de son mari. (Ses longs cheveux entre ses doigts, déjà, sable fin sans fin). Il devait d'abord se rendre rue d'Orléans, chez ce planteur de tabac ce Paul Favre, qui arrivait de Maracaïbo par le voilier italien *Orsolina* et s'offrait de l'ouvrir aux nouvelles méthodes de culture pratiquées par les Vénézuéliens. Au galop sur cette route qui descendait vers le Fort. Lorsqu'un groupe de promeneurs attira son attention. Des promeneurs, parmi lesquels Laurent Lacroix, l'homme du téléphone et de l'éclairage public, arrêtés sur le bas-côté de la route, tournant le dos à la descente et regardant fixement devant eux, la main en abat-jour sur le front pour se protéger du soleil qui venait enfin d'apparaître, si près pourtant de son coucher. Pied à terre, Raoul se mêla à eux.

— On ne distinguait rien, dit Lacroix, et puis, soudain, la masse nuageuse s'est dégagée et tout est apparu.

Le volcan fumait. Comme Raoul ne l'avait jamais vu fumer. De larges panaches de vapeurs blanches qui se perdaient dans les nuages. « Une véritable lessiveuse », dit quelqu'un en riant.

Aussitôt prévenu, Lucy courut jusqu'à la chambre de Commerce et emprunta de nouveau le téléscope qu'il installa dans la guérite de Ti-Jésus, au sommet du sémaphore. Landes l'y rejoignit. Triomphant. « Après les vapeurs, les cendres, vous allez voir ! ». Description de Lucy, lentement, comme s'il gravissait en même temps ces sommets, prenant garde aux embûches du chemin.

— Ces vapeurs semblent sortir d'un long cratère qui serait situé dans la vallée de la rivière Blanche, à 600 mètres environ du niveau de la mer, au-dessous du morne Lacroix, cette vallée qui prend sa naissance au lieu-dit l'Etang Sec, juste au-dessus de Sainte-Philomène et de Fonds-Coré.

— C'est exactement à cet endroit qu'a eu lieu l'éruption de cendres et de boue dans la nuit du 4 au 5 août 1851. Il y a cinquante ans, neuf mois, dix-huit jours !

— Ces vapeurs sont d'une inquiétante puissance, elles jonglent avec des roches de plusieurs mètres cubes de volume ! Tenez.

Gaston Landes, l'œil collé à la lunette, un sourire indéfinissable, muet. Et Lucy regardant cette fois-ci la mer, la rade, ces quinze voiliers et vapeurs alignés sagement, et plus loin, le câblier anglais *Grappler* occupé à réparer les méfaits de cette explosion souterraine. Et plus loin encore, *La Gabrielle,* ce yacht dont Georges Marie-Sainte avait depuis peu pris le commandement, cette goélette que le couchant semblait vouloir gober de sa gueule de feu. Lucy se disant à lui-même : « Quelle appréhension de l'inconnu du lendemain ! ». Et à Landes :

« Ce réveil sournois, en catimini, ne me dit rien qui vaille. J'aurais préféré la surprise, le tapage en pleine nuit ». Et rajoutant pour lui-même, car il avait besoin de se tranquiliser : « Mais ce sont là des appréhensions qui sans doute resteront vaines ».

Ce soir-là François Bernard revenait d'une réunion électorale au François. Au moment où il rentrait chez lui, la terre se reprit à frissonner. Faiblement. Mais avec assez de bruit pour semer l'effroi. Cris et pleurs s'élevaient un peu partout. Pleurs d'enfants. Vagissements des chiens. Puis en plein milieu d'une vibration assez longue ressemblant au roulement d'un lourd fardier chargé de blocs de pierre, il entendit comme un énorme plongeon souterrain, un « plouf » profond, « pareil à celui que ferait l'effondrement d'un pan de montagne au fond d'un gouffre », pensa-t-il. Seul à la maison — sa femme ayant rejoint une cousine à Fort-de-France — saisi par une peur irrésistible, il courut chez Duribar qu'il trouva heureusement chez lui. Duribar déjà fort imbibé de rhum, gai, tout à fait inconscient de la situation. Langue lourde et gestes enveloppants. « Viens, on va noyer ça chez Crocquet ». L'attirant dans la rue jusqu'à l'Hôtel des Bains. Dans la rue où tout le monde s'interpellait, alarmé, d'une porte à l'autre, sur les trottoirs, au milieu de la chaussée. Tout le monde effaré par ces grondements infernaux. Et tous ces esprits brouillés, dérangés, exaltés. Déréglés par ce grand dérèglement de la nature. Electrisés par cet orage des profondeurs. Une pauvre femme tombant dans les bras de François Bernard : « Sauvez-moi, monsieur, je n'en peux plus ! ». Une autre lançant à Duribar attablé devant une absinthe, à d'autres consommateurs, cet anathème, le lançant par la fenêtre ouverte comme une pierre à un chien :

— Vous êtes tous des débauchés de boire ainsi, c'est les gens comme vous qui font tomber la colère du Seigneur sur les autres, les innocents !

Folie, folie. Ce jeune homme en caleçon sortant subitement de l'hôtel, un revolver de cavalerie à la main et hurlant :

— Place, place ! Nous allons mourir, sauvons-nous, qu'on nous fasse place, sinon je tue !

A trois pour désarmer ce pauvre garçon, ce voyageur de commerce arrivé la veille par le *Sacro Cuero di Pompei.* Et ces femmes stupides courant dans la rue en demandant à chacun d'éteindre l'électricité, coupable à leurs yeux d'attirer le volcan comme une mangue éclatée une société de guêpes. Et tous ces gens qui leur obéissaient ! François Bernard se laissa encore une fois prendre par l'alcool. (« La fréquentation de Duribar ne te vaut rien », lui répétait sa femme). Par l'alcool que quatre touristes américains lui servaient à profusion en parlant tant et plus. Débarqués le jour même de Fort-de-France pour aller contempler le monstre sous son nez et boire du champagne sur sa tête. L'assaut serait donné le lendemain matin, précédé d'un guide. Ils avaient loué break, mules et chevaux chez Delsuc comme s'il s'agissait de l'expédition du siècle. En attendant ils buvaient. « A sa santé ! » criaient-ils, agitant leur verre en direction du volcan. Buvaient à la santé de la montagne Pelée. Mais elle s'en moquait bien, sous son édredon cotonneux, cachant ainsi ses humeurs vaporeuses. Un homme âgé se rappelait son adolescence à l'oreille de Bernard, à travers l'embrun du rhum. Ses vingt ans avec l'éruption de 1851. Quand il avait entendu les détonation souterraines se succéder comme un bombardement. « Les Prussiens sur Paris pendant le siège ». Quand il avait vu les poltrons se précipiter dans les églises. Pour se confesser. Pour régulariser leurs ménages irréguliers. « Ce sont les prêtres qui y ont gagné ! Vous allez voir, si ça continue, ils vont faire les mêmes affaires ! ».

Retour par les rues vides après avoir abandonné Duribar dans son verre. Redevenue calme la ville essayait de s'endormir. Mais on sentait encore l'inquiétude l'empoigner, la tripoter de ses doigts roides. Doucement ivre, François Bernard marchait d'un pas mal assuré. Quand cette femme qu'il avait déjà rencontrée un jour, cette marchande de pistaches inconnue, vêtue d'oripeaux noirs, déboucha de la rue Toraille. Cette vieille femme qui criait « Châtiment ! Châtiment ! ». Ce soir-là elle passa près de lui sans rien dire. Un mauvais fichu lui voilait une partie du visage mais ses yeux perçaient, brillant dans le noir comme deux gouttes d'huile. Toute proche, l'église du Mouillage bourdonnait de prières. Il y entra vite, alla s'agenouiller à sa place. Tous les bancs étaient occupés. Chapelet terminé, le chanoine Le Breton parlait à la foule recueillie. L'ancien chantre sentit une prière s'évader de lui et monter, portée lourdement vers les voûtes par les effluves capiteux, portée avec maladresse mais aussi avec spontanéité et sincérité. Sublimation de toutes ses contritions, de son gros cœur débordant de remords. « Voici, disait le prêtre, l'état civil de Saint-Pierre tel que j'ai pu le lire dans *Les Antilles*, l'état civil du 11 au 12 avril. Enfants légitimes : 5. Enfants naturels : 10 »... Et sur les bas-côtés, les confessionnaux ronronnaient doucement comme des machines.

XXIV

« On dirait du ciment ! » Dans la paume d'Eugène Guérin la fine poudre blanche s'étale, s'émiette. Et s'envole quand il souffle dessus en riant.

— Il y en a partout, partout, le Prêcheur et les alentours en sont recouverts.

Pause improvisée à l'imprimerie des *Antilles.* Les typographes en blouse entourent le patron, silencieux, regardent. Lucy triture cette cendre, la palpe, la hume. Poussière du ciel. Que le ciel a laissée doucement choir ce matin pendant deux heures sans discontinuer sur ce bourg voisin. Juste après un coup de canon d'une incroyable force. Caverneux. Mais sorti d'une bouche à feu que l'on sentait proche, laissant apparaître des déchirures enflammées comme si un incendie ravageait ses coulisses. Une lumière d'éclipse. Etrange. Qui donnait à chacun une figure spectrale.

Vite un œil sur les dernières dépêches dans la corbeille où elles frétillent : le président Loubet part pour la Russie en voyage officiel, embarquement à Dunkerque le 27 avril. L'architecte du gouvernement français est occupé à tracer les plans de la nouvelle ambassade de France à Washington. Le roi Edouard VII à Epsom pour la réunion de printemps malgré l'épidémie de petite vérole qui sévit en Angleterre. Lucy abandonne son journal, la mise en pages du feuilleton « Cendrillonnette », ces souvenirs de la marquise de Longay si prisés par les lecteurs. Abandonne Charles Morestin, l'avocat-avoué venu annoncer la vente sur saisie immobilière d'un immeuble-rhumerie situé dans le canton du Fort. Abandonne la ville et suit au galop Eugène Guérin jusqu'au Prêcheur. Et tombe en extase dès les premières maisons du bourg. Tout ce gris, tout ce blanc, tout ce velours argenté. De la cendre à perte de vue. Sur les toits, sur les arbres, sur les champs, sur les animaux. Douce fourrure étouffant tous les bruits, la résonance des êtres et des choses. Profitant d'une éclaircie, Lucy voit maintenant distinctement à la jumelle, où s'est formé, au sommet de la montagne, le cratère principal. Le cratère qui crache au moment même de puissantes décharges de vapeur.

— Ciel adorable !

Bouche bée, Eugène Guérin contemple ce spectacle étonnant et menaçant, ces colonnes d'un noir d'encre, d'une hauteur égale à celle de la montagne, aspirées par la gueule rouge du four solaire, steamer fantôme appareillant à l'aube. Dans plusieurs bouteilles Lucy rapporte pour Landes de cette eau laiteuse puisée dans la rivière du Prêcheur et celle, rougie, sanguinolente et boueuse, de la rivière Blanche. Le professeur marque une certaine satisfaction. Le volcan ne le trahit pas, se conforme à ses prévisions.

— Nous en avons maintenant pour trois mois, comme il y a cinquante ans, et après, tout redeviendra calme. C'est le cycle du moteur à explosion à quatre temps : admission, compression, combustion, échappement.

Explosion de mots sous la dictée de Lucy au Câble français, aussitôt son retour, pour le télégramme quotidien qu'il envoie à Fort-de-France. « La population du Prêcheur est calme mais il ne faudrait pas que ça dure »... Dix heures du soir, explosion souterraine à Saint-Pierre. Les vaisselles tremblent, des vases se brisent, des meubles roulent, des portes claquent. Quatre secondes. Pour semer la panique. Mais après, une nuit d'un silence total, étoilée, insolente de beauté, pour oublier ses frayeurs. Au Grand-Morne le miroir fêlé de l'entrée n'a pas résisté aux vibrations. Ce matin Victor ramasse les morceaux après le refus obstiné de Rosette de se charger du travail, Rosette abîmée dans une prière interminable depuis le moment où cette glace a chuté comme sous le caillou d'un garnement. Ce matin où le ciel est si bleu, où il fait si chaud. Où Gabrielle retrouve Raoul et un peu de sérénité. « Tout est si calme, de quoi peux-tu avoir peur ? » Liane dort, petite boule sous sa brume de tulle. Longs cheveux noirs de Gabrielle sur son dos nu, comme un chat qui s'étire. Images mêmes de la tranquillité. Là tous les deux, yeux dans les yeux. Elle pense : « Pour combien de temps ? » Et elle dit : « Tout à l'heure, tu repartiras, nous serons seules encore ». Et pense : « Je ne suis qu'un pis-aller, je ne serai jamais que cela pour lui ». Et pense à la chance de cette femme qui chaque matin le retrouve à côté d'elle. « Il ne prendra jamais son petit déjeuner avec moi »... Lasse de voir se profiler la paroi immuable de son propre nez sous ses yeux, lasse. Et lui, pour lui seul : « Si tu avais les yeux ici et non là, si tu n'avais pas les joues comme tu les as, si tu avais des lèvres différentes, le nez plus long d'un centimètre, le menton... tu ne serais pas toi, et je ne serais pas, moi, à côté de toi ». Mains paresseuses, vagabondes. Flânant dans les creux, sur les bosses. Fin duvet des aisselles dans le soleil frissonnant contre l'œil comme les roseaux d'un lac. Odeur de ses cheveux chauds, intérieur d'un nid de moineaux. Odeur de toutes les salives, douce tempête où il est bon de se laisser couler. Dernière vague qui vous dépose sur la plage, épuisé mais heureux. Répit. Oasis pour la soif. Silence avant la reprise du bruit, de la vie. Avant de retrouver ses esprits, ses cliques et ses claques. Repartir. Mais vers où ?

Raoul va prendre maintenant des nouvelles de la campagne électorale à la permanence de Fernand Clerc, sur le bord de mer. Le candidat est optimiste. « Nous allons gagner, je sens ça ». Le rhum empourpre les trognes. François Bernard raconte la mésaventure de ces Américains partis en excursion sur la Pelée. Au moment où ils atteignaient un sommet, un nuage de cendre a changé de cap, provoquant la déroute. Provisions, guide, montures, équipages abandonnés. Et rire de François Bernard tonitruant comme une cataracte. Léon Lucy tentera l'ascension dimanche matin, après le vote. « Je viens avec toi », a dit Raoul. « D'accord. Nous partirons par le tramway de midi ». Le journaliste confie un secret à son ami. « Tu ne diras rien à personne ? » Promis. Dès le début des manifestations volcaniques, il a fait parvenir directement au gouverneur Mouttet le télégramme quotidien qu'il envoie régulièrement au journal officiel de la Martinique à Fort-de-France. « Pour attirer son attention sur la gravité des événements ». Et qu'a-t-il répondu ? Il a paru agacé. « Un volcan, par-dessus le marché ! Comme si nous n'avions pas assez des élections ! » Mais il a consulté quelques personnalités de Fort-de-France, des médecins, des artilleurs... Qui lui ont conseillé d'attendre. « Attendre quoi ? »

Retour au Grand-Morne pour le déjeuner dont le fumet envahit la maison comme un gazouillis de volière. Marie-Thérèse a invité sa mère. On s'ébaudit sur les deux centimètres volés par Théodore en moins d'un mois. « Il sera aussi grand que son grand-père ». Gaston du Morne-Cordier imagine l'enfant, à cheval au bout de l'allée des manguiers, prince blond suivi d'une phalange de hallebardiers. L'enfant qui pour l'instant essaie d'arracher les boutons de son gilet en babillant. Douce chanson du bonheur, doux plaisir de l'harmonie familiale. Mais au moment de servir la crème au chocolat, Rosette pousse un cri en montrant le ciel. Soleil voilé, brouillé, fondu. D'un seul coup l'obscurité s'est faite. On se croirait à six heures, au bout du crépuscule. Ou à l'orée d'une tempête. « Qu'est-ce qu'il va tomber ! » On s'attend à ce qu'une trombe vienne marteler le toit. Mais rien. Qu'une fine pluie de cendre qui transforme à la fin de la journée le jardin en un bric-à-brac poussiéreux dédaigné par le plumeau et la balayette.

Veille du scrutin, veillée d'armes. Et guerre acoustique. A la permanence de Fernand Clerc une équipe capte sur la ligne téléphonique les messages des amis et aussi ceux des autres. Car sur ce montage à un fil avec retour à la terre, il suffit de brancher un écouteur pour entendre toutes les voix. Les indications concordent : Clerc devrait être en tête partout. Acompte de joie, avance prélevée sur la victoire. On boit, on chante. Mais Marius Mureau n'a pas le cœur à rire. Car au fond de sa poche une lettre signée Céline lui brûle les doigts. Céline vogue sur le *Saint-Germain*. Elle sera là le 4 mai. Elle aurait préféré le *Canada* plus rapide et plus confortable, attendu à Saint-Pierre quatre jours plus tard, le soir du 7 mai. Mais quelqu'un a pris la dernière place disponible. Sous son nez. Un mulâtre. Un certain Peyrouton, un ancien journaliste, le trésorier particulier de Saint-Pierre. « Il a fait jouer ses relations, il m'a soufflé mon passage. J'aime mieux te dire qu'il en a entendu ! » Mureau soupire. Il connaît cet homme. Encore un ennui. Mais bien insignifiant à côté de celui que représente cette arrivée intempestive. Il s'en veut. Il aurait dû s'opposer franchement à ce voyage. Mais comment dire à une femme qu'elle n'a plus de droit sur vous, qu'elle ne doit plus entrer dans votre vie, que les hommes n'aiment pas ce genre d'effraction ? Et que faire d'elle à Saint-Pierre ? Et Hortense qu'il soupçonne aujourd'hui de vouloir se détacher de lui complètement. Ne serait-ce pas pour elle le prétexte souhaité ? Par la fenêtre ouverte dansent les bateaux. « Céline, Céline »... Il essaie de se rappeler le son de sa voix. Fixe une vieille coque rouillée. La rouille est comme l'oubli, insidieuse, elle s'attaque à toute chose flottante, même aux plus gros navires.

Dimanche 27 avril, sacs au dos, Lucy descend du tramway au terminus de Fonds-Coré. Sous un soleil revenu, sans dissimulation, sans fumée hideuse. Il s'attaque, avec Raoul du Morne Cordier et Gaston Landes, au morne Lénard, le sommet le plus rapproché de la montagne. Qu'ils atteignent par des sentiers poudreux après une heure dix de marche. Autour d'eux, au travers de l'épaisse végétation qui a trouvé moyen de s'accrocher là malgré les amoncellements cyclopéens de roches, des fumerolles s'exhalent comme d'un immense tas de fumier. Au-dessus, déchirure dans le flanc du volcan, ce cratère vertigineux au fond duquel roulent des eaux rougeâtres, ces eaux souterraines. Grondements sauvages, gorges gargouillantes. Feux enterrés que chaque pas craint de débusquer et de déchaîner comme des serpents. Vapeurs sulfureuses, vireuses. Et lorsqu'on jette l'œil derrière soi, le petit croissant blanc de Saint-Pierre couché au bord de sa rade, recouvert de cendre. Bien modeste demeure vue d'aussi haut, à côté de toutes ces vallées, ces pics, ces caps, cet océan. Que pèsent d'ici ses 30 000 âmes ? Où se cachent donc ses soixante-quinze hectares de superficie, ses dix-neuf kilomètres de rues, ses deux mille neuf cent quatre-vingt-cinq maisons ? Pauvre village endormi sous la neige du volcan. « Vanité des grandeurs humaines parmi ces tombeaux dévastés », pense Landes en se rappelant Chateaubriand.

D'autres excursionnistes ont profité du beau temps et de l'absence de fumée pour risquer l'escalade du côté est, par la rivière Sèche et la Petite Savane. Le guide Monand et Grandvizi leur ont montré le chemin. Et là, stupeur et admiration. L'Etang Sec, ce petit cirque tapissé d'herbe, de mousse et bordé de quelques arbres de haute futaie, avait laissé place à un lac. Surprise. Un lac au fond d'une cuvette de huit cents mètres de diamètre. Rempli d'une eau grise, argentée, sur le miroir duquel courait de la cendre noire que chassait un vent frondeur. Un lac de deux cents mètres de large, frappé par le soleil vertical et semblant vibrionner comme du métal en fusion, bouillir. D'ailleurs par endroits, cette immense chaudière, cette soupe infernale lâchait des bulles de gaz nauséabonds et de gros flocons de fumée. Le long des parois quelques arbres rabougris s'agrippaient, vernis de goudron, des cascades crachaient leur plomb fondu. Et loin, au fond, inaccessible à l'homme, le cratère assagi mais pour combien de temps ? Et vers l'est, surgissant comme la proue d'un navire chaviré et plaquant son ombre fantomatique sur le chaud liquide, un tronc de cône formé de cendre durcie, un pain de sucre de dix mètres de hauteur, de quinze mètres de diamètre au sommet. Une statue élevée à la mémoire de qui ?

Rogne incoercible de Lucy. Il ne décolère pas d'entendre tous les récits de ceux, nombreux, qui reviennent de l'Etang

Sec. De les voir si enthousiastes. C'est là qu'il aurait dû se rendre et non ailleurs. Là, dans le mufle même du volcan, où il fume, où il bouillonne, où réside sa colère. Heureusement, en ce dimanche soir, d'autres préoccupations assiègent les esprits. Le scrutin est clos depuis six heures du soir et le recensement général des votes a lieu à Fort-de-France en séance publique. Deux heures après, au milieu des cris et des chansons, sonnent les chiffres lapidaires : Clerc 4 495, Percin 4 167, Lagrosillière 753. 9 415 suffrages exprimés sur 20 294 insrits, soit 53,6 % d'abstention. Si peu de voix départagent les deux adversaires principaux, qui gagnera ? Vers qui iront celles de « Lagro » que la malléabilité du candidat Percin dégoûte et décourage ? Dans l'incertitude, buvons !

« Qu'ils boivent seuls ! » Léon Lucy se sent écœuré. Accablé. Après avoir partagé sa déception avec Raoul du Morne Cordier, reparti comme d'autres békés assez dépités vers son habitation, il entre dans son bureau, aux *Antilles,* s'y enferme, retrouve l'odeur acide de l'hydroquinone, de la cuve à rainures d'où sont sortis tant de chefs-d'œuvre inoubliables. Cette nuit encore sa femme guettera le trot de son cheval dans la ruelle. (Combien de femmes de journalistes épient-elles ce bruit dans la nuit ?) Accablé, démoralisé. A cause de ces élections décevantes mais aussi à cause de l'indifférence, de l'apathie du gouverneur. Comment ! Un volcan se réveille soudain — et quel réveil ! — et le chef de la colonie n'envoie personne dans la seconde ville de l'île pour sonder les intentions de ce monstre ? Et si elles étaient criminelles ? Si ce volcan se mettait tout à coup à imiter ses frères italiens, philippins, guatémaltèques dans leur folie destructrice ? Est-il si coûteux de parcourir trente kilomètres en vapeur sous une belle casquette galonnée pendant qu'un matelot vous sert des rafraîchissements ?

De cette rue qui porte son nom, entre le sémaphore et l'hôpital militaire, Lucy peut deviner deux clairières. Deux échappées doucement éclairées par la lune au pied du morne Tricolore, au pied de ce gros dos touffu surplombant les quartiers du Mouillage et du Centre de ses deux cents mètres. Ce sont les cimetières de l'Hôpital et du Mouillage, les deux cimetières principaux de la ville. Lucy arrête son regard sur l'un et sur l'autre et se souvient des paroles de Lafcadio Hearn, de ce romancier américain, il y a bien longtemps. Se souvient de ce qu'il lui avait dit sur la plage du Carbet, en fixant l'horizon, la mer, après s'être promené parmi ces tombes. Après avoir vu ces croix noires, ces madones, ces angelots blancs que les lianes, les plantes rampantes enserrent, étouffent lentement comme si elles voulaient en dépouiller les morts. Ce qu'il avait écrit, il y a quinze ans, cette impression étrange de « déjà vu ». Se souvient de ses mots mêmes : « La sensation de ce qui a été et de ce qui n'est plus ». Subjugué par la fruste harmonie des rues de Saint-Pierre, la splendeur de la lumière tropicale, « la beauté vaste et solennelle de la masse verdoyante aux ombres violettes du volcan mort »... Et ces deux phrases que Lucy a gardées précieusement dans l'herbier de sa mémoire comme deux feuilles d'arbre filigranées : « ... Les fantaisies gravées sur les murs de Pompéi... le charme d'un monde disparu, la ville antique, l'histoire des terres cuites, des pierres gravées, et de tous les objets gracieux exhumés des fouilles. Le soleil lui-même n'appartient pas à aujourd'hui mais à vingt siècles passés ».

Accablé par ces élections, Lucy, le tendre colosse, « Caret », la tortue de mer impassible en apparence, mais si sensible sous son épaisseur d'écaille. Rebuté par cette campagne électorale où la haine avait à nouveau pointé son sale museau. Rageant de sa plume gratteuse. Raclant le fond de son cœur pour cet article qu'il voudrait impérissable. Pour fouetter ces politiciens « égocentriques, ambitieux, nuls ou dangereux qui travaillent, menacent, trompent, corrompent cette majorité d'électeurs conservateurs, modérés dont est finalement composée la France ». Qui les obligent à se dévoyer, à se compromettre avec les pires théoriciens. « Le candidat joue de la parole, de l'argent, de l'alcool, des menaces, des promesses, aveugle, grise, traîne par le licou l'électeur qui vote sans savoir ce qu'il fait ou contre son gré. Voilà ce qui s'appelle un suffrage parfaitement libre et éclairé ! O suffrage universel, que de bêtises ou de fautes on commet en ton nom ! » Double tragédie que ces deux éruptions volcaniques, l'une dans les esprits, l'autre dans la montagne. « L'une n'est pas finie car le volcan électoral fume encore, ne s'éteindra que dans quelques jours ; l'autre continue car notre Pelée est toujours en activité et éteindra ses feux nous ne savons quand. Espérons que ça ne sera rien de mauvais ».

Un peu de cendre est restée sur son bureau, dans le fond d'un cendrier. Argentée. Scintillant sous la lampe. Pincée de poudre de riz abandonnée par une jolie femme avant son départ pour le bal. Fuyant sous ses doigts comme la poussière du temps. « Nous vivrons encore cent ans que nous garderons intacte cette cendre mystérieuse sortie des mystérieuses entrailles de notre globe. Nous la garderons comme une relique Elle est pour nous un poème. Si nous l'écrivions, quelles flammes, amis, nous en ferions jaillir ! ».

Cadeau céleste dont tout le monde ne se plaint pas. Certains même prient le ciel qu'elle continue de pleuvoir. Les planteurs de cacao et de café du Prêcheur. Regardez comme ça pousse, comme ça fleurit sous cet engrais béni, sous ces exhalaisons sulfureuses qui tuent les microbes ! Jamais on a vu autant de fleurs précoces. Une pluie d'or providentielle. D'autres ont pensé qu'on pourrait peut-être en faire du ciment, de la pouzzolane, à l'exemple des Napolitains. Pour le savoir on en expédie des échantillons en France. O volcan généreux qui va permettre aux hommes de mieux sceller leurs pierres, de bâtir pour l'éternité ! En attendant on le mélange à du tafia pour en frictionner les rhumatisants. Le docteur Marry en dit grand bien. Mais son cabinet ne désemplit pas de renifleurs et de tousseurs.

On ne prie jamais vainement le ciel. Les Prêchotins ont peut-être été trop entendus. Pendant trois jours ce crachin poussiéreux va cacher le soleil. Les curieux accourent de partout. Veulent toucher ce givre dans lequel le pied s'enfonce, qui chasse les animaux dans les prés, s'infiltre dans les habitations. Accourent de Saint-Pierre, de Fort-de-France pour ramener un peu de cette farine en souvenir et voir la rivière Blanche grossir, déborder. Et voir des boues noires descendre lentement de la montagne, glisser comme des boas repus et se heurter mollement aux parois de l'usine Guérin.

Secousses, grondements, colonnes de fumée noire, le volcan n'a cessé de travailler pendant ces trois jours qui finissent avril et ce premier jour du mois de Marie si fêté dans les églises. Quelle activité débordante ! A Saint-Pierre, peu visible jusqu'au 30 avril, l'inquiétude se dévoile au grand jour. Le soir, à l'embarcadère, le capitaine Marino reçoit des gens apeurés qui le prient de leur laisser passer la nuit sur le pont de son voilier, l'*Orsolina.* Des enfants seraient morts étouffés par ces cendres au Prêcheur. Des habitants de ce bourg émigrent vers le Fort. Longues files indiennes, paquets sur la tête, enfants emmitouflés. Et parmi cette pauvre humanité, Augustine Ciparis, la lavandière, avec tous ses biens dans son « tray », sur le sommet du crâne. Augustine pleurant sa case abandonnée aux pilleurs, pleurant de honte. A cause de son fils, ce sacripant de Louis, emprisonné depuis hier, à Saint-Pierre, après avoir ouvert la cuisse d'un compagnon de beuverie d'un coup de coutelas magistral. A Sainte-Philomène, aussi, l'exode enfante ses théories le long des chemins. Salavina pense à partir. Son bébé geint, respire mal, malgré le tulle qui l'enrobe comme un masque d'apiculteur. Et la cendre s'épaissit dans les rues de Saint-Pierre. Marche silencieuse des piétons, bruit feutré des roues. Les sabots des chevaux semblent enveloppés de chiffons.

Mardi soir, 29 avril. Au bout de ses pattes de mouche, la plume de Clara Prentis ressemble à la pointe d'un sismographe. Tremblant au moindre bruit, frissonnante. Cette femme est particulièrement émotive, mais qui pourrait s'habituer à ce tonnerre souterrain, ce roulement profond que la nuit empire, rend plus pénible encore à supporter, avec son habitude de tout peindre en noir ? Clara Prentis écrit à sa sœur dans cette nouvelle demeure plus solide où elle vient d'emménager et d'où elle aperçoit la montagne par les fenêtres arrière : « L'odeur de soufre est si forte que les chevaux dans les rues s'arrêtent et s'ébrouent. Quelques-uns sont obligés de renoncer, se laissant tomber dans leurs harnais et meurent asphyxiés. Beaucoup de gens sont obligés de porter des mouchoirs humides devant leur visage pour se protéger des fortes vapeurs de soufre. Mon mari m'assure qu'il n'y a pas de danger immédiat et que si c'était le cas nous quitterions la place. Il y a au port un schooner américain l'*Anna E.J. Morse* qui doit rester ici au moins deux semaines. Si le volcan devient très mauvais nous embarquerons sur-le-champ et prendrons le large. »

Ce matin-là la société de gymnastique et de tir annonce qu'elle a organisé une grande excursion à la montagne Pelée le dimanche 4 mai. « Ceux qui ne sont jamais allés jouir du magnifique panorama qui s'offre à l'œil du spectateur étonné à une altitude de 1 300 mètres, ceux qui désirent voir de près le trou encore béant par lequel s'échappaient, ces jours derniers, les épaisses fumées qui n'ont pas manqué de jeter l'effroi au cœur des habitants du Prêcheur et de Sainte-Philomène, devront profiter de cette belle occasion. Les excursionnistes passeront une journée dont ils garderont longtemps le souvenir... ».

René Bonneville téléphone aussitôt de Fort-de-France : « Mettez-moi tout de suite sur la liste ». Dans la cabine voisine, Auguste Guérin écoute son fils Eugène lui décrire la peur à Fonds-Coré et à l'usine. « Travail ralenti à cause des cendres, on va sans doute tout arrêter demain matin, les ouvriers ont peur »... « Envoie-nous ta femme et tes enfants ! ». Peur. Au Prêcheur les gens s'engouffrent dans l'église, se confessent, demandent la communion. Toute la nuit, à la queue leu leu dans le chœur. Peur. Peur chez les Marry et les Dujon à « La Grande Case » où l'on ne peut plus supporter l'atmosphère suffocante. La voiture à cheval est déjà chargée devant la porte. Départ pour Saint-Pierre demain matin à l'aube. La famille se partagera entre la résidence du médecin, place d'Esnotz, et celle de cousins accueillants.

Peur aussi à Saint-Pierre, cette nuit-là, vers onze heures et demie. Saint-Pierre arrachée à son sommeil par plusieurs détonations sèches. Au-dessus de la montagne, dans le ciel déchiré d'éclairs, monte une immense colonne de fumée charbonneuse que des flammes rougissent à la base. Têtes aux fenêtres en bonnet de nuit, yeux hagards. On scrute la nuit menaçante, on s'appelle. Pleurs d'enfants à n'en plus finir. Pleurs de Liane dans la petite maison de la rue du Précipice. Pleurs de Gabrielle terrorisée. Gabrielle qui se plonge dans la généreuse poitrine de la da, et les deux femmes se mettent à prier, à genoux sur le carrelage, le buste tourné vers la cathédrale. Long-Ming frappe à la porte. En bon père, il a accouru. Console, tranquillise. Mais ses mains tremblent dans le noir. Dit : « Nous allons monter à Champ Flore, nous y serons plus en sécurité. Toute la famille est déjà là-haut »... Dit : « Ne pleure plus, nous avons connu pire en 51 et tout s'est bien passé ». Mais il entend Sigismond, hier : « Si tu peux quitter cette ville de malheur... ».

A quelques rues de là, François Bernard prie, lui aussi, avec toute sa famille. Pendant que dans le jardinet son chien hurle à la mort, à la lune qui n'existe pas. Prie et entend Sigismond pareillement. Comment nier tout danger, impavide, quand on sait tant de choses comme lui, le point d'interrogation de cette étoile filante aperçue, l'épée de feu des bonnes sœurs, la Vierge triste du Morne Rouge ?... Prie et jure d'aller se confesser demain matin au chanoine Le Breton. Et jure d'abandonner Duribar dans ses bordées nocturnes.

Deux heures du matin. Ceux qui ont réussi à retrouver leur lit en sautent de nouveau, d'un bond. Secoués par une trépidation, un trépignement fait de cahots précipités qui leur ébranle la colonne vertébrale. D'un bond Gaston du Morne Cordier est à la fenêtre et braque ses yeux sur la montagne. D'un bond Raoul en fait autant pendant que sa femme se précipite sur son enfant en pleurs, le serre contre elle, le berce. La montagne dont le sommet embrasé d'éclairs vomit flammes et fumée. « Mon Dieu, mon Dieu... ». Raoul s'écrie : « Mais il neige ! ». Ouvre la fenêtre, tend la main. Cendre. Cendre grise enveloppant maintenant la maison, le jardin, bouchant l'horizon. « Nous sommes dans un nuage ! ». Un de ces nuages bas dont on a l'habitude, ces lécheurs de mornes, ces nuées paresseuses, vautrées. Mais c'est un nuage brûlant, suffocant. « Referme vite ! ». Toux, éternuements. Les feuilles ploient, les arbres s'attristent sous leur voile de pénitence. Victor, affolé, dehors, court les bras levés, avec Fifine aboyant, s'ébrouant, Victor, le cheveu blanchi, poudré comme un marquis, presque drôle. « Mon Dieu, mon Dieu ! »... Gaston du Morne Cordier pense à ses champs de canne sous cette averse calcinante. Et pense à Hortense. Hier soir, déjà, tant de cendre obstruait les rails du tramway que la mule Madagascar rechignait, s'arrêtait tous les dix mètres. A l'Ex-Voto il attendait, anxieux, persuadé qu'elle ne viendrait pas. Et aujourd'hui ? Mureau a décidé de tenter une excursion sur la montagne. Dès ce matin. Partira-t-il ?

Cinq heures trente. La voiture est attelée. Museau dans un sac, le cheval trotte, étonné, méfiant, sur ce chemin qu'il ne reconnaît pas, avec ses sabots de velours. Les deux hommes vont aux nouvelles en ville. Victor est resté de garde avec Rosette près de Marie-Thérèse, près de Théodore, enfin endormis. « Défense d'ouvrir les fenêtres ». On avance difficilement à travers la suie. C'est au Fort que c'est le plus dense. Au Fort où cette nuit les réfugiés du Prêcheur ont envahi l'église. Tant bien que mal le chanoine Anquetil leur a fait place : un matelas ici, une botte de foin là. Couchés les uns sur les autres. « Là-bas il y en a soixante-quinze centimètres sur les toits, les maisons croulent ! ». Troupeaux de bœufs égarés, de chèvres plus bêlantes que jamais. Ribambelles de va-nu-pieds, la tête enfouie dans des linges. Voitures chargées de tout, chevaux enfarinés comme ceux du meunier, éclairées de pâles fanaux, flottant comme des vaisseaux dans la brume. « Les Dujon, les Marry ! ». On les salue, on les plaint. Leurs calèches plient sous les malles. Ruban de mousseline sur les yeux, mouchoirs mouillés sur la bouche. « L'usine Guérin est arrêtée ! Le tramway de Fonds-Coré a dû rebrousser chemin à cause du brouillard de cendre ! » (« Adieu à ce petit village sous les arbres, il faudra trouver un autre lieu de rendez-vous »). Deux centimètres sur les toits, sur les pavés. Mouchoir mouillé sur le nez. les gens ont envahi les rues alors que le jour se lève à peine. « C'est comme en 51 ». « Non c'est dix fois pire ! ». Balais, balais. Bouffées de vent malicieuses qui rapportent l'intruse à peine chassée du logis. Ecœurante odeur d'anhydride sulfureux, gorge en feu, yeux rouges, lourdeurs de tête. Des porteuses arrivent du Morne Rouge, exténuées. On les dévalise. Quelques légumes échappés à la poussière, pas grand-chose. « Là-bas aussi c'est blanc partout, cette nuit le père Mary a ouvert son église, les gens avaient peur ». Devant les grilles du marché une foule de ménagères guette les rares arrivages. « Des ignames ! ».

Comme un scieur de long après une journée de travail, Salavina passe en voiture, empoussiéré des pieds à la tête. Passe avec sa femme et son bébé empaqueté, entortillé. « Je les emmène à Fort-de-France. On ne peut plus vivre à Sainte-Philomène. Notre bébé étouffe ! ». Ils ont fini la nuit dans l'école de filles, quarante-cinq personnes épouvantées écoutant la toiture craqueter sous le poids des cendres, haletant dans l'odeur d'œufs pourris. « A Saint-Pierre, il neige autant ! Et à Fort-de-France, on craint un raz de marée. Etouffés ou noyés ? Tant pis, on y va ! ». Gaston du Morne Cordier et son fils retrouvent le poète un peu plus tard au Grand Balcon, le seul établissement public ouvert. Le retrouvent avec Landes, deux autres professeurs, Degennes et Pécou, et un autre ami, Félix Marsan, harassés par la nuit sans sommeil, par leurs angoisses. Café, rhum et mauvais sang. Landes a analysé la cendre avec deux de ses collègues, Saussine et Doze : sulfure et protoxyde de fer, silice, feldspath, argile, traces de chrome mêlés à quelques cristaux de hornblende. Marsan confie à Salavina la lettre qu'il a écrite à l'aube à ses deux fils, étudiants en médecine à Paris. Et avec un sourire un peu pâle : « Espérons que nous n'aurons pas le sort de Pompéi, ni ma lettre, écrite dans un autre style, bien entendu, le retentissement de celle de Pline le Jeune ! ». Sirène enrouée du *Rubis* hélant ses passagers. « Pressons, dit Salavina, il va y avoir du monde, tous ces gens qui veulent fuir... ».

— Fuir, dit Degennes comme s'il parlait seul ou à quelqu'un de très loin, mais nous n'aurions pas assez de bateaux pour recevoir toute la population. Et puis on espère toujours, on attend la dernière heure et peut-être sera-t-il trop tard quand on prendra cette extrême résolution... (Jamais le Grand Balcon n'a connu une telle aphonie, et la rue, dehors, cette absence de bruit, avec ces pas de loup, ces bâillons sur les bouches)... Qu'allons-nous devenir ? J'ai le cœur serré. Je crains une catastrophe et pourtant je voudrais espérer ! Pourquoi tient-on à la vie tant que cela ? Je me croyais plus fort. Espérons ! Espérons !

Six heures. Et le jour ne consent toujours pas à poindre avec franchise. Jour dans la grisaille du doute. Comme grise est la mer. Si grise à côté de ces quais, de ces pavés, de cette grève lactée. *Le Rubis* appelle une nouvelle fois son monde. Départ dans une demi-heure. Cloches des employés municipaux qui demandent aux habitants d'arroser devant chez eux. Avec cette eau boueuse que les canaux semblent si pressés de rejeter ? Draps mouillés étendus devant les jalousies. Volets obstinément clos des boutiques. Même ceux du Bazar du Mobilier d'Albert Monnelly qui propose pourtant, en ce moment, d'exécuter « avec une rapidité extraordinaire des cercueils de toutes sortes et de toutes dimensions au dernier goût du jour ». Même ceux du Sans Pareil et du Bon Marché. Et ceux de la Maison Molinard Fils aîné dont la vitrine est barrée d'un « solde » gigantesque. « Avant d'ouvrir ses magasins complètement remis à neuf, la maison écoulera cet énorme stock à des prix incroyables de bon marché. Accourez donc, la vente ne durera que quinze jours ! ».

« Quinze jours... » répète Raoul. Il retrouve avec émotion l'appartement de la rue du Précipice. « Chut ! Elle dort encore », souffle la da. Il attendra que Gabrielle rouvre ses jolis yeux. Comme Gaston attendra Hortense, dans sa voiture. Non loin de son magasin dont Agenor vient de faire claquer les contrevents.

Hortense que Marius Mureau vient de quitter. Pour partir en voiture vers le Prêcheur, vers la montagne. « Tu es fou, tu cherches le diable à tuer ! ». Fou ? Non, ce volcan créole est comme ces chiens de savane, ils aboient, on n'entend qu'eux, mais ils ne mordent pas. A l'image de Danger, son corniaud. A l'image de tous ces nègres qui crient très fort, qui roulent leurs voix comme leurs tambours, mais ne sont pas méchants. Mureau connaît bien ces colères. Elles sont siennes. Cette montagne est sienne. Il est né sur ses pentes. Elle et lui, ils ont bu aux mêmes sources, ils sont faits du même humus. Dans la voiture, le cocher, pas très rassuré, et Ernest Gauguin, le propriétaire du Comptoir parisien, dont l'andouillette de Nantes et le vin rouge de Saint-Etienne seront les bienvenus, tout à l'heure, à la pause. Personne d'autre n'a voulu suivre Mureau. « Des couards ! ». Leur montrer que « Coco-la-peur » n'a jamais mérité son surnom. Que *Les Colonies* vont là où *Les Antilles* n'ont pas osé aller. A l'Ex-Voto, le cocher terrifié refuse d'aller plus loin. L'ascension commence sous la cendre que le vent leur jette violemment au visage comme des poignées de sable. Avec des boulettes solides de poussière noirâtre semblables aux premières gouttes d'une grosse pluie. Rugissements des animaux abandonnés, cris de détresse de rares oiseaux tournoyant, aveugles. Grondements sourds de la terre. Parfois une cahute montre sa porte béante, un chien guette le retour de son maître. Au bout de quatre heures de marche éreintante surgit soudain la peur. Sang glacé. Boue glacée recouvrant le corps, cette boue de cendre diluée dans la sueur. A huit cents mètres du cratère, six détonations viennent de se succéder, clouant les hommes sur place. Et libérant un nuage de suie monstrueux, troupeau de mille têtes que ce sale chien de vent pousse aussitôt vers la vallée. Au sommet, stupéfaction, le ciel s'éclaircit soudain et un pâle soleil risque même quelques rayons. Désolation et monotonie. Toutes les nuances du gris, du noir et du blanc offertes aux yeux. Le grand deuil de la nature. Et le silence. Troublé seulement de temps en temps par le ronflement de cette forge enfouie dans les profondeurs, par les lointaines plaintes des bœufs sauvages couverts de cendre. C'est ça ce monstre qui répand la terreur ? Allons donc ! A son retour à Saint-Pierre, moulu mais comblé, Marius Mureau peut se vanter de son audace dans *Les Colonies :*

« C'est bien à tort que les organisateurs de l'excursion de demain ont cru devoir renvoyer la partie. La montagne est absolument accessible. Nous nous proposons d'ailleurs d'y retourner bientôt et d'offrir à nos lecteurs un compte rendu plus intéressant et plus complet de cette nouvelle ascension ».

Pendant que Mureau jouait les alpinistes, Lucy, son concurrent, suivait le gouverneur, venu enfin à Saint-Pierre. Venu sans crier gare, avec le lieutenant-colonel Gerbault, le directeur de l'artillerie, un polytechnicien dont le savoir sur les feux de la terre était, paraît-il, assez étendu. Les cendres transportées par le vent jusqu'à Fort-de-France jusque sous les fenêtres du chef de la colonie, n'avaient-elles pas quelque responsabilité dans cette visite inattendue ? Arrivé à 9 heures 10 par *Le Rubis,* Louis Mouttet repartait à 16 heures après avoir distribué les premiers secours aux réfugiés du Prêcheur et de Sainte-Philomène, mis la caserne à leur disposition, tenté de calmer les émotions. Repartait tranquillisé par les bonnes paroles de fonctionnaires zélés, par les souvenirs de 50 ans ressortis de l'oubli pour rassurer, pour repousser à plus tard la décision et l'action. Cette bonne vieille Pelée n'en était pas à sa première manifestation d'humeur, et à chaque fois les pessimistes avaient eu tort. Empressés, ridicules dans leur politesse excessive, tous ces gens autour de lui, jusqu'à l'embarcadère sous le grand parapluie noir, sous ce crachotement funèbre « Mes hommages à Madame Mouttet »... Lucy et Landes regardent avec amertume le vapeur disparaître, fondre dans le brouillard fuligineux. Ils n'ont pu approcher le gouverneur, ils n'ont pu échanger une seule parole avec lui.

Calmer les émotions ! Dès dix heures et demie le ciel, délesté un peu de sa charge, de sa crasse, s'est de nouveau obscurci et, aussitôt, les églises ont commencé à bruire, à vocaliser. Vers 6 heures, avec toute sa famille, François Bernard s'est rendu à la cathédrale. Jamais il n'a vu une assistance aussi recueillie pour ce simple office vespéral du mois de Marie. Jamais tant de femmes pleurant ainsi devant la Vierge, à genoux sur le marbre. Tant d'hommes au visage illuminé par les cierges. Jamais aussi tant de familles venues de si loin, du Prêcheur, de Sainte-Philomène ou des plantations isolées. Les Duchamp de Chastaigné, les Feissal, les Assier de Pompignan, les Depaz, les Marry, les Dujon... Tous là, au grand complet, enveloppés de leurs marmottements. Quand soudain un remue-ménage retentit, des cris, des pleurs. Effrayés par une nouvelle pluie de cendre, deux hommes ont surgi entraînant leur femme et leurs enfants au-dehors. Un banc tombe et c'est le signal. Sans chercher d'où provient ce bruit énorme, incongru, la masse des fidèles se lève, court vers l'autel, gémit : « Nous allons mourir ! » Le curé, les vicaires, les quelques hommes raisonnables essaient d'apaiser les esprits agités, les égarés, mais avec quelle peine ! François Bernard sort de l'église plus tourmenté qu'à son arrivée. Il s'est pourtant confessé, il a communié, il se sent en paix avec Dieu. Sort plus angoissé encore. Une femme qu'il connaît lui confie : « J'ai fait mes adieux à mon fils qui est élève à l'école coloniale en France, et je l'ai recommandé à l'abbé Cudennec qui vit à Lussac-Libourne. Je n'ai pas eu le courage de lui dire mes dernières volontés. Je lui ai seulement demandé qu'il porte toujours la médaille que je lui ai donnée ». Sur les trottoirs, les pompiers aspergent les toits pour en faire tomber la cendre, les cadavres d'oiseaux. Poudrés comme des pâtissiers, devenus subitement blancs, ils rient de bon cœur. « Gadé béké a ! » (« Regardez-moi, je suis un béké ») Et l'ancien maire songe : « Dans la pire situation, même quand la mort frappe à la porte, l'homme trouve toujours le moyen de se moquer de lui-même ». D'une fenêtre, un plaisantin :

— Pendant que vous y êtes, allez donc éteindre la Pelée !

« Exaucez-nous, Seigneur, car nos cris s'élèvent vers vous, et accordez à nos supplications la sérénité de l'atmosphère »... Toute la nuit, les églises accueillent les angoissés. Mais le lendemain matin, dimanche, lorsque les premières cloches rappellent le chemin du devoir, on se reprend à espérer. Premier geste, vite on se rue à la fenêtre, premier regard sur le ciel, vers la montagne. Quand la fumée est blanche, elle paraît moins menaçante, et c'est le cas, ce matin. La cendre bruine toujours, mais au loin, très loin, et plus timidement. Pendant la grand-messe, au Fort, messe si émouvante avec tous ces réfugiés massés sur les bas-côtés de la nef, assis sur leurs baluchons, Raoul du Morne Cordier constate que les visages sont moins tendus. Grâce à cette nuit paisible. Pas un grondement n'a fait trembler les brocs dans les cuvettes. A la sortie de l'église, le soleil est là, qui attend les bons chrétiens, et l'on se surprend même à rire. Ernest de Saint-Domingue et Léon de Belain caracolent, crânent devant Madame André Blaisemont, la femme du distillateur.

— Comment ! Vous avez peur ? Chez nous, il n'y a que la da qui tremble. Elle dit que la montagne est quimboisée !

— André se moque de moi mais je vois bien qu'il est tout de même plein d'inquiétude en voulant faire le brave, peut-être pour me remonter le moral.

Les deux planteurs se gardent bien de révéler les dispositions qu'ils ont prises. Les voitures sont déjà remplies devant leur habitation. Femmes et enfants partiront pour Fort-de-France dès demain. Seuls les hommes resteront sur place pour continuer le travail. Marie-Thérèse et Théodore seront aussi du voyage. Raoul l'a décidé. Mais il n'a pas réussi à convaincre son père de les suivre. Gaston du Morne Cordier se refuse à croire au danger. Et puis son devoir est ici. Sur les terres de ses ancêtres. Qu'aucun n'a jamais abandonnées. Même en 1792, même en 1851. Près de cette maison de santé où Eugénie se meurt doucement... Et près d'Hortense. Qu'aucune de ses exhortations n'a décidée à quitter Saint-Pierre. Leur rendez-vous, le soir, après la fermeture de son comptoir, dans la petite pièce qu'elle a aménagée au fond de la cour, non loin de son bureau, depuis que la route de Fonds-Coré est coupée. Leur rencontre en catimini. Chuchotis, grincements de porte, ombres furtives. En prenant bien soin de ne pas laisser le cheval trop près de l'endroit, d'entrer par la porte de derrière. Deux fois déjà il lui a conseillé d'aller à Fort-de-France ou moins loin peut-être, au Carbet par exemple, de s'éloigner de cette ville où l'on ne peut plus ni respirer ni dormir. Mais à chaque fois elle a secoué la tête. Comme il le répète lui-même à son fils, tout exige qu'elle demeure ici. Comment d'ailleurs imaginer une autre vie loin de cette rade ? « Tous ces bateaux, tous ces mâts, c'est ma vie, tu comprends »... Et puis combien de Pierrotins pensent à s'exiler en dehors de ces quelques mères qui craignent pour les yeux et les bronches de leurs nouveau-nés ? » (Gaston : « Si je partais moi-même, me suivrait-elle ? »... Il n'en est pas si sûr).

Raoul du Morne Cordier n'a pas rencontré plus de succès avec Gabrielle qu'avec son propre père. Elle se refuse à abandonner son petit appartement de la rue du Précipice et son travail chez les Plissonneau, se refuse à rejoindre sa famille à Champ Flore. Toussotements de Liane, derrière la buée de la moustiquaire. « Cette poussière qui s'insinue partout, allons, tu ne peux pas exposer l'enfant plus longtemps, prends exemple sur Salavina... » Salavina qui vit maintenant entre Saint-Pierre et Fort-de-France, entre son poste au lycée, sa femme et son bébé. « Les Plissonneau eux-mêmes... » Joseph Plissonneau parle effectivement d'aller mettre sa famille à l'abri dans l'île voisine, à Sainte-Lucie. « Non, s'obstine Gabrielle, tant que tu seras là toi-même... »

« Tant que je serai là moi-même... » Que faut-il faire ? « Le jour où l'air deviendra vraiment irrespirable, alors là, nous verrons ». Mais l'inquiétude de Lucy et de Landes paraît s'accroître un peu plus chaque jour. Et eux, ils en savent davantage, ils sont à même de juger raisonnablement. Il les rencontre aujourd'hui, justement, à l'heure du thé, chez les Prentis, dans leur nouvelle demeure, non loin du Câble français. Thomas Prentis, apparemment à l'aise, mais si flegmatique, riant plus fort encore de tous ces échos recueillis par sa femme, de toutes ces prophéties funestes courant les rues comme la cendre. Clara répétant pour mieux s'en persuader :

— Au premier danger sérieux, nous embarquons sur l'un de ces bateaux. (Elle montre la rade titubante de mâts. Raoul compte dix-huit navires de toute taille. Dix-neuf avec ce paquebot dont la fumée, là-bas, grimpe comme une corde lisse à l'horizon). Nous sommes tenus informés à tout instant par nos voisins, nos amis du Câble. Au premier danger, hop ! (Elle est déjà sur la passerelle, Clara Prentis, déjà loin par la pensée, à Melrose, avec ses deux filles May et Christine, avec ses deux fils Thomas et James, avec sa chère sœur Alice).

Gaston Landes aperçoit la coque disgracieuse du *Grappler*, de la compagnie anglaise des câbles. Il dit :

— Le câble qui nous relie à la Dominique a cassé hier. Ce qui indique que les tremblements de terre que nous subissons quotidiennement ont aussi leur action sous les mers. Plus dévastateurs, du reste, car il faut bien avouer que jusqu'à présent ces trépidations n'ont pas été très méchantes. Elles n'ont pas renversé un seul pan de mur. Mais on ne connaît pas la suite. Les mystères de la terre...

Mystère de la terre. Comme l'assèchement subit de la rivière Blanche. Comment comprendre pareil phénomène ? Hier soir encore ce torrent rageait, emportant tout dans sa course. Déferlement de boue et de rochers. Inondation. Aujourd'hui, plus qu'un mince filet d'eau rougie, le sang d'un poulet égorgé.

— Qu'avons-nous le plus à craindre, demande le consul comme s'il s'attendait à une réponse précise : boue, cendre, lave, tremblement de terre ou raz de marée ?

Trois coups de sirène coupent la parole à Landes. Le *Saint-Germain,* le paquebot dont Raoul a surpris l'approche tout à l'heure, glisse maintenant entre les bouées, entre les rangs pressés des canots et des gabarres, avides de clients et de marchandises.

— Si l'on en juge par ce qui s'est passé en 1851, répond Landes, la Pelée est un volcan de boue et de cendres, pas de lave, comme le Vésuve par exemple. De plus, Saint-Pierre est à quatre kilomètres des cratères. Il faudrait que la lave franchisse tous ces mornes... Mais connaissons-nous vraiment la mécanique des sols ? Peut-être, en effet, le danger peut-il venir de la mer. Nous sommes sur une île, sur un bateau en quelque sorte, et le feu à bord est toujours ce qu'il faut craindre le plus.

Bruit de fourneau tisonné à toute force, bruit des ancres du *Saint-Germain.* De sa voiture, Marius Mureau surveille discrètement le mouillage du paquebot, le débarquement des premiers passagers. Soudain des glapissements à quelques rues de là, les huées des partisans de Percin. « A bas les Blancs ! » Dans une semaine, second tour des élections. Mureau grince des dents. « Les imbéciles ! ». Accents de « L'Internationale » arrachés au vent, rappelant à tout le monde le combat des hommes, le dérisoire combat de ces damnés de la terre pour le pouvoir, et cette cendre à nouveau crachouillée rappelant en même temps à ces damnés qu'ils ne sont que poussière. Voici Céline Pichard, vêtue de noir comme de coutume. Elle se dirige vers la douane derrière un grand gaillard qui porte sa malle sur la tête. Céline revenue subitement en mémoire, aussi présente qu'au premier jour de leur rencontre. Ils se retrouvent au fond de la voiture (Lèvres à la saveur perdue et redécouverte). Puis il la dépose chez Lucrèce Couesdon, sa logeuse. Qui heureusement n'est pas chez elle. Alors ils profitent longuement de son absence. Puis se parlent. Que de faits, que de vie, sans lui, sans elle ! Maintenant que ses doigts la réinventent, que ses paumes recommencent leurs glissades familières, il est presque heureux de la revoir. Bien sûr elle va compliquer son existence. Mais quelle récréation ! Quelle récompense après l'effort des jours !

Le *Saint-Germain* repartira dès demain matin. A cause des cendres. Seuls ceux qui s'arrêtent à Saint-Pierre ont le droit de descendre du navire. Car des cas de fièvre jaune ont été signalés en ville. Au bord de l'appontement, des parents, des amis s'envoient des gestes à distance, des cris d'affection, des messages. « J'ai mis quelques pincées de cendre dans l'enveloppe, prises sur les flancs du volcan », hurle à quelqu'un Madame Camoin, une commerçante de la rue Sainte-Marguerite, qui a confié aussi à ce passager un petit flacon rempli de cette poudre aérienne afin de la faire examiner par l'Académie des sciences. Lettres, encore des lettres dans les gros sacs que l'on hisse à bord, lettres qui racontent, s'inquiètent, s'interrogent, myriades de lettres cachetées par des doigts fébriles. Car le *Saint-Germain* est la dernière malle d'Europe avant quinze jours.

Et la première nuit de Céline sur cette terre d'angoisse. Mureau avec elle, près d'elle, après avoir dit à Hortense qu'il resterait très tard à son bureau. Près d'elle au fond de cette maison du Mouillage dont la voyante n'occupe que la façade. Nuit terrible pour beaucoup mais si fantastique pour l'ancienne danseuse. Car vers 1 heure, au moment où le sol reprend ses trémulations, ce qui est certes, déjà assez impressionnant, au moment où tonnerre, éclairs et chute de cendre s'emparent de la nuit, Mureau voit Céline se lever, tout attisée, tout exaltée comme si elle assistait à quelque feu d'artifice. Voit cette femme dont il craignait au contraire l'effroi, la panique, courir à la fenêtre, s'émerveiller, battre des mains. Quelle splendeur, c'est vrai, cette explosion à répétition, ces rafales fulgurantes mitraillant le nuage noir de la fumée ! Nuage énorme, envahissant, moutonnant, bondissant, nuage que ces lueurs déchirantes rouges, bleues, jaunes rendent plus menaçants encore car elles dévoilent dans tous les recoins de la nuit ses réserves, ses attroupements sans nombre, prêts à passer aux actes. Dévoilent à travers le fin brouillard cendreux la crête de la montagne et la tanière de l'hydre, du dragon. C'est de là que jaillit cette fonte en fusion filetée de platine, injectée parfois de sang, tronc de cet arbre qui étend son ombre sinistre. Visage minéral, livide de Céline transportée d'enchantement, de ravissement, visage que cette électricité atmosphérique, ces étincelles, ces courts-circuits magnétiques, ces langues de feu cabalistiques scarifient d'étranges rictus dorés, une joie grimaçante et déconcertante. « Formidable ! Un véritable ballet ! » On dirait vraiment que le ciel et le volcan se sont alliés pour lui donner ce plaisir, qu'ils attendaient son arrivée pour se surpasser. Et plus ça tonne, plus ça explose, plus l'incendie ravage et plus elle se réjouit, plus elle jubile. « Quelle beauté ! Quel spectacle ! » Elle se voit sur la scène, au milieu des jeux de lumières, devant la rampe qui l'éblouit, au bord de cette salle bondée qu'est la nuit, et elle virevolte, elle pirouette. Et elle se jette dans les bras de son ami comme si elle venait de remporter un triomphe, tout humide de la bonne sueur victorieuse, toute luisante des yeux admirateurs. Tandis que dans une pièce à côté, Lucrèce Couesdon pleure, au milieu de ses tarots, la mort de son perroquet, « Rara-la-semaine-sainte »,asphyxié par les cendres et les vapeurs de soufre.

XXV

Le poing contre le bois, de toutes ses forces. « Patron, réveillez-vous ! » Louis Benoit frappe, frappe à la porte de cette maison cossue de Saint-Pierre où les Guérin ont fini par s'endormir après cette nuit de feu et de poudre. Frappe à coups redoublés comme on lui a dit de faire au cas où l'usine courrait quelque danger. Et ce qu'il vient de voir lui semble suffisamment lourd de conséquence pour réveiller ses patrons. Le docteur Guérin, revenu de Fort-de-France, Eugène, son fils, le directeur de l'usine de la rivière Blanche, et sa femme écoutent, encore abrutis de sommeil, le récit haletant du chef-mécanicien : la rivière Blanche est devenue un torrent épouvantable. Charriant des rochers et une masse énorme de boue noirâtre. Menaçant l'usine et le chalet d'habitation.

Une heure après, les Guérin montent à bord du *Carbet,* leur yacht. Etonnés de trouver tant de monde sur l'embarcadère, attendant le départ de *La Topaze* pour Fort-de-France, alors qu'elle n'a pas encore allumé ses machines. Tant de monde bardé de bagages. Saluant au passage Léonie Domergue, la sœur de Laure Duchamp de Chastaigné, son petit-fils, Louis, ses deux cousins, tous pressés de quitter la ville blanche et déserte sous la cendre. Les Guérin plus étonnés encore, en arrivant à l'Anse-à-l'Ane, au milieu des « gros bois », ces gabarres encore chargées de canne, de voir, devant leur usine, tous ces gens amassés, tous ces curieux, ces amateurs d'accidents, subjugués par ce déchaînement de la nature. Le spectacle de ce torrent furieux, son grondement, tout est terrifiant, mais Eugène Guérin se rassure. Seule une partie de l'usine pourrait souffrir de son débordement. Encore faudrait-il que le débit augmente sérieusement.

Plus vite encore que ce torrent vont les nouvelles. Elles sont déjà parvenues à l'oreille de Léon Lucy. Qui prévient Landes et se rend à son journal. Où une autre nouvelle apportée du bureau du Câble par Lucie Saint-Jude tombe sous ses yeux avec un bruit inquiétant. Le câble Fort-de-France-Puerto Plata, en Haïti, ce câble qui relie la Martinique le plus directement à la France, vient de se casser par un fond de 2 620 mètres, à sept ou huit milles au large de Saint-Pierre. « 2 620 mètres ! »... Il imagine l'effroyable bataille qui doit faire rage dans les fosses abyssales.

8 heures, devant l'usine Guérin. Mêlé aux pêcheurs, aux tonneliers, aux charbonnières, Lucy prend des notes puis rentre à Saint-Pierre pour expédier, du Câble, un premier télégramme destiné à Fort-de-France. A la même heure, Gaston Landes observe la montagne à la lunette, de la terrasse de l'habitation Perinelle d'où la vue est particulièrement dégagée. Exclamation du professeur. Ahurissement. Méconnaissable, la rivière Blanche a grossi de cinq fois. Charrie des blocs de rocher pouvant peser jusqu'à cinquante tonnes.

12 h 45. Sourds aux sollicitations des amis, à leurs alarmes, Eugène Guérin, sa femme, son père finissent de déjeuner tranquillement à l'usine. Quand entre tout à coup le commandeur de l'habitation Isnard, la propriété située à quatre cents mètres au-dessus, entre en trombe, crie : « Dépêchez-vous, dépêchez-vous de fuir sinon vous êtes perdus. Une avalanche se précipite de ce côté. Fuyez, fuyez vite ! »

« Oh ! » Dans la longue-vue de Landes, une masse blanchâtre descend avec une rapidité de train express la pente du volcan, dévale dans la vallée de la rivière, marquant son passage d'une épaisse fumée blanche. Libéré par un chapelet d'explosions, le contenu de l'Etang Sec vient de rompre le barrage qui le retenait. Cinq à six mille mètres cubes d'eau boueuse et bouillante s'élancent vers la mer.

13 h 10. Plus d'usine, plus de dépendances. Une immense plaine de boue fumante qui s'étend jusqu'à la mer. Plus de bruit. Que le clapotement des vagues et les « pouf » de grosses bulles gonflées de vapeur éclatant par intermittence. Et au milieu de cette plaine désolée, comme fraîchement labourée, seul vestige de ce qui fut la plus prospère entreprise de la région, la cheminée de tôle à moitié engloutie, dernier témoin du grand naufrage. Eugène Guérin, sa femme, le contremaître Joseph du Quesne, les domestiques et une poignée de curieux, morts. Vingt-trois victimes au total. Auguste Guérin, le père,

survivant. Pour n'être pas monté à bord du *Carbet* qui a chaviré sous l'avalanche.

13 h 22. « La mer monte ! La mer monte ! » Un cri répété cent fois, et c'est le sauve-qui-peut à Saint-Pierre. Cri jailli du haut de la batterie d'Esnotz d'où l'on voit toute la rade. Rues démentes. On ferme les magasins en hâte, on emporte ce que l'on peut. Des matelas détalent sous des jambes affolées. Des femmes crient, courent dans toutes les directions avec des enfants, des paquets, un corset sous le bras, des bottines dépareillées. Tenue burlesque des fuyards. Agenor supplie sa patronne, Hortense Mureau : « Vite, vite, on va se noyer ! » Mais elle refuse de céder à la peur. Le comptable, les autres employés ont déguerpi comme des rats. Elle reste seule, stoïque. Reste et attend la suite. En fait la mer ne monte pas bien haut. Elle s'arrête aux premières maisons. Et recule. Recule sur soixante-dix mètres, dévoilant la grève boueuse des récifs inconnus à l'œil, laissant sur le flanc, à sec, les embarcations ancrées près de la côte, mais épargnant, heureusement, les autres, les steamers et les grands voiliers ancrés plus au large. Plus au large où se trouve, au même moment, Salavina à bord d'une yole de retour de Fort-de-France. Une yole montée par un nommé « Fourmi Rouge » qui, affolé par ce flux et ce reflux, décide subitement, contre toute prudence, de rallier la côte. Mais Salavina s'y oppose, se tord le pouce en le malmenant et finalement obtient gain de cause. Et débarque un peu plus tard au milieu des réfugiés de Sainte-Philomène que *Le Rubis* et *La Topaze* emmènent avec leurs nippes sous ce grésil cendreux. La mer recule donc comme aspirée par quelque gouffre lointain. Recule et revient à la charge. Curieux manège. Phénoménal balancement qui se produira quinze fois de suite. Provoquant à chaque fois de nouvelles débandades. Routes menant aux hauteurs encombrées de piétons et de voitures surchargées. Où va-t-on ? On ne sait pas. On va loin de la mer. On va. On fuit la mer dont on sait maintenant que c'est elle qu'il faut craindre le plus. « Souvenez-vous en 1895, déjà, ce raz de marée ». Combien de fois ce mot vient-il à l'esprit du Martiniquais quand s'annonce une grande tempête ?

13 h 29. Lucy expédie de Saint-Pierre son sixième télégramme de la journée : « Le volcan fume très fort, la terre tremble légèrement, le raz de marée est terminé, il n'a pas duré plus d'un quart d'heure ». Quelques minutes plus tard, à Fort-de-France, le gouverneur Mouttet s'apprête à partir pour Saint-Pierre. Jusqu'à présent, il a semblé être plus préoccupé par le deuxième tour des élections que par ces phénomènes météoro-

logiques. Ce volcan n'intéresse d'ailleurs pas tellement son ministre, Albert Decrais. N'intéresse pas du tout les Français. Ils ont bien d'autres sujets de conversation. Le voyage du président de la République en Russie, l'amélioration de l'état de santé de la reine Wilhelmine de Hollande, la prise de voile probable de la reine douairière Marguerite d'Italie et la ruine du baron allemand Zeppelin, obligé de briser les nacelles de ses ballons en aluminium pour pouvoir continuer ses essais sur les dirigeables. Et puis surtout la France se penche une fois de plus sur son destin. A en juger par le vote du premier tour, ces élections vont certainement mettre fin à deux ans et onze mois de gouvernement centriste, conservateur socialement, et tolérant sur le plan religieux. Le plus long ministère que la Troisième République ait connu jusqu'à présent. Grâce à l'autorité personnelle de Waldeck-Rousseau. Qui va succéder à ce grand juriste, à ce grand homme d'Etat, à ce grand bourgeois protestant ? Louis Mouttet regrette déjà son départ. Sa femme plus encore. Hélène Mouttet est la fille du pasteur Decoppet, membre du conseil central des Eglises réformées. Le coup de barre à gauche, cette montée des radicaux et radicaux socialistes, cette influence grandissante de Jean Jaurès ne leur disent rien qui vaille. Mais Louis Mouttet est un grand commis de l'Etat. Avant tout. Servir et ne rien dire. Opinions dans la poche, avec le mouchoir par-dessus. Pourquoi favoriserait-il plutôt la candidature du radical socialiste Louis Percin, pourquoi serait-il « à plat ventre » devant Amédée Knight comme le lui reproche le républicain progressiste Fernand Clerc ? Calomnie ! Parce que lorsqu'on veut conserver sa place, il vaut mieux voler au secours de la victoire, et tout semble indiquer que les radicaux seront les grands vainqueurs de ce scrutin ! Calomnie ! Calomnie !

« En avant, toutes ! » Le croiseur *Suchet* glisse lentement hors de la rade de Fort-de-France. « Arrivée prévue, 19 heures », précise le commandant Le Bris. Qui ajoute que les effets du raz de marée se sont fait sentir jusqu'ici. A trente kilomètres de Saint-Pierre ! Mais Louis Mouttet a l'esprit ailleurs. Revit dans son bureau cette visite improvisée de Charles Rifard, ce notaire de Saint-Pierre. Revoit ces deux enveloppes dans sa main tendue. « Inquiets du résultat négatif de leurs pressants appels, ils ont décidé de me confier ces deux plis confidentiels afin que je vous les remette en mains propres, puisque j'avais à faire aujourd'hui à Fort-de-France ». L'un est de Raymond Fouché, le maire, l'autre de Gaston Landes. « Deux réquisitoires contre l'incurie », ont dit les deux hommes au notaire. Entouré du colonel Dain, le commandant supérieur des troupes, et de son fidèle Lhuerre, son secrétaire général, le gouverneur troue la nuit de ses yeux en direction de la côte, guette l'instant où les petites lumières de Saint-Pierre vont fourmiller au ras de l'eau. Où le ciel, peut-être, reflétera le fond de la gorge en feu. « Garder son sang-froid ». Echauffés de nature, ces Antillais impulsifs, émotifs, superstitieux. Comme les habitants de sa bonne ville natale, ces Marseillais exubérants, fougueux. Bien sûr, ce raz de marée, ces pluies de cendre, cette coulée de boue, ces morts ont de quoi alarmer. Mais est-ce une raison pour perdre la tête ? Pour se précipiter sur les lieux du drame et augmenter l'émoi, comme voulait le faire le vicaire général Parel en sollicitant un passage à bord de ce croiseur ? Refusé poliment, ce passage. L'heure n'est pas aux lamentations mais au raisonnement. « Eruption montagne Pelée paraît s'aggraver. Me rends sur les lieux. Vous câblerai renseignements ». Voilà le télégramme pour le ministre. Et voici Saint-Pierre. Et voici le maire et le sénateur Knight qui montent à bord pour accompagner les officiels au Prêcheur et à Sainte-Philomène. Où le gouverneur découvre l'ampleur du désarroi. Partout où se porte son regard défilent les lamentables cortèges de la retraite. On lève le pied, on déserte. On abandonne son poste. Saint-Pierre aussi a la peur au ventre.

Mais où est donc le courage devant l'épreuve ? Halte ! Faire face, juguler cette panique ! « Vous m'entendez, messieurs, juguler cette panique, garder son sang-froid »... Ils sont tous là qui regardent le *Suchet* lever l'ancre, le gouverneur en uniforme blanc sur le pont, sous la petite pluie poussiéreuse. Qui se répètent ses paroles : « Juguler cette panique ». Ils ont visité avec lui les lieux du sinistre, réconforté tant bien que mal autour d'eux. Et entendu : « Nous n'avons pas à craindre de danger immédiat. Ne nous laissons pas aller aux paniques sans fondement. Tous les fonctionnaires se doivent de rester à leur poste »...

Facile à dire ! Mais quand soudain, en pleine nuit, la lumière électrique s'éteint ? Quand la ville entière se retrouve tout à coup dans l'obscurité, ce miroir déformant de la peur, que chacun aperçoit brusquement son propre visage grimaçant au fond de ce gouffre où le jour gît, que se passe-t-il ? La rue alors s'emplit de clameurs. Des bougies dansent devant des masques bouffis. Des femmes implorent le ciel aux fenêtres, des enfants éclatent en sanglots.

D'un bond, Raoul se retrouve debout au milieu de la chambre. Il est venu rejoindre Gabrielle, rue du Précipice, et ces cris l'ont réveillé en sursaut. A 2 heures du matin. Dehors des gens piétinent, vont et viennent. « Qu'est-ce qu'il y a ? » Il sent les bras de Gabrielle autour de lui, sa poitrine secouée de coups sourds. Lanternes titubantes, groupes effrayés trottinant comme des troupeaux forcés par les chiens. « Mais qu'est-ce qu'il y a ? » — « C'est la Roxelane qui déborde ! » — « Non, c'est la rivière des Pères ! » Un grondement lointain grandit, un bruit de broyage mécanique que la rue répercute à plaisir. L'orage ? Le volcan ? Ou une nouvelle coulée de boue comme celle qui a emporté l'usine Guérin ? Ou une coulée de lave qui va tout engloutir et tout carboniser. Et pourquoi les lampes électriques ont-elles rendu l'âme ? — « C'est à cause de la source Morestin qui s'est tarie. Nous allons être privés d'eau ! » Cette perspective aggrave l'angoisse. Mourir de soif ! Comment calmer cette foule ? Expliquer que la panne est due à cette électricité atmosphérique qui a contrarié la dynamo de l'usine ? Quand s'arrêtera cet exode sous la lune ? Une odeur infecte envahit la ville. Elle sort des égouts dont une averse récente vient de raviver les miasmes. On entend quelqu'un donner des explications à un voisin. Eugène Berté. Son frère Emile, est médecin à bord du câblier *Pouyer-Quertier,* actuellement en mission dans les parages. Il dit :

— D'ici j'aperçois le cratère, les brouillards de la montagne ont disparu, ce qui me permet de bien observer qu'il n'y a plus ni flammes ni cendres. Je me demande pourquoi tous ces gens s'enfuient vers Fonds Saint-Denis avec leurs paquets.

Sa voix calme tranche en lettres blanches sur le tableau noir de l'épouvante. Il rit même : « Ce sont les femmes qui sont surtout affolées. Il y a des chipies qui ont dans leur jeunesse brûlé bambous et roseaux et qui vous engueulent sans maille ni raison. Elles vous crient à la face sans vous connaître : « Eh bien, pas ni bon dié ! (« Il n'y a plus de bon Dieu ! ») Elles voient partout une intention occulte ! » Son voisin rit avec lui : « On nous empêche de dormir tandis que le volcan dort tellement qu'il ronfle ! Ce n'est pas juste, sacrée pistache ! »

Attendre. Attendre l'aurore les yeux grands ouverts, les mains dans les mains, attentifs à la plus petite anomalie, au moindre souffle de Liane. Depuis deux heures maintenant, l'agitation a diminué. Des gens jabotent encore parfois, mais beaucoup de volets se sont refermés. La fatigue plus forte que la peur. Maintenant ce sont les coqs qui parlent haut. Raoul a obtenu satisfaction. Gabrielle partira. A l'exemple des familles Plissonneau et Mc Hugh qui prennent tout à l'heure *La Topaze* pour l'île de Sainte-Lucie avec trente-cinq autres personnes.

Partira pour Champ Flore avec son père. C'est plus raisonnable. « Là-haut Liane respirera mieux et puis vous serez loin de la mer et hors d'atteinte de toute coulée de lave ». Car Landes ne cesse de le répéter à qui veut l'entendre : il faut fuir le fond des vallées, se réfugier sur les hauteurs. « C'est bien, a dit Gabrielle, à la fin, je t'obéis à cause de Liane ».

Fuir. A 6 h 30, les deux vapeurs de la compagnie Girard cingleront l'un vers Fort-de-France, l'autre vers Sainte-Lucie, avec leur lot de femmes et d'enfants, de mouchoirs et de foulards voletant au bastingage. Depuis quatre jours, la moyenne quotidienne des voyageurs sur la ligne de Fort-de-France s'est élevée de quatre-vingts à trois cents. Gabrielle a accompagné ses employeurs jusqu'à la passerelle. Joseph Plissonneau est du voyage, mais reviendra demain mercredi car il doit accueillir deux steamers, le *Roraïma* de la Quebec Line, parti de New York le 25 courant et attendu dans l'après-midi du 7, et l'anglais *Roddam,* qui relâchera place Bertin le lendemain matin vers 6 heures, le jour même de l'Ascension. « Jamais de congé pour les braves ! » Le notaire Joseph Ernoult, le frère de Louis, l'adjoint au maire, emmène lui aussi sa femme, une Plissonneau, dans l'île anglaise. Mais il sera de retour demain à cause de ses serins. « Que deviendraient-ils sans moi, ces pauvres chéris ? »

Déjà 7 heures, il faut se séparer. Vite, un avant-dernier baiser derrière la porte, un tout dernier sur le trottoir. « Jeudi, jour de l'Ascension, peut-être, je viendrai te voir à Champ Flore. Peut-être ». Vite quelques mots de plus avant que le coin de la rue ne le lui vole, avant que Raoul tourne la rue du Précipice. Et puis la porte geint, craque avec un bruit de cassure.

A la permanence de Fernand Clerc, dans cette vaste maison du Mouillage où le candidat a installé son état-major pendant le temps des élections. Mureau est déjà là, tempêtant, au milieu de quelques autres. Devant lui, son journal étalé, tout frais, tout luisant, tout saignant encore de son encre. Pour la première fois le volcan occupe la première page : « La catastrophe de l'usine Guérin ». Une page entière de reportage sur le débordement de la rivière Blanche. La vente de ce numéro du 6 mai marquera sûrement dans les annales. Mais Mureau maronne. Contre tous ces gens que la frousse pousse loin de cette ville. Contre ces poules mouillées qui ne prendront pas la peine de revenir pour voter dimanche prochain. « Ils mettent leur femme et leurs enfants à Fort-de-France ou ailleurs, rappliquent, mais repartiront samedi pour être en famille ! » Pas de danger que les partisans de Percin bougent de Saint-Pierre, d'autant plus que l'adversaire de Clerc rallie de nombreux pauvres. Et quelles autres cases pourraient accueillir ces malheureux ? Mais cette débâcle, pourquoi donc ?

— Il y a cinquante ans, on était quand même plus courageux, pour tout' bon. Aujourd'hui « Du feu en patte déié-ou ! » (« Ils ont le feu dans les pattes de derrière ! »), « C'est sac-patate-à-chouval ! » (« C'est la poudre d'escampette ! »)

Et que craignent-ils ? Bien sûr, ceux qui habitent le long des rivières, à leur embouchure, ont raison de déloger. Du reste Gaston Landes le leur conseille. Mureau lit l'interview du professeur qu'il publiera demain. « Il faut fuir le fond des vallées avoisinantes et habiter à une certaine hauteur pour éviter d'être submergé par la lave boueuse comme le furent Herculanum et Pompéi. (Scandant) Le Vésuve n'a jamais fait que de rares victimes. Pompéi fut évacué à temps et l'on a trouvé peu de cadavres dans les cités ensevelies. Conclusion... » Une pause pour s'assurer de son auditoire, puis martelant davantage : « ...Conclusion, la montagne Pelée n'offre pas plus de danger pour les habitants de Saint-Pierre que le Vésuve pour ceux de Naples ».

Autour de lui, mutisme. On attend la réaction de Fernand Clerc dont les rondeurs viennent de boucher la porte d'entrée. Pour une fois cet homme ardent semble atteint dans sa belle détermination. Il descend juste des hauteurs où il n'a croisé que des fuyards. Ces processions navrantes, ces visages défaits, ces yeux fiévreux, ces suées l'ont bouleversé. Sa femme, Marie-Louise, et ses enfants attendent maintenant chaque soir son retour au Litté, près du Parnasse, à quatre kilomètres de cette ville angoissée. Lui aussi conseille à chacun de prendre de l'altitude. Les hommes auront toujours le temps de retrouver le chemin des urnes, dimanche, mais il faut épargner tout risque aux femmes et aux enfants. Et soudain, s'approchant du mur où pendent des affiches électorales :

— Mon Dieu Seigneur !

Le petit flotteur du baromètre enregistreur à siphon s'approche de 730 millimètres. Tempête.

— J'ai bien peur qu'il nous faille nous aussi déguerpir plus tôt que prévu !

9 heures. La sirène de *La Topaze* houspille quelques canots gêneurs. « Le gouverneur », annonce Mureau en apercevant le maire et ses adjoints par la fenêtre. Ils courent, haut-de-forme à la main. Louis Mouttet avait promis de revenir, le voici. Il a vu le flot des réfugiés. Sur les quais de Fort-de-France, il a entendu

leurs pleurs. Leurs plaintes aussi, car certains sont sans toit. Où les loger ? Comprendre cette appréhension lui semble acceptable, mais cette panique ? Gestes d'impuissance de Raymond Fouché, de Louis Ernoult. Allez donc les raisonner ! Le petit vapeur prend maintenant la direction de Sainte-Philomène et du Prêcheur avec son chargement officiel, l'étrave généreusement pourvue de moustaches d'écume. Au-dessus de la montagne le plomb s'amasse. Autour, les nuages volent à grande vitesse, sautent murailles et précipices, se bousculent. Courent le trois mille mètres steeple.

11 heures. Depuis combien de temps donc n'avait-on pas entendu jouer du piano ? C'est pourtant bien celui de Lucrèce Couesdon dont le vent maltraite les harmonies. Pourquoi cette frénésie musicale s'est-elle donc emparée soudain de cette vieille fille ? Saint-Saëns trottine dans la rue, allegretto, sautille, se hisse jusqu'aux oreilles de Mureau qui s'en retourne à son journal. Qui sourit et branle la tête. Devant l'image de Céline, en maillot noir, en chaussons dorés, tournoyant dans le salon de la cartomancienne. Car c'est ainsi qu'elle passe son temps, Céline, en attendant que la porte grince, vers le soir, au passage furtif de sa chère ombre.

Le piano voisin reste muet. Le piano des Dujon, les cousins chez qui Emilie et ses frères se sont réfugiés. Piano couvert d'une pellicule de cendre, au milieu des paquets, des « paniers Caraïbe ». Cendre dans laquelle le plus jeune des frères trace d'un doigt, en se jouant, ces mots menaçants du festin de Balthazar, rapportés par le prophète Daniel : « Mane, thecel, pharès ! » (« Compté, pesé, divisé ! »). Et dit en riant des craintes d'Emilie : « Pourquoi avoir si peur ? Tu ne mourras pas pour cela ! ». Après le déjeuner, ils prendront quand même tous la route des hauteurs du Carbet. Pendant qu'un autre voisin, à côté, Eugène Berté, écrit à son frère. Poussiéreux, crotté après cette promenade au bord de la rivière Blanche, cette visite rendue au cimetière de boue où gît l'usine Guérin, d'où il a observé le volcan. Ecrit : « On entend une détonation dans la montagne puis une traînée de vapeur blanche court avec une vitesse vertigineuse. Et brusquement vous voyez surgir devant vous une mer de boue fumante qui se rue dans la mer. Cela se fait avec un grondement formidable perceptible jusqu'à Saint-Pierre... Les colonnes de fumée s'élancent gigantesques du cratère, elles sont de plus en plus compactes et sont franchement éclairées par le feu intérieur. Jamais je ne les ai vues si haut et en telles masses. L'effet est saisissant et vous rêvez malgré vous. Si je n'avais pas d'enfants j'aurais été au Dos de Mulet en compagnie de quelques amis assister à ce spectacle merveilleux qui doit s'accomplir au fond de la fournaise ! ».

Car ils sont nombreux encore les grimpeurs de pentes fumantes. Nombreux à narguer le monstre. D'autres peuvent bien prendre leurs jambes à leur cou, ceux-là ne se priveraient jamais du plaisir d'aller chatouiller le dinosaure. Du fond de sa cahute, Grandvizi voit passer leurs caravanes en marmottant. Que dit-il ? Lui qui partage depuis si longtemps l'intimité de la montagne. Que lui a-t-elle confié au cours de ces longues nuits passées à l'écouter, plaqué contre sa poitrine ? Grandvizi, plus fort que tous les devins, plus fort que les hommes de science. N'avait-il pas prédit avant la date le réveil du fauve ? Avec son voisin Théobald Monand, le manchot solitaire, n'avait-il pas entendu ces grognements avant-coureurs, ces ronchonnements imperceptibles aux profanes, aux tympans non familiers ?

Quand le gouverneur rentre à Fort-de-France après le déjeuner, il est de nouveau rassuré. Malgré la cendre dont les chutes redoublent et cette nouvelle rupture de câble entre la Martinique et Sainte-Lucie. La panique, cette gangrène va être enrayée. Grâce à la proclamation que le maire adresse à la population et qu'il a soigneusement préparée avec lui ce matin. Elle fleurit à l'instant sur les murs. Et pour ceux qui ne savent pas lire, le tambour passe dans les rues, la débite entre deux roulements, de sa voix de stentor : « Nous croyons pouvoir vous assurer que, vu les immenses vallées qui nous séparent des cratères, nous n'avons pas à craindre un danger immédiat et que la lave n'arrivera pas jusqu'à la ville : les événements seront localisés aux endroits déjà éprouvés. Ne vous laissez donc pas abattre par des paniques sans fondement. Ne vous découragez pas et permettez-nous de vous conseiller de redoubler d'ardeur comme en 1890 et 91 marqués par de terribles incendies et cyclones — et de reprendre vos occupations habituelles afin de donner le courage et la force nécessaires au peuple si impressionnable de Saint-Pierre et des environs pendant une heure de calamité publique. Le maire, Raymond Fouché ».

Initiative dont Mureau se félicite. En trinquant avec Edouard Sailleron, le régisseur de la prison et Alonzo, le commissaire de police :

— J'avoue ne rien comprendre à cette panique. Où peut-on être mieux qu'à Saint-Pierre ?

— Au Prêcheur ! plaisante Sailleron qui raconte comment, hier, son seul prisonnier, Louis Ciparis, un « vakabon bod'la mé », a pris la clé des champs, après avoir appris qu'un de ses compagnons de beuverie fêtait son anniversaire.

— Il était de corvée au jardin botanique. Il en a profité. La bamboche le ferait aller se soûler sur le cratère. Ce matin, il est revenu pour se constituer prisonnier. Dans quel état ! On l'a flanqué au cachot pour huit jours. Cette fois-ci, il n'y a pas de danger qu'il se sauve !

Une niche où l'on ne peut entrer qu'à quatre pattes. Des murs de pierre de plus d'un mètre d'épaisseur et une étroite ouverture grillagée pour ne pas être complètement asphyxié. Mureau connaît bien cette cellule. En prison, il y a quelque vingt ans, il a eu tout le temps de l'examiner alors, s'insurgeant contre ces règlements iniques qui abrutissent les hommes, les forcent à vivre comme des bêtes.

— Plutôt mourir que de se laisser fourrer dans cette maudite basse-fossse, ce pauvre homme ne va pas en sortir vivant !

Dans la rue Victor-Hugo où l'on commente la proclamation du maire, de nombreuses boutiques montrent leurs volets clos. Sous la couche neigeuse qui absorbe tout bruit, la tristesse s'étend. Silence et lividité d'un petit matin couvert. De sa fenêtre Hortense Mureau voit passer ceux qui partent. De temps en temps Agenor apporte des nouvelles : « Joseph Plissonneau est revenu de Sainte-Lucie où il a laissé sa femme Eugénie et ses quatre enfants ». Ou : « Regardez, les Ernoult s'en vont ». Hortense regarde. Louis Ernoult, l'adjoint au maire prend le chemin du port avec femme, enfants, bagages, même lui ! Alors que la colle n'est pas encore tout à fait sèche au dos de la proclamation municipale ! Sur le pas de la porte de son bureau, un secrétaire relate la scène :

— « Mayotte » Ernoult est entrée avec son châle et son chapeau. C'était la première fois qu'on la voyait en ville. Vous pensez, une dame de cette qualité ! Elle tenait ses enfants par la main. Derrière son bureau Monsieur Ernoult était interloqué. Elle lui a dit sur son ton décidé : « Louis, partons ». Elle devait vouloir quitter Saint-Pierre depuis longtemps. Monsieur Ernoult n'a pas discuté. Il a demandé cinquante francs au caissier, il a pris son casque et il a suivi sa femme.

La cendre tombe. Presque un brouillard, un voile délicat de pâle lumière. Hortense suit les Ernoult des yeux jusqu'au bout de cette rue qui boule vers l'eau grise. Elle sent son cœur battre tendrement comme celui d'un petit oiseau qu'elle tiendrait dans ses mains. Partir ? Pour aller où ? Son mari lui affirme sur tous les tons que le danger n'existe pas. « Yeux Clairs » désirerait au contraire qu'elle s'éloigne pour quelques jours comme il l'a recommandé autour de lui à tous ceux dont les occupations n'imposent pas la présence à Saint-Pierre. « Va rejoindre ton amie Lucie à Fort-de-France, allez passer cette semaine de l'Ascension ensemble ». Hier Hortense a vu Lucie Saint-Jude s'embarquer sur *La Gabrielle* avec son ami, Georges Marie-Sainte. Avant de quitter le quai, elle lui a glissé à l'oreille un doux secret : l'arrivée assez prochaine d'un enfant. Un enfant ! Cette joie que le destin lui a si cruellement refusé !

Partir ? Tout à l'heure, à genoux devant la statue de la Vierge dans la cathédrale, Hortense s'est longuement posé la question. Autour d'elle pétillaient les cierges et bourdonnait la ferveur, craquaient les bancs, récriminaient les chaises bousculées. Et soudain tout s'était tu. Comme si un ange avait réclamé le silence, comme si on entrait dans l'éternité. Et en même temps le visage de son enfant mort en venant au monde, celui qu'elle avait tellement imaginé, sourdait de sa conscience. Partir ? Pour fuir quoi ? Elle s'était longtemps posé la question pendant que cette frimousse souriait, ceinte de dorures comme dans un médaillon. Fuir son amour mort, mort-né comme son enfant, cet homme qui la bafoue aujourd'hui presque ouvertement — car les accents de Saint-Saëns n'ont pas mis longtemps à battre ses murs — ou fuir l'autre, l'impossible, cet homme qu'elle n'aura jamais pour elle entièrement, qui devra toujours se déguiser pour aller jusqu'à elle ? Dont ne peuvent venir, aussi, que des fruits éphémères ?

Elle le retrouve justement à la tombée du jour. Retrouve sa main libérée de son gant de chevreau, compte ses doigts dans l'ombre tandis que gronde la montagne. Elle lui dit que son travail la retient à Saint-Pierre. Demain soir, cette cargaison dont elle doit surveiller jusqu'au bout le déchargement. Sur l'*Orsolina*. Avec ce capitaine napolitain énervé, pressé de lever l'ancre. Lui dit qu'elle se moque des colères de la terre, que la mort vient toujours à l'heure prévue, quoi qu'on fasse.

« Ce n'est pas possible, le ciel se prend pour la mer ! ». Gaston du Morne Cordier arrivait juste au Grand-Morne quand la trombe se déclencha. Un tambourinement qui dura toute la nuit. A 2 heures du matin, en ce mercredi 7 mai, Gaston Landes approche sa lampe de son baromètre. Le mercure a encore chuté : 726 millimètres. Feu dans le ciel. Feu dans le cratère qui crache fumée et blocs incandescents.

Dans les rues du Fort et du Centre, on tournique en chemise : « La Roxelane et la rivière des Pères débordent ! ». Nouvelle noria des frusques, nouvelle course éperdue des matelas. Belle aubaine pour les pilleurs qui n'ont même pas besoin de fracturer les serrures. « Vite, vite, crient-ils, l'eau arrive ! ». Et les butins s'amassent.

Tempête retombée, la mer ressemble à une bête en nage après une lutte à mort. Couverte de bave. Voiliers et steamers grelottent au fond du brouillard.

— Arrêtez, crie Emile Marie-Anne, le patron du *Rubis*, on va couler !

6 heures à peine et déjà le vapeur refuse du monde. Salavina a pu se hisser à bord. Ouf ! Il a essayé d'y faire monter Saint-Prix Roné. Mais le poète triste a hoché la tête. Pourquoi quitter cette pauvre chambre où il essaie de survivre ? La mort ? Elle serait plutôt une délivrance. Quelques feuillets volettent au bout de son poing comme une colombe. Ses derniers poèmes. Salavina les emporte, improvise, alors que le vapeur quitte la rive : « Ces poèmes, Roné, l'on doit en faire un livre. Un volume tout court, mais qui peut nous survivre ! ». Un jeune homme monte au dernier moment sur la passerelle, un ballot sous le bras. René Cottrell. Elève de première, au lycée, il habite chez son oncle, le docteur Cottrell.

— Impossible d'avoir une chemise propre ici, dit-il en riant à Salavina. L'eau est déjà si sale, et quand on met le linge à sécher, il devient gris à cause de la cendre.

Et un bal et une jeune fille de rêve l'attendent dans trois jours. Alors il se rend chez ses parents à Petit Bourg. Avec sa chemise à faire blanchir, sa belle chemise de séducteur. Sur le quai, cent passagers guettent un départ problématique pour Sainte-Lucie. La Compagnie Girard a renoncé à laisser partir de nouveau *La Topaze* tant l'équipage succombe au sommeil après tous les voyages supplémentaires. Hier soir le vapeur est rentré à vide. Avec un seul voyageur, Maître Ernoult, le notaire. Revenu pour donner à manger à ses serins. Du large on voit mieux les reflets du cratère sur les nuages, gros bouton congestionné, gonflé de sang. Salavina pense à ces fous qui, ce matin encore, vont escalader le dos de ce fauve à la gueule enflammée.

A Fort-de-France, Louis Mouttet travaille déjà dans le bureau de sa résidence. Tard hier soir il a décidé de former une commission scientifique afin d'étudier les caractères de l'éruption, évaluer les risques qu'elle peut faire courir aux populations. En 1851, le gouverneur de l'époque, le contre-amiral Vaillant, n'avait pas agi autrement. « Considérant qu'il importe à l'administration dans l'intérêt de la science et aussi pour rassurer les populations en émoi d'être fixées sur les problèmes volcaniques... » Suivaient trois pages explicatives. Eh bien, elles seraient de nouveau rassurées ces populations si impressionnables. Et vite. Par des hommes compétents qui, comme il y a cinquante ans, leur donneraient la mesure exacte du danger après avoir sérieusement ausculté la montagne sans prêter l'oreille à leurs propres pulsations. Dès 7 heures, le gouverneur appelle son secrétaire général, Gaston Lhuerre, un Guyanais résolu dont le frère est le sous-directeur du bagne de Cayenne, lui donne la composition de cette commission.

— Convoquez-moi tout ce monde pour 10 heures, jeudi, à Saint-Pierre, dans mon hôtel. Je partirai à 18 heures avec ma femme. Vous assurerez l'intérim.

Tout ce monde : le lieutenant-colonel Gerbault, directeur de l'artillerie, président de cette commission, Mirville, pharmacien-major des troupes coloniales, Léonce, sous-ingénieur colonial des Ponts et Chaussées, Doze et Landes, professeurs de sciences naturelles au lycée de Saint-Pierre.

Dans la pièce voisine, devant la fenêtre donnant sur les bougainvillées dont les grappes rouges égaient ce parc que l'on surnomme « la savane du gouverneur », route de Didier, Hélène Mouttet réveille ses deux aînées, Lucie, dix ans et Hélène, six ans. Le petit dernier dort à poings fermés dans la nursery où la da monte la garde. Jacques vient d'avoir treize mois. Au passage, sur le mur du couloir, un miroir sorcière happe la noble figure de cette inflexible protestante. Son chignon chrysanthème dégage un front opiniâtre, couronne une tête bien plantée. Hier soir son mari lui a signifié qu'il serait bon pour le moral de la population qu'elle le suivît demain à Saint-Pierre. Ainsi les plus affolés retrouveraient-ils peut-être leur raison. D'accord. Sans se donner le temps de réfléchir, sans penser au péril encouru. D'accord, si c'était là une façon de rendre service à des malheureux, de s'acquitter d'un devoir. Sans penser aux enfants qui dormaient à côté. Et ce matin, debout dès 5 h 30, elle a préparé les deux valises.

Gaston Landes aussi était tôt sur ses pieds. Longue-vue à la main, il attendait le lever du jour. Et après avoir observé le volcan, grâce à un ciel exceptionnellement dégagé, il a pris son cheval et s'est rendu aux *Colonies* en quatrième vitesse. Maintenant il explique à Mureau sur un ton suppliant :

— Je savais que j'aurais à vous donner un additif, hier, en accordant cette interview. Et cette nuit, comme je le pressentais, la montagne a encore travaillé. Il faut rajouter quelques lignes à mon texte, Monsieur Mureau, j'y tiens beaucoup.

Haussement d'épaules. « Venez à l'imprimerie, si c'est trop tard tant pis pour vous ». Par chance les typographes n'ont pas encore ajusté la forme de la première page sur la machine. On resserre un peu le plomb pour faire place, juste au-dessous de la conclusion optimiste de la veille, à ces sept lignes supplémentaires : « Cependant, ce matin, la montagne étant découverte, le morne Lacroix s'est montré, présentant à sa base, du côté de l'Etang plein, une échancrure de cent mètres de long sur quarante de hauteur, rendant possible la chute partielle de cette éminence qui pourrait amener un peu de trépidation du sol ».

Voix rocailleuse de Landes au loin dans la rue comme la fuite d'un torrent. Maintenant le professeur va tenter de télégraphier au gouverneur. « C'est trop grave, ils n'ont pas conscience de ce qui se passe, là-bas ». Part vers le Câble français d'un pas décidé. Pendant que Mureau inspecte l'épreuve à la brosse qu'un typographe vient de lui tendre, cette feuille humide étalée sur le marbre, simple feuille de papier il y a une minute encore, et premiers instants de la vie d'un journal. Contemple la « une » du n° 3 059, né le mercredi 7 mai 1902. Que d'efforts, que de batailles derrière ce titre, que de péripéties ! « Organe républicain de la Martinique. M. Mureau, fondateur ». Quinze ans déjà ! En tête, bien sûr, l'annonce du deuxième tour des élections législatives du dimanche 11 mai, rappelant les noms des candidats de l'Alliance républicaine démocratique soutenus par *Les Colonies*, les noms de Fernand Clerc pour l'arrondissement du Nord et celui d'Osman Duquesnay pour celui du Sud. Et puis, au-dessous, l'interview de Gaston Landes. Et puis encore un article de fond résumant ce que l'on croit savoir de la nature des éruptions volcaniques. Dont cette théorie bien établie : la mer s'engouffre tout à coup dans les cavités souterraines où bout la lave, et la vapeur jaillit, accompagnée de toutes sortes de gaz et de roches en fusion. Puis des informations diverses sur la catastrophe du Prêcheur, et l'état de la souscription ouverte en faveur des « sinistrés de la montagne Pelée », total s'élevant, aujourd'hui, à 966,25 francs (à suivre).

Volupté. Pas d'autre mot à son avis pour qualifier ce qu'il ressent chaque matin devant cette mise au monde. Devant l'enfantement de son journal. Au milieu des plaintes aiguës, du vagissement des machines, dans la suave odeur de l'encre et de l'huile chaude. Odeur de ce liquide séreux où baigne le fœtus imprimé. Volupté en page une, dès la première apparition de ce qu'il a écrit, lui. Du fruit de ses pensées. De ses cris du cœur. Contre l'injustice, contre la bêtise. Aujourd'hui, par exemple, contre cette peur stupide, cette panique. Volupté de surprendre comme une découverte ces mots si sentis, si sincères, nés si profondément : « Ceux qui envahissent Fort-de-France s'imaginent-ils qu'ils seraient mieux là-bas qu'ici si la terre vient à trembler ? C'est une grossière erreur contre laquelle il faut mettre en garde cette population. Nous espérons que l'opinion formulée par Monsieur Landes dans l'interview que nous publions convaincra les plus peureux ».

— Nous n'avons plus une voiture à louer ! On nous a arraché la dernière à prix d'or !

Adolphe Delsuc se frotte les mains. Le propriétaire des « Ecuries et Remises », rue de l'Hôpital, est venu contrôler à l'imprimerie la parution de son « huitième de page », de son pavé publicitaire rappelant les prix modérés de ses travaux de maréchalerie, de sa pension de chevaux.

— Les imbéciles ! s'écrie Mureau. Quoi de plus important que l'échéance électorale de dimanche ? Et qui va voter si tout le monde s'en va ?

Et il s'emporte contre la mairie qui distribue des bons de secours aux sinistrés « de la part de Monsieur Percin », le candidat radical socialiste. « Indigne réclame électorale ! ». Contre Lagrosillière, ce candidat malheureux du premier tour, surpris en train de lacérer des affiches, rue Isambert, près de la Compagnie des engrais.

Sur les murs de la ville, la proclamation du maire apparaît bien modestement. A côté des affiches des candidats, criardes, tapageuses. Vertes pour Percin, jaunes pour Clerc. Vertes : « Peuple de la Martinique ! On a peine à le dire, quel crédit un citoyen de bonne foi peut-il accorder à ces békés royalistes et bonapartistes, tenants opiniâtres et honnis de l'esclavagisme et symbole du capitalisme le plus absolu ? Et ce sont ces hommes qui se posent en champions de la République ! Le succès est à nous si chacun fait son devoir, tout son devoir. Pas d'abstention ! Tous aux urnes ! Dimanche 11 mai sera notre jour de gloire ! ».

Jaunes : « Citoyens ! Le bon sens des Martiniquais a su déjouer les promesses fallacieuses des montreurs de lanternes magiques. Les « Rouges » et les « Partageux » du parti radical socialiste vous ont promis le morcellement des terres en échange de votre bulletin de vote. Vous les avez démasqués ! Citoyens, c'en est assez ! Il faut renvoyer à leurs diaboliques officines ces avocats sans cause qui espèrent s'enrichir de votre crédulité. La métropole a les yeux fixés sur vous. La moindre défaillance fera le jeu des hordes déchaînées de la révolution ».

A la réunion mensuelle du cercle de l'Hermine, vers 10 heures, on se rend compte à quel point les appréhensions ont fait le vide chez les békés. Qui demeure aujourd'hui dans les habitations les plus proches de Saint-Pierre ? Les Feissal, les

Pompignan, les Duchamp de Chastaigné, les Reynal sont partis. Tout comme les Saint-Domingue et les Belain. Les hommes sont allés rejoindre les femmes et les enfants à Fort-de-France. On reviendra dimanche. Gaston et Raoul du Morne Cordier raccompagnent Fernand Clerc à sa permanence. A 11 h 45, une très forte détonation les arrête. Trois regards braqués sur le volcan. Déboulant du cratère, une traînée de vapeurs blanches et jaunes se rue en direction de Saint-Pierre, puis brusquement oblique vers la vallée de la rivière Blanche, vers la mer. Les trois hommes s'observent, muets, puis reprennent leur marche dans la cendre. Devant la porte de la permanence, une femme attend le candidat. Madame Aristide Chatenay. Pâle, dépeignée, hallucinée. Se jette sur lui, un paquet à la main. Le lui tend :

— Tenez, ce sont tous mes bijoux. Remettez-les à mon mari.

Elle sait que Clerc va quitter la ville jusqu'à dimanche. Son mari est en voyage à la Guadeloupe.

— Jamais plus je ne le reverrai, c'est mon pressentiment et celui de mes deux filles. Faites-lui mes adieux, qu'il sache que mes dernières pensées auront été pour lui !

Puis elle tourne les talons. Court vers la cathédrale. Dans la maison, Clerc scrute le baromètre. Toujours à la tempête. Prend quelques papiers, lance un ultime regard circulaire, ouvre la porte.

— Il faut partir.

Partir. Gaston du Morne Cordier ne peut s'y résoudre. Tant qu'Hortense s'y refuse elle-même. Et Raoul n'abandonnera jamais le Grand-Morne aussi longtemps que son père s'y trouvera. Raoul qui croit Gabrielle déjà loin d'ici, à Champ Flore. Ne sait pas que Long-Ming remet chaque jour son départ à plus tard, à cause de son travail.

Vers 2 heures de l'après-midi, le fracas d'une canonnade secoue la ville. Comme le tir nourri d'une armada. Tous les appareils téléphoniques se mettent à grésiller, à crépiter en même temps comme s'ils étaient « quimboisés ». Emoi général. « Allô Saint-Pierre, c'est chez vous ?

— « Non, Fort-de-France, c'est peut-être le Morne Rouge ». Au Câble, les employés ne peuvent répondre aux appels qui se succèdent. « Fort-de-France est sûrement bombardée par des vaisseaux de guerre », dit une dame, Edith Duchâteau Roger, qui doit certainement redouter un nouveau conflit franco-allemand. Au Câble, où arrive essoufflé, le maire, Raymond Fouché. Essoufflé, surexcité. Il demande à parler au gouverneur. Tout de suite, tout de suite. Au gouverneur ou au secrétaire général.

— Voilà, monsieur le gouverneur, à mon avis aucun danger n'est à craindre mais...

Dans la cabine qui s'est refermée sur lui, on l'entend crier — la communication est brouillée par l'électricité atmosphérique — réclamer un détachement de trente hommes de troupe commandés par un lieutenant. Pour surveiller la distribution des vivres aux sinistrés du Prêcheur et de Sainte-Philomène. Pour effectuer des patrouilles dans les rues de Saint-Pierre afin d'éviter le pillage. Car que faire avec une poignée de gendarmes, quelques gardes de police et le petit détachement d'artillerie du lieutenant Hermary, employé à l'entretien des trois batteries ? Si peu de soldats pour 30 631 habitants ! « D'accord, vous aurez vos hommes, ils arriveront demain ». La porte de la cabine s'est rouverte :

— C'est ça, 6 heures. A tout à l'heure, monsieur le gouverneur.

6 heures. Chapeau haut de forme, écharpe tricolore. Le maire attend le gouverneur au bout de l'appontement. Madame Mouttet descend du vapeur la première. Baisemain, échange de compliments. Puis le gouverneur dans son costume de lin blanc et sa grande dignité. Suivent les membres de la commission scientifique. Sauf un. Le pharmacien Mirville.

— Il nous rejoindra demain matin, explique le lieutenant-colonel d'artillerie à Landes, car le téléphone était détraqué et nous n'avons pas pu le prévenir de la décision officielle d'avancer notre réunion à ce soir, vu l'urgence.

Personne d'autre que les quatre membres de la commission et le gouverneur n'assistèrent donc à cette réunion et rien ne transpira de ce qui s'y fut dit. Gaston Landes dut certainement se ranger à l'avis de ses collègues, ou bien ses alarmes n'émurent aucun d'entre eux. A moins que le polytechnicien artilleur ne tranchât de sa voix de président, imposant son point de vue à tout le monde.

Une heure après le tambour bat sur les places de la ville. Le crieur des rues clame à la population frémissante qu'elle peut s'endormir sur ses deux oreilles. « La commission chargée d'étudier les phénomènes volcaniques de la montagne Pelée vient de se réunir à l'hôtel de l'Intendance. Elle a reconnu :

1°) que tous les phénomènes qui se sont produits jusqu'à ce jour n'ont rien d'anormal et qu'ils sont au contraire identiques aux phénomènes observés dans tous les autres volcans ;

2°) que les cratères du volcan étant largement ouverts,

l'expansion des vapeurs et des boues doit se continuer comme elle s'est déjà produite sans provoquer de tremblements de terre ni de projections de roches éruptives ;

3°) que les nombreuses détonations qui se font entendre fréquemment sont produites par des explosions de vapeur localisées dans la cheminée et qu'elles ne sont nullement dues à des effondrements de terrain ;

4°) que les coulées de boues et d'eau chaude sont localisées dans la vallée de la rivière Blanche ;

5°) que la position relative des cratères et des vallées débouchant vers la mer permet d'affirmer que la sécurité de Saint-Pierre reste entière ;

6°) que les eaux noirâtres coulées par les rivières des Pères, de Basse-Pointe, du Prêcheur, etc. ont conservé leur température ordinaire et qu'elles doivent leur couleur anormale à la cendre qu'elles charrient.

La commission continuera à suivre attentivement tous les phénomènes ultérieurs et elle tiendra la population au courant des moindres faits observés. »

« Bonsoir, messieurs, passez une bonne nuit ». Le gouverneur peut se retirer tranquillement, sereinement, la conscience en paix, dans ses appartements. Un dernier rapport du maire lui montre d'ailleurs que ses différents appels au calme ont porté leurs fruits. Peu de gens ont fui, finalement. Craignant d'abandonner leurs biens aux pilleurs ou manquant de moyens de transport. Les hommes ont accompagné leur famille à Fort-de-France mais beaucoup sont revenus ensuite pour reprendre leur place dans leur affaire, défendre leur habitation, leur maison et remplir, dimanche, leur devoir de citoyen.

Mais place Bertin, une foule de gens effrayés que les salves du volcan ont poussés vers la mer tout à l'heure, tentent d'embarquer sur quelque navire en partance. Le dernier vapeur assurant la liaison du soir pour Fort-de-France vient de quitter la rade malgré la tempête. Sans attendre le docteur Marry, sa femme et ses enfants. Un petit yacht affrété pour une somme rondelette les emporte aussitôt avec deux familles amies. « Quelques vêtements, un peu d'argent, nous avons fait vite », raconte le médecin. C'est quand j'ai senti ce matin, en me réveillant, que quelque chose me chatouillait le visage — de la cendre — que j'ai décidé de partir. Les chiens hurlaient à la mort. Un peu plus loin, à la lueur d'anémiques fanaux, d'autres fugitifs escaladent des canots, enjambent des bastingages, hissent des enfants tremblants. Aperçus parmi ces ombres, deux fonctionnaires, Sainte-Luce Bréville, substitut du procureur de la République et Roussel-Dupré, des Douanes, se cachant pour monter dans un voilier. Aperçu Thomas Prentis, le consul des Etats-Unis, venu sans doute accueillir le *Korona,* ce grand steamer arrivé à l'instant de New York. Le consul dont la femme et les enfants attendent toujours un problématique départ. Peut-être demain, à bord du schooner *Anna Morse,* à côté duquel s'est ancré justement le *Korona,* demain, si toutefois Thomas Prentis veut bien enfin se décider. Mais pourquoi laisserait-il ces rivages alors que les autres membres du corps diplomatique, et notamment le consul de Grande-Bretagne, James Japp, tiennent à demeurer sur place pour donner l'exemple ? Aperçu aussi, dans un canot, Joseph Plissonneau s'apprêtant à accueillir le *Roddam* commandé par le capitaine Freeman, une vieille connaissance. Plissonneau inquiet de ne pas voir se profiler la fine cheminée du *Roraïma* de la Quebec Line, qui devrait pourtant être au port depuis longtemps avec ses soixante passagers de première classe embarqués à New York. Inquiet aussi du retard du *Canada,* le paquebot de la C.G.T., parti du Havre, dont l'entrée en rade est prévue ce soir, et que la tempête a sûrement contrarié.

Sur le pont du trois-mâts italien *Orsolina* mouillé devant le Fort, à côté de cinq autres voiliers du même pavillon, une altercation vient d'éclater. Le vent chargé de cendre gifle le navire, l'agite, le volcan gronde, le ciel est zébré d'éclairs, et sur le gaillard d'avant, cinq personnes sont aux prises. Le capitaine Marino, Hortense Mureau, un inspecteur des douanes et deux gendarmes.

— Non, crie l'Italien, je ne décharge pas, je lève l'ancre immédiatement.

Depuis une heure déjà, torturé par une folle angoisse, volubile, extravagant, il tient tête à l'administration du port et aux douaniers Casadavant et Ortoli. La maréchaussée est arrivée en renfort. Peine perdue. Les volcans, ce vieux Napolitain les connaît mieux que quiconque. Il a assisté à la grande éruption du Vésuve en 1872, à celle de l'Etna dix ans plus tard. Rester ici une heure de plus, jamais ! Déjà les marins s'affairent, des ordres cinglent. Une à une les amarres sont lâchées. Le capitaine braille, se démène. Ses bras moulinent. Soudain les deux voiliers voisins, la *Clementina* et la *Maria-Virgina* semblent glisser à tribord, chasser sur leur ancre. La coque de l'*Orsolina* abandonne le canot où Agenor attend sa patronne. Les voiles claquent. L'inspecteur des douanes a compris la manœuvre, saute par-dessus bord.

— Arrêtez !

Les gendarmes ont beau crier, poussé par un vent furieux, l'*Orsolina* fuit la rade, prend le large, se lance sur la mer démontée. Avec sa cargaison. Avec les deux gendarmes. Avec Hortense Mureau. Direction : Marseille. Avec Hortense qui voit à travers ses larmes sa ville s'évanouir, s'éteindre, se fondre dans la nuit, sa ville se confondre avec cette nuit de feu et de cendre.

— Madanm' pati épi bateau-a ! (« Madame est partie avec le bateau ! »).

Mureau court avec Agenor qui vient de le prévenir. Se précipite vers le bord de mer. Mais l'*Orsolina* est bien loin, sous le phare de la batterie Sainte-Marthe. Bien loin derrière le vélum cendreux, dans les bras de fer de la tempête.

XXVI

Orages. Tous les orages à la fois, celui du ciel et celui de la terre. Tous les orages contre la nuit, pour effrayer les hommes. A peine si l'on perçoit la voix du chanoine Le Breton. Elle porte, pourtant. Porte habituellement jusqu'aux dernières rangées de chaises, jusqu'au fond de la longue nef. Au fond de la cathédrale, ce grand vaisseau malmené, fouetté par la cendre, par les lapilli, ces petites pierres brûlantes qui s'abattent maintenant depuis quelques heures sur les toits avec un bruit de claquement de sabots, de courses affolées sur une rue pavée. Nef flagellée par ces crachats pétrifiés du volcan et embrasée par les lueurs du cratère et la mitraillade des éclairs. Comme chaque soir depuis le début de l'éruption, les églises ont laissé leurs portes ouvertes et une foule fiévreuse y épanche son cœur, appelle Dieu à son secours. Et les prêtres y donnent l'absolution et la communion. Et des prières collectives s'élèvent avec une ferveur inégalée, des chœurs tentent de couvrir ce bramement frénétique.

Mais l'impiété n'a pas désarmé pour autant. En cette veille d'Ascension, les athées ont encore frappé, maculant les portes de la cathédrale de placards immondes. Et enflammant le curé, un homme pourtant bien paisible. La voix du chanoine Le Breton croule du haut de la chaire, éclate en morceaux de colère, vierge de plâtre fracassée, en miettes :

— C'est le courroux de Dieu que vous entendez, mes frères, au-dessus de vos têtes, le ressentiment du Créateur contre la profanation. Jérusalem pleura de se voir profanée !

Et il rappelle les admonestations de l'évêque avant son départ pour la France, ses exhortations à la morale, alors que le volcan disait ses premiers mots. Régulariser les unions illégitimes ! Respecter la loi du mariage, la loi fondamentale de toute société !

— Que cette peur nous soit salutaire ! Qu'elle nous rende meilleurs !

Il étend les bras en croix pour solliciter la pitié de Dieu, les rabat et, soudain, une décharge d'électricité statique l'enveloppe des pieds à la tête. Des étincelles jaillissent de lui, de sa chasuble, de son aube. Alors des cris fusent de partout. Le diable lui-même vient d'entrer et crache son haleine de feu ! Paillette le prêtre de mille lucioles, de mille escarbilles enflammées. Des fidèles tombent à genoux, d'autres s'enfuient, sortent de l'église en courant. François Bernard essaie d'en retenir deux mais y renonce. Il rentre chez lui, rase les murs pour éviter ces grêlons de mâchefer. Et tombe nez à nez avec cette vendeuse de pistaches habillée de noir, cette femme qui crie « Châtiment ! Châtiment ! » Tombe sur elle alors qu'elle longe le mur, son « tray » chargé à ras-bord, insouciante de ces chutes de pierres. Et quand elle l'aperçoit, elle recommence son refrain : « Châtiment ! Châtiment ! » Alors François Bernard prend ses jambes à son cou. Mais une pluie torrentielle s'abat brusquement sur la ville. Vacarme infernal. Charge de milliers de cavaliers. En une minute la rue est un torrent où courent des épaves. Vite, une encoignure de porte ! Il s'y blottit. Attend. Quand, face à lui, de l'autre côté de la rue, à travers le rideau des gouttes, une lumière bave. « Au lan morue », le « casino » de Bébé Fahis. Un, deux, trois ! Il s'élance, pousse la porte, s'engouffre. Et se retrouve dans un autre monde. Avec Théo Duribar, avec Saint-Prix Roné, dans la chaleur de l'alcool, dans les rires fracassants, dans les éclatements de voix, dans la bonne chaleur de la fraternité. Célestin ! On l'ovationne, on lui bourre le dos de grandes tapes. On lui tend un verre, une bouteille.

Il a compris, François Bernard. Il a compris que pour ne pas entendre le bruit du volcan, il faut faire plus de bruit encore. Pour ne pas entendre « Châtiment » et son cœur cogner.

Dans une rue voisine, dans la maison de Lucrèce Couesdon, Marius Mureau raconte à Céline l'incroyable aventure dont sa femme est victime. « Jusqu'où peut aller la peur d'un homme ! » Imagine Hortense sur ce voilier italien, secoué par la tempête, sous ce ciel d'apocalypse. Imagine sa pauvre femme et en embrasse une autre. Toute une nuit à traverser ensemble au pas de leur convenance, à s'aimer sans se presser, sans se soucier de la montre, sans craindre l'importunité. « Toute une nuit, tu te rends compte ? » (Hortense, où ce navire va-t-il la déposer ? Dans une île voisine ou à Marseille ?)

3 heures. Ils n'ont toujours pas trouvé le sommeil. Comment le pourraient-ils d'ailleurs avec ce vacarme au-dehors ? Céline a ouvert les persiennes, elle s'emplit les yeux de ce formidable embrasement, voudrait avaler la nuit. Et soudain se met à danser. A moitié nue. A danser devant ce décor tragique... « Il y a plus de deux heures que je ne dors pas, écrit dans la maison à côté, le commerçant Joseph Dumas à sa femme réfugiée au Saint-Esprit. Je vous écris au milieu d'un feu d'artifice que je ne saurais vous décrire. Figurez-vous deux orages ensemble, l'un volcanique avec ses lueurs blafardes, d'un bleu indécis, affectant des formes fantastiques, à travers des grondements sourds sans une seconde d'interruption entre eux, l'autre atmosphérique, avec ses brillants éclairs en zigzag déchirant le ciel, et des bruits stridents de toile arrachée violemment par des mains inlassables ! »... A danser comme si un orchestre de quarante musiciens l'accompagnait, suivait chacun de ses mouvements, de ses coupés, de ses glissés, de ses jetés. A moitié nue, le corps baigné de cette lumière blême, strié de ces lames d'acier et de vermeil. Du lit, dans l'ombre, Mureau l'observe, ahuri, regarde sa silhouette se détacher du noir et flotter dans ce ciel dément comme un grand oiseau qui se débat, incapable de s'envoler, un grand oiseau de nuit englué... « Voilà le spectacle grandiose et terrible auquel j'assiste depuis ce temps ! Vraiment que c'est beau, saisissant, sublime ! Quel dommage qu'une pareille magnificence ne soit pas sans danger ! Cette peur de l'inconnu provoque malgré vous comme un petit frisson dans le corps »... Frisson dans le corps de Mureau, frisson polaire dans le dos quand il entend Céline rire aux éclats. Rire et contrarier les grognements du volcan. Rire de ce que la voyante lui a encore prédit, ce soir, en lui tirant de nouveau les cartes : « Je vous vois dans le feu, dansant comme les flammes »...

4 heures. Accalmie. Le volcan, l'orage, se sont tus, comme exténués. Exténués, ceux qui cherchaient le sommeil voient enfin ses bras s'ouvrir. Les autres se lèvent, s'habillent. Pour fuir. Ou pour se rendre à la première messe de 6 heures. Pour fuir comme Raoul Marry, le frère du médecin, sa femme Amélie, ses enfants. A cause d'un pressentiment qui leur a traversé la tête en pleine nuit. Fuir à bord d'une voiture à cheval. Si vite qu'ils en oublient sur le trottoir, près de la place d'Esnotz, leurs bijoux dans un sac.

Du « Casino » s'échappent encore lumière et bruit. Deux canonniers mènent la danse en soufflant dans un clairon. Lucien

Vaillant et Raymond Tribut. Ils ont escaladé le mur hier soir alors qu'ils étaient de service au Fort, à la caserne des Ursulines. A eux la liberté ! François Bernard chante un cantique très triste. Saint-Prix déclame un poème inconnu et Duribar remplit les verres vides.

Bébé, le tenancier, sort sa montre oignon : 4 h 30, déjà. — « On va fermer ! » Alors ils se lèvent pesamment et se dirigent vers la porte, à la file indienne, derrière le clairon des artilleurs. Sortent ainsi dans la rue imitant les soldats en patrouille. Titubant, vacillant. François Bernard ne remarque pas le bedeau ouvrant les portes de la cathédrale, l'arrivée des sonneurs encore endormis, bâillant, s'étirant. Il suit le clairon comme en 71, comme à Bapaume avec Faidherbe. Suit le clairon qui sonne la diane. Au coin de la rue de la Source, Saint-Prix les abandonne. Ses yeux ont rencontré sa boutique, son étalage de comestibles, son nez la lourde odeur de la morue salée, et il sait, à travers la buée du rhum, que son destin est là et non ailleurs. Là dans la pauvreté et sa solitude de poète. Derrière la troupe guerrière, on l'entend réciter encore :

Mon père me disait tous ses titres de gloire,
Avec ce saint respect où l'on voit de l'orgueil,
Avec amour et joie et des éclairs dans l'œil
— Moi, fils des Africains, dont le sombre esclavage
Courba jadis le dos sous la verge sauvage !

Les quatre autres continuent leur chemin. Pourquoi vont-ils vers le sud plutôt que dans le sens contraire, vers le sud, vers l'anse Latouche, vers la sortie de la ville ? Parce que les voitures qu'ils voient défiler prennent toutes cette direction. Et parce qu'une femme attend l'un des artilleurs au Carbet, au-delà du trou percé dans le morne Germa, à l'autre bout de cet étroit tunnel creusé par l'abbé Gosse. Au Carbet où habite Sigismond. Le vieux Sigismond, enfin sorti de sa méditation, et disposé à revoir — il lui a fait savoir — l'homme qu'il a toujours conseillé dans les grands moments de sa vie.

5 heures. Céline dort couchée sur Mureau, petite chose abandonnée, toute pâle, en travers d'un buste velu, ombré. Le jour indiscret écarte de ses frêles doigts les lames des jalousies... « Enfin le jour vient. L'angélus sonne. C'est l'Ascension. Cela ramène au cœur je ne sais quelles douces pensées, quelles délices, quelle joie suave ! Grâce à la pluie torrentielle, nos toitures ont repris leurs vives couleurs. Les arbres ont cessé d'être affreux. Le pavé reluit comme auparavant. Je m'efforce de garder mon sang-froid. Sans nier le péril, je ne le vois pas encore si près que ça... Je me réjouissais à

l'idée de passer cette belle fête de l'Ascension avec vous, mes chéris. C'est bien le cas de le dire : « l'homme propose et Dieu dispose ». Allons, vous tous que j'aime tant, recevez mes plus tendres baisers ». Joseph Dumas signe sa lettre, la cachette. Dans une heure *La Topaze* lève l'ancre. Il la lui confiera.

Les cloches courent dans la campagne, à travers la nature assoupie. Courent dans le ciel apaisé. Au Grand-Morne Gaston du Morne Cordier et son fils finissent de prendre leur petit déjeuner. Café au lait, pain grillé. Et, comme d'habitude, Rosette a présenté au maître, sur un plateau en argent, la cuvette de porcelaine et la serviette. Jamais le plus petit repas ne pourrait se terminer sans cette ablution. Raoul s'absorbe dans la contemplation de ces gestes immuables. Doigts qui s'agitent délicatement au-dessus de l'eau, toile fine caressant les lèvres, le menton. Voilà. Maintenant il se lève, va prendre ses gants sur la console dans l'entrée, son panama au portemanteau en rotin, son missel, tend le sien à Raoul. Dehors Victor avance les chevaux tandis que sur le pas de la porte, Rosette et Clémence assistent au départ. Lares dévoués et fidèles. Les « maîtres » n'iront pas à la messe en voiture car Raoul a l'intention de monter à Champ Flore dès la sortie de l'église. De son côté son père rendra visite à Eugénie dont c'est l'anniversaire, avec quelques roses du jardin « désespoir du peintre », celles qu'elle préférait à toutes à cause de leur teinte changeante suivant les heures du jour. Douceur de l'air, pureté surprenante. Où sont donc passés les nuages ? Innocence du ciel. (Quel hypocrite !) « Peut-être enfin une belle journée ». Et chacun remercie Dieu. Et ce volcan respectueux des fêtes religieuses. Les deux cavaliers s'éloignent dans l'allée des manguiers. Propreté retrouvée de la nature après les pluies diluviennes. Tendre luisance des feuilles sous ce jour qui commence. Seules quelques traces de cendre le long du chemin, quelques entailles dans la terre, cruels tatouages, pour rappeler les divagations de la nuit. Dans l'allée des manguiers s'éloignent donc le seigneur du Grand-Morne et son fils. Par ce chemin que tant d'autres sabots ont labouré depuis qu'à sa descente d'une caravelle, le premier du Morne Cordier est monté jusqu'ici pour planter la canne originelle. La canne dont la récolte va bientôt débuter. Dont la fourrure frileuse recouvre les mornes. Généreuse canne, frémissant sous les yeux des deux hommes comme une bête amie, exhalant son musc douceâtre, le parfum prometteur de son suc de vie. Dans quelques jours, la grande armée des coupeurs prendra l'offensive. L'acier jettera ses clins d'yeux fulgurants sous le chaud soleil de mai, le plus chaud de l'année. Et dans le jardin on greffera les manguiers, on taillera les framboisiers, on transplantera les rosiers en bouture. A présent les cloches sonnent à nouveau, sonnent l'office des matines. Ribambelles d'enfants endimanchés, fillettes en nattes, robes et chapeaux fleuris. Fleuris comme depuis peu les pommiers de Cythère. Robes blanches des premières communiantes, grains de bois des chapelets coulant des doigts de même couleur, du même poli.

6 heures. Joseph Dumas est venu poster sa lettre. *La Topaze* gîte sous le nombre et les matelots Privat et Lénard doivent donner de la voix. A la chauffe, Youzine lance un coup de semonce de sa vapeur sifflante. Des femmes, des enfants, des paquets hâtivement ficelés. Mais aussi des hommes qui profitent de cette chaude journée pour rejoindre leur famille repliée à Fort-de-France. Comme le père de René Bonneville par exemple. Marius Mureau surveille le chargement de son colis, des deux cents journaux qu'il espère bien vendre jusqu'au dernier grâce à ces événements exceptionnels. Il toise Louis Percin qui part rejoindre à Sainte-Marie, pour une réunion électorale, le sénateur Knight et ses partisans. Toise tous ces gens que la peur a poussés là, fiévreux, sur cette coquille de noix fumante. « Regardez le soleil ! » Jette cette apostrophe à plusieurs reprises avec un petit air de défi. C'est vrai que le soleil est là, maintenant, même si le volcan renvoie toujours ses aigreurs charbonneuses. Regardez cette montagne resplendissante sous le rosé du levant ! Et les toits de la ville, remis à neuf par l'orage ! Et ces navires, ces quatorze steamers ou caboteurs, ces quatre grands voiliers, étincelant de leur bois verni et de leurs cuivres comme si les équipages avaient passé la nuit à les briquer ! Le *Roraïma* s'embossant à l'instant à côté du *Roddam*, cap à l'ouest, tout humide encore de cette tempête qui l'a retardé, suintant sous ce restant de bave coléreuse. Et *La Gabrielle*, le yacht de Knight, approchant de la côte, au loin, toutes voiles dehors, avec Georges Marie-Sainte, à la proue, sûrement debout comme d'habitude, jambes écartées, mains aux hanches, casquette de travers.

« Et moi ! Et moi ! » Un homme joue des jambes en chaussettes, saute sur le pont du vapeur au moment où il va quitter l'appontementt. Paul Garcin, le chef d'orchestre. « Ma bonne m'a dit : ne lacez pas vos bottines, le bateau s'en va, alors j'ai couru, couru. Brave Ferdilie ! Sans elle je ne pouvais pas aller embrasser Fanny, ma petite nièce ! » Mais *La Topaze* fait brusquement machine arrière. A cause d'un autre retardataire essoufflé. Augustin Elizé, l'inspecteur des impôts, le contrôleur du débit de la régie. Le capitaine ne pouvait le laisser sur le quai. Car il a vu le signe cabalistique qu'il lui a lancé en surgissant, le signe de détresse des francs-maçons. Mureau suit le vapeur des yeux pendant un moment, le regarde prendre de la distance, cracher sa grasse fumée sous l'effort, puis il quitte la place Bertin et va rejoindre Céline.

6 h 30. La ville s'évanouit au bout du sillage. La cathédrale, le sémaphore, et puis, plus rien... La mer est plate et le soleil travaille à visage découvert. *« Le Diamant ! »*. Voici en effet, droit devant, le vapeur qui a quitté Fort-de-France tout à l'heure et qui fait route vers Saint-Pierre. Gestes d'amitié, bonjours et au revoir dans le vent. On essaie de reconnaître tous ces gens échevelés sur le pont, tous ces curieux que l'éruption attire. A côté du capitaine, le frère de Laure Duchamp de Chastaigné. (Elle ne veut pas quitter son asile de Bethléem, ses chers petits vieux. Alors il vient à elle). Mirville n'est pas à bord. Le pharmacien-major a préféré, au dernier moment, emprunter le vapeur de 7 h 30, *Le Rubis* où doivent aussi s'embarquer les trente hommes de troupe promis au maire par le gouverneur et commandés par le lieutenant Tessier. Mais qui crie ainsi ? « Hou ! Les peureux ! ». Qui crie, bras en ailes de moulin, juché imprudemment sur la rambarde du *Diamant ?* René Bonneville ! Il a reconnu son père et sa barbe blanche. Son père si pointilleux sur les principes, si exigeant, qui l'a tellement fait souffrir en contrariant ses projets de mariage. Il a repéré sa longue barbe et il se moque de lui gentiment, se moque de ses frayeurs. Lui qui, au contraire, a décidé de quitter Fort-de-France pour aller assister à ce spectacle unique de la montagne sortie de ses gonds, vivre avec tous ses amis ces heures d'intense plaisir. Voici maintenant des images de paix. Huttes de palmes sur le sable gris, gommiers vernissés comme des potirons. Gommiers au repos, squales malades, dédaignés par les flots. Filets tendus entre les cocotiers comme pour capter les nuages. Images de paix sous les yeux des passagers du *Diamant* longeant le littoral, longeant le Carbet, Petite Anse et le Quartier Monsieur, Anse Thurin, leurs plages désertes. Longeant le mauvais chemin sur lequel quatre hommes ivres, quatre pochards, quatre sacs à vin déambulent. François Bernard a trouvé une charrette à bras et il y a hissé Duribar que ses jambes ont trahi. Duribar qui se prend maintenant pour un empereur romain, encourageant, à coups de clairon triomphant, les efforts des deux artilleurs dans les brancards et ceux de François Bernard, derrière. François Bernard que l'alcool abandonne lentement et lâchement, dont le sang assagi

retrouve son lit. Et qui se demande déjà comment il va bien pouvoir expliquer à sa femme cette nouvelle escapade. Si le ciel lui pardonnera jamais d'avoir manqué la messe de ce saint jour.

« Ite missa est ». Les notes guillerettes de l'harmonium s'échappent de la porte que le suisse vient d'ouvrir. Porte sur laquelle un panneau indique l'horaire dans les autres églises : 6 h 30, messe de « seconde communion solennelle » à la cathédrale, et au Centre, dont le curé, l'abbé Bertot, vient juste de revenir de France. 8 heures et 11 heures, grand-messe chantée. Paisible, les paroissiens s'écoulent lentement, quittent l'église du Fort, laissant le chanoine Anquetil avec les parents des communiants. Lorsque Gaston du Morne Cordier et son fils débouchent sur le parvis, le ciel se couvre brusquement, fabriquant une lumière étrange. Au même moment le distillateur Edouard Lasserre se hâte vers sa voiture, accompagné d'un de ses amis. « Pourquoi sont-ils donc si pressés, pourquoi ne nous saluent-ils pas ? ». La réponse arrive d'une femme qui se trouvait assise à côté d'eux pendant l'office. « Lasserre m'a soufflé : j'ai entendu distinctement quelqu'un me dire à l'oreille pendant l'Elévation de partir sans délai, de fuir Saint-Pierre tout de suite ». Alors il part sans perdre une minute, part rejoindre sa femme et ses enfants réfugiés au Morne Rouge avec son ami Etienne Simonet. Part comme d'autres à l'instant même, passant en voiture avec une montagne de ballots. « La panique est une maladie qui frappe tout le monde, dit quelqu'un près de Gaston du Morne Cordier, même les marins ! ». Et c'est ainsi qu'il apprend ce que le sort a réservé à Hortense, l'appareillage sauvage de l'*Orsolina.* Alors le voilà à cheval, galopant vers le bord de mer pendant que Raoul a pris, lui, la direction de Champ Flore où il compte bien retrouver Gabrielle. Galopant vers le bureau d'Hortense en s'attendant à y glaner quelques nouvelles. Mais tout est fermé. Galopant vers la gendarmerie où le lieutenant Maire lui confirme cette histoire invraisemblable. « Ils doivent cingler vers Marseille. Ah ! ces Italiens, pas une goutte de sang-froid ! ». Et s'acheminant ensuite au petit trot vers la Roxelane, vers la maison de santé, en pensant à ce grand voilier sur l'immensité de l'Atlantique.

6 h 45. Louis Mouttet vient de laisser sa femme à l'hôtel de l'Intendance, descend dans une calèche la rue Victor-Hugo dont le pavé bien propre luit sous le soleil. Descend et admire au passage le fier théâtre malheureusement en éternel relâche, entrevoit, droit en face, ce bistrot déjà fréquenté où les guichetiers de la prison s'offrent leur premier « décollage ». (Ciparis, leur unique pensionnaire, voudrait bien sortir de sa

cave, avec un temps pareil). Léon Mouttet descend donc vers la place Bertin où il doit embarquer à bord d'une yole. Pour une visite du Prêcheur avec les membres de la commission scientifique. Descend à travers cette ville encore toute frissonnante de sa nuit mouvementée, mais sans trace de panique. Satisfait d'apercevoir les afficheurs apposer sur les murs la communication officielle de la veille, d'entendre le tambour des crieurs. A l'instant où il débouche sur le bord de mer, dans son costume blanc, impeccable, avec sa suite de gens importants, Léon Lucy se présente à son tour. « Où est donc Gaston Landes ? » se demande-t-il en préparant son appareil et ses plaques. Peut-être le professeur a-t-il oublié volontairement ce rendez-vous ? (Mauvaise humeur ?). Après une nuit de sommeil il se repose dans son bain d'eau de pluie, dans son bassin ombragé d'un toit de palme, devant sa villa de Fonds-Printemps d'où apparaît la rade tout entière. D'où l'on peut voir les navires au mouillage. Et, notamment, les derniers arrivants, ces deux splendides steamers, le *Roraïma* et le *Roddam,* autour desquels s'affairent les gabarriers, et le *Korona* battant pavillon américain près de l'*Anna Morse,* ce schooner dont parle tant Clara Prentis. Justement Lucy l'a aperçue tout à l'heure, cette sympathique Madame Prentis. A la fenêtre du consulat avec ses deux filles. Le consul se tenait derrière, à sa table de travail. Clara Prentis rajustait la bannière étoilée au bout de sa hampe, après l'avoir lavée, sans doute. Avec toutes ces cendres ! « Hello ! ». Un petit coup de chapeau et un grand sourire.

7 heures. A présent Lucy s'apprête à monter dans la yole que de solides rameurs retiennent à l'embarcadère. Quand soudain le soleil disparaît, chavire. Jailli du volcan, un immense panache noir s'est rabattu sur la rade, la plongeant dans une curieuse pénombre. Alors que la ville, elle, est encore éclairée, illuminée. Eclipse de soleil ? Aussitôt une foule de curieux a envahi le rivage. La peur saisit la plupart d'entre eux. On court dans tous les sens. On crie. Des femmes demandent asile aux bateaux. Léon Lucy pense à sa femme, à ses enfants. A ces êtres chers qui n'ont pas voulu quitter Saint-Pierre sans lui. Que son métier le force à négliger, à abandonner à la solitude et aux frayeurs. C'est dans cette lumière de fin du monde, sur cette mer d'une couleur lugubre que *Le Diamant* accoste. Bonneville hèle Lucy qui le salue d'un geste, s'assoit dans la petite embarcation, lui tourne le dos. « Sacré Caret ! ». Ce bon gros et brave Lucy toujours au travail, toujours sur la brèche. Lucy dardant sur sa ville le tendre regard du photographe pour son

vieux et fidèle modèle et sur le volcan celui d'un homme prévenu, conscient du danger, et dont la cuirasse d'impassibilité ne peut plus dissimuler l'angoisse qui lui mord le cœur.

De la maison de Lucrèce Couesdon, des accords s'envolent à nouveau, semant dans la rue, avec ce soleil revenu, le doux et simple bonheur des dimanches tranquilles. Pendant que Mureau s'étire devant la fenêtre. Aujourd'hui le journal est fermé. Paresser, lézarder, se laisser vivre. Avant de reprendre le collier cet après-midi. Céline se dérouille donc les jambes et la voyante les phalanges. Premières figures où le corps retrouve ses chemins familiers et l'esprit ses transports. Joie de Céline qu'une idée a saisie pendant la nuit, celle de monter un ballet avec les petits rats du pensionnat colonial. « Nous rouvrirons le théâtre ! ». Un ballet dont elle sera, évidemment, l'étoile. Alors depuis ce matin, elle s'exerce dans cette perspective. Bandeau noir, maillot noir, chaussons noirs. La glace de l'armoire lui renvoie cette femme dont elle peut encore légitimement tirer vanité, cette belle anatomie d'albâtre gypseux. « Un ballet inspiré par les Indiens d'Amérique, dit-elle à Mureau, amusé par son enthousiasme, un ballet en trois tableaux : le Scalp, le Feu et les Funérailles ! ». Le feu, elle rit en prononçant ce mot. Rit avec la cartomancienne. « Voilà un thème fait pour vous sur mesure », dit Lucrèce Couesdon avant de remettre en marche son métronome.

7 h 10. A Champ Flore, quand Raoul du Morne Cordier saute sur la véranda, tout heureux de pouvoir retrouver Gabrielle, les frères et sœurs de la jeune femme montrent leur surprise. Gabrielle ? Mais elle est toujours à Saint-Pierre ! Avec son père. Peut-être monteront-ils pour déjeuner mais rien n'est moins sûr. Déception. Et inquiétude, quelques minutes plus tard, quand la montagne vomit ses volutes, quand, à l'horizon, la mer s'assombrit, tourne à l'encre. Un trouble qu'il n'arrive pas à raisonner, une montée de bile irrépressible. Même son cheval paraît agité, nerveux. Son cheval qui l'emporte à franc étrier vers Saint-Pierre.

Sur le pont de sa goélette, Georges Marie-Sainte suit l'évolution de cette nuée opaque devant laquelle le soleil a dû s'incliner. Maintenant, le vent chasse ces noirs tourbillons vers l'ouest. Et du cratère s'évadent des colonnes blanchâtres qu'un souffle mal inspiré pousse encore vers la ville avec sa pluie de cendre. A l'instant même, la yole portant le gouverneur, les membres de la commission scientifique et Léon Lucy, fend la houle à quelque distance de la poupe, à quatre cents mètres du rivage, se dirige vers le Prêcheur à force de rames. Plus au nord, à côté de la masse sombre du *Grappler*, mouillé au large de Fonds-Coré, une pirogue louvoie, et, dans ses jumelles, Marie-Sainte croit reconnaître le jeune Chavigny de la Chevrotière s'entraînant à la pagaie. Et, dans les mêmes parages, sur un petit voilier, pêchant tranquillement à la ligne, le comte Fitzjames et des amis békés, chapeau de paille rabattu sur la nuque.

7 h 15. Accoté à la fenêtre, Mureau dit : « La cendre tombe à nouveau ». Mais Saint-Saëns s'en moque bien et Céline aussi. Echappés, entrechats, sauts de carpe, la glace semble vibrer sous ces contorsions foudroyantes, palpiter, sous le plaisir et le talent. A nouveau la cendre dans la rue où Long-Ming finit d'atteler une carriole. Où le personnel de Delsuc se livre au nettoyage des voitures et au pansage des chevaux. « Pour quoi faire ? » pense Mureau. Où Joseph Plissonneau passe, une mallette à la main, avec Testar, l'un de ses employés, passe et s'éloigne vers le bord de mer. « Il part pour Sainte-Lucie où il doit assister à un mariage avec sa famille déjà sur place ». Mureau sait tout sur tous. Sait, par exemple que le pain est toujours rassis à la boulangerie de Madame Milhau dont il aperçoit la mine bise, mal cuite. Sait que Paul Borde, le président de la Chambre de commerce (dans ce cabriolet flambant neuf) peut toujours se plaindre de la conjoncture, trois millions de francs en billets dorment dans les coffres de la banque de Saint-Pierre en compagnie d'un monceau de bijoux et de pièce d'or. Sait aussi qu'à côté, au Câble français, Polydore, Bermeilly, Petrégille et Mondor, les employés du téléphone, ont souvent des pannes de réveil qui déclenchent toujours des sonneries d'impatience.

Brouhaha. Paroles qui s'enchevêtrent, rires étouffés, grésillements, crépitements du télégraphe. Cinq téléphonistes parlent en même temps dans ce petit bureau du Câble, dans le central qui relie Saint-Pierre aux autres communes. Animation inaccoutumée à cause du déplacement du gouverneur. A cause de l'évolution constante de l'éruption. Entre deux communications de service, échange de quelques nouvelles personnelles avec le collègue de Fort-de-France : « Ma femme et mes enfants sont à Didier chez ma tante »... — « Et le volcan ? » Eclat de rire : « Il n'a pas bougé, il est toujours là ! »

Même activité à l'autre bout de la ligne, à Fort-de-France, dans le bureau des services télégraphiques. Garnier-Laroche, le directeur, surveille son monde. Guette le message officiel qu'il communiquera aussitôt au secrétaire général du gouvernement. Et de temps en temps, cause avec Saint-Pierre. Devant lui,

Raoul Lodéon dresse le procès-verbal des communications et des télégrammes :

7 h 20, Fort-de-France — « Saint-Pierre nous dit : « Le directeur demande si le câblier *Pouyer-Quertier* est venu passer la nuit à Fort-de-France. Répondons que nous allons demander le renseignement au bureau du port ».

7 h 23, Fort-de-France — « Demandons si Monsieur le directeur des services est dans le bureau. Saint-Pierre répond : « Il est parti et il est en route pour le Prêcheur ».

7 h 30, Fort-de-France — « Demandons un renseignement à Saint-Pierre qui nous répond : « Répétez ce que vous venez de dire, notre relais est désaimanté par l'orage ».

Grondement du volcan. Roulement continu. La pluie de cendre s'épaissit. Du poussier. Georges Marie-Sainte peut quand même distinguer Joseph Plissonneau escaladant l'échelle de coupée du *Roraïma,* saluant le capitaine Muggha et l'un de ses six officiers, Ellery Scott. Massés sur le pont, soixante passagers attendent de quitter le bord. Brève discussion : « Allez à Sainte-Lucie maintenant, dit l'agent, vous y débarquerez votre cargaison et vous reviendrez demain avec vos passagers. Il n'y a pas moyen de travailler aujourd'hui, ici »... Puis Plissonneau retrouve son canot et son rameur.

A Fort-de-France, *Le Rubis* vient de quitter l'appontement. Avec le pharmacien-major Mirville, Louis Ernoult, l'adjoint au maire de Saint-Pierre, un avoué, Maître Lagarrigue, une bande de curieux pourvus de jumelles et la troupe de soldats commandée par le lieutenant. A la hauteur de la pointe des Nègres, une grêle de cailloux pilonne la tôle du vapeur. Au loin, la cendre, comme un mur. Voix blanche d'une dame : « Retournons. » Mais *Le Rubis* continue son chemin.

7 h 40, Fort-de-France — « Transmettons une communication téléphonique à Saint-Pierre. » Dans le cornet de Garnier-Laroche, un collègue, au bout du fil : « Le soleil s'est caché, le ciel est menaçant. »

Devant la fenêtre de Lucrèce Couesdon, des enfants et leurs parents prennent leur élan sous la cendre et les lapilli, craignant pour leurs habits du dimanche. Prennent leurs jambes à leur cou vers la cathédrale qui les appelle à toute volée, vers les grandes orgues dont le jeu de bourdon, la basse profonde et solennelle, semble vouloir dominer celui de la terre. A voir ce bon peuple républicain rappliquer au premier coup de grelot des prêtres, Marius Mureau ne peut s'empêcher de secouer la tête. « Après vingt ans de laïcisation ! On ne les changera jamais. » Vingt ans de lutte sur cinquante-cinq de vie, vingt années ardentes qui lui reviennent soudain pêle-mêle à la tête, avec toute une galerie de portraits, ceux de Codé, de César-Laîné, de Clavius-Marius, de Théodore Bellard... Celui de la gloire et celui de la déchéance. Celui d'Amante au fond de la terre. Celui d'Hortense au bout de l'océan. Mais Céline est là pour le plaisir du moment présent, pour la consolation, pour l'oubli. Céline imitant le feu, maintenant, au rythme du piano, l'enveloppant de ses bras gainés de noir, dans cet étrange clair-obscur qui vient de noyer tout. Bras de Céline l'enserrant comme des flammes.

7 h 45, Saint-Pierre — « Un nuage opaque recouvre la ville. On n'y voit plus rien. Il faut allumer les lampes. »

— « Voici de la lumière, » dit Adrien Dancenis, le directeur de l'asile, en posant un photophore sur la table. Gaston du Morne Cordier retire ses gants de chevreau. Les roses « désespoir du peintre » ont pris une teinte mauve. Mauve comme les yeux vides d'Eugénie. Mauve comme l'Atlantique le soir, quand le soleil s'étiole. Parfum de rose, de ce jardin du Grand-Morne sous la rosée, de ce salon où trônent les ancêtres, de cette vieille maison craquante où s'est blottie leur affection pendant quarante ans. « Ma chère femme, c'est aujourd'hui ton anniversaire. » Lui-même vient d'avoir 67 ans. Est-ce un sourire, un brusque retour à la vie, ce reflet, soudain, sur ses prunelles, cette étincelle ?

Appuyé au panneau numéro deux, Harry Thompson, le commissaire de bord du *Roddam,* voit Joseph Plissonneau et son employé quitter le *Roraïma,* descendre dans leur canot. Le capitaine E.W. Freeman, lui, a les yeux fixés sur le volcan comme ses passagers et ses quarante-six membres d'équipage. Le volcan que l'on devine seulement à cause de cette obscure clarté de crépuscule.

7 h 50. Odeur de cierge consumé, d'eau de Cologne répandue. La nef est chargée comme un navire. L'heure de la grand-messe approche comme celle d'un grand départ. Dans la sacristie de la cathédrale, le chanoine Le Breton se recueille un instant avant de revêtir ses ornements au milieu des enfants de chœur chuchoteurs. A Saint-Etienne du Centre et au Fort, l'abbé Bertot et le chanoine Anquetil s'apprêtent à en faire autant. Penchés à la fenêtre du consulat des Etats-Unis, deux ombres, Thomas Prentis et sa femme. Deux ombres tournées vers la montagne comme beaucoup d'autres à beaucoup d'autres fenêtres.

Comment François Bernard et ses compagnons sont-ils arrivés presque au Carbet ? A présent, dégrisé, rappelé à l'ordre par les cloches de la cathédrale que le vent lui envoie très certainement sous l'injonction du ciel, l'ancien maire veut retourner à Saint-Pierre. Il refuse d'entendre Sigismond, ses avertissements, les menaces de ses prédictions. Veut retourner vers sa femme, vers ses enfants. Vers la cathédrale dont les voûtes attendent sa voix familière. Vers sa chère ville qui l'a ceint un jour d'une prestigieuse écharpe. Mais ses jambes refusent de le porter et il s'écroule sur la plage, sous le grain des graviers brûlants, près de Duribar et des deux artilleurs endormis comme des bienheureux. Loin de l'anéantissement.

7 h 52. Cris aigus, gestes d'alarme. Passé Case-Navire, *Le Rubis* vient de virer de bord. A cause de cette goélette croisée à l'instant et sur le pont de laquelle l'équipage s'époumone. « Retournez ! Retournez ! »

Champ Flore est encore loin et le cheval de Long-Ming peine dans la montée. Parti depuis 7 h 15 environ, le Chinois espérait bien pourtant atteindre vers 8 heures le morne Fumé, ce contrefort de Champ Flore. Et le voici tout juste à Litté, à quatre kilomètres du point de départ. Il faut dire que la carriole ploie sous la charge. Outre Gabrielle et Liane, il y a ces sacs de riz et ces différentes caisses que des commerçants attendent. En plus, ce chemin tout juste bon pour un cheval, cette piste tortueuse où les roues s'enfoncent, n'a jamais connu autant de circulation, de cavaliers et d'équipages. Bref, on n'avance pas. Les voici tout juste à Litté non loin de l'habitation Morne l'Etoile où résident pour le moment Fernand Clerc et sa famille. Des dépendances sort justement Etienne Janivel, le responsable du pointage à la coupe de canne. Janivel avec sa femme et son bébé. Tout heureux de se rendre à Saint-Pierre pour le baptême de ce nouvel héritier. Dans la résidence Fernand Clerc s'énerve. Il devrait déjà galoper vers la ville et son cheval est à peine sellé. Mais qui accuser d'autre que lui-même ? Il y a une minute encore, il s'amusait avec son fils, Ti-Fernand, barbotant à ses côtés dans la pièce d'eau.

7 h 55. Le téléphoniste de Saint-Pierre à Garnier-Laroche : « Il fait de plus en plus noir, c'est presque la nuit. »

« Raoul ! » C'est Gabrielle qui l'a aperçu la première. Il arrivait à travers champs, à bride abattue. Deux fois il avait remonté la colonne, désespérant de les trouver. « Vite, vite ! crie-t-il, regardez la montagne ! » Les yeux sondent la masse charbonneuse derrière laquelle elle dissimule ses œuvres. Toute cette neige plombée pour ensevelir Saint-Pierre ! A l'horizon la mer n'est qu'un mauvais marécage que le brouillard ronge. Les grondements souterrains semblent se rapprocher comme une flotte ennemie dans la nuit. « Vite ! Vite ! »

A Fonds-Printemps, Gaston Landes sort du bassin où il prenait son bain. Son fidèle Zéphirin lui tend une serviette. Le professeur s'essuie posément, fixe posément de ses yeux bleus la chape de plomb qui semble vouloir enfermer, écraser la ville. Depuis combien de temps crie-t-il dans le désert ? Soupir. Il revoit Pline l'Ancien voguant au secours des habitants de Stabies et mourant asphyxié par les gaz du Vésuve. Puis il regarde son jeune voisin, Edouard Thouin, aller et venir, insouciant. Cet élève du lycée, le représentant de cette jeunesse à la formation de laquelle il a consacré toute sa vie. Regarde ce symbole d'avenir et, sans sourciller, sans frémir, cette menace immédiate.

7 h 57. « Prière Saint-Pierre de faire réclamer au bateau qui partira pour cette ville dans un moment un paquet adressé au Câble. » Saint-Pierre répond : « D'accord. »

A la coupée du *Roddam*, Joseph Plissonneau vient d'apparaître, souriant malgré la pluie de cendre. Le troisième officier photographie la ville sous sa gaze livide.

7 h 58. Voix égosillée dans l'oreille de Garnier-Laroche. Ce long cri : « Il fait nuit noire, tout le monde redoute une catastrophe, on ne peut plus tenir ! » Le directeur des services télégraphiques tend le cornet à un employé. S'élance vers un autre appareil pour prévenir le secrétaire général. Mais on le rappelle immédiatement. « Saint-Pierre ne répond plus. » L'employé a entendu son interlocuteur. « Il bredouillait comme un homme qu'on étrangle. » Crépitement dans l'oreille, secousse. Plus rien. A ce moment-là les voyants de la table d'écoute commencent à s'agiter comme pris de folie.

La montagne Pelée vient d'expulser le bouchon qui obstruait son cratère. Une nuée formée de gaz lourds à haute température, truffée de scories et de blocs, une nuée incandescente plonge vers le sud, roule sur le sol. Une nuée à 1 000 degrés, fonçant à 150 kilomètres à l'heure. « Rentrez vite ! » ordonne le capitaine Freeman à Plissonneau, à la porte de la cabine. Il a vu la trombe se ruer sur la ville, une masse énorme, violacée, rasante, et deux éclairs fantastiques poignarder cette fausse nuit. Vu la montagne s'ouvrir d'un seul coup, éclater, toute rouge comme une artère crevée. Entendu ce bruit inconnu, le gémissement de dizaines de sirènes, puis un feu nourri d'artillerie lourde, cent batteries crachant à la fois, cent explosions épouvantables précédées d'une lamentation stridente. « Je sais ce que c'est, dit Plissonneau calmement, j'ai déjà vu ça. » — « Rentrez ! » hurle le capitaine — « Attendez, mon employé est dehors. » Sur le pont, dix, vingt hommes se précipitent à la mer, les vêtements en flammes. A la mer transformée en fournaise. Charbons rougeoyants, fange bouillante, gouttes d'acier fondu, tout l'enfer déboule. Plissonneau a fini par entrer dans la cabine mais il est gravement brûlé. « Lâchez les amarres ! »

Sur le pont du *Roraïma,* à côté, le capitaine Muggha apparaît parmi les morts et les blessés, vareuse en torche, visage boursouflé : « Amenez tout ! » Et avant de sauter par-dessus bord, il adresse un dernier salut à son voisin Freeman. A son voisin qui, les mains en charpie, s'est mis lui-même au gouvernail. Le *Roddam* s'arrache lentement au brasier pendant qu'au fur et à mesure seize autres navires flambent et chavirent. S'arrache au brasier et prend le large, le pont couvert de cendres et de cadavres carbonisés, Plissonneau geignant, agonisant, les poumons et l'œsophage à moitié calcinés. Là-bas, la yole du gouverneur et de Lucy vient de sombrer avec tous ses passagers, avec ses corps carbonisés.

Georges Marie-Sainte s'est jeté à la mer avant que la boule de feu eût atteint la rade. Sous l'eau tant qu'il a pu s'y maintenir. Puis s'accrochant à des débris avec quatre autres survivants, évitant les brandons qui flottaient sur les vagues, il a réussi à se hisser dans une pirogue à la dérive. Maintenant ils l'écopent de sa cendre et de ses ponces, pagaient dans l'eau sale, vers le sud, en direction du Carbet, là où la nuée ne semble pas avoir frappé. Derrière eux Saint-Pierre n'est plus qu'un monstrueux chaos, une cohue de flammes et de fumée qui se multiplie, triple, quadruple, gagne du terrain, une horde de barbares qui étend sa razzia jusqu'aux hauteurs, jusqu'au Grand-Morne, jusqu'à la maison de santé, jusqu'à Tivoli, jusqu'à Fonds-Printemps. Marie-Sainte voit les rhumeries exploser, les unes après les autres, comme des dépôts de munitions. La fabrique d'allumettes de Long-Ming projeter dans ce néant nébuleux ses gerbes, ses fusées et ses chandelles comme un dantesque bouquet final. Et voit, à côté, les deux tours de la cathédrale perdre l'équilibre et couler haut et bas, dernier vaisseau à se rendre...

8 h 01 — « Demandons à Saint-Pierre confirmation d'un passage du bulletin des nouvelles. Tournons notre commutateur et attendons réponse à notre demande ».

Tous les employés autour de Garnier-Laroche, penchés sur l'électro-aimant, épiant les deux petits fils qui courent sur la table, se perdent quelque part vers la fenêtre, vers le ciel chargé de flocons noirs.

« Attendons réponse à notre demande ».

Il n'y a plus à Saint-Pierre que deux âmes qui vivent. Celle de Louis Ciparis dans son cachot près du théâtre écroulé, pilé, son caveau éclairé seulement par une lucarne grillagée. Dans son trou, sa fosse aux épais murs de pierre, cette sorte de four à charbon de bois, appuyé contre le morne Abel et tournant le dos au volcan. Le feu a labouré ses omoplates, son flanc gauche, son bras gauche mais il est bien vivant et il gémit dans les ruines, appelle au secours dans la cité pulvérisée. Aussi vivant que Léon Compère, un autre Noir, aussi malheureux, aussi miséreux, un ancien cordonnier habitant non loin de la prison, dans une case protégée également par la colline. Mais debout, lui, et non couché. Debout devant sa porte. Face à la nuée, et seulement brûlé aux mains, au visage et à une jambe. Bien vivant comme le prisonnier. Un pêcheur et un ancien cordonnier. Deux vivants et trente mille morts.

« La montagne vient vers nous ! » Sur la route du Morne-Rouge, la nuée ardente fond sur la voiture d'Edouard Lasserre et de son ami qu'une voix a prévenus à l'église. Fond et la rattrape. Enflamme la capote, fauche le cheval. La voiture culbutée avec les deux hommes, au pied d'un calvaire. Les deux hommes grillés, écorchés, comme torturés au fer rouge, mais vivants eux aussi. Comme Fernand Clerc qui n'a le temps, au Litté, que de pousser sa femme et son fils devant lui, de fuir avec eux à toutes jambes alors que le jet de grisou les talonne, incendie leur habitation. Fuir avec Etienne Janivel, sa femme et son bébé, revenus inopinément à l'habitation pour prendre leur clé oubliée sur la porte...

Comme Gabrielle, sa fille et son père, et comme Raoul. Sauvés grâce à ces braves chevaux. Grâce à ces braves animaux piqués, aiguillonnés par la peur, par la chaleur torride, par ces champs de canne qui courent derrière eux, en flammes, avec un bruit de forge, de haut fourneau. Derrière eux, à perte de vue.

« Attendons réponse à notre demande. »

Sur le fronton de la chambre de Commerce, la seule horloge publique toujours à l'heure est demeurée consciencieuse jusqu'à la dernière seconde. S'obstinant à fonctionner en dépit de l'irruption de la nuée ardente. A travailler jusqu'au bout. Pendant une minute encore. Comme les ongles continuent de pousser aux doigts des morts. Se figeant pour toujours à 8 h 02.

8 h 02, Fort-de-France — « Entendons une roulade très courte sur notre relais. Puis plus rien. Le dernier signal enregistré dans notre bande affecte la forme ci-après : + — ».

« Et c'est la ville... Ce qui fut une ville.
Des mots, des mots pour dire cela...
Non, je ne trouve pas... »

(Jean HESSE, reporter,
envoyé spécial du *Journal* -
22 mai 1902.)

BIBLIOGRAPHIE

ACHEEN René. *Les blancs créoles de Saint-Pierre,* CUAG, Fort-de-France - 1975.

ARIES Philippe, DANEY Charles, BERTE Emile. *Catastrophe à la Martinique.* Herscher Ed. - 1981.

AUBE, Contre-amiral. *La Martinique et son avenir,* Oudinot - 1880.

BALLY-DUFRENOIS Marie. *Eruption du Mont-Pelé en 1902 - Lettre d'une fiancée,* Ed. Subervie, Rodez - 1968.

CHARPENTIER Hector. *Saint-Pierre, 8 mai 1902,* Centre d'art Musée Paul Gauguin, Le Carbet, Martinique - 1981.

CHAULEAU Liliane. *La vie quotidienne aux Antilles françaises, XIXe siècle,* Hachette Littérature - 1979.

CHOMEREAU-LAMOTTE. *Saint-Pierre en ce temps-là* (Librairie centrale catholique, 57, rue Blénac, Fort-de-France, Martinique).

CROZE François de. *Le désastre de la Martinique,* Marc Barbon, éd. Limoges - 1902.

CUCCHI Roger. *Gauguin à la Martinique,* Calivran Anstalt, Vaduz-Liechtenstein - 1979.

DOMERGUE Louis. *Souvenez-vous ! 8 mai 1902,* plaquette commémorative. Imp. Berger-Bellepage, Fort-de-France, Martinique.

DUCHATEAU-ROGER Edith. *Une histoire vécue des cataclysmes de la Martinique, 1891-1902,* Desclée de Brouwer et Cie. Lille et Paris - 1903.

GARAUD Louis. *Trois ans à la Martinique.* A. Picard et Kaan, éd. Paris - 1895.

GARESHE William A. *Complete Story of the Martinique and St. Vincent horrors,* LG. Stahl - 1902.

GOYHENECHE E. et NICOLAS Maurice, *Des îles et des hommes,* Fort-de-France, Martinique.

HAYOT Octave. *Matériaux pour l'histoire de la Martinique agricole,* Fort-de-France - 1881.

HEARN Lafcadio. *Esquisses martiniquaises,* Mercure de France, 1924, réédité par Annuaire intern. des Français d'O.M. - 1977.

HEARN Lafcadio. *Un voyage d'été aux Tropiques,* Mercure de France - 1926.

HEARN Lafcadio. *Youma,* roman, Mercure de France, 1899, réédité par Emile Desormeaux, Fort-de-France, Martinique.

HEARN Lafcadio. *Trois fois bel conte,* réédité par Calivran Anstalt, Vaduz-Liechtenstein - 1978.

HESS Jean. *La catastrophe de la Martinique. Notes d'un reporter,* Charpentier et Fasquelle - 1902.

KENNAN George. *The tragedy of Pelée.* The Outlook Company, New York - 1902.

LACROIX Alfred. *La montagne Pelée et ses éruptions,* 2 volumes, Masson et Cie éditeurs - 1903.

LAMBOLEZ Charles, chanoine. *Naissance, vie et mort de la cité créole,* Berger-Levrault éditeur - 1905.

LOTA Antoine. *La vérité sur les événements de 1881.* Imprimerie Dubuisson, Bordeaux.

Mémorial Martinique 1849-1918. Société des Editions du Mémorial, Nouméa, Nouvelle-Calédonie - 1978.

MOEREUS U. *Pèlerinage funèbre aux ruines de Saint-Pierre,* Desclée de Brouwer - 1903.

NAY-REINE Lucien. *Sous le foulard créole.* Imp. du gouvernement, Fort-de-France, Martinique - 1938.

NAY-REINE Lucien. *Fo-yal,* Imp. Bezaudin, Fort-de-France - 1935.

NICOLAS Maurice. *Les grandes heures du théâtre de Saint-Pierre.* Imp. Berger-Bellepage, Fort-de-France, Martinique - 1974.

NICOLAS Maurice. *Saint-Pierre,* imprimerie Berger-Bellepage, Fort-de-France, Martinique - 1977.

PETITJEAN ROGET Jacques. Prés. Sté d'Hist. de la Martinique, *Annales des Antilles,* n° 17, imp. Bontemps, Limoges - 1972.

PHILEMON Césaire. *La montagne Pelée et l'effroyable destruction de Saint-Pierre Martinique,* librairie Georges Courville, Paris - 1930.

REVERT Eugène. *Magie antillaise,* réédité en 1977 par Annuaire intern. des Français d'O.M. 41, rue du Colisée, Paris.

ROY-CAMILLE Christiane et MARIE Annick. *Les meilleures recettes de la cuisine antillaise,* Jean-Pierre Delarge, éd. 10, rue Mayet, 75006 Paris - 1978.

SALAVINA. *Trente ans de Saint-Pierre, souvenirs,* Imp. Deslandes, Fort-de-France - 1910.

SAVAETE Arthur. *La Sodome des Antilles ou le sauvage du Mont-Pelé,* roman. Librairie générale catholique, Paris - 1920.

SCHŒLCHER Victor. *Polémique coloniale,* tome I, lettre du 23 février 1878 pour adhérer aux *Colonies.*

SOUQUET-BASIEGE Gaston. *Les préjugés de race aux Antilles françaises.* Réédité par Emile Desormaux, Fort-de-France, Martinique - 1979.

TARDON Raphaël. *La Caldeira,* roman, Fasquelle, Paris - 1949.

TARDON Raphaël. *Bleu des îles, récits martiniquais,* Fasquelle - 1946.

TRONPLINIERE Yves de la. *Les derniers jours de Saint-Pierre,* Castermann Ed. Paris - 1902.

VENNER Dominique. *Les armes américaines,* Jacques Grancher éd. 98, rue de Vaugirard, 75006 Paris - 1978.

ARCHIVES DIVERSES

— *Archives nationales,* Paris
— *Bibliothèque nationale,* Paris et Versailles
— *Archives des Dom-Tom,* 27, rue Oudinot, 75007 - Paris
— *Bibliothèque départementale de la Martinique,* Fort-de-France
— *Bibliothèque Schœlcher,* Fort-de-France, Martinique

Cet ouvrage a été réalisé sur
SYSTEME CAMERON
par Firmin-Didot S.A. - Paris-Mesnil
pour les Editions de la Table Ronde
le 30 avril 1982

Ce volume a été composé
par les Presses du Palais-Royal

Imprimé en France
Dépôt légal : mai 1982
N° d'édition : 2064 - N° d'impression : 9658
ISBN - 2-7103-0102-4